Kohlhammer

Sigrun-Heide Filipp
Anne-Kathrin Mayer

Bilder des Alters

*Altersstereotype
und die Beziehungen zwischen den Generationen*

Verlag W. Kohlhammer

Die Deutsche Bibliothek – CIP-Einheitsaufnahme

Filipp, Sigrun-Heide:
Bilder des Alters : Altersstereotype und die Beziehungen zwischen
den Generationen / Sigrun-Heide Filipp ; Anne-Kathrin Mayer. -
Stuttgart ; Berlin ; Köln : Kohlhammer, 1999
ISBN 3-17-016097-4

Alle Rechte vorbehalten
© 1999 W. Kohlhammer GmbH
Stuttgart Berlin Köln
Verlagsort: Stuttgart
Umschlag: Data Images GmbH
Gesamtherstellung:
W. Kohlhammer Druckerei GmbH + Co. Stuttgart
Printed in Germany

Margret M. Baltes gewidmet

Inhalt

Vorwort

„Rentnerlast", „Kampf der Generationen", „Kukidents" und „Gruftis" sind mediale Inszenierungen des Verhältnisses zwischen Jung und Alt und des Alters, denen wir im Alltag häufig begegnen. Oft stehen solche Inszenierungen im Dienste eigener Interessen, oft reflektieren sie auch nur die Lust am Formulieren und Fabulieren. Um all das wird es in diesem Buch *nicht* gehen. **Worum geht es?** Präsentiert wird erstmals für den deutschen Sprachraum der Versuch, die verhaltenswissenschaftliche Forschung nach Bildern des Alters zu durchleuchten, wie sie sich dort als „Bilder in den Köpfen der Menschen" haben ermitteln lassen. Bilder des Alters stellen ein facettenreiches Thema dar, und dementsprechend sind die einzelnen Kapitel ganz unterschiedlichen Themen gewidmet.

Kapitel 1 soll einen Problemaufriß liefern, soll „Altsein" als soziale und individuelle Konstruktion präsentieren und die Beziehungen zwischen den Generationen *außerhalb* der Familien kurz skizzieren. Im weiteren stehen zwei perspektivische Zugänge in der Betrachtung von Altersbildern im Vordergrund: Zum ersten handelt es sich um subjektive Theorien der menschlichen Entwicklung und des Alters, die den Gegenstand von Kapitel 2 darstellen: Hier wird der Alltagsmensch als Wissenschaftler verstanden *(„man as scientist")*, der sich Gedanken über Altern und Alter – auch und vor allem über *sein* Altern und *sein* Alter – macht und entwicklungsbezogene Überzeugungssysteme aufbaut. Der zweite perspektivische Zugang liegt in der Vorurteils- und Stereotypenforschung, in der das Verhältnis sozialer Gruppen zueinander behandelt wird und die hinsichtlich ihres Beitrages zu dem Verständnis der Beziehungen zwischen Alt und Jung zu analysieren sein wird. Diesem Zugang sind die Kapitel 3 bis 5 gewidmet. Bislang wurden in dieser Forschungsdomäne vorwiegend Geschlechterstereotype oder Vorurteile gegenüber ethnischen Minderheiten behandelt; doch zwischenzeitlich hat sich das Forschungsinteresse auch auf das [oder die?] Altersstereotyp[e] ausgedehnt. Nach einer kurzen begrifflichen Einführung (Kapitel 3) wird aufgezeigt, wie in traditionellen Forschungsansätzen Bilder des Alters erfaßt und inhaltlich umschrieben wurden (Kapitel 4). Faszinierend, anregend und aufregend ist unseres Erachtens, was die neuere soziale Kognitionsforschung zu dieser Thematik insgesamt beigetragen hat (Kapitel 5): Dort geht es nicht mehr nur darum, *was* Mitglieder sozialer Gruppen über einander denken, sondern *wie* diese Bilder die soziale Informationsverarbeitung und das Miteinander steuern. Daher sollten wir Hinweise darauf erhalten, ob und ggfs. welchen Unterschied es macht, ob unser Gegenüber eine „alte" oder „junge" Person ist.

Am weitesten vorangetrieben wurden Antworten auf diese Frage in einem Forschungsgebiet, das in Deutschland bislang – völlig zu Unrecht – kaum zur Kenntnis genommen wurde und dem Kapitel 6 gewidmet ist: Der Zusammenarbeit von Sprachwissenschaftlern und Psychologen verdanken wir höchst eindrucksvolle Einblicke in die Dynamik des Dialogs zwischen Jung und Alt – wiederum *außerhalb* von Familien. Besonderheiten dessen, *was* sie miteinander sprechen und vor allem *wie* sie miteinander kommunizieren, verweisen auf die Wirksamkeit von altersstereotypgeleiteten Erwartungen und darauf, wie alte Menschen sich solchen Erwartungen unterwerfen. Dies läßt sich gleichermaßen eindrucksvoll nachweisen, wenn man sich jenen Ausschnitten aus der Arbeitswelt zuwendet, in denen sich auch ältere Menschen bewegen – entweder in der Rolle „des" älteren Arbeitnehmers resp. „der" älteren Führungskraft oder in der Rolle von Pflegebedürftigen in ihrem Umgang mit Pflegepersonal. Kapitel 7 behandelt jene Bilder des Alters, wie sie in diesen Settings – untrennbar verbunden mit dem Namen von Margret M. Baltes, der wir dieses Buch widmen – ermittelt wurden. In Kapitel 8 soll aufgezeigt werden, daß die Medienwirklichkeit – und zwar sowohl die kindliche Medienökologie wie auch die der Erwachsenen – ein lohnendes Terrain ist, um darzustellen, welche Bilder des Alters als veröffentlichte Bilder in diesem Ausschnitt aus unserer Lebenswelt gezeichnet werden. Unter knappem Rekurs auf Probleme der Rezeptionsforschung wird dort kritisch beleuchtet werden, wie sich diese Bilder zugleich in ausgewählten Umfragedaten widerspiegeln. Kapitel 9 greift beispielhaft einige Versuche auf, negativ getönte Bilder des Alters – gerade und vor allem bei Kindern – zu modifizieren, und es wird kurz aufgezeigt, wie die diesbezüglichen Bemühungen zu bewerten sind. Kapitel 10 enthält resümierende Schlußfolgerungen aus den einzelnen Kapiteln, skizziert ausgewählte Desiderate der Forschung und wagt einen knappen Ausblick darauf, wie sich das Verhältnis von Jung zu Alt entwickeln könnte.

Das Buch enthält keine Abbildungen und nur wenige Tabellen, es ist in „Prosa" gehalten, und manche Studien oder empirischen Sachverhalte sind eher allgemein, kursorisch und z.T. auch wenig methodenkritisch dargestellt. Wir wollen einen Einblick in die einzelnen Themen vermitteln, wir wollen somit nicht sagen, „wie die Dinge sind"; wir wollen die Lust aufs Weiterlesen, auf den Blick in die Originalliteratur und auf die eigene Auseinandersetzung mit dieser Thematik anregen – sehr wohl hoffend, daß uns dies gelingen wird. „Bilder des Alters" sind ein zu wichtiger Gegenstand, als daß wir ihn nur Arbeits- und Sozialpolitikern oder Vertretern einer Jugendkult-Ideologie überlassen sollten.

Teile dieses Buches sind entstanden im Umfeld der Bearbeitung einer Expertise zu dem Thema „Miteinander der Generationen", mit deren Erstellung die Erstautorin durch das Bundesministeriums für Familie, Senioren, Frauen und Jugend beauftragt war. Wir danken dem Ministerium für die Unterstützung und das Interesse an dieser Thematik. Unser Dank gilt auch den helfenden Köpfen und Händen, die zu diesem Buch ganz wesentlich beigetragen haben. Besonders danken wir unseren studentischen Hilfskräften, namentlich Berit Herding, Mario Hüttges, Ulrich Keller, Dirk Kranz und Eva Wiebe sowie Sigrid Jeske-Wörfel für unermüdlichen Einsatz, für die große Sorgfalt und dafür, daß sie trotz allem – wie es schien – die Freude an der gemeinsamen Arbeit nie verloren haben.

Trier, im Sommer 1999

                                    Sigrun-Heide Filipp
                                    Anne-Kathrin Mayer

1 | Alt und Jung und das Verhältnis der Generationen

Beziehungen zwischen den Generationen konstituieren ein uraltes Thema, und in ihm bildet sich ein Sachverhalt ab, den – in der Formulierung von Lüscher (1993) – „Menschen seit jeher erfahren und bedenken: die eigene Herkunft, das Verhältnis zu den Nachgeborenen, [...] die Bedeutung des Alters und von Altersgruppen im alltäglichen Zusammenleben sowie für die gesellschaftliche Entwicklung" (S. 17). Zweifelsohne ist das Spektrum der Antworten auf die Frage nach dem Verhältnis von Alt und Jung sehr weit: Einerseits spielen Mythen und Märchen des Alters genauso eine Rolle wie politisch (oder gar ideologisch) motivierte Drohbilder vom „Krieg der Generationen". Andererseits finden sich nüchterne Zustandsbeschreibungen einer gesellschaftlichen Wirklichkeit, die gerne mit dem Etikett „postmodern" versehen wird und in denen weniger vom Zusammenleben der Generationen die Rede ist denn von Individualisierung. Im folgenden Kapitel soll der Blick eingeengt werden darauf, wie „Altsein" in unserer Gesellschaft definiert wird, wie Menschen ihr Altsein selbst erleben und was daraus für das Zusammenleben der Generationen folgt (oder folgen könnte).

1.1 Altern zwischen Jugendkult und Alterswahn

Unsere Gesellschaft ist nicht altersblind, vielmehr gilt das Alter als eines der relevantesten Merkmale hinsichtlich gesellschaftlicher Differenzierungsprozesse (Kohli, 1991). Besonders reizvoll ist es in diesem Zusammenhang, das Alter im Spiegel der Geschichte und der Kulturen zu betrachten („Vor Greisengrau steh auf"; siehe Rosenmayr, 1996) und zu vergleichen, wie Gesellschaften mit ihren Alten umgehen oder umgegangen sind. Borscheid (1994) wendet sich in seiner Analyse gegen die Annahme, daß in der gesellschaftlichen Bewertung des Alters gegen Ende des letzten Jahrhunderts ein Bruch stattgefunden habe. Nichts spreche dafür, daß damals Jugend als Epoche erst entdeckt und das Alter „zu Grabe getragen" (S. 38) worden seien. Als ebenso unhaltbar erweise sich die Annahme, daß die Jugend damals von einem Tag auf den anderen aufgehört habe, „andächtig den Worten der Greise" (S. 38) zu lauschen. Jugend und Jugendlichkeit seien kulturhistorisch gesehen stets als ein positives Gut betrachtet worden, und zugleich hätten sich viele Belege dafür finden lassen, daß auch die vorindustrielle Gesellschaft bisweilen nicht sehr sanft mit ihren Alten umgegangen ist. Diskriminierungen alter Menschen seien eben kein junges Phänomen und nicht die Geburt des Industriezeitalters.

Daneben sind Mythen des Alters ein faszinierender Gegenstand, den man in den schönen Künsten, in Spruchweisheiten wie auch in der Literatur aufspüren kann. Zu den verbreiteten Mythen gehören u.a., daß Senilität stets das Altern begleite oder daß mit dem Alter die Individualität verschwinde (Skinner & Chowdhary, 1998). Zweifellos gehört zu den Mythen des Alters auch die Rhetorik von der „Rückkehr zur Kindheit" und davon, daß alte Menschen wieder „wie Kinder" würden (Covey, 1993). Hier wird zum einen auf die mit dem Alter zunehmende Unselbständigkeit und Abhängigkeit angespielt, zum anderen spiegelt sich hierin das Bild der Lebensweise des Menschen, der zu seinen Anfängen zurückkehrt. Die archetypische Vorstellung vom Leben als einer Reise schlägt sich auch in dem Begriff der Lebenserfahrung nieder (siehe Hinske, 1986; Staudinger & Dittmann-Kohli, 1994).

Bemerkenswert ist darüber hinaus, daß sich schon früh eine doppelte Sicht des Alters und des älteren Menschen zeigte (siehe Borscheid, 1994; Ehmer, 1990). Schon immer sei Alter mit Krankheit assoziiert gewesen und seien Menschen im Alter als unnütz angesehen worden. Andererseits habe es stets die positive Wertschätzung älterer Menschen gegeben, denen Lebenserfahrung, spezielle Kenntnisse und Fertigkeiten sowie politisches Wirken zugeschrieben worden seien. Die Vorstellung vom Alter als Bürde und Jammertal ist nicht minder geläufig als die vom Alter als Krönung des Lebens und des hohen Respekts. Nach Stearns (1992; zitiert nach Rosenmayr, 1996) wird der Status keiner gesellschaftlichen Gruppe so ambivalent bewertet wie jener der alten Menschen. Diese Doppeldeutigkeit des Alters – von P.B. Baltes (1996) als „Hoffnung mit Trauerflor" umschrieben – findet sich in vielerlei Quellen. Und nicht zuletzt spiegelt sie sich auch in metaphorischen Umschreibungen des Alters („Der Herbst des Lebens") wider. Doch wann beginnt das Alter?

1.2 Altsein als soziale Konstruktion

Für das Verständnis der Beziehungen zwischen Alt und Jung ist die Frage zentral, von welchem Alter an eine Person „alt" ist oder als „alt" wahrgenommen wird. Wann gelten Menschen als alt? Wie ein roter Faden zieht sich durch die Literatur die Annahme, daß Alter eine soziale Konstruktion sei. Denn ungleich anderen Merkmalen, die wir zur Unterscheidung zwischen Menschen heranziehen (z.B. das Geschlecht), ist das Alter eine verschwommene Kategorie. Demgemäß läßt sich der Beginn des Altseins unterschiedlich datieren. Borscheid (1994) hat darauf verwiesen, daß im vorindustriellen Zeitalter nur der als alt gegolten habe, dessen körperliche und geistige Kräfte – als Vorboten des Todes – geschwunden seien, nicht jedoch der, der ein bestimmtes kalendarisches Alter überschritten habe. Alter sei bis in das frühe 20. Jahrhundert hinein weitgehend gleichbedeutend mit Gebrechlichkeit gewesen, und es habe ein rein biologisch geprägtes Altersverständnis vorgeherrscht. Dieses ist zwischenzeitlich einem sozial (-politisch) geprägten gewichen, indem der Beginn des Altseins im wesentlichen durch die Bestimmungen der gesetzlichen Rentenversicherung resp. durch den Austritt aus dem Erwerbsleben definiert wird (hierzu Abschnitt 7.1). Schließlich ist die Definition, von welchem Alter an jemand „alt" ist, in hohem Maße kontextabhängig. So gibt es viele Hinweise darauf, daß in der Arbeitswelt bereits mit Beginn des vierten Lebensjahrzehnts von dem „älteren" Arbeitnehmer gesprochen wird (Kapitel 7). In der Welt des Hochleistungssports oder des Glamour beginnt das Altsein oft schon mit 30 Jahren, wie denn in der Welt der Werbung das Alter überhaupt nicht vorzukommen scheint (siehe Kapitel 8). Schließlich finden sich auch in den Vorstellungen der Menschen selbst klare Grenzen, die den Eintritt in das Altsein markieren. Wie man immer wieder liest, gibt es in „Kopf und Bauch" eine „Schranke 49" (Thimm, 1998, S. 113), von der an man zu den Alten gehört. Und zeigt sich diese nicht zuletzt auch im individuellen Erleben, indem der 50. Geburtstag nicht für wenige Menschen eine „mittlere Katastrophe" bedeutet?

Im folgenden werden – ergänzend zu den bisher dargestellten unsystematischen Beobachtungen – wissenschaftliche Studien zur Alterswahrnehmung vorgestellt. Diese waren u.a. der Frage gewidmet, wie in den alltagspsychologischen Vorstellungen der Menschen die Lebensspanne zeitlich strukturiert ist. In einer Studie von Neugarten und Peterson (1957; zit. nach Shanan & Kedar, 1979) waren die Probanden aufgefordert worden, den Lebenslauf in eine beliebige Zahl von Abschnitten zu untergliedern und diesen bestimmte Altersangaben zuzuordnen. Auf diese Weise ermittelten die Autoren vier Phasen des Erwachsenenalters: das frühe Erwachsenenalter (20 bis 30 Jahre), das Erwachsenenalter (30 bis 40 Jahre), das mittlere Alter (40 bis 60 Jahre) und das höhere Erwachsenenalter (ab 60 Jahre). In einer ähnlichen Studie fanden Shanan und Kedar (1979), daß die Probanden innerhalb des höheren Erwachsenenalters weiter differenzierten, indem sie das höhere Erwachsenenalter (60 bis 81 Jahre) von dem hohen Alter (ab etwa 82 Jahren) abgrenzten. Hierin zeigt sich im übrigen eine Parallele zur Altersforschung, in der die Unterscheidung zwischen den sog. „jungen Alten" (ca. 65 bis 75 Jahre) und den „alten Alten" (jenseits des 75sten Lebensjahres) gang und gäbe ist (hierzu auch Kapitel 2).

Vergleichbare Setzungen der Altersgrenzen resultieren, wenn Menschen direkte Urteile darüber abgeben, wann jemand alt sei bzw. zu den Älteren gerechnet werden müsse. Babladelis (1987) berichtete aus einer Untersuchung an studentischen Probanden, daß diese den Beginn des Altseins am häufigsten an einem Alter von 60 Jahren festgemacht hätten. Gefragt, ab wann man von älteren Menschen sprechen könne, wurde in einer anderen Studie ein Altersbereich von 65 bis 69 Jahren genannt (Harris, Page & Begay, 1988). Aus einer bundesdeutschen Umfrage (Piel, 1989) wurden deutlich niedrigere Zahlen berichtet, wobei sich die Urteile in Abhängigkeit von der Frageformulierung deutlich unterschieden: Wurde gefragt, ab wann jemand zu den *Älteren* gerechnet werde, so wurde für Frauen das 50. Lebensjahr, für Männer das 54. Lebensjahr angegeben. Bezüglich der Frage, ab wann man von einem *alten* Menschen sprechen könne, verschoben sich diese Altersgrenzen auf 56 bzw. 59 Jahre. Nach der

Interpretation von Piel werden somit Hinweise auf die Betagtheit eines Menschen durch die Verwendung des Begriffs „älter" abgemildert. Diese Begriffsdifferenzierung findet sich im übrigen auch in der Gepflogenheit wieder, eher von älteren denn von alten Menschen resp. von Senioren und nicht von Alten oder Greisen zu sprechen (Galliker & Klein, 1997; Kapitel 8). Interessant ist schließlich, daß sich an diesen Altersgrenzen trotz der erheblich gestiegenen Lebenserwartung offenbar wenig geändert hat. Zu dieser Schlußfolgerung kommt zumindest Covey (1992), der sich mit der historischen Verwendung des Begriffs „Alter" auseinandergesetzt hat.

Nicht nur in den erwähnten Daten von Piel (1989), sondern auch schon in früheren Umfragen fiel auf, daß die Zuschreibung des Attributs „alt" wesentlich durch das Geschlecht der Zielperson bestimmt wird. Fast immer gelten Frauen früher als alt denn Männer. Diese doppelte Altersnorm, auf die schon Simone de Beauvoir (1972) hingewiesen hatte, wird in der amerikanischen Literatur als *double standard of aging* umschrieben (siehe Friedan, 1995; Seccombe & Ishii-Kuntz, 1991). Sie ist umso bemerkenswerter, als die tatsächlichen Geschlechtsunterschiede in vielen Verhaltensmerkmalen mit dem Alter abnehmen und Männer und Frauen sich in mancher Hinsicht immer ähnlicher werden (Feingold, 1994). Zudem ist eine Feminisierung des Alternsprozesses festzustellen (M.M. Baltes, 1996; M.M. Baltes, Horgas, Klingenspor, Freund & Carstensen, 1996): Frauen leben länger, und die Welt der Alten ist im wesentlichen eine Frauenwelt. Dennoch dominiert eine stereotypisierende und negative Sicht „der" alten Frau, während „der" alte Mann jünger und in der Regel differenzierter und positiver wahrgenommen wird.

Schließlich wurden in einigen Studien alte Menschen selbst gefragt, wann das Altsein beginnt. Hier zeigte sich wiederum ein anderes Bild. In einer Interviewstudie mit 63- bis 96jährigen männlichen Probanden (Oswald, 1991) wurde der Beginn des Altseins im Mittel mit ca. 72 Jahren angegeben, gleichzeitig stufte sich jedoch *keiner* der Teilnehmer selbst als „alt" ein. Das subjektive Erleben der Zeit und des eigenen Alters korrespondiert ganz offensichtlich nicht mit dem objektiven Lauf der Zeiten.

1.3 „*Wie schnell zieht das Leben vorbei!*" Das subjektive Erleben der Zeit

Altern ist wie jeder Prozeß der Veränderung ein mit der Zeit untrennbar verbundenes Geschehen. In der Tat ist jedes Leben ohne den Faktor Zeit nicht vorstellbar. Manche Autoren argumentieren sogar, daß für das menschliche Verhalten und Erleben nichts anderes von so zentraler Bedeutung sei wie die Zeit (Zakay, 1989). Wie sehr astronomische Phänomene den Zeittakt unseres Lebens in Form von Nacht-Tag-Zyklen oder in Form jahreszeitlicher Schwankungen in Temperatur, Tageslänge und Licht bestimmen, ist für jeden von uns unmittelbar erfahrbar. Neben unserer biologischen Anpassung an diese Periodizität spielt auch unser kulturspezifisch überformter Umgang mit Zeit eine Rolle, durch den der Rahmen für individuelles und kollektives Handeln abgesteckt wird und der eine andere Form von Taktgeber bildet.

Nun kann man Zeit aus unterschiedlichen Perspektiven betrachten. Zum einen kann man das subjektive Zeiterleben untersuchen und dabei aufzeigen, daß die objektive Zeit (gemessen in Stunden, Monaten oder Jahren) häufig nur bedingt übereinstimmt mit der subjektiven Zeit (*„So lange ist das schon her?"*). Zum anderen kann man die Lebenszeit einer Person heranziehen und das objektive und subjektive Alter vergleichen (siehe Abschnitt 1.4). Eine besondere Variante des Zeitbegriffs in der Alternsforschung ergab sich darüber hinaus durch eine ex post-Bestimmung der zeitlichen Distanz zum Todeszeitpunkt. Diese wurde insbesondere durch Studien zum sog. *terminal drop* (Siegler, 1975) nahegelegt, in denen sich aus längsschnittlichen Analysen der Leistungsfähigkeit einer Person ein deutlicher Abfall erkennen ließ, der sich im Nachhinein als Vorbote ihres nahenden Todes hat interpretieren lassen. Schließlich spielt Zeit in Form der historischen Zeit eine wichtige Rolle, wie sie sich u.a. auch im Generationenbegriff manifestiert (siehe Abschnitt 1.5). Auch im subjektiven Erleben stellt sich die Lebenszeit in Form unterschiedlicher Etappen dar. Stets hat sich dabei gezeigt, daß in den frühen Phasen der Lebensspanne mehr Etappen unterschieden werden als in den mittleren und späteren Jahren, erstere also offenbar als besonders ereignisreich erlebt werden (Shanan & Kedar, 1979).

Wenn wir also das subjektive Zeiterleben über die Lebensspanne betrachten, so entpuppt sich im Alter ein besonderes Verhältnis zur Zeit: Zeit zu leben und Zeit zu sterben, die Zeit des Gelebten und die Zeit des noch zu lebenden Lebens. In den frühen Stadien der Kindheit und Jugend stellt sich die Frage nach der Zeit wohl nur äußerst selten, wird Zeit doch als unerschöpflich wahrgenommen und dominieren hier Zukunftspläne, die sich an weit entfernten Zielen orientieren (*„Später, wenn ich groß bin..."*). Hingegen kommt es in der Mitte des Lebens zu einem Gewahrwerden der begrenzten Lebenszeit: Menschen werden sich bewußt, daß die Zeit, die hinter ihnen liegt, ein gutes Stück länger ist als die, die noch vor ihnen liegt; die subjektive Standortbestimmung im Lebenslauf orientiert sich nun an der noch verbleibenden Zeit (z.B. Levinson, 1986), und die Mitte des Lebens stellt oft eine Periode gesteigerter Selbstreflexion und Bilanzierung des bisherigen Lebens dar. So wird die Frage, wie die noch verbleibende Zeit sinnvoll zu leben sei, nicht selten zu einem wichtigen Anliegen. Denn in dem Maße, in dem Altern für den einzelnen ein Durchschreiten der Zeit auf dem Weg zu Zielen und persönlichen Projekten darstellt, in dem Maße mögen zeitliche Barrieren erkannt werden und Zweifel aufkommen, ob die Lebenszeit für diese Ziele und Pläne noch reichen wird.

1.4 „*Man ist nur so alt, wie man sich fühlt.*" Das subjektive Erleben des Alters

Eine andere Facette des subjektiven Erlebens von Zeit wird in der alltäglichen Redewendung deutlich, wonach man nur so alt sei, wie man sich fühle. Sie verweist auf den Sachverhalt, daß zwischen dem objektiven Alter
und dem subjektiven Alterserleben bedeutende Diskrepanzen bestehen, die
sich fast durchgängig in *Unter*schätzungen des eigenen Alters zeigen. Alleine in den jungen Jahren korrespondieren objektives und subjektives Alter noch weitgehend. Erwachsene hingegen fühlen sich in der Regel jünger
oder sehr viel jünger als sie sind, und diese Unterschätzungen des eigenen
Alters scheinen umso stärker auszufallen, je älter eine Person ist. Filipp
und Ferring (1989) berichteten für ihre Stichprobe von 75jährigen Männern eine mittlere Abweichung von 15 Jahren (!), und die 55jährigen
fühlten sich immerhin noch um durchschnittlich zehn Jahre jünger als sie
tatsächlich waren. Auch die Berliner Altersstudie offenbarte solche Diskrepanzen (siehe Smith & P.B. Baltes, 1996): Im Durchschnitt gaben die
Studienteilnehmer (im Altersbereich zwischen 70 und 103 Jahren) an, sich
um zwölf Jahre jünger zu fühlen und um knapp zehn Jahre jünger auszuse-
hen, als es ihrem tatsächlichen Alter entsprach. Zudem wurde hier das sog.
Wunschalter (d.h. wie alt man am liebsten wäre) ermittelt, das im Durchschnitt 25 Jahre unter dem augenblicklichen Alter lag.
   Die Tatsache, daß Alternsprozesse in verschiedenen Bereichen unterschiedlich verlaufen können, legt darüber hinaus die Vermutung nahe, daß
solche differentiellen Entwicklungsverläufe sich auch im bereichsspezifi-
schen Alterserleben niederschlagen. Läßt man Probanden das subjektive
Alter für unterschiedliche Aspekte (z.B. geistige oder körperliche Leistungsfähigkeit) angeben, so fallen Unterschätzungen des Alters über diese
Bereiche hinweg unterschiedlich aus (vgl. Filipp & Ferring, 1989; Staats,
Heaphey, Miller, Partlo, Romine & Stubbs, 1993; van Aucken, Barry &
Anderson, 1993). Dabei scheinen die weniger augenfälligen Aspekte (z.B.
Interessenvielfalt) von Verzerrungen im Alterserleben eher betroffen als
solche, in denen optimistische Unterschätzungen des Alters häufiger durch
die Realität widerlegt werden (z.B. körperliche Leistungsfähigkeit). Sich
jünger zu fühlen als man ist, muß – wie alle Studien konsistent belegen –
zugleich nicht notwendigerweise als ein Ausdruck von Angst vor dem Alter gewertet werden; vielmehr scheint sich darin ganz im Gegenteil ein positives Selbstbild widerzuspiegeln. Dies belegen auch die Ergebnisse von
Schweizer, Lehmann, Schreiber, Heddergott und Groth (1997). Sie konnten über einen Intervallzeitraum von sieben Jahren zeigen, daß das subjektive Alterserleben auch mit der kognitiven Leistungsfähigkeit korrespon-
dierte: Höhere Gedächtnisleistungen waren bei ihrer Stichprobe (N=30
Probanden im Alter zwischen 61 und 81 Jahren) mit positiveren Selbsteinschätzungen und einem subjektiv jüngeren Alter verknüpft; war in dem beobachteten Zeitraum keine Verschlechterung des Gedächtnisses eingetreten,
so war auch das subjektive Alterserleben unverändert positiv geblieben.

Schließlich belegen auch Ergebnisse zur Altersidentität Verzerrungen in Richtung auf ein jugendliches Alterserleben und die Tendenz, sich selbst nicht den Älteren zuzuordnen. Diese Tendenz ist wiederum umso stärker, je älter die Probanden sind. So ordneten sich in der Studie von Pinquart (1992) die meisten der 65- bis 93jährigen Probanden der Kategorie „im mittleren Alter" zu; selbst in der Teilstichprobe der über 75jährigen gaben lediglich rund 30 Prozent an, sich „alt" zu fühlen. Wurde gefragt, wie alt man sich im Vergleich zu Gleichaltrigen fühle, so erlebten sich mehr als zwei Drittel der Probanden als jünger. Ob Menschen sich selbst als alt bezeichnen, scheint offenbar mehr davon abzuhängen, wie gravierend die mit dem Alter einhergehenden Veränderungen (z.B. funktionelle Einbußen oder Einschränkungen des Aktionsradius) sind, als von ihrem tatsächlichen Alter. So gab in einer Studie von Keller, Leventhal und Larson (1989) nur ein Drittel der älteren Befragten an, daß sie sich häufig ihres Alters gewahr würden, während die Mehrzahl offenbar die Tatsache ihres Altseins nur selten beschäftigte. Als Auslöser des Altersbewußtseins wurden neben gesundheitlichen Problemen vor allem kritische Lebensereignisse (z.B. Tod von Freunden) sowie negative Veränderungen (z.B. zunehmende Vergeßlichkeit) genannt. Ähnliches scheint auch für Menschen in jüngeren Jahren zu gelten: Barnes-Farrell und Piotrowski (1991) stellten bei einer Stichprobe von Berufstätigen fest, daß subjektive *Über*schätzungen des eigenen Alters mit der Höhe der Belastung im Lebensalltag zusammenhingen.

Die weitgehend konsistente Befundlage, wonach Menschen insbesondere im höheren Alter geneigt sind, ihr Alter zu unterschätzen, kann als ein erster Hinweis auf eine negative Sicht des Alters gedeutet werden und zeigt, daß die Identifikation mit der eigenen Altersgruppe in der Regel als unangenehm und selbstwertabträglich erlebt wird. Dies zeigt sich ja auch in dem ungeschriebenen Gesetz, daß man eine Person (vor allem eine Frau) ab einem bestimmten Alter nicht mehr nach ihrem Alter fragt. Wie Peterson (1984) anhand von Telefoninterviews feststellen konnte, macht zudem die Art der Frageformulierung einen Unterschied. Wurde die Frage „Wie alt sind Sie?" vorgegeben, war die Zahl derjenigen, die eine Antwort verweigerten, signifikant höher als bei der Frage nach ihrem Geburtsjahr. Dies leitet über zu der Frage, in welcher Beziehung Alter und Generation zueinander stehen.

1.5 Facetten des Begriffs „Generation"

Der Generationenbegriff dürfte in der aktuellen Diskussion um das demographische Altern unserer Gesellschaft (z.B. Münz, 1997) wohl zu den meistgebrauchten Begriffen gehören. In seiner etymologischen Herleitung verweist er auf die Weitergabe des Lebens an die Nachkommenschaft, was im übertragenen Sinne u.a. auch in dem psychologischen Konstrukt der „Generativität" (Lang & M.M. Baltes, 1997) zum Ausdruck kommt. Was im einzelnen unter „Generation" zu verstehen ist, hängt wesentlich von der Betrachtungsebene ab, und entsprechend weist der Begriff unterschiedliche

Facetten auf. Zunächst einmal kann man ihn im Sinne der Generationenabfolge innerhalb von Familien auffassen („*lineage*"; vgl. Bengtson, Cutler, Mangen & Marshall, 1985). Eine Generation umfaßt dann jeweils die Personen, die innerhalb der Familie die gleichen Rollen einnehmen (also Großeltern, Eltern, Kinder). So hat etwa die Rede vom Generationenkonflikt oft dieses Bedeutungsumfeld, d.h., daß die Generation der Kinder, wenn sie das Jugend- oder frühe Erwachsenenalter erreicht, als die rebellierende Gruppe gegen die Generation der Eltern gesehen wird (hierzu Oswald & Boll, 1992).

In einer zweiten Begriffsverwendung, die auch den öffentlichen Gebrauch des Begriffs „Generation" kennzeichnet, meint Generation eine Gruppe von Personen, die sich entweder hinsichtlich ihres Alters weitgehend ähnlich sind („die ältere Generation") und/oder eine vergleichbare Stellung im Lebenslauf einnehmen (z.B. alle aus dem Erwerbsleben ausgeschiedenen). Doch heute gehören Menschen, die wir der Gruppe der „Alten" zuordnen würden, keineswegs mehr zwingend *einer* Generation an. Denn mit der zunehmenden Lebenserwartung wird es immer wahrscheinlicher, daß zwei Generationen im Sinne von *lineage* die Gruppe der Alten ausmachen, so etwa wenn eine ältere, z.B. 65jährige Frau ihre 89jährige Mutter betreut. [Dieses Phänomen hat schon vor Jahren Hannes Wader in seinem Lied vom „Opa Knacke" zum Ausdruck gebracht: „Opa Knacke saß hinter'm Ofen und roch nicht mehr gut. Tochter, 70, kriegt heute noch Schläge..."!]

Zum dritten werden unter einer Generation die Angehörigen bestimmter Geburtsjahrgänge zusammengefaßt, die nicht nur ein ähnliches Alter haben, sondern die in ihrem Leben zu vergleichbaren Alterszeitpunkten mit bestimmten historischen Ereignissen konfrontiert waren oder noch sind (z.B. die „Nachkriegsgeneration"). Zugleich unterstellt man dabei, daß es sich um Ereignisse handelt, die die Mitglieder einer Generation in bestimmter Weise geprägt haben. Wie die bahnbrechenden Studien von Elder (siehe u.a. Elder, Downey & Cross, 1986) gezeigt haben, ist es für individuelle Lebensverläufe ganz entscheidend, zu welchem Alterszeitpunkt diese Ereignisse bei den einzelnen Geburtsjahrgängen eingetreten sind. Gerade die Verschränkung von individueller Biographie und historischem Kontext macht das Spezifikum von Generation als „Schicksalsgemeinschaft" (Kruse & Wilbers, 1987) aus. Spricht man also beispielsweise von der „Kriegsgeneration", so hat man zwar primär den historischen Kontext im Auge, meint aber – bei adäquater Begriffsverwendung – nur bestimmte Geburtenjahrgänge, die den Krieg zu vergleichbaren Alterszeitpunkten erlebt haben. Auch die Rede von der „Umbruchsgeneration" in Ostdeutschland (Kirchhöfer, 1992) zielt insbesondere auf die *Jugendlichen* ab, die durch den Umbruch der gesellschaftlichen Verhältnisse im Zuge der Vereinigung beider deutscher Staaten in einen „Generationszusammenhang" gestellt wurden.

Der gleiche Sachverhalt ist gemeint, wenn innerhalb der Entwicklungspsychologie die Rede von Geburtskohorten ist. Erst in dieser Verwendung erhält der Begriff „Kohorte" seinen besonderen psychologischen Gehalt,

der weit über seine übliche Verwendung als einfache Gruppierungsvariable
(z.B. in demoskopischen Erhebungen) hinausgeht. Geburtskohorten als
„Generationen" i.e.S. sind einerseits durch Spezifika ihres Erfahrungshin-
tergrundes, ihrer Ideologien und Wertorientierungen und den durch sie
getragenen sozialen Wandel gekennzeichnet. Andererseits besitzen sie auch
einen speziellen demographischen Aufbau, so daß es zuweilen weniger die
großen historischen Ereignisse sind, die Generationen voneinander tren-
nen, als vielmehr ihre demographische Struktur. Illustrieren läßt sich dies
anhand der sogenannten geburtenstarken Jahrgänge („babyboomers"): Mitglieder solcher Geburtskohorten müssen bekanntlich in jeder Phase ihres
Lebenslaufs mit einer großen Gruppe altersgleicher Personen konkurrieren, z.B. um Ausbildungs- oder Studienplätze, um Wohnungen für junge
Familien oder um sichere Arbeitsplätze. Dies kann sogar dazu führen, daß
die Höhe des Durchschnittseinkommens (der unselbständig Beschäftigen)
abhängig ist von der Größe der Geburtskohorte (vgl. Tigges, 1991).

Schließlich fällt auch immer wieder auf, daß nicht alle Mitglieder eines
Geburtsjahrgangs in gleicher Weise an bestimmten historischen Entwicklungen teilhaben resp. von diesen in ihren Lebensverläufen tangiert sind
oder waren. Schon Mannheim (1928) hat dafür den Begriff „Generationenzusammenhang" geprägt, der die in einer ähnlichen Situation stehenden
Mitglieder einer Geburtskohorte umfassen soll. Illustrieren kann man dies
am Beispiel der sog. „68er Generation", die ja keineswegs alle damals etwa
20- bis 30jährigen umfaßte, sondern eine spezielle Untergruppe (insbesondere die Studenten), die auf sozialen und politischen Wandel in deutlicher Weise reagiert haben oder gar als *forerunners* (Dunham & Bengtson,
1986) diesen Wandel mit ausgelöst oder vorangetrieben haben.

1.6 Wo begegnen sich Alt und Jung?

Im weiteren soll die Frage im Mittelpunkt stehen, in welches Beziehungs-
geflecht Menschen unterschiedlicher Generationenzugehörigkeit resp. unterschiedlichen Alters eingebunden sind. In der Forschung scheinen die Beziehungen zwischen den Generationen im Erwachsenenalter oft gleichbedeutend mit engen *Familien*beziehungen zu sein (Filipp, 1997). Umso interessanter ist die Frage, wann und wo sich Alt und Jung auch *außerhalb*
von Familien begegnen. Die empirische Basis für ihre Beantwortung liefern im wesentlichen Studien, die mit Methoden der sog. Netzwerkanalyse
Umfang und Struktur sozialer Beziehungssysteme erhellt haben (zum
Überblick Röhrle, 1994). Im folgenden wird – ausgehend von Befunden
zur Altersstruktur sozialer Netzwerke – gezeigt werden, daß soziale Netzwerke insbesondere im Alter im wesentlichen altersgleiche oder alters-
ähnliche Personen umfassen. Zugleich sollen Argumente, die für resp. gegen eine solche Altershomogenität sprechen, skizziert werden.

1.6.1 Zur Altersstruktur sozialer Netzwerke

Prinzipiell sind viele Situationen denkbar, in denen Alt und Jung einander auch außerhalb der eigenen Familie begegnen können. Persönliche Kontakte können zwanglos z.B. in der Nachbarschaft, in Vereinen oder Volkshochschulen entstehen, oder sie können über Dritte vermittelt zustandekommen, z.B. Kontakte zu Freunden der eigenen (Enkel-)Kinder (Lang, 1996). In zunehmendem Maße dürften Begegnungen zwischen den Generationen auch im Rahmen formeller Hilfebeziehungen stattfinden, wenn man berücksichtigt, daß ein erheblicher Anteil an der ambulanten Versorgung der älteren Menschen durch junge Erwachsene (z.B. Zivildienstleistende) getragen wird. Institutionalisierte Begegnungsmöglichkeiten zwischen Alt und Jung, wie sie in den USA im Rahmen von sog. intergenerationellen Kontaktprogrammen geschaffen wurden, sind demgegenüber in Deutschland weniger verbreitet, sie scheinen aber zunehmend Interesse zu finden, wie die steigende Zahl von Einrichtungen wie „Großelterndienste", „Erzählrunden" oder Beratungsdienste von Seniorexperten für jüngere Menschen zeigt.[1]

Wie häufig sind nun Begegnungen zwischen Alt und Jung im Alltag, wie werden sie gestaltet und wie werden sie von den Beteiligten erlebt? Zwar wissen wir mittlerweile einiges zu der sozialen Vernetzung älterer Menschen, doch nur wenige Studien haben explizit die Altersstruktur dieser Netzwerke erfaßt. Die wenigen dazu vorliegenden Untersuchungen verweisen darauf, daß Menschen in *allen* Lebensabschnitten überwiegend mit Angehörigen der *eigenen* Altersgruppe interagieren (vgl. z.B. Hoffmeyer-Zlotnik, 1990). Selbst innerhalb der eigenen Familie scheinen enge Beziehungen eher zwischen den unmittelbar benachbarten Generationen (d.h. zumeist Eltern und ihren Kindern) zu bestehen; verglichen hiermit fällt die Kontaktdichte in den Beziehungen zwischen Großeltern und Enkelkindern deutlich niedriger aus, vor allem dann, wenn die Enkelkinder selbst das Erwachsenenalter erreicht haben. In noch höherem Maße scheinen Netzwerke außerhalb der Familien durch eine hohe Altershomogenität charakterisiert: Nicht-verwandte Personen im sozialen Netzwerk sind überwiegend im gleichen Alter. Kontakte außerhalb des Familien- oder Verwandschaftssystems werden immer unwahrscheinlicher, je größer der Altersabstand zwischen den Beteiligten ist.

Gestützt werden diese Aussagen durch Daten, die sowohl in den USA als auch in der Bundesrepublik Deutschland gewonnen wurden. In der Studie von Fischer (1982) an insgesamt N=1050 erwachsenen Bewohnern aus kalifornischen Gemeinden zeigte sich, daß Netzwerke unabhängig vom Alter der Probanden am stärksten durch Altersgleichheit gekennzeichnet wa-

---

[1] Diese Entwicklung ist wohl nicht zuletzt auch auf entsprechende Initiativen zurückzuführen, die die Bundesregierung in den vergangenen Legislaturperioden unter dem Stichwort „Dialog der Generationen" (unter Federführung des Ministeriums für Familie, Senioren, Frauen und Jugend) ins Leben gerufen und gefördert hat. Allerdings liegt hierzu u.W. Material nur in Form von Projektberichten vor.

ren. Interessant ist zudem, daß mit zunehmendem Lebensalter der Altersabstand größer zu werden scheint, von dem an Menschen als gleichaltrig resp. der gleichen Generation zugehörig erlebt werden (Rawlins, 1995). Illustriert an einem Beispiel besagt dies, daß ein 15jähriger einen 25jährigen kaum als Mitglied der eigenen Generation bezeichnen würde, hingegen ein 85jähriger von einem 75jährigen durchaus sagen würde, daß e r der gleichen Generation angehört.

Wolf (1997) analysierte Daten, welche an einer Teilstichprobe der Bundestagswahlstudie 1987 (N=662) mit dem Namensgenerator von Burt (1984) erhoben worden waren. Hierbei sollten die Befragten maximal fünf Personen benennen, mit denen sie im vergangenen halben Jahr über persönliche Angelegenheiten gesprochen hatten, und zugleich deren Alter angeben. Auf diese Weise wurden insgesamt 1460 Nennungen von Freunden, Verwandten, Arbeitskollegen etc. registriert, wobei Nennungen des Ehepartners nicht berücksichtigt wurden. Augenfällig ist hier, daß in allen befragten Altersgruppen, besonders jedoch bei den unter 29jährigen, Angehörige der eigenen Altersgruppe den höchsten prozentualen Anteil ausmachten. Nennungen einer deutlich älteren resp. deutlich jüngeren Bezugsperson machten in der Gruppe der unter 29jährigen resp. der über 60jährigen gerade gut 4 resp. 7 Prozent aller Angaben aus.

Kurz vor Abschluß unserer Arbeiten an diesem Buch ist eine als „erste bundesweite Studie zum Verhältnis der Generationen" eingeführte Arbeit erschienen, die im Auftrag des Sozialministeriums Baden-Württemberg durch das Sozialwissenschaftliche Institut für Gegenwartsfragen Mannheim (SIGMA) erstellt wurde. Auch aus dieser Studie wird erkennbar, wie gering die Interaktionshäufigkeiten zwischen Jung und Alt außerhalb von Familien sind. Während hier auch der Bereich „Arbeit, Ausbildung und Beruf" erfragt worden war und dieser noch vergleichsweise häufige Begegnungen eröffnet, gaben nur 14 Prozent der unter 29jährigen an, außerhalb von Familie oder Beruf „häufig" mit über 60jährigen Personen zu tun zu haben.

Ein vergleichbares Bild zeichnen Befunde, die an Stichproben von Kindern und Jugendlichen bzw. von jungen Erwachsenen gewonnen wurden. Blyth, Hill und Thiel (1982; zit. nach Krappmann, 1997) berichteten aus einer Befragung von Kindern und Jugendlichen, daß diese außerhalb ihrer Familie nur selten Kontakte zu Erwachsenen aus der Generation ihrer Eltern oder Großeltern hätten. Bö (1989) ermittelte in den sozialen Netzwerken norwegischer Jugendlicher im Alter von 15 bis 16 Jahren, die aus verschiedenen städtischen und ländlichen Regionen stammten, daß lediglich 2,5 Prozent der als „bedeutsam" genannten Bezugspersonen über 65 Jahre alt waren. Zwar fehlen dort weitergehende Angaben, doch ist anzunehmen, daß es sich mehrheitlich um Familienangehörige der Jugendlichen handelte und der Anteil extrafamilialer Kontakte zu Älteren deutlich unter diesem Wert liegen dürfte. Schütze (1997) schließlich befragte eine kleinere Stichprobe von Studierenden und fand, daß nahezu ein Fünftel von ihnen im Alltag keinerlei Kontakte zu über 60jährigen Menschen pflegte; die übrigen Studierenden hätten zwar jeweils mindestens eine ältere Kontaktperson genannt, bei der es sich aber wiederum überwiegend um ein Mitglied der Familie gehandelt habe.

Betrachtet man nun auf der anderen Seite die Netzwerke, in deren Zentrum ein älterer Mensch steht, so verweist die Mehrzahl der Befunde auf den überragenden Stellenwert, den darin Familienangehörige – speziell die eigenen Kinder – einnehmen (z.B. Ferring & Filipp, 1999; Lang, 1996; Schubert, 1990; Schütze & Lang, 1996). Die Familienzentriertheit sozialer Netzwerke im Alter scheint dabei um so ausgeprägter, je enger die jeweilige Beziehung ist (z.B. Connidis & Davies, 1990), je näher die Wohnorte beieinander liegen (vgl. z.B. Cantor, 1979) und/oder je stärker die Älteren infolge von Krankheit oder Pflegebedürftigkeit auf Hilfeleistungen anderer angewiesen sind (z.B. Kovar & Stone, 1992; Townsend & Poulshoek, 1986).

Neben intrafamilialen Beziehungen verweisen neuere Forschungsarbeiten auch auf die Bedeutung von Freundschaftsbeziehungen im Alter (zusammenfassend siehe z.B. Auhagen & von Salisch, 1993; Rawlins, 1995). Dies gilt gerade, jedoch keinesfalls ausschließlich, für die sog. „jungen Alten", die in der Regel über einen guten Gesundheitszustand verfügen. Mit zunehmenden Funktionseinbußen verschlechtert sich zwar die Integration in den Kreis von Freunden oder Nachbarn, wie sich auch insgesamt das soziale Netzwerk verkleinert (vgl. z.B. Diewald, 1991; Johnson & Troll, 1994; Levitt, Weber & Guacci, 1993), doch sind selbst viele der sog. „alten Alten" noch in extrafamiliale Beziehungen eingebunden. Cutler und Danigelis (1993) berichteten aus großangelegten nationalen Befragungen, die in den Jahren 1990 und 1991 in den USA durchgeführt wurden, daß noch 64 Prozent der über 74jährigen angegeben hätten, politischen, religiösen oder kommunalen Organisationen oder Verbänden anzugehören. Eine gute soziale Einbindung außerhalb der eigenen Familie scheint im Alter wohl schon deshalb so wichtig, weil – wie einige Studien zeigen – das Vorhandensein von zufriedenstellenden Beziehungen zu (im wesentlichen ja altersgleichen) Freunden einen höheren Vorhersagewert für Wohlbefinden und Langlebigkeit besitzt, als dies für intrafamiliale Beziehungen nachgewiesen werden konnte (z.B. Adams, 1986; Connidis & Davies, 1990; Minnemann, 1992; O'Connor, 1995).

Erkenntnisse zu den Freundschaftsbeziehungen alter und sehr alter Menschen lassen sich u.a. der Berliner Altersstudie entnehmen, in der zugleich auch der Altersabstand zu den Freunden mit erhoben wurde. Schütze (1997) berichtete, daß von den insgesamt 6833 Personen, die die $N=516$ Probanden im Alter von 70 bis 103 Jahren als Freunde benannt hätten, nur ein Prozent um mehr als 40 Jahre jünger gewesen sei als die Befragten; vier Prozent aller Nennungen hätten sich auf 20 bis 40 Jahre jüngere Freunde bezogen; die Mehrzahl der Genannten aber sei im gleichen oder einem ähnlichen Alter gewesen. Ein ähnliches Bild habe sich bei der Betrachtung von Nachbarschaftsbeziehungen und Bekanntschaften gezeigt. Nur unter Einbeziehung von Verwandtschaftsbeziehungen würden generationenübergreifende Beziehungen sichtbar.

Netzwerke älterer Menschen weisen also zwei Besonderheiten auf: Zum einen eine hohe „Familienzentrierung" mit den vielfältigen Begegnungen zwischen Alt und Jung, zum anderen eine hohe Beschränkung auf Beziehungen zu altersgleichen Personen, wenn es um Kontakte außerhalb der Familie geht. In diesem letztgenannten Punkt ähneln sich die Netzwerke jüngerer und älterer Menschen; Jung und Alt treffen sich also im wesentlichen innerhalb und kaum außerhalb von Familien. Freilich bleibt damit noch die Frage offen, ob die hohe Altershomogenität mit mangelnden Möglichkeiten zur Begegnung zwischen Jung und Alt zu tun hat (Opportunitätsstrukturen) und/oder ob sich hier Präferenzen dergestalt widerspiegeln, daß Ältere wie Jüngere eher den Kontakt zu ihresgleichen suchen und den zu Altersungleichen eher meiden.

1.6.2 „Gleich und gleich gesellt sich gern" – auch im Alter?

Wie eben dargelegt, bestehen jenseits der – in ihrer Bedeutung herausragenden – Beziehungen zwischen (Enkel-)Kindern, Eltern und Großeltern kaum Verbindungen zwischen Jung und Alt *außerhalb* von Familien. Dies scheint auf den ersten Blick überraschend, vor allem wenn man die vielfältigen positiven Funktionen berücksichtigt, die Kontakten zwischen Alt und Jung sowohl für die älteren wie auch die jüngeren Menschen zugeschrieben werden (vgl. Krappmann, 1997; Lang & M.M. Baltes, 1997). Zudem gibt es einige Hinweise darauf, daß über 60jährige keinesfalls einseitige Kontaktpräferenzen für Gleichaltrige äußern, sondern offensichtlich am liebsten in einem altersgemischten Netzwerk leben (Ward, LaGory & Sherman, 1985). Ähnliches zeigte sich auch aus der oben erwähnten Befragung des SIGMA: Befragt danach, mit welchen Altersgruppen man (im Falle ehrenamtlicher Betätigung) am liebsten zusammenarbeiten würde, gaben die älteren Befragten keineswegs einseitige Präferenzen für Altersgleiche an, während sich umgekehrt für die unter 29jährigen deutlicher zeigte, daß sie mit „Leuten, die über 60 Jahre alt sind" weniger gerne zusammenarbeiten würden.

Auf der anderen Seite finden sich nicht wenige Argumente dafür, daß gerade ältere Menschen von Beziehungen zu Angehörigen ihrer eigenen Generation in höherem Maße profitieren sollten, jedenfalls mehr als von Beziehungen zu Jüngeren. Einige dieser Argumente leiten sich aus der Annahme her, daß (Freundschafts-)Beziehungen, die auf Freiwilligkeit beruhen, nach dem Prinzip der *Homophilie*, d.h. der (wahrgenommenen) Ähnlichkeit, eingegangen werden. Diese Annahme, die ihren Ausdruck auch in Spruchweisheiten findet („*Gleich und gleich gesellt sich gern*"), ist gestützt durch einen vielfach replizierten Befund: Mitglieder von (Freundschafts-) Systemen sind einander hinsichtlich vieler soziodemographischer Merkmale (z.B. Alter, Bildungsniveau) wie auch psychologischer Merkmale (z.B. Interessen, Meinungen und Wertorientierungen) ähnlich, und zwar in sehr viel höherem Maße, als dies bei einer rein zufälligen Zuordnung von Personen der Fall wäre (vgl. Verbrugge, 1977).

Gerade Altersähnlichkeit, die oft ein Durchlaufen gleicher Lebensstufen, gemeinsame historische Erfahrungen und geteilte Wertvorstellungen
bedeutet, kann eine hervorragende Basis für die Bildung und Aufrechterhaltung von Freundschaften darstellen. Umgekehrt mögen Unterschiede,
wie sie zwischen Menschen unterschiedlichen Alters resp. Generationenzugehörigkeit bestehen oder vermutet werden, z.B. in Wertorientierungen,
Interessen oder Lebensstilen oder in Handlungsspielräumen, eher hinder-
lich sein: Deutlich jüngere resp. deutlich ältere Personen sollten als Interaktionspartner eher gemieden werden, und bestehende Beziehungen zwischen Altersungleichen sollten zudem ein höheres Konfliktpotential in sich
bergen als die zwischen Altersgleichen. Entsprechend wurde schon vor
Jahren vermutet, daß Altersgleichheit in sozialen Netzwerken nichts anderes reflektiere als die (tatsächliche oder wahrgenommene) Ähnlichkeit ihrer Mitglieder (Rosow, 1967); diese erleichtere ihrerseits Interaktionen
und befördere die Ausgewogenheit im Geben und Nehmen von Zuwendung
und Unterstützung. Darüber hinaus sollte Altersgleichheit auch dazu führen, daß die Erwartungen, die Interaktionspartner aneinander haben, in
höherem Maße mit ihren jeweiligen Verhaltensmöglichkeiten übereinstimmten und es daher seltener zu Überforderungen komme als in altersungleichen Beziehungen.

Demgegenüber wird in anderen Ansätzen betont, daß soziale Netzwerke letztlich von den vorfindbaren Gelegenheitsstrukturen abhängen und
weniger durch die individuellen Kontaktpräferenzen bestimmt sind. So ist
es wahrscheinlicher, daß Menschen, die sich in bestimmten Merkmalen
(z.B. in Bildungsniveau oder Interessen) ähneln, sich in ähnlichen Lebens-
kontexten bewegen und daher einander auch eher begegnen sollten (Feld,
1981; zitiert nach Wolf, 1997). Da umgekehrt Menschen gerade im jüngeren Alter in stark alterssegregierten Umwelten (Schule, Discos etc.) leben,
sollten sie auch mit höherer Wahrscheinlichkeit auf Altersgleiche treffen.
Eine solch hohe Alterssegregation gilt sicher nicht für die Arbeitswelt als
dem zentralen Lebenskontext des mittleren Erwachsenenalters (hierzu Kapitel 7). Doch scheint sie sich auch in der Altersstruktur von Wohnumwelten im Alter niederzuschlagen, wie bevölkerungsstatistische Daten belegen
(z.B. Franz & Vascovics, 1982; Wagner, 1989; 1990), wie dies auch insgesamt Gegenstand des Zweiten Altenberichts der Bundesregierung (1998)
gewesen ist: Haushalte mit (alleinlebenden) älteren Menschen finden sich
vielerorts gehäuft in Innenstadtbereichen bzw. an deren Rändern, in älteren
und häufig sanierungsbedürftigen Wohnvierteln mit Mehrfamilienhaus-
bebauung und niedrigerem Mietpreisniveau oder in Gegenden mit Ein- und
Zweifamilienhäusern, welche die Bewohner im mittleren Erwachsenenalter
errichtet bzw. erworben haben. Dadurch sind alterskonzentrierte Wohnumwelten entstanden, die offenbar wenig Spielräume für Begegnungen
zwischen Alt und Jung lassen (zum Überblick siehe Fischer, 1995).

Wir können im einzelnen nicht nachzeichnen, welche sozialstrukturel-
len Ursachen zu der Alterssegregation geführt haben. Wohl aber mag die
Altershomogenität sozialer Netzwerke wie die von Wohnumwelten auch
eine innere Distanzierung der Generationen voneinander reflektieren, die

auf gegenseitigen Stereotypisierungen (oder gar Diskriminierungen) beruht. Daß diese These keinesfalls abwegig ist, deuten die Befunde von Kidwell und Booth (1973) an: Probanden im Alter zwischen 19 und 85 Jahren
erlebten die soziale Distanz zu einer anderen Person als umso größer, je
größer der Altersabstand zwischen beiden war; zugleich wurde die Distanz
zu einer älteren Person immer, d.h. unabhängig vom eigenen Alter (!), als
größer eingeschätzt als die zu einer jüngeren Person. Dies mag in der Tat
als Hinweis auf die Wirksamkeit eines negativ getönten Altersstereotyps
gewertet werden, das im Falle einer hohen Alterskonzentration noch verstärkt werden sollte. Sherman, Ward und LaGory (1985) vermuteten, daß
ältere Menschen bedingt durch diese sozioökologischen Faktoren als soziale
Gruppe besonders exponiert und eher Stereotypisierungen seitens der Jüngeren ausgesetzt sein sollten als die in altersdurchmischten Gebieten lebenden Älteren. Zudem können letztere eine Reihe von Vorteilen genießen:
Gerade wenn sie gesundheitlich beeinträchtigt sind, kann bei älteren Menschen dann das Gefühl erwachsen, zumindest über Beobachtung noch an
der Umgebung teilhaben zu können und dazuzugehören, selbst wenn eine
aktivere Teilhabe am Alltag nicht mehr möglich ist. Zudem kann mutmaß-
lich bereits die Beobachtung von Kindern und Jugendlichen ausreichen, um
bei Älteren positiv getönte Erinnerungen zu aktivieren, in denen die eigene
Jugend wieder auflebt (hierzu Filipp, 1996b; Mayer, Filipp & Ferring,
1996).

Nicht zuletzt lassen sich aber auch Überlegungen heranziehen, wie sie
Carstensen (1995) im Rahmen ihrer „sozioemotionalen Selektivitätstheorie"
formuliert hat und die für das Verständnis sozialer Netzwerke im Alter
grundlegend sind. Ausgehend von der Annahme, daß die Bedürfnisse, die
in sozialen Beziehungen befriedigt werden, sich im Lebensverlauf ver-
schieben, soll im Alter mit dem wachsenden Bewußtsein des nahenden Le-
bensendes die *emotionsregulative* Funktion sozialer Beziehungen im Vordergrund stehen. Da ältere Menschen infolge schwindender Ressourcen
weniger Beziehungen eingehen resp. weniger Kontakte pflegen könnten als
in früheren Jahren, sei es umso wichtiger, *wer* ihre Bezugspersonen seien.
Das Bedürfnis nach Sicherung des emotionalen Wohlbefindens und nach
emotionaler Nähe könnten gerade solche Personen befriedigen, zu denen
eine längere und von Vertrauen geprägte Beziehung bestehe (und zu denen
dann auch selektiv Kontakt gesucht werde). Diese Überlegungen stützen
zwar nicht die Annahme spezifischer Alterspräferenzen, sie verweisen nur
darauf, daß ältere im Vergleich zu jungen Menschen weniger Interesse am
Eingehen neuer Beziehungen haben (Lang & Carstensen, 1994). Und in
dem Maße, in dem Gleichaltrige in den Netzwerken älterer Menschen
überrepräsentiert sind, sollte dies auch mit der langen gemeinsamen Bezie-
hungsgeschichte und entsprechenden Präferenzen für vertraute Personen zu
erklären sein. Daher sollte es den Menschen besser gelingen, die mit dem
Alter einhergehenden Verluste und Einschränkungen zu kompensieren,
wenn sie enge Beziehungen vorwiegend zu anderen Älteren aufrechter-
hielten.

1.6.3 Kontaktbarrieren und Konflikte zwischen Jung und Alt?

Wie die knappe Bestandsaufnahme gezeigt hat, werden außerhalb von Familien persönliche Beziehungen zwischen Alt und Jung nur selten eingegangen und gepflegt. Gelegenheiten zu Begegnungen, die Jüngeren den Blick für die vielfältigen Facetten des Altseins eröffnen oder die beiden Generationen gar ein Voneinander-Lernen ermöglichen, scheinen selten gegeben oder nicht wirklich aufgesucht zu werden. Statt dessen handelt es sich bei Begegnungen zwischen Alt und Jung im Alltag oft um Gelegenheits- oder Zufallskontakte von kurzer Dauer und geringer Intensität, die – häufig im öffentlichen Raum (z.B. in Verkehrsmitteln, auf der Straße, beim Einkaufen) – zwischen Personen stattfinden, die sich nicht einmal namentlich kennen. Zwar bieten solche Kontakte für beide Seiten die Möglichkeit, den eigenen Erfahrungsraum zu erweitern, doch mag die Beschränkung auf eher oberflächliche Begegnungen zwischen den Generationen auch Risiken in sich bergen. Wahrnehmungen und Bewertungen „der Alten" (wie auch der „Jugend von heute"), die aus flüchtigen Beobachtungen in Alltagssituationen resultieren, weisen in der Regel einen geringen Grad an Genauigkeit auf und laden eher zu negativen Stereotypisierungen älterer Menschen ein (hierzu Kapitel 5): Die ältere Frau, die an der Supermarktkasse umständlich in ihrer Geldbörse kramt; der Nachbar, der sich in seinem Mittagsschlaf durch den Lärm der spielenden Kinder gestört fühlt und laut schimpft – all dies dürften Erfahrungen sein, welche für Jüngere die Nähe zu älteren Menschen nicht eben attraktiv erscheinen lassen oder die gar dazu beitragen, ein bestehendes negatives Altersstereotyp noch zu verstärken.

Darüber hinaus finden sich immer wieder Hinweise darauf, daß das Verhältnis zwischen den Generationen ohnehin gelockert sei. So war in der erwähnten Studie des SIGMA (1999) über die Hälfte der Befragten der Meinung, daß Jugendliche und ältere Menschen in „zwei total verschiedenen Welten" lebten, daß die wenigsten älteren Menschen die Probleme von Jugendlichen „wirklich verstehen". Demgemäß fielen auch die Bewertungen des gegenwärtigen Verhältnisses zwischen Jung und Alt in Deutschland aus: So waren nur 6 resp. 9 Prozent der 15- bis 20- resp. 21- bis 29jährigen der Meinung, daß dieses Verhältnis gut oder sehr gut sei, während immerhin 32 Prozent der über 70jährigen diese Bewertung abgaben. Auch was die Erwartungen an das künftige Verhältnis zwischen den Generationen anbelangt, zeichnete sich hier ein düsteres Bild ab, da 49 Prozent der Gesamtstichprobe eine Verschlechterung und nur 17 Prozent eine Verbesserung erwarteten (ein gleichbleibendes Verhältnis erwarteten 29 Prozent)[2]. Unter Rückgriff auf altbekannte Vokabeln, wie die der kulturellen Akzeleration und des raschen technologischen und sozialen Wandels, wird beklagt, daß die Generationen sich immer weiter voneinander entfernt hät-

---

[2] Doch auch hier zeigte sich wiederum, daß im eigenen Alltag „alles ganz anders ist", indem das persönliche Verhältnis zu der jeweils anderen Generation von 58 resp. 71 Prozent der beiden jüngeren Gruppen als „sehr gut" oder „gut" bewertet wurde.

ten und es zu einer Entfremdung zwischen den Generationen gekommen sei (ja gar habe kommen müssen). Letztlich soll damit ausgedrückt werden, daß die Menge intergenerationell geteilten Wissens und der Fundus *gemeinsamer* Erlebnisräume und Erfahrungshintergründe immer geringer geworden sei und dies zwangsläufig zu einer Distanzierung der Generationen voneinander geführt habe. Vor diesem Hintergrund hätten „die Alten" auch ihre Funktion als Experten resp. als Quelle von Erfahrungswissen verloren und damit auch die ihnen seitens der nachfolgenden Generationen gezeigte Wertschätzung.

Schließlich wird noch aus einer anderen Perspektive die Gefahr von Entfremdung und Distanzierung zwischen den Generationen beschworen. Verwiesen wird dabei auf grundlegenden Wertorientierungen in unserer Gesellschaft, die mit den Begriffen „Leistungsfähigkeit", „Erfolg", „Attraktivität und Jugendlichkeit" und „Genußfähigkeit" umschrieben werden. Vor diesem Hintergrund wird dann Alter häufig als Negation dieser Werte gesehen, wie ja auch Alter häufig mit dem „Verlust der Jugend" gleichgesetzt wird (Friedan, 1995). Selbstredend hat dies nicht selten zur Folge, daß es zu Ausgrenzungen, Abwertungen oder gar Diskriminierungen alter Menschen kommt. Werden also alte Menschen übergeneralisierend als „unattraktiv" oder „gebrechlich" wahrgenommen, so ist die Thematisierung des Alters unter der Perspektive des Generationenkonfliktes mehr und mehr in Mode gekommen (siehe Kruse & Thimm, 1997): Hier sei es plötzlich nicht mehr der Typus der pflegebedürftigen und hinfälligen Alten, sondern hier sind es die „schmarotzenden" Alten, die in den Mittelpunkt des medialen Interesses gerückt worden seien. Thimm (1998) zeichnet nach, wie eine solche Medieninszenierung, deren Beginn sie auf das Jahr 1989 datiert, seither in den unterschiedlichsten Medien fortgeschrieben wurde. Vor allem erfolge diese Inszenierung in wiederkehrenden Begrifflichkeiten, die eine Kriegsmethaphorik offenbaren und das Verhältnis zwischen Alt und Jung in Richtung auf einen Verteilungskampf zuspitzten – wie etwa die Rede von dem „drohenden Krieg der Jungen gegen die Alten" (vgl. Gronemeyer, 1990) offenbart. Thimm zitiert darüber hinaus u.a. aus einem Bericht in der Wochenzeitung „Die Woche" vom Oktober 1995: „Kampf der Generationen! Krieg den Alten! Die Senioren-Lawine verschüttet die Zukunft der Jugend – wehrt sich die verlorene Generation?"

Hier tut sich also eine soziale Konfliktperspektive auf, in deren Zentrum die Frage steht, wie der Zugang zu den als begrenzt gedachten Ressourcen auf die einzelnen Generationen verteilt ist. Da die Mitglieder früherer Geburtskohorten oft den Vorteil der Zeit *(seniority)* haben und Positionen besetzen, die ihnen (tatsächlich oder vermeintlich) Macht geben, werden Generationenbeziehungen zunehmend aus dieser Perspektive beleuchtet. Wie Kaufmann, Engelbert, Herlth, Meier und Strohmeier (1989) argumentierten, hat die staatliche Sozialpolitik einen „kollektiven Generationenzusammenhang" geschaffen, in dem an die Stelle der moralischen und emotionalen Bindungen, wie sie seit jeher die Generationenbeziehungen innerhalb der Familie gekennzeichnet hätten, die sozialstaatlichen Grundsätze in der „blassen Formel des Generationenvertrages" getreten

seien. Indem sich das Zahlenverhältnis zwischen Erwerbstätigen und Nichterwerbstätigen immer mehr zu Ungunsten der ersteren verschoben habe,
stelle der Generationenvertrag das „langfristig brisanteste sozialpolitische
Problem der Gegenwart" dar. In der Tat gibt es in den USA bereits sog.
Aktionsgruppen, zu denen sich Erwerbstätige zusammengeschlossen haben.
Diese haben das Ziel, auf sozialpolitische Regelungen so Einfluß zu nehmen, daß die Belastungen vor allem der mittleren Generation gemindert
resp. die (vermeintliche) Gewährung von Vorteilen für die ältere Generation zurückgenommen werden. Und auch in öffentlichen Verlautbarungen
in Deutschland hört man nicht selten von der drohenden Kündigung des
Generationenvertrages durch die aktive jüngere Bevölkerung, die es leid
sei, einen großen Teil ihres Einkommens an die Älteren zu übertragen.

So scheinen also (wie Bengtson und Schütze (1994) illustrierend darlegen) viele der klassischen Begriffe, mittels derer bisher die Beziehungen
zwischen den Generationen während der gesamten Menschheitsgeschichte
beschrieben wurden, nicht mehr auszureichen. An die Stelle von Solidarität
und Konflikt treten neue Begrifflichkeiten, in denen es um Ungerechtigkeit
und Ungleichheit im Verhältnis der Generationen zueinander geht, wie
auch Thimm (1998) insgesamt einen altersfeindlichen Tenor in der Berichterstattung über das Verhältnis der Generationen ausgemacht hat. So
scheint es in der heutigen Zeit auf den ersten Blick nicht mehr das *Klassen*-
bewußtsein zu sein, das soziale Konflikte schürt, sondern das *Alters*bewußtsein. Doch trotz all dieser Unkenrufe läßt sich feststellen, daß der be-
schworene „Krieg der Generationen" bis heute nicht stattfindet. Darauf
deuten auch Daten aus einer bundesdeutschen Repräsentativerhebung bei
über 2.000 Personen im Alter von über 40 Jahren hin (Filipp & Boll,
1999). Von jener Teilstichprobe der Befragten, die ihren Aussagen zufolge
derzeit mit einer anderen Person „in einem Konflikt" stand, gab die Mehrheit an, daß ihr Konfliktpartner „eher gleichaltrig" (und nicht „deutlich
jünger" oder „deutlich älter") sei. Greift man weiter nur jene Konflikte
heraus, die den Angaben der Befragten zufolge *außerhalb* von Familien
lokalisiert waren, so erhöht sich der relative Anteil der Konflikte unter
Altersgleichen noch einmal beträchtlich, während außerfamiliale Konflikte
zwischen Jung und Alt i.w.S. zahlenmäßig offenbar kaum eine Rolle spielen. Dies scheint einerseits zwischen Individuen zu gelten, wie auch andererseits zwischen Jung und Alt als sozialen Gruppen - vielleicht nicht zuletzt deshalb, weil die westlichen Gesellschaften über gut eingespielte sozialpolitische Institutionen verfügen, die mögliche Einkommensungleichhei-
ten zwischen Jung und Alt bislang hinlänglich gerecht ausgleichen. Zudem
erfolgt der Transfer materieller und immaterieller Güter noch immer von
der älteren auf die jüngere Generation und nicht umgekehrt – was als Kas-
kadenmodell im Generationenverhältnis umschrieben wurde (hierzu Kohli,
1995). Umso wichtiger sollte es sein, daß mediale Darstellungen und Verlautbarungen über das Verhältnis der Generationen um eine differenzierende Betrachtung ergänzt werden.

2 | Altern und Alter in subjektiven Theorien der menschlichen Entwicklung

Altern ist ein Vorgang, der häufig aus „distanzierter" Perspektive durch Dichter, Philosophen oder Alternsforscher betrachtet wurde. Altern wird aber auch von jedem Individuum, das ja stets selbst ein *alterndes* Individuum ist, in bestimmter Weise subjektiv erlebt. Altern ist also ein Vorgang, bezüglich dessen Menschen im Alltag relativ klar artikulierte Vorstellungen haben, die hier als „subjektive Theorien der Entwicklung" beleuchtet werden sollen. Dabei hat P.B. Baltes (1996) auf die Besonderheit verwiesen, daß in der psychologischen Forschung Objekt und Subjekt der Erkenntnis stets eins seien, und wissenschaftliche und subjektive Theorien in der Person des (Alters-)Forschers gleichsam verschmelzen. Gegenstand des vorliegenden Kapitels sind also Bilder des Alterns, wie sie sich in diesen subjektiven Theorien oder alltagspsychologischen Vorstellungen niederschlagen. Dabei wird es auch um die Frage gehen, welche charakteristischen Merkmale einzelnen Lebensabschnitten – und dabei insbesondere dem hohen und sehr hohen Alter – zugeschrieben werden. Bevor wir dazu kommen, wollen wir (gleichsam kontrastierend) einige wissenschaftliche Konzeptionen des Alternsprozesses skizzieren, wobei dies selbstredend nur illustrierender Natur sein kann. Es wird sich zeigen, daß sich so manche wissenschaftliche Konzeption durchaus auch in alltagspsychologischen Vorstellungen wiederfinden läßt.

2.1 Altern im Bild der Wissenschaft: Einige Illustrationen

Was meinen wir eigentlich, wenn wir von „Altern" sprechen? Altern heißt zunächst einmal lediglich das Durchschreiten des individuellen Lebenslaufs. Altern beginnt mit der ersten Sekunde unseres Lebens; also dann, wenn zwei Zellen ihr Einzelleben aufgeben, um in einem einmaligen und unverwechselbaren Individuum aufzugehen, und er endet mit dem Tod: Ein Mensch durchschreitet die ihm zugewiesene Zeit seines Lebens in den unterschiedlichsten räumlichen und sozialen Verortungen. Das Altern begreifen zu wollen, heißt also immer, den Lebenslauf in seiner biographischen Ganzheit zu betrachten, selbst wenn wir uns primär mit einzelnen Lebensstufen – wie hier mit dem Alter – beschäftigen mögen. Doch wenn wir von Altern sprechen, meinen wir natürlich noch vieles mehr, und es ist sicher auch eine Frage der jeweiligen wissenschaftlichen Orientierung, welche Facetten des Alternsprozesses betont werden und in welches metaphorische Umfeld „Altern" eingebettet ist.

Altern mag zum einen so verstanden werden, daß sich das Leben eines Menschen mit jedem Tag der Unausweichlichkeit des Todes nähert und von der stetigen, wenn auch vielleicht unmerklichen Abnahme einzelner Funktionen begleitet ist. Oft wird diese Auffassung des Alters mit dem Begriff der Entropie verglichen, mit dem die Tendenz zur Auflösung von Systemen aufgrund des Energieverlustes, den sie über die Zeit hinweg erleiden, gekennzeichnet wird. Physiologische Theorien des Alterns basieren oft auf der Idee der Begrenztheit der Energiespeicherung. Der Mensch verbrauche sein Energiereservoir, er lebe diesen Vorrat sozusagen ab bis zu seinem Tode. Altern heißt hier also Abbau und eine zunehmend „defizitäre" Entwicklung. Shakespeare sagt in „Wie es Euch gefällt" (2. Akt, 7. Szene): „Das sechste Alter macht den besockten, hageren Pantelon, Brille auf der Nase [...] . Der letzte Akt ist zweite Kindheit, gänzliches Vergessen, ohn' Aug, ohn' Zahn, ohn' Geschmack und alles."

Diesem *Defizitmodell* des Alterns steht eine nicht selten gebräuchliche Metapher gegenüber, in der das Altern des Menschen mit einem Baum in seinem Wachstum und seiner Verzweigung verglichen wird: Altern heißt hier nicht die allmähliche Auflösung des Systems, sondern seine zunehmende Erweiterung, Ausdifferenzierung und Verfeinerung. Diese Form des Alterns läßt sich an der Entwicklung der Gefühle illustrieren: Aus den anfänglichen globalen Zuständen von Lust und Unlust entwickelt sich über die Zeit ein Spektrum höchst unterschiedlicher Emotionen (Stolz, Trauer, Scham etc.), die letztlich die differenzierte Gefühlswelt des Erwachsenenalters ausmachen. Altern läßt sich gleichsetzen mit der Akkumulation von Wissen, der zunehmenden Integration von Erfahrung und dem fortlaufenden Auf- und Ausbau von (Alltags-)Kompetenz (M.M. Baltes & Wilms, 1995). Nicht selten wurde (und wird) Menschen im Alter z.B. Macht zugeschrieben, die sich auf Erfahrung gründet und die von einer hohen Wertschätzung des Alters begleitet ist (Borscheid, 1994). Die psychologische Alternsforschung hat sich inzwischen den im Alter oft ungenutzten Kapazitäts- und Handlungsreserven gewidmet und auf die Potentiale alter Menschen verwiesen (*Kompetenzmodell; Modell der selektiven Optimierung durch Kompensation, SOK-Modell;* P.B. Baltes & M.M. Baltes 1990a,b).

Schaie (1993) – einer der international renommiertesten Altersforscher – hat darauf aufmerksam gemacht, daß die gerontopsychologische Forschung durch ihre vorherrschende Forschungspraxis selbst jahrelang zur Perpetuierung des Defizitmodells beigetragen habe. In dieser seien Resultate aus querschnittlich, d.h. zu einem Erhebungszeitpunkt altersvergleichend, angelegten Untersuchungen als altersbezogene Entwicklungs*veränderungen fehl*interpretiert worden. Geringe Testleistungen im Alter im Querschnittsvergleich reflektierten aber viel eher Unterschiede zwischen Mitgliedern einzelner Geburtsjahrgänge denn den Abbau kognitiver (oder anderer) Fähigkeiten; denn dieser könne nur längsschnittlich registriert werden. Gerade diese Betrachtung habe aber in vielen Merkmalen Stabilität oder gar Zunahme und keineswegs stets Abbau offenbart. Zudem finden sich Hinweise auf eine neue Qualität des Verhaltens und Erlebens im Alter. Gut illustrieren läßt sich dies anhand der kognitiven Entwicklung im höheren Alter: Hier geht es nicht darum, ob eine Person weniger leistungsfähig ist, sondern mit Weisheit soll eine neue Form des Denkens erkennbar werden, die im Vergleich zu kognitiven Leistungen in früheren Lebensaltern eine neue Qualität besitzt (P.B. Baltes & Smith, 1990).

Eines scheint die Altersforschung bisher überzeugend nachgewiesen zu haben: Altern ist kein homogener, d.h. gleichförmiger und gleichsinnig verlaufender Prozeß. Ganz im Gegenteil, wir finden höchst unterschiedliche Verläufe nicht nur *zwischen*, sondern auch *innerhalb* einzelner Individuen in Abhängigkeit davon, welchen Merkmalsbereich wir betrachten. Hohe geistige Leistungsfähigkeit bei zunehmendem körperlichen Verfall läßt sich ebenso finden wie das umgekehrte Veränderungsmuster, etwa Depressivität und dementieller Abbau bei guter körperlicher Gesundheit. Der Vorgang des Alterns umfaßt also Gewinne *und* Verluste, Stabilität *und* Abbau, und er ist somit mehr als nur Abbau *oder* Wachstum.

Was die psychologischen, aber z.T auch physiologischen Unterschiede zwischen den Individuen anbelangt, so ist gut gesichert, daß diese mit dem Alter größer werden und Menschen auf ganz unterschiedliche Weise altern. Dieses Bild des *differentiellen Alterns* ist neben der individuellen genetischen Ausstattung wohl in erster Linie darauf zurückzuführen, daß keine Biographie einer anderen gleicht: Was die Variabilität im Altern und im Alter erzeugt, ist die Unterschiedlichkeit der individuellen Erfahrungen, die sich über ein Leben hinweg angesammelt und die die individuellen Stile des Alterns geformt haben. Und es sind selbstredend nicht nur die von außen beobachtbaren Erfahrungen im Leben der Menschen, sondern auch die höchst unterschiedliche Art und Weise, wie diese Erfahrungen verarbeitet und in ein individuelles Sinnsystem integriert werden. Während also vieles für eine große Variabilität im Alter spricht, lassen sich umgekehrt Argumente dafür finden, daß die Unterschiede zwischen den Individuen mit dem Alter eher ab- denn zunehmen. So wird beispielsweise auf ein biologisches Programm der „Vergänglichkeit" verwiesen, das eine zunehmende Ähnlichkeit zwischen den alternden Individuen erzeugt. Ein prominentes Beispiel dafür ist die zunehmende Verlangsamung des Organismus in all seinen psychischen und physischen Funktionen, die man bei nahezu allen Menschen im höheren Alter – wenngleich auch in unterschiedlicher Intensität und zu unterschiedlichen Alterszeitpunkten – beobachten kann (Salthouse, 1991).

In der Zusammenschau ist zu betonen, daß es *die* Alten genausowenig gibt wie *das* Alter. Lebenslagen und Lebensstile der älteren Menschen sind ebenso verschieden wie Alternsschicksale und Alternsstile (Thomae, 1983). Altern heißt immer auch differentielles Altern über Individuen und Bereiche des Verhaltens hinweg. Es meint Gewinne und Verluste; umfaßt also mehr als die geläufige Analogie vom Wandel der Jahreszeiten, („Goldener Herbst" oder „eisiger Winter"). Vor allem aber ist Altern auch das, was die Menschen an sich selbst und an anderen beobachten und in „subjektiven Theorien der Entwicklung" mental repräsentiert haben.

2 . 2 Elemente subjektiver Entwicklungstheorien

„Subjektive Theorien" stellen seit Jahren ein eigenständiges Forschungsprogramm dar (siehe Groeben & Scheele, 1977; Groeben, Wahl, Schlee & Scheele, 1988). Sie werden hier als organisierte Wissenssysteme von Personen aufgefaßt, die sich auf einen bestimmten Gegenstandsbereich beziehen. Das wesentliche Postulat dieses Forschungsprogramms ist nun, daß die subjektiven Theorien des Alltagsmenschen, die als grundlegend für das Verständnis des menschlichen Erlebens und Verhaltens gelten, wissenschaftlichen Theorien keineswegs unterlegen sind, sondern beide eine Vielzahl von Ähnlichkeiten aufweisen und subjektive Theorien daher auch in den Prozeß psychologischen Forschens einbezogen werden müssen (vgl. Postulat der Austauschperspektive; Groeben et al., 1988). Der Alltagsmensch wird also gleichermaßen wie der Forscher als „Wissenschaftler" verstanden *(man as scientist),* dessen Streben darauf gerichtet ist, die Welt und die Ereignisse um ihn herum deuten, verstehen, erklären und vorhersagen zu können. Damit kann im Prinzip alles Gegenstand subjektiven Theoretisierens sein, z.B. die eigene Person („Selbsttheorien", Epstein, 1973), bestimmte Krankheitsbilder („subjektive Krankheitstheorien", Filipp & Aymanns, 1996b) und eben auch die menschliche Entwicklung (Heckhausen, Dixon & P.B. Baltes, 1989).

Bei diesen subjektiven Entwicklungstheorien handelt es sich um ein komplexes Gefüge aus Überzeugungen und Wissenselementen bezogen auf den Verlauf und die Bedingungen der menschlichen Entwicklung in den unterschiedlichsten Bereichen (Persönlichkeitseigenschaften, Intelligenz, Interessen usw.) und mit Blick darauf, worin Ähnlichkeiten resp. Unterschiede zwischen einzelnen Lebensaltern liegen. Subjektive Theorien der menschlichen Entwicklung lassen sich des weiteren danach differenzieren, ob sie allgemeine (d.h. „normative") oder selbstbezogene Überzeugungen umfassen. Erstere bilden ein konsensuell weithin geteiltes Wissenssystem über den Verlauf und die Bedingungen lebenslanger Entwicklung *im allgemeinen* ab (Brandtstädter, 1989; Heckhausen & P.B. Baltes, 1991); letztere umfassen individuelle Überzeugungen mit Blick auf den *eigenen* Entwicklungsprozeß (zusammenfassend Heckhausen, 1999). Wie zu zeigen sein wird, weichen Überzeugungen bezüglich der eigenen Entwicklung z.T. gravierend von jenen ab, die sich auf die Entwicklung „im allgemeinen" beziehen, was als eine Facette der *self-other*-Diskrepanz diskutiert wird (siehe unten). Daneben enthalten subjektive Entwicklungstheorien unterschiedliche Elemente, wie sie im folgenden kurz als deskriptive, evaluative und explikative Elemente dargestellt werden.

Deskriptive Elemente bilden Überzeugungen ab über das „Wie" von Entwicklungsverläufen, z.B. wie stabil oder veränderlich einzelne Merkmale (z.B. Intelligenz) sind, zu welchen Alterszeitpunkten ggf. Veränderungen eintreten und in welche Richtung sie gehen (z.B. Abbau). Damit bilden diese Elemente einerseits subjektive Vorstellungen über alterstypische Entwicklungen ab, andererseits beinhalten sie Vorstellungen davon, was in bestimmten Lebensaltern „normal" ist und welche Entwicklungsaufgaben in einzelnen Lebensaltern zu bearbeiten sind (Heckhausen, 1989). Dieses normative Entwicklungswissen resp. diese Altersnormen definieren die gesellschaftlichen Erwartungen, die an Menschen einer bestimmten Altersgruppe gerichtet werden und die Menschen auch an sich selbst richten. Sie liefern also Bewertungsmaßstäbe dafür, ob z.B. bestimmte Entwicklungsschritte „zu früh" oder „zu spät" vollzogen wurden, resp. welches Verhalten für welches Alter angemessen ist, aber auch Bewertungsmaßstäbe dafür, wie die eigene Entwicklung bisher verlaufen ist und welche Erwartungen an den weiteren Entwicklungsverlauf geknüpft sind. Damit beeinflussen diese Wissenselemente auch die Entscheidung, ob eigene Ansprüche und Zielsetzungen beibehalten werden können oder ob sie in Anbetracht zu erwartender Veränderungen angepaßt oder gar grundlegend geändert werden müssen (vgl. Brandtstädter, 1989). Zugleich stellen sie Maßstäbe für soziale Vergleiche bereit (Heckhausen & Krueger, 1993), und nicht zuletzt legen sie auch Erklärungen dafür nahe, weshalb bestimmte Ereignisse eingetreten oder nicht eingetreten sind („das liegt am Alter"; siehe Abschnitt 2.4).

Evaluative Elemente bilden ab, daß mit entwicklungsbezogenen Überzeugungen in aller Regel auch emotionale Bewertungen verbunden sind, gerade wenn es um die *eigene* Entwicklung geht. Hierzu gehören Einschätzungen bestimmter Veränderungen danach, ob sie erwünscht oder unerwünscht sind, ebenso wie auch Hoffnungen oder Befürchtungen mit Blick auf den Prozeß des Alterns und das Altsein. Beispielsweise gehört es zu den Entwicklungsaufgaben des höheren Alters, durch Lebensrückschau „Integrität" herzustellen (hierzu auch Mayer et al., 1996), d.h. das gelebte Leben zu bewerten und in einen Sinnzusammenhang zu stellen. Entwicklungsvorstellungen liefern auch den wesentlichen Hintergrund dafür, was als „Gewinn" und „Verlust" verbucht wird und wie Bilanzierungen des im Leben Erreichten oder Versäumten vorgenommen werden.

Explikative Elemente schließlich beinhalten Annahmen dazu, wovon Entwicklungsverläufe im allgemeinen oder in der eigenen Entwicklung abhängen und wie sie ggf. beeinflußt werden können (sog. „entwicklungsbezogene Kontrollüberzeugungen"; siehe Abschnitt 2.6). Solche Annahmen beziehen sich darauf, ob und wie in Entwicklungsverläufe regulierend eingegriffen werden kann oder ob das Entwicklungsgeschehen einen „schicksalhaft" naturgegebenen Prozeß darstellt. Wahrgenommene Einflußmöglichkeiten auf die Entwicklung bestimmen damit einerseits das Verhalten anderer Menschen gegenüber: Wer z.B. davon ausgeht, daß Altern unabänderlich mit geistigem Abbau einhergeht, wird kaum Versuche unternehmen, zu einer besonders anregenden Umwelt für ältere Menschen und zum Erhalt ihrer Kompetenzen beizutragen. Andererseits bestimmen sie aber auch, in welchem Maße Menschen selber zu ihrer Entwicklung beitragen. Daher kommt wahrgenommenen Einflußmöglichkeiten in all den Ansätzen ein hoher Stellenwert zu, in denen das Individuum als Mitgestalter seiner Entwicklung betrachtet wird (Brandtstädter, 1984). Auch in dem Modell der selektiven Optimierung durch Kompensation (P.B. Baltes & M.M.

Baltes, 1990a) werden jene Möglichkeiten der aktiven Gestaltung individueller Handlungsspielräume betont.

Subjektive Entwicklungstheorien sind also zum einen Überzeugungssysteme, auf denen Bewertungen anderer Personen in den unterschiedlichsten
Lebensaltern beruhen; darüber hinaus enthalten sie stets auch Konsequenzen für die Begegnungen zwischen Jung und Alt. Zum anderen liegen sie
den Bewertungen des eigenen Lebens zugrunde, daher haben sie auch unmittelbare Konsequenzen für Wohlbefinden und Lebenszufriedenheit einer
Person. Viele Studien haben in diesem Zusammenhang belegt, wie eng
Überzeugungen bezüglich der eigenen Entwicklung mit Selbstbewertungen
und emotionalen Reaktionen verknüpft sind. So trägt beispielsweise die
subjektive Einschätzung, im Vergleich zu den Altersgenossen auf bestimmten Entwicklungsdimensionen besser dazustehen (z.B. geistig beweglicher
zu sein als die durchschnittlichen 70jährigen), in hohem Maße zu positiven
Emotionen und Wohlbefinden (nicht nur) im Alter bei. Darin liegt also offenbar die emotionsregulative Funktion dieser Überzeugungssysteme, und
zwar nicht zuletzt deshalb, weil Menschen über vielfältige Interpretations-
spielräume und Möglichkeiten verfügen, Vergleichsmaßstäbe so zu wählen,
daß das Selbstwertgefühl nicht bedroht ist. Nicht selten wird daher die Ve-
ridikalität (d.h. Akkuratheit, Objektivität) der Sicht auf die eigene Entwicklung dem Primat des Selbstwertschutzes „geopfert". Damit soll deutlich werden, daß subjektive Entwicklungstheorien – auch wenn der Alltagsmensch als „Wissenschaftler" aufgefaßt wird – mehr Funktionen für
das Individuum erfüllen als lediglich den Erkenntnisgewinn.

2.3 Bewertungen des Alternsprozesses und der Lebensphase „Alter"

Wir wissen, daß das Alter objektiv betrachtet viele Gesichter hat (P.B.
Baltes, 1991). Wie wird die Lebensphase Alter hingegen subjektiv gesehen?
Welche positiven und negativen Facetten hat es, und welche Hoffnungen
und Befürchtungen verknüpfen Menschen mit dem Alter? Keller et al.
(1989) fragten Probanden im Alter von 50 bis 80 Jahren, was Altern für
sie persönlich bedeute. Aus den Antworten ließen sich fünf subjektive
Sichtweisen des Alterns und Altseins erkennen: Altern als natürlicher und
graduell verlaufender Prozeß (33 Prozent der Äußerungen), Altsein als
Periode der Lebensbewertung, philosophischen Reflexion, Weisheit und
Reife (25 Prozent), Altsein als Phase neuer Freiheiten und Interessen sowie
reduzierter Pflichten (28 Prozent), Altern als Prozeß zunehmender Sorgen
um die Gesundheit (12 Prozent) sowie Altsein als Zeit persönlicher und sozialer Verluste (2 Prozent). Ähnliche Hinweise finden sich in der Studie
von Harris, Begay und Page (1989). Die Autoren baten 60 bis 92 Jahre alte
Menschen, anzugeben, welches aus ihrer Sicht die drei besten und die drei
schlechtesten Aspekte des Älterwerdens seien. Wahrgenommene Vorteile,
die mit dem Altern verbunden waren, bestanden in einer zunehmenden
Freiheit von beruflichen Verpflichtungen, einhergehend mit mehr Freizeit,
Unabhängigkeit und Gelegenheiten zur Entspannung. Daneben wurden

Selbstakzeptanz und stärkere Familienbezogenheit als positive Veränderungen genannt. Als Schattenseiten des Alterns ragten Verschlechterungen des Gesundheitzustandes heraus, mit denen Einschränkungen in gewohnten Aktivitäten und Angst vor Abhängigkeit einhergingen. Genannt wurden zudem soziale Probleme wie Einsamkeit, abnehmende Gedächtnisleistungen und finanzielle Schwierigkeiten. Daß auch jüngere Menschen eine Reihe positiver Aspekte mit dem Alternsprozeß verbinden, deuten die Befunde von M. Luszki und W. Luszki (1985) an. Sie hatten Studierende dazu befragt, welche Vorteile des Alterns sie für sich selbst erhofften bzw. erwarteten. Eine Abnahme von Verantwortung in vielen Lebensbereichen, verbunden mit weniger Sorgen, mehr Freizeit, die Zunahme von Weisheit und Verständnis und mehr Freiheit bei der Wahl des Lebensstils waren charakteristisch für die Antworten dieser Probanden.

Wurden Personen befragt, die selbst schon inmitten des (höheren) Alters standen, so war das Bild nicht minder positiv. So ließ Connidis (1989) eine Stichprobe von 400 65- bis 92jährigen Probanden angeben, was ihnen an ihrer aktuellen Lebenssituation gefalle bzw. nicht gefalle. Die gegenwärtige Lebenssituation wurde von den Probanden überwiegend anhand positiver Aspekte beurteilt. Nur eine Minderheit (10 Prozent) konnte an ihrer jetzigen Situation gar nichts Positives feststellen, wobei es sich vorwiegend um Ältere und Menschen mit einem schlechten Gesundheitszustand handelte. Roberts (1992) hingegen bat Probanden im Alter zwischen 19 und 83 Jahren, sich das für sie persönlich maximal erreichbare Alter vorzustellen und anzugeben, was sie sich für dieses Alter erhofften (*hopes*) und was sie fürchteten resp. gern vermeiden würden (*fears*). Insgesamt wurden von den Probanden signifikant weniger Befürchtungen als Hoffnungen genannt: Erhofft wurde eine positive Lebenseinstellung (z.B. Offenheit, Humor), gefolgt von körperlicher und geistiger Leistungsfähigkeit, Unabhängigkeit und Attraktivität; Befürchtungen betrafen vor allem negative Persönlichkeitsveränderungen (z.B. abnehmende Flexibilität), gefolgt von geringer körperlicher und geistiger Gesundheit, Abhängigkeit und Unattraktivität. Befürchtungen eines geistigen Abbaus waren umso ausgeprägter, je jünger die Probanden waren, umgekehrt befürchteten ältere Probanden vor allem Abhängigkeit. Dies steht im Einklang mit Befunden von Heckhausen (1997): Die Autorin hatte drei Altersgruppen (mittleres Alter: 29, 48 und 66 Jahre) gebeten, die fünf wichtigsten persönlichen Pläne und Ziele für die nächsten Lebensjahre niederzuschreiben sowie die Wahrscheinlichkeit der Zielerreichung anzugeben. Dabei zeigte sich einerseits erwartungsgemäß, daß für die einzelnen Altersgruppen unterschiedliche Zielbereiche virulent waren. Zudem waren die Angaben danach kodiert worden, ob die genannten Ziele eher darin bestanden, Verluste zu vermeiden oder Positives (Gewinne) anzustreben. Dabei zeigte sich nun eine interessante Umkehr ab der Lebensmitte dergestalt, daß das Bestreben der älteren Probanden vor allem darauf gerichtet war, Verluste zu vermeiden denn Gewinne anzustreben – was natürlich abbildet, wie sehr Befürchtungen letztlich auch ob des eigenen Alterns in den Vorstellungen der Menschen präsent sind.

Ryff (1982) widmete sich den Persönlichkeitsveränderungen, die Probanden im mittleren und im höheren Erwachsenenalter bei sich wahrnahmen. Anzugeben war, in welcher Hinsicht sie sich in den vergangenen 20 Jahren verändert resp. nicht verändert hatten und wie positiv oder negativ sie erlebte Veränderungen resp. Stabilität bewerteten. Beide Altersgruppen nannten zwar einige negative Veränderungen, doch traten positiv bewertete Veränderungen (z.B. als Zunahme von Toleranz, Großzügigkeit, Zuversicht, Selbstsicherheit und Gelassenheit) deutlicher zutage. Negative Veränderungen betrafen neben den körperlichen Veränderungen vor allem Selbsteinschätzungen als zunehmend unflexibel, zurückgezogen oder isoliert. Andere Merkmale, wie Besorgtheit um andere Menschen, Wertorientierungen und moralische Grundsätze waren demgegenüber aus subjektiver Sicht stabil geblieben.

Während die letztgenannten Studien sich auf Bewertungen des eigenen Alterns beschränkten und ein differenziertes, insgesamt doch positiv getöntes Bild des Alters zeichneten, wurden in anderen Studien selbst- und fremdbezogene Bewertungen einander direkt gegenübergestellt. Deren Befunde belegen gleichermaßen, daß der Vorgang des Alterns deutlich positiver gesehen wurde, wenn das *eigene* Altern bzw. Altsein zu beurteilen war. Wurde dagegen danach gefragt, wie Altern „im allgemeinen" verläuft oder wie die Lebenssituation „der meisten älteren Menschen" aussieht, traten – trotz mitunter durchaus differenzierter Sichtweisen – zunehmend negative Gesichtspunkte in den Vordergrund. Dieser *self-other*-Diskrepanz wollen wir uns im folgenden mit illustrierenden Befunden zuwenden.

Leventhal (1984) berichtete bspw. aus einer Befragung von 50- bis 80jährigen, daß diese das Altwerden für sich selbst insgesamt positiv bewertet und vor allem die nicht zuletzt durch das Ende der Berufstätigkeit gewonnenen Freiräume in der Lebensgestaltung hervorgehoben hätten. Zwar seien auch negative altersbezogene Veränderungen genannt worden, doch seien diese für die eigene Person, nicht aber für „die meisten älteren Menschen" als „schon abgeschlossen" eingeschätzt worden. Auch Oswald (1991) ließ seine Probanden im Alter von 63 bis 96 Jahren darlegen, welche Vorstellungen sie über das hohe Alter allgemein hatten („generalisiertes Altersbild") und wie sie einzelne Aspekte dieses Bildes mit der eigenen Entwicklung in Verbindung brachten („selbstbezogenes Altersbild"). Dabei zeigte sich allgemein, daß 42 Prozent aller Äußerungen ein negatives Altersbild erkennen ließen, 39 Prozent als positiv und 18 Prozent als ambivalent eingestuft wurden. Im Vergleich von selbst- und fremdbezogenem Altersbild zeigten sich deutliche Unterschiede. In den *allgemeinen* Vorstellungen über das höhere Alter dominierten Passivität und Unselbständigkeit, gefolgt von Kräfteabnahme, Verzicht, Starrsinn sowie Krankheit, Abbau, Gebrechlichkeit. Hingegen wurden beim *eigenen* Altern positiv getönte Aspekte wie Ruhe, Zeit haben und Kontaktpflege hervorgehoben.

Im Einklang mit diesen qualitativen Befunden stehen Ergebnisse großangelegter amerikanischer Befragungen (siehe Harris, 1974). Probanden unterschiedlicher Altersstufen hatten dabei einzuschätzen, inwieweit „die meisten Menschen über 65 Jahre" sowie „Sie persönlich zum aktuellen

Zeitpunkt" mit bestimmten Lebensproblemen konfrontiert sind. Sowohl die über 65jährigen als auch die 18- bis 64jährigen Befragten nannten hier für „die meisten älteren Menschen" vor allem finanzielle Probleme, Einsamkeit, Sich-nicht-gebraucht-Fühlen, Angst vor Verbrechen, gesundheitliche Einschränkungen, schlechte Wohnverhältnisse und fehlende berufliche Möglichkeiten. Zugleich vermuteten alle Befragten unabhängig von ihrem Alter für „die meisten Älteren" weit mehr und weit schwerwiegendere Probleme, als sie zum aktuellen Zeitpunkt selbst erlebten. Allerdings zeigte sich hier ein differentieller Effekt, der in vielen anderen Studien repliziert wurde: In der Teilstichprobe der älteren Befragten erwies sich die Lebenszufriedenheit der Probanden als umso höher, je eher sie annahmen, daß ihre Altersgenosssen mindestens genauso viele und schwerwiegendere Probleme hätten wie sie selbst (Kearl, 1981). Auch O'Gorman (1980) stellte fest, daß die meisten älteren Probanden sich zwar von ihren Altersgenossen absetzen, indem sie die Wahrscheinlichkeit von Problemen für diese deutlich über- und für die eigene Person unterschätzten. Sofern aber die älteren Probanden tatsächlich mit bestimmten Problemen belastet waren, stieg die wahrgenommene Ähnlichkeit mit den Altersgenossen, indem sie nun vermehrt diese Probleme auch den meisten anderen älteren Menschen zuschrieben. Hier wird also ein Phänomen beobachtbar, das in der Bewältigungsforschung generell als *false consensus* bekannt ist, nämlich die Neigung, die eigene schwierige Lebenslage dadurch in einem milderen Lichte erscheinen zu lassen, daß man ihre Einmaligkeit im sozialen Vergleich herunterspielt (hierzu auch Filipp & Aymanns, 1996a).

Obschon dies ein weitverbreitetes Phänomen ist, schränkten Seccombe und Ishii-Kuntz (1991) ein, daß es nach ihren Ergebnissen in der ältesten Gruppe (d.h. den über 85jährigen) besonders ausgeprägt sei. Die Autoren fanden, daß die über 85jährigen diejenigen waren, die die positivste Sicht des Altseins zeigten. Die negativste Sichtweise fand sich bei den Befragten im mittleren Alter (55 bis 64 Jahre), die also unmittelbar an der Schwelle zum hohen Alter standen. Zog man aber die „persönlich erlebten Probleme" als Kriterium heran, so zeigten sich keinerlei Unterschiede mehr zwischen den einzelnen Altersgruppen.

Offenbar liegt also gerade in Stichproben älterer Probanden die Zahl der eigenen Probleme deutlich unter der für die „meisten Älteren" vermuteten Probleme. Dies läßt erkennen, daß sich ältere Menschen mit dem „generalisierten Altersbild", das sie haben, kaum identifizieren (Ferraro, 1992). Positive Selbsteinschätzungen manifestieren sich aber nicht allein in der subjektiven Wahrscheinlichkeit, von bestimmten Problemen betroffen zu sein, sondern auch in Einschätzungen, wie gut man Probleme des Alters bewältigen kann. Costello und Meacham (1980) fragten eine Stichprobe 65- bis 91jähriger Altenheimbewohner, welche Ereignisse im Alter besonders belastend seien. Hierzu wurde ihnen eine Liste von Lebensereignissen präsentiert, die sie danach einzuschätzen hatten, wie belastend diese Ereignisse für sie persönlich sowie für andere in ihrem Alter wären. Solche Ereignisse waren z.B. körperliche Einbußen (des Seh- und Hörvermögens oder der Mobilität) oder der Verlust von nahestehenden Menschen. Mit Ausnahme der Verlustereignisse wurden alle Ereignisse für die eigene Person als weniger belastend eingestuft als für andere ältere Menschen.

Daß der eigene Alterungsprozeß in der Regel in einem so optimistischen Licht erscheint, belegt die eingangs kurz genannte emotions- und selbstwertregulative Funktion subjektiven Theoretisierens. Dies hat in der Forschung auch dazu geführt, Prozessen der Lebensbewältigung im Alter und der Verteidigung „positiver Illusionen" besondere Beachtung zu schenken (z.B. Brandtstädter & Greve, 1994; Ferring & Filipp, 1997a; Taylor & Brown, 1988). Damit kommt nun eine zweite Facette der *self-other*-Diskrepanz ins Spiel, nämlich die Unterschiede zwischen Bewertungen des Alters durch die alten Menschen selbst gegenüber den Bewertungen durch jüngere. Heckhausen und Brim (1997) argumentierten, daß ältere Menschen Entwicklungsgewinne und -verluste durch strategisch vorgenommene Vergleiche mit anderen Menschen verbuchen. Als *social downgrading* (soziale Abwertung) bezeichneten sie eine spezielle Variante sozialer Vergleiche, nämlich den Vergleich mit dem generalisierten anderen (d.h. *„den meisten Menschen in Ihrem Alter"*), der gegenüber der eigenen Person abgewertet wird. Darin wird eine besonders geeignete selbstwertdienliche Strategie gesehen, denn Ergebnisse eines solchen Vergleichs können weniger leicht invalidiert werden als die des Vergleichs mit konkreten anderen Personen. Die Autoren interpretierten nun den Befund, daß ältere Menschen für die meisten ihrer Altersgenossen mehr Probleme und Belastungen vermuten, als sie selbst erleben, als Ausdruck von *social downgrading*. Vor allem interessierten sie sich für die Frage, ob derartige Prozesse nur bei Älteren oder in allen Altersstufen zu beobachten sind und für welche Lebensbereiche sie sich besonders deutlich zeigen. Zudem sollte geprüft werden, ob soziale Abwertungsprozesse vor allem bei hochbelasteten Personen beobachtbar sind. Hierzu wurden ca. 1500 Erwachsene (Altersbereich 18 bis 75 Jahre) telefonisch dazu befragt, wie schwerwiegend die Probleme seien, die sie derzeit selbst und die vermutlich die meisten ihrer Altersgenossen in zwölf unterschiedlichen Lebensbereichen (z.B. Gesundheit, Geld, Berufsleben, Freizeit) zu bewältigen hätten. In der Tat fanden sich Hinweise auf soziale Abwertungsprozesse für sämtliche Lebensbereiche und für alle (der in Fünf-Jahres-Intervallen gebildeten) Altersgruppen. Unabhängig von ihrem Alter tendierten die Befragten dazu, ihr eigenes Leben als belastungsärmer zu beschreiben, als sie es für ihre Altersgenossen vermuteten. Auch hier zeigte sich der erwähnte *false consensus*-Effekt: Je stärker sich die Befragten selbst durch Probleme belastet fühlten, desto mehr Probleme schrieben sie ihren Altersgenossen zu. Zudem war dieser Zusammenhang in allen Altersgruppen nachweisbar. Dies belegt, daß die *self-other*-Diskrepanz in Bewertungen des Lebens kein Spezifikum des hohen Alters ist, obschon diese Diskrepanz bei den älteren Befragten etwas ausgeprägter war. Dies erklärten die Autoren u.a. damit, daß ältere Menschen über den Lebenslauf hinweg Erfahrungen im Einsatz sozialer Abwertungsprozesse erworben hätten; zudem würden mit zunehmendem Alter in der Regel mehr belastende Veränderungen erlebt, die den häufigeren Einsatz solcher Abwertungsstrategien nötig machten.

Insgesamt lassen die Befunde dazu, wie Altsein und der Alternsprozeß gesehen werden, ein recht differenziertes und facettenreiches Bild erkennen. Als Vorzüge des Alterns resp. Altseins werden vor allem eine Zunahme von Freiheit und Freizeit hervorgehoben, verbunden mit Möglichkeiten der vermehrten Pflege sozialer Kontakte. Negative Aspekte des Altseins betreffen in erster Linie Verschlechterungen des Gesundheitszustandes und die damit verbundenen Einschränkungen in der Lebensgestaltung, die mit Furcht vor Abhängigkeit, Einsamkeit und Isolation verbunden sind. Am hervorstechendsten ist jedoch – wie alle genannten Studien gezeigt haben – die Diskrepanz zwischen allgemeinen Vorstellungen über das Alter(n) und dem subjektiven Erleben des eigenen Alters: Während für das Alter *im allgemeinen* ein Bild gezeichnet wird, das deutlich dem genannten „Defizitmodell des Alterns" entspricht, stehen für das *eigene* Altern – abgesehen von einzelnen Befürchtungen – überwiegend positive Erfahrungen und Erwartungen im Vordergrund, die dem „Kompetenzmodell" des Alterns nahekommen. Diese Diskrepanz läßt sich als ein allgemeinpsychologisches Phänomen darstellen, das im Dienste der Regulation von Selbstwertgefühl und Wohlbefinden steht, und zwar in allen Lebenslagen und Lebensaltern.

2.4 „*In deinem Alter ...*" – Die Normierung des Lebenslaufs

In einer Reihe von Forschungsarbeiten wurde versucht, die gesellschaftliche Altersnormierung *(social timetables)* und die Normalbiographien der Mitglieder einer Gesellschaft zu identifizieren (vgl. z.B. Heckhausen, 1989; Kohli, 1985), und zwar vor dem Hintergrund, daß viele Übergänge und Veränderungen im Lebenslauf eng an das kalendarische Alter gebunden sind. Diese Altersanbindungen sind zum einen auf biologische Uhren zurückzuführen (z.B. die Entscheidung für oder gegen Kinder), zum anderen geben soziale Uhren normativ vor, zu welchen Alterszeitpunkten bestimmte Übergänge erfolgt resp. Entwicklungsaufgaben bewältigt sein müssen. In subjektiven Theorien der Entwicklung sind diese Uhren abgebildet als Wissen darüber, in welchem Alter bestimmte Ereignisse „normalerweise" eintreten bzw. zu erfolgen haben (*age-graded events*; Filipp, 1995; Hagestad & Neugarten 1986; siehe auch Abschnitt 2.2). In Abhängigkeit davon lassen sich bestimmte Ereignisse oder Entwicklungsschritte dann als *on time* oder *off time* (d.h. als „zu früh" oder „zu spät" eintretend) bewerten. In der Tat zeigte sich, daß in subjektiven Entwicklungstheorien das Lebensalter als *die* relevante Dimension fungiert: Menschen haben klar artikulierte Vorstellungen davon, wie Abfolge und zeitliche Plazierung bestimmter Ereignisse typischerweise aussehen und wie die Lebensspanne zeitlich strukturiert ist (Shanan & Kedar, 1979), und sie lassen darin einen altersübergreifenden Konsens erkennen (Byrd & Breuss, 1992; Neugarten, Moore & Lowe, 1965). Selbstredend sind Vorstellungen über die zeitliche Struktur des Lebenslaufs abhängig von dem jeweiligen sozialen und beruflichen Hintergrund des Individuums, wie sie auch großen historischen Schwankungen unterworfen sind, da makroökonomische und so-

ziale Veränderungen Vorstellungen von der „Normalbiographie" mit beeinflussen. Dies läßt sich Ergebnissen von Zepelin, Sills und Heath (1986)
entnehmen, die kaum noch mit den von Neugarten et al. (1965) berichteten
Befunden übereinstimmten (z.B. wurde das „beste Heiratsalter" viel später
angesetzt). Rosenfeld und Stark (1987) berichteten, daß in den späten 50er
Jahren 83 Prozent der Männer bzw. 86 Prozent der Frauen der Aussage
zugestimmt hätten, daß der Übergang in den Ruhestand mit 60 bis 65 Jahren erfolgen sollte; in den späten 70er Jahren seien nur 66 Prozent der
Männer bzw. 41 Prozent der Frauen dieser Meinung gewesen.

Daneben finden sich Hinweise darauf, daß in den Vorstellungen über
den typischen Lebenslauf zwischen männlichen und weiblichen Lebensläufen unterschieden wird, und zwar schon von Kindheit an. Strube, Gehringer, Ernst und Knill (1985) ließen 10- bis 11jährige, 18- bis 20jährige und
35- bis 40jährige Probanden Kärtchen, auf denen Lebensereignisse (z.B.
Einschulung, Hochzeit, Elternschaft) aufgedruckt waren, sortieren und
„Lebenslaufstrukturen" bilden. Während die Lebenslaufstruktur von Frau-
en um familiale Ereignisse (Heirat, Geburt von Kindern etc.) zentriert
war, war die Struktur männlicher Lebensläufe vorwiegend durch berufs-
bezogene Merkmale gekennzeichnet. Auch hier fand sich ein altersübergreifender Konsens.

Weitere Untersuchungen (z.B. Baker, 1985) belegten, daß sich Altersnormen nicht allein auf den Zeitpunkt von Ereignissen beziehen, sondern
auch Überzeugungen davon einschließen, wie sich Status und Ansehen über
die Lebensspanne verändern sollten. Hierzu wurden 18- bis 35jährigen
Probanden Beschreibungen von Männern und Frauen vorgelegt, deren Alter über die gesamte Lebensspanne streute und deren sozialer Status anhand
einer siebenstufigen Skala einzuschätzen war. Dabei wurde ein umgekehrt
U-förmiger Zusammenhang zwischen zugeschriebenem Status und Alter
ermittelt, d.h. daß die Mitte des Lebens durch ein höheres Ansehen gekennzeichnet ist, hingegen Kindheit und Alter als statusarm gelten. Im
mittleren Altersbereich sollten gerade Männer einen höheren Status genießen als Frauen. Bezüglich des Alters der Probanden zeigte sich (Graham &
Baker, 1989), daß ältere Probanden in ihren Statuseinschätzungen weniger
zwischen den Lebensaltern differenzierten als jüngere. Daß mit dem Alter
ein verringertes Sozialprestige, weniger Macht und Möglichkeiten der Einflußnahme und ein insgesamt geringerer Status einhergehen, scheint – auf
der Ebene generalisierter Altersbilder – eine so weit verbreitete Überzeugung, daß dieser Frage u.W. weitere Studien nicht mehr gewidmet wurden.

Krueger, Heckhausen und Hundertmark (1995) haben die soziale Nor-
mierung des Lebenslaufs auf anderem Wege untersucht. Ausgehend von
der schon mehrfach erwähnten Annahme, daß subjektive Entwicklungstheorien konsensuell definierte Zeitvorgaben für bestimmte Lebensereignisse und damit einen Bewertungsrahmen liefern, betrachteten die Autoren
das mittlere Erwachsenenalter. Auch dieses sollte durch sozial definierte
Entwicklungsziele charakterisiert sein, und Menschen sollten spontane Assoziationen dazu haben, was eine Person dieses Alters als *off time* oder *on
time* kennzeichnet. In ihrer Studie wurden Probanden im Alter zwischen

25 und 80 Jahren (je zur Hälfte männlich und weiblich) mit Personenbeschreibungen konfrontiert, in der die (männliche oder weibliche) Zielperson anhand von altersbezogenen *on time* vs. *off time* und altersirrelevanten Informationen beschrieben war. Unter einer Bedingung erhielten die Probanden die Beschreibung, in der das Alter der Zielperson mit exakt 45 Jahren angegeben war, unter der anderen Bedingung (*between subjects*-Design) wurden unterschiedliche Vignetten vorgegeben, in der die Beschreibung der Zielperson jeweils auf ein Zielalter von 30, 45 oder 60 Jahren hindeutete, ohne daß das Alter explizit genannt wurde. Dazu wurden Informationen aus ihrem Familien- und Arbeitsleben unabhängig voneinander variiert. Die Probanden wurden gebeten, ihren ersten Eindruck von der Person niederzuschreiben und eine Schätzung ihres Alters sowie eine Reihe weiterer Urteile abzugeben. Dabei zeigten sich (vor allem wenn Informationen aus dem Arbeitsleben vorgegeben waren) weitgehende Korrespondenzen zwischen den Altersschätzungen und dem der Vignettenkonstruktion zugrundegelegten Alter. Darüber hinaus hatte die *on time*- resp. *off time*-Variation einen Effekt: Zielpersonen, die „spät dran" waren, wurden deutlich ungünstiger bewertet, was vor allem für die weiblichen Zielpersonen galt; hingegen wurden jene, die „früh dran" waren, sehr günstig bewertet. In dem Maße, in dem die Zielpersonen von altersgebundenen Erwartungen und Zeitvorgaben abwichen, wurden sie als weniger typisch angesehen. Informationen über sie wurden als überraschender eingeschätzt, die Bewertungen waren stärker polarisiert, und es zeigte sich eine intensivere Suche nach Ursachen für die Abweichungen vom Zeitplan. Da das Alter der Probanden selbst kaum einen Effekt hatte, weist auch diese Untersuchung darauf hin, daß entwicklungsbezogene Vorstellungen offenbar altersübergreifend geteilt werden.

Die Implikationen ihrer Studie sehen die Autoren darin, daß viele soziale Normen Setzungen implizieren, deren Überschreitung Sanktionen zur Folge hat. So werden Männer und Frauen, die sich abweichend von dem jeweiligen Geschlechtsstereotyp verhalten, negativer eingeschätzt als stereotypkonforme. Für Altersnormen soll das Gleiche gelten: Es gebe einen hohen sozialen Druck, sich dem eigenen Alter entsprechend zu verhalten; zugleich seien die Menschen hochsensibel für biologische und soziale Uhren, und verwendeten diese, um andere zu beurteilen: Wer nicht mehr *on time* ist, werde für eine deviante Entwicklung bestraft. Zugleich zeigen die Befunde von Krueger et al. (1995), daß Verletzungen der altersgebundenen Verhaltensnormen, sofern sie Beschleunigungen darstellen, positiv gesehen und als Entwicklungsgewinne verbucht werden. Subjektive Entwicklungstheorien und insbesondere die darin verankerten Altersnormen liefern also den Hintergrund, vor dem Menschen als Figuren abgehoben erscheinen und entsprechend (positiv oder negativ) beurteilt werden; dies gilt gleichermaßen für die Selbstbeurteilung.

2.5 Subjektive Theorien der Entwicklung in ausgewählten Merkmalen

Selbstredend gibt es viele Merkmale, die systematisch an das Alter gebunden sind, und Menschen haben, wie sich zeigt, eine Vorstellung davon, um welche Merkmale es sich handelt. Zur Erfassung subjektiver Theorien, die den Verlauf und die Bedingungen der Entwicklung in einzelnen Bereichen (vor allem Persönlichkeit und Intelligenz) zum Gegenstand haben, wurden verschiedene Ansätze, im wesentlichen direkte vs. indirekte Strategien erprobt. In ersteren wird von den Probanden explizit eine Beschreibung des Entwicklungsverlaufs über eine vorgegebene Zeitspanne verlangt, indem sie diese z.B. grafisch darstellen oder den Zeitpunkt, zu dem Entwicklungsveränderungen eintreten, angeben oder markieren sollen. Bei indirekten Erhebungsmethoden werden den Probanden dagegen wenige (im Falle von *between-subjects*-Designs nur eine) diskrete Altersstufen vorgegeben, und die jeweilige Zielperson (oder die eigene Person zu verschiedenen Altern) ist hinsichtlich der interessierenden Merkmale zu beurteilen. Aus den Differenzen zwischen den Urteilen über die unterschiedlich alten Zielpersonen wird dann erschlossen, welche altersgebundenen Merkmalsunterschiede die Probanden vermuten. Zur Erfassung allgemeiner Vorstellungen über den Entwicklungsverlauf wurden auch Simulationstechniken verwendet, indem Testverfahren mit der Instruktion bearbeitet werden sollten, dies so zu tun, wie es der „typische" Vertreter einer bestimmten Altersgruppe täte. Diese Ansätze lassen zum Teil eine deutliche Nähe zu den in Kapitel 4 dargestellten Methoden der traditionellen Stereotypenforschung erkennen, so daß die Unterscheidung von Stereotypen und subjektiven Theorien auf erhebungsmethodischer Ebene fast aufgehoben ist.

2.5.1 Subjektive Theorien der Persönlichkeitsentwicklung

Subjektive Theorien über die Persönlichkeitsentwicklung wurden nahezu ausschließlich selbstbezogen erfaßt und zuweilen zu wissenschaftlichen Annahmen über die Entwicklung dieser Merkmale in Beziehung gesetzt. Ausgehend von der Instrumentalitäts-Terminalitäts-Hypothese, daß die Entwicklung im mittleren und höheren Erwachsenenalter mit einer Veränderung von Wertorientierungen einhergeht, ließen Ryff und P.B. Baltes (1976) ihre Probanden aktuelle sowie prospektive bzw. retrospektive Selbsteinschätzungen auf dem *Rokeach Value Survey* vornehmen; die Stichprobe bestand aus Frauen im mittleren und im höheren Lebensalter. Erwartungsgemäß gaben Probandinnen der mittleren Altersgruppe höhere Ausprägungen instrumenteller Wertorientierungen (z.B. Ehrgeiz, Mut, Tüchtigkeit) an und erwarteten für diese eine Abnahme mit dem Alter, während die älteren Probandinnen hier geringere Ausprägungen aufwiesen und im zeitlichen Vergleich eine Abnahme erlebten. Für terminale Wertorientierungen (definiert als „Endziele des Daseins", z.B. Freiheit, Glück) ergab sich das umgekehrte Ergebnismuster: Hier wiesen ältere Probandinnen höhere Ausprägungen auf als die jüngeren. Ryff (1982) konnte diese Ergebnisse an einer Stichprobe von Männern und Frauen aus zwei Altersgruppen (40 bis 55 Jahre bzw. älter als 65 Jahre) bestätigen. Auch in dieser Studie ergaben sich für Frauen im mittleren Lebensalter höhere Ausprägungen der instrumentellen Wertorientierungen als für ältere Frauen. Überraschenderweise waren dagegen bei Männern stets die terminalen Werte höher ausgeprägt als die instrumentellen; deutliche altersbezogene Veränderungen in den Wertorientierungen wurden bei ihnen nicht festgestellt. Ryff diskutierte daher, ob ein solcher „Wertewandel" bei Männern in der Tat nicht stattfindet oder aber bereits in früheren Abschnitten der Lebensspanne vollzogen wird.

In derselben Untersuchung wurden zusätzlich subjektive Veränderungen auf Skalen der *„Personality Research Form"* von Jackson (1967; deutsche Version vgl. Stumpf, Angleitner, Wieck, Jackson & Beloch-Till, 1985) erfaßt. Auch hier waren – ausgehend von der zugrundeliegenden Persönlichkeitstheorie – Hypothesen über die Richtung der in der eigenen Entwicklung wahrgenommenen Veränderungen formuliert worden. In der Teilstichprobe der Männer zeigte sich z.B. die erwartete altersgebundene Abnahme für Streben nach Leistung, Dominanz und Anerkennung und eine Zunahme für „spielerische Grundhaltung". In der Teilstichprobe der Frauen wiesen die Altersdifferenzen ebenfalls in die vermutete Richtung, sie waren jedoch statistisch nicht signifikant. Andere Merkmale (z.B. Impulsivität und Ordnungsstreben) erwiesen sich in den Vorstellungen der männlichen und weiblichen Probanden als weitgehend altersstabil.

Im Rahmen einer vergleichbaren Studie legte Puglisi (1983) jüngeren (17 bis 29 Jahre), mittelalten (30 bis 59 Jahre) und älteren (60 bis 85 Jahre) Erwachsenen das *„Bem Sex Role Inventory"* zur Erfassung der Geschlechtsrollenidentität vor; dabei sollten Selbsteinschätzungen für drei Zielalter (20, 45 und 70 Jahre) vorgenommen werden. In allen Beurteilergruppen und für alle Zielalter erreichten erwartungsgemäß Frauen höhere Femininitäts- und niedrigere Maskulinitätswerte als Männer. Dabei war für Femininität weitgehend Stabilität über die drei Alterszeitpunkte erwartet worden, für Maskulinität hingegen eine Zunahme bei den weiblichen und eine Abnahme bei den männlichen Probanden, was für alle Beurteilergruppen bestätigt wurde. Auch hier finden sich subjektive Theorien der Entwicklung durchaus im Einklang mit Entwicklungsverläufen, wie sie in wissenschaftlichen Theorien formuliert wurden.

Perry und Thomas (1980) stellten nun selbstbezogene und allgemeine Vorstellungen über die Entwicklung einander gegenüber, und zwar mit Blick auf das Merkmal „Lebenszufriedenheit". Sie ließen Studierende eine Skala zur Erfassung der Lebenszufriedenheit unter vier verschiedenen Instruktionen bearbeiten: (1) selbstbezogen, aktuell; (2) selbstbezogen, prospektiv für das Alter von 70 Jahren; (3) wie es für die „meisten 70jährigen Männer" und (4) wie es für „die meisten 70jährigen Frauen" zutrifft. Da für Lebenszufriedenheit mittlerweile sehr gut belegt ist, daß im Regelfall nicht von einer deutlichen altersgebundenen Abnahme auszugehen ist, könnte es als Hinweis auf den Einfluß von Altersbildern interpretiert wer-

den, wenn sich in den subjektiven Entwicklungskonzeptionen eine reduzierte Lebenszufriedenheit mit dem Alter finden würde. Dies bestätigte
sich darin, daß die Studierenden in ihren aktuellen Selbsteinschätzungen
höhere Werte für Lebenszufriedenheit erzielten als in ihren prospektiven
Schätzungen. Die *eigene* Lebenszufriedenheit im späteren Alter wurde höher eingeschätzt als die der meisten Älteren, und Männern wurde für das
Alter eine höhere Lebenszufriedenheit zugeschrieben als Frauen, unabhängig vom Geschlecht der Urteiler. In einer ähnlich angelegten Studie zu
Selbsteinschätzungen des Wohlbefindens ermittelte Ryff (1989), daß Probanden im jüngeren und mittleren Erwachsenenalter eine kontinuierliche
Verbesserung ihres Wohlbefindens wahrnahmen, die sich auch in der Zukunft fortsetzen sollte, während die Vergleichsgruppe älterer Probanden
ihr Wohlbefinden retrospektiv als weitgehend zeitstabil beurteilte.

Schließlich ermittelten Rhee und Gatz (1993) in einer Fragebogenstudie reale und vermutete Altersdifferenzen in Kontrollüberzeugungen, d.h.
in subjektiven Annahmen dazu, bedeutsame Ereignisse (Handlungsausgänge) selbst beeinflussen zu können (Internalität) oder von äußeren Umständen, anderen Personen oder zufälligen Einflüssen abhängig zu sein
(Externalität). Studentische Versuchspersonen sowie eine Stichprobe älterer Menschen (65 bis 85 Jahre) bearbeiteten eine Version der *„Locus of
Control"*-Skalen von Rotter (1966), und zwar bezogen auf die eigene Person wie auf einen „typischen" Vertreter der jeweils anderen Altersgruppe.
Wesentlich sind die in beiden Altersgruppen deutlichen Diskrepanzen zwischen Selbst- und Fremdwahrnehmungen: Jüngere Probanden vermuteten
bei älteren geringere Internalität und höhere Externalität, als diese sich
selbst zuschrieben. Umgekehrt vermuteten ältere Versuchspersonen bei
jüngeren Menschen höhere Ausprägungen internaler Kontrollüberzeugungen, als sich dies in den Selbstbeschreibungen der jüngeren fand. Dieses
Ergebnismuster wird von den Autoren darauf zurückgeführt, daß die betrachteten Generationen nur wenig Erfahrung im Umgang miteinander
hätten, so daß Vermutungen über die Merkmalsausprägungen bei der jeweils anderen Altersgruppe aus anderen Informationsquellen erschlossen
werden müßten: Bei jüngeren Menschen würde ein Altersstereotyp aktiviert, in dem eine Abnahme personaler Kontrolle mit zunehmendem Alter
repräsentiert sei. Ältere Menschen würden bei der Beurteilung jüngerer
möglicherweise eher auf Erinnerungen daran, wie sie früher selbst gewesen seien, zurückgreifen.

2.5.2 Subjektive Theorien der Intelligenzentwicklung

Was Theorien über das Altern anbelangt, so hat die Vorstellung, daß der
Alternsprozeß mit einem „Abbau" im Bereich des Gedächtnisses und der
Intelligenz mit entsprechenden Kompetenzverlusten verbunden sei, besondere Verbreitung. Dies reflektieren wissenschaftliche Studien, in denen
Veränderungen im kognitiven Bereich zu identifizieren und durch Training zu modifizieren versucht wurden (vgl. z.B. Kliegl & P.B. Baltes,

1991; Weinert & Knopf, 1990). Es zeigte sich aber auch in alltagspsychologischen Annahmen zu den mit dem eigenen Altern einhergehenden Verschlechterungen in Intelligenz- und Gedächtnisfunktionen, wie sie in der Forschung als „Metakognition" oder „Metagedächtnis" bezeichnet werden (Weinert, Knopf & Barann, 1983). Verschiedene Autoren gingen nun via Fragebogen oder in experimentellen Studien der Frage nach, inwieweit in subjektiven Entwicklungstheorien Altern tatsächlich mit einem derartigen Kompetenzverlust verknüpft ist und wovon dies ggf. abhängt.

In der Tat verweisen viele Studien (z.B. Erber, 1989) darauf, daß unterschiedliche Bewertungsstandards herangezogen werden, je nachdem ob ein bestimmtes Verhalten durch einen jüngeren oder älteren Protagonisten gezeigt wird. So wurde die Tatsache, daß dieser etwas vergessen hatte, im Falle des älteren Protagonisten mit „geistigem Abbau", im Falle des jüngeren Protagonisten mit „Überlastung" in Verbindung gebracht. Solche Befunde deuten darauf hin, daß es gerade mit Blick auf das kognitive Funktionsniveau ein negatives Altersbild gibt. Zugleich findet sich auch hier immer wieder der Hinweis, daß negative Bewertungen eher von jüngeren als von den alten Menschen selbst vorgenommen werden (vgl. Noesjirwan, Gault & Crawford, 1983) und daß zumindest die eigene Entwicklung in diesen Bereichen keinesfalls ausschließlich als negativ erlebt wird.

In einer Untersuchung von Mason und Rebok (1984) fungierten Psychologen im mittleren und höheren Erwachsenenalter, die der *American Psychological Association* angehörten, als Probanden. Diesen wurden verschiedene Teilfunktionen der Intelligenz (Wortschatz, Organisationsfähigkeit, Lernen neuer Informationen, Abstraktionsfähigkeit) vorgegeben, die danach zu beurteilen waren, inwieweit die Probanden an sich selbst seit ihrem 20. Lebensjahr Veränderungen wahrgenommen hatten. Unabhängig vom Alter der Probanden wurde für die meisten intellektuellen Teilfunktionen Zunahme oder Stabilität berichtet, lediglich für Gedächtnis und Verarbeitungsgeschwindigkeit und -genauigkeit wurde wiederum eine – wenn auch nur geringe – Abnahme wahrgenommen, unabhängig vom Alter der Probanden. Die Autoren folgerten hieraus, daß die betrachteten Merkmale sich innerhalb des Altersbereichs von 45 bis 60 Jahren, dem die Probanden angehörten, aus subjektiver Sicht nicht veränderten, wie auch das mittlere Erwachsenenalter insgesamt als Phase der Konsolidierung und Stabilität gesehen wird.

Williams, Denney und Schadler (1983) befragten in strukturierten Interviews Probanden im Alter zwischen 56 und 75 Jahren dazu, welche Veränderungen in der kognitiven Leistungsfähigkeit sie bei sich wahrgenommen hätten. Die Befragten gaben an, ihre Gedächtnisleistungen hätten mit dem Alter abgenommen, differenzierten dabei jedoch zwischen einzelnen Teilfunktionen. So meinten 79 Prozent der Befragten, sie könnten sich schlechter als früher frei an etwas erinnern, während nur 21 Prozent Leistungen des Wiedererkennens beeinträchtigt sahen. Demgegenüber gingen fast alle Probanden von einer Zunahme ihrer Problemlösefähigkeit mit dem Alter aus. Ein ähnliches, wenn auch negativer getöntes Bild zeigte sich in subjektiven Annahmen zum Verlauf der kognitiven Entwicklung. In einer Fragebogenstudie (Ryan, 1992) wurden mit einer Adaptation des *„Short Inventory of Memory Experiences"* (*SIME;* Hermann & Neisser, 1978) allgemeine Annahmen zu Gedächtnisleistungen erfaßt. Dabei schätzten die 18 bis 74 Jahre alten Probanden die „typische 25jährige" positiver ein als die „typische 70jährige". Zudem wurden in einer Folgeuntersuchung mehrere Zielaltersstufen interindividuell variiert (*between subjects*-Design). Auch hier zeigte sich, daß die Leistungsfähigkeit jüngerer Personen höher bewertet wurde: Die Werte für die 25jährige Zielperson waren höher als für eine 45- und 65jährige, denen wiederum höhere Werte zugeschrieben wurden als der 85jährigen Zielperson. Wurde das eigene Gedächtnis als gut eingeschätzt, so wurden auch bei anderen Menschen bessere Leistungen vermutet. Ferner zeigte sich, daß ältere Probanden in den Selbsteinschätzungen ihrer Gedächtnisleistungen, die ebenfalls mit dem *SIME* erfaßt worden waren, geringere Werte erreichten als jüngere. Der Trend einer vermuteten Verschlechterung des Gedächtnisses im Alter spiegelte sich hier also auch in den selbstbezogenen Urteilen wider, wenngleich er nicht so ausgeprägt war wie in den Urteilen über andere Menschen.

Auch Befunde von Foos und Dickerson (1996) verweisen auf differenzierte Vorstellungen über die Leistungsfähigkeit des Gedächtnisses älterer Menschen. Die Autoren hatten im Rahmen einer Fragebogenstudie jüngere und ältere Probanden (mittleres Alter: 20 resp. 73 Jahre) einschätzen lassen, inwieweit sie bestimmte Informationen, die sämtlich dem Bereich des semantischen Gedächtnisses zuzuordnen waren (z.B. die Namen amerikanischer Präsidenten, populäre Bücher, geographische Fakten), besser erinnern könnten als Personen der jeweils anderen Altersgruppe. Beide Gruppen, die jüngeren wie älteren Probanden, waren sich darin einig, daß ältere Menschen überwiegend *bessere* Erinnerungsleistungen erbringen würden als jüngere. Wurde allerdings gefragt, wieviel Zeit man wohl aufbringen müsse, um einen bestimmten Text auswendig zu lernen und wie schwer einem dies wohl falle, schätzten die studentischen Versuchspersonen für sich die Lerngeschwindigkeit als höher und die Aufgabenschwierigkeit als niedriger ein, als die älteren Probanden dies für sich taten; auch stimmten beide Altersgruppen darin überein, daß diese Aufgabe für ältere Menschen schwerer zu bewältigen sei.

Allgemeine Überzeugungen zu Struktur und Entwicklung der Intelligenz im Erwachsenenalter wurden schließlich von Berg und Sternberg (1992) bei einer Stichprobe von 140 Probanden im Alter von 22 bis 85 Jahren erfaßt. Für eine Reihe von Verhaltensweisen, die vorab von unabhängigen Beurteilern als „intelligent" bzw. „unintelligent" eingeschätzt worden waren, sollten die Probanden angeben, inwieweit eine besonders intelligente Person, deren Zielalter mit 30 vs. 50 vs. 70 Jahren (*between subjects*-Design) angegeben worden war, diese Verhaltensweisen wohl zeige. Entsprechende Analysen erbrachten eine dreifaktorielle Struktur der subjektiven Intelligenzkonzepte, wobei der erste Faktor „Interesse und Fähigkeit im Umgang mit Neuem", der zweite Faktor „Alltagskompetenzen" und der dritte Faktor „Verbale Intelligenz" abbildete. Die den Zielpersonen zugeschriebenen Werte auf diesen drei Dimensionen variierten mit deren

Alter: Für die 70jährige Zielperson wurden insgesamt niedrigere Werte –
entsprechend einer vermuteten geringeren Intelligenz – angenommen. Bei
näherer Betrachtung zeigte sich jedoch, daß dies nur für den ersten Faktor
galt, bezüglich des zweiten und dritten Faktors wurden hingegen der
30jährigen Zielperson die niedrigsten Werte zugeschrieben, wobei zwischen der 50- und 70jährigen Zielperson nicht unterschieden wurde. Ferner ging die überwiegende Zahl der Probanden von einem differenzierten
Modell der Intelligenzentwicklung aus: Drei Viertel meinten, bestimmte
Fähigkeiten (z.B. Problemlösen, Schlußfolgern, Nutzung früherer Erfahrungen) nähmen im Alter zu, zwei Drittel nannten Bereiche, in denen vermutlich eine Abnahme erfolge (v.a. Gedächtnis) und etwa die Hälfte der
Stichprobe vermutete sowohl Zu- als auch Abnahmen. Immerhin ging noch
ein Drittel der Probanden davon aus, daß Intelligenzentwicklung ausschließlich in einer stetigen Zunahme bestehe! Interessant ist wiederum,
daß die Einschätzungen der Beurteiler so hohe Ähnlichkeiten aufwiesen,
obschon die Urteiler im Alter so unterschiedlich waren.

2.5.3 Subjektive Entwicklungsverläufe auf mehreren Merkmalsdimensionen

In mehreren Studien wurden allgemeine Annahmen zu Entwicklungsverläufen über ein breites Merkmalsspektrum ermittelt. So forderte z.B. Ross
(1987; zit. nach Ross, 1989) Studierende auf, die normale Entwicklung in
Persönlichkeitseigenschaften, Fähigkeiten und Einstellungen in einem Ko-
ordinatensystem abzubilden. Dabei war die Höhe der jeweiligen Merkmals-
ausprägung in Abhängigkeit vom Lebensalter, d.h. zwischen dem 5. und
dem 85. Lebensjahr, abzutragen. In bezug auf Einstellungen und Meinungen dominierten stabilitätstypische Darstellungen, in denen entweder
gar keine Veränderungen oder aber eine positiv beschleunigte Zunahme im
Kindes- und Jugendalter gefolgt von Merkmalskonstanz über die verbleibende Lebensspanne angenommen wurden. In bezug auf die ausgewählten
Persönlichkeitseigenschaften (z.B. Schüchternheit, Egozentrismus) waren
Annahmen von Stabilität und Veränderung etwa gleich häufig vertreten.
Für die Entwicklung von Fähigkeiten ergaben sich am häufigsten umgekehrt U-förmige Verläufe, wie sich dies auch in den meisten anderen Studien zeigte.

Lang, Görlitz und Seiwert (1992) gingen der Frage nach, inwieweit
derartige alltagspsychologische Urteile über Entwicklungsverläufe durch
das eigene Alter und durch die Beurteilungsperspektive beeinflußt werden.
Teilnehmer aus drei Altersgruppen (20 bis 30 Jahre, 35 bis 55 Jahre und
über 65 Jahre) sollten für insgesamt neun verschiedene Entwicklungsdimensionen (z.B. Weisheit, Lebensfreude, Selbständigkeit, Kooperationsfä-
higkeit) jeweils eine von zwölf prototypischen Verlaufskurven auswählen.
Was die Beurteilungsperspektive anbelangt, so sollten die Teilnehmer zunächst diejenigen Kurven auswählen, von denen sie glaubten, daß sie von
Personen jüngeren, mittleren bzw. höheren Alters resp. der Mehrheit der

eigenen Generation gewählt werden würden; sodann sollten die Kurven danach ausgewählt werden, wie gut sie die „übliche Meinung" in unserer Gesellschaft reflektierten und wie gut sie den „idealen" und den „realen" Entwicklungsverlauf wiedergeben. Die Ergebnisse zeigten auch hier, daß unabhängig vom Alter der Probanden, d.h. mit hohem altersübergreifendem Konsens, am häufigsten ein umgekehrt U-förmiger Entwicklungsverlauf vermutet wurde: Diese subjektive Abfolge von Wachstum in Kindheit und Jugend, Konsolidierung im mittleren Alter und Abbau im höheren Alter entspricht exakt der vor vielen Jahren von Charlotte Bühler (1933) formulierten „Dramaturgie des Lebenslaufs", wie sie sich im übrigen auch in nahezu allen bildhaften Darstellungen der „Lebensalterstufen" über die Jahrhunderte hinweg finden läßt. Diese Modellvorstellung ist zwar in der Entwicklungspsychologie differenzierteren Auffassungen gewichen, im subjektiven Entwicklungskonzept scheint sie aber sehr prominent. Im Vergleich verschiedener Beurteilungsperspektiven zeigte sich, daß die Diskrepanz zwischen den idealtypischen und den vermuteten realen Verläufen bei älteren Probanden geringer war als bei den jüngeren Gruppen. Dieser Befund läßt sich wiederum als Hinweis darauf interpretieren, daß ältere Probanden Idealvorstellungen und real Erlebtes so annähern, daß ihrem subjektivem Theoretisieren eine selbstwertdienliche Funktion zukommt.

Einen methodisch anderen Zugang wählten Heckhausen und Co-Autoren (Heckhausen, 1989; Heckhausen & P.B. Baltes, 1991; Heckhausen, Hundertmark & Krueger, 1992), die mit einer Serie von Studien die bisher wohl differenziertesten Befunde zu subjektiven Entwicklungstheorien vorgelegt haben. In einer Untersuchung (Heckhausen, Dixon & P.B. Baltes, 1989) bearbeiteten Jugendliche und Erwachsene Listen mit Adjektiven, die positiv und negativ bewertete Eigenschaften abbildeten (z.B. träge, gelassen, aktiv). Jede Eigenschaft war danach einzuschätzen, ob und wie sehr sie im Laufe des Erwachsenenalters zu- oder abnimmt und inwieweit diese Veränderung durch die Person selbst beeinflußbar ist; zudem sollten die Alterszeitpunkte geschätzt werden, zu dem diese Veränderung typischerweise einsetzt und abgeschlossen ist („Anfangsalter" und „Endalter"). Es zeigte sich, daß Veränderungen in positiv bewerteten Eigenschaften („Gewinne") eher in die frühen Jahre und Veränderungen in negativ bewerteten Eigenschaften („Verluste") eher in die späten Jahre plaziert wurden. Zwar wurde auch für das hohe Alter noch eine Zunahme in positiv bewerteten Eigenschaften (z.B. belesen, erfahren) erwartet, insgesamt aber verbanden die Probanden mit dem höheren Alter eine Zunahme unerwünschter Eigenschaften. Die Befunde verweisen also auf den ersten Blick ebenfalls auf eine negative Sicht des Alterns, indem die subjektive „Gewinn-Verlust-Bilanz" zunehmend ungünstig ausfällt. In der Zusammenschau folgern die Autoren jedoch, „daß Entwicklung im Erwachsenenalter viele Gewinne und einige Verluste mit sich bringen kann, daß vieles von einem selbst abhängt und daß mit fortschreitendem Alter nicht nur die Entwicklungschancen geringer und die Risiken größer werden, sondern sich auch die Möglichkeiten zur Einflußnahme verringern" (S. 16).

Vor allem aber betonten die Autoren wiederum den hohen altersübergreifenden Konsens in den Einschätzungen sowohl der Erwünschtheit wie auch des Zeitpunkts von Veränderungen. Einige wenige Altersdifferenzen bestanden darin, daß jüngere Beurteiler bei weniger Eigenschaften eine Zunahme im Verlauf des Alterns vermuteten, als ältere Probanden dies taten. Dieser Befund, von den Autoren als Hinweis auf eine mit dem Alter zunehmende „Reichhaltigkeit subjektiver Entwicklungskonzeptionen" interpretiert, findet seine Entsprechung in Ergebnissen aus der Stereotypenforschung: Dort hatten Hummert, Garstka, Shaner und Strahm (1994) festgestellt, daß ältere Menschen im Vergleich zu jüngeren über differenziertere Altersstereotype verfügen (siehe Abschnitt 5.7.1).

Heckhausen und Krueger (1993) gingen der Frage nach, inwieweit allgemeine entwicklungsbezogene Vorstellungen mit dem Erleben der bzw. den Erwartungen an die künftige eigene Entwicklung korrespondierten. Wiederum legten sie jüngeren, mittelalten und älteren Erwachsenen Adjektive vor, die vorab als „erwünscht" bzw. „unerwünscht" klassifiziert worden waren. Zu beurteilen war die Veränderung in diesen Eigenschaften, und zwar sowohl in bezug auf die eigene Person als auch bezogen auf „die meisten anderen Menschen". Insgesamt zeigten sich in allen drei Beurteilergruppen hohe Übereinstimmungen zwischen den selbstbezogenen und allgemeinen Einschätzungen der Entwicklungsverläufe. Erst auf den höheren Zielaltersstufen wurden diese Übereinstimmungen geringer: Für die Zielalter zwischen 50 und 80 Jahren waren Annahmen ob der eigenen Entwicklung positiver als die bezüglich der Entwicklung im allgemeinen. Vor allem in bezug auf erwünschte Persönlichkeitseigenschaften wurden im Mittel größere Entwicklungsgewinne für die eigene Person als für andere Personen angenommen, während Zunahmen auf unerwünschten Eigenschaftsdimensionen (also Entwicklungsverluste) für die eigene Person weniger erwartet wurden als bei den anderen. Diese Tendenz zur selbstwertdienlichen Wahrnehmung des eigenen Altersprozesses, auf die in diesem Kapitel immer wieder verwiesen wird, war bei Probanden im mittleren und höheren Alter ausgeprägter als bei den jüngeren.

2.6 „Im Alter ist das eben so" - Entwicklungsbezogene Kontrollüberzeugungen

Gerade mit Blick auf die handlungsleitenden Funktionen, welche subjektiven Entwicklungstheorien zugeschrieben werden, ist von Belang, in welchem Maße die vermuteten und wahrgenommenen Veränderungen im Zuge des Alterns als der eigenen Kontrolle zugänglich erlebt werden. Denn wenn es zutrifft, daß Menschen ihr Verhalten an Altersnormen oder entwicklungsbezogenen Sollsetzungen ausrichten, so müssen sie sich auch als „Produzenten ihrer eigenen Entwicklung" begreifen können (zum Überblick siehe M.M. Baltes & P.B. Baltes, 1986). Wie also sehen solche entwicklungsbezogenen Kontrollüberzeugungen aus?

Auf eine sehr allgemeine Weise versuchten Krampen, Freilinger und Wilmes (1994) zu ermitteln, welcher Einfluß Umweltfaktoren und/oder

der Person selbst auf Entwicklungsprozesse zugeschrieben wird. Sie entwickelten hierfür einen Fragebogen, der auf der eingeführten Systematik entwicklungspsychologischer Modellvorstellungen beruht. Dieser Systematik zufolge lassen sich durch Kreuzklassifikation der beiden Einflußgrößen „Person" und „Umwelt" vier Typen von Entwicklungsmodellen unterscheiden: In *endogenistischen* Ansätzen werden weder der Umwelt noch dem Individuum Einflußmöglichkeiten auf den Entwicklungsverlauf zugeschrieben, dieser wird vielmehr weitgehend als durch die genetische Ausstattung bestimmt angesehen. In *exogenistischen* Ansätzen wird der entwicklungssteuernde Einfluß der Umwelt hervorgehoben; umgekehrt soll in *aktionalen* Ansätzen die Person selbstregulativ in ihre Entwicklung eingreifen können. *Interaktionistische* Ansätze schließlich postulieren ein dynamisches Wechselspiel zwischen Person und Umwelt als Einflußkräften. Krampen et al. (1994) gingen nun von der Annahme aus, daß sich Entsprechungen zu diesen wissenschaftlichen Modellvorstellungen auch in subjektiven Theorien finden lassen. Jeder der Modelltypen wurde im Fragebogen mittels eines Items abgebildet (z.B. „Was aus einem Menschen einmal wird, ist weitgehend durch sein Erbe und seine Anlage festgelegt."). Zusätzlich sollten die Probanden angeben, inwieweit sie Entwicklungsprozesse als zufallsgesteuert und schicksalhaft-unbeeinflußbar ansahen. Über mehrere Teilstudien mit unterschiedlichen Altersgruppen zeigte sich, daß exogenistische, aktionale und interaktionale Entwicklungsmodelle den höchsten Grad an Zustimmung fanden. Überwiegend zurückgewiesen wurde demgegenüber die Annahme eines zufallsgesteuerten Entwicklungsverlaufs. Auch das endogenistische Modell wurde gerade von jüngeren, weniger deutlich hingegen von älteren Probanden abgelehnt (was von den Autoren als Kohorteneffekt interpretiert wurde).

Nurmi, Pulliainen und Salmela-Aro (1992) baten Angehörige unterschiedlicher Altersgruppen, Hoffnungen und Befürchtungen mit Blick auf ihre Zukunft zu nennen und zu jedem genannten Aspekt auf einer bipolaren Skala einzuschätzen, inwieweit das Eintreten der mit Hoffnungen und Befürchtungen verknüpften Ereignisse von der Person selbst oder von den äußeren Umständen oder anderen Menschen abhängt. Auch hier zeigte sich ein Zusammenhang mit dem Alter der Probanden, d.h. je älter sie waren, umso geringer schätzten sie den Einfluß der Person ein, was sich am deutlichsten mit Blick auf die Gesundheit zeigte. Auf besonders differenzierte Weise haben sich Heckhausen und P.B. Baltes (1991) der Frage gewidmet, für wie kontrollierbar Veränderungen in einzelnen Eigenschaften gehalten werden. Sie stellten fest, daß die von den Probanden vermuteten Veränderungen als in hohem Maße durch die Person selbst beeinflußbar angesehen wurden. Doch hing dies deutlich von dem betrachteten Merkmal ab, indem die diesbezüglichen Einschätzungen für „verwirrt" z.B. deutlich niedriger ausfielen als die für „belesen". In anderen Worten: Je erwünschter Eigenschaften sind, als umso kontrollierbarer wurden sie erlebt, wie auch umgekehrt unerwünschte Eigenschaften als weitgehend unkontrollierbar (insbesondere auf seiten der älteren Probanden) wahrgenommen wurden, was dem üblichen *attributional egotism* entspricht. Ob Entwicklungsveränderungen als beeinflußbar angesehen werden oder nicht, war weiterhin auch von dem Alterszeitpunkt, zu dem die Veränderung typischerweise einsetzen sollte, bestimmt: Veränderungen in früheren Lebensabschnitten wurden für beeinflußbarer gehalten als solche, die in späteren Jahren einsetzen sollten. Zudem zeigte sich, daß Veränderungen in positiv bewerteten Eigenschaften (mit Ausnahme von Intelligenz und geistiger Leistungsfähigkeit) als gut beeinflußbar angesehen wurden, während Heckhausen und Krueger (1993) berichteten, daß die eigene Entwicklung wiederum altersübergreifend als deutlich kontrollierbarer eingeschätzt wurde als die Entwicklung „im allgemeinen".

Subjektive Annahmen über die Kontrollierbarkeit der eigenen Entwicklung waren auch Gegenstand einer längsschnittlich angelegten Studie von Brandtstädter (1989). Seine 30 bis 60 Jahre alten Probanden, die zweimal im Abstand von zwei Jahren untersucht worden waren, hatten für insgesamt 16 Ziele (z.B. Gesundheit, emotionale Stabilität, Weisheit) deren subjektive Wichtigkeit sowie die wahrgenommene Entfernung vom Ziel einzuschätzen und anzugeben, wovon die Zielerreichung oder -annäherung abhängt. Bei längsschnittlicher Betrachtung zeigte sich, daß die Werte sowohl für autonome wie für heteronome Kontrolle tendenziell zunahmen, d.h. daß die Probanden mit zunehmendem Alter gleichzeitig mehr eigene Einflußmöglichkeiten wie auch mehr unkontrollierbare Einflüsse auf die Entwicklung wahrnahmen. Die Unterschiede zwischen den Probanden in diesen Einschätzungen waren jedoch so hoch, daß nach Auffassung des Autors allgemeine Schlußfolgerungen über entwicklungsbezogene Kontrollüberzeugungen nicht gezogen werden sollten.

In der bereits skizzierten Studie von Berg und Sternberg (1992) waren die Probanden auch danach gefragt worden, in welchem Maße die Entwicklung der Intelligenz wohl beeinflußbar sei. Die Mehrzahl der Probanden sah hier die Intelligenzentwicklung als durch eigenes Zutun beeinflußbar an. 92 Prozent der Befragten meinten, Intelligenz könne durch Lesen, Weiterbildung oder Erfahrung gesteigert werden; zugleich waren 82 Prozent der Befragten der Meinung, daß eine Abnahme der Intelligenz in Verbindung mit Krankheit, geringer Anregung und/oder mangelndem Interesse möglich sei. Nur 38 Prozent sahen Intelligenz als unbeeinflußbar an, während umgekehrt 93 Prozent der Befragten der Aussage, daß durch Übung und Training Intelligenzleistungen zu steigern seien, zustimmten.

Lachman, P.B. Baltes, Nesselroade und Willis (1982) berichteten anhand ihrer „Personality and Intellectual Aging Contexts"-Skalen u.a., daß bei älteren Menschen Überzeugungen bezüglich der eigenen kognitiven Leistungsfähigkeit (intellektuelle Selbstwirksamkeit) deutlich geringer waren als bei jüngeren und daß sie häufiger als jüngere die kognitive Entwicklung als durch Zufall oder durch andere Personen beeinflußt erlebten. Cornelius und Caspi (1986) setzten die gleichen Skalen an einer Stichprobe von 35- bis 79jährigen zusammen mit einem Verfahren zur Erfassung von Kontrollüberzeugungen ein. Es zeigte sich, daß Überzeugungen zur eigenen kognitiven Leistungsfähigkeit und internale Kontrollüberzeugungen bis zum Alter von etwa 70 Jahren stabil blieben (analog zu den Befunden von

Lachman, 1986). Erst danach setzte eine Abnahme der intellektuellen Selbstwirksamkeit ein und nahm die Besorgnis über eigene intellektuelle Leistungseinbußen zu. Dabei konnten bedeutsame Zusammenhänge zwischen der gleichfalls erfaßten fluiden (d.h. sprachungebundenen) Intelligenz und intellektueller Selbstwirksamkeit einerseits sowie zwischen Besorgnis und geringen Werten auf beiden (d.h. fluiden und kristallinen) Intelligenzmaßen andererseits ermittelt werden. Die Autoren interpretierten dies dahingehend, daß Selbsteinschätzungen der Leistungsfähigkeit aus der Beobachtung eigenen Verhaltens resultierten, d.h. daß die ermittelten Kontrollüberzeugungen nicht als Ursache, sondern als Folge der eigenen intellektuellen Tüchtigkeit aufgefaßt werden sollten.

Parallel zu den Befunden, die in Studien zur Beschreibung von Entwicklungsverläufen ermittelt worden waren, belegen die dargestellten Studien, daß Menschen relativ differenzierte Vorstellungen davon haben, wovon Entwicklungsverläufe im einzelnen abhängen. Entwicklungsprozesse werden dabei keinesfalls als unbeeinflußbar oder schicksalhaft erlebt, sondern es wird dem Einfluß der Person selbst ein hohes Gewicht beigemessen. Allerdings deutete sich – unabhängig von den großen interindividuellen Differenzen – an, daß die wahrgenommenen Kontrollmöglichkeiten mit dem Alter abnehmen und auch nicht für alle Merkmale gleich hoch veranschlagt werden.

2.7 Zusammenfassung

Ungeachtet der sehr unterschiedlichen Untersuchungsansätze hat sich ein hoher altersübergreifender Konsens in subjektiven Theorien über die menschliche Entwicklung und das Altsein gezeigt. Menschen haben offenbar nicht nur ähnliche Vorstellungen davon, wann jemand der Gruppe der „Älteren" zuzuordnen ist (Kapitel 1); auch Vorstellungen davon, wie die Lebensspanne zeitlich strukturiert ist und wie Ereignisse zeitlich normativ zu plazieren sind, werden altersübergreifend geteilt. Weiterhin wird Altern keinesfalls ausschließlich mit einer Abnahme von Kompetenzen und anderen positiv bewerteten Eigenschaften gleichgesetzt. Vielmehr weisen entwicklungsbezogene Vorstellungen einen hohen Grad an Differenzierung auf: Zunahmen in einigen Bereichen werden ebenso vermutet wie Abnahmen in anderen, Stabilität ebenso wie Veränderlichkeit. Die mit dem Alter einhergehenden Veränderungen werden also nicht pauschal negativ bewertet, sondern sie werden als Gewinne *und* Verluste erlebt. Solche alltagspsychologischen Sichtweisen finden ihre Entsprechung in den Thesen von der Multidimensionalität und -direktionalität der Entwicklung über die Lebensspanne (vgl. P.B. Baltes, 1987). Gleichermaßen differenziert beurteilt werden auch Möglichkeiten, aktiv und zielorientiert in die eigene Entwicklung einzugreifen. Damit geben die Studien keinen Hinweis darauf, daß Altern in *generalisierender,* d.h. bereichsübergreifender Weise, nur negativ gesehen wird, wenn auch gerade jüngere Menschen eher negative Erwartungen an das Alter äußern.

Zudem zeigten sich Unterschiede dahingehend, daß die subjektiven Vorstellungen Älterer über das Altern differenzierter sind als die jüngerer Menschen. Dies wird zum einen darauf zurückgeführt, daß sich die Urteile Älterer aufgrund ihrer Erfahrungen mit dem Älterwerden auf eine umfassendere Informationsbasis gründen. Aber es läßt sich auch im Einklang mit Annahmen der Stereotypenforschung vermuten, daß – ausgehend z.B. von der sozialen Identitätstheorie (Tajfel & Turner, 1979) – ältere Menschen ihre *ingroup* differenzierter sehen (wollen), als dies auf jüngere Menschen zutrifft, für die Ältere die *outgroup* darstellen. Daß schließlich viele der Studien auf selbstwertdienliche Verzerrungen in der Wahrnehmung des eigenen Alternsprozesses verweisen, fügt sich in das allgemeine Befundbild ein und bestätigt die Funktionalität subjektiver Theorien.

Gleichwohl können die Befunde nicht darüber hinwegtäuschen, daß der Alterungsprozeß auch von den Älteren selbst im Prinzip eher negativ gesehen wird – wenn auch die empirischen Belege hier oft eher indirekter Natur sind (wie sich dies z.B. in dem Zusammenhang zwischen Unerwünschtheit von Veränderungen und deren Eintritt in späten Phasen der Lebensspanne zeigte). Diese negative Sichtweise scheint vor allem in Urteilen über das Altern anderer Menschen zu dominieren, während für die eigene Person positive Aspekte des Altwerdens und Altseins stärker hervorgehoben werden. Insgesamt scheinen hier vielfältige selbstwertdienliche und befindlichkeitsregulative Prozesse ins Spiel zu kommen: Wird das Altern im allgemeinen als belastend gesehen, so schneidet man selbst im sozialen Vergleich weniger schlecht ab, was wiederum die emotionalen Effekte von Belastungen abzupuffern hilft. Zugleich scheint im Erleben alter Menschen selbst die Überzeugung „Alt sind nur die anderen" nicht nur erlebnismäßig präsent zu sein, sondern auch eine für das Alter anpassungsförderliche Bedeutung zu besitzen (siehe Kapitel 1).

Kritisch zu vermerken ist jedoch, daß ein Großteil der hier referierten Arbeiten sich letztlich nicht auf subjektive Theorien, sondern auf die Einschätzung von Vertretern einzelner Altersgruppen beziehen. Wie noch zu zeigen sein wird, erscheint es aus Gründen der konzeptuellen Präzision notwendig, zwischen Einstellungen gegenüber der Gruppe der Alten als sozialer Kategorie (Kapitel 5) und Überzeugungen bezüglich des Alternsprozesses zu differenzieren. Gerade letztere können an objektiven Daten, soweit sie die entwicklungs- bzw. alternspsychologische Forschung bereitstellen kann, überprüft werden, und es könnte klarer herausgearbeitet werden, inwieweit stereotypgeleitete Wahrnehmungen alter Menschen womöglich über solche Fehlinterpretationen der menschlichen Entwicklung und des Alterns vermittelt sind. In den meisten Untersuchungen wurde es jedoch bislang versäumt, dieser Frage systematisch nachzugehen. So werden verschiedene Verfahren (z.B. *„Facts on Aging-Quiz"*, Palmore, 1988) eher für die Erfassung von altersbezogenem Faktenwissen als für die von Altersstereotypen verwendet (siehe Kapitel 4).

Als ein künftiges Forschungsthema bietet es sich an – über die reine Beschreibung subjektiver Entwicklungstheorien hinaus – jene Faktoren zu identifizieren, von denen Struktur und Inhalt alltagspsychologischer Entwicklungskonzeptionen abhängen. So erklärt offenbar das Alter der Urteiler einen Teil der *self-other*-Diskrepanzen, d.h. Unterschiede zwischen allgemeinen und selbstbezogenen Entwicklungsüberzeugungen. Hier wäre allerdings noch weiter zu prüfen, von welchem Zeitpunkt an die oft beobachtete Aufwertung der eigenen Entwicklung gegenüber der der meisten anderen Menschen erfolgt.

Vor allem fehlt es bislang an Längsschnittuntersuchungen, die es erlauben würden zu prüfen, wann und auf welche Weise selbstwertdienliche Anpassungen allgemeiner Entwicklungsüberzeugungen an den eigenen Entwicklungsverlauf vorgenommen werden. Nur auf der Grundlage derartigen Datenmaterials wären Rückschlüsse darauf möglich, inwieweit subjektive Entwicklungskonzeptionen tatsächlich durch das Altersstereotyp geprägt sind. Auch andere affektiv-motivationale Verzerrungen im subjektiven Theoretisieren über die eigene Entwicklung verdienen zudem weitere Beachtung: So scheinen retrospektive Einschätzungen der eigenen Entwicklung dem Primat der „Konsistenzmaximierung" zu unterliegen resp. dem Bedürfnis zu folgen, die personale Kontinuität auch im Wandel der Zeiten sichern und immer noch „der bzw. die Alte" sein zu wollen (z.B. Klauer, Ferring & Filipp, 1998); doch haben diese Verzerrungen noch nicht hinreichend Beachtung gefunden. Schließlich liegt es auf der Hand, daß entwicklungsbezogene Überzeugungssysteme auch im Rahmen von Entscheidungsprozessen (z.B. beim Übergang in den Ruhestand oder beim Umzug in ein Altenheim) eine große Rolle spielen dürften, ohne daß ihr Einfluß bislang systematisch untersucht worden wäre.

3 Stereotypenforschung: Ein kurzer Überblick

Wie das vorausgegangene Kapitel gezeigt hat, lassen sich Bilder des Alters als·Elemente subjektiver Theorien der menschlichen Entwicklung darstellen. Im folgenden steht ein weiterer Zugangsweg im Zentrum: die Stereotypenforschung. Die Sozialpsychologie hat eine lange Tradition der Erforschung von Vorurteilen und Stereotypen, wie sie in den einschlägigen Monographien und Sammelbändern umfassend dokumentiert ist (siehe hierzu z.B. Bar-Tal, Graumann, Kruglanski & Stroebe, 1989; Brown, 1995; Hamilton & Sherman, 1994; Leyens, Yzerbyt & Schadron, 1994; Macrae, Stangor & Hewstone, 1996; Stroebe & Hewstone, 1997; Wyer, 1998). Üblicherweise wird der Beginn der Stereotypenforschung auf die Arbeit von Lippmann datiert (1922; zitiert nach Brown, 1995), der von Stereotypen als „Bildern in unseren Köpfen" sprach. Im Verlaufe dieser Forschungstradition haben im wesentlichen folgende Forschungsfragen im Mittelpunkt gestanden:

- Was konstituiert Stereotype und Vorurteile, d.h. was grenzt sie von Einstellungen im allgemeinen *(attitudes)*, Überzeugungen *(beliefs)* oder subjektiven Theorien ab? Was macht damit den begrifflichen Kern von Vorurteilen und Stereotypen aus?
- Was trägt zur Bildung von Stereotypen und Vorurteilen bei?
- Welche Funktionen erfüllen sie für den einzelnen wie auch die Gruppe?
- Wie manifestieren sich Vorurteile und Stereotype im Verhalten, d.h. wie steuern sie Prozesse der Informationsverarbeitung im sozialen Kontext und das konkrete Interaktionsverhalten etwa im Umgang mit Mitgliedern einer stereotypisierten Gruppe?

Im folgenden kann es nicht darum gehen, die Fülle möglicher Antworten auf diese Leitfragen eines ganzen Forschungsbereiches zusammenzutragen. Vielmehr soll das Forschungsfeld nur insoweit aufbereitet werden, als vor diesem Hintergrund die Sichtung des Altersstereotyps geleistet wird.

3.1 Definitionsansätze: Stereotype und Vorurteile

Was Vorurteile und Stereotype im einzelnen kennzeichnet und von anderen Konzepten abhebt, wird in der Literatur aus unterschiedlichen Perspektiven beleuchtet. Übereinstimmung besteht zum ersten darin, daß Vorurteile und Stereotype sich ausschließlich auf soziale Gruppen beziehen, während der Einstellungsbegriff im weiteren Sinne zur Kennzeichnung innerer Richtungs- und Verhaltensdispositionen gegenüber sozialen *und* nicht-sozialen Sachverhalten aufgefaßt wird. Wie lassen sich die verwandten Konzepte Vorurteil und Stereotyp voneinander abgrenzen? Vorurteile werden gemeinhin als rein gefühlsmäßige, eindeutig negative Stellungnahmen gegenüber einer sozialen Gruppe (Kategorie) und ihren Mitgliedern aufgefaßt. In diesem Sinne definierte schon Allport (1971, S. 21) Vorurteil als eine „ablehnende oder feindselige Haltung gegenüber einer Person, die zu einer Gruppe gehört, einfach deswegen, weil sie zu dieser Gruppe gehört und deshalb dieselben zu beanstandenden Eigenschaften haben soll, die man dieser Gruppe zuschreibt". Neuerdings werden Vorurteile als spezifische kognitive Strukturen aufgefaßt, die durch extrem starke Verknüpfungen zwischen einer sozialen Kategorie (z.B. einer ethnischen Minderheit) und den sie vermeintlich charakterisierenden negativen Attributen sowie den mit dieser Kategorie assoziierten (meist intensiven) affektiven Reaktionen (Haß, Neid, Furcht, Ärger etc.) gekennzeichnet sind. Wegen ihrer chronischen Verfügbarkeit (d.h. ihrer leichten Abrufbarkeit) steuern Vorurteile zudem in besonderem Maße die soziale Informationsverarbeitung (z.B. Stangor, Thompson & Ford, 1998), u.a. dadurch, daß sie die Aufmerksamkeit auf spezifische Attribute lenken und somit in der Kategorisierung von Personen ein besonderes Gewicht erhalten.

Während Vorurteile also gerade durch ihren *affektiven* Gehalt definiert sind, sollen Stereotype vor allem die *kognitiven* Bestandteile umfassen: Stereotype stellen mentale Repräsentationen (= Bilder) sozialer Gruppen dar, und zwar in Form von Vorstellungen entweder über die für eine Gruppe („die Franzosen") typischen Eigenschaften (z.B. „genußvoll") oder über die Verteilung und Ausprägung ausgewählter Eigenschaften innerhalb dieser Gruppe und/oder in Form subjektiver Wahrscheinlichkeiten, daß eine konkrete Person (z.B. „Monsieur Gilbert") als Vertreter dieser sozialen Gruppe bestimmte Eigenschaften aufweist (vgl. u.a. Bodenhausen & Macrae, 1998). Zwar sind solche Vorstellungen gleichermaßen mit Wertungen verbunden (z.B. wenn einer Gruppe das Attribut „aggressiv" zugeschrieben wird), doch sind Stereotype im Gegensatz zu Vorurteilen nicht als einseitig negative affektgeladene Urteilsvoreingenommenheiten zu verstehen, vielmehr umfassen sie nicht selten negative *und* positive Elemente. Schließlich wird darauf verwiesen, daß Stereotype nicht nur individuelle Meinungen über soziale Gruppen abbilden, sondern von den Mitgliedern der eigenen Gruppe geteilt werden, d.h. Stereotype kollektiver Natur sind und konsensuell geteilte Bilder umfassen.

Weil Stereotype nicht a priori negativ sein müssen, wird nicht selten auch der wertneutralere Begriff *belief systems* (Überzeugungen) verwendet (Ashmore & DelBoca, 1981). Solche Überzeugungen sind zuweilen in impliziten Persönlichkeitstheorien (siehe unten) strukturiert oder – wie in Kapitel 2 ausführlich dargelegt – beispielsweise in subjektiven Theorien der menschlichen Entwicklung organisiert. Überzeugungssysteme enthalten u.a. beschreibende und bewertende Elemente in bezug auf das, was die Mitglieder einer sozialen Gruppe (z.B. Frauen) charakterisiert resp. charakterisieren sollte. Stereotype werden insofern auch gleichgesetzt mit impliziten Persönlichkeitstheorien, als ihnen gemeinsam ist, daß in den Vorstellungen von Menschen einzelne Verhaltensmerkmale und Persönlichkeitseigenschaften in stabiler Weise miteinander verknüpft sind. Dadurch sollten von einem sichtbaren (Verhaltens-)Merkmal Inferenzbildungen und Rückschlüsse auf Eigenschaften der Person rasch und automatisch erfolgen, zumindest aber erleichtert werden. In jedem Fall legen implizite Persönlichkeitstheorien wie auch Stereotype eine *top down*-Informationsverarbeitung und nicht eine datengestützte *bottom up*-Eindrucksbildung über eine Person nahe. Illustriert am Beispiel der Geschlechterstereotypen heißt dies beispielsweise, daß von der Eigenschaft „weiblich" auf Persönlichkeitszüge wie „sanft" oder „verläßlich" geschlossen wird resp. diese in der Eindrucksbildung über eine Person gemeinsam aktiviert werden (siehe Deaux & Major, 1987). Solche Verknüpfungen werden auch in sog. konnektionistischen Modellen (Smith & DeCoster, 1998) wie auch in dem „Modell der illusorischen Korrelation" postuliert (Hamilton & Gifford, 1976). Grundlegende Annahme in letzterem ist, daß Attribute, die sehr selten sind, eine hohe Auffälligkeit haben, und daher bevorzugt verarbeitet und behalten werden. Treten nun mehrere solcher Attribute simultan auf, so besteht die Tendenz, ihr gemeinsames Auftreten zu überschätzen und sie als generell miteinander verknüpft wahrzunehmen. Entsprechend wurde nachgewiesen, daß seltene Verhaltensweisen gleich welcher Wertigkeit eher mit Mitgliedern von Minderheiten in Verbindung gebracht werden (Fiske & Taylor, 1991).

Im Falle des Altersstereotyps kommt noch ein Sonderfall subjektiver Theorien in Form von „subjektiven Entwicklungstheorien" zum Tragen. Wie in Kapitel 2 ausführlich dargelegt, sind darin Verknüpfungen zwischen Lebensalter und bestimmten Eigenschaftsausprägungen abgebildet resp. Überzeugungen darüber, wie die menschliche Entwicklung idealerweise verläuft und was das hohe Alter als Lebensphase charakterisiert. In dem Maße, in dem eine Person in der Wahrnehmung anderer tatsächlich oder vermeintlich „alt" ist, sollten ihr dann auf der Grundlage solcher Entwicklungstheorien auch bestimmte Merkmale (z.B. Vergeßlichkeit) zugeschrieben werden. Gleichwohl wurde davor gewarnt, subjektive Überzeugungssysteme resp. Theorien einerseits und Stereotype andererseits als Synonyme zu behandeln. So argumentierte schon Kogan (1979a), daß Überzeugungen sich stets auf reale Sachverhalte bezögen und sie gegen die Realität auch getestet werden könnten, während Stereotype ein Höchstmaß an Subjektivität aufweisen und letztlich nicht überprüfbar sein sollten. Auch hat sich zeigen lassen, daß Stereotype sich in sozialen Begegnungen spontan, rasch und automatisch aufdrängen (siehe Abschnitt 5.1), während Überzeugungen sehr viel stärker der mentalen Kontrolle der Person unterliegen und nicht selten auch der selbstreflexiven Prüfung unterzogen werden (Devine, 1989).

Vor dem Hintergrund, daß Stereotype stets bestimmte soziale Gruppen zum Gegenstand haben, ist es bedeutsam, *wie* einzelne soziale Gruppen voneinander unterschieden und Personen jeweils einer bestimmten Gruppe zugeordnet werden. Vor Jahren legten Tajfel und Mitarbeiter ausgehend von ihrer Theorie der Reizklassifikation wegweisende Arbeiten dazu vor, wie Stereotype überhaupt gebildet und soziale Gruppen differenziert werden (siehe Tajfel & Wilkes, 1963). Grundlegende Annahme war, daß Reize immer dann zu einer Kategorie zusammengefaßt werden, wenn ihnen eine direkt und konsistent verbundene Klassifikationsvariable unterlegt werden kann. Dies soll zur Folge haben, daß Unterschiede zu anderen Kategorien besonders akzentuiert, innerhalb jeder Kategorie hingegen minimiert werden (Kontrast- vs. Assimilationseffekte). Bezogen auf Menschen als „soziale Reize" entspricht dies der Bildung von sozialen Kategorien auf der Grundlage spezifischer Gruppierungsvariablen (z.B. nach Hautfarbe oder Geschlecht), denen ein Individuum entsprechend angehört oder nicht angehört. Auch hier sollen folglich Prozesse der Kontrastierung, Abwertung und Distanzierung *zwischen* den Gruppen sowie der Überschätzung von Ähnlichkeiten *innerhalb* von Gruppen erfolgen (*ingroup-outgroup*-Differenzierung). Stereotype als mentale Repräsentationen von sozialen Gruppen sagen also etwas darüber aus, was diese Gruppen vermeintlich kennzeichnet und was sie von anderen Gruppen unterscheidet. In der kognitionswissenschaftlichen Forschung wird unterschiedlich dargelegt, wie man sich diese „Bilder in den Köpfen" im einzelnen vorzustellen hat und wie sie im Gedächtnis repräsentiert sind (z.B. Stephan & Stephan, 1993). Dabei wird von vielen Autoren betont, daß Stereotype *trait-based*, d.h. in Form von Eigenschaftsbegriffen konstituiert sind. Dies hat seinen Niederschlag auch in der inhaltlichen Bestimmung von Stereotypen (siehe Kapitel 4) gefunden. Zusätzlich werden sozialen Gruppen (z.B. den Geschlechtern) aber auch typische soziale Rollen, Verhaltensformen und/oder biographische Verlaufsmuster zugeschrieben. Andere Autoren postulieren, daß Stereotype *exemplar-based* repräsentiert seien, d.h. Beispiele enthalten, die als Vergleichsobjekte bei der Wahrnehmung und Kategorisierung von Personen herangezogen werden (hierzu Abschnitt 5.1). Zudem hat Levy (1996) darauf verwiesen, daß Stereotype viele Merkmale enthalten, die im *visuellen* Gedächtnis gespeichert sind; dies steht in Übereinstimmung mit der überragenden Bedeutung, die Merkmale der äußeren Erscheinung für Prozesse der sozialen Kategorisierung und einer stereotypgeleiteten Eindrucksbildung besitzen (siehe Kapitel 5).

   Immer wieder wird in der Literatur darauf verwiesen, daß Stereotype und Vorurteile spezifische Funktionen für das Individuum und seine Gruppe erfüllen und daß sie sich gerade darin von anderen mentalen Repräsentationen resp. Wissenselementen (z.B. von Einstellungen gegenüber nichtsozialen Sachverhalten) unterscheiden. Diese spezifischen Funktionen sollten insbesondere dafür verantwortlich sein, daß Stereotype und Vorurteile so resistent gegen Veränderung sind. Dies soll im folgenden vertiefend illustriert werden.

3.2 Änderungsresistenz als Charakteristikum von Stereotypen

Daß Stereotype und Vorurteile eine hohe Änderungsresistenz besitzen, ist aus der Alltagserfahrung hinlänglich bekannt und hat sich auch in den unterschiedlichsten Arbeiten immer wieder belegen lassen. Die deutlichste

Sprache sprechen hier wohl Hinweise aus den vielfältigen Interventionsprogrammen, die dem Abbau von Stereotypen und Vorurteilen gewidmet
waren und die sich häufig als wenig effektiv erwiesen haben (vgl. Kapitel
9). Die beobachtete Änderungsresistenz läßt sich nun mit einer Reihe von
Argumenten erklären, die hauptsächlich auf die Funktionen von Stereotypen für das Individuum wie für die Gruppe insgesamt abheben (vgl. schon
Ashmore & DelBoca, 1981; Mackie, Hamilton, Susskind & Rosselli, 1996).
Im wesentlichen sind es vier Argumentationsstränge, aus denen sich Antworten auf diese Frage ableiten lassen.

Die *sozialpsychologische Perspektive* betont aus ihren unterschiedlichen theoretischen Blickwinkeln die kulturelle Verankerung von Stereotypen und ihre Funktion für das Individuum als einem Mitglied sozialer
Gruppen. So wurde in der *Theorie der sozialen Identität* (Tajfel & Turner,
1979) herausgearbeitet, daß stereotypgeleitete Differenzierungen zwischen
ingroup und *outgroup* im wesentlichen die Funktion hätten, die soziale
Identität des einzelnen zu sichern und seine Integration in und Anerkennung durch die eigene Gruppe zu gewährleisten. Damit verbindet sich die
bereits erwähnte Auffassung, daß Stereotype in hohem Maße konsensuell
geteilt sind und ihre Weitergabe einen wesentlichen Bestandteil des Soziali-
sationsprozesses darstellt, denn ihre Übernahme sollte die Anpassung an
und Einordnung in die eigene Gruppe erleichtern. Neben der Identitätssi-
cherung wird als wesentliche Funktion auch gesehen, daß Stereotype der
Stabilisierung und Erhöhung des kollektiven und individuellen Selbstwertgefühls dienen. Denn in dem Maße, in dem Abwertungen stereotypisierter
anderer Gruppen (*outgroups)* erfolgen, sollte die eigene Gruppe und damit die eigene Person zugleich aufgewertet werden.

Demgegenüber wird aus der schon klassischen *konflikttheoretischen
Position* argumentiert, daß Abgrenzungen der eigenen gegenüber anderen
Gruppen im Wettbewerb um begrenzte Ressourcen entstünden und Stereotype der Aufrechterhaltung dieser Abgrenzungen dienten (hierzu u.a. Leyens et al., 1994). Dies gehe zwangsläufig mit reduzierter Kontakthäufigkeit
sowie mit gegenseitigen Abwertungen und Diskriminierungen einher. Vor
allem sollten diese Abgrenzungen auch gewährleisten, daß Ansprüche und
Privilegien der eigenen Gruppe gegenüber der oder den anderen Grup-
pe(n) gerechtfertigt und verteidigt werden können – ein Thema, das bekanntlich auch Gegenstand der psychologischen Gerechtigkeitsforschung ist
(siehe z.B. Montada & Lerner, 1996). Schließlich bieten sich mit der auf
Vorurteilen und Stereotypen basierenden Abwertung anderer Gruppen
nicht selten auch willkommene Gelegenheiten, die Ursachen für tatsächliche oder vermeintliche Mißstände in einem sozialen Gebilde mit diesen
Gruppen in Verbindung zu bringen und rasch vermeintlich Verantwortli-
che als Sündenböcke auszumachen. Zweifellos sind Geschichte und Gegenwart des Zusammenlebens von Menschen oft voll von tragischen Beispielen, die diese in der Vorurteilsforschung immer noch weit verbreitete konflikttheoretische Auffassung bestätigen. Besonders augenfällig wurde dies
bislang, wenn es um Diskriminierungen religiöser und/oder ethnischer
Gruppierungen – bis hin zu Massenverfolgung und -mord – ging. Aber

auch subtilere Formen der Diskriminierung (z.B. von Frauen) mögen häufig einem solchen funktionalen Muster gefolgt sein. Denn in dem Maße, in dem Männer und Frauen z.B. um Arbeitsplätze konkurrieren, sollten Stereotypisierungen (z.B. „Frauen sind technisch unbegabt") der eigenen Gruppe Vorteile sichern helfen. Wie in Kapitel 1 kurz dargelegt, wird auch das negative Altersstereotyp mit den begrenzten Ressourcen der sozialen Sicherungssysteme in Verbindung gebracht und damit, daß die ältere Generation zunehmend auf Kosten der nachfolgenden Generationen leben soll. Belege dafür finden sich u.a. bei Rothbaum (1983) und Luszcz und Fitzgerald (1986), die eine deutliche Wahrnehmungsverzerrung in der Bewertung der eigenen Altersgruppe gegenüber den anderen Altersgruppen ausgemacht haben (*ingroup bias*).

Dennoch spricht gegen eine spezifisch konflikt- wie sozialpsychologische Interpretation des Altersstereotyps eine Reihe von Argumenten. Zum einen wird vermutet, daß gerade die Älteren selbst keineswegs eine ausgeprägte Identität als Gruppe besäßen und damit die Basis für entsprechende soziale Distanzierungen oder Konflikte entfalle (schon Ward, 1984). Auch läßt sich argumentieren, daß das (hohe) Alter alleine relativ ungeeignet für soziale Differenzierungen und Ausgrenzungen ist. Denn die vermeintlich am sozialen Konflikt Beteiligten sind einander nicht fremd, sondern sie gehen innerhalb von Familien Tag für Tag miteinander um. Alle Studien sprechen dafür, daß *innerhalb* von Familien in der Regel lebendige Beziehungen zwischen Jung und Alt bestehen und Jung und Alt nicht nur durch gegenseitiges Interesse, sondern oft auch durch Liebe miteinander verbunden sind. Insofern liegt die Vermutung nahe, daß gerade Altersstereotype weniger artikuliert und deutlich differenzierter und facettenreicher sein sollten als Stereotype über weiter entfernte soziale Gruppen. Zudem wird argumentiert, daß die traditionelle Unterscheidung von *ingroup* vs. *outgroup*, wie sie üblicherweise hervorgehoben wird, im Falle des Altersstereotyps nicht das übliche Gewicht besitzen könne. Die Jungen wüßten, daß sie selbst auf dem Wege sind, alt zu werden; und spätestens dann, wenn die Jüngeren ihrerseits der Gruppe der Alten angehörten, sei diese Differenzierung obsolet geworden (P.B. Baltes, 1996). Da also jeder Mensch über kurz oder lang selbst der hypothetischen *outgroup* der Alten angehören wird, sollten Grenzziehungen entlang der Alterslinien weniger markant und sie irgendwann völlig aufgehoben sein. In anderen Worten: Für keine andere Sorte von Stereotypen (z.B. gegenüber ethnischen Gruppen oder gegenüber Frauen) gilt dieser Sachverhalt der fließenden Grenzen zwischen Binnen- und Außengruppe in dem hier beschriebenen Maße wie für das Altersstereotyp.

Im Blickpunkt der *motivationspsychologischen Perspektive* steht weniger die Gruppe als vielmehr das einzelne Individuum. Dazu werden vor allem psychodynamische Konzeptionen der Persönlichkeit herangezogen, denen zufolge Stereotypisierungen der Abwehr von Angst, Selbstunsicherheit und Gefühlen der Unterlegenheit dienen sollen („Angstabwehrhypothese"). Daß Stereotype in der Tat der Sicherung des Selbstwertgefühls dienen, läßt sich u.a. aus jenen Studien ableiten, in denen eine experimentelle

Bedrohung des Selbstwertgefühls von einer erhöhten Neigung zu vorurteilsbehafteten Urteilen gefolgt war (siehe Brown, Collins & Schmidt, 1988). Besondere Beachtung hat diese Auffassung von Stereotypen auch in der traditionellen Konzeption der „autoritären Persönlichkeit" gefunden (hierzu unlängst Altemeyer, 1994). Diese ist bekanntlich durch extreme Vorurteilsbeladenheit, Ambiguitätsintoleranz und Schwarz-Weiß-Denken charakterisiert und sie steht beispielhaft dafür, wie Stereotype dazu dienen, Minderheiten als Sündenböcke zu mißbrauchen und die eigene Person in einem besseren Licht erscheinen zu lassen. Selbst wenn diese Form der *Typen*bildung in der Persönlichkeitspsychologie umstritten ist, stellen die Merkmale der autoritären Persönlichkeit wichtige *Dimensionen* dar, anhand derer sich Unterschiede zwischen Individuen beschreiben lassen (zum Überblick siehe Amelang & Bartussek, 1997). Auch mit Blick auf das Altersstereotyp wird immer wieder betont, daß stereotypgeleitete Urteile über alte Menschen von der Furcht vor dem eigenen Altern und dem eigenen Tod gespeist seien (z.B. Butler, 1980; Jensen & Oakley, 1982). Je mehr für ein Individuum das (hohe) Alter eine „angsterregende" Situation darstellt, umso ausgeprägter sollte – entsprechend der „Angstabwehrhypothese" – das negatives Altersstereotyp sein und umso stärker sollte die Distanzierung und Abwertung von alten Menschen erfolgen. Zudem läßt sich aus vielen in Kapitel 2 referierten Befunden zu der *self-other*-Diskrepanz vermuten, daß das Alter umso eher als „angsterregende" Situation empfunden wird, je jünger eine Person ist. Solche Überlegungen finden eine Entsprechung auch in der Viktimisierungsforschung (z.B. Dunkel-Schetter & Wortman, 1982; Montada, 1992). Diese wird von der Grundthese geleitet, daß „Opfer" (z.B. Behinderte, Kranke, alte Menschen) durch andere abgewertet und mit negativen Attributen belegt werden, um sie im Vergleich zur eigenen Person als gänzlich anders (d.h. als distinkt) erscheinen zu lassen und den Glauben an die eigene Unverwundbarkeit bewahren zu können. Nicht selten werden die vermeintlich negativen Eigenschaften von „Opfern" als Ausrede und Rechtfertigung der Tatsache, daß man sich von ihnen distanziert resp. nicht in angemessener Weise um sie besorgt ist, herangezogen; wie denn insgesamt vermutet wird, daß Stereotypisierungen häufig die Funktion hätten, unangemessenes Verhalten gegenüber anderen im Nachhinein zu rechtfertigen (Mackie & Hamilton, 1993).

Eine andere motivationspsychologische Funktion läßt sich aber auch darin sehen, daß Stereotype der Reduktion von Unsicherheit und Orientierungsverlust dienen resp. Handlungssicherheit vermitteln können (wie dies für subjektive Entwicklungstheorien und Altersnormen in Kapitel 2 diskutiert wurde). Selbstkategorisierungen (z.B. als „weiblich") legen bestimmte stereotypgeleitete Verhaltensstandards nahe (z.B. „Frau" widerspricht nicht in dieser Situation) und werden so in der Handlungsregulation des eigenen Verhaltens wirksam; Stereotype spielen aber auch in der Bewertung des Verhaltens anderer Personen eine wichtige Rolle (siehe Kobrynowicz & Biernat, 1998).

Die Funktionen von Stereotypen lassen sich schließlich aus *kognitions*-

psychologischer Perspektive mit Verweis auf das Primat der ökonomischen Informationsverarbeitung beleuchten. Da Stereotype ganzheitlich, d.h. als Gesamtheit aller das Stereotyp konstituierenden Attribute verfügbar werden, sollen sie eine schnelle *top down*-Informationsverarbeitung ermöglichen und bestimmte Inferenzen nahelegen. Im Gegensatz zu einer aufwendigeren, datengestützten *bottom up*-Verarbeitung können sie somit eine rasche Orientierung in der sozialen Welt gewährleisten. So sollte beispielsweise der Schluß von dem Merkmal „männlich" auf die Eigenschaft „durchsetzungswillig" oder von dem Merkmal „alt" auf die Eigenschaft „vergeßlich" schneller geleistet werden, weil sie im Stereotyp untereinander verknüpft und somit aktuell verfügbar sind. Dadurch sollen Stereotype vor allem in Ermangelung weiterer Daten helfen, Informationen zu strukturieren und Sicherheit im Umgang mit anderen zu erhalten. Damit liefern Stereotype eventuell objektiv unangemessene, subjektiv aber entlastende Vereinfachungen und damit letztlich kognitive Sicherheit. Nicht zuletzt stellen Stereotype über ihre Ordnungs- und Orientierungsfunktion hinaus auch – wie am Beispiel der Sündenbock-Annahme illustriert – rasch verfügbare und kognitiv entlastende Erklärungen für soziale Ereignisse bereit. Daher werden Stereotype als eine unvermeidbare Konsequenz des Zusammenlebens in einer hochkomplexen sozialen Welt gesehen, die einen solchen „Informationswildwuchs" (Six, 1983) generiere, daß sie nur mit Hilfe von Stereotypen zu bewältigen sei. In anderen Worten: Stereotype erlauben es, schnelle, klare und distinkte Aussagen über eine soziale Welt zu machen, die stets im Fluß ist. Nicht zuletzt daher – und in Verbindung mit ihrer die Identität und das Selbstwertgefühl sichernden Funktionen – mag es nicht überraschen, daß Stereotype in so hohem Maße änderungsresistent sind (hierzu auch Kapitel 9) und häufig nicht an der Realität geprüft resp. durch sie korrigiert werden.

3.3   Mangelnder „Wahrheitsgehalt" als Charakteristikum von Stereotypen

Aus dem eben Gesagten folgt, daß ein Definitionsmerkmal für Stereotype auch darin gesehen wird, daß sie realitätsunangemessen seien und aus „falschen", zumindest übergeneralisierten Annahmen über die stereotypisierte Gruppe bestünden. In der Tat spricht die Mehrzahl der Befunde dafür, daß Stereotype selten an der Realität getestet werden bzw. daß sie gegen unvereinbare Evidenz so immunisiert werden, daß sie vergleichsweise stabil bleiben (hierzu Abschnitt 5.5). An ihrer Aufrechterhaltung sollen unterschiedliche Prozesse beteiligt sein:
- Stereotypgeleitete Urteile werden meist nur anhand von sozial vermittelten *second hand*-Daten vorgenommen; da die Urteiler in der Regel nicht (mehr) zu den Originaldaten zurückkehren, können diese auch nicht als potentielles Korrektiv für Stereotype dienen.
- Die möglichen Kosten falscher, d.h. auf Stereotypen basierender Urteile werden in aller Regel als eher gering veranschlagt (Six, 1983): Da Ste-

reotype in der Regel ja mit großer sozialer Distanz einhergehen, besteht somit kaum die Notwendigkeit, sie im Umgang mit konkreten Personen revidieren zu müssen.

- Da Vertreter einer stereotypisierten Gruppe in der Regel nicht als Individuen gesehen werden, werden Informationen, die das Stereotyp invalidieren könnten, auch nicht aufgenommen (Krueger & Rothbart, 1988).
- In der wird Regel die Aufmerksamkeit selektiv auf die mit dem Stereotyp zu vereinbarenden Merkmale einer Person gelenkt, so daß der Änderungsdruck auf das Stereotyp gering ist (Lilli, 1975).
- Schließlich läßt sich mühelos am Umgang mit stereotypinkongruenter Information (z.B. „eine technisch hochbegabte Studentin") demonstrieren, wie Stereotype verteidigt werden, indem solche Informationen entweder unbeachtet bleiben, als Ausnahme von der Regel akzeptiert oder gar als unglaubwürdig zurückgewiesen werden (hierzu Kapitel 5).

Sprechen diese Befunde also eher dafür, die Immunisierung von Stereotypen gegen „die Wahrheit" als konstituierendes Merkmal aufzufassen, so wurden in den letzten Jahren gegen eine solche konzeptuelle Einengung unterschiedliche Argumente angeführt.

Gerade neuere Forschungsansätze haben sich von der definitorischen Gleichsetzung von Stereotypisierungen und „inakkuraten" Urteilen distanziert, was in englischsprachigen Arbeiten unter dem Stichwort der *kernel of truth*-Debatte behandelt wird (hierzu Ryan, Park & Judd, 1996). So wurde unter anderem argumentiert, daß viele Stereotype gerade eine Reflexion der in der betreffenden Gruppe *tatsächlich* vorfindbaren Verhaltenseigentümlichkeiten darstellten. Eine prominente Vertreterin dieser Auffassung ist beispielsweise Eagly (1987). Mit Blick auf Geschlechterstereotype argumentierte sie, daß Männer und Frauen in hohem Maße die ihnen in einer Kultur zugewiesenen Rollen einnähmen. Da aber diese rollentypischen Verhaltensmerkmale von Männern und Frauen stereotypenkonform gezeigt würden und zugleich auch den Inhalt von Geschlechterstereotypen ausmachten, seien stereotypgeleitete Urteile damit mit höherer Wahrscheinlichkeit zutreffend als unzutreffend. In anderen Worten: Korrespondierende Schlußfolgerungen z.B. von dem Merkmal „weiblich" auf „nachgiebig" oder von „männlich" auf „durchsetzungsfähig" seien in hohem Maße auch durch ihr gemeinsames Auftreten begründet und stellten somit keineswegs immer falsche Verknüpfungen dar. Wohl aber mag der logische Fallstrick darin bestehen, diese Verknüpfungen als naturgegeben fehlzudeuten und nicht als Ausdruck sozialer Rollenzuweisungen zu verstehen. Analog sollte gelten, daß die Mitglieder einer stereotypisierten Gruppe sich nicht nur in Übereinstimmung mit dem betreffenden Stereotyp verhalten, sondern daß sie sich auch selbst so sehen und von anderen so gesehen werden. Dies alles sollte in der Summe zu einer Verfestigung wie zu einer Validierung bestehender Stereotype beitragen.

Darüber hinaus wurde noch von anderer Seite argumentiert (Zebrowitz, 1996), daß es durchaus empirisch gesicherte Kovariationen zwischen äußeren (Verhaltens-)Merkmalen und psychischen Eigenschaften gebe. Dies lasse sich schon aufgrund der oft sehr hohen Übereinstimmung zwischen Urteilern z.B. bei der Zuordnung menschlicher Gesichter zu bestimmten Persönlichkeitseigenschaften (vor allem zu „extravertiert") erkennen. Aber auch zwischen diesen Eigenschaftszuschreibungen durch Außenstehende und den entsprechenden Selbstbeschreibungen der Zielpersonen bestünden oft erstaunlich hohe Übereinstimmungen: In dem Maße sollten Stereotype einen Kern von Wahrheit enthalten, in dem stereotypgeleitete Urteile über eine soziale Gruppe („Italiener sind feurig") mit der Selbstwahrnehmung dieser Gruppe korrespondierten. In dem Maße also, indem Stereotypisierungen sich nun auf eben diese äußeren Merkmale stützten (z.B. Merkmale des mimischen Ausdrucks), sollten stereotypgeleitete Zuschreibungen von Eigenschaften durchaus auch akkurat sein. Hingegen scheint dieser Kern von Wahrheit deutlich geringer, wenn man stereotypgeleitete Urteile mit der tatsächlichen *Verteilung* dieser Merkmale in der betreffenden Gruppe vergleicht (Martin, 1987). Gerade dieses Argument war für Rehm (1986) Ausgangspunkt einer grundsätzlichen Kritik an der Konzeption von Stereotypen, auf die abschließend eingegangen werden soll.

Rehm (1986) sieht in der Annahme der Realitätsunangemessenheit von Stereotypen das zentrale Problem ihrer Erfassung überhaupt. Denn eine solche konzeptuelle Festlegung setzt seiner Ansicht nach voraus, daß man Stereotype mit den korrespondierenden Ausschnitten der Realität tatsächlich vergleichen könne. Doch seien in der Regel solche Vergleichsmaßstäbe weder verfügbar, noch sei es aus prinzipiellen Gründen möglich, entsprechende Vergleiche von Realität und Stereotyp überhaupt durchführen zu können. Die dafür nötigen objektiven Daten über die Verteilung von Eigenschaften in einer Population seien gar nicht verfügbar, da weder die üblichen Sozialstatistiken, Mikrozensusdaten noch andere Quellen darüber etwas aussagten. Somit sei der Vergleich von Stereotyp und Realität nicht zu gewährleisten, und damit entfalle auch eines der definitorischen Bestimmungsstücke.

Auch für die Erforschung des Altersstereotyps ist die Rehm'sche Kritik von Belang, wenn es um die Frage geht, wie realitätsangemessen Urteile über „die Alten" sind. Denn diese Frage spielte bislang bei der Erfassung von Altersbildern eine wichtige Rolle (hierzu Abschnitt 4.2). Andererseits stellt sich auch hier die Frage, ob unser Wissen über das sog. normale Altern so umfassend ist, daß es der Differenzierung stereotypgeleiteter falscher vs. richtiger Urteile dienen könnte. Manche generalisierenden Urteile über alte Menschen mögen z.B. eher negativer Natur sein, sind aber deshalb nicht schon per se „falsch" (z.B. die Zuschreibung eines höheren Erkrankungsrisikos), so daß sie kaum als Ausdruck von Vorurteilen gegenüber alten Menschen oder Stereotypisierungen gewertet werden dürfen. Darüber hinaus ist bekanntlich kein Abschnitt im menschlichen Lebensverlauf durch so große Unterschiede zwischen den einzelnen Menschen gekennzeichnet wie die Phase des Alters, und zwar mit Blick auf fast alle physischen und psychischen Merkmale (P.B. Baltes, 1991). Gerade aber wegen dieser großen Unterschiede scheint es auch wenig erfolgversprechend, Maßstäbe formulieren zu wollen, an denen sich der Wahrheitsgehalt altersstereotypisierender Urteile festmachen ließe. Diesbezüglich hat Schaie (1993) warnend festgestellt, daß viele wissenschaftliche Befunde der Alternsforschung Opfer von Fehlinterpretationen ihrer Autoren geworden seien, so daß nicht jeder objektive Befund dazu dienen kann, den mangelnden Realitätsgehalt in (Vor)Urteilen über das Alter oder alte Menschen zu belegen (zum Begriff des *scientific ageism* (vgl. auch Herrick, 1983; Schaie, 1993). In diesem Zusammenhang sollte man auch Kite und Johnson (1988) erwähnen, die aufgrund einer metaanalytischen Sichtung der Literatur zum Altersstereotyp zu dem Schluß kamen, daß die Befunde einzelner Studien umso größere Differenzen in den Einschätzungen einer alten vs. einer jungen Zielperson aufzeigten, je jünger der Autor der jeweiligen Studie war (!).

Vor diesem Argumentationshintergrund spricht somit vieles dafür, „mangelnden Wahrheitsgehalt" nicht dem begrifflichen Kern von Stereotypen zuzurechnen. Stereotype stellen Übergeneralisierungen und Vereinfachungen dar, indem sie von der Individualität und Unterschiedlichkeit der Mitglieder einer Gruppe abstrahieren. Daß es bei der sozialen Informationsverarbeitung sowie im Interaktionsverhalten mit konkreten Personen zu stereotypbasierten Fehlern kommen kann, ist damit nicht ausgeschlossen. Mit Blick auf die oben dargestellten Funktionen von Stereotypen scheint – und dies ist wohl das zentrale Argument überhaupt – auch weniger die Frage ihres Wahrheitsgehaltes von Bedeutung, sondern die Frage, wie nützlich sie sind, und wie gut sie für den einzelnen (und die Gruppe) ihre Funktionen erfüllen. Erst wenn sie ihre Funktionalität verlieren, werden sie individualisierenden Urteilen weichen (Fiske & Taylor, 1991).

<table>
<tr><td>**4**</td><td>**Bilder des Alters im Lichte traditioneller Forschungsansätze**</td></tr>
</table>

Im folgenden Kapitel wird es darum gehen, traditionelle Ansätze der Erforschung des Altersstereotyps zu beleuchten. Diesen ist gemeinsam, daß sie im wesentlichen der Erfassung und inhaltlichen Beschreibung des Altersstereotyps gewidmet waren, bei weitgehender Vernachlässigung der Frage, wann und unter welchen Bedingungen dieses im Visavis einer konkreten Person zum Tragen kommt und Einfluß auf die Eindrucksbildung nimmt. Diesen prozessualen Aspekten hat sich vielmehr die soziale Kognitionsforschung zugewandt (Kapitel 5), die – dem Forschungsgegenstand angemessen – mit gänzlich anderen Methoden arbeitet, beide Forschungsdomänen also weitgehend unabhängig voneinander und ohne gegenseitige Querverweise und erkennbare Querverbindungen existieren.

4.1 Alter als Stigma

Seit vielen Jahren findet sich in der einschlägigen Literatur die Annahme, daß Stereotype nicht nur ethnische oder religiöse Minderheiten oder die Geschlechter zum Gegenstand haben, sondern daß es auch ein klar artikuliertes (und zudem negativ getöntes) Altersstereotyp gibt, das sich in der Eindrucksbildung über alte Menschen bis hin zu Abwertungen und diskriminierenden Verhaltensweisen äußern sollte (Nuessel, 1982; Rosencranz & McNevin, 1969). Diese Annahme gipfelte beispielsweise in der These von Gubrium (1986), daß all jene Verhaltensänderungen, wie sie kennzeichnend für senile Demenz und Morbus Alzheimer seien (Vergeßlichkeit, Verwirrtheit etc.), in vieler Hinsicht dem ähnelten, was im Alltagsverständnis mit normalem Altern gemeint sei. Vor allem in der soziologischen Tradition wurden alte Menschen lange schlicht als „stigmatisiert" betrachtet. Dabei wurde in Anlehnung an Goffman (1963) der Begriff des Stigmas in seiner ursprünglichen Bedeutung verwendet, nämlich für die bei einer Person äußerlich sichtbaren Merkmale, die Schande oder Unehre (z.B. bei Verbrechern) anzeigen sollen. Ein Stigma wird gemeinhin als ein geschlossenes System von Deutungen und Bewertungen gefaßt, innerhalb dessen es „auf alle Fragen eine Antwort gibt". Nach Katz (1979) ist ein Stigma definiert als *„an attribute that is deeply discrediting – that reduces the possessor in our minds from a whole and usual person to a tainted, discounted one"* (p. 449).

In einem weiteren Sinne steht der Begriff für die extrem negative Bewertung bestimmter Personengruppen und für deren deutliche und offene Benachteiligung gegenüber anderen Gruppen. Indem nun auch Alter als

Stigma galt (Luken, 1987), wurde es in die amerikanische Literatur – in Anlehnung an die Begriffe *racism* oder *sexism* – als *ageism* eingeführt (siehe Butler, 1980; zur Messung individueller Tendenzen, dem *ageism* zu unterliegen, vgl. Fraboni, Saltstone & Hughes, 1990). Die Benachteiligung alter Menschen alleine aufgrund ihres Alters und die Tatsache, daß ihnen bestimmte Rechte und Privilegien vorenthalten werden, kennzeichnen nach Butler (1980) den Kern von *ageism*. Nach Meinung Butlers sind die auf individueller wie institutioneller Ebene vorfindbaren Manifestationen von *ageism* von der grundlegenden Furcht gespeist, man selbst werde jene negativen Veränderungen durchmachen, wie sie im Altersstereotyp repräsentiert sind. Dies steht im Einklang mit der motivationspsychologischen Perspektive („Angstabwehrhypothese"), zu den Stereotypen zugeschriebenen Funktionen (Abschnitt 3.2). Ihm selbst sei die Diskriminierung alter Menschen besonders bewußt geworden, als er 1968 als Vorsitzender eines Komitees für Altersfragen für die Anmietung von Wohnungen für alte Menschen verantwortlich gewesen sei: Der Widerstand gegen Alte als Nachbarn sei dabei ganz offensichtlich gewesen. Erkennbar sei für ihn zudem geworden, daß sich diese Abwertungen auch in den Selbstwahrnehmungen der alten Menschen widerspiegelten. So habe er alte Menschen gebeten, vor einen Spiegel zu treten und laut über sich selbst zu sprechen. Hierbei seien viele Gedanken zutage getreten, die sich auf den Prozeß des Alterns und ungünstige temporale Vergleiche (gerade hinsichtlich der äußeren Erscheinung) bezogen hätten und die alle subjektive Verschlechterungen hätten erkennen lassen (berichtet in Butler, 1980). Zwar gebe es auch – so Butler – ein Stereotyp auf seiten der Älteren, das das Jugendalter zum Gegenstand habe (*generational chauvinism* resp. *cohort centrism*), doch spielten Diskriminierungen, die junge Menschen aufgrund ihres Alters erführen, wohl kaum eine Rolle. Vielmehr könne man stets einen „Jugendkult" erkennen, der sich eher begünstigend denn benachteiligend auf die Handlungsoptionen junger Menschen ausgewirkt habe.

Pinquart und Schönbrodt (1997) haben sich dazu unlängst der Frage gewidmet, ob es ein negatives Jugendstereotyp gibt, das sich in den Urteilen von älteren Menschen über Jugendliche abbildet. Hierzu haben die Autoren ältere Menschen (60 bis 94 Jahre) Einschätzungen auf Eigenschaftsskalen vornehmen lassen, und zwar mit Blick auf „Jugendliche im allgemeinen", einen konkreten Jugendlichen aus dem Bekanntenkreis sowie „Jugendliche damals" (bezogen auf das Jugendalter der Probanden selbst). Zugleich sollten Jugendliche ihre Altersgruppe insgesamt wie auch sich selbst auf den gleichen Skalen einschätzen. Dabei zeigte sich, daß „Jugendliche damals" (d.h. die eigene Kohorte) signifikant positiver beurteilt wurden als die heutige Jugend im allgemeinen, und zwar auf allen Eigenschaftsskalen; ein konkreter Jugendlicher wurde wiederum signifikant positiver beurteilt als die Jugend allgemein. Diese Ergebnisse reflektieren also einerseits die in Kapitel 2 dargestellte *self-other*-Diskrepanz, andererseits den immer wieder belegten Sachverhalt, daß „personalisierte" Altersbilder von „generalisierten" abweichen (Lehr & Niederfranke, 1991). Ob es ein Jugendstereotyp i.e.S. gibt, läßt sich aus dieser Studie allerdings

nicht eindeutig erschließen, u.a. schon deshalb nicht, weil keine Standard-
abweichungen mitgeteilt wurden und somit nichts über dessen konsensuelle
Definition bekannt ist.

Auf der anderen Seite wurde immer wieder argumentiert, daß der Begriff *ageism* eher eine politische Kampfformel darstelle denn die Sicht
über alte Menschen reflektiere. In diesem Sinne hatte bereits Schonfield
(1982) argumentiert, daß *ageism* als wertbeladene Floskel politische Maßnahmen zugunsten der älteren Menschen habe initiieren sollen, nicht aber
ein wissenschaftliches Konzept darstelle, welches soziale Prozesse reflektiere (auch Kearl, Moore & Osberg, 1982). Selbstredend fehlen in den frühen
Arbeiten auch systematische Hinweise darauf, in welchem Maße und wann
alte Menschen in der Tat diskriminiert wurden und ein hohes Alter schon
für sich genommen negative Bewertungen nach sich zog. In einer neueren
Studie von Menec und Perry (1995) wurde beispielsweise Alter mit anderen Stigmata kombiniert. Den studentischen Probanden waren Szenarien
präsentiert worden, in denen ein alter vs. junger Protagonist jeweils mit
einer bestimmten Beeinträchtigung oder Krankheit (z.B. HIV-Infektion,
Krebs) präsentiert wurde; als abhängige Variablen wurden mögliche affektive Reaktionen im Umgang mit dieser Person sowie das Ausmaß der
Unterstützungsbereitschaft erfaßt. Im Gegensatz zu der These des *ageism*
zeigte sich, daß jeweils der ältere Protagonist *weniger* negative Emotionen
(z.B. Ärger) auslöste und die Probanden diesem gegenüber eine größere
Untersützungsbereitschaft zeigten als gegenüber dem jüngeren. Zudem hat
die Rede von *ageism* nicht das Paradox empirisch auflösen können, das
darin besteht, daß einerseits eine kollektive Stigmatisierung alter Menschen
behauptet wird, andererseits aber das subjektive Wohlbefinden mit dem
Alter keineswegs so deutlich abzunehmen scheint (Diener, 1984; Ferring &
Filipp, 1997b). Hierzu stellten schon Branco und Williamson (1982) fest,
daß zwar die Älteren immer als Gruppe Gegenstand der öffentlichen Diskussion gewesen seien, daß dies aber mit dem Leben der älteren Menschen
im Alltag wenig zu tun habe und sich somit auch nicht auf ihr Wohlbefinden habe auswirken können. Umso dringlicher erschien es, systematische
Studien zu der Frage der Verbreitung von Altersstereotypen und ihrer inhaltlichen Ausgestaltung durchzuführen.

4.2 Versuche der inhaltlichen Bestimmung des Altersstereotyps

Das klassische Paradigma zur Erfassung von Stereotypen wurde von Katz
und Braley (1933) eingeführt, deren Studie zu ethnischen Stereotypen als
die erste empirische Arbeit innerhalb der traditionellen Vorurteils- und
Stereotypenforschung gilt und deren erhebungsmethodischer Zugang bis in
die 70er Jahre dominierte. Dieser bestand darin, den Probanden (in Vor-
versuchen ausgewählte) Eigenschaftslisten mit der Aufgabe vorzulegen,
alle jene Begriffe auszuwählen, die das jeweilige Urteilsobjekt am besten
charakterisierten. Aus diesen wurden schließlich die fünf typischsten Begriffe ausgewählt, die dann als Konstituenten des jeweiligen Stereotyps an-

gesehen wurden. In dieser Tradition wurde eine Reihe von Instrumenten zur Erfassung von Altersstereotypen entwickelt (zur Übersicht älterer Verfahren vgl. McTavish, 1971). Eines der damals sehr verbreiteten Verfahren ist das *„Aging Semantic Differential"* von Rosencranz und McNevin (1969). Dieses besteht aus 32 bipolaren Eigenschaftsskalen, denen mehrere Urteilsdimensionen zugrundeliegen sollen (u.a. „effektiv vs. ineffektiv"; „autonom vs. abhängig"; siehe Intrieri, von Eye & Kelly, 1995; Knox & Gekoski, 1989). Einen typischen Untersuchungsansatz mit diesem Verfahren stellt die Studie von Netz und Ben-Sira (1993) dar, die anhand dieser Eigenschaftsskalen ihre jungen, mittelalten und alten Probanden, die aus israelischen Drei-Generationen-Familien stammten, jeweils eine junge, erwachsene und alte Person sowie eine ideale Person haben einschätzen lassen. Dabei ergab sich, daß die alte Zielperson auf drei der vier Dimensionen von allen Probandengruppen am negativsten bewertet wurde; wobei allerdings die ältere Gruppe signifikant positivere Urteile abgab als die Probanden der beiden anderen Altersgruppen.

Neben Eigenschaftsskalen wurden auch bestimmte Aussagen über alte Menschen vorgegeben, zu denen die Probanden Zustimmung oder Ablehnung äußern mußten. Ein Beispiel stellt das Verfahren *„Attitudes Toward Old People"* von Tuckman und Lorge (1952) dar, in dem z.T. gezielt falsche Aussagen zu insgesamt 13 Bereichen (z.B. körperliche Veränderungen, Interessen) vorgegeben waren. Dadurch sollte die Akkuratheit des Wissens über das Alter resp. alte Menschen ermittelt und sollten Stereotype als „falsche" Annahmen aufgedeckt werden. In der Tat stellen viele der gebräuchlichen Verfahren letztlich Wissenstests dar, so zum Beispiel der *„Facts on Aging Quiz" (FAQ)* von Palmore (1977; 1988). In diesen Tests werden bestimmte Aussagen mit positiver und negativer Wertigkeit, die das Alter und/oder alte Menschen charakterisieren sollen, präsentiert (z.B. *„Alte Menschen haben kein Interessse an Sexualität"*). Diese Aussagen haben die Testpersonen als „richtig" oder „falsch" einzuschätzen, und aus dem Verhältnis der Fehler bei Items mit positivem gegenüber Items mit negativem Gehalt sollen Verzerrungen im Altersbild und die häufigsten Vorurteile (auch im Gruppenvergleich) identifiziert werden. Dieser auf den Realitätsgehalt von Annahmen über alte Menschen ausgerichtete Zugang findet sich auch in anderen Verfahren, z.B. dem *„Mental Health and Aging"*-Quiz von Pruchno und Smyer (1983) sowie der *„Knowledge of Aging and the Elderly Scale"* von Kline, Scialfa, Stier und Babbitt (1990). Stets ging es darum, anhand der vorgegebenen Aussagen Hinweise auf die Verbreitung „falscher" Vorstellungen über alte Menschen und das Alter zu gewinnen (siehe hierzu Abschnitt 3.3). Einige dieser Verfahren waren auch bereichsspezifisch angelegt, z.B. zur Erfassung von Einstellungen zur Sexualität älterer Menschen (z.B. Glass, Mustian & Carter, 1986; Story, 1989). Manche von ihnen stellten multidimensionale Verfahren dar (so z.B. der *„Aging Opinion Survey"* von Kafer, Rakowski, Lachman & Hickey, 1980), andere waren – wie die *„Attitudes Toward Old People"*-Skala von Kogan (1961) – eindimensional zur Erfassung eines positiven vs. negativen Stereotyps konzipiert. Neukonstruktionen jüngeren Datums, wie z.B. die

„Stereotypes Toward Older People Scale" (Chumbler, 1994) belegen das
nach wie vor bestehende Interesse an dieser Methode der Einstellungsmessung. Schließlich wurde mit dem *„Age Group Evaluation and Description
(AGED) Inventory"* (Knox, Gekoski & Kelly, 1995) ein Instrument entwickelt, mit dem Einstellungen gegenüber verschiedenen Altersgruppen
erfaßt und direkt miteinander verglichen werden können. Erste Befunde
verweisen auf eine hohe faktorielle Validität des Verfahrens in unterschiedlichen Beurteilerstichproben, für unterschiedliche Zielaltersgruppen
und Untersuchungsdesigns.

Daneben wurden sogar projektive Verfahren für die Erfassung von
Altersstereotypen entwickelt, zum Beispiel der *„Senior Apperception Test"*
(Rajagopalan & Prakash, 1990), der aus mehrdeutigen Tafeln besteht, zu
denen die Probanden eine phantasiereiche Geschichte erzählen sollen. Ausgewertet wird, wie in diesen Geschichten jüngere und ältere Figuren beschrieben und inwieweit ihnen Attribute unterschiedlicher Wertigkeit zugeschrieben werden. Speziell in Studien mit Kindern wurden Stereotype auch
aus den Antworten auf offene Fragen oder aus Aufsätzen zum Thema
„Ältere Menschen" erschlossen (z.B. *„Children's Perceptions of the Elderly"*; T. Hickey, L.A. Hickey & Kalish, 1968; vgl. auch Abschnitt 9.2). Mit
dem *„Golde-Kogan Sentence Completion Assessment"* (Golde & Kogan,
1959) wurde vor Jahren ein Satzergänzungsverfahren konzipiert, in dem
25 Satzanfänge (z.B. *„Ältere Menschen brauchen im allgemeinen...."*) ver-
vollständigt werden sollten. Ergänzt wurde dieses um eine Kontrollvariante, in der Satzanfänge mit „Menschen im allgemeinen" vorgegeben waren,
so daß Vergleiche der jeweiligen Satzergänzungen angestellt werden konnten. Da zudem problematisiert wurde, daß viele der vorgegebenen Eigenschaftsbegriffe Altersstereotype womöglich erst erzeugten, denn vorhande-
ne Altersstereotype wirklich zuverlässig erfaßten, wurde auch die Grid-
Technik (sensu Kelly, 1955) für die Beurteilung alter Menschen herangezogen. Abgesehen davon, daß es sich um ein sehr aufwendiges Verfahren
handelt, zeigte eine methodenvergleichende Studie von Ahammer und Bennett (1977), daß auch diese offene, unstrukturierte Erhebung ein negatives
Altersstereotyp offenbarte.

Kritik an den meisten der genannten Verfahren richtete sich im wesentlichen auf ihre unzureichenden psychometrischen Qualitäten, wie sie in
entsprechenden Übersichtsarbeiten und Meta-Analysen ausführlich diskutiert wurden (Crockett & Hummert, 1987; Green, 1981; Kite & Johnson,
1988; Kogan, 1979a; Norris, Tindale & Mathews, 1987; Underwood, Eklund & Whisler, 1985). Zum Teil konnten verbesserte Versionen erarbeitet
werden (vgl. Harris & Changas, 1994). Auch hatte die Tatsache, daß verschiedene Wissensmaße so gering interkorrelierten, die Frage nach ihrer
Brauchbarkeit aufgeworfen (O'Hanlon, Camp & Osofsky, 1993), wie auch
die meisten Meßverfahren nur selten einer systematischen Validierung z.B.
an konkreten Verhaltensmaßen im Umgang mit älteren Menschen unterzogen wurden. So setzte z.B. Silverman (1966; zit. nach Kogan, 1979a) die
Werte auf der *„Attidudes Toward Old People"*-Skala in Beziehung dazu,
wie gerne ihre Probanden Interviews mit alten Menschen durchführen

wollten. Negative Skalenwerte erwiesen sich als mit eher ablehnenden Urteilen assoziiert, und das über einen Zeitraum von drei Monaten. Auch ein anderes Verhaltensmaß, nämlich Kontaktvermeidung, erwies sich als signifikant korreliert mit negativen Eigenschaftszuschreibungen zu alten Menschen (Weinberger & Millham, 1975). Aufschlußreich sind hierzu vor allem Beobachtungsstudien, wie sie in Altenpflegeeinrichtungen durchgeführt wurden. So konnte Hatton (1977; nach Kogan, 1979a) zeigen, daß die entsprechenden Skalenwerte bei Altenpflegerinnen mit dem beobachteten Ausmaß an Sensibilität und Responsivität im Umgang mit geriatrischen Patienten korrelierten: Ein negatives Altersstereotyp ging dabei deutlich mit einem nicht-responsiven Verhalten einher. Als beispielhaft kann die Arbeit von Kahana und Kiyak (1984) angesehen werden, in der die Einstellungen von Altenpflegepersonal (N=243) gegenüber alten Menschen erfaßt wurden, und zwar differenziert in die kognitive Komponente („*Facts on Aging-Quiz*"), die affektive Komponente („*Aging Semantic Differential*") und die Verhaltenskomponente (erfaßt über Handlungsabsichten in vorgegebenen hypothetischen Situationen). Nachfolgend wurde das Personal bezüglich seines verbalen Verhaltens gegenüber den Altenheimbewohnern beobachtet, wobei eine faktorenanalytische Auswertung drei Grunddimensionen erbrachte, die als „negative Bemutterung", „Behandlung als Gleiche" und „positive Bemutterung" bezeichnet wurden. Dabei zeigte sich zunächst, daß verbale Verhaltensweisen im Sinne von „Behandlung als Gleiche" und „positive Bemutterung" dominierten. Zudem wurden signifikante Beziehungen zwischen diesen Verhaltensweisen und den Einstellungsmaßen ermittelt, die ein facettenreiches Befundmuster lieferten. Erwähnenswert scheint z.B. der sehr enge Zusammenhang zwischen einer negativen Bewertung der alten Menschen, wie sie durch das semantische Differential erfaßt wurde, und „negativer Bemutterung", d.h. einem Interaktionsverhalten, das alte Menschen in die Rolle von Unselbständigen und Abhängigen drängt (hierzu auch Abschnitt 7.2.2).

Während die zuletzt genannten Arbeiten auf eine bemerkenswert hohe Korrespondenz zwischen Einstellungsmaßen und Verhalten hindeuten, weisen Ergebnisse von Braithwaite, Lynd-Stevenson und Pigram (1993) in eine andere Richtung. Die Autoren betonten die Notwendigkeit, konzeptuell präziser als bisher zu differenzieren zwischen *ageism* als der Tendenz zu stereotypgeleiteten Bewertungen älterer Menschen einerseits und altersbezogenen Diskriminierungen andererseits, wie sie sich in Maßen des Interaktionsverhaltens oder Kontaktpräferenzen ausdrücken. Sie belegen dies mit Befunden zweier Studien, in denen studentische Probanden das Transkript eines Bewerbungsgesprächs zu beurteilen hatten, in dem u.a. das Alter der Bewerberin variiert worden war (27 vs. 59 Jahre). Altersdiskriminierende Tendenzen sollten sich nach Auffassung der Autoren darin zeigen, daß die Probanden die jüngere Bewerberin der älteren vorzogen und sie es zudem für unwahrscheinlicher halten sollten, daß die ältere Bewerberin die Stelle auch tatsächlich bekommen würde. Diese Vorhersagen wurden durch die empirischen Befunde bestätigt. Im Anschluß daran wurden die Einstellungen der Probanden gegenüber älteren Menschen und gegenüber dem

Alternsprozeß erfaßt sowie Einschätzungen dazu, inwieweit ältere Menschen tatsächlich diskriminiert werden. Zwar waren die verschiedenen Einstellungsmaße hoch interkorreliert, doch erwies sich keines dieser Maße als geeignet, die im ersten Untersuchungsabschnitt ermittelte altersdiskriminierende Ablehnung der älteren Stellenbewerberin vorherzusagen.

Im Zentrum der bisher referierten Studien stand also die Frage danach, wie Altersstereotype erfaßt werden können, welchen Inhalt und welche Wertigkeit sie aufweisen und wie gut sie mit Verhaltensmaßen korrespondieren. Trotz manch interessanter Befunde wurde der traditionelle Forschungsansatz in der Folgezeit jedoch zunehmend problematisiert, wobei zwei grundsätzliche Kritikpunkte im Zentrum standen. Auf diese soll im folgenden kurz eingegangen werden.

4.3 Probleme des traditionellen Forschungsansatzes

4.3.1 Stereotype als Urteile über „die" Alten

Ein grundlegendes Problem der genannten Arbeiten liegt darin, daß die Erfassung der Altersstereotypen stets generalisierend mit Blick z.B. auf „die meisten alten Menschen" erfolgt ist. Demgemäß wurden auch generalisierende Urteile erhoben, denn es liegt auf der Hand, daß Probanden zwangsläufig Generalisierungen vornehmen *müssen*, wenn man sie auffordert, die für eine Gruppe typischsten Merkmale zu benennen (Brigham, 1971). Läßt man hingegen selbst einfache Differenzierungen zu, wie dies in der Studie von Kahana und Kiyak (1984) mit Pflegepersonal in geriatrischen Einrichtungen erfolgte, so fallen solche Merkmalszuschreibungen schon unterschiedlich aus. So hatten sich große Unterschiede in den Urteilen gezeigt in Abhängigkeit davon, ob es sich um „alte Menschen im allgemeinen", um „meine älteren Klienten" oder „mein eigenes Alter" handelte (siehe schon Kapitel 2). Durchgängig zeigte sich in den Studien, daß Bewertungen alter Menschen „im allgemeinen" signifikant negativer ausfielen, als wenn die Probanden konkrete Personen beschreiben sollten (z.B. auch Sanders, Montgomery & Pittman, 1984). Darüber hinaus wurde kritisiert, daß die Zahl der Verweigerer in den Studien nie mitgeteilt wird, d.h. wie groß die Zahl der Probanden war, die die Durchführung solcher Aufgaben verweigert hatten – etwa mit dem Verweis, solche Verallgemeinerungen nicht vornehmen zu können oder wollen. Andere Ansätze, in denen die Probanden nicht einschätzen sollten, wie sehr bestimmte Eigenschaften auf „die" Alten zutreffen, sondern *auf wie viele* Menschen aus der Gruppe der Älteren sie zutreffen (Martin 1987), sprechen in der Regel gegen solche generalisierenden Urteile. Gibt man den Probanden darüber hinaus noch die Möglichkeit, die Zahl der Ausnahmen zu quantifizieren, d.h. auf wie viele Menschen aus dieser Gruppe eine Eigenschaft *nicht* zutrifft, dann bleibt von den auf diese Weise erfaßten Stereotypen als generalisierenden Urteilen oft nicht mehr viel übrig (Schonfield, 1982).

Nun stimmen alle Autoren darin überein, daß Stereotype nicht notwendigerweise in die Beurteilung konkreter Personen einfließen müssen, doch bedarf es einer Differenzierung, wann dies der Fall ist und wann nicht. Gerade um diesen Problemkomplex sind die Arbeiten der neueren Kognitionsforschung zentriert (siehe Kapitel 5). Auch Rehm (1986) problematisierte, daß Eigenschaften, die als typisch für eine Gruppe von Menschen angesehen werden, bei den einzelnen Urteilern keineswegs mit der Überzeugung einhergehen müssen, eine Mehrzahl der Gruppenmitglieder habe diese Eigenschaften auch tatsächlich. Schließlich ist zu berücksichtigen, daß verallgemeinernde Zuschreibungen von Eigenschaften zu „den" Alten nicht notwendigerweise eigene Überzeugungen widerspiegeln. Unter Umständen zeigt sich darin nur, daß die Probanden ein Wissen darüber haben, welche Stereotype in der Gesellschaft bezüglich alter Menschen existieren (vgl. Billig, 1985). Argumentiert wurde weiter, daß in den Studien stets eine *forced choice*-Erhebung erfolgt sei, d.h. daß die Probanden typische Merkmale aus vorgegebenen Eigenschaftslisten hätten auswählen müssen. Nicht auszuschließen sei, daß dadurch Stereotype zuweilen überhaupt erst produziert worden seien. Hatten die Probanden in anderen Studien nämlich die Möglichkeit, die Eigenschaftsbegriffe, die aus ihrer Sicht alte Menschen kennzeichnen, selbst zu generieren, so konnten entsprechende Zuschreibungen oft nicht mehr identifiziert werden, oder sie traten in Form unterschiedlicher Stereotype auf (vgl. Hummert, 1990; siehe Kapitel 5). Dies alles trifft nach Eagly und Mladinic (1989) in ähnlicher Weise auch auf die Erfassung von Geschlechtsstereotypen zu.

Um das Problem generalisierender Aussagen zu umgehen, wurde schon frühzeitig von Brigham (1971) eine andere Erhebungsmethode vorgeschlagen. Dabei haben die Probanden die *Wahrscheinlichkeit* dafür einzuschätzen, daß die Mitglieder einer Gruppe X und einer Gruppe Y die Eigenschaften (a), (b), (c)... besitzen, und somit der Zwang zu übergeneralisierenden Zuschreibungen entfällt. Eine Modifikation dieses Verfahrens schlugen McCauley und Stitt (1978) vor. Sie besteht darin, daß für die Gruppe X fünf typische und fünf untypische Eigenschaftsbegriffe vermischt, alphabetisch sortiert und den Probanden in Zufallsfolge vorgelegt werden, und zwar mit folgenden Aufgabenstellungen:
- Wie wahrscheinlich ist es, daß eine beschriebene Person der Gruppe X angehört?
- Wie wahrscheinlich ist es, daß diese Person die Eigenschaft (a) besitzt?
- Wie wahrscheinlich ist es, daß eine Person, die der Gruppe X angehört, die Eigenschaft (a) besitzt?
- Wie wahrscheinlich ist es, daß eine Person mit der Eigenschaft (a) der Gruppe X angehört?

Durch eine entsprechende Quotientenbildung der Einzelwahrscheinlichkeiten kann dann entschieden werden, ob eine Eigenschaft tatsächlich das Stereotyp konstituiert und ob diese Eigenschaft – bei vergleichender Betrachtung mehrerer sozialer Gruppen – zwischen eben diesen Gruppen überhaupt differenziert.

Schließlich wurde auch grundsätzlich bezweifelt, ob das Altersstereotyp überhaupt in der bis dahin vermuteten einseitig negativen Tönung nachweisbar ist. Denn einerseits wurden vielfach in sich widersprüchliche

Eigenschaftszuschreibungen berichtet (zum Überblick Crockett & Hummert, 1987), indem alte Menschen als weise *und* senil, als freundlich *und* grummelig oder als besorgt um andere *und* egozentrisch beschrieben wurden. Diese scheinbare Widersprüchlichkeit läßt sich leicht auflösen, wenn man unterstellt, daß die soziale Kategorie „alte Menschen" in dieser allgemeinen Form gar nicht repräsentiert ist und sie nicht als eine so homogene Gruppe gesehen werden, daß Generalisierungen angebracht wären (hierzu Abschnitt 5.4). Schon Nuessel (1982) hatte argumentiert, daß es sich bei „den Alten" nicht um eine soziale Gruppe handelt, die man klar definieren und von anderen abgrenzen könne. Damit mögen in dem Maße, in dem in den Vorstellungen der Menschen unterschiedliche Bilder von alten Menschen existieren, auch Oszillationen zwischen diesen Bildern entstehen, die dann in generalisierenden Urteilen als scheinbare Inkonsistenzen und Widersprüchlichkeiten auftreten, oder aber letztlich auf viele Subtypen in der Gruppe alter Menschen verweisen.

4.3.2 Das Bedeutungsumfeld von Eigenschaftsbegriffen

Ein weiterer wichtiger Kritikpunkt ist, daß Eigenschaftsbegriffe, wie sie bei der Erfassung von Stereotypen gerne herangezogen wurden, bekanntlich keine invariante Bedeutung haben. Vielmehr verändern sie ihren Bedeutungshof (konnotativen Gehalt) in Abhängigkeit davon, mit welchen anderen Eigenschaften sie gemeinsam auftreten resp. in welchem Bedeutungsumfeld sie stehen. Das läßt sich in vielfältiger Weise belegen, z.B. anhand des folgenden Gedankenexperiments[1]. Nehmen wir an, wir ließen jeweils Stichprobe von Afroamerikanern und eine Stichprobe weißer Amerikaner Selbsteinschätzungen anhand einer Reihe von Eigenschaftsdimensionen vornehmen und bäten unsere Probanden zugleich, anhand der gleichen Dimensionen die jeweils andere Gruppe einzuschätzen. Es sollte zu erwarten sein, daß beide Stichproben sich sowohl in ihren Selbst- wie auch in ihren Fremdeinschätzungen auf Mittelwertsniveau deutlich voneinander unterscheiden. Erwartet werden sollten aber auch unterschiedliche Konfigurationsmuster: So könnten im Fremdbild der weißen Probanden über Afroamerikaner Einschätzungen als „musikalisch" und „athletisch" mit „faul" assoziiert sein, die gleichen Eigenschaften hingegen in den Selbsteinschätzungen der Schwarzen mit „ehrgeizig" und „durchsetzungsfähig" gepaart sein. In gleicher Weise läßt sich vermuten, daß auch das Merkmal „alt" mit ganz unterschiedlichen Attributen in Verbindung steht und daß von einer Invarianz der Eigenschaftsbegriffe, die angeblich das Altersstereotyp konstituieren, nicht a priori ausgegangen werden kann.

Darüber hinaus wurde grundsätzlich problematisiert (siehe Lantermann & Laveaux, 1978), daß Stereotype eigenschaftsorientiert erfaßt wer-

---

[1] Wir sind sicher, daß dieses „Gedanken"experiment in der Literatur als tatsächlich durchgeführtes Experiment berichtet wurde; da wir leider die Quelle nicht mehr rekonstruieren können, wollen wir zu Illustration diese Form der Darstellung wählen.

den. Die Autoren beziehen sich in ihrer Kritik schon auf Heider (1958), demzufolge es deswegen zu Fehleinschätzungen anderer Menschen komme, weil Urteiler die handelnde Person fokussierten und die Situation vernachlässigen, in der diese Person agiere. Mit der üblichen Methode der Erfassung von Stereotypen würden beim Urteiler Generalisierungstendenzen erzeugt, die von der Situation absähen und eine situationsübergreifende Konsistenz des Urteils erzwängen. Demgemäß sei in der traditionellen Stereotypforschung die Frage ausgespart worden, wie Urteile über einen anderen Menschen durch die Situation, in der er wahrgenommen wird, (mit)bestimmt werden. Als Ausgangspunkt für ihre eigene Studie vermuteten diese Autoren, daß die situativen Determinanten des Verhaltens einer Zielperson umso stärker vernachlässigt werden sollten, je stärker das entsprechende Vorurteil bei einer Person ausgeprägt ist; umgekehrt sollten Personen mit einer geringen Vorurteilsbeladenheit stärker der Situation, in der ein anderer handelt, Rechnung tragen. Die Autoren überprüften diese Annahme anhand von Urteilen über alte Männer in verschiedenen Situationen. Hierzu unterteilten sie ihre Stichprobe zunächst in drei Gruppen danach, wie stark die Probanden zu Generalisierungen resp. Vorurteilen neigten. Dies erfolgte dadurch, daß die Probanden zu verschiedenen Aussagen über alte Männer anzugeben hatten, ob diese auf „sehr wenige" vs. „die meisten" zutreffen. Anschließend sollten die Probanden die Wahrscheinlichkeit einschätzen, mit der bestimmte Verhaltensweisen eines alten Mannes (die indikativ waren für Belastbarkeit, Flexibilität und Unsicherheit) in acht verschiedenen Situationen auftreten würden. Auf dieser Grundlage wurde das Ausmaß der Urteilskonsistenz bestimmt als Maß dafür, inwieweit Merkmale der Situation beachtet oder nicht beachtet wurden. In der Tat zeigte sich nun, daß die Probanden, die als „Generalisierer" diagnostiziert worden waren, d.h. bei denen ein negatives Altersstereotyp ausgeprägt war, situative Aspekte kaum beachteten, während die anderen Probanden Situationsmerkmale stärker gewichteten. Die Befunde belegen also, daß sich die Information „alt" unterschiedlich auf die Urteilsbildung auswirkt in Abhängigkeit davon, wie stark die Tendenz zu Generalisierungen auf seiten der Urteilenden ist.

Mit diesen und vielen anderen Befunden (Kapitel 5) wurde zugleich der begriffliche Kern von Stereotypen offenbart: Stereotypgeleitete Urteile stellen Übergeneralisierungen dar, in denen nicht nur individualisierende Informationen, sondern auch Situationsfaktoren in der Verhaltenserklärung unberücksichtigt bleiben und/oder Schlußfolgerungen aus Beobachtungen ohne systematische Berücksichtigung von Drittvariablen gezogen werden. Schaller (1994) illustrierte diese unzureichende Form des Schlußfolgerns an folgendem Beispiel: Aus dem empirischen Sachverhalt „Schwarze Studenten haben im Durchschnitt schlechtere Noten als weiße Studenten" wird stereotypisierend gefolgert „Schwarze sind dümmer als Weiße" unter Mißachtung der möglichen Drittvariablen „Anregungsgehalt der Nahumwelt"; würde man letztere nämlich statistisch kontrollieren, verschwinden die Notenunterschiede zwischen beiden Gruppen. Stereotype resultieren aus resp. beruhen auf der unzureichenden Verarbeitung der verschiedenen Informationen und in diesem Punkte scheinen alle Forschungsansätze zu konvergieren.

Wie Lantermann und Laveaux (1978) haben auch Martin (1987) sowie Esses, Haddock und Zanna (1993) den Versuch unternommen, Vorurteilsbeladenheit und die Neigung zu Stereotypisierungen als Persönlichkeitsvariable zu betrachten und diesbezügliche Unterschiede zwischen den Menschen zu erfassen. Martin (1987) schlug ein spezifisches Erhebungsverfahren vor, in dem der „diagnostische Wert" einer Eigenschaft dadurch ermittelt werden soll, daß ihre Verteilung in der stereotypisierten Gruppe und ihre Grundwahrscheinlichkeit in der Gesamtpopulation eingeschätzt werden müssen. Weicht der aus beiden Schätzungen gebildete Quotient bedeutsam vom Wert 1.0 ab, so gilt die Eigenschaft als ein das individuelle Stereotyp konstituierendes Merkmal. Ermitteln läßt sich damit, welche Eigenschaften in der Vorstellung *eines* Individuums eine soziale Gruppe kennzeichnen. Darüber hinaus läßt sich bestimmen, ob ein Merkmal Stereotype über verschiedene Gruppen (z.B. Männer vs. Frauen) differenziert, indem die Wahrscheinlichkeiten seiner Verteilung in jeder dieser Gruppen ebenfalls als Quotient dargestellt werden und sich aus dessen Abweichung vom Wert 1.0 erschließen läßt, ob das Attribut z.B. als charakteristischer für Männer als für Frauen (oder umgekehrt) gesehen wird. Schließlich können für jede Person die Quotienten über alle Eigenschaften hinweg aggregiert werden, woraus sich bestimmen läßt, wie stark eine Person zu Stereotypisierungen neigt. Mit dieser *ratio*-Methode scheint einer der bislang besten Zugänge gefunden worden zu sein, um kollektive *und* individuelle Stereotype zu erhellen und individuelle Neigungen zu stereotypgeleiteten Urteilen zu erfassen (hierzu Abschnitt 5.2.2).

4.4 Zusammenfassung

In der Gesamtschau läßt sich festhalten, daß die traditionellen Methoden der Erfassung des Altersstereotyps seine thematische Ausgestaltung beschrieben haben. Zugleich wurden in einigen bisherigen Arbeiten interessante Perspektiven eröffnet, um festzustellen, wie stark die individuelle Neigung zu stereotypgeleiteten Urteilen über andere ausgeprägt ist. Doch wurde Kritik daran geäußert, daß das Altersstereotyp fast ausschließlich als Urteil über „die" Alten erfaßt wurde, dabei aber weder das den einzelnen Eigenschaftsbegriffen eigene Bedeutungsumfeld systematisch durchleuchtet noch die Frage aufgegriffen wurde, *wie* das Stereotyp in die Bewertungen konkreter alter Menschen einfließen und wovon dies im einzelnen abhängt (zur Unterscheidung „generalisierter vs. personalisierter Altersbilder", vgl. auch Lehr & Niederfranke, 1991). Gerade dies ist das zentrale Thema der neueren Stereotypenforschung (siehe Kapitel 5), in der herausgearbeitet wird, daß Stereotype erst *aktiviert* werden müssen, bevor sie die Eindrucksbildung über konkrete Personen beeinflussen. Damit aber hat sich das Problem darauf verlagert, welche Bedingungen die Aktivierung von Stereotypen erleichtern oder behindern. Auch wurde in den bisherigen Arbeiten kaum nach der Einbettung der Information „alt" in den jeweiligen Kontext gefragt und danach, inwieweit Informationen über eine Person, die über das Alter hinausgehen, den Effekt der Altersvariablen in der sozialen Kategorisierung und Beurteilung einer Person reduzieren (z.B. durch Vignetten-Studien oder den Einsatz der „*matched-guise*"-Technik; vgl. Williams, de la Cruz & Hintze, 1989; vgl. Abschnitt 5.5.3). Erst mit solchen Fragen nähert man sich auch stärker der sozialen Wirklichkeit, denn in unserem Alltag sind unsere Interaktionspartner ja nicht „die" Alten als soziale Kategorie, sondern konkrete ältere Personen. Dementsprechend sollen die neueren Studien auch mehr ökologische Validität aufweisen. Umso mehr darf man sich dann aus den einschlägigen Studien Hinweise darauf erhoffen, wann eine als „alt" kategorisierte Person als Individuum oder als Repräsentantin der Kategorie „alte Menschen" wahrgenommen wird, d.h. inwieweit die Eindrucksbildung über eine Person eher individualisierend *(individuating)* oder kategorienbasiert *(category-based)* erfolgt (siehe Fiske & Neuberg, 1990). Dies ist das zentrale Thema der sozialen Kognitionsforschung insgesamt, der wir uns nun zuwenden wollen.

5 Das Altersstereotyp im Lichte der sozialen Kognitionsforschung

Bislang haben wir verschiedene Versuche illustrierend dargestellt, Stereotype als „Bilder in den Köpfen" begrifflich zu fassen und zu erhellen, was über „die Alten" als Gruppe gedacht wird. Innerhalb der sozialen Kognitionsforschung dominieren demgegenüber – wie erwähnt – prozessuale Aspekte, indem Stereotype im Kontext alltäglicher Aktivitäten der Informationsverarbeitung analysiert und als eingebunden in den Prozeß der Eindrucksbildung, des Urteilens und des Umgangs mit konkreten anderen Menschen betrachtet werden (zum Überblick z.B. Hamilton & Sherman, 1994; Leyens et al., 1994; Macrae et al., 1996; Wyer, 1998). Denn die Annahme, daß Stereotype in den Köpfen vorhanden seien, bedeutet nicht zwangsläufig, daß sie im Umgang mit einer konkreten Person auch wirksam sein müssen. Daher gilt es hier, den Weg vom Stereotyp zur Stereotypisierung (d.h. zu stereotypgeleiteter Eindrucksbildung und stereotypgeleitetem Verhalten) nachzuzeichnen und zu erhellen, wann Stereotype einflußreich sind und wann nicht. Leider ist die (z.T. aus sehr einfallsreichen Studien) vorliegende Evidenz bislang stark zentriert um Geschlechterstereotype oder Stereotype gegenüber ethnischen Gruppen, zum Altersstereotyp hingegen wurden innerhalb dieses Paradigmas nur vergleichsweise wenige Studien durchgeführt (Abschnitt 5.3). Dennoch sollten sich Einsichten in den Prozeß des Stereotypisierens natürlich unabhängig vom Inhalt des Stereotyps gewinnen und insofern auch mühelos auf unser Thema übertragen lassen. Im letzten Teil dieses Kapitels sollen Studien zum Altersstereotyp dargestellt werden, die sich vor allem der Vignetten-Methodik (siehe unten) bedienen und das relative Gewicht der Altersvariablen im Kontext stereotypkongruenter oder -inkongruenter Informationen erhellt haben.

5.1 Allgemeine Modellvorstellungen: Vom Stereotyp zum Stereotypisieren

In den letzten zehn Jahren wurden mehrere Modelle vorgestellt, in denen der Weg vom Stereotyp – als einem zunächst verborgenen mentalen Bild – bis zu dem Zeitpunkt, da es im Umgang mit einer konkreten Person seine Wirksamkeit zeigt, abgebildet und nachzuzeichnen versucht wurde (z.B. Bodenhausen & Macrae, 1998; Devine, 1989; Fiske & Neuberg, 1990). Gemeinsam scheint diesen Modellen die Annahme eines mehrstufigen Prozesses, der mit der spontanen (automatischen) Zuordnung einer Person zu einer sozialen Kategorie und der damit verbundenen Aktivierung des betreffenden Stereotyps beginnt und an dessen Ende die Eindrucksbildung über und/oder das Interaktionsverhalten mit dieser Person stehen. Die entscheidende Frage ist, inwieweit am Ende Urteile über diese Person stereotypgeleitet (= kategoriengestützt) sind oder inwieweit sie diesen individuellen Besonderheiten Rechnung tragen. Dazu wird in den einzelnen Modellen eine Vielzahl vermittelnder Prozesse und Bedingungsfaktoren herausgearbeitet und unterschiedlich akzentuiert. Beispielsweise wird in dem Modell von Fiske und Neuberg (1990) Aufmerksamkeits- und Interpretationsprozessen, die zu den einzelnen Zeitpunkten unterschiedlich von der verfügbaren Information wie auch von motivationalen Faktoren beeinflußt sind, besondere Beachtung geschenkt. Sofern eine Person irgendeine Bedeutung für den Wahrnehmenden hat, sollte er ihr über die ursprüngliche Kategorisierung hinaus weitere Aufmerksamkeit zuwenden, wobei zunächst das Einholen von stereotypbestätigenden Informationen im Vordergrund stehen sollte. Lassen sich hinreichend viele solche bestätigenden Elemente finden, sollte es direkt zu einer kategoriengestützten Einschätzung kommen; ist dies hingegen nicht der Fall, dann sollte es zu einer Neukategorisierung der Person kommen, indem sie z.B. als Untertyp einer Kategorie eingestuft oder einer neuen Kategorie zugewiesen wird. Ist dies wiederum wenig erfolgreich, dann sollte es zu einer integrierenden „Stück für Stück"-Verarbeitung aller über eine Person vorliegenden Informationen *(piecemeal integration)* und einer dann wirklich individuumsbezogenen Eindrucksbildung kommen. Wie die einzelnen Übergänge in diesem Prozeßmodell gesteuert werden, ist also stets davon bestimmt, welche Bedeutung und welchen Aufmerksamkeitswert i.e.S. die Person für den Wahrnehmenden hat resp. wieviel er über sie erfahren will oder muß.

Erst unlängst haben Bodenhausen und Macrae (1998) ein Modell vorgelegt, das – wenn man den Kommentaren der andere Autoren in dem Sammelband von Wyer (1998) folgen darf – einen weiteren Meilenstein in der Stereotypenforschung darstellt. Im Zentrum stehen hier die motivationalen und (sozial-)kognitiven Dynamiken, die mit der Aktivierung und Unterdrückung stereotypgeleiteter Urteile und Verhaltensweisen einhergehen. Dazu werden auf jeder Stufe erleichternde und hemmende Einflüsse auf Stereotypisierungen einander gegenübergestellt. Besonderes Augenmerk gilt dabei der Frage, wie und unter welchen Bedingungen der Einfluß eines aktivierten Stereotyps auf die Informationsverarbeitung *(biased interpretations)* willentlich unterdrückt werden kann (= personale Kontrolle) und welche Mechanismen in Form sozialer Kontrolle auf der nächsten Stufe dazu beitragen, daß stereotypgeleitetes Verhalten gegenüber einer Person (z.B. in Form von Benachteiligungen oder Diskriminierungen) unterdrückt wird oder zum Ausdruck kommt.

Das Grundanliegen der Stereotypenforschung in diesen neueren Ansätzen besteht also im Kern darin, herauszuarbeiten, wann eine Person als Vertreterin einer sozialen Kategorie wahrgenommen und welcher Kategorie (z.B. als *alte* Frau oder als *Frau*) sie zugeordnet wird resp. wann ihr als Individuum in seiner Einzigartigkeit begegnet wird.

5.1.1 Soziale Kategorisierung und die Aktivierung von Stereotypen

Fundamentales Postulat aller neueren Ansätze ist, daß Stereotype erst „wachgerufen" (d.h. aktiviert) werden müssen, bevor sie die ihnen zugeschriebene Wirkung im Umgang mit anderen Menschen überhaupt entfalten können. Unumstritten ist weiter, daß die Aktivierung eines Stereotyps an den Prozeß der sozialen Kategorisierung gebunden ist. Konkret bedeutet dies, daß jede Begegnung mit einer Person dazu führt, daß diese aufgrund von Merkmalen ihrer äußeren Erscheinung, ihres Auftretens oder Verhaltens spontan und automatisch einer sozialen Kategorie (z.B. „alter Mensch") zugewiesen wird und daß dies in aller Regel zur Aktivierung des entsprechenden Stereotyps führt.

Wie (und wie rasch und eindeutig) diese Kategorisierung erfolgt, hängt u.a. davon ab, wie die jeweilige soziale Kategorie gedächtnismäßig repräsentiert ist (hierzu schon Kapitel 3). Wie erwähnt gibt es unterschiedliche Modellannahmen: Zum einen wird postuliert, daß soziale Kategorien durch „Exemplare" resp. typische Beispiele repräsentiert sind („Frau Müller ist eine typische Bayerin") und in ihrer Mitte ein „prototypisches Kernkonzept" enthalten, durch das die jeweilige Kategorie am besten definiert wird (*stereotypes as prototypes;* vgl. Brewer, Dull & Lui, 1981; Rothbart, 1981). Die Kategorisierung einer Person soll durch den Vergleich mit diesem Prototypen erfolgen, und je besser die Person den Prototypen repräsentiert, umso schneller und leichter sollte sie dieser Kategorie zugeordnet werden. Zum anderen werden soziale Kategorien als *trait based* aufgefaßt in der Weise, daß mit jeder Kategorie (z.B. „die Bayern") eine definierte Menge von Attributen (z.B. gesellig, rundlich, fröhlich, trinkfest) fest verknüpft ist und diese Attribute das Stereotyp inhaltlich konstituieren. Die Kategorisierung sollte dann dadurch erfolgen, daß ein die Kategorie definierendes Merkmal aktuell gleichsam die Oberhand gewinnt.

Da jeder Mensch den unterschiedlichsten Kategorien angehört und zugleich viele Merkmale besitzt, ist es umso mehr von Interesse, auf welches Merkmal sich im gegebenen Fall die Kategorisierung stützt. Stets konnte gezeigt werden, daß Kategorisierungen nicht beliebig zustandekommen (Fiske & Taylor, 1991). So scheinen Hinweise auf soziale Rollen ein größeres Gewicht zu besitzen als (verborgene) Persönlichkeitszüge. Vor allem aber werden alle direkt wahrnehmbaren Merkmale (Geschlecht, Dialekt, Hautfarbe oder Attraktivität) sowie solche, die in besonderem Maße Aufmerksamkeit auslösen, in Kategorisierungsprozessen genutzt. Daher mag es auch nicht erstaunen, daß negativen, seltenen und/oder extremen Merkmalen oder solchen, die eine trennscharfe Unterscheidung zwischen einzelnen Kategorien ermöglichen, ein besonderes Gewicht zukommt (Fiske & Taylor, 1991), wie auch immer wieder auf die überragende Bedeutung des menschlichen Gesichts verwiesen wurde (Archer, Iritani, Kimes & Barrios, 1983; siehe Abschnitt 5.3.1). Doch sind soziale Kategorien nicht immer eindeutig definiert, und sie weisen zudem oft verschwommene Grenzen zu anderen Kategorien auf (*fuzzy sets;* Rosch, 1978). So sind vermutlich „die

Franken" im Vergleich zu „den Bayern" als Kategorie weniger klar abgegrenzt und weniger reichhaltig repräsentiert, so daß die Schnelligkeit der
Kategorisierung einer Person auch von der Prägnanz der verfügbaren Kategorie abhängt. Zudem wurde eine Vielzahl von weiteren Faktoren auf
seiten des Wahrnehmenden und der Situation spezifiziert, die Einfluß darauf nehmen, ob und wie eine Person kategorisiert wird (hierzu Abschnitt
5.2). Schließlich erhöhen kulturelle Wertvorstellungen und konsensuell geteilte Stereotype, wie sie sich auch in den Medien abbilden (hierzu Kapitel
8) die Augenfälligkeit bestimmter Merkmale und damit die Wahrscheinlichkeit, daß bestimmte soziale Kategorien in der Wahrnehmung von Personen häufiger herangezogen werden als andere.

5.1.2 Verarbeitung und Nutzung stereotyprelevanter Information

Es gehört zu den empirisch bewährten Postulaten der sozialen Kognitionsforschung, daß die Aktivierung von Stereotypen die nachfolgenden Prozesse der Informationsverarbeitung bzgl. einer Person beeinflußt. Es ist hier
nicht der Raum, die kaum überschaubare Fülle dieses Befundmaterials auch
nur annähernd wiederzugeben. Einiges soll hier mit Blick auf die zwei
Grundprinzipien in der Informationsverarbeitung, *Assimilation und Kon-
trast,* illustrierend dargestellt werden.

Die Eindrucksbildung über eine Person ist ein interpretativer und kon-
struktiver Prozeß, in den Erwartungen, Einstellungen und Stereotype als
top down-Prozesse einfließen. Stereotype stellen wie Schemata allgemein
das Format für die Informationsverarbeitung bereit, so daß mit dem Stereotyp konsistente (resp. kongruente) Informationen rascher und effizien-
ter verarbeitet und inkongruente Informationen, sofern möglich und nötig,
an das bestehende Stereotyp assimiliert werden (*Assimilationspostulat;* zuletzt Bodenhausen & Macrae, 1998). Stereotypkongruente Informationen
sollen über einen Wahrnehmungsfilter Vorrang vor inkongruenten erhalten wie auch aktiv aufgesucht werden, während über einen Aufmerksam-
keitsfilter das selektive Ignorieren und Unterdrücken von mit dem Stereotyp unvereinbarer Information erleichtert werden soll. Die unterschiedliche Qualität der Informationsverarbeitung manifestiert sich in vielen Maßen, z.B. in überlegenen Behaltensleistungen für stereotypkongruentes Material. Vor allem Bodenhausen und Macrae (1998) haben besonders hervorgehoben, daß die vorrangige Verarbeitung stereotypkongruenter Information durch beide Vorgänge, erleichternde und hemmende, gefördert
wird: Kongruentes Material weise eine bessere Zugänglichkeit im Gedächtnis auf und werde besser behalten, inkongruentes Material hingegen unter-
liege dem inhibitorischen Effekt, indem seine Verfügbarkeit und Zugänglichkeit zusätzlich erschwert sei. Eben wegen der dualen Natur dieses Prozesses sollte die stereotypgeleitete Eindrucksbildung so rasch, in sich wi-
derspruchsfrei und kognitiv ökonomisch erfolgen.

Illustriert sei dies an einem empirischen Beispiel: Dijksterhuis und van
Knippenberg (1998) präsentierten ihren Probanden eine Reihe von Ver-

haltensbeschreibungen, von denen (neben neutralen Inhalten) einige als Hinweise auf Intelligenz, andere als Hinweise auf Aggressivität interpretiert werden konnten. Im Anschluß daran wurde den Probanden gesagt, daß es sich bei der beschriebenen Person um einen Professor vs. einen Fußballhooligan handle (Kontrollbedingung: keine Angaben). Die Variation dieser Information erwies sich als erfolgreich für die Aktivierung des jeweiligen Stereotyps, wie die anschließende Gedächtnisaufgabe zeigte: Hatte es sich vorgeblich um einen Professor gehandelt, wurden signifikant weniger aggressive und signifikant mehr intelligente Verhaltensweisen erinnert (verglichen mit der Kontrollbedingung); hatte es sich vorgeblich um einen Hooligan gehandelt, war das Befundmuster genau umgekehrt. Ganz offensichtlich war die Behaltensleistung für jeweils stereotypinkongruente Information deutlich verringert und gleichzeitig die für stereotypkongruente Information deutlich erhöht.

Darüber hinaus läßt sich der Einfluß eines aktivierten Stereotyps auch dadurch nachweisen, daß das Verhalten einer Person in Übereinstimmung mit dem Stereotyp interpretiert wird, und zwar umso eher, je mehrdeutiger die Informationen über dieses Verhalten sind. Daß es sich dabei um unbewußte, der mentalen Kontrolle entzogene Vorgänge handelt, ist inzwischen in der Literatur unumstritten (siehe Bargh, 1997). Doch Devine (1989) war eine der ersten Autorinnen, die diesen Sachverhalt anhand der *subliminalen* Aktivierung des Stereotyps „Schwarzafrikaner" in seinem Effekt auf Verhaltensinterpretationen illustrierte. War dieses Stereotyp zuvor durch scheinbar irrelevante Informationen aktiviert worden (*Priming*-Ansatz; vgl. Abschnitt 5.3.2), so wurde das Verhalten einer Zielperson mit höherer Wahrscheinlichkeit in stereotyprelevanten Begriffen (hier: Feindseligkeit und Aggression) interpretiert, obschon die ethnische Gruppenzugehörigkeit der Zielperson überhaupt nicht thematisiert worden war. Interessant ist darüber hinaus, daß dieser Effekt unabhängig davon war, ob die Probanden gegenüber Schwarzen anhand der zuvor erfaßten Indikatoren tatsächlich vorurteilsbeladen waren oder nicht. Devine interpretierte dies dahingehend, daß sich alle Probanden des kulturellen Vorurteils gegenüber Schwarzen gewahr gewesen seien, unabhängig davon, ob sie selbst dieses Vorurteil geteilt hätten oder nicht, und alleine dies habe unwillentlich und unwissentlich Einfluß auf ihre Urteile genommen.

Banaji und Greenwald (1994) haben sich besonders dem impliziten Gedächtnis als Manifestation aktivierter (Geschlechter-)Stereotype gewidmet. Dazu gaben die Autoren Sätze mit jeweils vier Wörtern vor (z.B. „B. hat ein geringes Selbstwertgefühl"), mittels derer assoziative Bahnungen (*Priming*) zu der Dimension „Abhängigkeit" (Kontrollbedingung: „Aggressivität") erzeugt werden sollten. In einem zweiten Durchgang waren eine weibliche vs. eine männliche Zielperson einzuschätzen, wozu mit „Abhängigkeit" (vs. „Aggressivität") verträgliche und unverträgliche Begriffe vorgegeben wurden. Es konnten eindeutige *Priming*effekte nachgewiesen werden, indem z.B. der weiblichen Person signifikant mehr, der männlichen Zielperson signifikant weniger mit „abhängig" assoziierte Eigenschaften zugeschrieben wurden. Vergleichbares zeigte sich mit Blick auf „Aggressivität", indem diese vermehrt mit der männlichen Zielperson in Verbindung gebracht wurde.

Nicht zuletzt wurde die Aktivierung eines Stereotyps auch damit in Verbindung gebracht, wie das Verhalten einer Person *erklärt* wird. Dazu hat sich in vielen Studien nachweisen lassen, daß ein mit dem Stereotyp vereinbares Verhalten einer Person sehr viel eher auf stabile Merkmale der Person selbst zurückgeführt wird, während mit dem Stereotyp unvereinbares Verhalten, das ja ceteri paribus als „Ausnahme von der Regel" interpretiert wird, eher mit äußeren Merkmalen (z.B. Situationsdruck) oder vorübergehenden Zuständen der Person (z.B. Müdigkeit) in Verbindung gebracht wird. Dieses Erklärungsmuster führt selbstredend dazu, daß die Widerlegung des Stereotyps verhindert resp. seine Perpetuierung erleichtert wird. Umgekehrt sollte ein stereotypinkonsistentes Verhalten, wenn es – z.B. unter dem Druck der entsprechenden experimentellen Anordnung – tatsächlich auf stabile Personfaktoren zurückgeführt wird, in der Tat zu einer deutlicheren Modifikation des Stereotyps führen als eine Verhaltenserklärung, die auf äußere Umstände oder transiente Zustände rekurriert (siehe hierzu Wilder, Simon & Faith, 1996).

Im Gegensatz zu den bisherigen Darstellungen, die für das Filtermodell der Wahrnehmung und Aufmerksamkeit sowie für das Assimilationspostulat sprachen, vertraten Sherman, Lee, Bessenoff und Frost (1998) eine andere Auffassung. Sie betonten, daß stereotypgeleitete Urteile zwar in der Tat kognitiv unaufwendig und damit häufig zu beobachten seien, doch würden sie nicht aus „Faulheit" vorgenommen, sondern weil damit Kapazität für andere Aufgaben eingespart und die Effizienz des kognitiven Systems maximiert werde. Sie zitierten dazu auch Befunde von Macrae, Milne und Bodenhausen (1994; zitiert nach Sherman et al.,1998), die aufgezeigt hätten, daß die Aktivierung eines bestimmten Stereotyps (durch Vorgabe von Kategorienlabels u.a. „Arzt", vs. „Skinhead") auch hier zu besseren Erinnerungsleistungen (*cued recall*) für das entsprechende stereotypkongruente Material führe (im Vergleich zu der Kontrollbedingung ohne Vorgabe eines Labels). Es hätten sich unter den Bedingungen, in denen ein Stereotyp aktiviert worden war, aber auch signifikant bessere Leistungen in einem nachfolgenden Wissenstest nachweisen lassen; dieser war auf Informationen über Indonesien bezogen, die während der Versuchsdurchführung zusätzlich von einem Tonband abgespielt wurden. Dieser Wissenstest hatte ganz offensichtlich keinerlei Überschneidungen mit dem aktivierten Stereotyp, doch war für dessen Bearbeitung offenbar genügend kognitive Kapazität (im Vergleich zur Kontrollbedingung) vorhanden gewesen.

In diesem Sinne konnten Sherman et al. (1998), gestützt auf eine Serie einfallsreicher Experimente, zeigen, daß die geringe kognitive Beanspruchung bei stereotypgeleiteter Informationsverarbeitung – da gleichzusetzen mit einer höheren Aufmerksamkeitsspanne – nun sogar die Beachtung von stereotyp*inkonsistenter* Information erleichtere. Dies – von den Autoren als „Enkodierungsflexibilität" bezeichnet – sei als besonders funktional anzusehen, denn die Aufnahme stereotypkonsistenter *und* -inkonsistenter Informationen könne gewährleisten, daß Stabilität *und* Plastizität eines Überzeugungssystems (wie z.B. eines Stereotyps) gleichermaßen gesichert sei und dieses nicht so schnell invalidiert werden könne.

Auf eine weitere Einschränkung des Assimilationspostulats haben Kobrynowicz und Biernat (1998) hingewiesen. Diesen Autoren zufolge stellen Stereotype in erster Linie Standards für die Bewertung einer Person dar. Dabei sollen *Kontrasteffekte* sehr viel markanter zu Tage treten als Assimilationseffekte, was sich wie folgt illustrieren läßt: Soll anhand vorgegebener Informationen z.B. die Befähigung zur Übernahme einer Führungsposition einmal für eine weibliche und einmal für eine männliche Zielperson eingeschätzt werden, so kann es dazu kommen, daß ganz im Gegensatz zu dem vorherrschenden Geschlechterstereotyp die Frau als „befähigter" eingeschätzt und bei der Stellenvergabe gegenüber dem Mann bevorzugt wird. Dies sollte deshalb der Fall sein, weil die betreffenden Informationen über die Zielperson, z.B. daß sie durchsetzungsfähig sei, vor dem Hintergrund des Stereotyps „Frau" verarbeitet würden und damit eine Verschiebung des Bewertungsstandards einhergehe. In diesem Falle werde die weibliche Zielperson als ganz außergewöhnlich durchsetzungsfähig wahrgenommen und daher insgesamt positiver eingeschätzt, als wenn die gleichen Informationen über eine männliche Zielperson vor dem Hintergrund des Stereotyps „männlich" verarbeitet würden. Dies illustriert den mehrfach replizierten „Überkompensations"-Effekt, der darin besteht, daß ein aktiviertes negatives Stereotyp (z.B. gegenüber Frauen) unter dieser Bedingung in extrem positive Bewertungen (einer weiblichen Zielperson) umschlägt. Zugleich hat sich dieser Effekt auch in den Studien, die üblicherweise mit lexikalischen Entscheidungszeiten arbeiten, insofern gezeigt, als unter dieser Bedingung Reaktionen auf stereotypkongruentes Material signifikant *langsamer* sind als unter den sonst üblichen Bedingungen (zum Überblick siehe Dunton & Fazio, 1997).

In die gleiche Richtung weist der Befund von Biernat, Manis und Nelson (1991), die zeigen konnten, daß ein durch Selbstbehauptung charakterisiertes Verhalten einer Frau als signifikant assertiver bewertet wurde, als wenn das gleiche Verhalten einem Mann zugeschrieben worden war. Das gleiche Phänomen sollte sich auch darin zeigen, daß ein mit dem Geschlechterstereotyp unvereinbares aggressives Verhalten einer Frau als „therapiebedürftiger" eingeschätzt wird, als wenn es ein Mann zeigen würde. Und nicht zuletzt hatten schon Taylor und Fiske (1978) darauf verwiesen, daß erwartungswidrige Informationen zu extremeren Bewertungen (in positiver wie negativer Richtung) führen. Auch im Alltag finden sich unzählige Beispiele für solche stereotypgeleiteten Verschiebungen von Bewertungsmaßstäben, etwa wenn von einer Person gesagt wird, daß sie „für ihr Alter" noch gut aussehe oder sie „für eine Frau" ganz schön herrschsüchtig sei. Auch die mit Altersnormen oder dem Altersstereotyp unvereinbare Tatsache, daß ein alter Mann eine Punkerfrisur trägt, ist sicher auffälliger und wird negativer bewertet als bei einem Jugendlichen. Wie dieses Beispiel zeigt, sollten sich Kontrasteffekte auch in der Verarbeitung von mit dem Altersstereotyp inkonsistenten Informationen nachweisen lassen. Wenn alte Menschen dem Stereotyp zufolge schwach, passiv und abhängig sein sollen, dann sollte eine als aktiv, sportlich und unternehmungslustig beschriebene alte Frau signifikant positiver eingeschätzt werden, als wenn die gleichen Attribute einer jungen Frau zugeschrieben würden. Sofern über eine alte Zielperson mitgeteilt wird, daß sie sich z.B. in exzellenter Gesundheit befindet oder ein exzellentes Gedächtnis hat, dann gehen solche Inkonsistenzen – dem oben genannten Filtermodell entsprechend – zwar mit verringerten Behaltensleistungen einher (schon Hyland, 1982), zugleich sollten sie aber nachfolgende Urteile über die Person ganz im Sinne des Kontrasteffekts beeinflussen. Solche Informationen sollten letztlich gleichermaßen zu einer „Überkompensation" des eigentlich negativen Altersstereotyps führen und die Beschreibung einer Person sollte extrem positiv ausfallen, jedenfalls signifikant positiver, als wenn die identischen Merkmale einer jüngeren Person zugeschrieben werden.

Insgesamt haben sich also Kontrasteffekte in der Urteilsbildung offenbar als ein robustes Phänomen erwiesen, das sich in vielen Zusammenhängen gezeigt hat und keineswegs beschränkt ist auf die soziale Informationsverarbeitung (vgl. Krueger & Rothbart, 1990; Krueger et al., 1995). Zugleich haben alle Studien, in deren Blickpunkt Abweichungen von der (Alters-)Norm resp. Verletzungen von stereotypgeleiteten Erwartungen im Blickpunkt standen, wichtige Einsichten in die Dynamik des Stereotypisierens eröffnet. Dies trifft auch auf die Studien zu, die sich Versuchen der willentlichen Ausblendung oder Unterdrückung stereotypkongruenter Information gewidmet haben.

5.1.3 Kontrolle stereotypgeleiteten Urteilens und Verhaltens

Die Stereotypenforschung basiert insgesamt auf der Annahme, daß Menschen eine starke Neigung hätten, sich von anderen Menschen einen Eindruck zu verschaffen und zu einem raschen Urteil über sie zu gelangen. In der Tat sind uns schnelle und oft voreilige Urteile über andere sehr geläufig, und Urteilsprozesse scheinen oft mit großer Leichtigkeit von der Hand zu gehen. Auf der anderen Seite wird darauf verwiesen, daß Menschen auch gezielt versuchten, vorschnellen Urteilen über einen anderen Menschen bewußt entgegenzutreten, oder daß sie sich weigerten, Urteile ohne ausreichende Informationsgrundlage abzugeben. Dies dürfte vermutlich besonders dann der Fall sein, wenn Urteile über einen anderen gravierende Folgen (für den Wahrnehmenden oder die Zielperson) haben oder wenn ihnen individuelle Normen oder soziale Regeln entgegenstehen. Damit wurde die Frage in den Blickpunkt gerückt, unter welchen Umständen stereotypgeleitete Urteile unterdrückt werden und wie gut dies gelingt, nachdem ein Stereotyp aufgrund der Kategorisierung einer Person bereits aktiviert worden war. Obschon solche Überlegungen in der Stereotypenforschung wohl relativ neu sind, reihen sie sich nahtlos ein in die bisher geführte Diskussion der grundsätzlichen Frage, auf welche Weise kognitive Vorgänge der willentlichen Kontrolle zugänglich sind oder ob sie so automatisiert ablaufen, daß Menschen ihnen nur mit großem kognitiven Aufwand bewußt entgegenarbeiten können (hierzu Bargh, 1994; Wegner & Bargh, 1998). Bodenhausen und Macrae (1998) haben besonders darauf verwiesen, daß stereotypgeleitete Urteile und Verhaltensformen in vielen Situationen nicht nur dysfunktional (weil womöglich unzutreffend und unangemessen) sind, sondern daß sie auch den persönlichen Absichten für den Wahrnehmenden entgegenlaufen und/oder in hohem Maße sozial unerwünscht sein können. Gerade in diesen Situationen sollte zu prüfen sein, wie Stereotypisierungen kontrolliert und unterdrückt werden.

In den einschlägigen Studien wurde üblicherweise als Instruktion die Aufforderung verwendet, sich ja nicht von einem Vorurteil leiten zu lassen, oder die Situation war experimentell so arrangiert, daß Stereotypisierungen extrem sozial unerwünscht sein mußten. In diesen Fällen wurde nun nicht selten nachgewiesen, daß die absichtsvolle Nichtbeachtung von stereotyprelevanter Information und die Unterdrückung stereotypgeleiteter Urteile offensichtlich mit sehr hoher kognitiver Belastung verbunden ist und daß die Probanden nur bedingt in der Lage waren, sich in ihren Urteilen nicht von Stereotypen leiten zu lassen. Beispielhaft zu nennen ist hier die Studie von Macrae, Bodenhausen, Milne und Wheeler (1996). Diese Autoren gaben ihren Probanden die Beschreibung eines alten Mannes vor, in der sowohl stereotyprelevante Informationen (z.B. „spricht viel über die Vergangenheit") wie auch stereotypirrelevante Informationen (z.B. „kocht gerne") enthalten waren. Aufgabe der Probanden war es, sich einen Eindruck von diesem Mann zu bilden. Dabei wurde die Hälfte der Probanden explizit aufgefordert, sich nicht von einem Altersstereotyp leiten zu lassen, während die andere Hälfte diese Aufforderung nicht erhalten hatte. Eine Woche später wurden die Probanden gebeten, alle Elemente aus der Beschreibung der Zielperson zu erinnern. Dabei zeigte sich, daß die erste Gruppe, die instruktionsgemäß das Altersstereotyp hatte ausblenden sollen, stereotyprelevante Informationen signifikant *besser* und stereotypirrelevante Informationen signifikant *schlechter* behalten hatte als die Kontrollgruppe. Der willentliche Versuch, stereotyprelevantes Material nicht in die Eindrucksbildung einfließen zu lassen, bewirkte offenbar gerade das Gegenteil, nämlich eine überlegene Behaltensleistung gerade für solche Informationen, die das Stereotyp ausmachten.

Dieser unerwünschte Nebeneffekt der willentlichen Ausblendung stereotypgeleiteter Urteilsgrundlagen wurde in der Literatur als *rebound*-Effekt eingeführt (siehe Macrae, Bodenhausen, Milne & Jetten, 1994), und bereits Wegner (1994) hatte argumentiert, daß die mentale Kontrolle nicht nur nicht gelingen mag, sondern daß sie vielmehr in ihr Gegenteil umschlägt (*backfire*): Je weniger kognitive Ressourcen verfügbar sind, um den Einfluß eines Stereotyps zu unterdrücken, je weniger Kapazität man hat, unerwünschte Gedanken beiseite zu schieben, und/oder je weniger motiviert man dazu ist, umso mehr sollte sich dieser *rebound*-Effekt zeigen. Auch andere ähnliche Experimente haben belegt, daß die willkürliche und selektive Nichtbeachtung stereotyprelevanter Informationen kognitiv aufwendig ist, was sich auch in den – im Vergleich zu einer Kontrollgruppe –

reduzierten Leistungen in einer zeitgleich zu bearbeitenden Aufgabe manifestierte (Macrae et al., 1994). Aber nicht nur die experimentelle Anwei-
sung, sich nicht von Stereotypen leiten zu lassen, ist hier von Belang. Denn
es gibt auch im Alltag gute Gründe, sich in seinen Urteilen und Entscheidungen nicht durch Stereotype beirren zu lassen. Dies mag mit individuellen Motivstrukturen (egalitäre Orientierung; vgl. Abschnitt 5.2.2) zu tun
haben, wie auch davon abhängen, ob man sich überhaupt des potentiellen
Einflusses von Stereotypen bewußt ist (siehe Strack & Hannover, 1996).
Auch spielen dabei zweifellos selbstregulatorische Prozesse (z.B. die
Selbstüberwachung des Urteilsverhaltens) eine Rolle.

Schließlich stand noch die Frage im Zentrum, wie die negativen Implikationen eines Stereotyps für das Interaktionsverhalten durch äußere Umstände (z.B. sozialen Druck) kontrolliert werden. Denn vieles spricht dafür, daß es sozial unerwünscht ist, sich von Stereotypen und Vorurteilen
leiten zu lassen, und niemand läßt sich gerne nachsagen, daß er vorurteilsbeladen und unfähig oder unwillens sei, andere Menschen als Individuen zu
behandeln. Insofern spielen auch die in einer sozialen Situation enthaltenen
Normen und Regeln eine Rolle. Aber auch diese müssen erst in das Bewußtsein gerückt und aktiviert werden. Wie lassen sich nun soziale Kon-
trollreaktionen einsetzen, und wie effektiv sind sie? Zuweilen wurde argumentiert, daß nicht selten der mit einer sozialen Kategorie verknüpfte Affekt so stark sei (z.B. im Falle ausgeprägter Vorurteile), daß er sich unmittelbar und jenseits der mentalen Kontrolle im Verhalten niederschlage
(siehe Stangor, Sullivan & Ford, 1991). Daher sollte das Verhalten einer
Person im Umgang mit einem stereotypisierten Gegenüber unmittelbar und
direkt durch diesen Affekt bestimmt sein. In anderen Worten: Wenn die
Aktivierung eines Stereotyps erfolgt sei, so könne dies direkt und unmittelbar das Verhalten beeinflussen, ohne daß dies durch kognitive Prozesse
vermittelt wird. Stangor et al. (1991) hatten zur Aktivierung des Stereotyps „Schwarzafrikaner" ihren Probanden eine Serie von Fotos schwarz-
häutiger Menschen präsentiert (Kontrollbedingung: Fotos von Weißen).
Der Effekt des aktivierten Stereotyps zeigte sich nun darin, daß die Probanden der Experimentalbedingung dem Versuchsleiter gegenüber signifikant mehr feindselige Reaktionen zeigten, nachdem dieser ihnen mitgeteilt
hatte, der (zeitaufwendige) Versuch müsse wegen technischer Probleme
noch einmal wiederholt werden. Mühelos läßt sich dieser Befund im Sinne
einer Affekt-Verhaltens-Sequenz interpretieren, die nicht über stereotypgeleitete „interpretatorische" Prozesse vermittelt ist. In diesem Zusammenhang wird auch betont, daß stereotypgeleitete Urteile über eine Person
oder Gruppe oft erst im Nachhinein virulent werden, z.B. um nachträglich
ein bestimmtes Verhalten (z.B. aggressiver oder diskriminierender Art)
gegenüber dieser Person oder Gruppe zu begründen und zu rechtfertigen
(Mackie & Hamilton, 1993). In anderen Worten: Das Verhalten gegenüber
einer stereotypisierten Person muß offenbar keineswegs entlang der in Abschnitt 5.1. genannten Stadien, z.B. über interpretatorische Prozesse oder
Prozesse der Aufmerksamkeitssteuerung vermittelt sein. Vielmehr scheinen
die Qualität und hohe Intensität eines Affekts, wie sie mit Vorurteilen und

dem aktivierten Stereotyp verbunden sind, hinreichend für die Auslösung des entsprechenden Verhaltens. Diese Überlegungen fügen sich gut ein in die populäre Konzeption der „autoritären Persönlichkeit", die durch eine extreme Vorurteilsbeladenheit und entsprechend geringe kognitive Komplexität ausgezeichnet ist und deren Verhalten gegenüber Mitgliedern von Minoritäten eine *affektive* Grundlegung besitzt (Altemeyer, 1994).

5.2 Bedingungen stereotypgeleiteten Urteilens und Verhaltens

Bislang haben wir zu verdeutlichen versucht, daß Stereotype aktiviert werden, wenn eine Person der entsprechenden sozialen Kategorie zugeordnet wurde. Auch wurde erwähnt, daß diese Zuordnung nicht beliebig ist, sondern davon abhängt, welches Merkmal in der gegebenen Situation salient ist und welchen Wert i.w.S. es für den Wahrnehmenden hat. Mag also die Augenfälligkeit des Merkmals selbst eine Rolle spielen, sind Kategorisierungvorgänge nicht weniger davon bestimmt, in welchem Situationskontext eine Person wahrgenommen wird, in welchem aktuellen Zustand der Wahrnehmende sich befindet und/oder welche Eigenschaften ihn auszeichnen.

5.2.1 Wann sind Stereotypisierungen wahrscheinlich?

Soziale Kategorisierungen sind im Alltag untrennbar an Orientierungs- und Aufmerksamkeitsprozesse gebunden, indem aus der Merkmalsvielfalt, die eine Person üblicherweise kennzeichnet, nur einige wenige selektive Beachtung finden. Oft kommt dieser Sachverhalt in experimentellen Studien kaum zum Tragen, sofern durch die Versuchsanordnung festgelegt ist, welches Merkmal im Vordergrund steht. Denn dieser mag womöglich die Aufmerksamkeit genau von jenen Informationen ablenken, die womöglich unter alltagsnahen Bedingungen stärker beachtet würden.

Stroessner (1998) hat u.a. darauf verwiesen, daß es wohl letztlich die „Nicht-Normalität" eines Merkmals ist, die Aufmerksamkeit erregt und die soziale Kategorisierung bestimmt. Im Alltag kann es sich dabei entweder um extreme oder extrem seltene Merkmale handeln (z.B. grün gefärbte Haare) oder um solche, die die Person vor dem Hintergrund der aktuellen Situation als distinkt erscheinen lassen. Dies läßt sich leicht illustrieren: So wird eine Person, wenn man ihr als der einzigen *weiblichen* Teilnehmerin an einer Konferenz begegnet, mit größerer Wahrscheinlichkeit der Kategorie „Frau" zugeordnet werden, als wenn man dieselbe Person im Supermarkt treffen würde. Schon die Arbeiten von McGuire und McGuire (1982) haben den Effekt der Distinktheit auf (Selbst-)Kategorisierungen nachgewiesen. Dabei konnten sie zeigen, daß Schulkinder, die relativ zu ihrem Klassenverband sehr viel älter oder sehr viel jünger waren, in spontanen Selbstbeschreibungen signifikant häufiger ihr Alter nannten als Schulkinder, die sich darin nicht von den anderen unterschieden. Das gleiche mag auch für die sog. Seniorenstudenten an den Universitäten gelten, die sich vermutlich dort sehr viel stärker ihres Alters gewahr werden und auf der Grundlage ihres Alters wohl auch so wahrgenommen werden, als in Situationen, in denen sie keine Minderheit bilden[1].

Swan und Wyer (1997) konnten entsprechende Distinktheitseffekte auch in Selbstbeschreibungen Erwachsener nachweisen. So zeigte sich in ihrer Studie, daß männliche Probanden in einer experimentellen Situation, in der sie gegenüber Frauen in der Minderheit waren, sich als maskuliner einschätzten, als wenn sie die Mehrheit bildeten. Hingegen zeigte sich für weibliche Probanden ein völlig gegensätzlicher Befund: Waren diese in der Minderheit gegenüber Männern, so schätzten sie sich als wesentlich maskuliner ein, als wenn sie die Mehrheit bildeten. Die Autoren interpretierten diesen Unterschied zwischen den Geschlechtern in Anlehnung an die Theorie der sozialen Identität (siehe Kapitel 3), derzufolge sich Gruppen mit niedrigerem Status sehr viel schneller an eine statushöhere Gruppe assimilieren und sich mehr mit dieser Gruppe identifizieren als mit ihrer eigenen. Diese Interpretation wird durch den weiteren Befund gestützt, wonach die weiblichen Probandinnen unter der Minoritätsbedingung auch eine andere weibliche Zielperson als maskuliner wahrnahmen als unter der Majoritätsbedingung. Das eben genannte Distinktheitspostulat, demzufolge ein in einer Situation nicht-normales oder seltenes Merkmal zu der Aktivierung des betreffenden Stereotyps führt, ist also nicht generell gültig, sondern erfährt offensichtlich einige Einschränkungen.

Für Stereotypisierungen spielt darüber hinaus auch die thematische Einfärbung der Situation eine Rolle, wie Nieman, Pollak, Rogers und O'Connor (1997; zit. nach Stangor, Thompson & Ford, 1998) zeigten. In ihrer Studie war den Probanden ein Videofilm gezeigt worden, in dem ein als „Mexikaner" vorgestellter Protagonist im Gespräch mit einem anderen Mann präsentiert wurde. In der einen Versuchsbedingung bestand der Bildhintergrund aus einem Schaufenster mit mehreren Einschußlöchern, in der anderen aus dem Lesesaal einer Bibliothek. Einschätzungen des Protagonisten durch die Probanden auf vorgegebenen Eigenschaftsskalen wie auch Protokolle ihres lauten Denkens während der Filmvorführung ließen einen klaren Situationseffekt erkennen: Unter der Bedingung „Bibliothek" war der Mann offenbar weniger als „Mexikaner" kategorisiert worden als unter der anderen Bedingung, die offenbar diese Kategorisierung eher nahegelegt hatte. Es ist also evident, daß die Situation, innerhalb der eine Person wahrgenommen wird, auf vielfältige Weise darüber bestimmt, welches relative Gewicht einzelne Informationen erhalten und wie sie in der Kategorisierung einer Person genutzt werden.

Wie immer wieder betont, liegt eine wichtige Funktion von Stereotypen in der kognitiven Entlastung und ökonomischen Informationsverar-

---

[1] Auch vor diesem Hintergrund ist es naheliegend, daß alte Menschen in ihrem Alltag eher in altershomogenen Umwelten, in denen sie hinsichtlich ihres Alters nicht auffallen, weniger stereotypbasiert wahrgenommen werden als in altersgemischten (siehe Abschnitt 1.6).

beitung. Daher sollten Stereotypisierungen umso eher erfolgen, je stärker
die Verarbeitungskapazität einer Person in der gegebenen Situation eingeschränkt ist. Entsprechend findet sich eine Vielzahl von Studien, in denen
die Probanden z.B. unter Zeitdruck gesetzt wurden, sie simultan mehrere
Aufgaben zu bearbeiten hatten, oder durch andere Manipulationen kognitive Überbeanspruchung erzeugt wurde. Ziemlich durchgängig zeigte sich,
daß Situationen, in denen eine reduzierte Verarbeitungskapazität vorliegt,
eine oberflächliche und stereotypgeleitete Verarbeitung von Informationen
über eine Person begünstigen (siehe Abrams & Masser, 1998).

Nicht minder gewichtig (und in vielen Studien belegt) ist der Einfluß
der aktuellen *Stimmung* einer Person auf die soziale Informationsverarbeitung. Einige Studien haben den Effekt guter vs. schlechter Stimmung,
andere den Effekt diskreter Emotionszustände geprüft, und wieder andere
haben Stimmungseffekte mit Unterschieden im aktuellen Erregungsniveau
des Wahrnehmenden zu erklären versucht. Was nun gute vs. schlechte
Stimmung anbelangt, könnte man zunächst ganz im Sinne einer einfachen
Konsistenzhypothese vermuten, daß gute Stimmung zur selektiven Beachtung positiver Informationen und schlechte zur selektiven Beachtung negativer Informationen über eine Person führen sollte (vgl. Schwarz & Strack,
1991), wie dies auch das *affect infusion*-Modell von Forgas (1995) vorhersagen würde. Es sollte also zu *stimmungs*kongruenten und allenfalls partiell
zu stereotypgeleiteten Urteilen über eine Person kommen. Doch hat sich
dies gerade mit Blick auf Vorurteile und Stereotype *nicht* gezeigt, denn
auch unter guter Stimmung kommt es zu negativen Urteilen über eine Person. Von der Stimmung beeinflußt ist vielmehr die *Qualität* der Informationsverarbeitung. Genauer betrachtet heißt dies, daß gute Stimmung zu einer sog. heuristischen (d.h. raschen, vereinfachenden, oberflächlichen), somit auch stereotypgeleiteten Informationsverarbeitung führt, während
schlechte Stimmung eine sog. systematische (d.h. sorgfältige, analytische)
und somit weniger stereotypgeleitete Verarbeitung erleichtern soll. Demgemäß sollten die Urteilsgrundlagen in guter Stimmung eher kategorienbasiert sein und eine Person eher stereotypgeleitet wahrgenommen werden,
während im Falle von schlechter Stimmung die Wahrnehmung einer Person sehr viel differenzierter und Urteile sehr viel stärker individuumsba-
siert sein sollten. Diese Zusammenhänge wurden in mehreren Studien bestätigt (z.B. Stroessner & Mackie, 1993).

Diese Stimmungseffekte fallen dann sogar noch höher aus, wenn Urteile über eine Person für diese bedeutsame Konsequenzen haben und folglich auf seiten des Urteilers das Bestreben, ein unangemessenes Urteil um
jeden Preis zu vermeiden, besonders hoch ist. Dieses Bestreben sollte im
Zustand schlechter Stimmung noch höher sein als im Zustand guter Stimmung. Lambert, Khan, Lickel und Fricke (1997) führten hierzu eine sehr
komplexe Studie durch. In dieser hatten die Probanden, die zuvor in dys-
phorische vs. neutrale Stimmung versetzt worden waren, einzuschätzen, ob
eine Frau als Flugbegleiterin geeignet sei oder nicht. Dazu sollten die Probanden instruktionsgemäß entweder auf ihre kognitive Leistungsfähigkeit
oder auf ihren Charme achten. Dadurch sollte manipuliert werden, wie

relevant nachfolgende Informationen waren, die sich auf die Attraktivität der Frau bezogen. Vorhergesagt wurde nun, daß (1) sich die Probanden in dysphorischer Stimmung von dem Attrakivitätsstereotyp weniger leiten lassen als die in neutraler Stimmung und (2) daß dies vor allem dann der Fall sein sollte, wenn Informationen über die Attraktivität der Frau für das abzugebende Urteil besonders irrelevant waren (d.h. in der Fähigkeitsbedingung). In der Tat ließen die Befunde genau den vermuteten Interaktionseffekt erkennen: In dysphorischer Stimmung wurden die Probanden in ihrem Urteil weniger durch Hinweise auf die Attraktivität der Frau beeinflußt als in neutraler Stimmung; zugleich war dieser Stimmungseffekt dann besonders ausgeprägt, wenn das Aussehen der Person völlig irrelevant war d.h. wenn vor allem auf ihre Fähigkeit hatte geachtet werden sollen, und wenn die Gewichtung ihrer Attraktivität zu einem besonders unangemessenen Urteil geführt hätte.

Eine Reihe anderer Autoren hat darauf verwiesen, daß es weniger auf die Qualität der momentanen Stimmung ankomme, sondern auf das Erregungsniveau, das mit einzelnen emotionalen Zuständen verbunden ist (Bodenhausen, 1993). Denn in Abhängigkeit vom Erregungsniveau einer Person sollte ihre Verarbeitungskapazität, die ja wiederum die Schlüsselvariable zum Verständnis von stereotypgeleiteter Informationsverarbeitung darstellt, gemindert oder erhöht sein. Zwar könnten sich Emotionen in ihrer Qualität unterscheiden (z.B. glücklich vs. ängstlich), solange sie aber von einem ähnlich hohen Erregungsniveau begleitet sind, sollten sie in gleichem Maße die Verarbeitungskapazität reduzieren und damit die Tendenz zu stereotypgeleiteter Eindrucksbildung erhöhen. Aber auch ein sehr geringes Erregungsniveau sollte – vermittelt über geringe kognitive Kapazität – Stereotypisierungen erleichtern. Vor diesem Hintergrund lassen sich nun für diskrete Emotionen unterschiedliche Effekte auf die soziale Informationsverarbeitung vermuten: Angst und (weniger eindeutig) Ärger sollten eher mit heuristischer, Niedergeschlagenheit hingegen eher mehr mit systematischer Informationsverarbeitung einhergehen. Im wesentlichen scheint dies bestätigt. So sollten in einer Studie (Bodenhausen, Kramer & Süsser, 1994) amerikanische Studierende emotional bedeutsame Episoden aus ihrem Lebens aufschreiben (als Methode der Induktion von „ärgerlich" vs. „traurig" vs. „glücklich"); bei der Kontrollgruppe unterblieb dies. In einem zweiten Durchgang erhielten die Probanden das Szenario einer Normübertretung, die in einem Diebstahl vs. in einem körperlichen Angriff bestand. In der Hälfte der Fälle wurde der Name des Täters genannt, wodurch ein Stereotyp aktiviert werden sollte (hier: bezogen auf die spanisch sprechende Minderheit), in der anderen Hälfte war dies nicht der Fall. Als abhängiges Maß dienten Einschätzungen der Schuld des Täters und das ihm zugedachte Strafmaß. Es zeigte sich, daß sich Probanden in glücklicher und ärgerlicher Stimmung in ihren Urteilen stärker von dem Stereotyp leiten ließen als die in trauriger oder neutraler Stimmung. Interessant ist also wiederum, daß auch glückliche Stimmung *negative* Stereotypisierungen erleichtert hatte und daß es in der Tat nicht die Qualität der Stimmung, sondern das erhöhte Erregungsniveau war, das hier eine Rolle

spielte. Dies hat schließlich Bodenhausen (1990) in einer besonders einfallsreichen Studie belegt. Er bat seine Probanden, einzelnen Zielpersonen
Persönlichkeitseigenschaften resp. den Grad der Verantwortlichkeit für bestimmte Vorfälle zuzuschreiben, und zwar sollten sie dies zu unterschiedlichen *Tageszeiten* (9, 15, und 20 Uhr) tun. In Abhängigkeit davon, ob die
Probanden ihren eigenen Angaben zufolge Nachtmenschen oder Morgen-
menschen waren, konnten diese unterschiedlichen Zeitpunkte als Deckvariable dafür dienen, wie „warm der kognitive Motor" noch oder schon
war, d.h. als Deckvariable für das Niveau der kognitiven Leistungsfähigkeit. Dabei zeigte sich auch hier, daß diese Zuschreibungen dann am deutlichsten stereotypgeleitet waren, wenn sie bezogen auf den Schlaf-Wach-
Rhythmus der Probanden zu einem jeweils unpassenden Zeitpunkt, d.h. im
Zustand eingeschränkter Leistungsfähigkeit, abzugeben waren.

Bislang haben wir gezeigt, daß Situations- und Zustandsvariablen Stereotypisierungen begünstigen oder erschweren. Es gibt aber auch - wie
mehrfach erwähnt - interindividuelle Unterschiede in der Tendenz zu stereotypgeleiteten Urteilen, die ihrerseits mit einer Reihe von Dispositionsmerkmalen kovariieren.

5.2.2 Wer neigt zu Stereotypisierungen?

Schon Rosch (1978) hatte vermutet, daß es vornehmlich *wertbesetzte*
Merkmale sind, die Aufmerksamkeit auslösen und in der Kategorisierung
herangezogen werden. Es hängt also von Wertungen ab, ob ein Stereotyp
aktiviert und genutzt wird oder nicht. Damit sollten Wertungsvoreingenommenheiten i.w.S. auf seiten des Wahrnehmenden eine wichtige (und
vielleicht sogar die wichtigste) Determinante von Stereotypisierungen darstellen. Schon Devine (1989) hatte dazu gezeigt, daß hoch- und niedrig-
vorurteilsbehaftete Personen sich nicht in der automatischen Aktivierung
von Stereotypen unterscheiden, wohl aber sollten letztere eher in der Lage
sein, stereotypisierende Reaktionen willentlich zu unterdrücken. Während
Stereotype häufig Bestandteile eines früh erworbenen und kulturell geteilten Wissens über soziale Gruppen sind, das in Anwesenheit geeigneter
Hinweisreize automatisch evoziert werde, würden persönliche Überzeugungen z.B. im Sinne von egalitären Wertorientierungen sehr viel später
erworben, sie bildeten eine eigene kognitive Struktur, und sie müßten in-
tentional abgerufen werden, um automatisch aktivierte Vorurteilsstruktu-
ren zu neutralisieren.

Die großen individuellen Unterschiede in der Neigung von Menschen,
andere Menschen bestimmten sozialen Kategorien zuzuweisen, führten auch
Stangor et al. (1998) auf Vorurteile resp. Unterschiede in der Vorurteilsbeladenheit (gegenüber bestimmten sozialen Gruppen) zurück: Je höher
diese sei, umso automatisierter nutzten Personen die betreffende Kategorie
(z.B. Rasse) in der sozialen Wahrnehmung. Vorurteile erzeugen also eine
chronische Verfügbarkeit der sozialen Kategorie, auf die sie sich beziehen
und der mit dieser Kategorie verknüpften Attribute.

Fazio und Dunton (1997) haben sich diesen individuellen Unterschieden dadurch zugewandt, indem sie Probanden Fotos von Personen vorgaben. Diese waren variiert nach Geschlecht, Rasse (schwarz vs. weiß) und Beruf (markiert durch bestimmte Kleidungsstücke oder Werkzeuge), so daß jede Person in mindestens dreifacher Weise kategorisiert werden konnte. Die Fotos sollten nun paarweise nach Ähnlichkeit beurteilt werden, und die Ähnlichkeitsurteile wurden anschließend einer multidimensionalen Skalierung unterzogen. Das Interessante daran war, daß für jeden Probanden eine Gewichtszahl ermittelt werden konnte als Maß dafür, wie sehr er sein Urteil auf ein bestimmtes Kategorisierungsmerkmal (in diesem Falle interessierte „Rasse") gestützt hatte. Es zeigte sich nun, daß diese Gewichtszahl umso höher ausfiel, je stärker wertbesetzt die Kategorie „Schwarze" war (was zuvor in einer experimentellen Einstellungsmessung erfaßt worden war). Zugleich waren auch die Latenzzeiten bis zur Abgabe eines Ähnlichkeitsurteils erfaßt worden: Diese waren umso geringer, je stärker ausgeprägt das Vorurteil gegenüber Schwarzen war. Die Aktivierung und Nutzung eines Stereotyps erfolgt also umso rascher und effektiver, je stärker das entsprechende Vorurteil bei einer Person ausgeprägt ist.

Aber nicht nur Vorurteile wurden als Wertungsvoreingenommenheiten thematisiert. Auch eine egalitäre Wertorientierung, d.h. das Bestreben einer Person, alle Menschen „gleich" zu behandeln, wurde als bedeutsames Dispositionsmerkmal berücksichtigt (Dunton & Fazio, 1997). Hohe Ausprägungen in diesem Merkmal sollten dazu führen, daß soziale Kategorisierungen von vornherein eher vermieden werden, z.B. daß der schwarze Taxifahrer eben nicht als „Schwarzer" wahrgenommen wird, sondern als eine Person, die ihrer Arbeit nachgeht. Zugleich sollten sie – sofern ein Stereotyp schon aktiviert ist – dazu beitragen, daß Stereotypisierungen eher unterdrückt werden und sich nicht in Urteilen und dem Interaktionsverhalten niederschlagen. Hier sollten letztlich auch Dispositionsunterschiede in *Selbstüberwachung* (*self-monitoring*; Snyder, 1995) als der habituellen Bereitschaft, das eigene (Urteils-)Verhalten zu kontrollieren, eine Rolle spielen. Ähnliches gilt auch für die Höhe der *Selbstaufmerksamkeit*, die in einigen Studien experimentell variiert wurde (was zu ähnlichen Effekten führt, wie Dispositionsunterschiede; vgl. Filipp & Freudenberg, 1989). Ihre Bedeutung für stereotypgeleitete Urteile liegt erwiesenermaßen darin, daß Selbstaufmerksamkeit zu einer stärkeren Orientierung des Verhaltens an (internalisierten) Normen führt. Wenn eine Person die Norm vertritt, alle Menschen seien gleich, dann sollte hohe Selbstaufmerksamkeit diese Norm salient machen und die Neigung zu Stereotypisierungen mindern. Ähnliches sollte gelten, wenn Normen in einer bestimmten Situation Stereotypisierungen als sozial unerwünscht ausweisen. Macrae, Bodenhausen und Milne (1998) haben dazu eine Serie von Experimenten durchgeführt, in denen Selbstaufmerksamkeit induziert wurde und deren Befunde die vorgetragenen Überlegungen stützen.

Die Probanden waren aufgefordert worden, laut zu sprechen, vorgeblich um die physiologischen Korrelate verbaler Aktivität messen zu können. Dabei komme es – so wurde ihnen gesagt – nicht auf den Inhalt des

Gesprochenen an, aber aus Gründen der Vergleichbarkeit sollten sie den Eindruck, den sie von einer auf einem Foto präsentierten Person hätten, laut formulieren. Anhand der Tonbandaufzeichnungen konnte nun ermittelt werden, daß die Probanden im Zustand induzierter Selbstaufmerksamkeit in der Tat signifikant weniger stereotypbasierte Beschreibungen abgegeben hatten als unter der Kontrollbedingung. Selbstaufmerksamkeit sollte also zu einer Annäherung an persönliche Standards (z.B. „Anderen darf man in seinen Urteilen nicht unrecht tun") und damit zu differenzierteren Urteilen über eine Person führen. Bemerkenswert ist darüber hinaus der Befund von Macrae et al. (1998) aus einer experimentellen Variante. In dieser wurde mit den gleichen Probanden – unter einem Vorwand – eine Wiederholung des Experiments durchgeführt. Wiederum war hier im ersten Durchgang Selbstaufmerksamkeit induziert und es waren weniger stereotypgeleitete Urteile abgegeben worden als in der Kontrollbedingung. Der entscheidende Unterschied bestand nun darin, ob im zweiten Versuchsdurchgang nochmals Selbstaufmerksamkeit induziert wurde oder ob dies nicht mehr der Fall war. Die letztgenannte Bedingung führte nun dazu, daß die Probanden plötzlich signifikant *mehr* stereotypisierende Urteile abgaben als unter der Kontrollbedingung. Es wurde also wiederum jener *rebound*-Effekt sichtbar, wie er im Zusammenhang mit der willentlichen Kontrolle von Stereotypisierungen mehrfach nachgewiesen wurde (siehe Abschnitt 5.1.3).

Während Vorurteile und Wertorientierungen in konzeptueller Nähe zu Stereotypen stehen, haben sich Operario, Goodwin und Fiske (1998) einem ganz anderen Merkmal gewidmet. Diese Autoren haben beeindruckendes Befundmaterial dazu geliefert, welche Rolle *persönliche Macht* bei der Aktivierung und Nutzung von Stereotypen spielt. Denn zur Rolle des Mächtigen gehöre es, andere Menschen zu beurteilen (und nicht umgekehrt); doch seien diese Urteile kaum am konkreten Gegenüber orientiert, sondern beruhten letztlich auf Stereotypen. Dies führt Fiske (1993; zitiert nach Operario et al. 1998) auf mindestens drei Gründe zurück: Mächtige hätten es zum ersten nicht nötig, individualisierte (differenzierte) Informationen über eine andere Person zu verarbeiten, weil sie von diesen weniger abhängig seien als umgekehrt; zum zweiten hätten sie für eine individualisierende Informationsverarbeitung auch nicht die erforderliche mentale Kapazität, was an ihrer chronischen Aufmerksamkeitsüberlastung liege und schließlich hätten sie auch kein Bedürfnis nach individualisierter Information, weil sie ein hohes Dominanzstreben hätten. Da in der sozialen Wirklichkeit (gemeint sind hier die USA) Macht in den Händen von Männern und von Weißen liege, seien es vor allem Frauen und Mitglieder ethnischer Minoritäten, die entsprechend automatisiert und deindividuiert beurteilt würden. Schließlich sei es fast müßig, darauf zu verweisen, daß Macht stets mit Gelegenheiten zu diskriminierendem Verhalten einhergehe und daß solches Verhalten von Mächtigen häufiger gezeigt werde als von Personen ohne Macht – einfach schon deshalb, weil sie unendlich mehr Möglichkeiten dazu hätten, sich so zu verhalten. Schließlich würde die Tendenz zu stereotypisierenden Urteilen resp. diskriminierendem Verhalten noch dadurch verstärkt, daß Mächtige sich nicht selten in ihrer Machtposition bedroht fühlten oder daß mit Blick auf eine Reihe materieller wie immaterieller Güter Ressourcenknappheit bestehe. In diesen Fällen sollten stereotypgeleitete Urteile vor allem dazu dienen, Unterschiede zwischen den Gruppen und die relative Benachteiligung der stereotypisierten Gruppe zu rechtfertigen.

Nicht zuletzt scheint auch die Höhe des *Selbstwertgefühls* bedeutsam. Denn in dem Maße, in dem Stereotype der Abwertung anderer Personen und zugleich der Aufwertung der eigenen Person dienen (siehe Kapitel 3), in dem Maße sollte ein chronisch niedriges *Selbstwertgefühl* negative Stereotypisierungen begünstigen. In der Tat konnten dies Spencer, Fein, Wolfe, Hodgson und Dunn (1998) – allerdings anhand der experimentellen Manipulation des Selbstwertgefühls – bestätigen. Sicher läßt sich noch eine Vielzahl von Dispositionsmerkmalen als Bedingungen dafür denken, wie stark Menschen zu stereotypgeleiteten Urteilen tendieren. Schon in der traditionellen Vorurteilsforschung war eine solche differentielle Perspektive in Betracht gezogen worden, indem dort mit Verweis auf die „autoritäre Persönlichkeit" entsprechende Unterschiede postuliert wurden. Und obschon die *social cognition*-Forschung allgemeinpsychologisch angelegt ist, sollten die Ausführungen dieses Abschnitts deutlich gemacht haben, daß auch hier wichtige Schritte in Richtung einer differentiellen Perspektivenerweiterung unternommen wurden.

5.3 Alter als Grundlage sozialer Kategorisierung

Zentral für unser Thema ist die Frage, inwieweit Alter überhaupt eine in bezug auf soziale Kategorisierung relevante Variable ist. Einerseits wird vermutet, daß gerade im Umgang mit *älteren* Menschen die Altersvariable unbedeutend sei (Ward, 1984). Andererseits gibt es vermutlich nicht allzu viele Bereiche im Zusammenleben von Menschen, in denen das Alter der beteiligten Personen nicht von Bedeutung wäre. In diesem Sinne wird auch argumentiert, daß neben dem Geschlecht und der Hautfarbe gerade Alter ein Merkmal darstelle, das automatisch und universell in der sozialen Kategorisierung herangezogen werde (sog. „primitive Kategorien"; Hamilton & Sherman, 1994). Während sich aber die Geschlechtszugehörigkeit leicht an der Körperanatomie (und oft an den mit dem Geschlecht verknüpften sozialen Rollen) festmachen läßt, ist die Einschätzung des Alters einer Person nicht selten selbst ein Konstruktionsprozeß (siehe Abschnitt 1.2). Gleichwohl gibt es eine Reihe von Merkmalen, die als Markiervariablen für Alter dienen und die die Aktivierung des Altersstereotyps wahrscheinlich machen.

5.3.1 Merkmale der äußeren Erscheinung als Markiervariablen

Es ist unumstritten, daß die soziale Kategorisierung einer Person (fast) ausschließlich auf der Grundlage ihrer äußeren Merkmale erfolgt, wie sich ja auch die meisten stereotypisierten Gruppen (vor allem Rassen, Geschlechter) mühelos anhand solcher Merkmale voneinander unterscheiden lassen. Insofern dienen Merkmale der äußeren Erscheinung nicht nur der Kategorisierung, sondern sie sind häufig selbst eine zentrale Komponente des jeweiligen Stereotyps (Zebrowitz, 1996). Daß Menschen auch der Kategorie „alt" aufgrund ihrer äußeren Erscheinung zugewiesen werden, ist eine geläufige Erfahrung. Dabei sollte das Gesicht resp. sollten physiognomische Merkmale als Markiervariablen für Alter (*age markers*) eine zentrale Rolle spielen, wie sich auch im Sprechverhalten älterer Menschen Besonderheiten nachweisen lassen, die offenbar als *age markers* fungieren (siehe hierzu Kapitel 6). Vor allem Featherstone und Hepworth (1990) haben herausgearbeitet, daß im menschlichen Gesicht „der Lauf der Zeiten" abgebildet sei und viele Merkmale *„simply by the passage of time itself"* (*p.*22) entstanden seien. In der Tat sind viele Veränderungen, die das Alter mit sich bringt (z.B. Faltenbildung der Haut, Ergrauen des Haares), unmittelbar augenfällig und – von dem einen oder anderen meist nutzlosen Korrekturversuch abgesehen – auch nicht reversibel. Zebrowitz (1996) hat darüber hinaus ganz allgemein auf die überragende Bedeutung des Gesichts als sozialem Reiz verwiesen. Diese zeige sich zum einen in der gegenüber anderen Reizen signifikant überlegenen Leistung des Wiedererkennens (z.B. des Wiedererkennens früherer Schulfreunde nach vielen Jahren). Zum anderen zeige sie sich auch in dem gut belegten Sachverhalt, daß Neugeborene auf das menschliche Gesicht präadaptiert seien und z.B. bereits wenige Stunden alte Säuglinge das Gesicht der Mutter von dem einer Fremden unterscheiden könnten. Die Fähigkeit des (Wieder-)Erkennens von Gesichtern und ein damit einhergehendes typisches Muster von Hirnstromaktivitäten, das sich nicht nur bei Primaten, sondern selbst bei Schafen (!) habe nachweisen lassen, lege die Vermutung nahe, daß diese Erkennensleistungen auf spezifischen neurologischen Grundlagen basierten.

Vor diesem Hintergrund mag es nicht überraschen, daß viele Studien zum Altersstereotyp mit Portraitaufnahmen gearbeitet haben. Hummert (1994) hatte ihren studentischen Probanden Fotografien von Gesichtern vorgelegt mit der Instruktion, die Person einer von vier Altersgruppen (jünger als 55 Jahre, 55 bis 64 Jahre, 65 bis 74 Jahre und älter als 75 Jahre) zuzuordnen. Diejenigen Fotografien, für die deutlich übereinstimmende Altersschätzungen ermittelt worden waren, dienten als Material für eine weitere Studie. In dieser sollten Studierende jedem Foto eine von zehn Personbeschreibungen zuordnen, wobei jede ein spezifisches (positiv oder negativ getöntes) Altersstereotyp repräsentierte. Es zeigte sich, daß Fotos von „jungen Alten" (65 bis 74 Jahre) häufiger einer positiv getönten Beschreibung und Fotos von „alten Alten" häufiger einer negativen Personbeschreibung zugeordnet wurden. Hummert, Garstka und Shaner (1997) griffen diese Frage in einem modifizierten Design auf und konnten wiederum nachweisen, daß Abbildungen mit älteren Zielpersonen signifikant seltener mit positiven Beschreibungen verknüpft wurden, wobei dies umso deutlicher der Fall war, wenn es sich um eine ältere Frau handelte. Dieser Unterschied in der Wahrnehmung und Bewertung einer alten Frau resp. eines alten Mannes (vgl. Kapitel 1 zum *double standard of aging*), war erst dann nicht mehr nachweisbar, wenn es sich um eine über 80jährige Zielperson handelte. Zugleich zeigte sich ein Effekt der Variation der Mimik (Lächeln vs. neutraler Gesichtsausdruck), indem Lächeln mehr positive Zuschreibungen auslöste und unter dieser Bedingung auch alte Zielpersonen weniger negativ gesehen wurden.

Die Prädominanz physiognomischer Merkmale in der Kategorisierung einer Person als „alt" scheint zudem nicht auf erwachsene Probanden beschränkt. So konnte gezeigt werden, daß auch Kinder bereits im Vorschulalter in der Lage sind, Portraitfotos bestimmten Altersstufen eindeutig (und akkurat) zuzuordnen, wobei die Altersspanne der portraitierten Zielpersonen von der Kindheit bis in das hohe Alter reichte (hierzu Abschnitt 9.2). Zugleich zeigten systematische Variationen des Fotomaterials, daß Kinder ihre Einschätzungen auf die gleichen physiognomischen Merkmale als *age marker* stützen (Form des Kopfes, Faltenbildung), wie dies Erwachsene tun (Montepare & McArthur, 1986). Über das Gesicht hinaus gibt es weitere Merkmale der äußeren Erscheinung, die das Alter einer Person sehr salient machen resp. ihre Einordnung als alt nahelegen. Dies wurde vor allem für eine gebeugte Haltung oder langsame Gangart nachgewiesen, die die betreffende Person als schwach und unglücklich erscheinen läßt im Vergleich zu einer Person mit jugendlichem Gang (siehe Montepare & Zebrowitz-McArthur, 1988). Auch hier zeigt sich im übrigen, daß dieses Merkmal nicht nur eine Markiervariable für Alter darstellt, sondern daß es seinerseits das Altersstereotyp konstituiert, wie Bargh, Chen und Burrows (1996) auf kreative Weise belegen konnten (siehe Abschnitt 5.3.2).

Auch Archer et al. (1983) gingen davon aus, daß das menschliche Gesicht jenen salienten Informationsträger darstellt, der Aufmerksamkeit auslöst und auf dessen Grundlage Schlußfolgerungen über das „Wesen" einer Person gezogen werden. Zugleich konnten diese Autoren auf eindrucksvolle Weise deutlich machen, daß stereotypgeleitete Abwertungen von Frauen (in ihrem Falle ging es um Geschlechterstereotype) daran festzumachen seien, welchen Raum in der bildhaften Darstellung einer Person das Gesicht einnimmt. Danach sollte eine Person umso mehr Aufmerksamkeit auf sich ziehen und sollte sie als umso positiver, mächtiger, kompetenter usw. eingeschätzt werden, je mehr von ihrem Gesicht zu sehen ist. Inzwischen ist diese Annahme so oft empirisch belegt worden, daß sie unter dem Stichwort *„face-ism"* in der Literatur einen festen Platz einnimmt (z.B. Schwarz & Kurz, 1989), und zwar nicht nur mit Blick auf Geschlechterstereotype, sondern auch auf rassische und ethnische Stereotype (z.B. Zuckerman & Kieffer, 1994). Vor diesem Hintergrund analysierten Archer et al. (1983) unterschiedlichstes Material (z.B. Fotografien in Printmedien unterschiedlicher Länder, Werke der bildenden Kunst), und sie wiesen nach, daß in allen Darstellungen das Gesicht von Männern prominenter war als das von Frauen, und dies in allen untersuchten Ländern und zu allen Zeiten. Zudem konnten sie zeigen, daß Abbildungen, in denen

viel von dem Gesicht einer Person zu sehen war, durchweg positiver beurteilt wurden, und zwar unabhängig davon, ob es sich um einen Mann
oder eine Frau handelte. So zeigen diese Befunde eindrucksvoll, daß das
Gesicht nicht nur grundlegend ist für soziale Informationsverarbeitung,
sondern daß seine Salienz offenbar mit positiveren Bewertungen einer Person verbunden ist. Daß dies gleichwohl einzuschränken ist, wenn es um das
Gesicht einer alten vs. einer jungen Person geht, werden die folgenden
Ausführungen zeigen.

Die soziale Kategorisierung einer Person als „alt" beruht aber noch auf
anderen Merkmalen als den genannten (z.B. Faltenbildung im Gesicht, gebeugte Haltung) und mit ihr wird nicht nur das Altersstereotyp, sondern
meist auch das Attraktivitätsstereotyp aktiviert. Denn die meisten Autoren
stimmen darin überein, daß es eine fast symbolische Gleichsetzung von
Schönheit und Jugend gebe, die sich – wenn man Featherstone und Hepworth (1990) folgen darf – bis auf das Schönheitsideal der Griechen zurückführen läßt. Allein schon aus dieser Tatsache wurde abgeleitet, daß alle
sichtbaren Zeichen des Alters eine negative, zumindest aber ambivalente
Deutung erfahren. Alter bedeutet damit „Nicht-Schönheit", und Altern
sollte daher weder auf kollektiver noch auf individueller Ebene als ein
willkommener Prozeß betrachtet werden. Angesichts des *double standard
of aging* scheint es zudem nicht überraschend, daß Versuche von Frauen,
ihr Alter zu verbergen bzw. zu verschleiern, eine höhere Akzeptanz erfahren als entsprechende Versuche von Männern. Harris (1994) präsentierte
hierzu Probanden im Alter von 18 bis 80 Jahren kurze Szenarien; in einer
Variante suchte die (männliche oder weibliche) Person ihr Alter nach außen zu verbergen, indem sie sich vorgeblich einer kosmetischen Operation
unterzogen oder sich als jünger ausgegeben hatte; in der anderen Variante
wurde dazu nichts ausgesagt. Es zeigte sich, daß die Zielpersonen, die ihr
Alter verschleierten, negativer bewertet wurden als die anderen, und zwar
(in drei der vier Szenarien) unabhängig von ihrem Geschlecht. Damit fiel
der Nachweis des *double standard* hier eher schwach aus, wohl aber zeigte
er sich darin, daß verschiedene Alterszeichen (z.B. graue Haare, Faltenbildung im Gesicht) bei einer Frau als deutlich unattraktiver eingeschätzt
wurden als bei einem Mann.

In der Tat gibt es viele Hinweise auf ein konsensuell geteiltes Stereotyp
der „attraktiven Person" (zum Überblick auch Webb, Delaney & Young,
1989). Dieses Stereotyp zeigt sich in den überaus hohen Übereinstimmungen zwischen Urteilern – unabhängig von ihrem Alter oder Geschlecht –
wenn es darum geht, eine Person nach Attraktivität zu beurteilen. Äußere
Attraktivität stellt zudem gleichsam eine Deckvariable für ein Bündel von
Tugenden und Gütern dar, das einer Person zugeschrieben wird: Attraktive
Personen sind nicht nur schöner, sie gelten in der Regel auch als klüger,
erfolgreicher, hilfsbereiter, kompetenter etc. Während Eagly, Ashmore,
Makhijani und Longo (1991) in ihrer Übersichtsarbeit betonen, daß dieser
„Schön ist gut"-Effekt sich keinesfalls in allen Studien hat nachweisen las-
sen, scheint ein anderer Befund hinreichend gesichert: Attraktive Menschen
sind durchweg auch *jünger,* wie auch umgekehrt unattraktiv mit *alt* gepaart

ist. Zugleich scheint die Verknüpfung der zwei negativen Attribute alt und unattraktiv mit Blick auf Frauen offenbar enger als mit Blick auf Männer. Vor diesem Hintergrund mag es schließlich auch nicht verwundern, daß Frauen mit zunehmendem Alter sehr viel häufiger selbstwertdienliche Umdeutungen des Attraktivitätsbegriffs vornehmen als Männer (siehe Giesen, 1989).

Die bisherigen Ausführungen haben deutlich gemacht, daß ein hohes Alter ein augenfälliges, aus der äußeren Erscheinung einer Person in der Regel leicht zu erschließendes Merkmal ist und daß ein altersübergreifender Konsens darin besteht, alt eher mit unattraktiv zu assoziieren. Damit ist natürlich noch nichts dazu ausgesagt, welches *relative* Gewicht die Altersvariable erhält, wenn man einer Person gegenübertritt und inwieweit tatsächlich das Altersstereotyp aktiviert wird.

5.3.2 Salienz der Altersvariablen in *Priming*-Studien

Die Frage nach der Salienz der Altersvariablen in der Wahrnehmung anderer Menschen hatte schon in der traditionellen Vorurteilsforschung (Kapitel 4) – allerdings als erhebungsmethodisches Problem – Beachtung gefunden. Es war nämlich die Frage aufgetaucht, inwieweit Altersstereotypisierungen nicht erst dadurch erzeugt worden waren, daß in vielen Studien ein *within subject*-Design realisiert worden war. Hatten nämlich die Probanden gleichzeitig eine alte *und* eine junge Stimulusperson zu beurteilen, dann erwiesen sich Altersunterschiede oft tatsächlich als besonders hoch. Es war also die Augenfälligkeit der Altersvariablen erhöht, und Unterschiede in der Beurteilung einer alten vs. einer jungen Person wurden maximiert (Crockett & Hummert, 1987; Kite & Johnson, 1988; Krueger & Clement, 1994). War in den Studien hingegen ein *between subjects*-Design gewählt worden, d.h. daß unabhängige Stichproben jeweils nur eine Altersvariante zu bearbeiten hatten, waren die Alterseffekte auf die Beurteilungen kaum oder oft gar nicht mehr nachweisbar (siehe z.B. Knox & Gekoski, 1989). Diese Methoden früherer Befunde führten schon Kogan (1979a, p. 26) zu der pointierten Formulierung, in der er den Forschern empfahl: *„If you want to be sure of obtaining age stereotypes from your subjects, make sure that you use a within-subjects design; if you wish to preclude age stereotypes use a between-subjects design."*. Daraus folgerten manche Autoren, daß das Alter als Merkmal für sich genommen kaum von Bedeutung sei, wenn es um eine konkrete Person gehe (vgl. Kite & Johnson, 1988), was sicherlich eine voreilige Schlußfolgerung war (siehe unten).

Zugleich wurde als noch grundsätzlichere Frage aufgeworfen, ob es überhaupt ein so klar artikuliertes kollektives Altersstereotyp gibt, das spontan aktiviert wird und Prozesse der sozialen Informationsverarbeitung in Gang setzt, wie sich dies für andere Stereotype hat nachweisen lassen (siehe oben). Es hat sich in der Kognitionsforschung eingebürgert, den Nachweis solcher unbewußten Prozesse über sog. (semantische) *Priming-*

Experimente zu führen. Als *Priming*-Effekte werden generell Nachwirkungen einer Informations- oder Reizdarbietung definiert, die auch dann
eintreten, wenn sich die Versuchspersonen dieser Darbietung gar nicht bewußt sind resp. sie sich an diese Darbietung oder die Lernepisode gar nicht
erinnern. Es handelt sich also um assoziative Bahnungseffekte, die sich unter anderem darin zeigen, daß z.B. bestimmte Wörter schneller erkannt
und/oder besser erinnert werden, wenn diese (oder mit ihnen semantisch
verwandte Wörter) zuvor bereits präsentiert wurden (hierzu u.a. Bargh,
1997; Blair & Banaji, 1996; Devine, 1989; Perrig, 1992). Obschon derartige Effekte vielfach gezeigt werden konnten, haben bislang nur wenige
Autoren diesen Forschungsansatz für die Untersuchung von *Alters*stereotypen nutzbar gemacht.

Zu den ersten Autoren, die kognitionspsychologisches Experimentieren
auf die Untersuchung des Alterssstereotyps anwandten, gehören Perdue und
Gurtman (1990). Ausgehend von der Prämisse, daß das Alterssstereotyp eine negative Tönung aufweist, vermuteten die Autoren, daß negative Eigenschaftsbegriffe, sofern sie im Kontext „alter Mensch" dargeboten werden,
besser behalten werden als positive Eigenschaftsbegriffe; umgekehrt sollte
für diese Begriffe – im Kontext „jung" dargeboten – das entgegengesetzte
Befundmuster auftreten. Dazu gaben die Autoren in einer ersten Studie eine Liste mit positiven und negativen Eigenschaftsbegriffen unter verschiedenen Instruktionsbedingungen, jedoch ohne Verweis auf den späteren Ge-
dächtnistest, vor: Die studentischen Probanden sollten entscheiden, wie gut
diese Begriffe auf eine alte vs. eine junge Person zutrafen; eine Kontrollgruppe sollte angeben, wie gut sie die eigene Person kennzeichnen („Selbst-
referenz"-Bedingung). Das interessierende Maß war die Behaltensleistung
(freie Reproduktion) für positive gegenüber negativen Eigenschaftsbegriffen. Die Ergebnisse zeigten den erwarteten Interaktionseffekt derart, daß
unter der Bedingung „alt" signifikant mehr negative Begriffe erinnert
wurden (z.B. engstirnig, geizig, habgierig) als positive Begriffe (z.B. aufgeschlossen, humorvoll, intelligent), während dies unter der Bedingung
„jung" genau umgekehrt war. Noch deutlicher fiel der erwartete Effekt für
die Selbstreferenz-Bedingung aus, unter der die meisten positiven Eigenschaftsbegriffe erinnert wurden. In einer weitergehenden Analyse berech-
neten diese Autoren nun itemspezifische Wahrscheinlichkeiten dafür, wie
gut jeder Begriff erinnert wird: Für negative Eigenschaftsbegriffe lagen
die Behaltenswahrscheinlichkeiten in der „alt"-Bedingung bei über 70 Prozent, während sie in der „jung"-Bedingung maximal 25 Prozent erreichten.
Entsprechendes zeigte sich für die positiven Eigenschaftsbegriffe, für die
unter der „jung"-Bedingung signifikant höhere Behaltenswahrscheinlichkeiten auftraten als unter der „alt"-Bedingung. Die Autoren interpretierten
diese Befunde als Hinweis darauf, daß das inzidentelle, d.h. nicht absichtsvolle Lernen erleichtert werde, wenn das jeweilige Stereotyp (alt vs. jung)
aktiviert ist.

In einem zweiten Experiment wollten die Autoren nun überprüfen, ob
die assoziative Verknüpfung der negativen Eigenschaften mit „alt" den
Probanden tatsächlich nicht bewußt war. Die Autoren machten sich dazu

den *Priming*-Ansatz zunutze: Ihre studentischen Probanden hatten 36 auf einem Bildschirm präsentierte Eigenschaftswörter nach ihrer Wertigkeit (positiv vs. negativ) einzuschätzen; das relevante Maß dafür waren die entsprechende Entscheidungszeiten. Vor jedem dieser Eigenschaftswörter wurden per Zufall die Adjektive „alt" oder „jung" präsentiert, und zwar im Sinne eines Maskierungsexperiments, d.h. daß sie nach extrem kurzer Zeit (55 Millisekunden) von dem nachfolgenden Eigenschaftsbegriff überlagert und also nur sublimiert wahrgenommen wurden. Die Ergebnisse erbrachten für positive Eigenschaftsbegriffe signifikant kürzere Entscheidungszeiten als für negative Eigenschaftsbegriffe, wobei dieser Effekt für alle Wörter, die unter der *Prime*-Bedingung „jung" verarbeitet worden waren, hochsignifikant war. Die Autoren interpretierten diesen Befund als Hinweis auf einen *automatic ageism* in der sozialen Informationsverarbeitung. Zugleich belegen diese Befunde, daß die Begriffe „alt" und „jung" im semantischen Gedächtnis unterschiedlich vernetzt sind und mit ihnen jeweils Attribute unterschiedlicher Wertigkeit verfügbar werden. Darüber hinaus konnten Perdue und Gurtman (1990) zeigen, daß die Aktivierung eines Altersstereotyps nicht nur die Verarbeitung stereotypkongruenter Informationen erleichtert; sie haben umgekehrt einen *hemmenden* Effekt auf die Verarbeitung stereotypinkongruenter Informationen nachgewiesen (siehe hierzu Abschnitt 5.1). War bei den Probanden das Wort „alt" als *Prime* verwendet worden, so waren die Latenzzeiten bis zur Entscheidung, ob ein Wort in der Ursprungsliste enthalten war oder nicht, für positive Wörter wesentlich länger; analog waren sie nach dem *Prime* „jung" für negative Wörter deutlich erhöht gegenüber den Wörtern mit stereotypkongruenter Valenz und gegenüber der Kontrollbedingung.

Während Perdue und Gurtman (1990) studentische Probanden einbezogen hatten, haben Rothermund, Wentura und Brandtstädter (1995) in einem ähnlichen Ansatz das Bedeutungsumfeld des Begriffs „alt" bei mittelalten und alten Probanden selbst erkundet. Dabei verfolgten sie allerdings einen differentiellen Ansatz, indem sie postulierten, daß bei alten Personen mit einem günstigen Stil der Lebensbewältigung (d.h. mit hohen Werten in „Flexibilität der Zielanpassung"; Brandtstädter & Renner, 1990) „alt" positiver konnotiert sein sollte als bei Personen mit niedrigen Werten. Hierzu bearbeiteten die Probanden gleichfalls eine lexikalische Entscheidungsaufgabe, in der zu beurteilen war, ob eine (auf dem Computer präsentierte) Buchstabenfolge (= Adjektive) ein vollständiges Wort darstellte oder nicht. Vorgegeben waren Wörter mit positiver vs. negativer Wertigkeit. Es war erwartet worden, daß die Entscheidungszeiten kürzer ausfallen sollten, wenn „alt" als *Prime* (verglichen mit dem Gegen*prime* „jung" und einem Kontroll*prime,* z.B. „männlich") vorangestellt wurde. In der Tat zeigte sich, daß mit zunehmendem Alter der Probanden bei positiven (nicht bei negativen) Adjektiven „alt" als *prime* zu kürzeren Entscheidungszeiten im Vergleich zu dem Kontroll- und Gegen*prime* führte. Hypothesenkonform erwies sich der Zusammenhang zwischen Lebensalter und Stärke dieser *Priming*-Effekte als abhängig von der individuellen „Flexibilität der Zielanpassung". Dies verweist darauf, daß es Personen mit hoher Flexibilität der Zielanpassung im höheren Lebensalter besser gelingt, Umdeutungen des Begriffs „alt" durch Anreicherung positiver Bedeutungsfacetten vorzunehmen, während eine solche Umdeutung bei Personen mit geringer Flexibilität nicht erfolgt – was zweifellos in einem bewältigungstheoretischen Bezugsrahmen zu interpretieren ist.

In einer weiteren Studie (Wentura, Dräger & Brandtstädter, 1997) wurde wiederum eine semantische *Priming*-Aufgabe verwendet. Die Probanden lasen Aussagesätze (z.B. „Martha K. (74) saß auf der Parkbank"), die dann, wenn bei den Probanden ein Altersstereotyp zu vermuten war, eine bestimmte (positive oder negative) Interpretation (für das obige Beispiel: „einsam") nahelegen sollten. Unmittelbar nach der Satzdarbietung wurde entweder ein Adjektiv oder eine bedeutungsfreie Buchstabenkette gezeigt. Das Adjektiv war dabei entweder mit einer stereotypgeleiteten Interpretation kongruent (z.B. „einsam"), oder es wies keinen inhaltlichen Bezug zu dem Satz auf (z.B. „peinlich"). Die Probanden sollten wieder entscheiden, ob es sich bei der gezeigten Buchstabensequenz um ein sinnvolles Wort handelte, und es wurde die Reaktionszeit erfaßt (lexikalische Entscheidungsaufgabe). Erwartet wurde, daß diese Entscheidung bei stereotypkongruenten Adjektiven schneller getroffen werden sollte als bei stereotypirrelevanten Begriffen – vorausgesetzt, daß bei den Probanden tatsächlich ein entsprechendes Stereotyp anzunehmen war. Den Vermutungen der Autoren zufolge (und in Anlehnung an die erwähnte *self-other*-Diskrepanz) sollten ältere Menschen tendenziell ein positiveres Altersbild aufweisen. Infolge dessen müßten die beschriebenen *Priming*-Effekte sich bei ihnen umkehren oder zumindest ausbleiben. Um kontrollieren zu können, daß diese Effekte spezifisch für das Altersstereotyp sind, wurden zusätzlich Aussagesätze gezeigt, die sich auf eine junge Person bezogen. Der *Priming*-Effekt sollte auch hier schwächer ausfallen, da die Sätze nicht im Sinne des Altersstereotyps interpretiert werden sollten.

Die sorgfältig hergeleiteten Hypothesen ließen sich jedoch nur teilweise bestätigen. In der Teilstichprobe der jungen Männer zeigte sich der erwartete Negativ-Stereotypeffekt: Bei negativ interpretierbaren Aussagen wurde auf stereotypkongruente Adjektive vor allem dann schneller reagiert als auf irrelevante Adjektive, wenn die Aussage auf eine ältere (vs. junge) Person bezogen war. Bei jüngeren Frauen blieb ein solcher Effekt in Experiment 1 aus, in Experiment 2 war er jedoch ebenso wie in der männlichen Teilstichprobe nachweisbar. Bei den älteren Probanden wurde erwartungsgemäß kein Negativ-Stereotypeffekt ermittelt. Allerdings blieb auch der erhoffte Positiv-Stereotypeffekt aus, d.h. es fand sich keine differentielle Beschleunigung der Reaktionszeit bei positiven Aussagen, die sich auf eine ältere (vs. junge) Person bezogen. Ein Ergebnismuster, welches den Hypothesen besser entsprach, wurde bei differentialpsychologischer Betrachtung deutlich: Bei den älteren Probanden war zusätzlich eine Skala eingesetzt worden, mit der die dispositionelle Tendenz erfaßt werden sollte, unveränderbare, belastende bzw. negative Lebenssituationen positiv umzudeuten (Beispielitem: *„Ich kann auch den unangenehmen Dingen des Lebens leicht eine gute Seite abgewinnen."*). Diese Skala korrelierte positiv mit der Differenz zwischen dem Positiv- und dem Negativ-Stereotypeffekt, d.h. je eher die Älteren es generell verstanden, negative Situationen umzuinterpretieren, desto stärker war auch ihr Altersbild von positiven (gegenüber negativen) Aspekten geprägt, was deutlich kürzere Latenzzeiten zur Folge hatte.

Daß die Aktivierung des Altersstereotyps sich nicht nur in Maßen der Informationsverarbeitung (selektive Behaltensleistung, kürzere Reaktionszeiten etc.) nachweisen läßt, sondern sich auch unmittelbar im offenen Verhalten manifestiert, haben unlängst Bargh et al. (1996; Experiment 2) auf einfallsreiche Weise nachgewiesen. Zunächst wurden die Probanden (Studierende) einer *Priming*-Bedingung unterworfen, indem sie einen Satzbildungstest (vorgeblich zur Erfassung der Sprachbegabung) bearbeiten sollten. Dabei bestand das Material, aus dem die Sätze zu bilden waren, ausschließlich aus Wörtern, die – wie frühere Arbeiten gezeigt hatten – eindeutig mit dem Altersstereotyp assoziiert waren (u.a. weise, grau, vorsichtig, Florida). Unter der Kontrollbedingung war die gleiche Aufgabe mit neutralem Wortmaterial durchzuführen. Als abhängiges Maß dafür, daß das Altersstereotyp aktiviert wurde, wählten die Autoren die Geschwindigkeit, mit der sich die Probanden nach Abschluß des Versuchs zu dem (vom Versuchsleiter zur Benutzung empfohlenen) Aufzug bewegten. Und in der Tat zeigte sich, daß die Probanden unter der *Priming*-Bedingung signifikant langsamer liefen als jene unter der Kontrollbedingung, d.h. daß die Aktivierung des Altersstereotyps ihr motorisches Verhalten verlangsamt hatte. Da die Probanden sich dessen ja nicht bewußt sein sollten, wurde die Studie mit einer umfassenden Aufklärung *(debriefing)* der Probanden über ihren Zweck wiederholt. Hier zeigte sich, daß (von einer Ausnahme abgesehen) keiner der Probanden einen Zusammenhang zwischen Satzbildungsaufgabe, Altersstereotyp und eigenem motorischen Verhalten erkannt hatte. Schließlich überprüften die Autoren in einem weiteren Experiment eine mögliche Alternativinterpretation ihrer Befunde. Es hätte ja sein können, daß das Wortmaterial der *Priming*-Bedingung bei den Probanden eine eher niedergeschlagene Stimmung erzeugt hat und diese sich in einer motorischen Verlangsamung hätte zeigen können. Eine entsprechende Überprüfung anhand von Stimmungsskalen während und nach der Versuchsdurchführung legte allerdings nahe, daß diese Alternativinterpretation auszuschließen war.

In der Zusammenschau zeigen diese Studien, daß sich in der Tat ein artikuliertes Altersstereotyp in den Köpfen der Menschen vermuten läßt, daß dieses offensichtlich leicht zu aktivieren ist und seine Aktivierung sich anhand unterschiedlicher Maße entsprechend nachweisen läßt. Entscheidend ist vor allem, daß das Altersstereotyp selbst dann wirksam war, wenn von den Probanden weder verlangt wurde, sich einen Eindruck von einer Person zu bilden (Perdue & Gurtman, 1990), noch wenn der Begriff „alt" überhaupt genannt wurde, wie dies in dem Experiment von Bargh et al. (1996) der Fall war. Die motorische Verlangsamung der Probanden war erfolgt, obschon in dem verbalen *Priming*-Material weder das Adverb „langsam" noch die Benennung der Kategorie (*elderly, old*) enthalten war.

Daher wurden Stereotypisierungen in der sozialen Informationsverarbeitung auch als *implizit* bezeichnet (siehe Banaji & Greenwald, 1994), weil
sich Stereotype zwar in *Priming*-Experimenten leicht aktivieren lassen,
sich aber nicht zwangsläufig zeigen, wenn Probanden ein explizites Urteil
über eine Person abzugeben haben. So verdanken wir den bisher genannten
Studien – leider nur wenigen – den doch recht klaren Hinweis, daß das Altersstereotyp offenkundig die gleichen höchst automatisierten Prozesse in
der sozialen Informationsverarbeitung anstößt, wie dies auch für andere
Stereotype nachgewiesen wurde.

5.4 „*Zwar alt, aber auch ...*" – Der Fall multipler Kategorisierungen

Wenn wir einer Person erstmals z.B. auf einer Party begegnen, so haben
wir eine Fülle von Möglichkeiten, diese Person zu kategorisieren - etwa
danach, ob es sich um eine Frau oder einen Mann, eine alte oder jüngere
Person, einen Yuppie oder einen Punker handelt, und vieles mehr. Stets
sind wir in unserem Alltag mit einer Fülle von Merkmalen konfrontiert:
Menschen sind eben nicht nur alt, sondern sie sind zugleich männlich oder
weiblich, sie begegnen uns in verschiedenen sozialen Rollen, sie haben eine
bestimmte Hautfarbe oder weisen andere Merkmale in ihrer äußeren Erscheinung auf, die alle eine bestimmte Kategorisierung nahelegen mögen.
Bodenhausen und Macrae (1998) haben dieses Problem der multiplen Kategorisierung illustriert am Beispiel eines sehr dickleibigen Mannes, der
uns im Gewande eines Priesters begegnet und uns als Ire vorgestellt wird.
Welche dieser Kategorien wird nun dominant? Nehmen wir ihn als typischen Priester oder als typischen Iren wahr, sehen wir ihn als typischen
Mann oder als einen typisch Übergewichtigen? Nach allem, was aus der sozialen Kognitionsforschung bekannt ist, ist es unwahrscheinlich, daß in der
Eindrucksbildung alle Merkmale gleichermaßen virulent werden, denn dies
würde in vielen Fällen (vielleicht auch in diesem) zu einem wenig kohä-
renten, in sich widersprüchlichen und unscharfen Bild von dieser Person
führen. Vielmehr scheint unser kognitiver Apparat darauf aus zu sein,
rasch und ohne große Anstrengung zu einem einfachen, klaren und in sich
geschlossenen (ersten) Eindruck zu kommen. Dies aber setzt voraus, daß
bestimmte Merkmale ausgewählt und andere vernachlässigt werden und eine der möglichen Kategorien die Oberhand gewinnt.

Welche Merkmale werden also bei der Kategorisierung besonders ge-
wichtet? Manche dieser Merkmale sind in dem gegebenen Kontext besonders augenfällig (z.B. der Priester ist der einzig dicke unter lauter schlan-
ken Männern), oder sie sind einem im Moment besonders verfügbar (z.B.
man hat selbst gerade eine Diät abgebrochen); vielleicht mögen sie sogar
chronisch verfügbar sein, weil man ein ausgesprochenes Vorurteil gegenüber Männern mit dickem Bauch hat. Wie in Abschnitt 5.2 dargestellt, wissen wir inzwischen einiges darüber, welche Faktoren auf seiten des Wahrnehmenden oder der Situation dazu beitragen, daß ein bestimmtes Katego-

risierungsmerkmal Priorität erhält und das entsprechende Stereotyp aktiviert wird. Auch für Kategorisierungsprozesse, die sich auf die Altersvariable stützen, müssen die Bedingungen identifiziert werden, unter denen gerade das Altersstereotyp aktiviert wird. Andererseits schließen sich soziale Kategorien oft gegenseitig weniger aus, als daß sie sich gegenseitig ergänzen oder ihre Verknüpfung in einer Vielzahl möglicher Subkategorien mündet. Wie am Beispiel der Kombination von Alter und Geschlecht weiter ausgeführt werden soll, macht es für stereotypbasierte Urteile offenbar einen Unterschied, ob eine alte Zielperson männlich oder weiblich ist – wie die erwähnte Rede vom *double standard of aging* ja umschreibt. Darüber hinaus konnte nachgewiesen werden, daß „alte Menschen" in den Köpfen der Menschen als soziale Kategorie offensichtlich differenzierter repräsentiert sind und diese eine Reihe von Subkategorien umfaßt.

5.4.1 „Alt" im Zusammenspiel mit „weiblich"

Wie oben erwähnt, gibt es wohl nur wenige Merkmale, die so spontan in der sozialen Kategorisierung herangezogen werden wie Alter und Geschlecht. Dies sollte schon deshalb der Fall sein, weil beide Merkmale grundlegende Differenzierungen unserer sozialen Welt abbilden und bedeutsam für unser Interaktionsverhalten sind. Denn was im Verhalten gegenüber einem Mann „angemessen" sein mag, muß nicht für den Umgang mit einer Frau gelten und umgekehrt. Daher sollten Alter und Geschlecht auch sehr viel häufiger als andere Merkmale in sozialen Kategorisierungsprozessen verwendet werden, was in einer erhöhten Verfügbarkeit resultiert und ihre Bedeutung in der sozialen Informationsverarbeitung weiter steigert (siehe auch Abschnitt 5.1). In welcher Beziehung nun beide Kategorien zueinander stehen, wurde unterschiedlich beantwortet. Schon Rosch (1978) hat darauf verwiesen, daß soziale Kategorien unterschiedlich weit gefaßt und auf den unteren Ebenen nicht nur horizontal angeordnet und z.B. durch bestimmte Rollen konstituiert sind (z.B. Vater, Mutter, Onkel usw.), sondern daß die verschiedenen Kategorien auch eine vertikale Gliederung aufweisen, d.h. hierarchisch geordnet sind. So stellt Frau eine übergeordnete soziale Kategorie dar, die ihrerseits durch eine Vielzahl von Unterkategorien gebildet wird (Tante, Emanze, Hausfrau, Oma usw.), wobei den clusteranalytischen Befunden von Eckes (1994) zufolge die Unterkategorie „Hausfrau" (!) offenbar am besten die Kategorie „Frau" repräsentiert.

Vor diesem Hintergrund wurde die Frage aufgeworfen, inwieweit Alter und Geschlecht überhaupt auf einer vergleichbaren Ebene angesiedelt sind oder ob eine Kategorie der anderen übergeordnet ist. Dazu haben Mackie et al. (1996) – basierend auf einer Fülle von empirischem Material – die Annahme vertreten, daß die Geschlechtsvariable gegenüber der Altersvariablen ein absolutes Primat im Prozeß der sozialen Kategorisierung besitzt und diese Kategorie entsprechend höher angeordnet ist. Die Autoren verwiesen zur Begründung unter anderem darauf, daß selbst Kinder im ersten Lebensjahr auf männliche und weibliche Gesichter unterschiedlich reagierten, daß die ersten Konzepte „Mami" resp. „Papi" seien und auf die Gruppe der Frauen resp. Männer übergeneralisiert würden und daß Kinder in Nacherzählungen gerade das Geschlecht der Figuren korrekter erinnerten als alle anderen Merkmale. Geschlecht sei also die früheste Kategorie in der sozialkognitiven Entwicklung und verliere auch forthin nicht mehr seine herausragende Bedeutung.

In diese Richtung weisen auch Befunde von Fabes und Martin (1991). Sie prüften, welche Emotionen einer weiblichen vs. männlichen Person in Abhängigkeit vom Alter typischerweise zugeschrieben werden. Dazu konnten sie sich auf eine breite Befundlage zu Geschlechterstereotypen („Frauen weinen schnell") wie auch zu Nationalitätsstereotypen („Südländer sind heißblütig"; vgl. Pennebaker, Rime & Blankenship, 1996) berufen, kaum aber auf Studien zu Altersstereotypen. Die Autoren ließen Studierende beiderlei Geschlechts einschätzen, wie typisch für einen männlichen vs. weiblichen Vertreter von fünf Altersgruppen (Kleinkinder, Vorschulkinder, Schulkinder, Jugendliche und Erwachsene) bestimmte Emotionszustände sind. Die Befunde machten im wesentlichen deutlich, daß hier vor allem *Geschlechter*differenzen wahrgenommen wurden (abgesehen von den ganz jungen Zielgruppen), insbesondere ein Männern zugeschriebenes Defizit im Emotionserleben und -ausdruck. Hingegen waren *Alters*unterschiede kaum nachweisbar.

Eine der Arbeiten, die sich explizit und methodisch angemessen der Frage gewidmet hat, ob die Altersvariable in der Beurteilung einer Zielperson gewichtiger ist als die Geschlechtsvariable, stellt die Studie von Kite, Deaux und Miele (1991) dar. Die Autorinnen argumentierten, daß Geschlechtsstereotype relativ gut dokumentiert seien und daß die Männern vs. Frauen zugeschriebenen Eigenschaften typischerweise zwei unabhängige Dimensionen aufspannten, nämlich *agentic* (definiert als unabhängig, dominant, selbstbewußt usw.) als typisch männliche und *communal* (definiert als altruistisch, warmherzig, soziabel usw.) als typisch weibliche Eigenschaften. Hingegen sei das Altersstereotyp weniger klar festgelegt und die Eigenschaften, die dieses kennzeichneten, sehr viel facettenreicher. Die Autorinnen gaben dazu Studierenden sowie einer Stichprobe älterer Menschen (jeweils beiderlei Geschlechts) die Beschreibung einer Person vor, deren Alter (35 vs. 65 Jahre) und Geschlecht variiert worden waren. Die Probanden sollten alle Merkmale, von denen sie glaubten, daß sie für diese Zielperson charakteristisch seien, spontan nennen. Die Auswertung dieser freien Assoziationen zeigte, daß die Annahme eines facettenreichen Altersstereotyps zutreffend war, indem eine Vielzahl unterschiedlicher Attribute genannt wurde. Zudem hatten Alter und Geschlecht der Probanden einen Effekt: Frauen nannten mehr Eigenschaftsbeschreibungen als Männer und jüngere Probanden mehr als ältere. In einem nächsten Schritt wurden die freien Assoziationen inhaltsanalytisch aufbereitet. Es zeigte sich, daß die Merkmale, mittels derer die alte Frau beschrieben wurde, den dem alten Mann zugeschriebenen Merkmalen sehr ähnlich waren. Gleichermaßen wiesen die Merkmale, die den beiden jüngeren Zielpersonen – sowohl der männlichen wie der weiblichen – zugeschrieben wurden, ihrerseits eine hohe Ähnlichkeit auf. Das heißt, daß für die Ähnlichkeit der Eigenschaftszuschreibungen jeweils das Alter der Zielperson wesentlicher war als ihr Geschlecht und Alter somit die relevantere Gruppierungsvariable war.

Ungeachtet der Frage nach der Priorität des einen oder anderen Merkmals war ihr Zusammenspiel seit jeher von Interesse. Denn die Konfiguration „alt und weiblich" sollte gleich zwei negativ getönte Stereotype aktivieren, die sich in ihrem Effekt auf die Eindrucksbildung gegenseitig verstärken sollten. Daher sollten es gerade die älteren *Frauen* sein, die eine negative Bewertung erfahren (Sontag, 1979; hierzu auch Lehr, 1978; Rodeheaver & Stohs, 1991). Somit waren die meisten Studien auch weniger der Frage gewidmet, welche (relative) Bedeutung der Geschlechts- resp. der Altersvariablen in der *Kategorisierung* zukommt, als vielmehr, was aus ihrer jeweiligen Kombination für die *Beurteilung* einer Zielperson folgt.

Kite et al. (1991) resümierten dazu, daß Altersstereotype stets einflußreicher seien als Geschlechtsstereotype. So würden Ältere – unabhängig von ihrem Geschlecht – durchweg negativer eingeschätzt als jüngere Personen und dies, obschon das Altersstereotyp an sich weniger prägnant sei und einen größeren Facettenreichtum aufweise als Geschlechterstereotype. Doch seien nicht *generell* negative Bewertungen zu erkennen gewesen. Vielmehr hätten sich positive und negative die Waage gehalten, so daß alte Menschen nicht insgesamt abgewertet worden seien. Schließlich konnten die Ergebnisse dieser Autorinnen den *double standard of aging* nicht belegen, da stets nur das Alter alleine die Beurteilungen beeinflußt hatte, nicht aber eine Wechselwirkung von Alter und Geschlecht nachweisbar war. Zwar setzt – wie in Kapitel 1 dargelegt – in den Vorstellungen der Menschen der Alternsprozeß bei Frauen früher ein als bei Männern und gelten alte Frauen als weniger attraktiv als alte Männer (Abschnitt 5.3.1), doch scheinen sich – zumindest diesen Ergebnissen folgend – die Unterschiede diesbezüglich zu verringern, wenn erst einmal das hohe Alter (ab ca. 80 Jahren) erreicht ist.

Im Gegensatz dazu stehen Ergebnisse einer Studie von Deutsch, Zalensky und Clark (1986), die einen anderen Zugang gewählt hatten. Sie hatten Porträtaufnahmen von weiblichen und männlichen Zielpersonen unterschiedlichen Alters (*within subjects*-Faktor) durch Studierende und ältere Probanden beiderlei Geschlechts (*between subjects*-Faktor) auf zehn Eigenschaftsskalen (z.B. attraktiv, intelligent, ängstlich) einschätzen lassen. Es hätten sich klare Interaktionseffekte zwischen Alter und Geschlecht der Zielperson auf die Einschätzungen gezeigt: Zwar seien mit zunehmendem Alter die männlichen wie die weiblichen Zielpersonen gleichermaßen als weniger attraktiv eingeschätzt worden, doch sei dieser Effekt für die weiblichen Zielpersonen stärker gewesen, d.h. daß Urteile über Frauen sehr viel stärker nach dem Alter differenziert wurden als Urteile über Männer. Die Ergebnisse werden von den Autoren als Beleg für den *double standard of aging* interpretiert. Hervorzuheben ist allerdings, daß sich dies nur für Attraktivität, nicht aber für die anderen Urteilsdimensionen (z.B. gesund, intelligent, erfolgreich, kompetent) gezeigt hatte. Auch Kogan und Mills

(1992) haben betont, daß die widersprüchliche Evidenz zu dem *double standard of aging* damit zusammenhänge, welche abhängigen Variablen in den einzelnen Studien betrachtet würden. Dies macht deutlich, daß es sich nicht notwendigerweise um ein generelles Phänomen handelt, sondern dieses beschränkt ist auf (resp. resultiert aus) Bewertungen der äußeren Erscheinung und Attraktivität. Dies steht durchaus in Einklang mit der Ausgangsthese von Sontag (1979), wonach Frauen in allen Altern und über die gesamte Lebensspanne hinweg eher nach Merkmalen ihrer äußeren Erscheinung bewertet werden als Männer. Daher werde gerade bei ihnen die mit dem Alter abnehmende Attraktivität als gravierender eingeschätzt.

5.4.2 „Opa" und *„elder statesman"* – Die Ausdifferenzierung des Altersstereotyps

Es gibt Hinweise darauf, daß es den meisten Menschen schwerfällt, die „typischen Alten" in der heutigen Gesellschaft zu beschreiben und sie als Vertreter *einer* sozialen Gruppe zu begreifen. So lassen alleine schon die in den einzelnen Studien ermittelten Beschreibungen alter Menschen (z.B. als ängstlich, konservativ, leicht reizbar, herrschsüchtig, weise) erkennen, daß es sich hier wohl kaum um eine homogene Kategorie von Menschen handeln kann, sondern daß die Probanden jeweils unterschiedliche „Alte" im Blick haben. In diesem Sinne hatten schon Brewer et al. (1981) postuliert, daß „Alte" in vielen Subkategorien repräsentiert seien. Zur Prüfung ihrer Annahme legten sie Studentinnen eine Serien von Fotografien alter Männer und Frauen vor, die vorab als typisch für drei Subkategorien, nämlich „Großmütterchen", *„elder statesman"* und „ältere(r) Mitbürger(in)" identifiziert worden waren. Die Probandinnen hatten diese Fotografien in einem freien Sortierverfahren nach subjektiver Ähnlichkeit zu ordnen. Dabei ergaben sich in der Tat deutliche Gruppierungen, die offenbar stark durch das Geschlecht der Zielperson bestimmt waren (weshalb dieses in allen weiteren Studien konstant gehalten wurde). In einer nachfolgenden Studie wurden jeweils drei Fotos älterer Menschen vorgegeben, die in dem ersten Versuch alle der gleichen Kategorie entstammten. In der Kontrollbedingung war jedes Foto einer anderen Kategorie entnommen. Aufgabe der Probandinnen war es, anhand von Eigenschaftslisten anzugeben, was die drei fotografierten Personen gemeinsam hätten. Es zeigte sich, daß diese Eigenschaftszuschreibungen mit signifikant größerer Übereinstimmung vorgenommen wurden, wenn alle drei Fotos einer Kategorie zuzuordnen waren, als wenn sie unterschiedliche Kategorien repräsentierten.

In einer Folgestudie überprüften die gleichen Autorinnen, wie die aktuelle Verfügbarkeit einer Subkategorie die Verarbeitung von Informationen über eine Zielperson beeinflußt. Hierzu wurden wiederum Fotografien vorgegeben, auf denen die Kategorien „Großmutter", „eine ältere Frau aus Iowa" und „eine junge Frau" jeweils durch ein gutes Beispiel repräsentiert waren. Die Probandinnen sollten jedem Foto eine von mehreren Personbeschreibungen zuordnen, wobei diese gut vs. schlecht zu den drei Subkategorien paßten (konsistente vs. inkonsistente Versuchsbedingung). Als Kriterium diente die Zeit, bis die geforderte Zuordnung erfolgte. Diese Latenzzeiten waren – wie nicht anders zu erwarten – unter der inkonsistenten Bedingung deutlich länger als unter der konsistenten. Auch waren die Erinnerungsleistungen (freie Wiedergabe der Personbeschreibungen) unter jeder inkonsistenten Bedingung deutlich schlechter. Den größten Effekt aber hatte das Alter der Zielperson: Die Zuordnungen wurden schneller vorgenommen und die Erinnerungsleistungen waren besser, wenn es sich um die jüngere (im Vergleich zu den beiden älteren) Zielperson gehandelt hatte. Die Autorinnen erklärten dies damit, daß die Kategorie „Alte" zwar in spezifische Subkategorien ausdifferenziert werde, daß dies aber stark von dem Alter des Urteilers selbst abhänge. Denn die mentale Repräsentation der eigenen Altersgruppe sei komplexer und differenzierter, so daß Altersgleiche individualisierter wahrgenommen und Informationen über sie besser verarbeitet würden (hierzu auch Abschnitt 5.6).

Daher prüften Brewer und Lui (1984), inwieweit sich die erwähnten Befunde replizieren lassen, wenn nicht Studierende, sondern ältere Menschen als Probanden einbezogen werden. Anhand der identischen Versuchsanordnung zeigte sich in der Tat, daß die älteren Probanden stärker in ihren Urteilen differenzierten als die jüngeren Probanden der eben erwähnten Studie. Zudem wurden mehr positive Zuschreibungen vorgenommen, und zwar vor allem zu der Subkategorie, der sich die älteren Probandinnen selbst zugeordnet hatten (im wesentlichen „Großmutter"). Dies steht in Einklang mit dem allgemeinen Postulat, daß Beschreibungen einer Person, die die *outgroup* repräsentiert, stärker kategoriengestützt (hier: altersstereotypisiert) erfolgen, während Beschreibungen einer Person, die der *„like me"*-Kategorie angehört, sehr viel komplexer und differenzierter sind.

Vor dem gleichen Problemhintergrund führte Hummert (1990) eine Studie durch, in der studentische Probanden auf Kärtchen vorgegebene Eigenschaftsbegriffe so zu sortieren hatten, daß sich daraus beliebig viele (typisierende und in sich stimmige) Beschreibungen von alten Menschen (Kontrollbedingung: von jungen Menschen) ergaben. Die Ergebnisse dieser Sortieraufgabe wurden sodann einer hierarchischen Clusteranalyse unterzogen. Daraus ergaben sich für die Bedingung „alte Menschen" zwei übergeordnete Subkategorien (= Cluster), von denen eine durch positive, die andere durch negative Eigenschaften markiert war, sowie zehn Subkategorien auf mittlerer Ebene (drei positive und sieben negative Cluster). Für die Bedingung „junge Person" ergaben sich ebenfalls zwei übergeordnete Subkategorien, doch war hier eine stärkere Differenzierung in dreizehn weitere Subkategorien auf mittlerem Niveau erkennbar. Im direkten Vergleich zeigte sich zudem, daß Eigenschaftsbegriffe, die unter der Bedingung „alte Menschen" in einem positiven Cluster auftauchten (z.B. konservativ), unter der „jung"-Bedingung in einem negativen Cluster zu finden waren (und umgekehrt). Dies zeigt erneut, daß Eigenschaftsbegriffe keine invariante Bedeutung haben und ihr Bedeutungsumfeld sehr sorgfältig geprüft werden muß, wenn Aussagen über den Inhalt von Stereotypen getroffen werden sollen (siehe Abschnitt 4.3.2). Außerdem wurde deutlich, daß das höhere und das jüngere Alter unterschiedlich repräsentiert sind, denn es wurden nur drei weitgehend ähnliche Subkategorien ermittelt.

Diese drei ähnlichen Subkategorien zog die Autorin nun in einer Folgestudie heran, indem sie (wiederum studentischen) Probanden die Beschreibung einer älteren vs. einer jüngeren Person, die jeweils eine der drei Subkategorien gut repräsentierte, vorlegte mit der Bitte, diese Person auf Eigenschaftsskalen einzuschätzen. Erwartet wurde, daß diese Einschätzungen nur von der Wertigkeit der jeweiligen Subkategorie (positiv vs. negativ), nicht aber von dem Alter der diese Kategorie repräsentierenden Person abhängen sollten (da sie ja gemäß den o.g. Befunden junge Menschen genauso abbildeten wie alte). Zunächst zeigte sich, daß die Bewertungen der Fotos genau der Wertigkeit der Subkategorie, der sie ursprünglich entnommen waren, entsprachen. Vergleiche zwischen der älteren und jüngeren Zielperson, die beide derselben Subkategorie entstammten, zeigten in der Tat weder einen Haupteffekt für das Alter noch eine Wechselwirkung des Alters mit der Wertigkeit der Kategorie. In anderen Worten: Ältere und jüngere Personen wurden, sofern sie eine ähnliche Eigenschaftskonfiguration aufweisen, auch in ähnlicher Weise bewertet. Auch fanden sich keine Hinweise darauf, daß in nachfolgenden Einschätzungen negative Attribute als typischer für eine ältere Zielperson angesehen wurden. Zudem hatten die Probanden zu jeder Beschreibung (Subkategorie) das Alter der Person zu schätzen. Daraus wurde ermittelt, daß negative Personbeschreibungen höheren Altersstufen zugeordnet wurden und zugleich eine Differenzierung in „junge Alte" und „alte Alte" erkennbar war. Dies legt die Vermutung nahe, daß ein negatives Altersstereotyp, soweit es hier überhaupt deutlich wurde, erst zum Tragen kommt, wenn das sehr hohe Alter im Blickpunkt steht.

5.5 Die relative Bedeutung der Altersinformation in der Eindrucksbildung

Es gehört zu den unumstrittenen Propositionen der Stereotypenforschung, daß der Einfluß eines Stereotyps auf die Eindrucksbildung über eine andere Person umso stärker sein sollte, je weniger zusätzliche Informationen über diese Person vorliegen. Daher sollte auch geprüft werden, inwieweit mit dem Altersstereotyp unvereinbare Informationen zu einer Modifikation der Urteile über eine alte Zielperson führen. Die meisten Studien, die dieser Frage gewidmet waren, bedienten sich der „Vignetten-Technik" (z.B. Winkeler, Aymanns, Boll, Filipp & Gottwald, in press). Diese besteht darin, entsprechend festgelegten Regeln kurze Beschreibungen einer Situation und/oder Person (Vignetten) zu konstruieren und den Probanden mit der Bitte vorzulegen, die Situation anhand vorgegebener Kriterien zu bewerten und/oder Urteile über die Protagonisten in diesen Beschreibungen abzugeben. Für die Konstruktion dieser Vignetten sind zunächst diejenigen Faktoren zu spezifizieren, die diese Urteile beeinflussen könnten. Im Falle der Erforschung von Altersstereotypen liegt die Variation im wesentlichen darin, daß es sich um einen alten resp. einen jungen Protagonisten handelt. Zugleich können die interessierenden Faktoren (z.B. Alter) in einer unterschiedlichen Anzahl von Stufen vorgegeben und mit einer Reihe anderer Merkmale (z.B. männlich resp. weiblich) kombiniert werden. Von Interesse ist dann auch, wie mit dem (Alters-)Stereotyp kongruente vs. nicht kongruente Informationen (z.B. kränklich vs. beste Gesundheit) das Urteilsverhalten der Probanden verändern. Durch systematische Kombination der verschiedenen Faktoren läßt sich also feststellen, welche von ihnen einen Effekt auf die nachfolgenden Urteile ausüben, zum Beispiel ob ein identisches Verhalten, sofern es von einem alten Protagonisten gezeigt wird, andere Bewertungen auslöst, als wenn es einem jungen Protagonisten zugeschrieben wurde.

Daneben wurde zuweilen die *matched guise*-Technik eingesetzt (siehe Williams et al., 1989), die darin besteht, daß ein (z.B. künstlerisches oder handwerkliches) Produkt in unterschiedlicher „Maskierung" (z.B. von einer alten vs. jungen Frau gefertigt) vorgegeben und überprüft wird, inwieweit dadurch Bewertungen des Produkts durch die Probanden verändert werden. Auch systematische Verhaltensbeobachtungen (z.B. im Rahmen von Feldexperimenten) bieten sich an, um den Effekt der Altersvariablen im Umfeld anderer Informationen zu überprüfen. Beispielhaft könnte man daran denken, daß eine Person (Vertraute des Versuchsleiters) um Hilfe beim Tragen eines sehr schweren Pakets bittet und überprüft wird, inwieweit differentielle Reaktionen auf dieses Hilfesuchverhalten erkennbar werden in Abhängigkeit davon, ob es sich um eine alte oder jüngere Person handelt. In der Tat wurden Studien des Interaktionsverhaltens in Dyaden oder Gruppen durchgeführt, die entweder altershomogen oder altersheterogen zusammengesetzt waren und in denen der Effekt der Alterskomposition auf das (verbale und/oder nonverbale) Interaktionsverhalten der beteiligten Personen überprüft wurde (siehe hierzu besonders Kapitel 6). Im folgenden sollen vor allem Ergebnisse referiert werden, in denen neben dem Alter systematisch leistungs- resp. gesundheitsbezogene Information variiert worden war – also (Verhaltens-)Domänen, die im Altersstereotyp besonders artikuliert sind. Daraus sollten Hinweise darauf gewonnen werden, wann das *relative* Gewicht der Altersvariablen im Kontext stereotyp(in)kongruenter Informationen vermindert und wann es erhöht ist.

5.5.1 Alter und leistungsbezogene Informationen

Besonderes Interesse galt von Beginn an der Frage, inwieweit das Altersstereotyp vor allem in leistungs- bzw. kompetenzthematischen Situationen eine Rolle spielt. Dieses Interesse beruht auf der Annahme, daß die industriellen Gesellschaften mit ihrer Betonung des Leistungsgedankens Phänomene wie *ageism* erst erzeugt hätten, während in traditionellen Gesellschaften alten Menschen eher mit Respekt und Verehrung begegnet worden sei. Entsprechende Vergleiche wurden vor allem in der ethnosoziologischen Altersforschung angestellt, die konsistent auf entsprechende Unterschiede verwiesen hat (siehe z.B. Marzi, 1991), was so durchgängig wohl nicht zutrifft (vgl. Abschnitt 1.1). Argumentiert wurde, daß Alterssstereotype nicht als isoliertes Phänomen gesehen werden dürften, sondern daß sie in das umfassendere System sozial geteilter und kultureller Wertvorstellungen eingebettet seien, in dem gerade Leistungsfähigkeit einen hohen Rangplatz einnehme. Vor diesem Hintergrund wurde eine Reihe von empirischen Studien mit Blick auf die Rolle des Alters in der Arbeitswelt durchgeführt (siehe hierzu Kapitel 7). In anderen Studien ging es in einem weiteren Sinn um die Frage, welche Rolle das Alter dann spielt, wenn eine Person als hoch vs. niedrig leistungsfähig beschrieben wird.

Beispielhaft zu nennen ist hier die Studie von Ryan und Heaven (1988): In dieser hatten die Probanden (im Alter zwischen 18 und 24 Jahren) eine Serie von 40 Situationen zunächst danach zu bewerten, inwieweit diese durch Kompetenz oder soziale Nähe und Wohlwollen (*benevolence*) gekennzeichnet und wie typisch sie für den Lebenskontext älterer Menschen waren. Kompetenzthematische Situationen wurden dabei als für ältere Menschen weniger typisch gesehen als soziale Situationen. Von Interesse war in einem nächsten Schritt, inwieweit negative Bewertungen alter Menschen gerade in kompetenzthematischen Situationen (hier charakterisiert durch u.a. Gedächtnisaufgaben oder den Umgang mit Computern) erkennbar werden. Dabei hatten studentische Probanden einmal mit Altersgleichen und einmal mit älteren Erwachsenen zu interagieren. In der Tat zeigte sich, daß die Probanden den älteren Personen mit geringerer Aufmerksamkeitszuwendung begegneten als ihren Altersgenossen; allerdings war hier keine nicht kompetenzthematische Situation als mögliche Kontrollbedingung eingeführt worden. Zudem schrieben sie den Älteren eine deutlich geringere Leistungsfähigkeit zu als den Jüngeren.

Eine ähnlich angelegte Untersuchung führten Ryan, Szechtman und Bodkin (1992) durch. Eine Stichprobe junger Erwachsener hatte eine Zielperson, die in einer Vignette als Teilnehmer(in) an einem Computerkurs beschrieben wurde, zu bewerten, wobei in einem *between-subjects*-Design Alter (25 vs. 70 Jahre) und Geschlecht (männlich vs. weiblich) dieser Zielperson variiert wurden. Einzuschätzen war die Wahrscheinlichkeit ihres Kurserfolgs; zudem war eine Charakterisierung dieser Person vorzunehmen. Das Geschlecht der Zielperson übte keinen Einfluß auf die Eindrucksbildung der Probanden aus. Dagegen ergab sich für das Alter ein Effekt, indem für jüngere Erwachsene z.B. die Wahrscheinlichkeit, daß sie den Kurs beenden würden, höher eingeschätzt wurde. Anschließend wurde eine Fortsetzung der Vignette vorgelegt mit der Information, daß die Person den Kurs mit Erfolg abgeschlossen hatte vs. nicht abgeschlossen hatte. Wiederum waren Einschätzungen der Person vorzunehmen, und zusätzlich wurde gefragt, wie „typisch" die geschilderte Person für ihr Alter sei. Dabei wurde nun ein Interaktionseffekt sichtbar, wonach die älteren Erwachsenen im Vergleich zu den jüngeren als kompetenter eingeschätzt wurden, sofern sie den Kurs mit Erfolg beendet hatten. Dies war begleitet davon, daß sie auch als „weniger typisch für ihr Alter" gesehen wurden als jene ältere Zielperson, die den Kurs nicht beendet hatte. Hier wurden also Kontrasteffekte resp. Überkompensationseffekte sichtbar, wie sie bereits in Abschnitt 5.1.2 diskutiert wurden: Die ältere erfolgreichere Zielperson wurde offenbar als besonders fähige Ausnahme von der stereotypgeleiteten Erwartung angesehen, daß Ältere nicht mehr an solchen Aktivitäten teilnehmen. Daß sie zudem als „untypisch" für ihr Alter eingeschätzt wurde, zeigt, daß in den Vorstellungen des Probanden eine entsprechende Subkategorie des „älteren hochkompetenten Menschen" offenbar nicht repräsentiert ist resp. „erfolgreich" und „alt" nicht miteinander korrespondieren.

Auch Jackson und Sullivan (1988) präsentierten Informationen über Zielpersonen, die mit einem negativen Altersstereotyp unvereinbar waren. Sie ließen ihre Probanden ältere und jüngere Frauen und Männer jeweils eine Zielperson anhand von Adjektivskalen beurteilen. Geschlecht und Alter (Anfang 20 resp. Anfang 70 Jahre) der Zielperson waren systematisch variiert worden, zusätzlich war ihre Darstellung im Hinblick auf drei Verhaltensbereiche (soziale, körperliche oder psychische Eigenschaften) so gewählt worden, daß sie im Falle der älteren Zielperson stereotypinkongruent war. Es zeigte sich auch hier eine Überkompensation des Altersstereotyps – von den Autoren als *age favorability bias* benannt – vor allem in den Einschätzungen der jüngeren Probanden, nicht aber in denen der älteren. Dies verweist darauf, daß die Urteile der jüngeren Probanden offenbar stärker von dem negativen Altersstereotyp geprägt waren als die der älteren Probanden. Da in den Urteilen der Älteren weder das Alter noch Geschlecht der Zielperson irgendeinen Effekt auf die Urteile zeitigte, wurde von den Autoren zugleich die Frage aufgeworfen, anhand welcher Merkmale Ältere andere Menschen überhaupt sozial kategorisieren.

Darüber hinaus führt – wie oben erwähnt – die Aktivierung des Altersstereotyps auch zu einer selektiven, das Stereotyp bestätigenden Informationssuche. Carver und de la Garza (1984) gaben Studierenden die Beschreibung eines Autounfalls vor, in den ein älterer vs. jüngerer Fahrer verwickelt war und der nach bestimmten Kriterien bewertet werden sollte. Von Interesse war, welche Informationen die Probanden in Abhängigkeit von der Versuchsbedingung „jüngerer" vs. „älterer" Fahrer zur Bearbeitung dieser Aufgabe nachfragten. Für den älteren Fahrer wurden signifikant häufiger als für den jüngeren Informationen zu seiner geistigen und körperlichen Verfassung (z.B. mögliche Beeinträchtigung seines Hörvermögens) eingeholt. Mit Blick auf den jüngeren Fahrer war für die Probanden ausschließlich von Interesse, ob dieser getrunken hatte oder nicht, was wiederum in bezug auf den älteren Fahrer kaum interessierte. Damit konnten die Autoren nachweisen, daß Stereotype nicht nur zu einer selektiven Informationsaufnahme führen, sondern daß stereotypkongruente Information auch aktiv aufgesucht wird.

Ein weiteres Beispiel in dieser Untersuchungtradition stellt die Studie von Braithwaite (1986) dar. In dieser Studie wurde Studenten jeweils eine von vier Vignetten vorgelegt, in der das Alter der Protagonistin variiert (71 resp. 26 Jahre alt) und in der sie in körperlicher vs. geistiger Hinsicht als unterschiedlich leistungsfähig präsentiert wurde. Als abhängige Variablen wurden Einschätzungen auf Eigenschaftsskalen herangezogen, hinsichtlich derer die Protagonistin „im Vergleich zu den meisten anderen Menschen" zu beurteilen war (z.B. „besorgt um andere", „aktiv und gesellig", „verantwortungsbewußt"). Zudem hatten die Probanden anschließend das Alter der Zielperson frei zu erinnern, um festzustellen, inwieweit dieses eine saliente Information war, und sie hatten einzuschätzen, inwieweit das Alter ihr Urteil beeinflußt haben könnte. Die Befunde zeigten, daß das Alter, welches von 94 Prozent der Probanden annähernd korrekt erinnert wurde, *keinen* Effekt auf die Bewertung der Zielperson hatte. Zugleich zeigte sich aber, daß die Altersvariable nach Einschätzung der Probanden ihr Urteil stärker beeinflußt hatte, wenn es sich um die alte, nicht aber um die junge Zielperson gehandelt hatte, obschon – wie erwähnt – die Bewertungen der alten Zielpersonen insgesamt nicht negativer ausgefallen waren. Wohl aber gab es signifikante Unterschiede in den Beurteilungen in Abhängigkeit von Leistungsniveau und Leistungsbereich (körperlich vs. geistig). Wesentlich ist daher, daß die Altersvariable diesen Befunden zufolge an Bedeutung verliert, wenn zugleich Information dazu mitgeliefert wird, daß die Person leistungsfähig ist. Leistungsfähigkeit stellt also die potente Schlüsselinformation dar, und nicht das Alter.

Eine ähnliche Folgerung legt die Studie von Singer (1986) nahe. Der Autor hatte eine 30- bzw. 55jährige Zielperson vorgestellt, die hinsichtlich verschiedener Dimensionen (Leistungskapazität, Entwicklungsfähigkeit, soziale Geschicklichkeit und psychische Stabilität) durch Studierende beiderlei Geschlechts einzuschätzen war. Manipuliert wurde zudem der Beruf der Zielperson, indem es sich vorgeblich u.a. um einen Buchhalter, Arzt oder Informatiker handelte. Einerseits ergab sich ein klarer Haupteffekt für das Alter, indem die ältere Zielperson negativer bewertet wurde als die jüngere; andererseits wurde aber auch ein Interaktionseffekt zwischen Alter und Berufsrolle derart nachgewiesen, daß für die mit hoher Kompetenz (und mit hohem Prestige) assoziierten Berufe die Unterschiede zwischen den Bewertungen der jungen und alten Zielperson geringer ausfielen resp. ganz verschwanden als für die mit weniger Kompetenz assoziierten Berufe. Ein ähnliches Ergebnis berichtete schon Decker (1983), wonach die ältere (im Vergleich zu der jüngeren) Zielperson zwar deutlich negativer charakterisiert wurden, aber diese Unterschiede dann verschwanden, wenn beide als „Akademiker" eingeführt worden waren. Daß Merkmale wie beruflicher Status, Kompetenz und sogar die Höhe des Einkommens die Bedeutung der Altersvariablen in der Personbeurteilung mindern oder sie sogar überragen können, hatten schon Kogan und Shelton (1960) berichtet. Die Autoren hatten Eindrucksbildungen über einen Mann erstellen lassen, der entweder 33 oder 74 Jahre alt war und dessen Berufsrolle dahingehend variiert worden war, daß es sich um einen Stahlarbeiter, einen Manager oder einen Professor handelte. Auch hier dominieren Berufsrollen in der Eindrucksbildung, nicht aber die Altersvariable.

Erber, Szuchman und Etheart (1993) gingen in einer Vignetten-Untersuchung der Frage nach, inwieweit die Bedeutung der Altersvariablen durch das Merkmal „Vergeßlichkeit" bei einem Protagonisten überlagert wird. In den Vignetten wurde jeweils ein fiktiver Nachbar im Alter von 32 bzw. 64 Jahren vorgestellt, der anhand von alltagsnahen Beispielen (z.B. Verlegen des Hausschlüssels, Vergessen der Namen bekannter Personen) als „sehr vergeßlich", „ein wenig vergeßlich" bzw. „nicht vergeßlich" portraitiert wurde. In einem ersten Experiment sollten die studentischen Probanden angeben, mit welcher Wahrscheinlichkeit sie diese Person wohl um einzelne nachbarschaftliche Hilfeleistungen bitten würden, wobei diese Hilfeleistungen danach ausgewählt worden waren, daß sie Anforderungen an das Gedächtnis beinhalteten (z.b. Aufbewahrung eines Reserveschlüssels für die Haustür). Erwartungsgemäß zogen die Probanden die als nicht vergeßlich charakterisierte Zielperson den anderen vor; doch bekam hier zugleich die ältere Zielperson über *alle* Vergeßlichkeitsvariationen hinweg höhere Werte als die jüngere, d.h. sie wurde häufiger als Adressat eines Hilfesuchens genannt.

In einem zweiten Experiment wollten die Autorinnen daher klären, inwieweit die generelle Bevorzugung der älteren Zielperson möglicherweise darauf zurückgeht, daß dieser Eigenschaften zugeschrieben wurden, die für die Übernahme von Hilfeleistungen besonders relevant und wünschenswert sind. Der Ablauf des Experiments folgte dem der ersten Studie. Zusätzlich hatten die Probanden die Zielperson mit Blick auf bestimmte Merkmale (z.B. verantwortungsbewußt, hilfsbereit) zu beurteilen. Diese Merkmale waren anhand einer Vorstudie als solche bestimmt worden, die ein Nachbar besitzen müßte, damit man ihn um die beschriebenen Hilfeleistungen bitten würde. Erneut wurde die ältere Zielperson eher um Hilfeleistungen gebeten als die jüngere. Das gleiche Ergebnismuster zeigte sich für die Bewertungen der Zielpersonen auf den genannten Merkmalsdimensionen: die ältere Zielperson erhielt hier stets positivere Einschätzungen, wobei post hoc durchgeführte Analysen zeigten, daß dieser Unterschied vor allem unter der Bedingung „hohe Vergeßlichkeit" zutage trat. Daraus folgerten die Autoren, daß sich ein höheres Lebensalter auch positiv auf die Wahrnehmung einer Person auswirken könne. So werde Vergeßlichkeit bei älteren Menschen offenbar eher toleriert und führe nicht zur Abwertung der Person.

Gestützt werden diese Befunde auch durch die Untersuchung von Stier und Kline (1980), die von der Annahme ausgingen, daß die Salienz der Altersvariablen von der Qualität der anderen Informationen abhänge, die über die Zielperson mitgeteilt würden. Daher müsse geprüft werden, ob die im Altersstereotyp repräsentierten Attribute, wenn sie mit jüngeren Personen in Verbindung gebracht werden, gleichermaßen zu negativen Bewertungen führten. Hierzu variierten die Autoren in drei biographischen Szenarien entsprechende Attribute so, daß sie eine positive vs. negative Lebenssituation beschrieben, in die ein alter vs. ein junger Mann als Protagonist eingeführt wurde. Studierende hatten diesen sodann anhand verschiedener Eigenschaftsskalen einzuschätzen. Es zeigte sich, daß die Wertigkeit des Szenarios einen Effekt hatte, indem der Protagonist in der positiven Lebenslage ungünstigere Bewertungen erfuhr als jener in der negativen Lebenslage (und umgekehrt). Zudem ergab sich eine Wechselwirkung mit dem Alter derart, daß der *jüngere* Protagonist in dem negativen Szenario signifikant negativer bewertet wurde als der ältere. Allerdings konnte dieser Effekt nur für die männlichen, nicht aber für die weiblichen Urteiler nachgewiesen werden. Die Autoren folgern aus diesen Ergebnissen, daß es keine Evidenz für eine negativ verzerrte Bewertung alter Menschen gebe, vielmehr spiele deren Lebenslage insgesamt die entscheidende Rolle. Wenn es einen Alterseffekt gebe, dann sei dieser allenfalls zu Ungunsten der *jüngeren* Personen wirksam, wenn diese in einer negativen Lebenssituation geschildert würden.

Eine andere Variante des Themas stellt schließlich die Studie von Brimacombe, Quinten, Nance und Garrioch (1997) dar. In dieser ging es um die Frage, ob ein älterer Erwachsener als gleichermaßen glaubwürdiger Augenzeuge wie ein jüngerer angesehen wird – was eine ebenso interessante wie alltagsrelevante Fragestellung darstellt, wenn man an das Gewicht von Zeugenaussagen in vielen Gerichtsverfahren denkt. Die Autoren präsentierten zunächst Erwachsenen aus drei Altersgruppen (18 bis 25 Jahre; 30 bis 44 Jahre und 65 bis 85 Jahre) einen Videofilm einer Szene, in der eine Frau beraubt wurde. Unmittelbar danach sollten die Probanden wiedergeben, was sich in dieser Szene abgespielt hatte, wobei sie sowohl mittels offener Fragen wie mittels Suggestivfragen interviewt wurden.[2] Von dieser Befragung wurden wiederum Videoaufzeichnungen angefertigt, die in einem zweiten Experiment Studierenden zur Bewertung vorgelegt wurden. Einzuschätzen waren die Augenzeugenberichte hinsichtlich Klarheit und Genauigkeit sowie hinsichtlich Vertrauenswürdigkeit, Kompetenz und Ehrlichkeit des Augenzeugen. Dabei zeigte sich, daß die älteren Augenzeugen in allen Merkmalen (bis auf Ehrlichkeit) negativer beurteilt wurden als die jüngeren. In einem dritten Experiment schließlich waren die Berichte auf Tonband aufgenommen worden, wobei das tatsächliche Alter des Sprechers 20 oder 70 Jahre betrug, den Probanden aber ein fiktives Alter von 20, 35 oder 70 Jahren angegeben wurde. Dabei zeigte sich, daß die Manipulation der Altersvariablen hier keinen Effekt hatte, also diese Berichte nicht in stereotypisierender Weise beurteilt wurden. Wohl aber produzierte das *tatsächliche* Alter des Sprechers einen Haupteffekt, indem die Berichte des älteren Sprechers als weniger klar, glaubwürdig, kompetent usw. eingeschätzt wurden als die des jüngeren. Offenbar sind Merkmale des Sprechverhaltens hier als *age marker* aufgefaßt worden, wie dies noch ausführlich in Kapitel 6 dargestellt werden wird.

Aber nicht nur in der Eindrucksbildung über eine andere Person kann das Altersstereotyp eine Rolle spielen, sondern auch in den entsprechenden Selbstkategorisierungen. Befunde, wonach in dem Stereotyp die Eigenschaften „alt" und „vergeßlich" eng verknüpft sind, sind robust. Vor diesem Hintergrund hatte Levy (1996) vermutet, daß schlechte Gedächtnisleistungen im Alter häufig auch eine Folge entsprechender Selbstkategorisie-

---

[2] Nur am Rande sei erwähnt, daß ältere Probanden die geringste Rate akkurater Angaben hatten, die unter der Suggestivbedingung nochmals deutlicher reduziert war als bei den anderen Altersgruppen.

rungen als „alt" seien, die sich also in Form sich selbst erfüllender Prophezeiungen im Leistungsverhalten niederschlügen, selbst wenn dies nachteilig für die Person sei. Solche *negativen* Selbststereotypisierungen sind zwar unvereinbar mit der Annahme, daß Stereotype der Aufwertung der eigenen Gruppe resp. der eigenen Person dienen sollen. Doch Selbststereotypisierungen können auch die Funktion haben, den Erwartungen anderer entsprechen zu wollen, unabhängig davon, ob dieses Verhalten mit negativen oder positiven Konsequenzen für die eigene Person verbunden ist. Wenn es zutrifft, daß „schlechtes Gedächtnis" als Element des Altersstereotyps sich mindernd auf die Leistungsfähigkeit älterer Menschen auswirkt, dann sollten sich auch selbsterfüllende Prophezeiungen in den Leistungen einer Person nachweisen lassen. Wenn dies zutrifft, sollten sich umgekehrt Gedächtnisleistungen im Alter dadurch verbessern lassen, daß die Aktivierung des Altersstereotyps unterdrückt wird. Die Autorin stützte ihre Argumentation u.a. auf Befunde von Levy und Langer (1994; zit. nach Levy, 1996), wonach sich bei Personen, die weniger mit dem negativen Altersstereotyp konfrontiert waren (Chinesen und taube Amerikaner), die üblichen altersgebundenen Gedächtnisverschlechterungen *nicht* hätten nachweisen lassen.

In ihrer Studie unterzog die Autorin Versuchspersonen beiderlei Geschlechts im Alter von 60 Jahren und darüber (mittleres Alter: 73 Jahre) einer semantischen *Priming*prozedur, die um die Konzepte „Weisheit" vs. „Senilität" zentriert war: Jeweils zwölf Wörter wurden als *Primes* verwendet, wovon 80 Prozent mit dem Altersstereotyp verknüpft und 20 Prozent neutral waren. Jeweils vor resp. nach dieser *Priming*prozedur (Zeitpunkt als *between subjects*-Faktor) wurden Gedächtnistests (z.B. Wiedererkennen von Fotos, aber auch Metagedächtnisaufgaben) durchgeführt, und für jede Versuchsperson wurden Einstellungen zum Altern (anhand von Einschätzungen einer alten Zielperson) erhoben. Wesentlich für die hier aufgeworfene Frage ist der Nachweis einer Interaktion zwischen der *Priming*-Bedingung und der zeitlichen Plazierung der Gedächtnisaufgabe: Handelte es sich um die Bedingung „senil", waren einige Leistungen (z.B. Wiedererkennen von Fotos) besser resp. einige Maße erhöht (z.B. subjektive Zuversicht in die eigene Leistungsfähigkeit), wenn die Tests *vor* der *Priming*prozedur (im Vergleich zu nachher) durchgeführt wurden. Unter der Bedingung „weise" waren die Leistungen signifikant besser, wenn die Tests *danach* plaziert waren. Die Studie zeigt also, daß implizite Selbststereotypisierungen als „weise" oder „senil" experimentell nicht nur sehr leicht aktiviert werden können, sondern daß sie einen profunden Effekt auf einige der hier untersuchten Gedächtnisleistungen haben. Eine Wiederholung dieses Experiments mit einer Stichprobe junger Probanden zeigte Kontrasteffekte in der Selbststereotypisierung, indem sich unter der *Priming*bedingung „senil" einige wenige Gedächtnisleistungen verbesserten, die Bedingung „weise" hingegen keinen Effekt zeitigte.

In der Zusammenschau läßt sich also folgern, daß bei alten Menschen positiv getönte *Primes* Gedächtnisleistungen verbessern und negative sie verschlechtern. Es sind zudem gerade diese *automatischen* Prozesse der Aktivierung des Altersstereotyps entscheidend, denn ähnliche Effekte für eine als „explizite Intervention" genannte Versuchsbedingung, in der mögliche Gedächtnisverbesserungen direkt angesprochen worden waren, zeigten sich nicht. Die Tatsache, daß dieser Effekt im wesentlichen auf die Stichprobe älterer Probanden beschränkt blieb, verweist zudem darauf, daß die Selbstrelevanz der mit einem Stereotyp verknüpften Attribute offenbar entscheidend ist. Unseres Wissens ist dies eine der wenigen Studien, in denen der Effekt eines aktivierten Altersstereotyps nicht nur mit Blick auf interpersonelle Begegnungen thematisiert wird. Sollten sich diese Effekte negativer vs. positiver Selbststereotypisierung replizieren lassen, so läge darin sicher ein weites und lange unerkanntes Feld für Interventionsmöglichkeiten im Alter.

5.5.2 Alter im Kontext gesundheitsbezogener Information

Wie Leistungsfähigkeit ist auch Gesundheit eine hochrelevante Dimension, die an den Alternsprozeß gebunden ist und die zugleich das Altersstereotyp konstituiert. Entsprechend haben sich Gekoski und Knox (1990) der Frage nach der relativen Bedeutung der Altersvariablen gegenüber Informationen über den Gesundheitszustand einer Person gewidmet. Die Autoren ließen studentische Probanden mehrere Zielpersonen auf dem *Aging Semantic Differential* einstufen, wobei im Rahmen eines *between subjects*-Designs Alter (jung vs. alt) und Gesundheitsstatus (schlecht, normal, exzellent) der Zielperson variiert worden waren. Die Ergebnisse deuten auf einen nur geringen Effekt der Altersvariablen hin, die sich nur auf Einschätzungen als effektiv vs. ineffektiv auswirkte, hingegen auf einen sehr starken Effekt des Gesundheitsstatus auf *allen* Urteilsdimensionen: Zielpersonen, die bei schlechter Gesundheit waren, wurden – unabhängig von ihrem Alter – signifikant negativer bewertet als solche mit gutem oder exzellentem Gesundheitszustand. Vor diesem Hintergrund schlugen die Autoren vor, nicht mehr von *ageism* zu sprechen, sondern den Begriff durch *healthism* zu ersetzen. Die Tatsache, daß im Sinne eines Kontrasteffekts die alte Zielperson in exzellenter Gesundheit nicht zugleich noch positiver eingeschätzt wurde als die junge, mag als indirekter Hinweis darauf gesehen werden, daß „gesunde Alte" als Subkategorie repräsentiert sind.

Einen ähnlichen Zugang wählten Milligan, Prescott, Powell und Furchtgott (1989). Auch hier waren Zielpersonen, deren Alter und Gesundheitszustand jeweils zweistufig variiert wurde, auf Eigenschaftsskalen einzuschätzen. Als Probanden dienten jüngere (17 bis 29 Jahre), mittelalte (30 bis 49 Jahre) und ältere (über 50 Jahre) Erwachsene beiderlei Geschlechts. Auch hier zeigte sich ein klarer Haupteffekt des Gesundheitszustandes, indem die Zielperson in guter Gesundheit wiederum unabhängig von ihrem Alter positiver bewertet wurde als die in schlechter Gesundheit. Dieses Befundmuster erwies sich als unabhängig vom Alter der Beurteiler sowie von ihrem Geschlecht, und es zeigt die große Bedeutung, die dem Gesundheitsstatus in der Eindrucksbildung über eine Person zukommt. Die Autoren vermuteten daher, daß das negative Altersstereotyp im wesentli-

chen davon bestimmt sei, daß Alter mit einem schlechten Gesundheitszustand assoziiert und daß es diese Verknüpfung sei, welche letztlich in der
Eindrucksbildung dominiere, nicht das Alter per se. In gleicher Weise argumentierte Kimmel (1988), indem er das Phänomen des *ageism* im wesentlichen mit der Zuschreibung eines schlechten Gesundheitszustandes zu
alten Menschen in Verbindung brachte. Auch Leventhal (1984) zeigte, daß
in der mentalen Repräsentation von „alt" Verschlechterungen der Gesundheit enthalten sind. Bestätigt wird dies nicht zuletzt durch die Befunde von
Keller, Leventhal, Prohaska und Leventhal (1989). Diese Autoren hatten
anhand der Einschätzungen von 20 Krankheiten durch eine Stichprobe von
20- bis 90jährigen festgestellt, daß ein höheres Erkrankungsrisiko und geringere Möglichkeiten der Prävention und Heilung stets mit einem hohen
Alter verknüpft werden und daß dies altersübergreifend so gesehen wird
(was ja auch tatsächlich der Fall ist und keine „inakkurate" Facette des Altersstereotyps darstellt [vgl. Abschnitt 3.3]).

Ein ähnlich pessimistisches Bild des Alters wurde auch in einer experimentellen Studie (Fisher, Arluke & Levin, 1984) gezeichnet. Jüngere
Probanden (Durchschnittsalter: 21;5 Jahre) hatten im Rahmen eines *between-subjects*-Designs Vignetten zu beurteilen, in denen ein Rückenschmerz-
patient als 48 vs. 78 Jahre alt und als berufstätig vs. nicht berufstätig beschrieben wurde. Zwar wurde in jeder Bedingung der Zielperson die Rolle
eines Kranken zugeschrieben (z.B. Freistellung von Verpflichtungen), doch
zeigten sich deutliche Unterschiede in der prognostischen Beurteilung des
Krankheitsbildes: Im Falle der 48jährigen Zielperson vermuteten nur 14
Prozent der Probanden, daß eine komplette Heilung unmöglich sei; bei der
78jährigen Zielperson sahen demgegenüber 44 Prozent der Befragten lediglich die Möglichkeit, das Leiden zu lindern. Die Befunde einer Fragebogenstudie von Olinger, Dancer und Patterson (1991) verweisen darauf,
daß bei angehenden Physiotherapeuten und Krankenpflegern trotz eines
insgesamt hohen Wissensniveaus eine Reihe verbreiteter Fehlauffassungen
bezüglich des Hörvermögen älterer Menschen bestehen. So meinten z.B.
mehr als 75 Prozent der Probanden fälschlicherweise, jeder Mensch erlebe
ab dem Alter von 60 Jahren gewisse Einbußen des Hörvermögens, und
Schwerhörigkeit sei ein Zeichen normalen Alterns. Ausführliche Darstellungen von stereotypgeleiteten Einschätzungen alter Menschen durch Vertreter von Gesundheitsberufen finden sich in Abschnitt 7.3.

Daß derartige Einschätzungen zwar als Ausdruck des Altersstereotyps
zu deuten sind, sie aber zugleich empirisch belegbare Zusammenhänge von
Alter und Krankheit resp. von Alter und therapeutischen Erfolgswahr-
scheinlichkeiten widerspiegeln, verweist erneut auf das *kernel of truth*-
Problem (vgl. Abschnitt 3.3). Gleichwohl haben sich z.T. erhebliche Über-
schätzungen der Prävalenzrate einzelner Krankheiten, z.B. Morbus Alzheimer in der Population der alten Menschen nachweisen lassen (vgl.
Dieckmann, Zarit, Zarit & Gatz, 1988). Von Gatz und Pearson (1988)
werden diese Ergebnisse vor dem Hintergrund der Verfügbarkeitsheuristik
(sensu Kahneman & Tversky, 1973) interpretiert: Durch das verstärkte öffentliche Interesse an der Erkrankung und die hohe Präsenz des Themas in

den Medien sei das Bewußtsein für die Krankheit, zugleich aber auch ihre subjektive Eintrittswahrscheinlichkeit erhöht worden. Analog läßt sich vermuten, daß durch die in Deutschland intensiv geführte Diskussion um die Pflegeversicherung eine kollektive Verfügbarkeit primär negativer und bedrohlicher Aspekte des Altseins erzeugt wurde.

Daß die Assoziation von Alter und Krankheit auch das Denken alter Menschen selbst bestimmen, zeigen Befunde von Hooker (1992). Die Autorin hatte eine Stichprobe alter Menschen und eine Stichprobe von Studierenden sich selbst frei beschreiben lassen, und zwar das „Selbst, das sie in der Zukunft befürchten" und das „Selbst, das sie in der Zukunft erhoffen". Es zeigte sich, daß gesundheitsbezogene Aspekte in den Selbstentwürfen (*possible selves*; vgl. Markus & Nurius, 1986) der alten Probanden ein dominantes Thema waren, nicht aber in denen der jungen. Der Gesundheitsstatus ist zweifellos auch in der Selbstwahrnehmung alter Menschen eine zentrale Dimension, und es wäre wohl zu optimistisch, Befürchtungen alter Menschen mit Blick auf ihre künftige Gesundheit als eine unbegründete – weil nur stereotypgeleitete – Besorgnis abzuwiegeln (hierzu Gerok & Brandtstädter, 1994).

5.6 „Alter" als Ursachenfaktor in Verhaltenserklärungen

Altersstereotype wie subjektive Entwicklungstheorien sind nicht zuletzt aufgrund ihrer zentralen Rolle hinsichtlich der Ursachenzuschreibungen für menschliches Verhalten oder bestimmte (Lebens-)Ereignisse bedeutsam. In diesem Sinne argumentierte schon Green (1984), daß gerade das Alter einer Person in Verhaltenserklärungen sehr salient und überdies häufig derart dominant sei, daß Beobachter andere Ursachen eines Verhaltens gar nicht mehr in Erwägung zögen, sondern sich mit der Erklärung, daß es eben „am Alter" liege, zufrieden gäben.

Interessant ist diese attributionstheoretische Orientierung auch deshalb, weil die von Außenstehenden zugeschriebenen Ursachen für ein bestimmtes Verhalten Schlußfolgerungen auf seiten des Akteurs darüber nahelegen, wie andere Personen über ihn denken. Damit können selbstreferentielle Informationen, die in sozialen Interaktionen (direkt oder indirekt) kommuniziert werden – unter zu präzisierenden Bedingungen – die Selbstwahrnehmung des Akteurs verändern, wie dies etwa für die Interaktion zwischen Lehrern und Schülern nachgewiesen wurde (vgl. Meyer, 1984). Daß Verhaltenserwartungen und damit verknüpfte Ursachenzuschreibungen auch im Alter die Selbstwahrnehmung verändern können und so Bedeutung als *self-fulfilling prophecies* erhalten, ist eine interessante Ausgangshypothese. Denn wenn alten Menschen z.B. zurückgemeldet wird, Leistungseinbußen des Gedächtnisses seien auf ihr Alter zurückzuführen – diese also als unkontrollierbar dargestellt werden – mag dies dazu führen, daß sie auch kaum Anstrengungen unternehmen werden, ihre Leistungsfähigkeit zu steigern, sie letztlich also unterhalb ihres eigenen Kompetenzniveaus agieren (vgl. M.M. Baltes & P.B. Baltes, 1986; Thomae, 1983; Abschnitt 2.6).

Damit stehen attributionstheoretische Analysen im Einklang mit theoretischen Positionen des Alterns als Prozeß der Abnahme von Macht und personaler Kontrolle (Rodin & Langer, 1980). Cooper und Goethals (1981) vermuteten in diesem Zusammenhang, daß selbstbezogene Kognitionen älterer Menschen sich häufig deswegen in einer selbstwertabträglichen Weise änderten, weil die Älteren bestimmte unerwünschte Verhaltensweisen auf sich selbst zurückführten, ohne den äußeren Druck, dem ihr Verhalten auch unterliegt, angemessen zu berücksichtigen. Beispielsweise würden alte Menschen Gefühle von Einsamkeit und sozialer Isolation eher auf ihr Alter und damit auf ihre Person zurückführen, als fehlende Entfaltungs- und Kontaktangebote dafür verantwortlich machen.

Inzwischen gibt es einige Studien, die sich dieser Frage systematisch angenommen haben. In der erwähnten Studie von Ryan et al. (1992) sollten die Probanden auch Erklärungen dafür angeben, warum die ältere vs. jüngere Zielperson Erfolg vs. Mißerfolg in einem Computerkurs hatte. Dabei zeigte sich, daß für die ältere Person „Anstrengung" weitaus seltener als Ursachenfaktor herangezogen wurde als für die jüngere und daß insbesondere der Mißerfolg der älteren Person auf ihr Alter zurückgeführt wurde. Erber, Szuchman und Rothberg (1990b) ließen jüngere und ältere Personen die Ursachen für alltägliche Gedächtnisprobleme, die einmal eine jüngere und einmal eine ältere Zielperson berichtete, einschätzen. Neben den üblichen Ursachenfaktoren (Aufgabenschwierigkeit, Fähigkeit, Anstrengung) wurde auch erfragt, inwieweit es sich um Anzeichen einer dementiellen Entwicklung handeln könnte und inwieweit hier eine diagnostische Abklärung oder ein Gedächtnistraining indiziert sei. Es zeigte sich nun erneut, daß das Gedächtnisproblem der älteren Zielperson als gravierender eingeschätzt und vor allem auf den Alternsprozeß zurückgeführt wurde. Hingegen wurden für die jüngere Zielperson häufiger kontrollierbare Ursachenfaktoren wie mangelnde Anstrengung oder geringe Aufmerksamkeit herangezogen. Hier wird also erneut eine negative Sicht des Alters deutlich, wobei die Befunde wiederum korrespondieren mit dem objektiven Sachverhalt, daß Gedächtnisprobleme im Alter eine höhere Auftrittswahrscheinlichkeit haben und es eben tatsächlich auch am „Alter" liegen kann (vgl. die *kernel of truth*-Debatte; Abschnitt 3.3) verweist.

Auch Banziger und Drevenstedt (1982) argumentierten, daß bei älteren Zielpersonen häufiger auf stabile unkontrollierbare Faktoren (z.B. auf mangelnde Fähigkeit) attribuiert werde. Hierzu ließen sie Leistungsergebnisse einer jüngeren vs. älteren Frau sowohl von Studentinnen wie auch von älteren Frauen (55 bis 82 Jahre) hinsichtlich ihres Zustandekommens erklären. Neben den üblichen Ursachenfaktoren war auch das kalendarische Alter vorgegeben. Es zeigte sich, daß das Alter sehr viel häufiger herangezogen wurde, um den *Mißerfolg* der *älteren* im Vergleich zu dem der jüngeren Frau zu erklären. Umgekehrt wurde die Altersvariable signifikant häufiger herangezogen, wenn es darum ging, den *Erfolg* der *jüngeren* im Vergleich zu dem der älteren zu erklären. Diese Interaktion zwischen Alter der Zielperson und Leistungsergebnis war nur für das kalendarische Alter als Ursachenfaktor – nicht für die anderen Ursachenfaktoren –

nachweisbar. Dies zeigt, daß „Alter" in der Tat als potenter Erklärungsfaktor im Leistungskontext herangezogen wird, wobei das höhere Alter offensichtlich mit Mißerfolg und das jüngere Alter mit Erfolg verknüpft ist.

Dieses Ergebnismuster ließ sich allerdings in der Studie von Ryan und Bartlett-Weikel (1993) nicht replizieren. In vorgegebenen Vignetten wurde neben dem Alter der Zielperson (35 vs. 65 Jahre) variiert, ob diese in einer Leistungssituation (Besuch eines Computerkurses) oder einer sozialen Situation (Besuch eines Gemeindezentrums) agierte und ob sie dabei Erfolg oder Mißerfolg erlebte (d.h. im Falle der sozialen Situation, ob sie Anschluß fand oder nicht). Statt aus einer Reihe vorgegebener Faktoren auszuwählen, sollten die studentischen Versuchspersonen spontan Ursachen für Erfolg bzw. Mißerfolg in der jeweiligen Situation auflisten und sie hinsichtlich ihrer Wahrscheinlichkeit in eine Rangreihe bringen. Von allen abgegebenen Ursachenerklärungen bezogen sich hier lediglich fünf Prozent explizit nur auf das Alter, während 26 Prozent einen indirekten Altersbezug aufwiesen. Altersbezogene Erklärungen wurden dabei für jüngere und ältere Zielpersonen gleich häufig vorgenommen, und sie kamen bei positivem wie negativem Situationsausgang gleich häufig vor. Mißerfolge älterer Menschen wurden somit also nicht generell auf das Altsein bzw. altersbezogen attribuiert. Wurde allerdings ausschließlich diejenige Ursachenerklärung betrachtet, die von den Probanden für am wahrscheinlichsten gehalten worden war, so zeigte sich, daß sowohl Erfolg als auch Mißerfolg bei den älteren Menschen häufiger als bei jüngeren mit Bezug auf das Lebensalter erklärt wurden.

Bieman-Copland und Ryan (1998) kritisierten an den bisherigen Arbeiten, in denen Effekte des Alters der Zielperson auf Erklärungen ihrer Gedächtnisleistungen nachgewiesen wurden, daß „schlechtes Gedächtnis" ja einen Bestandteil des Altersstereotyps ausmache und Alter als Ursachenfaktor daher stets besonders naheliege. Daher präsentierten sie auch stereotypinkongruente Szenarien, in denen jeweils eine jüngere Zielperson (28- bis 33-jährige) schlechte und eine ältere Zielperson (68 bis 73 Jahren) gute Gedächtnisleistungen erbrachte. Die Kontrollbedingung bestand aus stereotypkongruenten Szenarien, d.h. daß die jüngere Zielperson gute, die ältere schlechte Leistungen erbrachte. Die Probanden sollten die Situation jeweils hinsichtlich Typikalität, Kontrollierbarkeit und Diagnostizität für das Gedächtnis in dem betreffenden Alter einschätzen (z.B. wie besorgt die Zielperson im Falle schlechter Leistungen sein müsse) sowie Ursachenerklärungen für die Leistungen auf den üblichen Faktoren abgeben. Dabei zeigten sich zunächst Interaktionseffekte derart, daß für die junge Zielperson Erfolg als typischer angesehen wurde als Mißerfolg, während für die alte Zielperson Mißerfolg und Erfolg als gleich wahrscheinlich eingeschätzt wurden. Was die Ursachenerklärungen anbelangt, so stimmten die Ergebnisse mit früheren Befunden überein, wonach Erklärungen für Gedächtnisleistungen bei alten Menschen in stereotypisierter Weise erfolgten: Gute Gedächtnisleistungen im Alter wurden als „Ausnahme von der Regel" interpretiert und im Vergleich zu denen der jüngeren Zielpersonen als weniger typisch angesehen. Zudem wurden schlechte Gedächtnisleistungen der älteren Person als „besorgniserregender" (etwa im Sinne eines beginnenden Abbaus) interpretiert als identische Mißerfolge der jüngeren. Altersbilder stellen sich hier also erneut in Form von Überzeichnungen der tatsächlichen altersgebundenen Veränderungen im kognitiven Bereich dar.

In der Studie von Silverman, Smith, Nelson und Dembo (1984) schließlich ging es nicht um Attributionen im Leistungsbereich, sondern um die Bewertung krimineller Handlungen, die in verschiedenen Szenarien durch eine alte vs. eine jugendliche Zielperson beiderlei Geschlechts begangen worden waren. Als abhängige Variable sollte das dafür vorzusehende Strafmaß dienen, was selbstredend entsprechende Kausalattribuierungen, die hier allerdings nicht explizit erfaßt wurden, voraussetzt. Es zeigte sich, daß die alten Protagonisten wesentlich positiver bewertet und ihnen ein geringeres Strafmaß zugebilligt wurde, als dies für die jugendlichen Protagonisten der Fall war. In ähnlicher Weise wurden weibliche Protagonisten wohlwollender behandelt als männliche; ein Interaktionseffekt zwischen Alter und Geschlecht wurde nicht ermittelt. Solche Ergebnisse, so sie denn in anderen Studien repliziert werden könnten, verwiesen nach Ansicht der Autoren auf einen „Mildeeffekt" in der Beurteilung alter Menschen. Dieser mag aber zugleich reflektieren, daß man ältere Menschen als weniger verantwortlich für ihr Tun einschätzt, ihnen damit Autonomie und Selbstverantwortlichkeit abspricht und letztlich dazu beiträgt, daß negative Altersbilder im Sinne von Abhängigkeit und mangelnder Kompetenz perpetuiert werden. Dies knüpft an einerseits an Überlegungen von Shaver (1978), der einen entsprechenden „attributionalen Fokus" im Bereich der Altenhilfe ausgemacht hat, wie auch an die Diskussion um die sogenannten *models of helping* (Brickman, Rabinowitz, Karuza, Coates, Cohn & Kidder, 1982) im Umgang mit alten Menschen (hierzu Abschnitt 7.2).

Attributionstheoretische Überlegungen werden schließlich auch herangezogen, wenn es darum geht zu erklären, warum in manchen Fällen ältere Menschen positiver beurteilt werden als jüngere. So spielten z.B. Bell und Stanfield (1973) ihren studentischen Probanden eine auf Tonband aufgezeichnete Diskussion mit einem Journalisten vor, der angeblich 25 vs. 65 Jahre alt war. In den Einschätzungen der Beurteiler zeigten sich hohe Ähnlichkeiten zwischen der jungen und alten Zielperson, dabei wurde mit Blick auf manche Kriterien die ältere Zielperson sogar positiver bewertet. Dies verweist auf den bereits erwähnten Kontrasteffekt, doch führten die Autoren diesen Effekt vor allem auf spezifische Attributionsmuster zurück. Sie betonten, daß – sofern auf dem Altersstereotyp basierende Erwartungen klar durch positive Beispiele widerlegt würden – die Beurteiler stärker auf Personfaktoren attribuierten, somit älteren Menschen besondere Fähigkeiten und Stärken zuschrieben und sie also positiver einschätzten als vergleichbar kompetente jüngere Menschen.

Insgesamt betrachtet zeigen die genannten Beispiele, daß die attributionstheoretische Perspektive ein ausgesprochen interessanter Zugang ist, wenn es gilt, die Virulenz des Altersstereotyps und seinen Effekt auf Zuschreibungen von Ursachen für Ereignisse und von Verantwortlichkeit für

Handlungsergebnisse zu überprüfen. Diese Perspektive liefert zugleich auch einen Bezugsrahmen, innerhalb dessen sich klären läßt, bei *welchen* Ereignissen und in *welchen* Verhaltensdomänen Attribuierungen bevorzugt unter Rückgriff auf das Alter vorgenommen werden bzw. von dem Altersstereotyp beeinflußt sind.

5.7 Determinanten negativer Urteile über alte Menschen

Altersstereotypisierende Urteile hängen, wie immer wieder betont, ganz entscheidend davon ab, ob sie auf einen Mann oder eine Frau als Zielperson bezogen sind. Im folgenden soll gezeigt werden, daß die Geschlechtsvariable von nicht minderer Bedeutung ist, wenn es um die Person des Urteilers geht. Darüber hinaus ist selbstredend auch dessen Alter entscheidend dafür, inwieweit er in der Wahrnehmung einer anderen Person auf das Altersstereotyp rekurriert. Denn schließlich bestimmt sein Alter, inwieweit er selbst der Gruppe der Älteren als vermeintlicher *outgroup*, angehört. Alter und Geschlecht des Wahrnehmenden sollen also abschließend beleuchtet werden.

5.7.1 Alter des Urteilers

Es gilt als gut belegter Sachverhalt, daß die mentale Repräsentation der sozialen Kategorie, der man selbst angehört, komplexer, differenzierter und variantenreicher ist als die einer *outgroup*. Demgemäß sollte sich zeigen, daß die Kategorie „alte Menschen" umso mehr Subkategorien aufweist, je älter die Probanden sind. Hummert, Garstka, Shaner und Strahm (1995) legten jungen, mittelalten und älteren Erwachsenen Eigenschaftswörter, die in einem ersten Versuchsabschnitt von anderen Probanden als charakteristisch für alte Menschen generiert worden waren, mit der Bitte vor, diese so zu gruppieren, daß daraus bestimmte Typen alter Menschen resultieren. In der Tat zeigte sich, daß die älteren Probanden im Mittel mehr unterschiedliche Kategorien gebildet hatten als die beiden anderen Altersgruppen, ihre eigene Altersgruppe also differenzierter wahrgenommen hatten als die jungen Probanden. Zugleich waren mehr positive *und* mehr negative Kategorien zu identifizieren, was gleichfalls auf eine höhere Komplexität des Altersstereotyps bei den älteren Probanden verweist. Gleichwohl war doch ein recht hoher Konsens zwischen den drei Beurteilergruppen nachweisbar, indem diese sieben nahezu identische Subkategorien gebildet hatten:

- „die griesgrämigen Alten"
- „die aktiven Alten" *(Golden Ager)*
- „die konservativ-moralischen Alten" („*John Wayne*-Typ")
- „die liebenswerten Großeltern"
- „die hoffnungslos Verzagten"

- „die entkräfteten Alten"
- „die zurückgezogenen Alten"

Da diese Typen fast deckungsgleich mit den bereits von Hummert (1990) identifizierten Clustern waren (siehe Abschnitt 5.4.2), vermuteten die Autorinnen, daß sie letztlich „*Archetypen* des Alterns" abbilden.

Mitglieder der eigenen Gruppe werden aber nicht nur differenzierter, sondern insgesamt in einem positiveren Licht gesehen als die einer Außengruppe. Dies wurde bereits mehrfach mit Verweis auf die unterschiedlichen Varianten der *self-other*-Diskrepanz angesprochen (siehe Kapitel 2) und entspricht insgesamt der Ähnlichkeitshypothese in der sozialen Wahrnehmung. Daher wurde vermutet, daß Menschen, je mehr sie sich selbst dem höheren Alter näherten, alte Menschen umso stärker schätzen oder gar bewundern sollten. In der bereits erwähnten Studie von Luszcz und Fitzgerald (1986) sollten Probanden aus drei Altersgruppen (Jugendliche sowie Erwachsene im mittleren und im höheren Alter) sich selbst auf Eigenschaftsskalen beschreiben sowie diese Eigenschaften den drei Altersgruppen insgesamt zuschreiben. In der Tat zeigte sich, daß ältere Probanden sich selbst weniger negativ sahen, als sie als Gruppe „der Älteren" von den anderen gesehen wurde, daß sie sich aber auch im Vergleich zu ihrer eigenen Altersgruppe positiver einschätzten. Generell schien *jede* Altersgruppe die Differenzen zwischen der eigenen und den anderen Altersgruppen zu überzeichnen, und jede einzelne Person schien sich selbst in einem positiveren Licht als „die meisten ihres Alters" oder die Mitglieder anderer Altersgruppen zu sehen. Damit zeigen sich auch hier jene grundlegende Tendenzen der Selbstwahrnehmung wie sie unter dem Stichwort *positive illusions* (Taylor & Brown, 1988) seit langem diskutiert werden.

In der bereits erwähnten Studie von Hummert et al. (1995) wurden wiederum Probanden aus drei Altersgruppen (jüngere, mittelalte und ältere Erwachsene) Fotos von älteren Personen vorgelegt. Die Auswahl der Fotos war daran orientiert, daß die abgebildete Person jeweils eine der oben beschriebenen Subkategorien alter Menschen (z.B. „die liebevolle Großmutter") repräsentierte. Jede dieser Personen sollte anhand von Eigenschaftsskalen bewertet, es sollte ihr Alter eingeschätzt und es sollte angegeben werden, wie typisch sie für die Gruppe der älteren Menschen ist. Dabei zeigte sich nun, daß für die Altersschätzungen ebenso wie für die Urteile auf den Eigenschaftsskalen wesentlich war, ob die Person eine positiv oder negativ getönte Subkategorie verkörperte. Repräsentierte die Person ein negatives Altersstereotyp, so wurde sie auch stets als älter eingeschätzt als Repräsentanten eines positiven Altersstereotyps (z.B. „*John Wayne*-Typ"). Das Alter der Probanden spielte nur insofern eine Rolle, als die älteren Probanden *alle* Beschreibungen – *unabhängig* von ihrer Wertigkeit – als weniger typisch für ältere Menschen beurteilten als die jüngeren Probanden. Vielleicht verbirgt sich dahinter eine allgemeine Abneigung, die eigene soziale Gruppe in irgendeiner Weise „typisieren" zu müssen und damit ihre Heterogenität in Frage zu stellen.

In der Studie von Celejewski und Dion (1998) schließlich wurden Studierende sowie ältere Erwachsene per Zufall einer von zwei Versuchsbe-

dingungen zugewiesen. In der ersten – der selbstreferentiellen – Bedingung
sollten die Probanden sich selbst mit Blick auf drei vorgegebenen Zielaltersstufen einschätzen („als junger Mensch", „im mittleren Alter", „als alter
Mensch"), wobei diese Einschätzungen in Abhängigkeit vom Alter der
Probanden prospektiv, retrospektiv bzw. gegenwartsbezogen waren. In der
anderen Versuchsbedingung sollten sechs Stimuluspersonen, die jeweils eine dieser drei Alterskategorien verkörperten, anhand bipolarer Eigenschaftsskalen beschrieben werden. Unabhängig von der Versuchsbedingung
(Selbst- vs. Fremdbeschreibung) zeigte sich, daß „alter Mensch" am negativsten beschrieben wurde. Zugleich zeigte sich aber ein Interaktionseffekt
derart, daß seitens der älteren Probanden „alter Mensch" positiver beurteilt
wurde als seitens der jüngeren, und zwar unter beiden Bedingungen. Interessant ist vor allem, daß sich eine entsprechende Verzerrung in der Selbstwahrnehmung der Studierenden nicht fand. Womöglich setzen selbstwertdienliche Verzerrungen in der Bewertung der eigenen Gruppe in der Tat
erst dann ein, wenn die eigene Gruppe zunehmend als negativ stereotypisiert erlebt wird, wie es bei Menschen im höheren Alter der Fall ist. Insofern ist dieser Befund ein weiterer, wenn auch indirekter Beleg für die negative Sicht des Alters und für die „Furcht vor dem Alter", deren Motiv-
dynamik darin erkennbar ist, daß ältere Menschen sich systematisch jünger
fühlen als sie sind und nur die *anderen* „alt" sind (Abschnitt 1.4) und daß
das Alter(n) sich für die eigene Person viel positiver darstellt als für die
Allgemeinheit (Kapitel 2).[3]

Schon vor Jahren haben Schulz und Fritz (1987) darauf verwiesen, daß
die *self-other*-Diskrepanz in der Bewertung des Alters ein robustes und
vielfach belegtes Phänomen darstellt. Allerdings galt das Interesse dieser
Autoren nicht jener Diskrepanz, wie wir sie bislang im Blick hatten, d.h.
der Differenz zwischen dem eigenen Altern und dem Altern „der meisten
anderen". Ihnen ging es darum zu erklären, warum jüngere Menschen das
Alter so viel negativer sehen, als dies die alten Menschen tun. Dazu wollten
die Autoren zwei konkurrierende Erklärungsansätze prüfen. In dem ersten
sog. informationsabhängigen Erklärungsansatz wird postuliert, daß „die
anderen", also jüngere Menschen oder die Allgemeinheit, ihre Bewertungen alter Menschen oder der Lebenssituation im Alter auf *objektive Tatbestände* gründen, daß sie sich also zum Beispiel von dem schlechteren Gesundheitsstatus oder dem Ausschluß Älterer aus der Arbeitswelt leiten ließen. In dem Maße, in dem diese Tatbestände faktisch gegeben seien, sollte

---

[3] Mit Blick auf das hohe Alter wurde aber auch eine völlig gegensätzliche Annahme
formuliert. Durand, Klemmack und Roff (1980) postulierten nämlich, daß unbeliebte, weil
potentiell furchtauslösende Gruppen mit einer höheren Vigilanz und somit in differenzierte-
rer Weise wahrgenommen würden als „beliebte" Gruppen. In dem Maße, in dem die Kategorie „alte Menschen" auf seiten des Urteilers mit Furcht vor dem eigenen Alter assoziiert
sei, in dem Maße sollten alte Menschen nicht nur von jüngeren, sondern auch von ihren
Altersgenossen in einer weniger differenzierten Weise wahrgenommen werden. Allerdings
sprechen die Ergebnisse dieser Autoren kaum für diese „Vigilanzhypothese" in der Wahrnehmung alter Menschen.

das Alter auch substantiell negativ bewertet werden. Wenn nun demgegenüber alte Menschen ihr Leben selbst bewerteten, würden solche objektiven Lebensbedingungen durch subjektive Interpretationen überformt (hierzu auch Filipp & Aymanns, 1996a). Dazu lasse sich vermuten, daß Ältere geringere Erwartungen und Ansprüche an diesen Lebensabschnitt hätten, daher auch weniger von ihrem Leben im Alter enttäuscht und insgesamt zufriedener sein sollten. In dem Maße also, in dem ältere Menschen ihre Erwartungen und Aspirationen an das eigene Leben reduziert hätten, sollte ihnen die eigene objektive Lage auch in einem milderen Lichte erscheinen (schon Schulz, 1986; zitiert nach Schulz & Fritz, 1987; vgl. auch Brandtstädter & Greve, 1994), und daraus sollten sich die *self-other*-Diskrepanzen ergeben. Gegenüber dieser Interpretation wird in dem zweiten Erklärungsansatz stärker eine motivdynamische Erklärung favorisiert. Hier wird eine egozentrische Verzerrung bei alten Menschen derart vermutet, daß sie bestrebt seien, die Lebensverhältnisse ihrer Altersgenossen abzuwerten, um zugleich sich selbst von diesen als einer negativ bewerteten Gruppe abgrenzen und die eigene relative Überlegenheit gegenüber „den meisten älteren Menschen" hervorheben zu können (hierzu unlängst auch Heckhausen & Brim, 1997; Kapitel 2).

Zur Prüfung beider Erklärungsansätze hatten Schulz und Fritz (1987) eine Stichprobe von $N=120$ älteren Männern und Frauen und als Vergleichsgruppe studentische Probanden (mittleres Alter: 23 Jahre) rekrutiert. Diesen präsentierten sie acht negativ getönte Aussagen über das Alter (z.B. „*Ältere Menschen sind einsam*"), die unter verschiedenen Instruktionen (*within subjects design*) zu bearbeiten waren. Dies sollte zum ersten unter der Standardinstruktion erfolgen, wie sie üblicherweise bei der Erfassung des Altersstereotyps eingesetzt wurde („trifft auf die meisten älteren Menschen zu" resp. „...nicht zu"); unter der zweiten Bedingungen sollte das Zutreffen vs. Nichtzutreffen dieser Aussagen auf die eigene Person bezogen werden (z.B. „Ich bin einsam"); zum dritten war einzuschätzen, ob diese Aussagen richtig oder falsch sind, wobei explizit darauf verwiesen wurde, daß es um das Wissen *(accuracy)* und nicht um Meinungen über das Alter gehe; unter der letzten Instruktionsbedingung sollten diese Aussagen mit Blick auf eine konkrete, den Probanden persönlich bekannte Person bearbeitet werden. Zunächst zeigte sich, daß auf seiten der älteren Probanden alle Aussagen für die eigene Person als deutlich weniger zutreffend eingeschätzt wurden als für „die meisten älteren Menschen", wobei sich die größten *self-other*-Diskrepanzen für Einsamkeit und mangelnde Arbeitsmöglichkeiten zeigten: diese wurden von 60 resp. 80 Prozent „den meisten anderen", aber nur jeweils von 25 Prozent der eigenen Person zugeschrieben. Desweiteren zeigte sich für die ältere Teilstichprobe, daß die Standard- und die Genauigkeitsinstruktion fast identische Ergebnisse erbrachte, d.h. daß Meinung und Wissen hier äquivalent waren. Von dieser aber wichen die Einschätzungen bezogen auf einen persönlich bekannten älteren Menschen wiederum deutlich ab, indem auch diesem im Mittel signifikant seltener negative Merkmale zugeschrieben wurden. Die Autoren folgerten – wenn auch für uns nicht ganz nachvollziehbar – aus ihren Er-

gebnissen, daß eher der erstgenannte Erklärungsansatz zu favorisieren sei:
In den (positiv getönten) Urteilen älterer Menschen über das Alter drücke
sich stärker der Effekt reduzierter Ansprüche an das Leben im Alter aus
(erwartungsbezogene Verzerrung), als daß sie auf der Abwertung „der
meisten älteren Menschen" und der relativen Aufwertung der eigenen Person beruhten (motivdynamische Verzerrung).

In dieser Studie wurde aus dem Vergleich von jüngeren und älteren
Probanden eine Reihe weiterer Unterschiede offensichtlich. So gaben zwei
Drittel der Älteren an, zumindest eine chronische gesundheitliche Belastung zu haben, während dies nur sieben Prozent in der jüngeren Stichprobe taten. Dennoch waren globale Einschätzungen des Gesundheitsstatus in
beiden Gruppen identisch. Zudem schienen jüngere Probanden auf die Genauigkeitsinstruktion deutlicher zu reagieren als die Älteren, indem aus
dieser Bedingung im Vergleich zu der Standardbedingung günstigere Bewertungen der Lebenssituation Älterer resultierten. Dies mag darauf hindeuten, daß sich die jüngeren Probanden mehr oder minder bewußt darüber waren, daß die Massenmedien ein negatives Bild des Alters zeichnen,
das nur bedingt die tatsächliche Lebenssituation Älterer abbilden könnte.
Da sich die *self-other*-Diskrepanz sowohl bei den alten wie bei den jungen
Probanden gezeigt hatte, läßt sich darin ein Mechanismus der selbstwertdienlichen Interpretation von Informationen sehen, der altersunabhängig ist
und kein Spezifikum des höheren Alters darstellt – was partiell den o.g.
Ergebnissen von Celejewski und Dion (1998) widerspricht.

5.7.2 Geschlecht des Urteilers

Was nun das *Geschlecht* des Urteilers als Determinante von Altersstereotypisierungen anbelangt, so wird fast durchgängig auf die Annahme einer ge-
schlechtsbezogenen Asymmetrie in der Wahrnehmung anderer Menschen
verwiesen. Dieser Annahme zufolge sollen Männer stärker zwischen alten
und jungen sowie zwischen männlichen und weiblichen Personen differenzieren, als Frauen dies tun. In der Tat konnte dies in einer Reihe von Studien nachgewiesen werden. Schon vor vielen Jahren hatte Kogan (1979b)
die Frage aufgeworfen, ob die Altersvariable unterschiedlich salient in Abhängigkeit davon sei, ob es sich bei der Zielperson um einen Mann oder eine Frau handelte, und welche Rolle dabei das Geschlecht des Wahrnehmenden spielt. Hierzu hatten (jüngere vs. ältere) Probanden beiderlei Geschlechts Fotografien, auf denen jeweils ein Mann oder eine Frau unterschiedlichen Alters abgebildet war, so zu sortieren, daß daraus die subjektiv angemessenste Anzahl von Alterskategorien entstehen sollte. Dabei
zeigte sich, daß die männlichen Probanden durchweg, d.h. unabhängig von
ihrem Alter, eine größere Zahl von Alterskategorien bildeten als die weiblichen Probanden. Zugleich war dieser Effekt besonders prononciert, wenn
auf den Fotos Frauen abgebildet waren. Daraus schloß der Autor, daß Alter für Männer eine salientere Variable sei als für Frauen, und zwar insbesondere in der Wahrnehmung einer weiblichen Person. In einem zweiten

Versuch gab Kogan (1979b) wiederum Fotos vor, die paarweise nach Ähnlichkeit zu ordnen waren. Vorab hatten die Probanden das Alter der abgebildeten Personen geschätzt, so daß die Ähnlichkeitsurteile direkt auf die Altersvariable bezogen werden konnten. In der Tat zeigten sich auch hier wieder Geschlechtseffekte auf seiten der Urteiler: So war die Altersspanne innerhalb der als ähnlich eingeschätzten Bilder bei der männlichen Teilstichprobe sehr viel geringer als bei der weiblichen. Anders gewendet heißt dies, daß Männer innerhalb der Altersvariablen feinere Abstufungen vornehmen als Frauen und dementsprechend in der Einschätzung anderer Menschen (vor allem in der Einschätzung weiblicher Personen) von der Altersvariablen auch sehr viel mehr Gebrauch machen als Frauen.

Ein ähnliches Vorgehen wählte Bornstein (1986), und seine Ergebnisse stützen die eben berichteten. Auch er ließ Fotografien, auf denen jeweils ein Mann oder eine Frau aus einer von fünf Altersgruppen (20, 35, 50, 65 und 80 Jahre) abgebildet war, jeweils paarweise nach Ähnlichkeit beurteilen. Als Stichprobe hatte der Autor $N=461$ männliche und weibliche Probanden gewonnen, die sich auf eben diese fünf Altersgruppen verteilten. Seinen Ergebnissen zufolge lagen den Ähnlichkeitsurteilen Alter und Geschlecht als zwei unabhängige Gruppierungsvariablen zugrunde (neben einer weiteren als „Autonomie" definierten Dimension). Mit Blick auf das Alter der Urteiler zeigte sich ein *opposite age discrimination*-Effekt derart, daß „alt" aus Sicht der jungen Probanden mehr Jahre umfaßte und insofern breiter war als aus Sicht der alten Probanden. Das gleiche galt für die Kategorie „jung", die umgekehrt aus Sicht der alten Probanden breiter war als aus Sicht der jungen selbst. Demgegenüber wurden für das mittlere Erwachsenenalter die am wenigsten klaren und konsensuell geteilten Grenzziehungen zu den anderen Altersstufen vorgenommen. Für unserer Belange hier ist interessant, daß Alter zwar für alle Urteiler das salienteste Merkmal in der Wahrnehmung der Zielpersonen war, daß dies aber wiederum auf die männlichen Urteiler noch weit deutlicher zutraf als auf die weiblichen.

Die Ergebnisse dieser und einer Reihe anderer Studien zusammenfassend folgerten Kogan und Mills (1992) daher, daß Männer ein deutlicher artikuliertes und negativer getöntes Altersstereotyp haben als Frauen. Dies schließt ein, daß sie sehr viel sensitiver für die Altersinformation als Grundlage der sozialen Kategorisierung sind und sie viel stärker einer positiven Urteilsverzerrung zugunsten von Jugendlichkeit unterliegen. Zugleich wurde argumentiert, daß Frauen grundsätzlich positivere Urteile über andere Menschen abgeben als Männer (siehe z.B. O'Connell & Rotter, 1979). Daher läßt sich eine dreifache Interaktion zwischen dem Geschlecht der Zielperson, dem Alter der Zielperson und dem Geschlecht des Urteilers vermuten in dem Sinne, daß Männer negativere Urteile abgeben sollten als Frauen, und dies insbesondere mit Blick auf *alte Frauen*. Dagegen konnten für weiblichen Urteiler häufig keinerlei Effekte von Alter und/ oder Geschlecht der Zielperson nachgewiesen werden (hierzu Hutchison & Lilienthal, 1980). Wie die Übersicht von Kogan und Mills (1992) zeigt, sprechen in der Tat viele Befunde für ein solches Muster von Wechselwirkungen, das erkennbar macht, daß vor allem Männer (und nicht Frauen) dem mehrfach erwähnten *double standard of aging* erliegen. Zwar könnte man die positiveren Urteile von Frauen über andere (ältere) Frauen auch als einen Spezialfall von i.w.S. selbstwertdienlichen Zuschreibungen auffassen. Doch Kogan und Mills (1992) diskutierten die entsprechenden Befunde im Lichte sozio*biologischer* (und weniger sozio*kultureller*) Überlegungen, und zwar mit Verweis auf Unterschiede im reproduktiven Wert älterer Männer vs. älterer Frauen. Über die oben zitierten Befunde zu Geschlechtsunterschieden in Bewertungen der Attraktivität oder in zeitlichen Datierungen des Altseins hinaus (vgl. Abschnitt 5.3 resp. 1.2) verweisen diese Autoren auf den gut belegten Sachverhalt, daß Männer (und nicht nur ältere Männer) ganz generell deutlichere Präferenzen für jüngere als für ältere Frauen hätten, wie dies ja u.a. in Heiratsanzeigen, in Maßen der interpersonellen Anziehung wie auch im selektiven Eingehen sexueller Beziehungen zum Ausdruck komme. Vor diesem Hintergrund sollte es umso weniger verwundern, daß es gerade die älteren *Frauen* sind, die selbstwertdienliche Umdeutungen dessen, was „attraktiv" ist, vornehmen oder meinen, vornehmen zu müssen.

5.8 Zusammenfassung

Die neuere soziale Kognitionsforschung hat fruchtbare und faszinierende Perspektiven eröffnet. Es ist ein empirisch bewährter Sachverhalt, daß Stereotype einfache und ökonomische Urteilsheuristiken bereitstellen, deren Bedeutung vor allem in der kognitiven Entlastung liegt. Stereotypgeleitete Urteile und Interaktionsformen werden umso wahrscheinlicher, je müder die Person ist, je belasteter sie durch die Bearbeitung zusätzlicher Aufgaben ist, je höher das aktuelle (z.B. durch Angst oder Ärger ausgelöste) Erregungsniveau ist oder je stärker die Qualität der Informationsverarbeitung durch gute Stimmung vermindert ist. Zugleich ist hinreichend belegt, daß die Tendenz zu stereotypgeleiteter Eindrucksbildung über andere Menschen auch als *interindividual difference*-Variable aufzufassen ist, die in systematischem Zusammenhang mit anderen Dispositionsmerkmalen (vor allem Vorurteilsbeladenheit, Machtstreben, Selbstwertgefühl und Selbstaufmerksamkeit, sowie egalitärer Normorientierung) steht. Auch hat sich eine Vielzahl anderer Funktionen, die Stereotype für das Individuum und die Gruppe erfüllen, in den bisherigen Arbeiten überzeugend nachweisen lassen. Wir wissen also vieles über Stereotype und den Prozeß des Stereotypisierens.

Was aber wissen wir über das *Alters*stereotyp? Wir haben gesehen, wie gewinnbringend einige Autoren die *social cognition*-Forschungsperspektive auch für Analysen des Altersstereotyps genutzt haben. Auch wenn „alte Menschen" als soziale Kategorie nicht das gleiche Interesse gefunden haben wie andere soziale Kategorien (insbesondere wie ethnische Gruppen oder die Geschlechter), so deuten doch alle Hinweise darauf hin, daß das Altersstereotyp nicht minder klar artikuliert ist. Das Alter einer Person markiert eine der „primitiven Kategorien" und wird offenbar genauso automatisch und spontan in der Kategorisierung von Menschen herangezogen wie Geschlecht oder Hautfarbe. Dies gilt selbst für Kinder, die schon frühzeitig andere Menschen nach ihrem Alter differenzieren (Abschnitt 9.2). Mit „alt" ist eine Vielzahl von Attributen auf stabile und robuste Weise verknüpft, und die Zuweisung einer Person zu der Kategorie „Alte" scheint diese Attribute gleichermaßen selektiv verfügbar zu machen, wie dies allgemein für soziale Kategorisierungsprozesse gilt. Auch die experimentelle Aktivierung des Altersstereotyps (via *Priming*) zeitigt vergleichbare Effekte auf die Informationsverarbeitung und das Verhalten, wie dies wiederum für andere Stereotype nachgewiesen wurde. Andererseits hat eine Reihe von Studien aufgezeigt, daß es multiple und differenzierte Stereotypisierungen in bezug auf ältere (wie auch auf jüngere) Menschen gibt, d.h. daß das Altersstereotyp eine Reihe von Subtypen umfaßt, die nicht selten gar als Reflexion von *Archetypen* des Alters interpretiert wurden.

Gleichwohl – und dies läßt sich beim Blick in die Literatur immer wieder feststellen – ist das konzeptuelle Werkzeug und methodische Instrumentarium der sozialen Kognitionsforschung für Analysen des Altersstereotyps bislang nicht wirklich genutzt, geschweige denn ausgeschöpft worden. Dies gilt nicht zuletzt mit Blick darauf, daß differenzierende Betrachtungen dazu fehlen, unter welchen Kontextbedingungen das Altersstereotyp in besonderem Maße aktiviert und genutzt wird und welche Personen besonders zu Altersstereotypisierungen neigen. Daß es gerade die männliche Teilpopulation zu sein scheint, die am allerwenigsten altersblind ist und die das Altern – vor allem das Altern von Frauen – mit extrem negativen Wertungen verbindet, haben wir in diesem Kapitel mehrfach gezeigt.

Bislang stehen unter den Studien zum Altersstereotyp noch immer solche im Vordergrund, in denen den Probanden *explizite* Urteile über eine Zielperson abverlangt wurden. Dabei stellt es sicherlich einen Fortschritt dar, daß das Alter der Zielperson im Rahmen von *between subjects*-Designs variiert, seine Bedeutung somit nicht mehr künstlich erhöht wurde und zugleich die Altersangabe in unterschiedliche Informationskontexte (z.B. leistungsthematischer Natur) eingebettet war. Eine Reihe von solchen (Vignetten-)Studien hat eindrucksvolle Belege dafür geliefert, wie salient auch unter diesen Bedingungen die Altersvariable in der Eindrucksbildung tatsächlich ist und wie sie in manchen Studien selbst die Geschlechtsvariable in ihrer Bedeutung überlagert hat. Und dies, obschon soziale Kategorisierungen gerade nach dem Geschlecht doch so rasch erfolgen und entsprechende geschlechtsbezogene Typisierungen so prägnant sein sollen. Daß die Forschung hier erst am Anfang steht und sich ein weites Forschungsfeld auftut, braucht daher nicht mehr weiter ausgeführt zu werden.

6 | Das Altersstereotyp und der Dialog zwischen Alt und Jung

„Mit Dir verstehe ich mich richtig gut!" oder „Im Grunde haben wir uns nichts zu sagen" sind Formulierungen, mit denen wir ausdrücken, daß wir die Qualität unserer sozialen Beziehungen auch daran messen, wie gut es uns gelingt, alltägliche Kommunikation zu gestalten. Kommunikationsprozesse sind vielschichtiger Natur: Menschen teilen Sachinformationen, ihr Befinden, ihre Wünsche und Bedürfnisse mit, sie stellen einander Fragen, und sie versuchen, über Aufforderungen und Bitten das Handeln ihres Gegenüber zu beeinflussen. Dies geschieht über sprachliche, wie auch über nonverbale Mittel, z.B. über Blicke oder Gesten. Oft genug läßt sich der Gehalt einer sprachlichen Mitteilung erst aus ihren paraverbalen Merkmalen, z.B. ihrem Tonfall, erschließen. Sprache als Kommunikationsmittel dient nicht allein dem Austausch von Informationen über Sachverhalte, sondern auch der Sicherung der sozialen Identität der Beteiligten, zuweilen auch der gegenseitigen Abgrenzung. Sprache ist ein *social marker*, an dem sich die Zugehörigkeit zu bestimmten Gruppen – differenziert nach ethnischen oder sozialen Merkmalen, aber eben auch nach dem Alter – ablesen läßt. Zudem wird über die Qualität der sprachlichen Interaktion das Ausmaß gegenseitigen Respekts ebenso deutlich wie die wechselseitige Zuschreibung bestimmter Attribute (z.B. kompetent). Ausgehend von diesen Überlegungen ist zu vermuten, daß sich in der Art des Kommunizierens auch die Qualität des Miteinander der Generationen ausdrückt. Überraschenderweise sind jedoch im deutschen Sprachraum – im Gegensatz zum angloamerikanischen – systematische Analysen des Dialogs zwischen Alt und Jung lange völlig vernachlässigt worden. Gerade in diesem Forschungsbereich ist freilich die unkritische Generalisierung von Befunden auf eine andere Sprache und Kultur ein höchst problematisches Unterfangen. Erst neuerdings hat sich jedoch in deutschsprachigen Studien abgezeichnet, daß diejenigen Phänomene, die in angloamerikanischen Studien als charakteristisch für den Dialog zwischen Alt und Jung beschrieben wurden, sich auch unter den hiesigen soziokulturellen Gegebenheiten beobachten lassen (siehe Kruse & Thimm, 1997; Sachweh, 1998a, b).

Im Anschluß an eine Darstellung theoretischer Ansätze und Modelle soll im Verlauf dieses Kapitels zunächst darauf eingegangen werden, welche Veränderungen in sprachrelevanten Funktionen den Prozeß des Alterns begleiten, aus denen Probleme in der Kommunikation mit älteren Menschen resultieren können. Der Rest des Kapitels wird den Besonderheiten des Dialogs (d.h. des wechselseitigen kommunikativen Austauschs) zwischen Alt und Jung gewidmet sein.

6.1 Perspektiven der Erforschung des Dialogs zwischen Alt und Jung

6.1.1 Theoretische Ansätze und methodische Strategien

Studien, die sich mit Besonderheiten des Dialogs zwischen Jung und Alt beschäftigt haben, lassen sich im wesentlichen drei einander ergänzenden Forschungsrichtungen zurechnen (vgl. auch Fiehler & Thimm, 1998). Im Mittelpunkt der ersten Forschungsrichtung steht die Frage, inwieweit sich ältere Menschen im Hinblick auf Sprechen und Sprachverstehen, aber auch auf nonverbale und paraverbale Elemente ihres Kommunikationsverhaltens von jüngeren unterscheiden. Hierzu werden Altersunterschiede in sprachlichen Aufgaben geprüft, und zwar sowohl auf Wort- und Satzebene als auch in umfassenderen monologischen Sprachäußerungen (z.B. freien Schilderungen von autobiographischen Erlebnissen, Bildbeschreibungen oder Nacherzählungen). Die bevorzugte Methode stellt die (quasi-) experimentelle Versuchsanordnung dar; als abhängige Maße werden einfache quantitative Indikatoren herangezogen, wie z.B. der Umfang der Äußerungen (ermittelt über die Wort- bzw. Satzzahl), aber auch mikro- und makrolinguistische Indikatoren für den Umfang des Wortschatzes resp. die Variabilität der Wortwahl, für die Komplexität, Vollständigkeit und Richtigkeit grammatikalischer Strukturen und für die logische Struktur und die Kohärenz von Sprachäußerungen.

Aus dieser Perspektive werden Verständigungsprobleme zwischen Jung und Alt zumeist als Folge der Defizite älterer Menschen in der Informationsverarbeitung gedeutet (vgl. z.B. Kwong See & Ryan, 1995; Light, 1988; Cohen, 1994). Entsprechenden Theorien zufolge sollen ältere Menschen über geringere kognitive Ressourcen verfügen, die zur Aufnahme und Verarbeitung von Informationen benötigt werden, also z.B. eine verminderte Geschwindigkeit der Informationsverarbeitung oder eine geringere Aufmerksamkeits- und Speicherkapazität des Arbeitsgedächtnisses. Stine (1990) und andere Autoren nehmen dazu an, daß ältere Menschen weniger Informationen gleichzeitig verfügbar halten könnten. Defizite im Verstehen komplexer Texte seien deshalb zu erwarten, weil Teile der Informationen bereits wieder vergessen seien, bevor sie mit Hilfe der neu eingehenden Informationen integriert und so verstanden werden könnten. Die „Hemmungs-Defizit-Hypothese" (Hasher & Zacks, 1988) dagegen bringt Altersdifferenzen in sprachlichen Leistungen mit Problemen der Aufmerksamkeitssteuerung in Verbindung. Sie besagt, daß ältere Menschen weniger gut als jüngere in der Lage seien, aufgabenirrelevante Gedanken sowie Ablenkung durch äußere Reize zu unterdrücken. Das Arbeitsgedächtnis der Älteren werde so durch vielfältige Informationen beansprucht, die mit den wesentlichen Informationen konkurrierten. Altersdifferenzen wurden schließlich auch auf eine reduzierte Geschwindigkeit der Informationsverarbeitung im Alter wie auch auf grundlegende sensorische Beeinträchtigungen zurückgeführt (siehe Marsiske et al., 1996; Salthouse, 1991). Zum gegenwärtigen Zeitpunkt kann keine der drei Hypothesen eindeutig favorisiert werden (Burke, 1997; Kwong See & Ryan, 1995).

Eine zweite Forschungsperspektive betont den Einfluß eines negativen Altersstereotyps auf den Verlauf intergenerationeller Kommunikationsprozesse. Die Verantwortung für ein Gelingen (oder Mißlingen) der Verständigung wird hier vorwiegend dem jüngeren Interaktionspartner zugeschrieben. Empirisch wird beispielsweise untersucht, welche stereotypgeleiteten Annahmen über die Kommunikationsfähigkeiten älterer Menschen bestehen und welchen Unterschied es macht, ob jüngere Menschen mit einem älteren Gegenüber oder einer altersgleichen jüngeren Person sprechen. Quasi-experimentelle Arbeiten, die den Vignetten-Ansatz (vgl. Kapitel 4) nutzten, um Bewertungen bestimmter Sprechmuster zu ermitteln, wurden um Beobachtungsstudien ergänzt, in denen spezifische Sprechmuster im Umgang mit älteren Menschen identifiziert und ihre Folgen für den Dialog erkundet wurden.

Vor allem neuere Forschungsarbeiten betonen zum dritten, daß Kommunikation ein *dynamisches* Geschehen darstellt, in dem sich beide Interaktionspartner in ihrem Verhalten wechselseitig beeinflussen. Sprachliche Äußerungen sind stets bedingt durch Merkmale des Sprechers wie seines Gesprächspartners sowie die Rahmenbedingungen des Dialogs (und ihre Wechselwirkungen) und können nur vor dem Hintergrund dieses Bedingungsgefüges interpretiert werden. Auf seiten des Sprechers werden als *„Sendermarker"* Fähigkeiten berücksichtigt, die unmittelbar die Sprachproduktion und das Sprachverstehen sowie die Steuerung kommunikativer Prozesse betreffen. Bedeutsam erscheinen aber auch die Ziele und Absichten, die der Sprecher verfolgt, sowie überdauernde Eigenschaften und Motive. Sendermarker lassen sich also danach differenzieren, ob sie statisch, d.h. typisch für einen Sprecher sind, oder dynamisch, d.h. abhängig vom Interaktionspartner und von der jeweiligen Situation variieren. Statische Marker werden häufig mit linguistischer *Performanz* in Verbindung gebracht und als individuelle Formen des Ausdrucks(verhaltens) interpretiert, während dynamische Marker als Ausdruck linguistischer *Kompetenz* gesehen werden und in der Entwicklung auch später erworben werden. So können Kinder erst ab etwa 14 Jahren ihre Erklärungen einer Spielregel ihrem (hypothetischen) Gegenüber anpassen (Flavell, Botkin, Fry, Wright & Jarvis, 1968). *„Empfängermarker"* hingegen bilden Merkmalszuschreibungen zu dem Empfänger ab, welche auf seiten des Senders die Wahl seiner Kommunikationsstrategie beeinflussen. Hierunter fallen Zuschreibungen von kommunikativer Performanz (z.B. die Flüssigkeit seines sprachlichen Ausdrucks) wie seiner „rezeptiven Kompetenz" (z.B. sein Hörvermögen oder sein passiver Wortschatz), aber auch seine vermuteten Interessen für bestimmte Themen. Diese Zuschreibungen stützen sich im Idealfall auf realistische Wahrnehmungen des individuellen Gegenüber, sie können aber auch vorwiegend stereotypgeleitet sein. So geht – wie weiter unten aufgezeigt wird – die Kategorisierung eines Gegenüber als „älterer Mensch" oft damit einher, daß ihm bestimmte Defizite (wie Schwerhörigkeit oder eine verlangsamte Auffassungsgabe) oder eine Vorliebe für vergangenheitsbezogene Gesprächsthemen unterstellt werden.

Schließlich bestimmt die konkrete Gesprächssituation, aber auch die soziale Umwelt, in die sie eingebettet ist, welche kommunikativen Strategien verwendet werden. Soziale Umwelten unterscheiden sich darin, welche Gelegenheitsstrukturen für Begegnungen zwischen Menschen sie bieten und an welche (oft unausgesprochenen) Regeln das Miteinander geknüpft ist. Gerade institutionelle Kontexte wie Altenheime scheinen in dieser Hinsicht eine ausgesprochen ungünstige soziale Umwelt darzustellen (z.B. Lubinski, 1981), indem sie als anregungsarme Lebensumwelten gesehen werden, die nur wenige Gelegenheiten bieten, Gespräche anzuknüpfen (Grainger, 1995). Den Bewohnern werde zudem wenig Privatsphäre eingeräumt, und auch durch eine ungünstige Gestaltung der Aufenthaltsbereiche könnten persönlichere Gespräche kaum aufkommen. Auf seiten des Pflegepersonals verhindere ein Mangel an Zeit und Interesse, daß persönlichere Kontakte zu den Bewohnern geknüpft würden, und eine funktionierende Versorgung der Bewohner stünde häufig gegenüber dem Aufbau einer persönlichen Beziehung zu ihnen im Vordergrund. Hierzu berichtete Wells (1980) aus einer geriatrischen Langzeitpflegeeinrichtung, daß 75 Prozent aller Interaktionsprozesse zwischen älteren Menschen und ihren Pflegekräften an pflegerische Tätigkeiten wie Baden, An- und Auskleiden oder Hilfe bei den Mahlzeiten gekoppelt gewesen seien. 50 Prozent aller Sprachäußerungen hätten sich dabei ausschließlich auf den Ablauf bzw. die Steuerung der jeweiligen Tätigkeit bezogen und nur ein Viertel der Äußerungen sei eindeutig an die Person des Gegenüber gerichtet gewesen. Kommunikationsregeln, denen Heimbewohner unterworfen seien, beträfen z.B. die Wahl der Gesprächsthemen („*Kritisiere nicht!*", „*Beschwere dich nicht!*", „*Klage nicht über Einsamkeit!*", „*Sprich nicht über Sterben und Krankheit!*") und den Umfang der Gespräche („*Fasse dich kurz!*") (vgl. Kaakinen, 1992; Lubinski, Morrison & Rigorodski, 1981).

Mit Blick auf diese vielfältigen Einflußgrößen verschob sich der Forschungsschwerpunkt von der quantitativen Analyse isolierter sprachlicher Einheiten hin zu einer qualitativen „diskursanalytischen" Betrachtung jener Interaktionssequenzen, die für die Begegnung zwischen Alt und Jung charakteristisch sein sollen. Dieser Perspektive entstammen auch die wohl einflußreichsten theoretischen Ansätze, die intergenerationelle Kommunikationsprozesse zu beschreiben und zu erklären suchten.

6.1.2 Die Speech Accommodation Theory

Als besonders fruchtbar für die theoretische Modellierung intergenerationeller Kommunikationsprobleme hat sich die sog. „*Speech Accommodation Theory*" (*SAT*) (N. Coupland, J. Coupland, Giles & Henwood, 1988; siehe auch N. Coupland, J. Coupland & Giles, 1991; Giles, N. Coupland & J. Coupland, 1991) erwiesen. Sie wurde ursprünglich entwickelt, um Prozesse der gegenseitigen sprachlichen Anpassung von Menschen zu erklären, die unterschiedlichen sozialen Gruppen angehören. Ihre Grundlage bildet die Theorie der sozialen Identität (Tajfel & Turner, 1979), die davon aus-

geht, daß die Zugehörigkeit einer Person zu bestimmten sozialen Gruppierungen (z.B. „den Jungen") einen zentralen Bestandteil ihrer Identität darstellt. Rechnet eine Person sich einer solchen Gruppe zu, sollte sie versuchen, dies für andere erkennbar zu machen. Zugleich soll sie bemüht sein,
sich von anderen sozialen Gruppen (z.B. „den Alten") abzugrenzen (vgl.
Harwood, Giles & Ryan, 1995). Der *SAT* zufolge kommt dabei kommunikativen Anpassungsprozessen („Akkommodation") eine zentrale Rolle zu:
Will eine Person die Gemeinsamkeiten mit ihrem Gegenüber betonen, so
wählt sie eine Form des sprachlichen (und nichtsprachlichen) Ausdrucks,
die dessen (vermuteten) Bedürfnissen und Fähigkeiten entspricht und eine
gute Verständigung sicherstellt: Sie bemüht sich z.B., ihren Sprechstil
(Wortwahl, Sprechtempo, u.U. gar Dialekt) dem des Gegenüber anzuglei-
chen, und sie versucht möglichen Kommunikationsproblemen des Gegenüber dadurch Rechnung zu tragen, daß sie langsamer, einfacher oder lauter
spricht. Will sich eine Person umgekehrt von ihrem Gegenüber abgrenzen,
so bleiben solche Anpassungsprozesse aus. Sie wird im Gegenteil vielmehr
mögliche Verständigungsprobleme des Gegenüber ignorieren und sprachliche Ausdrucksformen nutzen, die von diesem möglicherweise nicht einmal
verstanden werden. Ein Beispiel hierfür ist die sog. „Jugendsprache" (vgl.
z.B. Nave-Herz, 1989).

   N. Coupland, J. Coupland, Giles & Henwood (1988; vgl. auch Ryan,
Giles, Bartolucci & Henwood, 1986) nehmen nun an, daß Interaktionsprozesse zwischen Alt und Jung eine typische Intergruppensituation darstellen,
in der beide Seiten charakteristische sprachliche Anpassungsstrategien
verwenden. Diese Strategien lassen sich anhand ihrer inhaltlichen und lin-
guistischen Kennzeichen sowie ihrer Auslöser und Funktionen beschreiben.
In einer vorläufigen Taxonomie führen die Autoren fünf Strategien junger
Menschen im Umgang mit Älteren auf, denen gemeinsam ist, daß sie sich
als „überangepaßt" (*over-accommodative*) kennzeichnen lassen: Auf der
Grundlage der stereotypgeleiteten Annahme, das ältere Gegenüber habe
spezifische Kommunikationsprobleme, reagieren jüngere Menschen mit
Veränderungen des eigenen Sprechstils, die das notwendige Maß sprachlicher Anpassung übersteigen. Sprachliche Strategien älterer Menschen –
als Reaktionen auf diesen Sprechstil – erschienen hingegen vorwiegend als
„unterangepaßt" (*under-accommodative*) und kennzeichnen ihren Umgang
mit Jüngeren. Diese einzelnen Strategien sollen kurz skizziert werden.

Strategien der „Überanpassung" auf seiten Jüngerer:

- *„Überanpassung aufgrund wahrgenommener Defizite"* wird dadurch
  ausgelöst, daß beim älteren Gesprächspartner sensorische Funktionseinbußen (z.B. ein eingeschränktes Hör- oder Sehvermögen) oder physische
  Beeinträchtigungen wahrgenommen werden. Der jüngere Sprecher paßt
  sein Verhalten daraufhin übermäßig stark oder auf irrelevanten Dimensionen diesen Defiziten und Problemen seines Gegenüber an: Er wird,
  wenn er z.B. eine gewisse Schwerhörigkeit bemerkt, nicht nur lauter
  sprechen, sondern möglicherweise auch bemüht sein, einfacher zu spre-

chen und seine Intonation so zu verändern, wie dies für die Kommunikation mit Kleinkindern charakteristisch ist (*secondary baby talk;* vgl. Abschnitt 6.4.2).

- *„Abhängigkeitsbezogene Überanpassung"* orientiert sich nicht an den Merkmalen eines speziellen Gegenüber, sondern ist primär in sozialen *Rollen*beziehungen beobachtbar, vor allem in der Beziehung zwischen Älteren und ihren Pflegekräften. Diese Strategie soll letztlich dazu dienen, Kontrolle über den älteren Gesprächspartner auszuüben, und ist gekennzeichnet durch direktive Äußerungen und Anweisungen, aber auch überfürsorgliche Entlastungs- bzw. Hilfsangebote (hierzu Abschnitt 6.4.2).

- *„Überanpassung gegenüber Gruppen"* stellt nach Einschätzung von Ryan et al. (1986) die am weitesten verbreitete Form der Anpassung dar. Sie wird mit sozialen Kategorisierungsprozessen und mit dem Altersstereotyp in Verbindung gebracht: Wird ein Gesprächspartner als „alt" kategorisiert und wird bei seinem (jüngeren) Gegenüber das Altersstereotyp aktiviert, dann treten stereotypgeleitete negative Erwartungen an seine kommunikativen Fähigkeiten auf. Seinen tatsächlichen individuellen Kompetenzen wird dabei keine Beachtung mehr geschenkt; vielmehr orientiert sich das Sprechverhalten der Jüngeren allein an ihren Annahmen dazu, wie allgemein „mit den Alten" umzugehen sei. Kennzeichnend für diese Kommunikationsstrategie sind vielfältige sprachliche Anpassungsleistungen auf phonologischer, syntaktischer, linguistischer und inhaltlicher Ebene: Es wird z.B. langsamer und einfacher gesprochen, oder die Wahl des Gesprächsthemas orientiert sich an den vermuteten Interessen älterer Menschen. Zugleich wird dem älteren Gegenüber im Vergleich zu einem gleichaltrigen Gesprächspartner aber auch weniger Aufmerksamkeit gewidmet.

- *„Unteranpassung gegenüber Gruppen"* ist dadurch gekennzeichnet, daß jüngere Menschen die Kommunikationsprobleme des älteren Interaktionspartners zwar wahrnehmen, ihnen – aufgrund negativer Einstellungen gegenüber „den Alten" – jedoch nicht oder nur unzureichend Rechnung tragen. Erkennen sie etwa die Schwerhörigkeit des älteren Gegenüber, so reagieren sie nicht mit hilfreichen Anpassungsmustern, z.B. einer Erhöhung der Lautstärke oder sorgfältigerer Artikulation, sondern behalten ihren gewohnten Sprechstil bei.

- *„Altersgruppenbezogene Divergenz"* soll durch Situationen ausgelöst werden, in denen junge Menschen sich selbst behaupten und die positiven Qualitäten ihrer eigenen Altersgruppe betonen wollen. Dies soll v.a. dann geschehen, wenn sie sich ihrem älteren Gesprächspartner unterlegen fühlen oder wenn sie ihre Identität bedroht sehen, z.B. durch Kritik an der Altersgruppe der „Jungen" oder an der eigenen Person. Kennzeichen dieser Strategie sind z.B. eine bewußt „jugendtypische" Wort- und Themenwahl sowie eine erhöhte Sprechgeschwindigkeit.

Strategien der „Unteranpassung" auf seiten Älterer:

- *„Selbstwertdienliche Unteranpassung"* zeigt sich darin, daß ältere Menschen im Gespräch mit jüngeren bestimmte Themen gezielt vermeiden, obschon sie für die Jüngeren durchaus von Interesse wären. Hierzu gehören vor allem Themen, die soziale Vergleiche mit Jüngeren nahelegen und für die befürchtet wird, daß sie zuungunsten der Älteren ausfallen und ihr Selbstwertgefühl bedrohen könnten.
- *„Selbstabwertung"* (*age self-handicapping*) soll durch Situationen ausgelöst werden, in denen ältere Menschen sich überfordert sehen und befürchten, den Ansprüchen ihres Gegenübers nicht gerecht werden zu können. Indem die Älteren z.B. auf gesundheitliche Probleme, Belastungen in ihrer Lebenssituation oder auf ihr Alter verweisen, liefern sie Begründungen dafür, warum sie den (vermuteten) Erwartungen des jüngeren Interaktionspartners voraussichtlich nicht werden entsprechen können. Sie versuchen damit sicherzustellen, daß dies nicht mangelndem Bemühen zugeschrieben wird, falls sie den Erwartungen tatsächlich nicht genügen werden. Gelingt es ihnen hingegen, erwartungskonforme oder gar die Erwartungen übertreffende Verhaltensweisen zu zeigen, so werden sie aus Sicht des jüngeren Menschen aufgewertet (Kontrasteffekt; vgl. Abschnitt 5.3).
- *„Selbst-Stereotypisierungen"* zeigen sich darin, daß ältere Menschen ihr Kommunikationsverhalten den vermuteten Erwartungen an „die Alten" anpassen. Charakteristisch hierfür sind eine verlangsamte Sprechgeschwindigkeit und eine Zunahme selbst- und vergangenheitsbezogener Aussagen. Diese Verhaltensmuster sollen vor allem in solchen Situationen beobachtbar sein, die die Selbstkategorisierung als „alt" nahelegen, also auch dann, wenn ältere Menschen sprachliche Überanpassung bei ihrem Gesprächspartner wahrnehmen.
- *„Altersgruppenbezogene Divergenz"* soll ebenso wie die entsprechenden Strategien auf seiten junger Menschen durch Situationen ausgelöst werden, in denen die älteren Sprecher ihre Identität durch den jüngeren Interaktionspartner bedroht sehen. Dies soll vor allem dann der Fall sein, wenn sie mit überangepaßtem Kommunikationsverhalten jüngerer Menschen konfrontiert sind oder wenn sie eine Abwertung der eigenen Altersgruppe erfahren. Diese Strategie ist primär durch Kommunikationsinhalte gekennzeichnet, z.B. durch höfliche oder aggressive Zurückweisung überangepaßten Verhaltens oder durch ein Hervorheben des eigenen Alters sowie der Erfahrungen und Leistungen älterer Menschen.
- *„Unteranpassung zwischen Gruppen"* kennzeichnet, daß ältere Menschen sich nicht oder unzureichend den Kommunikationsbedürfnissen ihres jüngeren Gesprächspartners anpassen, indem sie z.B. auf dessen Interessen bei der Themenwahl nicht eingehen. Als Auslöser für diese Strategie wird vor allem Unkenntnis der Bedürfnisse des Gegenüber vermutet, die aus mangelnder Erfahrung im Umgang mit jüngeren Menschen resultiert.

Eine direkte empirische Validierung der einzelnen Strategien steht bislang aus. Dennoch fügen sich die Befunde, über die noch zu berichten sein wird, vielfach sehr gut in diesen konzeptuellen Rahmen ein.

6.1.3 Das Modell des *communication predicament*

Von der Arbeitsgruppe um die kanadische Psychologin Ellen B. Ryan wurden Aspekte der *SAT* aufgegriffen und in dem Modell des „Kommunikationsproblems" (*communication predicament*) älterer Menschen ausgearbeitet (Ryan et al., 1986; Ryan, Hummert & Boich, 1995). Es versucht in erster Linie abzubilden, wie das Altersstereotyp und mißlungene kommunikative Anpassungsversuche jüngerer Menschen einen „Teufelskreis" in Gang setzen, der den Dialog zwischen den Generationen nachhaltig beeinträchtigt und sogar den Verlauf des Alternsprozesses ungünstig beeinflussen kann. Den Ausgangspunkt in diesem Modell bildet die erstmalige Begegnung zwischen einem jüngeren und einem älteren Menschen. Schon bevor es zu einem ersten sprachlichen Austausch kommt, werden vom jüngeren Interaktionspartner „Alterszeichen" wahrgenommen (z.B. graues Haar oder Falten im Gesicht; vgl. Abschnitt 5.2) wird das Gegenüber der sozialen Kategorie „alter Mensch" zugeordnet. Das dadurch aktivierte Altersstereotyp umfaßt nun neben anderen Elementen (siehe Kapitel 4) auch solche, die speziell die kommunikativen Fähigkeiten und Bedürfnisse älterer Menschen abbilden (z.B. schwerhörig, vergeßlich, vergangenheitsbezogen). Die jüngere Person soll daraufhin ihr sprachliches Handeln verändern und es den vermeintlich geringeren Kommunikationsfähigkeiten des älteren Gesprächspartners anpassen. Charakteristisch sind die oben als „überangepaßt" dargestellten Verhaltensweisen oder ein „bevormundendes" Kommunikationsmuster (*patronizing speech*), das später erörtert werden soll (vgl. Abschnitt 6.4.2). Dabei ist es der jüngere Mensch, der den Gesprächsverlauf (z.B. über die Wahl der Themen und der Anredeform) kontrolliert, während der älteren Person nur wenig Raum bleibt, um die Interaktion aktiv mitzugestalten.

Zum einen ist es dieser Verlust von Kontrolle, zum anderen die Erfahrung, als „inkompetent" und „hilfebedürftig" betrachtet zu werden, die das Selbstbild und das Selbstwertgefühl der älteren Menschen beeinträchtigen können und eine Selbstdefinition als „alt" fördern (vgl. auch Rodin & Langer, 1980). Verlieren ältere Menschen auf diese Weise das Vertrauen in ihre Fähigkeiten, befriedigend und effektiv mit anderen kommunizieren zu können, so ziehen sie sich dem Modell zufolge aus sozialen Kontakten zurück, und zwar unabhängig davon, ob es sich um jüngere oder gleichaltrige Menschen handelt. Umgekehrt sollen jüngere Menschen einen derartigen Austausch mit älteren als anstrengend, belastend und unbefriedigend empfinden und ihn daher auf ein Minimum beschränken oder gänzlich vermeiden. Für älteren Personen bedeutet dies, daß sie weniger Gelegenheiten haben, ihre kommunikativen Fähigkeiten durch „Übung" zu festigen, was seinerseits zu einer Beschleunigung des psychischen und physischen Alternsprozesses beitragen soll. Diese Veränderungen werden ihrerseits in darauffolgenden Interaktionen als Alterszeichen wahrgenommen und aktivieren erneut das negative Stereotyp. Dem Modell des *communication predicament* zufolge kommt es also zu sich selbst erfüllenden Prophezeiungen, indem stereotypgeleitete Erwartungen an ältere Interaktionspartner schlußendlich dazu führen sollten, daß sich die erwarteten Defizite bei ihnen tatsächlich einstellen.

Kritisiert wurde nun, daß das Modell allzu pauschal von einer grundsätzlich negativen Stereotypisierung älterer Menschen ausgeht, obschon manche Forschungsarbeiten die Differenziertheit des Altersstereotyps eindrucksvoll belegt haben (siehe Abschnitt 5.4.2). Als ursächlich hierfür mag gelten, daß die Mehrzahl der empirischen Studien zum *communication predicament* im Kontext von Institutionen, also von Alten- und Pflegeheimen, durchgeführt wurde. Das Modell hat daher eine Vielzahl von Forschungsarbeiten angeregt, in denen die Bedingungen spezifiziert werden, unter denen es überhaupt zu einer Aktivierung des Stereotyps kommt, das die beschriebene Abwärtsspirale in Gang setzt. So plädiert Hummert (1994b) für ein „stereotypen-sensitives" Modell der Kommunikation zwischen Alt und Jung, das sowohl Auswirkungen von negativen als auch von positiven Elementen des Altersstereotyps auf den Dialog annimmt (siehe Abschnitt 6.4.1).

6.2 Besonderheiten des Kommunikationsverhaltens älterer Menschen

Merkmale der Sprache und des Sprechens, die charakteristisch für Mitglieder unterschiedlicher Altersgruppen sind und die es erlauben, diese voneinander zu unterscheiden, werden – wie erwähnt – als Alterszeichen (*age markers*) bezeichnet (z.B. Helfrich, 1979). Dazu gehören zum einen paraverbale Sprachmerkmale, z.B. Stimmlage und Klang der Stimme, Lautstärke, Sprechrhythmus, Intonation und Sprechgeschwindigkeit. Wenn diese Merkmale in der Regel auch nicht absichtsvoll gesteuert sind und vom Gegenüber nicht bewußt wahrgenommen werden, so kommt ihnen doch eine zentrale Bedeutung zu: Paraverbale Sprachmerkmale ergänzen oder unterstützen den Inhalt des Gesprochenen, indem sie bspw. emotionale Bewertungen vermitteln oder den Gesprächsablauf steuern (z.B. Senken der Stimme als Signal für das Ende einer Äußerung). Zum anderen betreffen Alterszeichen nonverbale Kommunikationsformen, d.h. Mimik, Gestik, Blickverhalten, physische Nähe bzw. Distanz, Berührung und Körperhaltung. Für diese Ausdrucksformen gilt ebenso wie für die genannten paraverbalen Merkmale, daß sie in der Regel nicht absichtsvoll eingesetzt werden, gleichwohl wichtige Informationen vermitteln und bedeutsam für die Gesprächssteuerung sind. Doch wurden ihnen weniger Studien gewidmet und sind Altersdifferenzen im Verstehen und in der Produktion gesprochener bzw. geschriebener verbaler Äußerungen bislang am besten erforscht.

Die folgende Darstellung beschränkt sich im wesentlichen auf Veränderungen, die im Verlauf „normalen" Alterns eintreten. Nicht ausführlich eingegangen werden soll auf gravierendere Beeinträchtigungen der Kommunikationsfähigkeit älterer Menschen, die aus sensorischen Defiziten, neurologischen und psychiatrischen Erkrankungen (z.B. Demenzen, depressive Syndrome, Aphasien) resultieren und eher als Krankheitssymptome denn als Alterszeichen aufzufassen sind (zum Überblick vgl. z.B. Huff, 1991; S. Kemper & Lyons, 1994; Kline & Scialfa, 1996; Melvold, Au, Obler & Albert, 1994).

6.2.1 Nonverbale, paraverbale und verbale Indikatoren „normalen" Alterns

Die Frage nach den altersgebundenen Veränderungen in der kommunikativen Kompetenz und Performanz wurde auf zweifache Weise angegangen: einerseits in Form allgemeiner Überlegungen zu Spezifika des Kommunikationsverhaltens alter Menschen, andererseits in Analysen ihres tatsächlichen Verhaltens. Allgemeine Überlegungen stammen etwa von Bromley (1978), der mit Blick auf institutionalisierte alte Menschen argumentierte, daß deren Ausdrucksverhalten vor allem ihre Schwächen signalisiere und daß dieses für die anderen besonders augenfällig sei. Als Charakteristika nannte er

- eine Abnahme der Spontaneität und der Responsivität in Mimik und Gestik einschließlich einer Verlangsamung des Augenkontaktes, die dem jüngeren Gegenüber fälschlicherweise signalisiere, daß die Kommunikation abbrechen werde;
- eine Abnahme der Fähigkeit, mit den sich schnell wandelnden Ausdrucksformen und Themen der jüngeren Person „mitzuhalten" zu können;
- eine allgemeine Reaktionsverlangsamung, welche die Sensibilität für soziale Signale reduziere, und
- eine Reduktion der Mobilität und Motorik, welche die Bandbreite des Ausdrucksverhaltens einenge, aber auch die Kontrolle über Haltung und Distanz in interpersonalen Situationen reduziere.

Nach Bromley (1978) bedeutet dies in den „rauhen" Kosten-Nutzen-Termini der sozialen Austauschtheorien, daß ältere Menschen in geriatrischen Einrichtungen Unterstützung, die ihnen jüngere Personen entgegenbringen und für die sie zudem hohe Kosten verursachten, wenig oder nichts entgegenzusetzen hätten! Hingegen haben sich systematische Analysen auf die Identifikation von Alterszeichen konzentriert, und zwar mit Blick auf (1) Alterszeichen im nonverbalen Verhalten, (2) im paraverbalen Verhalten sowie (3) in der Sprachproduktion und -rezeption.

Alterszeichen im nonverbalen Verhalten. Die bisher spärlichen Untersuchungen zu Altersdifferenzen im nonverbalen Kommunikationsverhalten ergaben, daß das mimische Ausdrucksverhalten älterer Menschen schwerer zu interpretieren ist als das jüngerer (Überblick z.B. bei Filipp, 1996a). Dies könnte zum einen durch strukturelle Veränderungen der Gesichtsmuskulatur bedingt sein, die es älteren Menschen erschweren, ihr mimisches Ausdrucksverhalten zu steuern (McGee & Barker, 1982). Zum anderen wird diskutiert, ob durch die veränderte Oberflächenstruktur des Gesichts älterer Menschen, die sich als Folge von Faltenbildung ergibt, feinere Ausdrucksmuster schwerer zu identifizieren sind. Parham, Feldman, Oster und Popoola (1981) präsentierten ihren Probanden Aufzeichnungen des mimischen Ausdrucksverhaltens von Personen, die entweder die Wahrheit sagten oder unaufrichtig waren. Die Unaufrichtigkeit einer älteren Zielperson wurde von jüngeren und älteren Beurteilern seltener erkannt als die Unaufrichtigkeit jüngerer Zielpersonen. Malatesta, Izard, Culver und Nicolich (1987) berichteten ebenfalls, daß Art und Intensität der Emotionen, die von einer älteren Frau nonverbal ausgedrückt werden sollten, häufiger inkorrekt eingeschätzt wurden, als wenn diese von einer jüngeren oder mittelalten Frau gezeigt wurden.

Alterszeichen im paraverbalen Verhalten. Mit Hilfe apparativer Messungen wurden altersbezogene Veränderungen in Eigenschaften der Stimme untersucht (zusammenfassend Helfrich, 1979). Nach diesen Befunden bleibt bei Frauen die Stimmhöhe (erfaßt über die mittlere fundamentale Frequenz, d.h. den Mittelwert der niedrigsten Frequenzen in sprachlichen Signalen) relativ konstant, während sie bei Männern etwa ab dem 65. Lebensjahr zunimmt. Der Bereich zwischen den höchsten und niedrigsten Tonfrequenzen, die eine Person mit ihrer Stimme produzieren kann oder üblicherweise produziert, nimmt zwischen Adoleszenz und Erwachsenenalter zu, um im höheren Alter wieder abzunehmen. Frequenzschwankungen in der Sprechstimme, die den Eindruck einer zitternden oder unsicheren Stimme hervorrufen, treten im Alter häufiger auf. Auch die Intensität der Stimme als Äquivalent der Lautstärke scheint im Alter abzunehmen. In Einzelfällen wurde zwar beobachtet, daß ältere Menschen mit besonderer Lautstärke sprachen, doch wurde dies als Strategie interpretiert, die als Folge von Schwerhörigkeit entwickelt worden war. Als Ursachen für die Veränderung von Stimmerkmalen werden *physiologische Alterungsprozesse* angesehen: Die Stimmproduktion hängt eng mit Veränderungen vor allem der Kontrolle des Kehlkopfes zusammen (Laver & Trudgill, 1979), und die zunehmende Stimmhöhe bei älteren Männern könnte auf eine verminderte Testosteron-Sekretion zurückgehen, wobei empirische Belege jedoch bisher fehlen. Auch *psychische Einflüsse* scheinen in diesem Zusammenhang eine Rolle zu spielen: Veränderungen der Stimmhöhe lassen sich teilweise auf psychische Anspannung oder Ängstlichkeit älterer Menschen zurückführen. Dies deuten z.B. Ergebnisse an, wonach ältere Frauen, die eine höhere Lebenszufriedenheit aufwiesen und mehr soziale Kontakte hatten, mit tieferer Stimme sprachen als Frauen mit geringerer Zufriedenheit resp. geringerer sozialer Einbindung (Heinl-Hutchinson, 1975; zit. nach Helfrich, 1979; Sedlak, 1975; zit. nach Helfrich, 1979).

Als paraverbale Alterszeichen werden weiterhin genannt eine Verringerung der Sprechgeschwindigkeit, eine Zunahme der Frequenz und Dauer von Pausen, häufigere *disfluencies*, d.h. Unterbrechungen im Wortfluß,

Wiederholungen von Wörtern oder Satzteilen, disrhythmische Sprechweise sowie eine weniger präzise Artikulation (Benjamin, 1988; Duchin & Mysak, 1987; Ryan & Cole, 1990). So fand Ramig (1983) bei 65 bis 75 Jahre alten Probanden eine geringere Lese- und Sprechgeschwindigkeit als bei 25- bis 35jährigen. Duchin und Mysak (1987) konnten dieses Ergebnis in einem Vergleich von jüngeren, mittelalten und älteren Probanden bestätigen, wobei Sprechgeschwindigkeit und Gesundheitszustand der Probanden hoch positiv korreliert waren. *Disfluencies* waren hier bei älteren Menschen nicht häufiger als bei Probanden der anderen Altersgruppen, was jedoch auf eine gelungene Kompensation solcher Probleme durch die Verringerung der Sprechgeschwindigkeit zurückgeführt werden kann (siehe hierzu das Modell der selektiven Optimierung und Kompensation von P.B. Baltes & M.M. Baltes, 1990a).

Wesentlich ist nun, daß diese Alterszeichen von den Interaktionspartnern in der Tat wahrgenommen werden. So lassen sich ältere und jüngere Personen alleine anhand von Eigenschaften ihrer Stimme (v.a. Stimmlage, Lautstärke, Sprechgeschwindigkeit) voneinander unterscheiden, und es können grobe Altersschätzungen eines Sprechers vorgenommen werden (vgl. z.B. Huntley, Hollien & Shipp, 1987; Ryan & Capadano, 1978). Mulac und Giles (1996) hatten jungen Erwachsenen Tonbandaufnahmen von Interviews mit älteren Menschen vorgespielt. Das geschätzte Alter des Sprechers hing von spezifischen Qualitäten ab, welche die Probanden in dessen Stimme wahrgenommen hatten, nämlich einer leicht undeutlichen und „weicheren" Aussprache, einer Dehnung der Vokale sowie wahrgenommener Anspannung in der Stimme. Daß derartigen Wahrnehmungen erhebliche Bedeutung für intergenerationelle Kommunikationsprozesse zukommen kann, läßt sich aus einem weiteren Ergebnis dieser Studie ableiten. Die Autoren berichten nämlich, daß mit der wahrgenommenen Stimmqualität negative Stereotypisierungen des Sprechers als gebrechlich und abhängig korrespondierten, und diese Zusammenhänge sehr viel enger waren als mit dem tatsächlichen Alter des Sprechers oder mit seinem selbsteingeschätzten (subjektiven) Alter.

Alterszeichen in der Sprachproduktion und -rezeption. Zu altersgebundenen Veränderungen in der Sprachproduktion und im Sprachverstehen liegt eine Reihe von Übersichtsarbeiten vor (z.B. Burke, 1997; S. Kemper, 1992; S. Kemper & Kemtes, 1999; Light, 1988; MacKay & Abrams, 1996; Tun & Wingfield, 1997). Viele der Veränderungen, die als Zeichen normalen Alterns gelten, sind den Befunden zufolge eher subtiler Natur und können keinesfalls pauschal als Hinweise auf eine beeinträchtigte kommunikative Kompetenz interpretiert werden. Hierfür spricht auch, daß sich im Regelfall keine Altersdifferenzen in Testverfahren nachweisen lassen, die zur Diagnostik von pathologischen Sprachstörungen (Aphasien) entwickelt wurden (vgl. zum Überblick S. Kemper, 1992). Alte und junge Menschen weisen offenbar eine vergleichbare Organisation des sog. „mentalen Lexikons" auf, d.h. desjenigen Gedächtnisbereichs, in dem unser Wortschatz und unsere sprachlichen Wissensbestände repräsentiert sind.

Zuweilen wurden sogar bessere Leistungen älterer Menschen in sog. „*Repetition-Priming*-Aufgaben" verzeichnet (vgl. die Meta-Analyse von Laver & Burke, 1993): Mit solchen Aufgaben können Nachwirkungen einer Lernepisode aufgezeigt werden, die auch dann eintreten, wenn die Versuchspersonen sich nicht bewußt an die Lernepisode erinnern; z.B. können Wörter schneller erkannt werden, wenn dieses Wort zuvor bereits präsentiert wurde (zum *Priming*-Ansatz vgl. auch Abschnitt 5.3.2).

Auch die Sprachrezeption älterer Menschen scheint keineswegs prinzipiell schlechter als die jüngerer. Deutliche Altersdifferenzen sind im Regelfall dann zu erwarten, wenn die Situation erhöhte Anforderungen an die Zuhörer stellt, z.B. bei Lärmbelastung, hoher Darbietungsgeschwindigkeit oder Komplexität der dargebotenen Informationen. So scheint z.B. das Verstehen komplexer und verschachtelter Sätze im Alter erschwert (S. Kemper, 1988), und scheinen paraverbale Merkmale für das Sprachverstehen älterer Menschen besonders wichtig zu sein. Bereits Cohen und Faulkner (1986) hatten nachgewiesen, daß das Verstehen und Erinnern kurzer Texte bei älteren Probanden stärker als bei jüngeren dadurch gefördert wurde, daß sinntragende Wörter besonders betont wurden. Die Höhe des Betonungseffekts korrelierte negativ mit der Kapazität des Arbeitsgedächtnisses der Probanden, was darauf hindeutet, daß kognitiv beeinträchtigte Menschen stärker von der experimentellen Manipulation profitierten als leistungsfähigere. Wingfield, Lahar und Stine (1989) fanden, daß durch fehlende oder inadäquate Prosodie (z.B. die Intonation der Stimme, die Betonung einzelner Wörter, Pausen zwischen Sätzen bzw. Satzteilen) die kurzfristige Behaltensleistung für gehörtes Material bei älteren Erwachsenen deutlich stärker reduziert wurde als bei jüngeren. Wingfield, Wayland und Stine (1992) präsentierten ihren Probanden Sätze, die in unterschiedlicher Sprechgeschwindigkeit und mit einer Prosodie dargeboten worden waren, die der syntaktischen Struktur entsprach vs. mit ihr unverträglich war. Die unmittelbare Wiedergabe dieser Sätze wurde bei den älteren Probanden durch eine hohe Sprechgeschwindigkeit und durch inadäquate Betonungen stärker beeinträchtigt als bei jüngeren. Eine qualitative Analyse der Fehler beim Reproduzieren ergab, daß die älteren sich bei der Satzwiedergabe offenbar stärker als die jüngeren Probanden an der Intonation orientiert hatten: Sie stellten die Sätze häufiger um oder veränderten sie so, daß diese mit der wahrgenommenen Prosodie kompatibel waren. Die Prosodie kann von Älteren offenbar auch genutzt werden, um die Bedeutung unvollständig erfaßter sprachlicher Inhalte zu rekonstruieren. Dies erscheint v.a. bei beginnender Schwerhörigkeit hilfreich: Selbst wenn der Wortlaut von Aussagen und damit ihr inhaltlicher Gehalt nicht mehr identifiziert werden kann, gelingt es u.U. noch, aus dem Tonfall die Bedeutung des Gesagten zu erschließen (hierzu auch Tesch-Römer & Nowak, 1995). Kommunikationsprobleme sollten sich demzufolge gravierend verschärfen, wenn mit fortschreitendem Alter auch die Fähigkeit nachläßt, paraverbale Signale zu entschlüsseln (Villaume, Brown & Darling, 1994).

Was nun die *Sprachproduktion* älterer Menschen angeht, so gilt als gesichert, daß ältere Menschen häufiger Schwierigkeiten haben, bestimmte

Wörter aus dem Gedächtnis abzurufen. In experimentellen Situationen drückt sich dies z.B. darin aus, daß sie bei einschlägigen Aufgaben mehr Zeit benötigen und mehr Fehler machen. In Alltag berichten ältere Menschen häufiger über das sog. *tip-of-the-tongue*-Phänomen, das sich darin zeigt, daß man ein bestimmtes im Grunde sehr geläufiges Wort nicht produzieren kann, obwohl es einem „auf der Zunge liegt". Besonders typisch ist dies für Namen von Personen, Ortsbezeichnungen oder Bezeichnungen spezieller Gegenstände (vgl. z.B. Burke & Laver, 1990, Cohen, 1994). Darüber hinaus zeigte sich in mikrolinguistischen Analysen spontaner Sprachäußerungen eine Abnahme von Variabilität und Komplexität der grammatischen Strukturen (z.B. einfachere und weniger Nebensätze) sowie eine Zunahme von Syntaxfehlern, vor allem bei komplexeren Sätzen. Hinsichtlich der Länge von Äußerungen und der Sprechflüssigkeit wurden dagegen keine Altersdifferenzen berichtet (Duchin & Mysak, 1987; S. Kemper, 1988). Allerdings scheint die Kohärenz von Erzählungen Älterer geringer zu sein. Dies zeigt sich einerseits darin, daß Begriffe, durch die der Zusammenhang zwischen Sätzen hergestellt resp. verdeutlicht wird, seltener wiederholt resp. im folgenden Satz seltener erneut aufgegriffen werden. Zudem werden häufiger Pronomina verwendet, deren Bezug nicht eindeutig ist. Diese Befunde werden als Folge der beschriebenen Wortfindungsprobleme Älterer interpretiert (z.B. Heller & Dobbs, 1993).

Gold und ihre Arbeitsgruppe (z.B. Gold, Andres, Arbuckle & Zieren, 1993) widmeten sich dem Phänomen eines gesteigerten Redebedürfnisses (*off-target bzw. off-topic verbosity*; im folgenden übersetzt als „Weitschweifigkeit"). Wichtigstes Kennzeichen dieses Sprechstils ist der mangelnde Bezug der Äußerungen zum ursprünglichen Thema, so daß die Aussagen zusammenhanglos und weitschweifig erscheinen. Der Sprecher bezieht sich wenig auf sein Gegenüber, sondern scheint zu monologisieren. Inhaltlich dominieren Erlebnisse aus seiner Vergangenheit, die er anekdotisch und allenfalls lose miteinander verknüpft schildert. In ihrer Selbstwahrnehmung bewerten sich solche Sprecher verglichen mit anderen Menschen als nicht besonders „gesprächig", d.h. sie scheinen sich ihres Kommunikationsverhaltens nicht bewußt zu sein. Weitschweifigkeit soll nun unter älteren Menschen verbreiteter sein als unter jüngeren, wenn es auch bei Älteren keineswegs universell auftritt. In der Tat erwiesen sich verschiedene Indizes für Weitschweifigkeit als positiv mit dem Lebensalter korreliert (Gold et al., 1994), wobei dieser Befund nicht durchgängig repliziert werden konnte (vgl. auch Cooper, 1990) und auch in längsschnittlichen Datenerhebungen bei Älteren bisher keine Hinweise auf eine Zunahme der Weitschweifigkeit ergaben (Gold & Arbuckle, 1995). Wohl aber ließ sich das Ausmaß an Weitschweifigkeit aus dem Grad der kognitiven Beeinträchtigung vorhersagen und war bei den Personen zu beobachten, deren nonverbale Intelligenztestleistungen sich von einem ursprünglich hohen Niveau deutlich verschlechtert hatten (Gold, Andres, Arbuckle & Schwartzman, 1988). Ob Weitschweifigkeit als Zeichen pathologischer Abbauprozesse im Bereich sprachrelevanter kognitiver Funktionen zu deuten ist, wird lebhaft diskutiert, zumal einschlägige Befunde darauf hinwei-

sen, daß auch nicht-kognitive Faktoren erhebliche Bedeutung besitzen (vgl.
Gold et al., 1994): Weitschweifigkeit erwies sich nämlich auch als positiv
korreliert mit „Extraversion" sowie mit Belastungsindikatoren, z.B. einem
schlechten Gesundheitszustand, ungünstiger finanzieller Situation sowie der
Zahl lebensverändernder Ereignisse. Negativ korreliert war sie dagegen
mit der Größe des sozialen Netzwerks und der Zufriedenheit mit den eigenen Sozialkontakten. Vor dem Hintergrund dieser Befunde läßt sich Weitschweifigkeit auch als ein emotionszentriertes Bewältigungsverhalten deuten, wie es womöglich prinzipiell bei Menschen aller Altersgruppen in
Belastungssituationen beobachtbar sein dürfte. Aus Sicht der sog. *pragma-
tic change*-Hypothese (vgl. z.B. James, Burke, Austin und Hulme, 1998)
reflektieren Altersdifferenzen in Weitschweifigkeit die Tatsache, daß Gespräche für ältere und jüngere Menschen unterschiedliche Funktionen besitzen: Sie sollen bei jüngeren Menschen in erster Linie dem Austausch von
Informationen dienen, während für ältere Menschen die identitätssichernde
Funktion von Kommunikation im Vordergrund stehen soll, wie sie bspw.
die Weitergabe von Lebenserfahrung erfüllt. James et al. (1998) argumentieren nun, daß sich ein „weitschweifiges" Sprechverhalten unabhängig
vom jeweiligen Gesprächsthema zeigen müßte, wenn diesem Muster ausschließlich ein kognitives Defizit zugrunde liegt. Spielen demgegenüber
spezifische Kommunikationsbedürfnisse der Älteren eine Rolle, so sollte
sich Weitschweifigkeit primär im Gespräch über persönliche Themen ausdrücken. Ihre Befunde stützen eher die letztgenannte Vermutung. Die Autoren ließen junge und ältere Menschen zum einen ein Bild beschreiben.
Zum anderen sollten sie ihren schulischen und beruflichen Bildungsweg
sowie eine ihrer Urlaubsreisen schildern. Ältere Probanden sprachen ausführlicher als die jüngeren über die beiden autobiographischen Themen,
nicht jedoch über das vorgelegte Bild. Zudem wurden die Äußerungen der
Älteren zwar häufiger als „abweichend vom Thema" (*off topic*) kategorisiert, aber auch dieser Effekt war bei den Schilderungen persönlicher Erlebnisse erheblich ausgeprägter als bei den Bildbeschreibungen, die keinen
Selbstbezug hatten.

6.2.2 Kommunikationsmuster und -strategien älterer Menschen

Altersunterschiede in der Kommunikation können sich in verschiedenen
Aspekten zeigen, z.B. in der Wahl der Gesprächsthemen, im Prozeß der
Gesprächssteuerung und in den relativen Gesprächsanteilen der Beteiligten.
Dies wurde zum einen untersucht, indem Dyaden jüngerer vs. und Dyaden
älterer Gesprächspartner miteinander verglichen wurden, zum anderen
wurde der Dialog zwischen Alt und Jung analysiert. Boden und Bielby
(1983) wählten den erstgenannten Zugang, indem sie Gespräche zwischen
jeweils zwei Studentinnen und zwei älteren Frauen untersuchten. Sie fanden keine Altersdifferenzen im Gesprächsfluß: Auch die älteren Dyaden
zeichneten sich durch präzise Themenwahl und schnelle Sprecherwechsel
aus, und ihre Gespräche verliefen nicht langsamer und wiesen nicht mehr

Pausen auf als die jüngerer Dyaden, was aus Sicht der Autoren für eine vergleichbare linguistische Kompetenz beider Altersgruppen spricht. Villaume et al. (1994) berichteten hingegen aus einer ähnlich angelegten Studie, Gespräche zwischen jüngeren Interaktionspartnern seien in höherem Maße durch gemeinsame Gesprächssteuerung und Themenwahl und durch ein wechselseitiges flexibles Eingehen auf das Gegenüber gekennzeichnet. In Dyaden von „alten Alten" sei demgegenüber aufgefallen, daß jeweils ein Gesprächspartner die dominierende Rolle übernahm, während der andere sich lediglich passiv-zuhörend verhielt und den Gesprächsverlauf kaum beeinflußte.

Gould und Dixon (1993) hatten eine andere Untersuchungsanordnung gewählt. Sie hatten Ehepaare im jungen und mittleren vs. im höheren Erwachsenenalter gebeten von einer Urlaubsreise zu erzählen, die sie zusammen unternommen hatten. In diesen Berichten fanden sich zunächst inhaltliche Unterschiede: So enthielten die Berichte älterer Dyaden mehr subjektive Bewertungen der Erlebnisse und mehr Orts- und Personbeschreibungen als die Erzählungen jüngerer Paare. Daneben wurden Unterschiede in der Struktur der Gesprächssequenzen ermittelt. Hierzu wurden die Erzählungen zunächst in thematische Einheiten untergliedert, und es wurde dann für jede dieser Einheiten geprüft, ob beide Ehepartner zu dem Thema beigetragen hatten oder nur einer der Partner gesprochen hatte. Der Anteil von Themen, die monologisch vorgetragen wurden, lag bei älteren Frauen signifikant höher als bei jüngeren Frauen, hingegen unterschieden sich ältere und jüngere Männer hierin nicht. Bei jüngeren Paaren war es im Regelfall nur einer der beiden Partner (meist der Ehemann), der monologisierte, während sich bei älteren Paaren die Partner über den Gesprächsverlauf in ihren monologischen Berichten eher abwechselten. Zudem zeigten die jüngeren Paare häufiger Signale von Interesse und Bestätigung (sog. *backchannels* wie „mmhh"), als die älteren dies taten. Die Autoren führten diese Unterschiede darauf zurück, daß ältere Probanden versuchten, die Anforderungen zu reduzieren, die das gleichzeitige Erzählen und Zuhören an ihre Aufmerksamkeitskapazität und ihr Gedächtnis stellten. Indem sie abwechselnd monologisierten, könne jeder Partner sich zu einem gegebenen Zeitpunkt auf *eine* Aufgabe, nämlich das Berichten oder das Sich-Erinnern an Details konzentrieren. Belege für diese Interpretation fehlen jedoch, denn es wurden z.B. keine Indikatoren der kognitiven Leistungsfähigkeit erhoben, die zum Erzählverhalten hätten in Beziehung gesetzt werden können. Ebensogut könnte man annehmen, ältere Menschen versuchten, höflicher zu sein oder ihrem Partner mehr Ausdrucksmöglichkeiten einzuräumen, indem sie ihn „in Ruhe ausreden lassen".

Wichtige Befunde zu Besonderheiten des Dialogs zwischen Alt und Jung wurden von der britischen Arbeitsgruppe um Coupland gewonnen (vgl. z.B. N. Coupland, J. Coupland & Giles, 1989; N. Coupland, J. Coupland, Giles & Henwood, 1991; N. Coupland, J. Coupland, Giles, Henwood & Wiemann, 1988). Die Autoren erfaßten das Interaktionsverhalten in Dyaden von Frauen mittleren und hohen Alters. Die einander unbekannten Frauen wurden in einem Versuchsraum mit der Instruktion zusammengebracht, sich innerhalb einer Viertelstunde gegenseitig etwas kennenzulernen. Insgesamt wurden 20 Gespräche zwischen Jung und Alt sowie jeweils 10 Gespräche zwischen Altersgleichen, d.h. jeweils zwei Frauen im mittleren und im höheren Alter, aufgezeichnet. Auf der Grundlage einer qualitativen Auswertung der Gesprächsprotokolle identifizieren die Autoren zwei zentrale Themenkomplexe, die von älteren Menschen im Gespräch mit Jüngeren berührt wurden, nämlich die Thematisierung des Alters und die Erwähnung leidvoller Erfahrungen.

Was den ersten Themenschwerpunkt anbelangt, so wurde entweder das eigene Lebensalter, das der Gesprächspartnerin und/oder die Altersdifferenz zwischen beiden angesprochen. So teilten in 15 von 20 Interaktionen die älteren Probandinnen den jüngeren ihr Alter mit. Nahezu alle älteren Probandinnen nahmen in direkter oder indirekter Form auf ihr Alter Bezug, z.B. als explizite Nennung des Alters (z.B. „Ich bin ja schon 82 Jahre alt!"), durch Verweis auf soziale Rollen („Pensionär") oder typische Themen des Alters wie Gesundheit oder Abbau, die mit der eigenen Person verknüpft wurden. Eher indirekte Verweise auf das Alter liegen in der Schaffung eines zeitlichen Bezugsrahmens (*temporal framing processes*), indem aktuelle Erfahrungen zu vergangenen in Beziehung gesetzt, selbstbezogene Vergleiche über die Zeit angestellt, auf historische und soziokulturelle Veränderungen verwiesen wird oder Reminiszenzprozesse allgemein erkennbar werden (vgl. auch Boden & Bielby, 1983; 1986).

Einen zweiten Themenschwerpunkt in den Äußerungen älterer Frauen bildeten sog. schmerzvolle Selbstenthüllungen (*painful self-disclosures; PSD*). Als *PSD* wurden solche Äußerungen definiert, die sich auf belastende Ereignisse (z.B. Tod des Ehepartners), gesundheitliche oder finanzielle Probleme oder auf Gefühle von Einsamkeit bezogen. Solche Äußerungen gelten im Kontakt zwischen einander wenig vertrauten Menschen als problematisch, da sie implizite Grundregeln der Kommunikation verletzen (siehe Berger & Bradac, 1982). Die Preisgabe von Informationen über die eigene Person ist zwar notwendiger Bestandteil des Sich-Kennenlernens; sie sollte jedoch dosiert und reziprok (d.h. gegenseitig) erfolgen und keinesfalls negativ und allzu intim sein. Schmerzvolle Selbstenthüllungen nahmen jedoch in den Äußerungen älterer Frauen mehr Raum ein (gemessen am Anteil der Redezeit, den sie ausmachten) als in denen jüngerer Frauen, und zwar sowohl in Gesprächen mit einer jüngeren als auch mit einer altersgleichen Frau. Sofern auch die jüngeren Probandinnen eigene belastende Erlebnisse ansprachen, geschah dies stets als Reaktion auf entsprechende Selbstenthüllungen ihrer älteren Gesprächspartnerin. Zudem wurden *PSD* von fast allen älteren Frauen, jedoch nur von wenigen jüngeren Frauen in das Gespräch eingebracht. Ältere Frauen erwähnten häufig mehrere verschiedene Erfahrungen, während jüngere eher auf ein einziges Erlebnis ausführlicher eingingen[1].

---

[1] Im Rahmen des von dem BMFSFJ geförderten Forschungsprojekts „Lebensbewältigung im Alter als Quelle inter- und intragenerationeller Konflikte" (Förderkennzeichen: 314-1720-315/5) haben sich die Verfasserinnen explizit mit dem Inhaltsaspekt des intergenerationellen Dialogs – allerdings innerhalb von Familien – beschäftigt. Anhand einer Li-

Kritisch zu bewerten ist allerdings, daß die Einstufung von Äußerungen als „schmerzvoll" allein am Thema festgemacht wurde, d.h. es wurde nicht erfaßt, ob die beiden Gesprächspartnerinnen selbst den Inhalt tatsächlich als „schmerzvoll" interpretierten. Befunde von Collins und Gould (1994) widersprechen zudem der Einschätzung, daß ältere Menschen generell zu negativ getönten Selbstenthüllungen tendierten. Die Autorinnen hatten in einer ähnlichen Studie wie der von N. Coupland et al. (1988) zehnminütige Gesprächssequenzen zwischen jeweils einer Studentin und einer älteren Frau mit denen zwischen jeweils zwei jungen Frauen verglichen. Die Gespräche unterschieden sich nicht hinsichtlich der Gesamtzahl, dem Grad der Intimität sowie der Valenz selbstbezogener Äußerungen. Im Einklang mit den bereits erwähnten Befunden nahmen die älteren Frauen jedoch häufiger bezug auf die Vergangenheit. Die jüngeren Probandinnen gaben in Gesprächen mit einer Altersgleichen deutlich mehr Informationen über sich preis als in denen mit einer älteren Frau, obschon die Qualität der Informationen (z.B. wie persönlich oder emotional bedeutsam sie waren) sich nicht unterschied. Selbstenthüllungen waren in den Dyaden mit altersgleichen Frauen darüber hinaus reziproker, während wiederum alle Gespräche von den Studentinnen vergleichbar positiv im Hinblick darauf eingeschätzt wurden, wie leicht ihnen die Unterhaltung gefallen sei, wie sehr sie davon profitiert hätten und wie sehr sie daran interessiert seien, die Gesprächspartnerin wiederzusehen.

Die Arbeitsgruppe um Kruse (Kruse & Thimm, 1997; Wagner-Baier, Kolz & Kruse, 1996) hat u.W. mit ihrer Replikation der Studie von N. Coupland et al. (1988) die einzigen einschlägigen Befunde aus dem deutschen Sprachraum vorgelegt. Die Autorinnen werteten 16 Gespräche zwischen jüngeren und älteren Frauen aus. Zum Vergleich zogen sie die Tonbandprotokolle von Gesprächen zwischen Altersgleichen (jüngeren resp. älteren Frauen) heran. In den Dialogen fand sich deutliche Evidenz für die berichteten Besonderheiten des Gesprächsverhaltens älterer Frauen, namentlich für die Hervorhebung des Alters und altersbezogener Themen, aber auch für schmerzvolle Selbstenthüllungen. Die Nennung des eigenen Alters ging dabei *ausschließlich* von den älteren Frauen aus und wurde von ihnen offenbar als Mittel der Distanzierung von ihrer jüngeren Gesprächspartnerin verwendet (z.B. verbunden mit dem Hinweis auf unterschiedliche Interessen). Zugleich wurde erkennbar, daß manche der älteren Frauen

---

ste von ausgewählten Themen (z.B. „Wie ich mein Leben führe"; „Wie ich über politische Fragen denke") sollten Angehörige der mittleren (45 bis 55jährige) und der älteren (65- bis 75jährige) Generation angeben, wie häufig sie jeweils mit ihrer Mutter oder ihrem Vater (für die mittelalte Stichprobe) resp. mit ihrer erwachsenen Tochter oder ihrem Sohn (für die ältere Stichprobe) über diese Themen sprechen und wie einig sie sich darin sind. Dabei zeigten sich u.a. dyadenspezifische Besonderheiten (z.B. Mutter-Tochter vs. Mutter-Sohn) in Themenwahl und wahrgenommener Übereinstimmung; insgesamt aber erlebten die Befragten eine hohe bis sehr hohe Übereinstimmung bezüglich der von ihnen „häufig" besprochenen Themen. In der Elterngeneration wird diese Übereinstimmung zudem noch einmal signifikant höher eingeschätzt, als sie sich aus Sicht der Filialgeneration darstellt (zum Phänomen eines möglichen „stake"-Effekts, vgl. Winkeler et al, in press). Die Ergebnisse sind Ende des Jahres 1999 zur Publikation in einer deutschsprachigen wissenschaftlichen Zeitschrift vorgesehen.

sich auch von ihrer eigenen Altersgruppe ab grenzten und sie offensichtlich sich selbst der Gruppe der „Alten" gar nicht zurechneten. In der Häufigkeit von schmerzvollen Selbstoffenbarungen unterschieden sich – wie in der erwähnten Studie von Collins und Gould (1994) – die jüngeren und älteren Gesprächspartnerinnen kaum voneinander.

Weitere Studien werden daher zeigen müssen, welchen Stellenwert die *PSD* im Dialog mit älteren Menschen tatsächlich besitzen. Zum jetzigen Zeitpunkt läßt sich lediglich festhalten, daß offenbar erhebliche individuelle Unterschiede in der Häufigkeit bestehen, mit der diese übermittelt werden, wobei Funktionsstatus und Lebenssituation der Älteren eine erhebliche Rolle zu spielen scheinen. So dürften *PSD* wohl kaum als ein altersspezifisches Verhaltensmuster zu betrachten sein, sondern bei emotional belasteten Menschen gleich welchen Alters beobachtbar werden. Bei den älteren Probandinnen der Studien von Coupland handelte es sich um verwitwete, alleinlebende Besucherinnen von Altentagesstätten überwiegend aus unteren Einkommensgruppen. Die jüngeren Probandinnen gehörten dagegen überwiegend der Mittelschicht an und hatten sich freiwillig auf Zeitungsanzeigen für die Untersuchungsteilnahme gemeldet. Allein aufgrund dieser Rekrutierung der Stichproben läßt sich eine höhere Belastung der älteren Frauen durch Lebensprobleme vermuten, so daß ein depressiv getönter Interaktionsstil bei ihnen sehr viel wahrscheinlicher ist. Zudem bestand aufgrund dieser unterschiedlichen Lebenslagen eine deutliche Asymmetrie in der Beziehung, so daß die jüngeren Frauen – im Bewußtsein dieser Unterschiede – mehr um Anpassung und Empathie bemüht gewesen sein dürften, als dies im Gespräch mit Gleichaltrigen und Gleichrangingen der Fall gewesen wäre. Ferner wurden alle bisherigen Studien ausschließlich mit weiblichen Teilnehmerinnen durchgeführt, so daß gänzlich unerforscht ist, ob sich entsprechende Kommunikationsstrategien auch bei (älteren) Männern identifizieren lassen.

6.3 Bewertungen des Kommunikationsverhaltens Älterer

6.3.1 Erwartungen an die kommunikative Kompetenz älterer Menschen

In verschiedenen Studien wurden Annahmen über die kommunikativen Fähigkeiten und Strategien älterer Menschen sowie über mögliche Probleme des Dialogs zwischen Alt und Jung ermittelt. Ryan, Kwong See, Meneer und Trovato (1992; 1994) entwickelten hierzu einen Fragebogen zur Erfassung von Sprachkompetenz (*„Language in Adulthood Questionnaire"*); dieser wurde von einer jüngeren (18- bis 40jährige) sowie einer älteren Stichprobe (61- bis 88jährige) mit Blick auf die eigene Person sowie auf eine typische 25jährige oder eine typische 75jährige Zielperson bearbeitet. Die jüngeren Probanden gaben in ihren Selbsteinschätzungen weniger Probleme im Sprachverstehen und in der Sprachproduktion an als die älteren Probanden. Dies entsprach auch den Fremdurteilen über „typische" Ältere, indem beide Altersgruppen älteren Menschen mehr Probleme im Sprechen und Sprachverstehen zuschrieben als jüngeren. Gleichwohl deckte sich die generalisierte Annahme, daß das Miteinanderreden für ältere Menschen mit Schwierigkeiten verbunden sei, nur teilweise mit dem Selbsterleben der Älteren (zur *self-other*-Diskrepanz; vgl. Kapitel 2). Ryan, Anas, Hummert und Laver-Ingram (1998) hatten diesen Fragebogen modifiziert, um auch solche Probleme zu erfassen, wie sie spezifisch für Telefongespräche sein könnten, z.B. Probleme beim Erkennen vertrauter Stimmen. Erneut schrieben jüngere Probanden den Älteren größere Schwierigkeiten zu als Gleichaltrigen; die entsprechenden Urteile älterer Probanden über den „typischen" Vertreter ihrer Altersgruppe waren hier nicht erfaßt worden. In der Selbstwahrnehmung berichteten ältere Probanden allerdings über *weniger* Verständigungsprobleme am Telefon als jüngere, was auf eine positiv verzerrte Selbsteinschätzung hindeuten könnte. Von den Autorinnen wird aber auch diskutiert, daß die Telefongespräche verglichen mit der direkten *face-to-face*-Situation Vorteile für ältere Menschen besitzen könnten, da sie geringere Anforderungen an die kognitive Verarbeitungskapazität stellten, indem dort nur ein Informationskanal zu beachten sei.

Giles, N. Coupland und Wiemann (1992) gaben jungen und älteren Erwachsenen einen anderen Fragebogen, nämlich den *„Beliefs about talk (BAT)-Questionnaire"* vor. Die Probanden bearbeiteten das Verfahren erneut sowohl selbstbezogen als auch bezogen auf die jeweils andere Altersgruppe. Jüngere gaben deutlich negativer getönte Urteile über das Kommunikationsverhalten Älterer ab, indem sie ältere Gesprächspartner als „assertiver" (bestimmender) beschrieben und ihnen unterstellten, sie würden eher oberflächliche Gespräche bevorzugen. Interessanterweise nahmen die älteren Befragten ihrerseits an, es sei die jüngere Generation, die eher zum oberflächlichen *small talk* neige und die zudem den Wert von Gesprächen nicht wirklich zu schätzen wisse. Auch Dillard, Henwood, Giles, N. Coupland, und J. Coupland (1990) fanden Hinweise darauf, daß jüngere Menschen älteren Interaktionspartnern ein eher assertives Verhalten zuschrieben. Sie hatten junge Erwachsene aufgefordert sich in die Rolle eines „typischen" 20- oder 70jährigen zu versetzen und an einen jüngeren oder älteren Adressaten eine Bitte richten. Diese sollte schriftlich formuliert werden; zudem sollten aus einer Reihe vorgegebener Gesprächsstrategien diejenigen ausgewählt werden, die die Probanden einsetzen würden, um den Adressaten dazu bringen, der Bitte nachzukommen. In die Rolle des älteren Sprechers versetzt, zeigten die Probanden eine erkennbar höhere Neigung, Druck auf den Adressaten auszuüben, und ihre Äußerungen wurden als drängender und aggressiver beschrieben. Das Alter des Adressaten war insofern bedeutsam, als Bitten an jüngere Personen klarer und direkter ausgedrückt wurden als an ältere Personen.

Hummert (1994) hat jedoch der Annahme widersprochen, daß Zuschreibungen mangelnder Kompetenz „die Älteren" insgesamt betreffen, da ihren eigenen Befunden zufolge kein einheitlich negatives Altersstereotyp existiere. Entscheidend sei, ob der ältere Interaktionspartner einer negativ getönten Subkategorie älterer Menschen zugewiesen werde. Werde er dagegen positiv kategorisiert, verändere sich das Sprechverhalten der Jüngeren nicht. Sie plädiert daher für ein „stereotyp-sensitives" Modell der Kommunikation und konnte in der Tat belegen, daß Erwartungen an das Gesprächsverhalten eines älteren Menschen auch von weiteren Informationen über ihn bestimmt sind (Hummert et al., 1995): Wurde eine ältere Zielperson in einer Vignette positiv (als vital, aufgeschlossen etc.) dargestellt, so schrieben die jungen Probanden ihr geringere Beeinträchtigungen des Hörvermögens und ihrer Gedächtnisleistungen zu als einer Zielperson, deren Beschreibung einem negativen Altersstereotyp entsprach. Dieser Befund trat auf, obschon keine der Vignetten direkte Hinweise auf derartige Leistungsstörungen enthielt. Harwood und Williams (1998) wiesen zudem nach, daß die Aktivierung (positiver oder negativer) Elemente des Altersstereotyps auch mit spezifischen Erwartungen an den Verlauf von Interaktionen mit älteren Menschen verknüpft ist. Studierende erhielten kurze Beschreibungen und Fotos einer älteren Frau, die entweder mit einem positiven (*perfect grandparent*) oder mit einem negativen (*despondent*) Altersstereotyp korrespondierten. Die Probanden sollten sich eine Unterhaltung mit dieser Frau vorstellen und beschreiben, wie dieses Gespräch wohl verlaufen würde. Zusätzlich sollten sie auf verschiedenen Skalen einschätzen, wie die ältere Frau und wie sie selbst sich wohl in diesem Gespräch verhalten und fühlen würden. Wurde die ältere Frau negativ beschrieben, so erwarteten die Studierenden ein stärker klagsames Verhalten und eine geringere Bereitschaft, sich den Bedürfnissen der Jüngeren gegenüber anzupassen; zudem gaben sie an, sich im Gespräch mit einer solchen Frau ängstlicher und unsicherer zu fühlen. Hingegen waren Angaben dazu, ob sie ihr Kommunikationsverhalten im Umgang mit der Frau verändern würden, von dem Stereotyp unbeeinflußt. Jüngere Menschen vertreten somit offenbar recht skeptische und negativ getönte Auffassungen, was die Kommunikationsfähigkeit im Alter betrifft. Diese Auffassungen korrespondieren teilweise mit Selbsteinschätzungen der Älteren, und sie decken sich mit Wahrnehmungen des alltäglichen Dialogs zwischen Jung und Alt.

6.3.2 Wahrnehmungen älterer „echter" Sprecher

Weitere Untersuchungen gingen der Frage nach, welchen Einfluß das Alter eines Sprechers auf die Wahrnehmung sowie auf die Verarbeitung der von ihm übermittelten Informationen hat. Im typischen experimentellen Paradigma wurden den – in der Regel studentischen – Probanden Tonbandaufnahmen von Sprechern unterschiedlichen Alters präsentiert, die anhand verschiedener Dimensionen zu bewerten waren. Ryan und Capadano (1978) fanden dabei, daß ältere Sprecherinnen deutlicher als „zurückhaltend", „passiv", „unaufgeschlossen" und „unflexibel" beschrieben wurden als jüngere; ältere Männer wurden gegenüber jüngeren als weniger „flexibel" eingestuft. In einer weiteren Untersuchung (Giles, Henwood, N. Coupland, Harriman & J. Coupland, 1992) hörten die Probanden Inter-

views, in denen eine ältere vs. jüngere Person zu einem Unfall befragt
worden war. Jüngeren wurde ein größeres *Bewußtsein* für den Schaden,
der bei dem Unfall entstanden war, zugeschrieben; die älteren Sprecher
wurden demgegenüber als verwirrt, ungenau und weitschweifig charakterisiert, zu ihren Darstellungen wurden weniger Kommentare abgegeben
als zu denen jüngerer Sprecher, und sie wurden als aufgeregter und schwächer beschrieben.

McCall, Dancer, Drummond und Gentry (1993) präsentierten Tonbandaufnahmen von Texten, die von einem 27jährigen bzw. einem
80jährigen Mann gesprochen worden waren. Dabei war darauf geachtet
worden, daß sich die Aufnahmen hinsichtlich der Sprechgeschwindigkeit
nicht unterschieden. Um sein Alter besonders augenfällig zu machen, wurden zugleich Bilder des Sprechers dargeboten. Diejenigen studentischen
Versuchspersonen, die dem älteren Sprecher zugehört hatten, unterschätzten die Länge des Textes (operationalisiert als dessen Wortzahl), was mit
dem Stereotyp einer reduzierten Sprechgeschwindigkeit im Alter vereinbar
ist. Ferner ließen sie ein geringeres Interesse an den präsentierten Informationen erkennen als diejenigen, die die Aufnahme des jüngeren Sprechers gehört hatten. Stewart und Ryan (1982) variierten neben dem Alter
des Sprechers auch die Sprechgeschwindigkeit. Ältere Sprecher wurden als
weniger kompetent eingeschätzt, und schnellere Sprecher wurden im Vergleich zu langsamen als kompetenter bewertet. Dieser Effekt war bei jüngeren Sprechern ausgeprägter als bei älteren, was vermuten läßt, daß kompetentes Verhalten älterer Personen weniger genau wahrgenommen wird
oder diese Wahrnehmung sich auf Bewertungen ihrer Fähigkeiten weniger
niederschlägt. Keine Differenzen in den Kompetenzeinschätzungen älterer
vs. jüngerer Sprecher und im Effekt der Sprechgeschwindigkeit auf die
Personbeurteilung fanden dagegen Giles, N. Coupland, Henwood, Harriman und J. Coupland (1990). Wohl aber erhielten ältere Menschen höhere
Werte als jüngere auf der Dimension „Vulnerabilität", die Attribute wie
„schwach" und „unsicher" umfaßte - ein Effekt, der noch ausgeprägter
war, wenn die Sprecher langsam und mit deutlichem Akzent sprachen.

In einer Untersuchung von Ryan und Laurie (1989) schließlich hatte
jeder Proband drei Tonbandaufnahmen eines jungen oder älteren Sprechers zu beurteilen: Er hörte eine „effektive" und eine „ineffektive" Nachricht, d.h. eine die die Lösung einer gestellten Aufgabe entweder ermög-
lichte oder nicht; zudem wurde ein Band vorgespielt, auf dem zentrale Passagen durch Rauschen unkenntlich gemacht waren. Ältere Sprecher wurden unter den Bedingungen „effektive" und „durch Rauschen gestörte
Nachricht", verglichen mit jüngeren, als weniger kompetent bewertet. Obwohl der Versuchsleiter explizit die Verantwortung für die schlechte Ton-
qualität übernommen hatte, wurden ältere Sprecher bei den durch Rauschen gestörten Aufnahmen gegenüber den ineffektiven Nachrichten negativer bewertet. Bei jüngeren Sprechern blieb eine solche Differenz aus. Die
mit der Tonstörung verbundenen negativen Bewertungen der Informa-
tionsqualität scheinen also auf ältere Sprecher stärker zu generalisieren als
auf jüngere.

Insgesamt wurde also unter Experimentalbedingungen die Kompetenz älterer Sprecher überwiegend geringer eingeschätzt als die jüngerer. Ungünstige Gesprächsbedingungen scheinen sich im Sinne eines *other blame* auf Urteile über ältere Menschen stärker auszuwirken als über jüngere. Ungeklärt ist bislang, ob sich auch Gedächtnisleistungen für Informationen unterscheiden, die von einem jüngeren vs. älteren Sprecher präsentiert werden. Mergler, Faust und Goldstein (1985) fanden, daß studentischen Versuchspersonen die freie Wiedergabe von Textinformationen um so besser gelungen war, je älter der Sprecher war, der diesen Text vorgelesen hatte. Dabei kannten die Probanden das Alter des Sprechers nicht, hatten dieses aber offenbar aus Merkmalen seiner Stimme erschlossen. In der erwähnten Untersuchung von Giles et al. (1992) hatte sich dagegen gezeigt, daß nach einem Behaltensintervall von zwei Tagen diejenigen Textpassagen, die von älteren Sprechern übermittelt worden waren, weniger genau erinnert wurden (gemessen an der Wiedererkennensleistung) als Passagen, die von einer jüngeren Person gesprochen worden waren. Auch McCall et al. (1993) hatten gefunden, daß ihre Probanden weniger Fragen zu einem Text richtig beantworten konnten, wenn dieser von einer älteren Person gesprochen worden war. Weitere Studien werden zeigen müssen, ob diese widersprüchlichen Befunde auf Materialeffekte zurückgehen. Bei Mergler et al. (1985) hatte sich der Effekt nämlich nur bei Erzähltexten gezeigt, in denen eine Moral bzw. Lebensweisheit erkennbar war, während sie bei einem beschreibenden Sachtext ausgeblieben war. Dazu spekulieren nun die Autoren, jüngere Menschen erwarteten von einem älteren Gegenüber, daß dieser ihnen eine Lehre „mit auf den Weg geben" wolle, so daß die Kommunikation über solche Inhalte besonders effektiv sei. Wenn es jedoch um die Vermittlung von Sachinformation gehe, werde älteren Menschen geringere Kompetenz zugeschrieben, so daß die entsprechende Informationen weniger gut verarbeitet wurden.

6.3.3 Wahrnehmungen des Kommunikationsverhaltens älterer Menschen

Giles und Williams (1994) gingen der Frage nach, wie jüngere Menschen das Interaktionsverhalten älterer Menschen und den alltäglichen Dialog mit ihnen erleben. In einem ersten Untersuchungsschritt fragten sie Studierende, ob diese schon einmal die Erfahrung gemacht hätten, in ihrem Alltag von älteren Menschen bevormundend behandelt worden zu sein. Die entsprechenden Erlebnisse sollten dann genauer beschrieben werden. Auf diese Weise wurden drei Kommunikationsstile Älterer ermittelt, nämlich ein unaufmerksames und desinteressiertes Verhalten (*nonlistening*), mangelnde Wertschätzung des jüngeren Gegenüber (*disapproving*) und ein überbehütendes bzw. bevormundendes Verhalten (*overparenting*). In einem zweiten Untersuchungsschritt wurden nun kurze Dialoge zwischen einer Studentin und ihrer 70- oder 40jährigen Nachbarin schriftlich vorgelegt. In diesen Vignetten verwendete die Nachbarin entweder einen der drei Kommunika-

tionsstile oder einen sog. „neutralen" Stil. Daraus ergaben sich acht verschiedene Dialogversionen, die jungen Erwachsenen vorgelegt wurden (*between subjects*-Design). Gemessen an dem neutralen Kommunikationsstil
wurden die drei unterangepaßten Varianten auf nahezu allen Dimensionen
negativer bewertet: Den Sprecherinnen wurden weniger Respekt und Fürsorglichkeit sowie höhere Dominanz und Frustration zugeschrieben, und
sie wurden als weniger wohlwollend angesehen. Im Vergleich der drei
unterangepaßten Stile untereinander wurde der überbehütende Stil noch am
positivsten bewertet, gefolgt von unaufmerksamem Verhalten und dem
wenig wertschätzenden Stil.

   Williams und Giles (1996) baten Studierende, Interaktionen mit älteren
Menschen zu beschreiben, die sie als besonders befriedigend resp. unbefriedigend erlebt hatten. Die jungen Erwachsenen waren generell seltener
zufrieden mit Gesprächen, die sie in ihrem Alltag mit älteren Menschen
(vs. mit Gleichaltrigen) führten. Unbefriedigende Gespräche gingen damit
einher, daß die älteren Gesprächspartner sich aus Sicht der Jüngeren zu
wenig an deren Bedürfnissen orientiert hatten. Sie hatten sich z.B. unaufmerksam oder unzugänglich für die Gedanken des Jüngeren gezeigt, in de-
pressiver oder aggressiver Weise geklagt oder junge Menschen generell
stereotypisiert und abgewertet. Aber auch reale Kommunikationsprobleme
(z.B. aufgrund von Schwerhörigkeit) der Älteren wurden als belastend erlebt. Schließlich räumten viele Studenten ein, sie würden sich mitunter nur
widerwillig den Bedürfnissen Älterer anpassen, um nicht unhöflich oder
respektlos zu erscheinen; auch solche Gespräche verliefen natürlich für die
Jüngeren unbefriedigend. Befriedigende Gespräche zeichneten sich demgegenüber dadurch aus, daß die Studierenden den Kontakt als gleichberech-
tigt und ihren älteren Interaktionspartner – oft entgegen ihrem Altersstereotyp – als aufgeschlossen, interessiert und unterstützend erlebt hatten. In
anderen „befriedigenden" Interaktionen hatten die Älteren interessante Geschichten zu erzählen gewußt, sie hatten positive Gefühle gezeigt und ihre
Wertschätzung für die Studierenden ausgedrückt. Allerdings wurden selbst
die befriedigenden Gespräche nicht eindeutig positiv erlebt; vielmehr dominierten in ihnen oftmals „gemischte Gefühle" auf seiten der Studierenden. Darüber hinaus zeigten Williams und Giles (1996), daß häufig eine
gewisse Zurückhaltung und Distanz zwischen den altersverschiedenen Gesprächspartnern (und nicht etwa besondere Nähe oder Intimität der Gespräche) zu beobachten war. *Storytelling* (s.u.) und das Erteilen von Ratschlägen stellten positiv bewertete, aber dennoch ritualisierte Kommunikationsformen dar, die in diesem Fall positive Elemente des Altersstereotyps
letztlich ebenso verstärken könnten wie negative Erfahrungen mit Älteren.
Besonders vertraute und gleichberechtigte Gespräche zwischen Alt und
Jung würden dagegen von den Jüngeren zumeist als „Ausnahme von der
Regel" hervorgehoben und dürften sich daher – so die Autoren – kaum
günstig auf Erwartungen an künftige Gespräche mit älteren Menschen
auswirken.

   In anderen Studien wurde das Augenmerk gezielt auf spezifische Verhaltensmuster älterer Menschen gerichtet, z.B. auf das *storytelling*, d.h. ein

Geschichtenerzählen, das sich oftmals auf die Vergangenheit bezieht. Hierzu haben manche Autoren die Vermutung geäußert, daß vergangenheitsbezogene Themen, die von älteren Menschen in das Gespräch eingebracht werden, bei jüngeren Ablehnung hervorrufen. So hatten schon Butler und Lewis (1977) behauptet, junge Menschen würden die Neigung Älterer zum autobiographischen Reminiszieren als Ausdruck eines „Lebens in der Vergangenheit" und von „Ich-Bezogenheit" ansehen, und sie würden deren Erzählungen als langweilig, bedeutungslos und zeitraubend erleben. Es hat sich jedoch gezeigt, daß zu den laienpsychologischen Annahmen über das Alter auch die gehört, ältere Menschen seien besonders gute und interessante Geschichtenerzähler (Ryan et al., 1994; vgl. auch Williams & Giles, 1996). Geschichten, die von älteren Menschen erzählt werden, scheinen oft besser den Kriterien zu entsprechen, die nach Ansicht von Literaturwissenschaftlern eine „gute Geschichte" ausmachen, und auch von „naiven" Versuchspersonen wurden Geschichten Älterer oft positiver bewertet als die Jüngerer (S. Kemper, Rash, Kynette & Norman, 1990). James et al. (1998) hatten jüngere und ältere Probanden gebeten, von einer ihrer Urlaubsreisen und von ihrer Familie zu erzählen und ihren bisherigen Bildungsweg zu schildern. Einer zweiten Stichprobe jüngerer und älterer Menschen wurden die Transkripte dieser Beschreibungen vorgelegt, ohne daß das Alter der Sprecher genannt wurde (z.T. konnte es allerdings aus den Erzählungen erschlossen werden). Stammte die Geschichte von einem älteren Sprecher, so schätzten jüngere (nicht jedoch ältere) Urteiler ihn als gesprächiger ein und meinten, es sei ihm weniger gelungen, beim Thema zu bleiben. Die Erzählungen älterer Menschen wurden jedoch zugleich als interessanter und informativer beurteilt als die von jüngeren Menschen.

N. Coupland, Henwood, J. Coupland und Giles (1990) widmeten sich Besonderheiten der Themenwahl, indem sie jüngeren Probanden Videobänder mit Sequenzen aus intergenerationellen Gesprächen präsentierten, die *painful self-disclosures* (*PSD*) enthielten. Zwar sahen viele der Probanden *PSD* als typisch für Gespräche zwischen Alt und Jung an und problematisierten sie nicht weiter. Dennoch wurden die *PSD* überwiegend negativ erlebt und als normverletzend, egozentrisch und als Ausdruck mangelnder sozialer Sensibilität interpretiert. Nach dem Ende eines Gesprächs mit einer älteren Frau beklagte die jüngere sich oft über deren geringes Interesse an ihr. Nur selten wurden *PSD* positiv, z.B. als Ausdruck von Wärme oder von Offenheit interpretiert (Giles et al., 1992; Williams & Giles, 1996).

Der Dialog zwischen Alt und Jung scheint somit in der Wahrnehmung jüngerer Menschen positive wie negative Facetten zu besitzen. Gewürdigt werden vor allem die Qualitäten älterer Menschen als Geschichtenerzähler. Andere Elemente hingegen werden als den Bedürfnissen der jüngeren Interaktionspartner wenig angepaßt erlebt. Darin scheinen sich ein genereller negativer *bias* wie auch konkrete Erfahrungen abzubilden, wobei offen ist, welche Rolle beiden Einflußfaktoren zukommt. Ungeklärt erscheint ferner, inwieweit die als „unbefriedigend" bezeichneten Stile spezifisch für den Dialog zwischen Alt und Jung sind. Dem Augenschein nach handelt es sich um solche Verhaltensweisen, die allgemeinen Prinzipien „guter" Kommunikation widersprechen und in allen Altersgruppen beobachtbar sein dürften. Genau dies können die Studien der Arbeitsgruppe um Williams nicht aufdecken, da dort ausschließlich nach Erfahrungen mit Älteren, nicht jedoch mit Altersgleichen gefragt worden war. Einen ersten Hinweis darauf, daß problematische Kommunikationsstile abhängig vom Alter ihrer Verwender unterschiedlich bewertet werden, liefert der Befund, daß ein „unterangepaßter" Stil weniger zu einer Abwertung eines älteren (vs. jungen) Sprechers führte (Williams, 1996): Hatte sich der Gesprächspartner unaufmerksam gezeigt, wenig zugehört und sein Gegenüber häufig unterbrochen, so wurde der Gesprächsverlauf stets als unbefriedigend eingeschätzt. Der Partner wurde jedoch *weniger* negativ bewertet, wenn es sich um einen älteren Menschen gehandelt hatte. Für die Interpretation der Daten wäre es außerdem hilfreich, mit vergleichbaren Methoden zu untersuchen, wie ältere Menschen den Dialog mit jüngeren beschreiben und bewerten. So ließe sich z.B. klären, ob die Älteren ihre Zufriedenheit an vergleichbaren Kriterien festmachen, und es ließe sich ermitteln, ob diese Bewertungen korrespondieren oder ob die Zufriedenheit möglicherweise einseitiger ist als im Gespräch zwischen Altersgleichen.

6.4 Das Kommunikationsverhalten jüngerer Menschen im Dialog mit Älteren

Die beschriebenen Studien haben nachgewiesen, daß die kommunikativen Fähigkeiten älterer Menschen in den meisten Bereichen – verglichen mit denen jüngerer Menschen – als geringer eingestuft werden. Ergibt sich hieraus auch, daß jüngere Menschen es für notwendig halten, ihr eigenes Kommunikationsverhalten stilistisch und inhaltlich den (vermuteten) Bedürfnissen der Älteren anzupassen? Und wenn dies der Fall sein sollte: Wie sehen solche Anpassungsleistungen aus?

6.4.1 Sprachliche Anpassung Jüngerer in experimentellen Studien

In den typischen Experimenten zu sprachlichen Anpassungsformen wurden sog. „referentielle Kommunikationsaufgaben" verwendet. Die Probanden werden dabei aufgefordert, Äußerungen an eine anwesende ältere (Kontrollbedingung: jüngere) Person zu richten, z.B. ihr die Regeln eines Spiels zu erklären (Rubin & Brown, 1975) oder ihr eine Wegbeschreibung zu geben (Molfese, Hoffman & Yuen, 1981). Man fand dabei, daß sowohl jüngere wie (z.T.) auch ältere Menschen ihre Erklärungen deutlich vereinfachten, wenn sie annahmen, sie seien für eine ältere Person bestimmt. So fielen die Erklärungen umfangreicher aus, die einzelnen Aussagen waren grammatikalisch weniger komplex und mehr Aussagen wurden wörtlich wiederholt. Die kanadische Wissenschaftlerin Susan Kemper untersuchte sprachliche Anpassungsformen in einer Serie von sorgfältig geplanten Studien genauer. Stets bestand die Aufgabe der Probanden darin, einer anderen Person anhand eines Stadtplans eine Route zu beschreiben, die der Partner auf einem eigenen Plan einzeichnen sollte. S. Kemper, Vandeputte, Rice, Cheung und Gubarchuk (1995) ließen ihre Probanden mit einem gleichaltrigen vs. altersverschiedenen Partner zusammenarbeiten. Jeder Proband nahm an zwei Versuchsterminen teil: Zum ersten waren mit einem gleichaltrigen Partner sowohl eine leichte als auch eine schwierige Aufgabenvariante zu lösen, wobei jeder der beiden einmal als Sprecher und einmal als Adressat fungierte, so daß insgesamt vier Versuchsdurchgänge realisiert wurden. Beim zweiten Versuchstermin wurde der Untersuchungsablauf mit altersgemischten Dyaden wiederholt. Weder das Alter des Sprechers noch das des Adressaten beeinflußte für sich genommen die erfaßten Merkmale des Sprechstils. Ebenso ergaben sich keine Interaktionen zwischen Aufgabenschwierigkeit und dem Alter beider Partner. Wechselwirkungen zwischen Sprecher- und Adressatenalter zeigten jedoch an, daß jüngere Sprecher sich im Gegensatz zu den älteren Sprechern den (vermeintlichen) Bedürfnissen ihres älteren Gegenüber anzupassen versuchten: Sie sprachen langsamer und ausführlicher, verwendeten kürzere Sätze und weniger komplexe grammatische Strukturen, wiederholten häufiger Teile der Instruktionen, benutzten einen vielfältigeren Wortschatz und mehr angehängte Fragen (z.B. „nicht wahr?"). Keine Unterschiede ergaben sich für paraverbale Merkmale. Arbeiteten ältere Menschen mit einem jungen Sprecher zusammen, wiederholten sie dessen Formulierungen häufiger, baten häufiger um genauere Erläuterungen und zeigten sich durch die Beschreibungen eher verunsichert als jüngere Zuhörer. Hierdurch versuchten sie möglicherweise ihre speziellen Bedürfnisse zu signalisieren. Der Stil älterer Sprecher variierte dagegen im Gegensatz zu Befunden von Molfese et al. (1981) nicht mit dem Alter der Adressaten. Es ergab sich allein, daß Jüngere und Ältere unterschiedlich auf den älteren Sprecher reagierten: Ältere zeigten hier mehr Anzeichen von Verunsicherung und arbeiteten weniger genau als jüngere Adressaten. Dieses Ergebnismuster wurde durch eine höhere Aufgabenschwierigkeit verstärkt. Jüngere Sprecher vereinfachten ihren Sprechstil bei höherer Aufgabenschwierigkeit noch deutlicher, wenn sie mit einem älteren Adressaten zusammenarbeiteten; dies war für die älteren Sprecher nicht zu beobachten. Zugleich erwiesen sich die sprachlichen Modifikationen, die von jüngeren Sprechern vorgenommen wurden, als offenbar effektiv: Die Anzahl der Fehler, die die älteren Adressaten beim Zeichnen der Wegbeschreibungen machten, nahm mit steigender Ausführlichkeit und Redundanz der Erklärungen ab, und auch eine verringerte Sprechgeschwindigkeit und höhere grammatikalische Einfachheit trugen zu einer höheren Qualität der Aufgabenlösungen bei. Diese Zusammenhänge waren interessanterweise weder in altersgleichen Dyaden älterer Menschen noch in Dyaden mit einem älteren Sprecher und einem jüngeren Adressaten zu beobachten. In einer zweiten, ähnlich angelegten Untersuchung (S. Kemper, Othick, Warren, Gubarchuk & Gerhing, 1996) wurde die gleiche Aufgabe verwendet. Allerdings war es den Adressaten hier nun nicht möglich, die Sprecher zu unterbrechen oder

Rückfragen zu stellen. Dadurch sollte ausgeschlossen werden, daß die jüngeren Sprecher ihr Verhalten *reaktiv* auf Signale von Unsicherheit und auf Rückfragen der Älteren veränderten. Erneut waren die jüngeren Sprecher bemüht, ihre an Ältere gerichteten Beschreibungen – insbesondere bei höherer Aufgabenschwierigkeit – sprachlich zu vereinfachen. Dies geschah, obwohl sie instruktionsgemäß keinerlei Signale vom Gegenüber erhielten, aus denen sie auf Verständnisschwierigkeiten hätten schließen können. Die Routenbeschreibungen älterer Sprecher fielen wiederum unabhängig vom Alter des Adressaten und von der Aufgabenschwierigkeit vergleichbar aus.

Auch Harris, Moniz, Sowards und Krane (1994) untersuchten Unterschiede im Sprechverhalten, das an einen jüngeren oder älteren Adressaten gerichtet war. In einem ersten Experiment wurde studentischen Versuchspersonen mitgeteilt, sie würden an der Erstellung eines Lehrfilms mitwirken. Dabei sollten sie einer gleichaltrigen Studentin vs. einer älteren Frau die Regeln einer bestimmten Aufgabe erklären. Vorab sollten sie einschätzen, wie gut die Adressatin die Aufgabe wohl bewältigen könne und wie gut ihnen selbst das Erklären gelingen würde. Diese beiden Einschätzungen unterschieden sich nicht in Abhängigkeit davon, ob die vermeintliche Adressatin jung oder alt war. Das Alter der Adressatin hatte jedoch Einfluß auf die inhaltliche Gestaltung der Erklärungen und auf das Ausdrucksverhalten der Sprecher. Das galt allerdings nur in der weiblichen Teilstichprobe: Studentinnen, die vermeintlich eine ältere Person zu instruieren hatten, vermittelten weniger Informationen und wurden von unabhängigen Beurteilern als nervöser und weniger freundlich eingeschätzt als die Frauen, die von einer gleichaltrigen Adressatin ausgegangen waren.

In weiteren Untersuchungen stand die Frage im Mittelpunkt, wie die Probanden ihre sprachlichen Anpassungsbemühungen in Abhängigkeit davon modifizierten, welche Informationen sie über das Alter hinaus noch über ihr Gegenüber erhielten. S. Kemper, Finter-Urczyk, Ferrell, Harden und Billington (1998) variierten dies, indem ein älterer Adressat sich einmal gemäß seinem üblichen Leistungsniveau verhielt vs. die Symptome einer Demenz simulierte. Im letztgenannten Fall ließen sich die sprachlichen Anpassungsleistungen jüngerer Menschen an einer höheren Länge der Ausführungen, einem höheren Informationsgehalt der Beschreibungen sowie an einer höheren Zahl von Wiederholungen ablesen. Unverändert blieb dagegen die grammatikalische Komplexität und das paraverbale Verhalten. S. Kemper, Ferrell, Harden, Finter-Urczyk und Billington (1998) zeigten jungen und älteren Erwachsenen Fotos von älteren Adressaten, die entweder als aktiv, gesund und selbständig lebend charakterisiert oder denen erhebliche kognitive Beeinträchtigungen (z.B. Gedächtnisstörungen) zugeschrieben wurden. Beide Probandengruppen gaben an, einen vereinfachten Sprechstil im Umgang mit den kognitiv beeinträchtigten Adressaten für angemessen zu halten. Allerdings verhielten sich nur die jungen Probanden dementsprechend und veränderten ihr Sprechverhalten; auf seiten älterer Menschen waren kaum sprachliche Anpassungsleistungen zu beobachten.

Eine geringere Anpassung des Sprechverhaltens älterer Menschen an ihren (in diesem Fall gleichaltrigen) Interaktionspartner läßt sich auch aus

der Studie von Hupet, Chantraine und Nef (1993) erschließen. Ältere vs.
jüngere altersgleiche Dyaden bearbeiteten eine referentielle Kommunikati-
onsaufgabe: Jedem der Partner lag eine Reihe von einfachen Bildern vor.
Aufgabe des Sprechers war es, jedes Bild so genau zu beschreiben, daß der
Adressat es in seiner Bilderreihe identifizieren konnte. Jedes Paar durch-
lief sechs Versuchsdurchgänge mit dem gleichen Material. In jedem
Durchgang wurden dabei die Rollen als Sprecher und Adressat getauscht.
Sowohl jüngeren als auch älteren Dyaden gelang die Aufgabenlösung mit
zunehmender Übung besser: Die Erläuterungen fielen kürzer aus, die
Sprecher nahmen häufiger Bezug auf Informationen aus vorherigen Ver-
suchsdurchgängen und verwendeten weniger neue Begriffe, d.h. es gelang
ihnen im Laufe des Versuchs, eine gemeinsame Sprache für die Bildbe-
schreibung und -erkennung zu finden. Allerdings lag die Leistung der jüngeren Dyaden durchweg über der der älteren. Diese Altersdifferenzen
wurden damit in Zusammenhang gebracht, daß die Sprecher in jungen
Dyaden häufiger Formulierungen aufgriffen, die der jetzige Adressat seinerseits als Sprecher benutzt hatte. Ältere Sprecher führten dagegen sehr
viel häufiger gänzlich neue Informationen in die Beschreibungen ein. Sie
verwendeten z.B. eigene Bezeichnungen für die Bilder, die vom Partner
erst durch Nachfragen geklärt werden konnten.

In der unseres Wissens ersten und einzigen deutschen Studie zu dieser
Thematik versuchten Thimm, Rademacher und Kruse (1998) nachzuweisen, daß sprachliche Anpassungsleistungen mit der Aktivierung eines positiven vs. negativen Altersstereotyps zusammenhängen. Sie forderten studentische Probanden auf, einer fiktiven Adressatin den Gebrauch eines Ra-
dioweckers zu erklären. Die Erklärungen wurden auf Tonband aufgezeichnet und nach vielfältigen Kriterien analysiert (z.B. Länge, Dauer und
Anzahl von Pausen, Wortwiederholungen, Verwendung von Verkleine-
rungsformen). In zwei Versuchsbedingungen wurden lediglich Name und
Alter der Adressatin mitgeteilt, die als 32jährig oder 82jährig beschrieben
wurde. Hier sollte sich zeigen, ob bereits die Altersinformation allein zu
Unterschieden in den Sprechmustern führt. Dies konnte nur für wenige der
verwendeten Indikatoren statistisch nachgewiesen werden. In Erklärungen,
die vorgeblich für eine ältere Frau bestimmt waren, wurden allerdings
mehr altersbezogene Themen, v.a. potentielle Defizite älterer Menschen
angesprochen (z.B. die Adressatin wurde gebeten, sie möge ihre Brille auf-
setzen). Tendenziell lobten die Studenten ihre fiktive ältere Adressatin häufiger und unterstützten sie mehr. Zusätzlich konstruierten die Autorinnen
zwei ausführlichere stereotyp-orientierte Beschreibungen älterer Frauen.
Sie vermuteten, daß Erklärungen für eine positiv (d.h. als aktiv, interessiert und sozial aufgeschlossen) charakterisierte ältere Frau sich nicht
von denen unterscheiden sollten, die an eine jüngere Frau adressiert sind.
Im Umgang mit einer negativ portraitierten Adressatin erwarteten sie dagegen deutliche Modifikationen verbaler, nonverbaler und paraverbaler
Merkmale der Erklärungen. Diese Hypothesen ließen sich jedoch nicht auf-
rechterhalten: Es waren nur schwache Unterschiede im Sprechverhalten
feststellbar, das an positiv vs. negativ beschriebene Adressatinnen gerichtet

war. Entgegen den Erwartungen unterschieden sich Beschreibungen, die an eine junge vs. an eine positiv charakterisierte ältere Frau gerichtet waren, aber vergleichsweise deutlich voneinander. Erklärungen für die ältere Frau waren deutlich länger, enthielten mehr Pausen und waren durch eine variablere Intonation gekennzeichnet.

Hummert und Shaner (1994) fanden demgegenüber Unterschiede im Sprechverhalten, das an positiv vs. negativ stereotypisierte ältere Menschen gerichtet war. Zunächst beurteilten die studentischen Versuchspersonen, wie angemessen bestimmte Sprechweisen gegenüber älteren Menschen seien. War das Gegenüber durch ein negatives Altersstereotyp charakterisiert („stark beeinträchtigte Frau"), so hielten die Studenten eher ein bevormundendes Verhalten für angemessen. Die Versuchspersonen gaben z.B. an, sie würden lauter, langsamer und deutlicher betont sprechen. Dies war bei einer Zielperson, die einem positiven Altersstereotyp („perfekte Großmutter") entsprach, nicht der Fall. Diese Überzeugungen spiegelten sich teils im Sprechverhalten wider, was sich zeigte, wenn die Probanden im Anschluß Mitteilungen an die zwei (fiktiven) älteren Adressatinnen richteten. Mitteilungen an eine vermeintlich gebrechliche Frau enthielten kürzere Sätze, weniger Aussagen und entsprachen in ihren paraverbalen Kennzeichen einem *patronizing speech*-Muster (vgl. Abschnitt 6.4.2). Hummert, Shaner, Garstka und Henry (1998) variierten zusätzlich das Alter der Probanden. Erneut ergab sich, daß Probanden jungen, mittleren und höheren Erwachsenenalters für ihren Umgang mit einer negativ stereotypisierten älteren Frau erwarteten, sie würden ihr Sprechverhalten verändern. Entsprechende Anpassungen ließen sich erneut in Tonbandaufnahmen erkennen, was wiederum für das Verhalten der jungen Probanden in höherem Maße galt als für die älteren Probanden. Zudem hingen die verwendeten Sprechmuster vom Situationskontext ab: Krankenhauspatienten waren – insbesondere dann, wenn es sich um eine eigentlich als kompetent charakterisierte ältere Person handelte – häufiger Adressaten eines „bevormundenden Sprechstils" als Ältere, die ihren Gesprächspartnern in ihrer üblichen Lebensumwelt begegneten. Selbst wenn keine Hinweise darauf vorliegen, daß ältere Menschen in ihrer kommunikativen Kompetenz beeinträchtigt sind, wird offenbar allein aus dem Vorliegen einer körperlichen Krankheit auf entsprechende Defizite geschlossen und das Sprechverhalten (über-)angepaßt.

Die experimentellen Studien verdeutlichen also, daß jüngere Menschen in der Tat anders sprechen, wenn sie sich an eine Person wenden, die (vermeintlich) ein hohes Lebensalter aufweist. Allerdings erhielten die Probanden in der experimentellen Situation oft weder Informationen darüber, wie der ältere Adressat ihr Verhalten aufnahm noch darüber, wie effektiv ihr Bemühen um sprachliche Vereinfachung war. Im Alltag liegen derartigen Informationen jedoch – wenn auch oft nur unvollständig – vor. So können z.B. die älteren Interaktionspartner ihrerseits regulierend in den Kommunikationsprozeß eingreifen. Die Studien können daher strenggenommen noch nicht belegen, ob jüngere Menschen auf kompetentes Verhalten eines älteren Gegenüber nicht adäquat reagieren, indem sie zu ihrem gewohnten Sprechstil übergehen. Die Befunde zeigen allerdings, daß jüngere Menschen ihr Sprechverhalten – im Einklang mit einem negativ getönten Altersstereotyp – schemageleitet verändern, wenn sie über ihren älteren Interaktionspartner wenig Information besitzen. Werden zusätzliche Informationen mitgeteilt (z.B. über den Funktionsstatus oder über die Reaktionen des älteren Gegenübers), scheinen die Jüngeren in der Lage, diese Informationen auch zu verwerten und sprachliche Anpassungsbemühungen entsprechend zu verstärken. Eher nachdenklich stimmen jedoch Ergebnisse, wonach studentische Probanden selbst gegenüber einer als sehr kompetent geschilderten älteren Frau einen altersangepaßten Sprechstil verwendeten (Thimm et al., 1998).

Ergänzend zu Abschnitt 6.2 läßt sich zudem als weitere Besonderheit des Sprech- bzw. Kommunikationsverhaltens älterer Menschen festhalten, daß sie ihr Verhalten weniger adressatenspezifisch variieren, als jüngere Menschen dies tun. Die Gründe hierfür sind noch ungeklärt (vgl. S. Kemper, Othick, Gubarchuck & Billington, 1998): Einerseits könnten Fähigkeitsdefizite (z.B. eine geringere Kapazität der Informationsverarbeitung) dazu führen, daß ältere Menschen die Notwendigkeit sprachlicher Anpassungsleistungen nicht mehr wahrnehmen oder diese Leistungen nicht mehr zu erbringen imstande sind. Eine weitere Annahme, wonach ältere Menschen generell weniger sensitiv für Alterszeichen sein sollten, steht z.B. nicht im Einklang mit dem Befund von S. Kemper, Ferrell et al. (1998). Diese Autoren hatten nämlich gefunden, daß ältere Menschen prinzipiell Anpassungsleistungen ebenso für angemessen halten wie jüngere Menschen, wenn sie es mit einem kognitiv beeinträchtigten Gleichaltrigen zu tun haben. Schließlich ist denkbar, daß ältere Menschen vereinfachte Sprechmuster, die an sie ebenso wie an andere ältere Menschen gerichtet sind, negativ wahrnehmen und daher auch nicht selbst verwenden. Auf Befunde, die auf diese Erklärungsmöglichkeit hinweisen, wird in Abschnitt 6.5 eingegangen. Allen Studien ist zudem gemeinsam, daß die Aufgabe der Probanden darin bestand, (aufgabenbezogene) Informationen möglichst effektiv zu übermitteln. Diese Funktion steht jedoch nicht immer im Zentrum und mag nur einem Teil der Interaktionen zwischen Jung und Alt zugeschrieben werden. Daher stellt sich die Frage, ob entsprechende sprachliche Anpassungsformen jüngerer Menschen auch in solchen alltäglichen Dialogsituationen beobachtbar sind.

6.4.2 Kommunikationsmuster jüngerer Menschen innerhalb und außerhalb von Institutionen

Institutionelle Sprech- und Kommunikationsmuster. Alten- und Pflegeheime stellen einen Kontext dar, in dem es tagtäglich zu Begegnungen zwischen Menschen unterschiedlicher Generationen kommt und der sich deshalb für eine Analyse intergenerationeller Kommunikationsmuster anbietet. So eindrucksvoll die Befunde, die im folgenden dargestellt werden, auch sein mögen, gilt es jedoch zu beachten, daß Inhalt und Stil dieser Begegnungen durch ihren institutionellen Rahmen geprägt sind (vgl. Sachweh, 1998b): Zum einen verläuft der sprachliche Austausch zwischen Pflegepersonal und Bewohnern überwiegend begleitend zu pflegerischen Aktivitäten, erscheint also eng kontext- bzw. situationsgebunden. Zum anderen unterscheidet sich die Kommunikation in solchen Institutionen von anderen Begegnungen dadurch, daß die Beziehungen zwischen Alt und Jung asymmetrischer Natur sind. Die Rollen von Helfendem und Hilfeempfänger sind zwischen den Beteiligten im Regelfall klar verteilt. Allein eine solche Asymmetrie kann – unabhängig vom Alter der Beteiligten – zu Besonderheiten des Sprechverhaltens führen, die anderenorts unter dem Stichwort „machtbezogene Kommunikation" (*power-related talk*) beschrieben wurden (Ng & Bradac, 1993; Thimm, Rademacher & Kruse, 1995).

In Beobachtungsstudien wurden nun verschiedene institutionelle Sprech- und Kommunikationsmuster jüngerer Menschen gegenüber älteren identifiziert und unter Bezeichnungen wie *secondary baby talk* (Ashburn & Gordon, 1981; Caporael, 1981), *controlling talk* (Lanceley, 1985), *infantilizing speech* (Whitbourne, Culgin & Cassidy, 1995), *patronizing speech* (Ryan, Bourhis & Knops, 1991) oder *elderspeak* (S. Kemper, 1994) beschrieben. Verhaltensweisen, die in unterschiedlicher Kombination diese Muster charakterisieren, sind in Tabelle 1 zusammengestellt.

Die „sekundäre Babysprache" (*secondary baby talk)* stellt ein besonders vereinfachtes Sprechmuster dar. Es ist vor allem durch paraverbale Merkmale wie eine hohe und variable Stimmlage, eine übertriebene Intonation sowie durch die Verwendung spezieller Begriffe, Morpheme und Satzkonstruktionen gekennzeichnet. Als Babysprache wurde es deshalb bezeichnet, weil es solchen Sprechmustern ähnelt, wie sie gegenüber kleinen Kindern verwendet werden (siehe Snow & Ferguson, 1977). Caporael (1981) berichtete, daß Interaktionen zwischen Pflegekräften und älteren Patienten einerseits und zwischen Erwachsenen und zweijährigen Kleinkindern andererseits auf der Basis der Intonationsmuster nicht voneinander unterschieden werden konnten. Die Autorin hatte über einen Monat hinweg verbale Interaktionen zwischen Bewohnern eines Altenpflegeheims und Pflegekräften während der Mittagsmahlzeiten erfaßt. 22 Prozent aller Äußerungen der Pflegekräfte gegenüber den Älteren waren als *baby talk* einzustufen. Die Häufigkeit von *baby talk* variierte dabei erheblich, und zwar sowohl in Abhängigkeit vom Adressaten als auch von der Pflegerin. Wie häufig die Pflegekräfte einem bestimmten Patienten gegenüber diese Sprache verwendeten, war jedoch unabhängig davon, wie sie seinen Funktionsstatus eingeschätzt hatten. In einer vergleichbaren Untersuchung fanden Caporael und Culbertson (1986) in einer Institution mit schwerstpflegebedürftigen älteren Menschen einen Anteil von 24 Prozent *baby talk* an allen Äußerungen der Pflegekräfte. Dagegen kam in einem Heim mit relativ selbständigen Bewohnern die sekundäre Babysprache so selten vor, daß auf eine quantitative Auswertung verzichtet wurde.

Tabelle 1:   Merkmale von Sprechmustern gegenüber älteren Menschen (Heimbewohnern) (nach Ryan et al., 1995)

Verbale Kennzeichen	Nonverbale bzw. paraverbale Kennzeichen

A. Wortwahl	*A. Stimmqualität*
• gebräuchliche Begriffe	• hohe Stimmlage
• kurze, einfache Wörter	• überdeutliche Aussprache
• Veränderungen von Pronomina (z.B. „Wir" statt „Sie")	• übertriebene Intonation
	• hohe Lautstärke
• „kindliche" Ausdrücke	• geringe Sprechgeschwindigkeit
• Diminutiva/Verkleinerungsformen (im Deutschen durch angehängtes „-chen" oder „-lein", z. B. „ein Täßchen Kaffee"; „ein kleiner Spaziergang")	*B. Blickkontakt*
	• Vermeidung von Blickkontakt
	• Anstarren
B. Grammatik	• Augenrollen (als Zeichen von Ungeduld)
• einfache, kurze Sätze	• Zwinkern
• Wiederholungen	
• angehängte Fragen („nicht wahr?")	*C. Nähe-Distanz-Regulation*
• Imperative/Aufforderungen	• zu große körperliche Distanz
• Füllwörter	• zu geringe körperliche Distanz
• unvollständige Sätze	• Sich-Beugen über eine sitzende oder bettlägerige Person
C. Form der Anrede	*D. Mimischer Ausdruck*
• Duzen, Anrede mit Vornamen oder Spitznamen	• Stirnrunzeln
• Verniedlichungen wie „meine Liebe" oder „guter Junge"	• übertriebenes Lächeln
	• hochgezogene Augenbrauen
• Vermeidung der Anrede (z.B. im Gespräch mit Dritten über den Älteren in dessen Anwesenheit)	*E. Gestik*
	• Kopfschütteln
D. Thematische Gestaltung	• Schulterzucken
• eingeschränkte Themenwahl (z.B. Vergangenheitsbezug, oberflächlich-aufgabenorientierte oder übermäßig persönliche Kommunikation)	• Hände in die Hüften stützen
	• Arme verschränken
	• ruckartige Bewegungen
• Unterbrechungen	*F. Körperkontakt*
• übertriebenes Lob für selbstverständliche „Leistungen"	• Berührungen an Kopf, Arm oder Schulter
• herablassende, überfürsorgliche oder bestimmende Äußerungen	
• Nicht-Eingehen auf Themen, die von Älteren eingebracht werden	

Neben *baby talk* wurde ein weiteres Sprechmuster von Pflegekräften mit älteren Patienten, der sog. *non baby talk,* beschrieben. Diese beiden Sprechmuster unterschieden sich voneinander sowie von dem, was für Gespräche von Pflegekräften untereinander (sog. *adult speech*) charakteristisch war, nicht allein in ihren paraverbalen Qualitäten, sondern auch in inhaltlichen und strukturellen Merkmalen: Sätze in *baby talk* waren kürzer als die in *adult speech* und tendenziell auch die Sätze in *non baby talk* (Culbertson & Caporael, 1983). *Baby talk* enthielt gegenüber *non baby talk* mehr Interpretationen der Aussagen alter Menschen (Caporael & Culbertson, 1986) sowie mehr ermutigende Äußerungen und weniger direkte Hilfsangebote (Culbertson & Caporael, 1983). Das wichtigste inhaltliche Kennzeichen von *non baby talk* war, daß den Älteren bei einfachen Tätigkeiten Hilfe angeboten wurde, die diese auch allein hätten ausführen können. Caporael und ihre Koautorinnen interpretieren *non baby talk* daher als ein institutionelles Sprechmuster, das abhängiges Verhalten seiner älteren Bewohner fördern kann. M.M. Baltes, Wahl und Reichert (1991; M.M. Baltes & Wahl, 1996) haben auf Verhaltensebene einen vergleichbaren Interaktionsstil beschrieben, den sie als „Abhängigkeit-Unterstützen-Muster" (*dependency-support-script*) bezeichneten und der gepaart mit einem „Unabhängigkeit-Ignorieren-Muster" (*independence-ignore-script*) auftrat: Jüngere Interaktionspartner reagieren demnach auf abhängiges Verhalten älterer Menschen mit unmittelbarem Eingreifen, während kompetentem und selbständigem Verhalten Älterer im Regelfall keine besondere Beachtung geschenkt wird (hierzu Kapitel 9).

Eine linguistische Studie von Sachweh (1998a,b) zeigt, daß auch die Bewohner deutscher Altenpflegeheime mitunter mit *secondary baby talk* konfrontiert sind. Die Autorin zeichnete Interaktionen zwischen Pflegerinnen und Bewohnern während einer typischen Pflegesituation, nämlich dem morgendlichen Waschen und Ankleiden, auf. Insgesamt 33 Pflegekräfte und 70 Patienten nahmen an der Studie teil; das Datenmaterial umfaßte 196 Interaktionen von insgesamt 40 Stunden. Als verbale und paraverbale Indikatoren von *secondary baby talk* wurden z.B. eine spezifische Modulation der Stimme, eine geringere grammatikalische Komplexität, Wiederholungen und Vereinfachungen der Wortwahl gewertet. Sachweh (1998b) hebt hervor, daß das Interaktionsverhalten der Pflegekräfte keinesfalls pauschal als respektlos charakterisiert werden kann. Vielmehr seien Pflegekräfte mitunter in ganz besonderem Maße bemüht, ihren Patienten höflich und respektvoll zu begegnen, um es ihnen zu ermöglichen, auch in der asymmetrischen Rollensituation „ihr Gesicht zu wahren". Als typisch schildert Sachweh auch verständnissichernde Strategien, mit denen Pflegekräfte versuchen, sprachgestörte, schwerhörige oder dementielle Heimbewohner in die Kommunikation einzubeziehen und die aktuelle Pflegesituation für sie durchschaubar und nachvollziehbar zu machen. Zu diesen Strategien gehört es, eigene Äußerungen zu wiederholen, Aussagen der Patienten vergewissernd aufzugreifen und Beginn und Ende pflegerischer Handlungen zu kommentieren. Neben *secondary baby talk*, der trotz seiner diskriminierenden Aspekte als Resultat guter Absichten interpretiert werden kann, beschreibt Sachweh jedoch auch eindeutig „gesichtsbedrohende" Verhaltensweisen. Diesen scheint gemeinsam, daß sie den Bewohnern den Status eines Kindes zuschreiben. Hierzu gehört, daß die Patienten geduzt werden (häufig sogar in Kombination mit der höflicheren Verwendung des Nachnamens), daß in ihrer Gegenwart mit Dritten über sie gesprochen wird, daß sie unterbrochen werden, wenn sie ihre Äußerungen nicht schnell oder genau genug formulieren, daß ihre Verhaltensmuster nachgeahmt oder daß sie offen kritisiert werden.

Determinanten institutioneller Sprech- und Kommunikationsmuster. Ob die Häufigkeit von *baby talk* eher mit Merkmalen seiner Adressaten – z.B. deren Geschlecht, Funktionsstatus oder Präferenzen – oder mit Merkmalen seiner Verwender – z.B. mit deren (negativem) Altersstereotyp – zusammenhängt, ist noch offen. Sachweh (1998a) zufolge variierte in ihrer Studie *baby talk* sowohl in Abhängigkeit von Merkmalen der älteren Patienten als auch von individuellen Stilen der Pflegekräfte. Typische Verwenderinnen des Sprechmusters waren entgegen den Annahmen Hummerts (1994b) nicht etwa jüngere Pflegekräfte, denen ein besonders negatives Altersstereotyp zugeschrieben wird. Stattdessen traf dies eher auf Altenpflegerinnen im mittleren Lebensalter zu. Männliche Pflegekräfte verwendeten *baby talk* deutlich seltener. Sachweh (1998a) vermutet dazu, Frauen würden ihre Erfahrungen mit der Erziehung ihrer Kinder in ihren Beruf übertragen. Bevorzugte Adressantinnen von *baby talk* waren sprach- und kommunikationsgestörte Heimbewohnerinnen mit reduziertem Funktionsstatus. Männliche Heimbewohner wurden nur äußerst selten im *secondary baby talk* angesprochen. Zudem variierten die Pflegerinnen ihr Verhalten in Abhängigkeit von der Sympathie, die sie für bestimmte Patienten empfanden. *Baby talk* wurde vor allem im Umgang mit denjenigen Bewohnern eingesetzt, welche die Pflegerinnen entweder sehr wenig *oder* aber ganz besonders schätzten.

Caporael, Lukaszewski und Culbertson (1983) favorisieren hingegen die Annahme einer stereotypgeleiteten Verwendung von *baby talk*. Sie hatten Mitarbeiterinnen von drei Altenpflegeheimen gebeten, den Funktionsstatus ihrer Patienten zu beurteilen, und dann den Mittelwert dieser Beurteilungen gebildet. Da jeder Patient von verschiedenen Pflegerinnen eingeschätzt worden war, interpretierten die Autoren den Mittelwert einer Pflegekraft als Maß für generalisierte Erwartungen, die sie an das Funktionsniveau ihrer Patienten hatte. Den Pflegerinnen wurden nun Paare von Stimmproben in *baby talk* vs. *non baby talk* oder *adult speech* vorgespielt. Ihre Aufgabe bestand darin anzugeben, welche der beiden Stimmen ältere Pflegeheimbewohner wohl mehr schätzen würden und wie effektiv ein solches Sprechverhalten im Umgang mit ihnen sei. Die Pflegekräfte vermuteten umso eher, ältere Menschen würden generell *baby talk* gegenüber den anderen Sprechmustern bevorzugen, je negativer sie den Funktionsstatus ihrer eigenen Patienten bewertet hatten. Ferner beurteilten sie unter diesen Umständen *baby talk* als effektiver im Umgang mit älteren Heimbewohnern. Für Urteile über *adult speech* zeigte sich ein umgekehrtes Zusammenhangsmuster. Je mehr die Pflegekräfte dazu neigten, ihre Patienten als inkompetent zu charakterisieren, desto eher meinten sie, im Umgang mit älteren Pflegeheimbewohnern sei das „erwachsene" Sprechverhalten nicht brauchbar. Leider wurde in dieser Studie nicht systematisch erfaßt, ob die Pflegerinnen tatsächlich häufiger in *baby talk* interagierten. Daher bleibt offen, ob generalisierte (stereotype) Erwartungen an die Kompetenz älterer Menschen tatsächlich geeignet sind, das Sprech- bzw. Kommunikations*verhalten* ihnen gegenüber vorherzusagen.

Kommunikationsmuster außerhalb von Institutionen. In weiteren Studien wurden weniger spezielle Sprechmuster als vielmehr Strategien der Gesprächssteuerung untersucht. N. Coupland et al. (1988) arbeiteten dabei heraus, welche Rolle die jüngere Gesprächspartnerin im Prozeß der schmerzvollen Selbstenthüllung (*PSD*) Älterer spielt, und sie zeigten auf, in welchem Dilemma sich beide Seiten dabei befinden: Zwar gingen in der Mehrzahl der Fälle die belastenden Selbstenthüllungen von den älteren Sprecherinnen selbst aus, die entsprechende Erlebnisse ansprachen (z.B. „Mit 76 geht es eben nicht mehr wie früher. Seit ich vor zwei Jahren auf der Straße gestürzt bin, ist das Gehen schon sehr beschwerlich."). Generell schienen die Gespräche jedoch in hohem Maße von den Jüngeren gelenkt zu werden: 82 Prozent der Fragen in diesen Interaktionen wurden von den jüngeren Frauen gestellt (Harwood, 1989; zit. nach Giles et al., 1992), was von unabhängigen Beobachtern als interviewender Kommunikationsstil eingeschätzt wurde. Auch *PSD* wurde oft von den jüngeren Frauen angeregt, indem diese z.B. direkte Fragen zu potentiell schmerzvollen Themen stellten (z.B. „Lebt Ihr Mann eigentlich noch?"), welche die älteren Frauen zwangsläufig mit *PSD* beantworten mußten, wenn sie darauf eingehen wollten. Auf die Erwähnung entsprechender Erfahrungen reagierten die jüngeren Frauen oft mit weiteren Nachfragen oder mit Anzeichen von Überraschung oder Sympathie, welche die ältere Gesprächspartnerin darin bestärkten, ihre Erzählungen fortzusetzen. Aber auch die Beendigung der *PSD* erfolgte überwiegend durch die jüngere Empfängerin, indem sie z.B. relativ abrupt auf ein anderes Thema auswich. In Dyaden altersgleicher jüngerer Frauen waren derartige Strategien weitaus seltener zu beobachten. Nach N. Coupland et al. (1988) lassen sich diese unterschiedlichen Verhaltensweisen als Ausdruck eines „Anpassungsdilemmas" jüngerer Menschen verstehen: Für einen Partner, der mit *PSD* konfrontiert sei, gebe es kaum eine adäquate Möglichkeit, auf solche Selbstoffenbarungen so zu reagieren, daß sie seinen eigenen Bedürfnissen und denen des Gesprächspartners gleichermaßen gerecht werden. Gehe er einfühlsam auf sein Gegenüber ein, so trage er zur Aufrechterhaltung eines Verhaltensmusters bei, das er selbst als belastend empfinde. Zudem laufe er Gefahr, daß sein Verhalten als überangepaßt interpretiert wird. Reagiere er hingegen abweisend und wechsle er z.B. das Thema, so verhalte er sich eindeutig unterangepaßt und verletze gängige Höflichkeitsregeln der Kommunikation. Dies kann, so diese Autoren weiter, in der Tat dazu führen, daß jüngere Menschen sich in Anbetracht der widersprüchlichen Anforderungen, die an sie gestellt sind, aus dem Kontakt mit Älteren eher zurückziehen.

6.5 Bewertungen und Effekte des Kommunikationsverhaltens jüngerer Menschen gegenüber Älteren

Die Angemessenheit eines Kommunikationsmusters läßt sich nicht auf einer einheitlichen Urteilsdimension einschätzen. Vielmehr gilt es zu unterscheiden zwischen affektiv-evaluativen Bewertungen des Verhaltens und dem Grad, in dem ein Sprechmuster eine funktionierende Kommunikation zwischen den Interaktionspartnern erlaubt. Ausschlaggebend ist also zum einen seine Übereinstimmung mit den Bedürfnissen und Präferenzen ihres Adressaten. Zum anderen erscheint die objektive Effektivität sprachlicher Anpassungsformen bedeutsam, d.h. das Ausmaß, in dem sie zum Gelingen der Verständigung zwischen Alt und Jung beitragen. Nur dann, wenn beide Aspekte untersucht werden, läßt sich klären, ob ein Muster ausschließlich negative Altersstereotypisierungen abbildet oder vielmehr als Ausdruck empathischen und/oder pragmatisch kompetenten Kommunikationsverhaltens gedeutet werden sollte.

6.5.1 Bewertungen der kommunikativen Anpassung Jüngerer

Ersten Aufschluß darüber, wie ältere Menschen die alltägliche Kommunikation mit jüngeren wahrnehmen und bewerten, geben Ergebnisse einer Studie von Ryan und Cole (1990). Die Autoren hatten institutionalisierte wie auch in Privathaushalten lebende ältere Menschen gebeten zu beurteilen, wie jüngere Menschen im Alltag üblicherweise mit ihnen sprechen. Zusätzlich sollten sie angeben, wie jüngere Menschen sich ihnen gegenüber verhalten sollten. Die in Privathaushalten lebenden älteren Menschen waren im Vergleich zu institutionalisierten *weniger* zufrieden mit ihren kommunikativen Erfahrungen. Beide Teilstichproben wünschten sich, jüngere Menschen würden langsamer, einfacher und klarer mit ihnen sprechen. Zudem bevorzugten sie – verglichen mit ihren gegenwärtigen Erfahrungen – ein respektvolleres, fürsorglicheres und freundlicheres sowie ein weniger bevormundendes und dominantes Verhalten der Jüngeren. Die institutionalisierten Befragten erlebten das an sie gerichtete Sprechverhalten als langsamer, einfacher und freundlicher, wünschten sich jedoch, daß ihre Umwelt besser auf sie eingehe, als die kompetenteren Probanden.

Gerade *secondary baby talk* scheint nun vielfältige und – abhängig von Adressatenmerkmalen – unterschiedliche Konnotationen zu besitzen (vgl. Caporael & Culbertson, 1986) und auch in unterschiedlicher Absicht verwendet zu werden. Der sekundären Babysprache werden ebenso wie den entsprechenden Mustern gegenüber Kleinkindern sowohl kommunikative als auch soziale Funktionen zugeschrieben (vgl. z.B. Brown, 1977). Erstere werden in einer Erleichterung des Sich-Verstehens vermutet; dies soll mit Hilfe besonderer Einfachheit und Klarheit des sprachlichen Ausdrucks erreicht werden. Letztere dienen dazu, Affekte wie Zuneigung und Fürsorge auszudrücken. Je nach Qualität der Beziehung zwischen beiden und je nach Kontext kann jedoch auch eine spöttische oder herablassende Haltung deutlich und dem Adressaten signalisiert werden, daß er für abhängig und hilfsbedürftig – eben wie ein Kind – gehalten wird. In diesem Falle würde der ältere Partner dominiert und abgewertet werden. Hinweise auf die kommunikative Interpretation finden sich dagegen in Studien, die ein vergleichbares Sprechmuster in Paarbeziehungen ermittelt haben. Hier wurde *baby talk* als Ausdruck einer besonders engen und intimen Bindung aufgefaßt (Bombar & Littig, 1996; Montepare & Vega, 1988) und sogar positiv beurteilt resp. anderen Sprechmustern vorgezogen.

Caporael (1981) präsentierte studentischen Versuchspersonen Stimmproben, die in Gesprächen zwischen Pflegekräften untereinander (*adult speech*) oder in Interaktionen der Pflegekräfte mit alten Menschen in *baby talk* bzw. in *non baby talk* erfaßt worden waren (vgl. Abschnitt 6.4.2). Die Studierenden schrieben den drei Mustern unterschiedliche affektive Qualitäten zu. Insbesondere bewerteten sie *baby talk* als tröstender und aufmunternder als *non baby talk*. Caporael vermutete daher, daß die herablassende Konnotation von *baby talk* eher über verbale Elemente als über seine paraverbalen Merkmale transportiert wird. Zudem scheint die Bewertung von *baby talk* durch ältere Menschen eng mit ihrem Gesundheitszustand bzw. Funktionsstatus zusammenzuhängen. Caporael et al. (1983) berichteten, daß pflegebedürftige Altenheimbewohner dessen Intonation dem von *non baby talk* und *adult speech* stärker vorgezogen hätten als gesunde Heimbewohner, sie schienen also ein solches „Bemuttert-Werden" mitunter sogar zu genießen. O'Connor und Rigby (1996) argumentierten in Anlehnung an Ryan et al. (1991), daß ältere Menschen *baby talk* letztlich vor allem deshalb akzeptierten, weil sie sich letztlich daran gewöhnt hätten. Die Autoren präsentierten Älteren, die selbständig vs. in einem Altenpflegeheim lebten, zwei kurze schriftliche Szenarien, in denen ein älterer Mensch in *baby talk* bzw. in einem neutralen Sprechstil angesprochen wurde. Die Probanden beurteilten *baby talk* als weniger warm und als überheblicher, wobei die Urteile von Pflegeheimbewohnern und von sog. „alten Alten" allerdings weniger negativ ausfielen. Weitere Analysen zeigten, daß Männer, die eigenen Angaben zufolge in ihrem Alltag selten Adressaten von *baby talk* waren, ein um so ausgeprägteres Selbstwertgefühl aufwiesen, je mehr sie diesen Stil als überheblich bewerteten. Ein *geringeres* Selbstwertgefühl wiesen dagegen Frauen auf, die häufig in *baby talk* angesprochen wurden, den Sprechstil jedoch als wenig warm erlebten. Sachweh (1998a) berichtete aus einem deutschen Altenpflegeheim, die meisten Adressaten hätten *baby talk*, der an sie gerichtet war, weder ausdrücklich positiv noch negativ kommentiert. Deutlich zurückgewiesen wurde dieses Verhalten am ehesten von Patienten mit dementiellen Erkrankungen, was gegen die Annahme spricht, ältere Menschen mit reduziertem Funktionsstatus würden solche Sprechmuster generell eher tolerieren.

Generell scheinen die beschriebenen Sprechmuster jedoch – vor allem im Umgang mit gesunden resp. kompetenten älteren Menschen – eher negative Assoziationen zu wecken und als Ausdruck von Dominanz, Abwer-

tung und Mangel an Respekt wahrgenommen zu werden. Dies gilt insbesondere für die sog. *patronizing speech*. In einer Studie (Ryan et al., 1991)
hatten erwachsene Probanden kurze Dialogpassagen zu lesen, in denen eine
Krankenschwester entweder in *patronizing speech* oder auf eher sachliche
Art und Weise mit einem älteren Patienten sprach. *Patronizing speech*
wurde als schriller, lauter und weniger verständlich eingeschätzt als die
sachlich-neutral formulierten Texte. Auch Ryan, McLean und Orange
(1994) untersuchten, wie die nonverbalen Eigenschaften von *patronizing
speech* bewertet wurden. Ausgehend von einer Durchsicht der einschlägigen Literatur stellten sie eine Liste von negativen und positiven nonverbalen Ausdrucksformen aus verschiedenen Bereichen (z.B. Blickkontakt,
Mimik, Körperhaltung, physische Distanz, Berührung und Gestik) zusammen. Erwachsene Probanden, von denen eine Teilstichprobe in der Altenpflege beschäftigt war, erhielten nun Vignetten eines Dialogs in *patronizing speech* oder in neutraler Sprache. Sie sollten beurteilen, welche
nonverbalen Verhaltensweisen die Sprecherin wohl zeigen würde. Die als
positiv klassifizierten Verhaltensweisen wurden mit höherer Wahrscheinlichkeit dem neutralen Sprechmuster zugeordnet; die negativen wurden
hingegen überwiegend mit *patronizing speech* in Verbindung gebracht.
Ryan et al. (1991) berichteten darüber hinaus, daß einer Krankenschwester, die *patronizing speech* verwendete, weniger Kompetenz und Wohlwollen sowie weniger Respekt und Fürsorglichkeit im Umgang mit dem
Patienten zugeschrieben wurde, zugleich aber auch ein höheres Maß an
Frustration und Hilflosigkeit[2]. Auch der ältere Patient wurde unter dieser
Bedingung als frustrierter und hilfloser, nicht jedoch als weniger kompetent beurteilt. Ryan, Hamilton und Kwong See (1994) präsentierten ihren
Probanden kurze Tonbandaufnahmen, welche die verbalen und paraverbalen Merkmale von *secondary baby talk* aufwiesen. Die jüngere Inter-
aktionspartnerin wurde dabei entweder als Altenpflegerin oder als ehren-
amtlich Tätige eingeführt. Erneut sollten Bewertungen der Sprecherin
vorgenommen werden. Zwar wurde das Sprechverhalten der Altenpflegerin generell positiver beurteilt als das der freiwilligen Helferin, doch
in beiden Fällen wurde *secondary baby talk* negativer beurteilt als das
neutrale Sprechmuster. Ältere Probanden schätzten das Verhalten der
Sprecherin unabhängig vom verwendeten Sprechstil positiver ein als jüngere Probanden, was auch von Giles, Fox und Smith (1993) berichtet wurde.

Whitbourne zeigte, daß negative Bewertungen von *baby talk* (hier als
„infantilizing speech" bezeichnet) sowohl an die verbalen wie auch an die
paraverbalen Elemente dieses Stils gebunden sind (Whitbourne et al.,
1995). Ältere Menschen, die entweder in Altenheimen oder in Privathaus-

---

[2] Im Rahmen einer Vignetten-Studie konnte die Zweitautorin in zwei Stichproben im
deutschsprachigen Raum (Studierende sowie eine Zufallsstichprobe älterer Bewohner der
Stadt Trier) nachweisen, daß *patronizing speech* gegenüber einer älteren Zielperson jeweils
negativ bewertet wurde, und zwar weitgehend unabhängig vom Funktionsstatus der Zielperson sowie der Rollenbeziehung zwischen der älteren Zielperson und der Verwenderin
von *patronizing speech* (Mayer, 1995).

halten lebten, hatten Tonbandaufnahmen von *adult speech* oder von *infantilizing speech* zu beurteilen. *Adult speech* wurde von beiden Probandengruppen durchweg positiver bewertet als *infantilizing speech;* letztere erfuhr unabhängig davon, ob sie durch eine entsprechende Intonation oder durch inhaltliche Variation zustandekam, ungünstige Bewertungen. Selbständig lebende ältere Menschen beurteilten dieses Sprechmuster deutlich negativer als institutionalisierte Ältere, vor allem mit Blick auf den (mangelnden) Respekt, den sie aus der Intonation der Aussagen in *infantilizing speech* erschlossen hätten. Whitmer und Whitbourne (1997) fanden zudem erste Hinweise darauf, daß die Bewertungen in der Tat durch das Alter der Probanden und nicht allein durch ihren reduzierten Funktionsstatus bestimmt werden. Sie zeichneten Beispiele von *infantilizing speech* in einer Rehabilitationsklinik auf. Als Probanden fungierten jüngere und ältere Patienten dieser Einrichtung mit vergleichbarem Funktionsstatus. Diesen wurden Paare von Sätzen vorgegeben, in denen der gleiche Sachverhalt (z.B. eine Bitte oder eine Information) in *infantilizing speech* oder in *adult speech* ausgedrückt wurde. Zusätzlich wurden Tonbänder vorgespielt, auf denen der jeweils gleiche Satz einmal mit normaler und einmal mit „infantilisierender" Intonation präsentiert wurde. Nur die jüngeren Patienten bewerteten die Äußerungen in *adult speech* signifikant positiver als die in *infantilizing speech* (mit Blick darauf, ob ihnen die Formulierung gefiel und wieviel Respekt und Gleichberechtigung zwischen den Interaktionspartnern sie vermittelte). Die älteren Patienten machten hingegen keine entsprechenden Unterschiede, sie schienen sogar die infantilisierende Intonation gegenüber der normalen zu bevorzugen.

Auch Edwards und Noller (1993) interessierten sich dafür, inwieweit es inhaltliche (z.B. „gutes Mädchen"), paraverbale (erhöhte Frequenz der Stimme) oder nonverbale (eine Berührung an der Schulter) Elemente von *patronizing speech* sind, die besonders negative Bewertungen hervorrufen. Sie erstellten Videobänder, auf denen sich eine Krankenschwester jeweils mit einer kurzen Äußerung an eine Altenheimbewohnerin richtete. Dabei kamen die genannten Merkmale des Sprechverhaltens sowohl einzeln als auch systematisch miteinander kombiniert vor. Die verschiedenen Varianten wurden den Probandinnen präsentiert. Nach jeder Äußerung wurde das Band angehalten, und es waren Beurteilungen der Sprecherin auf den Dimensionen „Bevormundung", „Status" (respektvoll, wenig dominant) und „Solidarität" (warm, unterstützend) abzugeben. Im Vergleich der verschiedenen Varianten erzeugte die Kombination aus erhöhter Stimmlage und abwertender Anrede in allen Gruppen die negativsten Bewertungen. Veränderungen der Stimmlage oder Berührungen allein erfuhren vergleichsweise günstige Bewertungen. Der Befund, daß ältere Menschen weniger negativ als jüngere und mittelalte auf bevormundende Sprechmuster reagierten, wurde nun dahingehend interpretiert, daß ältere Menschen aufgrund ihrer Alltagserfahrungen stärker an *patronizing speech* gewöhnt seien und diesen Stil daher bereitwilliger akzeptierten. Einen alternativen Erklärungsansatz schlugen Giles und Mitarbeiter (1993) vor: Ältere Menschen tendierten demnach stärker dazu, aus dem Sprechstil, der an eine äl-

tere Person gerichtet ist, auf deren (mangelnde) Kompetenz rückzu-
schließen. Aus dieser Perspektive betrachtet stellt sich *patronizing speech*
für sie eher als eine adäquate Anpassungsleistung an die kommunikative
Kompetenz des Adressaten denn als eine – gewollte oder ungewollte – Abwertung ihrer Person dar. Ungeklärt ist, inwieweit in die Urteile der Älteren auch ein generelle positive Urteilstendenz eingeht, wie sie in bezug auf
andere Urteilsgegenstände als „Milde-Effekt" beschrieben wurde (vgl. z.B.
Winkeler et al., in press).

Experimentell wurde schließlich auch geprüft, ob die Reaktion auf *patronizing speech* die Beurteilung des Adressaten und des Sprechstils beeinflußt. Eine mögliche Reaktion besteht in einem bestimmten Auftreten, bei
dem der (jüngere) Interaktionspartner auf die Unangemessenheit seines
Sprechverhaltens hingewiesen wird (vgl. Ryan et al., 1995). Tatsächlich
wurde ein Adressat von *patronizing speech,* der sich bestimmt verhielt, positiver bewertet, indem ihm ein höherer Status und geringere Zufriedenheit mit der Interaktion zugeschrieben wurde als einem älteren Menschen, der sich kooperativ verhielt und dieses Verhalten tolerierte (Harwood, Giles, Fox, Ryan & Williams, 1993). Harwood, Ryan, Giles und Tysoski (1997) präsentierten studentischen Probanden eine Vignette, in der
ein Dialog zwischen einem Autofahrer, der in einen Unfall verwickelt war,
und einem Passanten wiedergegeben wurde. Variiert wurden das Alter des
Fahrers (40 vs. 75 Jahre), das Sprechverhalten des Passanten (bevormundend vs. nicht-bevormundend) sowie die Reaktion des Fahrers (bestimmt-
assertiv vs. kooperativ vs. neutral). Einem bestimmt auftretenden Fahrer
wurde mehr Kompetenz, aber auch eine weniger wohlwollende Haltung
zugeschrieben als einem Fahrer, der sich eher kooperativ verhielt, und das
an ihn gerichtet bevormundende Sprechverhalten wurde negativer bewertet. Diese Effekte erwiesen sich als unabhängig vom Alter des Autofahrers,
d.h. die Altersinformation schien entweder nicht salient oder aber für die
Bewertung des Sprechverhaltens unbedeutend.

6.5.2 Effektivität des Kommunikationsverhaltens Jüngerer

Neben den zuvor aufgeführten *relationalen* Elementen bestimmen auch
pragmatische Aspekte die Qualität der Kommunikation. Dies gilt insbesondere dann, wenn deren primäre Zielsetzung darin besteht, Informationen
zu vermitteln oder Handlungsabläufe zu optimieren. Gerade dies ist in
pflegerischen Interaktionen häufig der Fall (vgl. Wells, 1980; Sachweh,
1998b). Daß aus subjektiven Bewertungen eines Kommunikationsverhaltens keine eindeutigen Rückschlüsse auf seine Effektivität gezogen werden
können, deutete sich in den erwähnten Studien von S. Kemper et al. (1995;
1996) an: Ältere Probanden, die mit einem jüngeren (vs. gleichaltrigen)
Interaktionspartner zusammengearbeitet hatten, berichteten zwar hinterher
über mehr Probleme im Hinblick auf das eigene Sprachverstehen und das
„Verstanden-Werden". Die Lösung der gestellten Aufgabe gelang den Älteren mit einem jüngeren Partner jedoch besser als mit einem gleichaltri-

gen. S. Kemper et al. (1998) wiesen dagegen nach, daß durch sprachliche Vereinfachungen die Kommunikation mit Älteren nicht effektiver wurde, sich diese zugleich aber – im Einklang mit dem Modell des *communication predicament* – negativ auf die Selbstbewertung älterer Menschen (erfaßt mit dem *„Language in Adulthood Questionnaire"*, vgl. Abschnitt 6.3.1) auswirkte. Studentische Versuchspersonen bearbeiteten eine referentielle Kommunikationsaufgabe in fünf Sitzungen, und zwar mit wechselnden älteren Interaktionspartnern. Die jüngeren Sprecher vereinfachten ihren Sprechstil über diese Sitzungen immer mehr: In der letzten Sitzung (verglichen mit der ersten) waren ihre Instruktionen grammatikalisch einfacher und sie sprachen langsamer. Zugleich ermöglichten diese Modifikationen es den älteren Adressaten nicht, die Wegbeschreibungen genauer nachzuvollziehen. Wohl aber schätzten sie ihre eigenen kommunikativen Kompetenzen geringer ein. Der Versuchsablauf wurde nun an einer anderen studentischen Stichprobe wiederholt, dieses Mal aber mit gleichaltrigen Adressaten. Mit zunehmender Übung wurden die Beschreibungen flüssiger, was den Adressaten ebenfalls nicht zu besseren Leistungen verhalf. Doch im Gegensatz zum ersten Experiment zeigte sich kein negativer Effekt auf die Selbstbewertungen der jungen Adressaten. Auch in der Studie von Harris et al. (1994) hatten junge Menschen von sprachlichen Vereinfachungen, wie sie sich in Mitteilungen an ältere Menschen zeigen, keinesfalls profitiert: Im ersten Experiment hatten die Autoren studentische Probanden gebeten, einer fiktiven (gleichaltrigen vs. älteren) Adressatin die Regeln einer Aufgabe zu erklären. Videoaufzeichnungen dieser Erklärungen wurden nun einer neuen studentischen Stichprobe gezeigt. Die Probanden sollten die erläuterte Aufgabe ausführen und den Sprecher auf vorgegebenen Dimensionen bewerten. Hierbei erbrachten Probanden, die das an eine ältere Frau gerichtete Video gesehen hatten, in der Aufgabe *schlechtere* Leistungen und beurteilten die unterrichtende Person negativer als Probanden, die das Video für eine studentische Zielperson gesehen hatten.

Gould und Dixon (1997) untersuchten, ob überangepaßte Sprechmuster dazu beitragen, daß die so präsentierten Informationen besonders gut erinnert werden können. Sie zeigten ihren Probandinnen einen kurzen Film, in dem ein Arzt entweder in einem „neutralen" oder einem „überangepaßten" Stil die Einnahmevorschriften für ein fiktives Medikament erläuterte. Der überangepaßte Stil war dabei z.B. gekennzeichnet durch eine übertriebene Intonation, einfache Sätze mit häufigen Wiederholungen und zusätzlichen Erklärungen, eine vereinfachte Wortwahl und explizite Hinweise auf die Organisation der Informationen („Jetzt erkläre ich Ihnen, was Sie beachten müssen, wenn ..."). Studentinnen und ältere Frauen sollten nun die präsentierten Informationen in eigenen Worten wiedergeben, und zwar sowohl unmittelbar im Anschluß an den Film als auch zeitverzögert nach weiteren Aufgaben. Zusätzlich wurde bei allen Probandinnen die Kapazität des Arbeitsgedächtnisses gemessen, um prüfen zu können, ob ältere Menschen mit reduzierter kognitiver Leistungsfähigkeit besonders von sprachlichen Vereinfachungen profitieren. Die Stichprobe älterer Frauen wurde auf Grundlage dieser Messung in zwei Extremgruppen mit hoher vs. niedriger Kapazität des Arbeitsgedächtnisses unterteilt. Alle drei Probandinnengruppen – d.h. die jüngeren Frauen und beide Teilgruppen der älteren Frauen – beurteilten den überangepaßten Stil als klarer und einfacher. Sie bewerteten jedoch den neutralen Sprecher positiver (z.B. als respektvoller) und gaben mit höherer Wahrscheinlichkeit an, ihn als ihren Hausarzt wählen zu wollen. Erwartungswidrig zogen jedoch ältere Frauen mit geringerer Kapazität des Arbeitsgedächtnisses ebensowenig Nutzen aus dem vereinfachten Sprechstil wie die jüngeren Frauen: Sowohl unmittelbar als auch zeitverzögert konnten diese Frauen die neutrale Einnahmevorschrift ebenso gut reproduzieren wie diejenigen Frauen, welche die Information in einem überangepaßten Stil erhalten hatten. Nur ältere Frauen mit hoher Kapazität des Arbeitsgedächtnisses konnten die wichtigsten Inhalte des Films besser wiedergeben, wenn sie sprachlich vereinfacht vermittelt worden waren (allerdings beurteilten auch sie den „überangepaßten" Stil negativ). Dieser auf den ersten Blick überraschende Befund wird von Gould und Dixon damit erklärt, daß eine höhere Kapazität des Arbeitsgedächtnisses notwendig sei, um überhaupt von sprachlichen Vereinfachungen zu profitieren. Nur dann sei es bspw. möglich, die explizit vorgegebenen Organisationsstrukturen im Gedächtnis verfügbar zu halten und zu nutzen, um neue Informationen entsprechend einzuordnen. Dieser Annahme ist allerdings hinzuzufügen, daß die überangepaßten Filme deutlich länger waren und mehr bedeutungstragende Wörter enthielten als die neutralen. Durch die höhere Informationsmenge wurden möglicherweise die Vorzüge aufgehoben, welche die sprachlichen Vereinfachungen auch für Frauen mit geringerer kognitiver Leistungsfähigkeit mit sich brachten.

6.5.3 Kommunikative Anpassung als Dilemma für Alt und Jung

Die Studien zur Bewertung und zur Effektivität sprachlicher Anpassungsformen haben unklare und z.T. widersprüchliche Befunde erbracht. Dies hängt sicherlich zum einen damit zusammen, daß in den unterschiedlichen Studien kein einheitliches Anpassungsmuster untersucht wurde, sondern daß letztlich vielfältige und höchst unterschiedliche Formen sprachlichen Handelns jüngerer Menschen gegenüber älteren Dialogpartnern zum Tragen kamen. Hummert und Ryan (1996) klassifizierten die Sprechmuster gemäß ihrer (vermuteten) Funktion entlang zweier Dimensionen, nämlich Kontrolle und Fürsorglichkeit: Während direktive Kommunikation sehr bestimmend bzw. kontrollierend, aber wenig fürsorglich erscheinen soll, läßt sich *baby talk* zugleich als kontrollierend bzw. bevormundend und fürsorglich beschreiben. Übermäßig persönliche Kommunikation soll durch ein hohes Maß an Fürsorglichkeit bei geringer Bevormundung und Einflußnahme charakterisiert sein, oberflächliche Kommunikation dagegen weder besondere Fürsorglichkeit noch Kontrolle erkennen lassen.

Um die Effektivität eines Sprechmusters bewerten zu können, kommt es nun natürlich in erster Linie auf eine exakte Variation seiner verschiedenen Elemente an, wie dies in der Studie von Edwards und Noller (1993) realisiert wurde. Bei der Beurteilung sprachlicher Strategien gilt es zudem zwischen verschiedenen Aspekten zu unterscheiden, nämlich der vermuteten Absicht, die der (junge) Sender verfolgt, ihrer Bewertung durch den (älteren) Adressaten und ihrer Effektivität mit Blick auf die Verständigung zwischen beiden. Sprachliche Anpassungsleistungen werden auch unabhängig von den tatsächlichen Kompetenzen des älteren Gegenüber erbracht, d.h. sie sind stereotypgeleitet und lassen sich durchaus als Versuche der Sicherung sozialer Identität oder der Abgrenzung interpretieren (z.B. „altersbezogene Divergenz", vgl. Abschnitt 6.1.2; siehe auch Kapitel 3). Empirische Belege für diese Annahme sind bislang spärlich. Solche Abgrenzungsversuche werden in erster Linie wohl dann vorgenommen, wenn jüngere Menschen sich von ihrem älteren Gegenüber wenig wertgeschätzt sehen (Williams & Giles, 1996). Im institutionellen Kontext wird *baby talk* von Pflegekräften offenbar meist eingesetzt, um Sympathie auszudrücken, selbst wenn dieses Muster auch Abneigung bzw. Zurückweisung signalisieren kann (vgl. Sachweh, 1998a). Als unstrittig gilt, daß unangemessene Anpassungsversuche der Jüngeren oft auf ihr Bemühen zurückgehen, den (vermuteten) Funktionseinschränkungen des älteren Gegenüber gerecht zu werden. Auch wenn diese Überanpassung ungewollt und in ihrem Ursprung sogar gut gemeint ist, laufen sie Gefahr, ihr Sprechverhalten zu sehr zu vereinfachen und dadurch negative emotionale Reaktionen der Älteren hervorzurufen, die ihrerseits das Sich-Verstehen beeinträchtigen. Vermutlich spielen in diesem Prozeß mangelnde Erfahrungen im Gespräch der Generationen miteinander eine wichtige Rolle, obwohl dies bislang nicht systematisch untersucht wurde. In jedem Fall haben die berichteten Studien gezeigt, daß es generalisierte negative Erwartungen an die kommunikative Kompetenz des Gegenüber sind, die zu sprachlicher Überanpassung führen und nicht die tatsächlichen - möglicherweise völlig intakten - Fähigkeiten des älteren Interaktionspartners.

Kommunikationsprobleme zwischen Alt und Jung lassen sich jedoch nicht allein auf Stereotypisierungen älterer Menschen und auf mangelnde Erfahrungen in der Interaktion mit Älteren zurückführen. Sie ergeben sich auch daraus, daß kommunikative Bedürfnisse nicht nur von Mensch zu Mensch verschieden sind, sondern auch bei ein und derselben Person sehr vielschichtig sein können. So findet sich bei Älteren der Wunsch nach Einfachheit des Sprechstils bzw. dem Ausdruck von Fürsorglichkeit gepaart mit dem Bedürfnis, in einer Art und Weise angesprochen zu werden, wie dies unter Erwachsenen üblich ist. Zudem hat sich gezeigt, daß vereinfachte bzw. überangepaßte Sprechmuster sehr unterschiedlich konnotiert sind: Auf der einen Seite stehen ihre paraverbalen Merkmale, die von den Adressaten oftmals positiv wahrgenommen werden und Wohlwollen, Anteilnahme und Fürsorge signalisieren. Auf der anderen Seite implizieren die Inhalte häufig eine Bevormundung und eine Abwertung Älterer als unselbständig. Auch die Wirkung sprachlicher Vereinfachungen erscheint keinesfalls eindeutig: Eine vereinfachte Wortwahl oder deutliche Betonung können sowohl zu einer effektiveren Verständigung beitragen als auch als „infantilisierend" wahrgenommen werden.

Anpassungsleistungen, die nicht nur funktional sein sollen, sondern vom Gegenüber auch noch positiv bewertet werden sollen, setzen somit nicht nur voraus, daß die (jungen) Sprecher die Kompetenzen des älteren Adressaten genau einschätzen – was ja gerade bei einander wenig vertrauten Menschen schwierig genug erscheint. Zusätzlich sind offenbar Modifikationen des Sprechverhaltens auf verschiedenen Ebenen (Inhalt, Grammatik, paraverbale und nonverbale Signale) erforderlich. Da das Zusammenwirken diesen Ebenen jedoch üblicherweise relativ automatisiert verläuft, erscheint es fraglich, ob jüngere Menschen eine derart kontrollierte Anpassungsleistung überhaupt erbringen können. Unklar ist zudem, wie genau ein Kommunikationsstil gestaltet sein könnte, der sowohl eine effektive Verständigung erlauben als auch das Problem einer abwertenden Konnotation umgehen würde.

Diese innere Widersprüchlichkeit von Sprechmustern wie *baby talk* stellt aber auch an die kommunikative Kompetenz ihrer älteren Adressaten hohe Anforderungen: Ältere Menschen nehmen sowohl die gutgemeinte Fürsorglichkeit als auch die Bevormundung wahr – auf welchen Teil der Nachricht sollen sie reagieren? Prinzipiell mögen sich solche Diskrepanzen metakommunikativ auflösen lassen, indem z.B. der „gute Wille" des Gegenüber gelobt, aber die angebotene Unterstützung und Bevormundung als unnötig zurückgewiesen werden. Welche Lösungen hierfür jedoch optimal sind, wurde auch hier bislang nicht systematisch untersucht.

Welche Wege aus diesem Dilemma bieten sich an? Ryan und Mitarbeiterinnen stellten hierzu dem Modell des *communication predicament* ein *communication enhancement model* (Ryan, Meredith, MacLean & Orange, 1995) gegenüber, welches den konzeptuellen Rahmen für Interventionsmaßnahmen in der Gesundheitsförderung Älterer bilden soll. Obschon sehr allgemein gehalten, verweist dieses Modell auf einen zentralen Aspekt: Die Kommunikation zwischen Alt und Jung kann nur dann effektiv und befriedigend verlaufen, wenn es beiden Seiten gelingt, einander weniger als Mitglieder einer sozialen Gruppe denn als Individuen mit eigenen Interessen, Bedürfnissen und Fähigkeiten zu sehen und zu behandeln.

6.6 Zusammenfassung

Kommunikation zwischen Jung und Alt ist – wie andere Kommunikationsprozesse auch – keineswegs frei von Problemen. In den referierten Forschungsarbeiten haben sich Unterschiede zwischen älteren und jüngeren Menschen im Hinblick auf die Sprachproduktion, gelegentlich auch auf das Sprachverstehen sowie im Hinblick auf das Kommunikations- und Interaktionsverhalten gezeigt. Einem defizitorientierten Ansatz zufolge sind diese Altersunterschiede als das Resultat von Krankheit bzw. kognitivem Abbau zu verstehen. Ausgehend von der Beobachtung, daß ältere Menschen – gemessen an allgemeinen Prinzipien guter bzw. „erfolgreicher" Kommunikation – häufiger dysfunktionale Interaktionsstile verwenden, werden Altersdifferenzen von anderen Autoren auch als Folge unterschiedlicher Motive bzw. Zielsetzungen in der Kommunikation interpretiert. Eine dritte Perspektive deutet das Verhalten Älterer hingegen als Folge situativer Kontextbedingungen. Die relative Bedeutung dieser verschiedenen Faktoren erscheint bislang ungeklärt; sie dürften sich jedoch in ihren Effekten auf den Dialog zwischen Alt und Jung gegenseitig ergänzen. Diese ermittelten Veränderungen sind allerdings – zumindest was den normalen Alternsverlauf angeht – offenbar nicht als so gravierend anzusehen, daß sie die Kommunikationsfähigkeit älterer Menschen grundlegend beeinträchtigen. Gleichwohl scheint der Dialog zwischen den Generationen durch eine Reihe von Besonderheiten gekennzeichnet. Dabei wurden insbesondere sprachliche und nichtsprachliche Anpassungsformen der jüngeren Generation ausgiebig untersucht. Diese Anpassungsmuster sind vor allem durch Vereinfachungen (z.B. reduzierte grammatikalische und linguistische Komplexität, Redundanz) sowie durch eine spezifische Prosodie gekennzeichnet und lassen – vor allem im Umgang mit „kranken" Alten – eine enge Verwandtschaft mit Sprechmustern gegenüber Kleinkindern erkennen. In vielen Studien konnte gezeigt werden, daß stereotypgeleitete Zuschreibungen mangelnder Kompetenz, aber auch Wahrnehmungen tatsächlicher Defizite dazu beitragen können, daß jüngere Menschen ihr sprachliches Verhalten in einer solchen (über-)angepaßten Weise verändern. Und es scheint – im Einklang mit dem Modell des *communication predicament* – die Selbstbewertung älterer Menschen darunter zu leiden, wenn sie zu Adressaten solcher sprachlichen Anpassungsformen werden, selbst wenn die entsprechenden Hinweise noch vorläufiger Natur sind.

Die bisher vorliegenden Ergebnisse, die auf Probleme des Dialogs zwischen Alt und Jung verweisen, beziehen sich allerdings fast ausschließlich auf die Kommunikation zwischen älteren Menschen und professionellen Helfern oder auf einander unbekannte Personen, die sich in künstlich erzeugten Situationen begegneten. Natürliche Situationen, z.B. das Gespräch zwischen Familienangehörigen unterschiedlicher Generationen oder zwischen Alt und Jung in Nachbarschaftsbeziehungen, wurden dagegen unseres Wissens bisher kaum untersucht. Systematische Studien müssen zeigen, ob auch dann asymmetrische Strukturen hergestellt, aufgezwungen oder u.U. bevorzugt werden. Ergebnisse einer Befragung junger Erwachsener (Ng, Liu, Weatherall & Loong, 1997) stützen die Vermutung, daß intrafamiliale Kommunikationsprozesse zwischen Alt und Jung – zumindest aus Sicht der jüngeren Beteiligten – vergleichsweise unproblematisch und zufriedenstellend verlaufen. Eine Studie von Montepare, Steinberg und Rosenberg (1992) zeigte allerdings, daß das paraverbale Verhalten jüngerer Erwachsener gegenüber ihren Eltern vs. ihren Großeltern unterschiedlich wahrgenommen wird: Die Stimmen von Frauen, die mit ihren Großeltern telefonierten, wurden als höher, kindlicher, weiblicher und unangenehmer eingeschätzt als die von Frauen, die mit ihren Eltern geredet hatten. Bisher weitgehend unerforscht scheint auch die intergenerationelle Kommunikation in Alltagssituationen, sieht man einmal von Studien zur Arzt-Patient-Interaktion ab (vgl. Abschnitt 7.2.1). Hier könnten z.B. im Rahmen von Beobachtungsstudien die kommunikativen Erfahrungen und Strategien äl-

terer Menschen als Konsumenten (in Geschäften, Banken, Verkehrsunter-
nehmen etc.) näher beleuchtet werden (zu ersten Befunden vgl. Pothmann,
1998; Schnieders, 1998). Analysen so gewonnener Daten – ergänzt um
weitere Untersuchungen im institutionellen Setting – würden es ermöglichen, die vermuteten Verhaltenseffekte eines negativen Altersstereotyps
noch klarer herauszuarbeiten und zu zeigen, wann es zu einer Über- bzw.
Unteranpassung im Dialog zwischen Alt und Jung kommt. Bedeutsam ist
dabei sicher auch die Frage, unter welchen Bedingungen bestimmte Anpassungsformen an den älteren Interaktionspartner zu einer besseren Verständigung beitragen. Solche Studien könnten ferner dazu dienen, die Bedeutung einzelner Ausdrucksformen (verbal, paraverbal und nonverbal) in
spezifischen Interaktionskontexten zu klären, und ihre Beziehungen untereinander aufzuzeigen.

Zudem ließe sich die Dynamik einzelner Interaktionssequenzen untersuchen, indem z.B. geprüft wird, wie sich das Sprechverhalten im Verlauf
einer Interaktion verändert, wenn der ältere Interaktionspartner zu erkennen gibt, daß das Verhalten unangemessen oder ineffektiv ist. Wichtig wäre auch, noch genauer zu erkunden, wie sich die Themenwahl resp. die
Steuerung des Wechsels von Gesprächsthemen in solchen Diskursen vollziehen. Generell sollte die Rolle älterer Menschen im Dialog näher beleuchtet werden, um weitere empirische Belege für die von N. Coupland,
J. Coupland, Giles und Henwood (1988) postulierten Anpassungsstrategien
zu gewinnen und um die Hypothese zu stützen, daß auch das Interaktionsverhalten älterer Menschen durch Stereotypisierungen geprägt ist. Denn
schmerzvolle Selbstenthüllungen oder Nennungen des eigenen Alters lassen
sich zweifellos als Selbst-Stereotypisierungen, *self-handicapping* oder als
Versuch der Abgrenzung von jüngeren Menschen rekonstruieren. Die diskursanalytischen Befunde ließen sich jedoch hervorragend durch experimentelle Studien ergänzen, in denen (Verhaltens-)Merkmale eines jungen
Gesprächspartners (etwa die Komplexität seines Sprechverhaltens oder bestimmte Forderungen, die er dem älteren Gegenüber signalisiert) so variiert werden, daß sich aus der *speech accomodation theory* spezifische Re-
aktionsmuster älterer Probanden vorhersagen ließen. Ferner hat man zwar
zeigen können, daß Selbsteinschätzungen der kommunikativen Fähigkeiten
älterer Menschen einem Defizitmodell des Alterns nahekommen. Unklar ist
jedoch, unter welchen Umständen derartige negative Selbstbewertungen
verhaltenswirksam werden. Hierzu sollte längsschnittlich geprüft werden,
ob negative kommunikative Erfahrungen tatsächlich auf das Verhalten der
Älteren rückwirken und so im Sinne einer „sich selbst erfüllenden Prophe-
zeiung" bedeutsam werden, wie dies im Modell des *communication predicament* postuliert wurde.

7 | Altersstereotype in der Arbeitswelt

Die Erforschung von Altersstereotypen in der Arbeitswelt scheint von Bedeutung, weil die Altersvariable seit jeher gerade im leistungsthematischen Bereich eine herausragende Rolle spielt. So beginnt z.B. die enge Verzahnung von Alter und Beteiligung an der Leistungsgesellschaft schon mit dem streng an das Alter gebundenen Zeitpunkt der Einschulung und endet spätestens mit dem durch ein entsprechend hohes Alter erzwungenen Austritt aus dem Erwerbsleben. Dazu wird auch immer wieder – schon fast unisono – betont, daß erst mit der Industrialisierung und den durch sie ausgelösten grundlegenden Veränderungen in der Arbeitswelt eine Abwertung des Alters und der alten Menschen aufgrund ihrer geringen „Verwertbarkeit" begonnen habe (hierzu Hansson, DeKoekkoek, Neece & Patterson, 1997). Mit Blick auf diesen Sachverhalt und die Tatsache, daß Alter das wesentliche Kriterium darstellt, an dem auf der Grundlage der gesetzlichen Rentenversicherung der Zeitpunkt des Übergangs in den Ruhestand festgemacht wird, läßt sich auch begründen, warum gerade Industriegesellschaften so stark altersgeschichtet und die älteren Menschen im öffentlichen Leben so deutlich von den anderen Altersgruppen abgegrenzt sind. Mit dem Ausschluß älterer Menschen aus dem Erwerbsleben gehen wohl immer auch (oft nur implizit) Bewertungen einher: Indem ihnen eine verminderte Leistungsfähigkeit zugeschrieben wird, sollen sich auch die gesetzlich festgelegten Altersgrenzen letztlich rechtfertigen lassen. Zudem läßt sich nicht von der Hand weisen, daß das Wissen in sich rasant entwickelnden technologischen Bereichen gleichermaßen schnell veraltet und älteren Arbeitnehmern nicht selten die Fähigkeit und/oder Bereitschaft zu einer fortwährenden Aktualisierung ihres Wissens abgesprochen wird. In welchem Maße hier altersstereotypisierende Bewertungen zum Ausdruck kommen, soll in diesem Kapitel beleuchtet werden. Dabei wird zunächst auf Bewertungen „des" älteren Arbeitnehmers und die Frage seiner Teilhabe am Erwerbsleben einzugehen sein. Ein zweiter Themenbereich ist der Frage gewidmet, inwieweit sich bei einzelnen Berufsgruppen, die häufig in Kontakt mit älteren Menschen stehen (also vor allem Vertretern von Gesundheits- und Pflegeberufen), Altersstereotypisierungen nachweisen lassen.

7.1 Alter als Grenzstein zwischen Arbeitswelt und Ruhestand

Mit Blick auf die Erwerbsbeteiligung alter Menschen hat Braun (1992) die Frage, wer denn eigentlich die „Alten" seien, entsprechend beantwortet: Als „alt" gelte heute in der Regel derjenige, der nicht mehr im Ar-

beitsleben stehe – gleichgültig, zu welchem Zeitpunkt der Austritt aus dem
Arbeitsleben geschehe und ob er freiwillig oder unfreiwillig erfolgt sei;
Altern sei eben nicht nur ein biologischer Prozeß, sondern gerade in der
Arbeitswelt in erster Linie ein soziales Schicksal. Dies treffe umso mehr
zu, als mittlerweile die in der Bundesrepublik Deutschland einstmals für
die gesetzliche Rentenversicherung festgelegten Altersgrenzen nur noch
auf dem Papier stünden. Dem World Labour Report 1995 zufolge standen
in der Bundesrepublik Deutschland im Jahre 1994 nur noch 12 Prozent
der Frauen und 35 Prozent der Männer im Alter zwischen 60 und 64 Jahren aktiv im Arbeitsleben (zum Vergleich Schweden 49 Prozent, resp. 58
Prozent; USA 37 Prozent, resp. 55 Prozent). Im Jahre 1997 lag in
Deutschland die Erwerbsquote in der Altersgruppe 60 bis 64 Jahre bei
den Frauen bei 12 Prozent und bei den Männern bei 30 Prozent (Braun,
persönliche Mitteilung, März 1999). Zusammen mit der zunehmend höheren Lebenserwartung habe die Tatsache, daß das Eintrittsalter in den Ruhestand immer weiter nach vorne verlagert worden ist, insgesamt dazu
geführt, daß der Anteil der „Älteren" an der Gesamtpopulation immer
größer geworden sei.

Kohli (1989) stellte zudem fest, daß der Trend zu einem früheren
Übergang in den Ruhestand ein Charakteristikum nahezu aller westlichen
Industriestaaten sei, und er sieht darin eine der markantesten Veränderungen in der Erwerbsbeteiligung der älteren Menschen (hierzu auch Niederfranke, 1991). Allerdings hatte vor Jahren Shaver (1978) aus attributions-
theoretischer Sicht argumentiert, daß eine durch die Altersgrenze festge-
legte zwangsweise Beendigung des Berufslebens besser sei als ein Eintritt
in den Ruhestand, der zwar individuell gestaltet werden könne, der dann
aber oft mit nachlassender Kompetenz des einzelnen in Verbindung gebracht werde. Bekanntlich ist in Deutschland die Diskussion um die Rentenreform und um Neuregelungen der Altersgrenzen nach wie vor im
Gang, so daß nicht absehbar ist, inwieweit sie dauerhaft zu einem Al-
tersstrukturwandel auf dem Arbeitsmarkt führen wird und inwieweit die
Erwerbstätigen künftig – ggf. auch unter Inkaufnahme finanzieller Nachteile – einen vorzeitigen Eintritt in den Ruhestand realisieren werden
müssen.

Vor allem in den Vereinigten Staaten von Amerika ist durch die Diskussion um den *Age Discrimination in Employment Act (ADEA)* die Bedeutung der Altersvariablen im Arbeits- und Berufsleben besonders hervorgehoben und ist auf Benachteiligungen und Diskriminierungen älterer
Menschen gerade in der Arbeitswelt verwiesen worden. Im amerikanischen Kongreß war im Zuge der in den 60er Jahren geführten Debatte um
den *Civil Rights Act*, durch den die Diskrimination aller Minoritäten be-
seitigt werden sollte, erstmals auch Alter als ein mit Diskriminierungen
verbundenes Merkmal erörtert worden, was später zu der Verabschiedung
des *ADEA* geführt hat. Parallel dazu war vor dem Obersten Gerichtshof
der USA eine Reihe von Klagen anhängig, mittels derer sich ältere Arbeitnehmer gegen die gesetzlich vorgeschriebene Versetzung in den Ruhestand gewandt hatten. Basierend auf einer Analyse von 600 Fällen, die

dem Obersten Gerichtshof zwischen 1970 und 1986 zur Entscheidung vorgelegt wurden, kamen Snyder und Barrett (1988) dabei zu dem Schluß, daß in nahezu allen Fällen zugunsten der Arbeitgeber entschieden worden sei und die Klagen der älteren Arbeitnehmer abgewiesen worden seien. Aus den verschiedenen Urteilsbegründungen sei erkennbar, daß Altersstereotype sowie Bedenken hinsichtlich einer „Überalterung" einzelner Unternehmen oder des Arbeitsmarktes insgesamt häufig eine Rolle gespielt hätten. Eine solche Argumentation darf dabei keineswegs als ein Spezifikum der USA gesehen werden, denn auch mit Blick auf bundesrepublikanische Verhältnisse wurde aufgezeigt (z.B. Kohli & Wolf, 1987), daß die Arbeitswelt „die Alten nicht braucht".

Daneben hat in nahezu allen Industrienationen stets die Tatsache eine Rolle gespielt, daß sich die Stagnation des Wirtschaftswachstums unmittelbar auf den Arbeitsmarkt auswirkt, was zur Folge hat, daß der Verdrängungswettbewerb zwischen jüngeren und älteren Arbeitnehmern an Heftigkeit zunimmt. Zwar sollte der hier zu erwartende Generationenkonflikt durch staatliche Maßnahmen (wie z.B. die Vorruhestandsregelung) entschärft werden, doch dürfte dies immer schwieriger werden, je mehr sich das Verhältnis zwischen Erwerbstätigen und Nichterwerbstätigen weiter zu Lasten der Erstgenannten verschiebt (hierzu Münz, 1997). Die öffentliche Diskussion um die Erwerbsbeteiligung älterer Menschen hat – vor allem in den Vereinigten Staaten von Amerika – eine Gegenbewegung ausgelöst. In vielen Verlautbarungen wird gerade auf die älteren Arbeitnehmer verwiesen als jene, die eine Vielzahl von Privilegien hätten, und zwar sowohl bezogen auf die Höhe ihres Einkommens als auch in Form der vielen Vergünstigungen, die *seniority* und die relative Unkündbarkeit des Arbeitsverhältnisses mit sich brächten. Von daher seien die Mitglieder der jüngeren und mittleren Generation ganz offenkundig bestrebt, die älteren Menschen von der Erwerbsbeteiligung auszuschließen. Damit wird deutlich, daß die Diskussion des Solidarvertrages zwischen den Generationen nicht auf das System der sozialen Sicherung beschränkt bleiben darf, sondern den gesamten Bereich des Arbeits- und Berufslebens umfassen sollte.

7.2 Das Bild von „dem" älteren Arbeitnehmer

Daß das Alter nicht nur eine Markierfunktion dafür hat, wann eine Person aus dem Erwerbsleben ausscheiden muß, sondern daß ältere Arbeitnehmer zudem negativen Bewertungen oder Diskriminierungen ausgesetzt sein könnten, hat in vielen Forschungsarbeiten Interesse gefunden. Dazu findet sich in der Literatur eine Reihe von (Feld-)Studien, die im wesentlichen Befragungsdaten geliefert haben; auch quasi-experimentelle Studien wurden durchgeführt, in denen typische Situationen aus der Arbeitswelt (z.B. Bewerbungsgespräche) zumeist in Form von Vignetten präsentiert wurden.

Das Bild des älteren Arbeitnehmers in Befragungsdaten. Von welchem Alterszeitpunkt an ein Arbeitnehmer zu den „Älteren" gezählt wird, unterliegt auch hier wohl eher sozial definierten Grenzen denn objektiven Kriterien (wie z.B. der Höhe ihrer Leistungsfähigkeit). Übereinstimmend findet man in der Literatur Hinweise darauf, daß die magische Grenze, ab der man in der Arbeitswelt zu den „Älteren" gehört, wohl schon Anfang des vierten Lebensjahrzehnts beginnt. In einer Übersicht aller einschlägigen, im Zeitraum zwischen 1992 und 1996 publizierten Arbeiten haben Hansson et al. (1997) diese Grenze bestätigt. Und schon vor vielen Jahren hatten Bungard und Fischer (1983) ähnlich lautende Ergebnisse vorgelegt. Im Rahmen einer schriftlichen Befragung hatten sie 159 Vorgesetzte in der westdeutschen Automobilindustrie angeben lassen, ab wann man von einem „älteren Mitarbeiter" sprechen müsse. 15 Prozent der Befragten setzten das kritische Alter bei 41 bis 45 Jahren an, 44 Prozent der Befragten bei 46 bis 50 Jahren und 22 Prozent bei 51 bis 55 Jahren. Zudem zeigte sich hier das inzwischen oft berichtete Befundbild, wonach ein Mitarbeiter umso früher als „älter" eingeschätzt wurde, je jünger der befragte Vorgesetzte selbst war. Obschon nur wenige Studien bislang das Problem systematisch aufgegriffen haben, läßt sich darüber hinaus vermuten, daß Benachteiligungen von Frauen in der Arbeitswelt auch dadurch verschärft werden, daß „Altsein" bei Frauen früher angesetzt wird als bei Männern (vgl. Rife, 1997; vgl. Kapitel 1) und es daher zu einer zweifachen Diskriminierung älterer Frauen auf dem Arbeitsmarkt kommt.

Auch Stellenanzeigen sind für die hier aufgeworfene Frage eine wichtige Quelle: Straka (1993) hatte insgesamt 600 Stellenangebote in deutschen regionalen und überregionalen Tageszeitungen mit Blick auf die dort vorfindbaren Altersangaben analysiert. Wie zu erwarten war, wurden Erwerbstätige in der zweiten Lebenshälfte gar nicht oder extrem selten gesucht (was sich bekanntlich auch in den geringeren Vermittlungschancen älterer Arbeitsloser zeigt). Von allen Inhaltskategorien, die der Autor seiner Analyse zugrunde legte, rangierte das Kriterium „über 40 Jahre alt" in der Häufigkeit an letzter Stelle. Anders verhält es sich zuweilen, wenn eine Führungskraft gesucht wird: Straka (1993) zitierte hierzu die Ergebnisse einer bundesdeutschen Panelstudie, die 1989 in der Zeitschrift „Capital" veröffentlicht worden waren. Danach hätten 92 Prozent der befragten Führungskräfte aus der Wirtschaft bestätigt, daß sie eine über 45jährige Führungskraft einstellen würden, und immerhin noch 48 Prozent hätten angegeben, auch eine über 55jährige Fachkraft für eine Führungsposition berücksichtigen zu wollen. Doch sollte man gerade solchen Befragungsdaten gegenüber wohl eher skeptisch sein (siehe unten).

Denn im Gegensatz zu diesen Ergebnissen haben heute – wenn man einer Überschrift in der „Frankfurter Allgemeine Zeitung" vom 1. März 1999 glauben darf – Führungskräfte im Alter von über 50 Jahren auf dem Arbeitsmarkt in der Tat kaum noch Chancen („Das größte Hindernis für den älteren Manager ist sein Image"). Die Zeitung zitiert eine Umfrage, die bei mehr als 1.400 Managern aller Altersstufen aus elf europäischen

Ländern durchgeführt wurde[1,2]. Danach seien allein in Deutschland im vergangenen Jahr 41 Prozent der über 50jährigen Manager von Kündigung betroffen gewesen, während umgekehrt nur jeder Zehnte der im gleichen Zeitraum eingestellten Manager älter als 50 Jahre sei. Das Bild von „dem" älteren Manager, wie es in diesen Umfragedaten gezeichnet werde, scheine durch geringe Mobilität und eine geringe Lernfähigkeit charakterisiert, wiewohl eine überwältigende Mehrzahl der Befragten älteren Führungskräften auch Erfahrung, Souveränität, Disziplin, Autorität, Ausgeglichenheit und Überzeugungskraft zugeschrieben hätte. Demgemäß seien über 70 Prozent der Befragten auch der Meinung gewesen, daß es sehr wohl für Ältere besonders geeignete Positionen gebe, die aber eher im Generalmanagement oder Personalwesen und weniger in „technologielastigen" Bereichen (EDV, Marketing, Werbung) liegen sollten.

Schon vor Jahren waren über 70 Prozent der von Bungard und Fischer (1983) Befragten (Vorgesetzte in der westdeutschen Automobilindustrie) der Meinung, daß es nach dem 50. Lebensjahr einen Leistungsabfall gebe und dieser nur durch Reduktion der Anforderungen an die über 50jährigen kompensiert werden könne. Älteren Mitarbeitern wurden nicht nur nachlassende Leistungsfähigkeit und mangelnde Flexibilität zugeschrieben, auch krankheitsbedingte Ausfälle wurden häufig als Problem genannt. Immerhin meinten sieben Prozent der Befragten auch, daß Diskriminierungen am Arbeitsplatz ein Problem für ältere Mitarbeiter darstellten. Andere Studien widmeten sich explizit der Frage, ob sich in den Einstellungen gegenüber älteren Beschäftigten ein Zeitwandel nachweisen läßt. Bird und Fisher (1986) versuchten, im Jahr 1984 die Ergebnisse einer 1954 durchgeführten Studie zu replizieren, und zwar unter Verwendung des gleichen Erhebungsmaterials und einer vergleichbaren Stichprobe (Vorgesetzte und Mitarbeiter eines Fabrikationsbetriebes). Dabei konnten sie keine bedeutsamen Änderungen in den Einstellungen gegenüber älteren Beschäftigten feststellen: Vorgesetzte ließen zu beiden Erhebungszeitpunkten deutlich negativere Einstellungen erkennen, und sie unterschieden sich darin von den Befragten, die nicht in Führungspositionen waren und die deutlich günstigere Urteile abgegeben hatten. Daraus folgerten die Autoren, daß die optimistisch stimmenden Resultate der gerontologischen Grundlagenforschung, denen zufolge ältere Arbeitnehmer keineswegs in ihrer Leistungsfähigkeit beeinträchtigt sein müßten, keine Umsetzung im betrieblichen Alltag gefunden hätten. Denn Vorgesetzte oder andere Entscheidungsträger seien nicht über solche Forschungser-

---

[1] Die Durchführung dieser Studie oblag dem Management- und Personalberatungsunternehmen Dr. Heimeier & Partner (Stuttgart u.a.); wir danken dem Unternehmen für die Überlassung des hausinternen Ergebnisberichts (Personal-Praxis Nr. 192, dem wir die nachfolgenden Daten entnommen haben.

[2] Von dem ursprünglich sehr differenzierten Verhaltensbeobachtungssystem (M.M. Baltes et al., 1983), in das 41 Verhaltenskategorien aufgenommen worden waren, haben sich über die Weiterentwicklung des Forschungsprogramms hinweg offenbar bei den älteren Personen gerade jene, die das Streben nach Selbständigkeit und Autonomie einerseits vs. das Offenbaren von Unselbständigkeit und Hilflosigkeit andererseits deutlich machen, als theoretisch und empirisch gehaltvoll erwiesen.

gebnisse informiert, und demgemäß hätten sich auch ihre Einstellungen gegenüber älteren Arbeitnehmern nicht geändert.

Niederfranke (1991) hat vor diesem Hintergrund die Frage aufgeworfen, in welchem Maße in der Arbeitswelt ein Konflikt zwischen den Generationen schon dadurch wahrscheinlich sei, daß Führungspositionen in der Regel nach wie vor eher durch Ältere besetzt und die Aufstiegschancen Jüngerer dadurch blockiert seien. Dies sollte immer dann der Fall sein, wenn im Zuge einer Rentenreform die Altersgrenze für den Übergang in den Ruhestand angehoben werde; der daraus drohende Konflikt könne in seiner Schärfe allenfalls durch eine Reihe struktureller Maßnahmen gemildert werden, die Niederfranke u.a. in der Schaffung von Stabsstellen für ältere Arbeitnehmer oder der gezielten Nutzung ihres Expertenwissens sieht. Auch Rosenmayr (1988) hat das Problem älterer Menschen in Führungspositionen aufgegriffen, wobei er allerdings eine andere Argumentationslinie verfolgt. Nach seiner Auffassung ist besonders in der industriellen Produktion die Innovationsgeschwindigkeit so hoch und das erlernte Wissen so schnell veraltet, daß dadurch eine besondere Art des „Generationenkonflikts" entstehe, nämlich ein Konflikt, der durch mangelnde Qualifikation der älteren Führungskräfte im Vergleich zu der der jüngeren Mitarbeiter gekennzeichnet sei. Dieser Konflikt könne nur dadurch gelöst werden, daß den älteren Vorgesetzten der (allmähliche) Rückzug aus der Arbeitswelt ermöglicht werde. In der Tat hat es den Anschein, als habe der technische Wandel sich insofern auf die Alterskomposition des Arbeitsmarktes ausgewirkt, als ältere Arbeitnehmer in durch Innovation und schnelle Expansion gekennzeichneten Segmenten des Arbeitsmarktes unterrepräsentiert sind, was sich fast durchgängig zu bestätigen scheint.

Doch nicht nur in den geringen Chancen älterer Führungskräfte auf dem Arbeitsmarkt und in den Bewertungen älterer Arbeitnehmer durch Vorgesetzte, sondern auch in den Beurteilungen von Stellenbewerbern haben sich negative Altersstereotypisierungen nachweisen lassen. Clapham und Fulford (1997) demonstrierten dies auch anhand von Kandidaten, die in ein *Assessment Center* einbezogen waren: Jene, die über 40 Jahre alt waren, erhielten in dieser Untersuchung signifikant schlechtere Bewertungen als die unter 40jährigen. Wesentlich ist dabei, daß der negative Zusammenhang zwischen Alter und Güte der Beurteilung auch dann noch erhalten blieb, wenn die Unterschiede zwischen den Kandidaten in Ausbildungsniveau, einschlägiger Berufserfahrung und selbst in Testwerten der intellektuellen Leistungsfähigkeit statistisch kontrolliert worden waren. Leider sind die Bedingungen, unter denen es zu stereotypgeleiteten Urteilen über konkrete Personen in der Arbeitswelt kommt, nicht hinreichend untersucht worden. So haben Perry, Kulik und Bourhies (1996) in einer simulierten Bewerbungssituation festgestellt, daß Altersstereotypisierungen dann wahrscheinlicher wurden, wenn sich die Person um eine für ihr Alter „unpassende" Stelle bewarb, als wenn diese „altersangepaßt" war. Offenbar sind normative Vorstellungen über den Lebensverlauf (Kapitel 2) auch mit Blick auf Berufsbiographien sehr salient und tragen zur Aktivierung von Altersstereotypen bei. Zugleich konnten diese Autoren nachweisen, daß unter jener Situationsbedingung, in der der Urteiler durch andere Aufgaben zusätzlich kognitiv belastet war, signifikant mehr stereotypisierende Urteile abgegeben wurden, als wenn dies nicht der Fall war. Dies verweist darauf, daß das in vielen laborexperimentellen Studien ermittelte Ergebnis (siehe Abschnitt 5.2) auch im Kontext der Arbeitswelt replizierbar ist.

Natürlich könnte man negativen Einstellungen gegenüber älteren Arbeitnehmern – wie z.B. Niederfranke (1991) argumentiert – auch dadurch entgegentreten, daß ihnen eine beständige berufliche Weiterqualifizierung ermöglicht wird, zumal nach Ergebnissen einer von ihr zitierten Diplomarbeit (Kühn, 1990; zit. nach Niederfranke, 1991) die Akzeptanz technischer Neuerungen auf seiten älterer Arbeitnehmer nicht geringer scheint als auf seiten jüngerer. Dies könnte dem Eindruck ihrer mangelnden Lernbereitschaft und Flexibilität entgegenwirken. Doch stehen dem (wenn auch nur unsystematisch gewonnene) Daten gegenüber, denen zufolge die Altersgruppe der 35- bis 44jährigen etwa das Dreifache an Weiterbildungsmöglichkeiten erhält wie die Gruppe der 55- bis 64jährigen (Simon, 1996). So gewinnt man den Eindruck, daß sich zwischen manchen verbalen Bekundungen in Umfragestudien, daß Ältere auf dem Arbeitsmarkt „hoch geschätzt" seien (Straka, 1993; s.o.), und dem konkreten Handeln, wie es sich in Stellenausschreibungen oder in der Weiterqualifizierung älterer Arbeitnehmer manifestiert, eine Diskrepanz erkennbar wird, die man als Hinweis auf (subtile) Altersdiskriminierungen werten kann (siehe auch Abraham & Hansson, 1995).

Hinzu kommt, daß nicht selten Zweifel an der Repräsentativität von Umfrageergebnissen geäußert wurden: So verwiesen Hassell und Perrewe (1995) auf die geringe Akzeptanz der Untersuchungsthematik seitens der zu Befragenden: Nur 20 Prozent der von ihnen kontaktierten Unternehmen (des Verlagswesens, der Energieversorgung und der öffentlichen Verwaltung) hätten einer Datenerhebung zugestimmt, nachdem sie über die Zielsetzung der Studie informiert worden seien. Auch in ihrer (schriftlichen) Befragung haben die Autoren wiederum positive Einstellungen gegenüber älteren Mitarbeitern ermittelt. Vorgesetzte seien nicht negativer eingestellt gewesen als nicht leitende Angestellte; zudem hätten sich im Einklang mit der „sozialen Kontakthypothese" (siehe Abschnitt 9.3.2) bei jüngeren Befragten umso positivere Einstellungen gegenüber älteren Arbeitnehmern feststellen lassen, je enger sie selbst mit Älteren zusammengearbeitet hätten.

In der Zusammenschau scheinen gleichwohl die Hinweise auf negative Einschätzungen älterer Mitarbeiter und auf (subtile) Altersdiskriminierungen in der Arbeitswelt zu überwiegen. Umgekehrt wird höchst selten auf Erfahrung als einer Ressource älterer Arbeitnehmer verwiesen (Dittmann-Kohli & van der Heijden, 1996), wie auch „alt" und „erfahren" nur selten in einer positiven Wertung miteinander verknüpft sind (mit Blick auf den Lehrerberuf vgl. Schönwälder, 1994). Eher die Ausnahme stellen daher Ergebnisse dar, wie sie unlängst aus einer kanadischen Studie berichtet wurden (Tremblay, 1995). In dieser hatte sich gezeigt, daß Einschätzungen der Leistungsfähigkeit einzelner Mitarbeiter seitens ihrer Vorgesetzten völlig unabhängig von dem Alter der Mitarbeiter waren, wohl aber bedeutsam mit der ihnen zugeschriebenen Erfahrung korrelierten. Inwieweit ältere Mitarbeiter in vielen Bereichen ein ungenutztes (Erfahrungs-)Potential darstellen, das wegen vorherrschender Altersstereotype nicht genutzt wird, läßt sich aus diesen wenigen Hinweisen kaum ableiten.

Nun könnte man vermuten, daß die Diskussion darüber, welche Rechte und Privilegien jüngeren oder älteren Arbeitnehmern zugestanden werden sollten, (auch) davon bestimmt wird, von welcher Altersposition aus argumentiert und inwieweit Nutzen für die eigene Altersgruppe erhofft wird. So könnten negativere Einstellungen gegenüber älteren Arbeitnehmern lediglich die eigennützigen Interessen der jüngeren Generationen reflektieren. Ferraro (1990) widmete sich dieser Frage, indem er auf die Umfragedaten des *National Council on Aging* von 1975 und 1981 zurückgriff. Diese enthielten auch Angaben dazu, ob älteren Menschen ein „Recht auf Arbeit" gewährt werden solle (Itembeispiel: *„Ältere sollten jüngeren Arbeitnehmern Platz machen"*). Der Autor wertete die Daten auf zweierlei Weise aus: Zum einen wurden einfache Altersunterschiede in den Urteilen ermittelt, zum anderen wurde eine synthetische Kohortenbildung vorgenommen. Hierzu waren aus der Stichprobe der noch Berufstätigen mehrere Gruppen danach gebildet worden, wie groß der zeitliche Abstand von dem individuell geplanten Eintritt in den Ruhestand war resp. wie lange diese Personen noch einer Erwerbstätigkeit nachgehen würden. Es zeigte sich, daß die Aussagen der Befragten weder von ihrem tatsächlichen Alter noch der zeitlichen Distanz zum Ruhestand abhängig waren. Dies läßt sich als Hinweis darauf interpretieren, daß die Einstellungen gegenüber älteren Arbeitnehmern in diesem Fall nicht von eigenen Interessen geleitet waren. Zudem konnte der Autor aus dem Vergleich der Umfrageergebnisse der beiden Jahre feststellen, daß die Aussagen über ältere Arbeitnehmer positiver geworden und ihr Verbleib im Erwerbsleben zunehmend mehr befürwortet worden war. Interpretiert wurde dies als Periodeneffekt, den der Autor auf den *Age Discrimination in Employment Act* und seine Auswirkungen zurückführte. Demgemäß mündete seine Analyse auch in die Frage, warum so viel von einem „Generationenkonflikt" und der Ungerechtigkeit im Verhältnis der Generationen zueinander gesprochen werde, da seine Daten doch eine ganz andere Sprache sprächen.

Weniger optimistisch stimmen hingegen die Ergebnisse, die Finkelstein, Burke und Raju (1995) aufgrund einer Metaanalyse berichteten. Danach zeigte sich in der Zusammenschau aller einschlägigen Studien ein *ingroup bias* in dem Sinne, daß es gerade die jüngeren Befragten sind, die ihre eigenen Altersgenossen als qualifizierter einschätzen als ältere Arbeitnehmer und die ihren Altersgenossen größere Entwicklungspotentiale sowie eine bessere körperliche und geistige Verfassung attestieren. Hingegen haben sich für ältere Befragte keine solchen Differenzierungen in der

Bewertung älterer und jüngerer Arbeitnehmer nachweisen lassen (Perry et al., 1996).

Befunde aus quasi-experimentellen Studien. Wegen der offensichtlichen Anfälligkeit von Befragungsdaten für die Tendenz zu sozial erwünschtem Antwortverhalten und für andere Störgrößen liegt eine bessere Möglichkeit darin, die Bedeutung der Altersvariablen in der Arbeitswelt durch die Durchführung von Quasi-Experimenten, z.B. im Rahmen von Vignetten-Studien zu erhellen. Wie mehrfach dargelegt, sollen dabei Probanden z.B. die Leistungsfähigkeit einer Zielperson einschätzen, deren Alter, bei ansonsten identischer Beschreibung, variiert wurde. In der Tat liegt eine Reihe solcher Studien vor, auf die im folgenden eingegangen werden soll. Schon vor Jahren hatten Schwab und Heenemann (1978) Mitarbeitern von Personalabteilungen ein Arbeitszeugnis über eine Sekretärin vorgelegt, anhand dessen Einschätzungen ihrer Qualifikation vorzunehmen war. Diese Zielperson wurde einmal als 24jährige und einmal als 61jährige eingeführt; als zweiter unabhängiger Faktor wurde ihre Berufserfahrung variiert, die entweder mit fünf oder mit zwei Jahren angegeben war. Für die verschiedenen Urteilsdimensionen wurde sodann varianzanalytisch ermittelt, welchen Effekt Alter und/oder Berufserfahrung auf Bewertungen der Zielperson hatten. Dabei zeigte sich, daß keine der beiden Variablen alleine bedeutsam war. Es wurde lediglich ein Interaktionseffekt zwischen dem Alter des Beurteilers und dem Alter der Zielperson ermittelt, indem die dem eigenen Alter nahestehendere Zielperson jeweils positiver eingeschätzt wurde als die, die deutlich älter war. Die höchste Varianzaufklärung in den Bewertungen erfolgte durch den „Mildeeffekt", d.h. die Probanden, die generell zu milden Urteilen neigten, bewerteten auch die Zielperson vergleichsweise positiv – unabhängig davon, wie alt resp. wie berufserfahren sie war.

Dem Einfluß von Altersstereotypen auf potentielle Entscheidungen von (künftigen) Vorgesetzten war die inzwischen klassische Studie von Rosen und Jerdee (1976) gewidmet. Hier sollten in einer simulierten Entscheidungssituation Studierende der Betriebswirtschaft einen jüngeren und einen älteren Mitarbeiter bewerten. Die Ergebnisse sprechen eindeutig dafür, daß der ältere Mitarbeiter in körperlicher und geistiger Hinsicht negativer eingeschätzt wurde. Auch in eine Studie von Avolio und Barrett (1987) waren Studierende als Probanden einbezogen. Diese hörten die Tonbandaufnahme eines Interviews mit einem Stellenbewerber, dessen Alter mit 32 vs. 59 Jahren angegeben war; in einer Kontrollvariante war nichts über das Alter ausgesagt. Zu beurteilen war, wie gut der Bewerber die Anforderungen des Arbeitsplatzes erfüllen würde. Es zeigte sich, daß der jüngere Bewerber insgesamt signifikant positiver beurteilt wurde als der (tendenziell ebenfalls eher positiv beurteilte) ältere Bewerber, der sich wiederum in den ihm zugeschriebenen Merkmalen nicht von dem Bewerber unterschied, dessen Alter nicht genannt worden war.

Selten ist im Alltag nur das Alter einer Person bekannt, sondern es liegen in der Regel weitere Informationen vor. Demgemäß wurde in einer

Reihe von Studien die Altersvariable in Kombination mit altersstereotyp-kongruenten oder -inkongruenten Informationen über die Zielperson präsentiert. So variierten Lee und Clemons (1985) in ihrer Studie, in der es um die Entscheidung zugunsten eines älteren vs. jüngeren Bewerbers ging, zusätzlich Angaben über dessen Leistungsfähigkeit (die als hoch angegeben war vs. nicht mitgeteilt wurde). Zugleich sollte in der einen Versuchsbedingung eine absolute Entscheidung getroffen werden (d.h. der ältere Bewerber soll eingestellt werden oder nicht), in der anderen Bedingung eine relative Entscheidung (d.h. der jüngere *oder* der ältere Bewerber soll eingestellt werden). Es zeigten sich zwei Haupteffekte: Die Entscheidung fiel zugunsten des älteren Bewerbers aus, wenn Angaben über seine hohe Leistungsfähigkeit vorlagen und wenn es sich um die absolute Entscheidungsbedingung handelte. Die Kombination von leistungsbezogener Information und Alter spielte auch in der Studie von Rosen, Jerdee und Lunn (1981) eine Rolle. Hier sollten Studierende der Betriebswirtschaftslehre Empfehlungen dazu abgeben, ob ein Arbeitnehmer in den Ruhestand versetzt werden sollte oder nicht. Hierzu waren sowohl Angaben über dessen Alter (58, 65 oder 69 Jahre), sowie Informationen über seine Leistungsfähigkeit variiert worden. Zunächst zeigte sich ein Haupteffekt der Altersvariablen, indem ein höheres Alter alleine schon Ruhestandsempfehlungen nahelegte. Waren jedoch leistungsbezogene Informationen mitgeteilt worden, so konnten diese den Effekt der Altersvariablen vollständig überlagern: Es wurde der als „sehr leistungsfähig" eingeführten Zielperson der Ruhestand signifikant seltener nahegelegt als der weniger leistungsfähigen, unabhängig von ihrem Alter.

Erber und Danker (1995) wollten prüfen, inwieweit (vermeintliche) Leistungsprobleme eines Arbeitnehmers in Abhängigkeit von seinem Alter eine unterschiedliche Deutung erfahren. Probanden im jüngeren und mittleren Erwachsenenalter wurden aufgefordert, sich in die Rolle eines Abteilungsleiters einer größeren Firma zu versetzen. Vorgegeben wurde ihnen eine Vignette, in der ein 32 oder 62 Jahre alter Angestellter beschrieben wurde, der an seinem Arbeitsplatz wiederholt durch Vergeßlichkeit aufgefallen war. Zusätzlich wurde variiert, ob die Firmenführung ihre Mitarbeiter zu Kosteneinsparungen drängte (vs. nicht drängte). Im Anschluß sollten anhand vorgegebener Faktoren die möglichen Ursachen für die Vergeßlichkeit eingeschätzt werden. Ferner sollten Empfehlungen bzgl. des weiteren Umgangs mit dem Angestellten abgegeben sowie die Persistenz des Problems und die Dringlichkeit von Interventionsmaßnahmen eingeschätzt werden. Zwar zeigten sich keinerlei Unterschiede darin, wie die Vergeßlichkeit des jüngeren vs. des älteren Angestellten erklärt wurde, wohl aber spielte die Altersvariable unter der Versuchsbedingung eine Rolle, in der der Druck zu Kosteneinsparungen von seiten der Firmenleitung als hoch beschrieben worden war. Hier gingen die Probanden davon aus, daß im Vergleich zur jüngeren Zielperson bei den älteren die Vergeßlichkeit eher bestehen bleibe, sofortige Reaktionen dringlich seien und Interventionsmaßnahmen (z.B. Zeitmanagement) seltener empfohlen wurden.

Eine ähnliche Studie wurde auch von Erber, Etheart und Szuchman (1992) durchgeführt, die ihren Probanden Tonbandaufzeichnungen eines Bewerbungsgesprächs vorspielten, in dem eine Stellenbewerberin als sehr vergeßlich, moderat vergeßlich resp. nicht vergeßlich präsentiert und sie als „jünger" vs. „älter" eingeführt wurde. Eingeschätzt werden sollte, inwieweit der Protagonistin leichte oder schwere Aufgaben übertragen werden könnten und wie gut ihr Gedächtnis sei. Zwar erwiesen sich die Bewertungen des Gedächtnisses als vom Alter abhängig, indem die ältere Zielperson schlechtere Bewertungen erhielt als die jüngere. Aber die Schwierigkeit der zu übertragenden Aufgaben war klar beeinflußt von der Manipulation der Vergeßlichkeit, d.h. die Schwierigkeiten der Aufgaben, die der alten vergeßlichen vs. der jungen vergeßlichen Zielperson zugewiesen wurden, unterschieden sich kaum und deuten somit nicht auf einen gravierenden Alterseffekt.

Altersstereotypisierungen im Erleben älterer Arbeitnehmer. Im Zusammenhang mit der Frage nach negativen Bewertungen älterer Menschen im Erwerbsleben war schließlich auch von Interesse, inwieweit ältere Arbeitnehmer selbst Abwertungen und Diskriminierungen erleben und inwieweit diese ihre Lebenszufriedenheit mindern. Da Arbeitsplatzzufriedenheit eine wichtige Determinante der Lebenszufriedenheit insgesamt darstellt, ist diese Frage von nicht zu unterschätzender Bedeutung. Aquino, Russel, Cutrona und Altmaier (1996) haben dazu den Effekt bezahlter Erwerbstätigkeit auf die Lebenszufriedenheit gegenüber dem Effekt einer ehrenamtlichen Tätigkeit überprüft. Dabei konnten sie zeigen, daß der Beitrag bezahlter Tätigkeit (hier: gemessen in Arbeitsstunden pro Woche) zur Vorhersage der Lebenszufriedenheit im Alter signifikant höher war (vermittelt über die Verbesserung der finanziellen Situation im Alter?) als die Tatsache, ob die älteren Probanden einer ehrenamtlichen Tätigkeit nachgingen oder nicht (was stärker mit der wahrgenommenen sozialen Integration zusammenhing). Die „Verschiebung" älterer Menschen in Ehrenämter mag daher vielleicht eher dem guten Gewissen der noch im Erwerbsleben stehenden Bevölkerungsgruppe dienen denn dem Wohlergehen der Älteren selbst. Auf der anderen Seite könnte man vermuten, daß die in der Arbeitswelt vorherrschenden negativen Altersstereotype sich abträglich auf das Wohlbefinden älterer Arbeitnehmer auswirken und sich auch in negativen Selbststereotypisierungen niederschlagen. Hierzu ist eine Studie von Greenblum (1984) aufschlußreich. Der Autor reanalysierte die Daten einer großen Umfrage, die 1972 in den USA an Männern und Frauen im Alter zwischen 20 und 64 Jahren, die leichte bis mittlere Behinderungen aufwiesen, durchgeführt worden war. Dabei war erfaßt worden, wie die Befragten ihre eigene Arbeitsfähigkeit und das Ausmaß ihrer Beeinträchtigungen einschätzten. Zudem waren für einen Großteil der Stichprobe auch objektive Daten ihres Funktionsstatus verfügbar, so daß ermittelt werden konnte, wie „realistisch" die jeweiligen Selbsteinschätzungen waren. Der Autor konnte auf der Grundlage dieser Daten nun nachweisen, daß – gemessen an dem objektiven Grad der

Beeinträchtigung – *Unter*schätzungen der eigenen Arbeitskraft und Arbeitsmöglichkeiten umso stärker ausfielen, je älter die Befragten waren. Er zog daraus den Schluß, daß Menschen ihre Fähigkeiten und Fertigkeiten gerade im Arbeitsleben sehr viel eher in Übereinstimmung mit sozialen Stereotypisierungen bewerteten (und ihre Selbsteinschätzungen an diese Stereotype anpaßten) als in Übereinstimmung mit ihren tatsächlichen Kompetenzen.

Hinweise zu dieser Frage haben auch Hassell und Perrewe (1993) geliefert. Ältere Arbeiter waren danach befragt worden, inwieweit sie selbst in ihrem Arbeitsalltag unter altersdiskriminierenden Maßnahmen zu leiden hätten. Die entsprechenden Angaben wurden in Beziehung zu Maßen für Selbstwertgefühl und Arbeitsplatzzufriedenheit gesetzt. Die ermittelten hohen Zusammenhänge wurden alle als Beleg dafür gesehen, daß wahrgenommene Diskriminierung am Arbeitsplatz sich abträglich auf Selbstwertgefühl und Zufriedenheit auswirkt. Allerdings fehlen hier objektive Indikatoren dazu, inwieweit tatsächlich altersbezogene Diskriminierungen erfolgten. Daher kann die Alternativhypothese, daß ein niedriges Selbstwertgefühl und geringere Arbeitsplatzzufriedenheit zur Wahrnehmung von Benachteiligungen am Arbeitsplatz führt oder daß dies alles auf einer generalisierten negativen Sicht der eigenen Person und des eigenen Lebens beruht, nicht ausgeschlossen werden. Auch das Befundmuster, das Orpen (1995) aus seiner Studie an 49- bis 68jährigen australischen Bankangestellten berichtete, läßt keine eindeutigen Schlüsse zu: Auch hier hatte sich gezeigt, daß Zufriedenheit und persönliches Engagement am Arbeitsplatz umso geringer waren, je mehr Altersdiskriminierungen die Befragten – ihren Aussagen zufolge – am Arbeitsplatz erlebten.

Aussagekräftiger erscheinen die von Ekerdt und DeViney (1993) berichteten Daten aus einer Panelstudie, die in den USA über einen Zeitraum von neun Jahren an nahezu 1.400 männlichen Arbeitern im Alter zwischen 50 und 69 Jahren durchgeführt wurde. Dabei hatte sich gezeigt, daß die Einstellungen zur eigenen Erwerbstätigkeit über die Zeit umso negativer wurden (z.B. daß die Arbeit belastend sei, daß man am Arbeitsplatz benachteiligt werde), je näher sich die Befragten an dem Zeitpunkt des (subjektiv erwarteten) Austritts aus dem Erwerbsleben befanden. Dabei spielten weder das Alter der Befragten noch Merkmale ihres Arbeitsplatzes eine Rolle, vielmehr schienen die negativen Einschätzungen der eigenen Erwerbssituation eher einen inneren Rückzug aus der Arbeitswelt zu reflektieren. Denn umgekehrt wurde spekuliert, daß gerade die Furcht vor dem Verlust des Arbeitsplatzes dazu führen kann, daß ältere Arbeitnehmer das Ausmaß der erlebten Diskriminierung „herunterspielten" und ihre Situation positiver darstellten, als sie sie im Alltag erlebten. In diese Richtung interpretierten jedenfalls Kaye und Alexander (1995) Daten aus Interviews, die sie mit älteren Teilzeitbeschäftigten in den untersten Lohngruppen geführt hatten und in denen ein insgesamt positives Bild der eigenen Erwerbstätigkeit gezeichnet wurde.

Resümee. Die Mehrzahl der hier referierten Studien hat deutlich gemacht, daß viele Ergebnisse – obschon auch hier keineswegs eine konsistente Befundlage zu verzeichnen ist – auf negative Einstellungen gegenüber älteren Arbeitnehmern verweisen. Dies mag umso bemerkenswerter sein, als fast alle Studien zu tatsächlichen altersgebundenen Leistungsveränderungen darin übereinstimmen, daß es nur wenige bedeutsame Zusammenhänge zwischen Alter und Leistungsfähigkeit gibt, wenn man das *hohe* Alter ausklammert (Warr, 1994). Und selbst wenn es in dem einen oder anderen Bereich altersgebundene Verschlechterungen im Leistungsverhalten gibt, können ältere Arbeitnehmer diese oft durch hohe Vertrautheit mit den Arbeitsplatzanforderungen sowie durch Erfahrung und Expertise am Arbeitsplatz kompensieren. Dies entspricht dem Modell der selektiven Optimierung durch Kompensation von P.B. Baltes und M.M Baltes (1990a), das auch Abraham und Hansson (1995) ihrer Studie an 40 bis 69 Jahre alten Arbeitnehmern zugrunde gelegt hatten. Demnach sind es genau die Strategien der Selektion (z.B. Einsatz spezifischer Fertigkeiten) und der Kompensation, die mit zunehmendem Alter der Aufrechterhaltung der Kompetenz am Arbeitsplatz dienen. In der Tat wurde auch immer wieder auf eine hohe Passung zwischen den Anforderungen des Arbeitsplatzes und den Voraussetzungen auf seiten des älteren Arbeitnehmers verwiesen, die sich in hoher Arbeitsplatzzufriedenheit manifestieren soll. So zeigte zum Beispiel eine Studie von Aldwin, Sutton, Chiara und Spiro (1996), daß Streß am Arbeitsplatz immerhin von 43 Prozent der 45- bis 54jährigen Arbeitnehmer erlebt wurde, während nur 24 Prozent der 55- bis 64jährigen solche Angaben machten. Gleichwohl muß man kritisch hinzufügen, daß die berichteten Altersunterschiede möglicherweise auch in der unterschiedlichen subjektiven Definition dessen, was „Streß" kennzeichnet, begründet sein mögen. In jedem Fall spricht die Befundlage für eine deutliche Diskrepanz zwischen den vielen Facetten der tatsächlichen beruflichen Leistungsfähigkeit einerseits und den stereotypgeleiteten negativen Bewertungen „des" älteren Arbeitnehmers andererseits.

Nichtsdestotrotz bleibt als ein wesentlicher Kritikpunkt an den erwähnten Studien bestehen, daß zu selten Personen, die selbst im Erwerbsleben stehen, und zu häufig Studierende als Probanden einbezogen wurden. Letztere sind – wie leicht einsichtig – gerade für diese Problemstellung wenig geeignet, da sie weder auf eine berufliche Sozialisation zurückblicken können, in der u.U. erst altersbezogene Stereotype gegenüber Arbeitnehmern vermittelt werden, noch mit den für die Arbeitswelt typischen Bewertungsstandards vertraut sind. Auch kann, da studentische Stichproben ja in der Regel vergleichsweise jung sind, nicht ausgeschlossen werden, daß Altersstereotypisierungen und Abwertungen älterer Arbeitnehmer schon wegen des großen Altersunterschieds beobachtet wurden. Auch ist der Anteil jener Studien, in denen Entscheidungs- oder Bewertungssituationen in der Arbeitswelt simuliert wurden und die auf Datenmaterial aus Befragungen verzichtet haben, noch viel zu gering. Wie ältere Arbeitnehmer aus der Perspektive ihrer Kollegen und/oder ihrer

Vorgesetzten im konkreten Arbeitsalltag wahrgenommen werden und inwieweit dabei individualisierende Bewertungen stereotypgeleiteten Urteilen weichen, ist gleichermaßen weitgehend unerforscht geblieben.

7.3 Altersstereotype bei Vertretern einzelner Berufsgruppen

Wenn man das Interesse auf Altersstereotype in der Arbeitswelt richtet,
kann man einen zweiten Zugang wählen und fragen, in welchem Maße
bestimmte Berufsgruppen zu Altersstereotypisierungen neigen und inwieweit sie in ihrem Berufsalltag älteren Menschen anders begegnen als jüngeren, was sich als Ausdruck von *professional ageism* interpretieren ließe.
In den einschlägigen Studien wurden Vertreter unterschiedlicher Berufsgruppen als Probanden einbezogen, ja das Interesse galt selbst Geistlichen
und der Frage, ob diese lieber vor jüngeren oder vor älteren Menschen
predigen wollten (Gulledge, 1992)! Doch liegt der thematische Forschungsschwerpunkt bei den Berufsfeldern, in denen ältere Menschen in
der Rolle von Patienten, Klienten oder Pflegebedürftigen mit den entsprechenden Berufsgruppen in Berührung kommen.

7.3.1 Altersstereotype bei medizinischem Personal

Daß viele Studien sich Vertretern des Gesundheitswesens zugewandt und
bei diesen Vorstellungen über das Alter erfaßt haben, mag nicht überraschen: Ältere Menschen machen eine große Gruppe der Patienten aus.
Erst unlängst haben Brendebach und Piontkowski (1997) berichtet, daß in
den von ihnen untersuchten allgemeinmedizinischen Praxen nahezu die
Hälfte der Patienten 60 Jahre und älter war. Umso wichtiger ist es zu erfahren, inwieweit sich in den Gesundheitsberufen Altersstereotype nachweisen lassen und diese die Interaktionserfahrungen älterer Menschen in
ihrem Alltag prägen. In der Tat findet man in der Literatur nicht selten
den Hinweis, daß das Wissen über das Alter in diesen Berufsgruppen keineswegs größer ist und sie nicht minder negative Einstellungen gegenüber
älteren Menschen haben als die Allgemeinbevölkerung. Dies mag auch
dazu führen, daß der Kontakt zu älteren Patienten oft als nicht erwünscht
erscheint. Dafür sprechen viele Beobachtungen sowie einige systematische
Daten, die zeigen, daß z.B. die Bereitschaft von Krankenschwestern und
Ärzten, ältere Patienten oder gar geriatrische Fälle zu betreuen resp. zu
behandeln, vergleichsweise gering ist. Selbst innerhalb der einschlägigen
Berufsgruppen (wie zum Beispiel bei in Alteneinrichtungen tätigen Krankenschwestern oder Altenpflegerinnen) wurde ein (verstecktes) Desinteresse an der Arbeit mit alten Menschen ermittelt (siehe Chandler, Rachall
& Kazelskis, 1986).

   Geiger (1978) konnte für Jura- und Medizinstudierende sowie angehende Sozialarbeiter, Juristen und Ärzte zeigen, daß diese in ihren verbalen Bekundungen zwar offensichtlich eine weitgehend vorurteilsfreie Sicht
des Alters zu erkennen gaben, doch kaum einer der Probanden (unabhängig von der gewählten Studienrichtung) äußerte Interesse daran, in der

späteren Berufsausübung viel mit älteren Menschen zu tun haben zu wollen. Auch in der Studie von MacNeil (1991) mit angehenden Beschäftigungstherapeuten zeigte sich eine geringe Bereitschaft, ältere Menschen als Patienten betreuen zu wollen. Hierzu waren den Probanden fünf verschiedene Störungsbilder resp. Beeinträchtigungen (u.a. sensorische Beeinträchtigungen, Suchterkrankung, psychiatrische Auffälligkeit) in Kombination mit drei Altersstufen (junges, mittleres und höheres Erwachsenenalter) vorgegeben worden. Dabei waren alle möglichen Kombinationen vollständig permutiert und paarweise präsentiert worden, so daß die Probanden jeweils anzukreuzen hatten, welchen der beiden präsentierten Patienten (z.B. 25jähriger Alkoholiker oder 45jähriger Schizophrener) sie lieber behandeln würden. Dabei zeigte sich u.a. ein Haupteffekt für das Alter, indem durchweg, d.h. unabhängig von dem Störungsbild, der jüngere Patient gegenüber dem älteren bevorzugt wurde. Es zeigte sich aber auch, daß Patienten mit einer körperlichen Beeinträchtigung allen Patienten mit den anderen Krankheitsbildern vorgezogen wurden.

Es hat den Anschein, daß alte Menschen nicht zuletzt deshalb zu einer „ungeliebten" oder gar gemiedenen Patientengruppe werden, weil ihnen stereotypgeleitet psychische Veränderungen (v.a. „Verwirrtheit") zugeschrieben werden und weil ihre Behandlung als langwierig und wenig erfolgversprechend eingeschätzt und mit hohen emotionalen Anforderungen verbunden wird, was zusammenfassend unter dem Stichwort „geriatrischer Nihilismus" diskutiert wurde (Brendebach & Piontowski, 1997). In dem Maße, in dem sich dieses Phänomen nachweisen läßt, sollten auch die Ansprüche älterer Menschen an eine angemessene Versorgung durch das Gesundheitswesen nicht angemessen berücksichtigt werden. Dies bestätigen Befunde u.a. von Becker (1994), der anhand von Beobachtungs- und Interviewdaten in einem stationären Setting zu dem Schluß kam, daß sowohl die Notwendigkeit wie auch die Möglichkeiten von Rehabilitationsmaßnahmen bei älteren Patienten systematisch unterschätzt worden und keineswegs am faktisch Möglichen und Nötigen orientiert gewesen seien. Diese Beobachtung läßt sich nach Befunden von Kemper (1992) auch auf die nervenärztliche resp. psychotherapeutische Versorgung älterer Patienten ausdehnen. In seiner Studie hatte er anhand der Patientenkartei einer Nervenarztpraxis in einer deutschen Großstadt für ein definiertes Quartal ermittelt, daß dort 606 Patienten behandelt worden waren, von denen 50 Prozent über 50 Jahre resp. 17 Prozent über 60 Jahre alt waren. Von dieser Patientengruppe sei bei circa sechs Prozent die Indikation für eine psychotherapeutische Behandlung gestellt worden, aber weniger als zwei Prozent hätten tatsächlich auch eine solche Behandlung erfahren. Selbstredend sind dies alles nur punktuelle Erhebungen und angesichts der Komplexität der aufgeworfenen Problemstellung mag es nicht verwundern, daß man beim gegenwärtigen Stand der Forschung kaum mehr als erste Hinweise präsentieren kann und mit Verallgemeinerungen äußerst vorsichtig sein muß.

Vor dem hier aufgeworfenen Problemhintergrund war natürlich auch die Qualität der *unmittelbaren* Arzt-Patient-Interaktion von Interesse und die Frage, inwieweit ein negatives Altersstereotyp auch das Verhältnis von Ärzten zu ihren älteren Patienten belasten könnte. Auch dazu gibt es mehr essayhafte Problemschilderungen und Appelle an das ärztliche Ethos (O'Rourke, 1988) denn systematische Untersuchungen. So vermuteten Lewis und Johansen (1982), daß Ärzte eine deutliche Abneigung gegen die Behandlung älterer Menschen hätten. Aus ihrer Sicht reflektiert diese Abneigung zwei verschiedene Phänomene: Zum einen käme darin ein Mißverständnis davon, was normales Altern und angemessene Lebensbewältigung im Alter kennzeichnet, zum Ausdruck. Damit gehe einher, daß Ärzte bestimmte Alternsphänomene voreilig als „psychopathologisch" diagnostizierten. Zum anderen fehle es Ärzten an Empathie im Umgang mit älteren Patienten, da ein einfühlsames Eingehen auf den älteren Patienten die Gefahr in sich berge, daß unbearbeitete Ängste bezüglich des eigenen Alterns hervorgerufen würden.

Vor diesem Argumentationshintergrund mag es nicht überraschen, daß in vielen Studien *Todesfurcht* als die Variable erfaßt wurde, die besonders mit vorurteilsbehafteten Einstellungen gegenüber alten Menschen einhergehen sollte (z.B. Eakes, 1985). Die in der Regel ermittelten hohen Zusammenhänge wurden stets als Beleg für die Angstabwehr-Hypothese gewertet, derzufolge ältere Menschen (die als „Symbole des Todes" angesehen würden) umso stärker gemieden und abgewertet würden, je höher auf seiten des jeweiligen Interaktionspartners die Todesfurcht ausgeprägt sei (zu den Funktionen von Stereotypen vgl. Kapitel 3). Im Einklang mit dieser Hypothese berichteten DePaolo, Neimeyer und Ross (1994) aus einer Studie an Krankenschwestern und Schwesternhelferinnen über signifikante Zusammenhänge zwischen negativen Einstellungen zum Alter und der Angst vor dem eigenen Altern. Gleichwohl scheinen verbale Daten nicht immer geeignet, diesen subtilen Prozessen Rechnung zu tragen. Daher ist über einen solchen Zugang hinaus gerade die systematische Verhaltensbeobachtung die Methode der Wahl, verborgene und sozial unerwünschte (und oft auch persönlich unliebsame) Vorurteile und Stereotype im Umgang mit alten Menschen zu erhellen. Während im Bereich der Interaktion mit dem Pflegepersonal in Alteneinrichtungen diese Methode sehr erfolgreich eingesetzt wurde (M.M. Baltes & Horgas, 1997; siehe unten), haben nur wenige Arbeiten anhand von Beobachtungsdaten zu eruieren versucht, inwieweit sich das Interaktions- resp. Konsultationsverhalten von Ärzten gegenüber älteren und jüngeren Patienten tatsächlich unterscheidet.

Zum einen wurde die einem Patienten gewidmete Zeit als Kriterium herangezogen. So berichteten Keller, Solomon, Beck, Mendenhall und Kane (1982; zit. nach Revenson, 1989) aus Beobachtungen in ärztlichen Praxen und Kliniken, daß Ärzte mit Patienten, die älter als 65 Jahre alt waren, signifikant weniger Zeit verbrachten als mit Patienten im Alter zwischen 45 und 64 Jahren. Zum anderen wurden aber auch Merkmale der verbalen Interaktion zwischen Ärzten und Patienten betrachtet. Greene, Hoffman, Charon und Adelman (1987) ließen Gespräche, die jüngere Ärzte (d.h. im Alter von unter 40 Jahren) mit vier jüngeren (unter 45

Jahren alt) und vier älteren Patienten (über 65 Jahre alt) geführt hatten, auf Tonband aufzeichnen und unterzogen diese anschließend einer inhaltsanalytischen Auswertung. Im Zentrum stand die Frage, in welchem Ausmaß darin persönliche Belange der Patienten zur Sprache kamen und wie der Arzt darauf jeweils reagierte. Die Auswertung der Tonbandaufzeichnungen durch unabhängige Beurteiler erbrachte, daß die Ärzte persönliche Belange in der Interaktion mit einem älteren Patienten von sich aus seltener ansprachen als mit einem jüngeren. Sofern persönliche Themen von den Patienten selbst eingebracht worden waren, gingen die Ärzte darauf weniger interessiert und responsiv ein, wenn es sich um einen älteren Patienten (im Vergleich zu einem jüngeren) handelte. Zudem wurde das Verhalten des Arztes gegenüber älteren Patienten von den Beurteilern als signifikant weniger respektvoll, engagiert und geduldig eingeschätzt als das Verhalten gegenüber jüngeren Patienten. Ärzte scheinen diesen Befunden zufolge nur selten offenkundig diskriminierendes Verhalten zu zeigen (etwa in Form abwertender Bemerkungen über einen älteren Patienten). Vielmehr erfolgen Stereotypisierungen sehr viel unterschwelliger, wie es diese Gesprächsanalysen offenbarten und wie es sich in der Kommunikation mit älteren Personen insgesamt zeigt (hierzu auch Kapitel 6).

Subtile Diskriminierungen zeigten sich deutlich auch darin, daß Ärzte sich in ihrem verbalen Verhalten dann nicht an einen älteren Patienten wenden, wenn zugleich ein Familienangehöriger anwesend ist. Diese ja keineswegs seltene „dreigleisige" Situation wurde von Hasselkus (1994) in systematischer Weise untersucht. Hierzu wurden die verbalen Interaktionen aufgezeichnet, die während der ärztlichen Visiten bei 64- bis 91-jährigen stationären Patienten (N=27) bei gleichzeitiger Anwesenheit eines Familienangehörigen abliefen. Das wesentliche Ergebnis dieser Studie war, daß die Äußerungen der Ärzte signifikant häufiger an den Angehörigen als an den Patienten gerichtet waren, und somit ein Dialog *über* und nicht *mit* dem älteren Patienten stattfand. Dieser Befund ist ganz im Sinne des „Unselbständigkeitsmusters" zu interpretieren, wie es von der Arbeitsgruppe um M.M. Baltes identifiziert wurde (hierzu Abschnitt 7.3.2). Selbstredend wurde dabei das kognitive Funktionsniveau der Patienten als Kontrollvariable berücksichtigt, wobei sich zeigte, daß bereits minimale kognitive Beeinträchtigungen auf seiten des Patienten zu einer unausgewogenen Gesprächsführung führten, in der Arzt und Anhöriger dominierten.

Vor diesem Hintergrund sind womöglich die Ergebnisse der Untersuchung von Brendebach und Piontowski (1997) zu relativieren, die bei 184 Ärzten von westfälischen Allgemeinpraxen insgesamt *positive* Einstellungen gegenüber älteren Patientinnen feststellten. Den Ärzten war hierzu eine (nach testtheoretischen Prinzipien konstruierte) Skala mit Zitaten zum hohen Alter, die hinsichtlich ihrer Aussagen von sehr positiv bis sehr negativ reichten, vorgelegt worden. Die Ärzte hatten u.a. anzugeben, welches der Zitate „alte Patientinnen"· am besten charakterisiere. Eindeutig zeigte sich eine Häufung der Antworten bei den positiv getönten Zitaten, was sich sowohl als Hinweis auf sozial erwünschtes Antwortverhalten wie

auch auf „wahre" Einstellungen deuten läßt. Allerdings konnten die Autoren zugleich zeigen, daß es *differentielle* Zusammenhänge gab, indem
Ärzte mit geriatrischen Zusatzqualitifikationen und selbstberichteten guten
Erfahrungen mit alten Patientinnen deutlich positivere Einstellungen hatten (was für die Validität der Befunde sprechen kann).

Andere Autoren untersuchten Stereotype bei Ärzten und anderen medizinischen Berufsgruppen wiederum „verdeckter" mittels Vignetten. In
einer Arbeit von Gleason (1991) wurde der mögliche Einfluß von Altersstereotypen auf die ärztliche Diagnose des Alkoholismus untersucht.
Einer Stichprobe von Internisten (unterschiedlichen Alters: bis 41 Jahre,
42 bis 48 Jahre, älter als 49 Jahre) wurde eine Vignette mit der Beschreibung eines Patienten vorgelegt, der verschiedene Symptome des Alkoholismus aufwies und dessen Alter variiert war (35 vs. 70 Jahre). Die Ärzte
sollten eine von drei möglichen Diagnosen stellen (u.a. Alkoholismus) und
eine Prognose abgeben. Erwartet worden war, daß im Falle negativer
Altersstereotype (erfaßt über die *„Kogan Old People-Scale"*; Kogan,
1961) bei dem älteren Patienten häufiger Alkoholismus diagnostiziert
wurde als bei dem jüngeren. Zunächst zeigte sich, daß die Mehrzahl der
Ärzte kaum ein negatives Altersstereotyp erkennen ließ (und somit wegen
der Verteilungseigenschaften der Skala nur bedingt Zusammenhänge ermittelt werden konnten). Entgegen der Erwartung waren es die (wenigen)
Ärzte mit einem negativen Altersstereotyp, die für den älteren Patienten
seltener Alkoholismus diagnostizierten, die aber – unabhängig von ihrer
Diagnose – für diesen eine ungünstigere Prognose formulierten als für
den jüngeren Patienten. Insofern bleibt in dieser Studie fraglich, welche
Bewertung sich mit der Diagnose „Alkoholismus" seitens der Ärzte verbindet und inwieweit sie als Indikator negativer Altersstereotype gelten
kann.

Barta-Kvitek, Shaver, Blood und Shepard (1986) präsentierten Kran-
kenhausärzten die Beschreibung eines fiktiven Patienten, dessen Alter (28
oder 58 Jahre) wiederum variiert worden war. Als abhängige Variable
sollte die Aggressivität der indizierten Behandlung erfaßt werden. Zunächst zeigte sich, daß für den älteren Patienten ein weniger aggressives
Behandlungsregime gewählt wurde als für den jüngeren. Die Autoren
führten dies auf Annahmen seitens der Ärzte zurück, daß jüngere Patienten „mehr aushalten" könnten, was älteren Patienten nicht zuzumuten sei.
Doch scheint sich hinter der Indikation einer „aggressiven Behandlung"
tatsächlich eine Wertschätzung des Patienten zu verbergen. Denn je positiver die Einstellungen der Ärzte gegenüber alten Menschen waren, umso
eher hielten sie eine aggressive Behandlung für indiziert, je negativer ihre
Einstellungen waren, umso weniger war dies der Fall. Dies zeigt erneut,
wie mehrdeutig bestimmte (Verhaltens-)Äußerungen als angebliche Hinweise auf das Altersstereotyp sind, was durchaus im Einklang mit Befunden von Fineman (1994) steht, denen zufolge Ärzte wie auch Krankenschwestern klar artikulierte Vorstellungen von „alt" haben. Alter werde
gleichgesetzt mit sozialem Rückzug, geringer Aktivität und mangelnder
Flexibilität. Somit sollte aus Sicht dieser Berufsgruppen für alte Menschen

generell das sog. „medizinische Modell" (sensu Brickman et al., 1982; siehe Abschnitt 7.3.2) angemessen sein, d.h. daß alte Menschen unabhängig von ihrem Gesundheitszustand in die Rolle des „Patienten" gedrängt werden, der des Schutzes und der Unterstützung durch andere bedarf.

Neben Stichproben von Ärzten wurden auch (angehende) Psychologen als Probanden gewonnen. Perlick und Atkins (1984) präsentierten einer Stichprobe klinischer Psychologen die Tonbandaufnahme einer Exploration, die mit einem (tatsächlich) 64 Jahre alten Mann geführt worden war. Dieser wies eine Reihe von Symptomen auf, die zuvor als Anzeichen einer depressiven Pseudodemenz diagnostiziert worden waren. In der experimentellen Variation wurde das Alter des Klienten nun entweder mit 55 oder 75 Jahren angegeben, und es sollte eingeschätzt werden, um welche Form der Störung es sich handelte. Es zeigte sich, daß die Symptome bei dem älteren Patienten signifikant häufiger als Zeichen seniler Demenz angesehen und seltener mit einer depressiven Störung in Verbindung gebracht wurden als bei dem jüngeren Patienten. Diese Befunde belegen somit einerseits, daß allein die Manipulation der Altersvariablen geeignet ist, unterschiedliche Diagnosen nahezulegen. Sie läßt sich andererseits aber kaum als eindeutiger Beleg für Vorurteile gegenüber Älteren heranziehen. Denn bekanntlich ist in frühen Stadien die Differentialdiagnostik der Demenz und der Depression relativ schwierig (siehe Häfner, 1994), und häufig ist gerade das Alter des Patienten die diagnostisch relevante Information. Daher sind die gewählten Störungsformen in der Tat nur bedingt geeignet, altersstereotypgeleitete Urteile zu erhellen. In der Arbeit von Panek und Merluzzi (1983) wurde ebenfalls untersucht, inwieweit das Alter einer Klientin (25-, 45- vs. 65jährig) mit depressiven Symptomen Urteile bei angehenden Lebensberatern und Psychotherapeuten beeinflußt. Anhand einer Fallbeschreibung sollten die Indikation, die vermutete Dauer und der mögliche Erfolg einer verhaltens-therapeutischen Behandlung angegeben werden. Die Ergebnisse dieser Studie zeigten, daß das Alter der Klientin hier ohne Bedeutung für diese diversen Einschätzungen war – was von den Autoren als Beleg dafür gesehen wird, daß das (potentielle) Engagement der Therapeuten nicht von dem Alter ihrer Klientel abhängt. Darauf deuten auch Befunde von McConatha und Ebener (1992), die das Szenario eines Beratungsgesprächs mit einem 34- vs. 66jährigen Klienten vorgegeben hatten und bei den angehenden Beratern keine Präferenzen für den älteren oder jüngeren Klienten fanden.

Auch in diesem Problemkontext gab es wieder Studien, in denen überprüft wurde, inwieweit mögliche Effekte der Altersvariablen auf die Patientenbeurteilung durch andere Informationen überlagert werden. James und Haley (1995) ließen Psychologen mit mehrjähriger Berufserfahrung Vignetten beurteilen, in denen eine Klientin mit depressiven Symptomen als 35 vs. 70 Jahre alt und als in einem guten vs. schlechten (körperlichen) Gesundheitszustand beschrieben wurde. Zwar zeigte sich hier nun wieder ein Alterseffekt, indem für die ältere Klientin eine schlechtere Prognose gestellt und seltener eine psychotherapeutische Behandlung indiziert wurde, doch kam der Information über den Gesundheitszustand weitaus größere Bedeutung zu. Die als „körperlich krank" eingeführte Zielperson wurde jeweils unabhängig vom Alter negativer bewertet als die als „gesund" eingeführte; ferner schätzten die Psychologen ihre eigene Kompetenz und ihr Wohlbefinden im Umgang mit jener geringer ein als mit der gesunden, wobei sich auch hier keine Unterschiede in Abhängigkeit vom Alter der Zielperson zeigten. Die Autoren interpretierten ihre Befunde daher als Ausdruck eines *healthism* (siehe auch Abschnitt 5.4.3), der sich in negativen Haltungen gegenüber *kranken* Menschen offenbaren sollte. Dieser sei in der Arbeitswelt sogar verbreiteter als der vielzitierte *ageism* als Ausdruck diskriminierenden Verhaltens gegenüber *alten* Menschen.

7.3.2 Altersstereotype bei Pflegepersonal

Wurden also in vielen Studien – wie eben dargestellt – Vertreter des Gesundheitswesens als solche Berufsgruppen einbezogen, die häufig mit älteren Menschen zu tun haben, so galt das Interesse gleichermaßen auch dem Alten-Pflegepersonal als jener Berufsgruppe, die wohl den intensivsten Kontakt zu alten Menschen (vor allem in Institutionen) hat. Zwar gilt nach wie vor, daß nur eine verschwindend kleine Minderheit älterer Menschen in Einrichtungen der Altenhilfe und Altenpflege lebt, doch wurden gerade in diesem Setting sehr interessante Studien durchgeführt. Auch hier wurden Einstellungen gegenüber älteren Menschen direkt erfragt (z.B. Robinson, 1993), jedoch galt das Interesse weit häufiger dem unmittelbaren Interaktionsverhalten zwischen dem Pflegepersonal und den alten Menschen. Aus der systematischen Beobachtung des Interaktionsverhaltens sollten sodann Rückschlüsse auf Altersbilder bei den Pflegenden gezogen werden.

Wegweisende Arbeiten zu dieser Frage haben M.M. Baltes und Mitarbeiter (siehe z.B. M.M. Baltes, Barton, Orzech & Largo, 1983; M.M. Baltes, Kindermann & Reisenzein, 1986) durchgeführt (zur Übersicht M.M. Baltes & Horgas, 1997; M.M. Baltes, Wahl & Reichert, 1991). In diesen Arbeiten konnte nachgewiesen werden, daß das Interaktionsverhalten zwischen alten Menschen und ihren Betreuungs- resp. Pflegepersonen einfachen Gesetzen des Verstärkungslernens zu folgen scheint und daß sich ein typisches Interaktionsmuster ermitteln läßt, das die Arbeitsgruppe als „Unselbständigkeits-Unterstützungs-Muster" *(dependency-support-script)* umschrieben hat. Gemeint ist damit ein Interaktionsmuster, das auf seiten des Pflegepersonals durch (unangemessen) unterstützendes und Selbständigkeit unterminierendes Verhalten gekennzeichnet ist, und auf das seitens der alten Menschen mit unselbständigem Verhalten reagiert werde. Von entscheidender Bedeutung ist dabei, daß sich in diesem Interaktionsmuster keineswegs Hilfsbedürftigkeit und Defizite auf seiten des alten Menschen manifestieren müssen, die durch Hilfe kompensiert werden sollen.

Das Verhalten des Pflegepersonals trägt also nicht den individuellen Besonderheiten des Gegenüber und der aktuellen Situation Rechnung und besitzt insofern Skript-Charakter, sondern stellt eine „Überkompensation"

dar: Das Pflegepersonal neige dazu, alten Menschen in übergeneralisie-
render, also stereotypgeleiteter Weise, Unselbständigkeit und Abhängigkeit zuzuschreiben und sie mit Hilfsangeboten und Unterstützungsverhalten zu überschütten. Dadurch werde auf seiten der alten Menschen unselbständiges Verhalten verstärkt, auf das wiederum vermehrt mit Unterstützung reagiert werde. In letzter Konsequenz wird Abhängigkeit also in solchen fortlaufenden Interaktionssequenzen erst erzeugt und verfestigt. Diesem Interaktionsmuster steht ein „Selbständigkeits-Ignoranz-Muster" (*in-
dependency-ignorance-script*) gegenüber, das abbildet, daß Verhaltensweisen, die Autonomie und Selbständigkeit haben erkennen lassen, durch das
Pflegepersonal ignoriert oder bestraft werden. Diese Darlegungen, die
durch eine Vielzahl von Befunden gestützt sind, können als sehr klarer
Beleg dafür gewertet werden, wie stereotypgeleitete Wahrnehmungen
(hier: „hilfsbedürftig") ein entsprechendes Interaktionsverhalten nahelegen, das seinerseits bei den alten Menschen zu stereotypkonformen Verhaltensweisen führt und Stereotype somit auch hier als „sich selbst erfül-
lende Prophezeiungen" wirksam werden.

Darüber hinaus haben M.M. Baltes und Wahl (1992) zeigen können,
daß dieses Unselbständigkeits-Unterstützungs-Muster eine hohe Verbreitung aufweist und nicht auf professionelles Pflegepersonal resp. stationäre
Einrichtungen beschränkt ist. In einer vergleichenden Beobachtungsstudie,
in der die Interaktionssequenzen zwischen pflegebedürftigen alten Menschen und ihren Betreuungspersonen in Privathaushalten einerseits sowie
in Alten- und Pflegeheimen andererseits beobachtet wurden, zeigten sich
große Ähnlichkeiten: Auch pflegende Familienangehörige neigten dazu,
eher Unselbständigkeit zu fördern und Selbständigkeit zu unterminieren.
Selbständiges Verhalten der alten Menschen wurde doppelt so häufig mit
unterstützendem Verhalten, d.h. mit „inkongruenten Reaktionen", beantwortet wie mit „kongruenten Reaktionen", also solchen, die die gezeigte
Selbständigkeit des alten Menschen hätten verstärken können. Auch Mitarbeiterinnen von ambulanten Pflegediensten scheinen diesem Verhaltensmuster zu unterliegen (Wahl & M.M. Baltes, 1990). Daher liegt die
Vermutung nahe, daß der sozialen Umwelt – weit über den institutionellen
Kontext hinaus – mit ihren stereotypgeleiteten Erwartungen an ältere
Menschen ein großes Gewicht zukommt. Es ist wohl gerade die Verknüpfung mikroökologischer Perspektiven mit einer makroökologischen Per-
spektive, die als Metamodell für „gutes Leben im Alter" dienen kann
(M.M. Baltes & Carstensen, 1996).

Umso konsequenter erscheint der Versuch der Arbeitsgruppe, im
Rahmen eines Trainingsprogramms für Pflegepersonal diese Interaktionsmuster zu durchbrechen. M.M. Baltes, Zank und Neumann (1997)
(siehe auch M.M. Baltes, Neumann & Zank, 1994) haben dazu ein systematisches Trainingsprogramm für Pflegepersonal entwickelt, das sich aus
drei Teilen zusammensetzt und sowohl in Gruppen- wie auch in Einzelsit-
zungen zur Anwendung kommen kann. Ein erster Teil ist der reinen Wissensvermittlung gewidmet, und zwar Wissen gezielt darüber, nach welchen Prinzipien Kommunikation funktioniert und welche Fertigkeiten für

effektive Kommunikation erforderlich sind, Wissen über Prozesse des Alterns und das hohe Alter sowie schließlich über Prinzipien des Verhaltensmanagements und der operanten Konditionierung. Im Zentrum des Programms steht selbstredend die Analyse des „Abhängigkeits-Unterstützungs-Musters" und das Bemühen, die Programmteilnehmerinnen zum Nachdenken über die darin enthaltenen Interaktionssequenzen anzuregen. Auf diesen theoretischen Teil folgt ein Praxisteil, in dem die vermittelten Ansätze der Verhaltensmodifikation in die Praxis umgesetzt werden, videografiert und anschließend in individuellen Sitzungen besprochen werden sollen. M.M. Baltes et al. (1994; 1997) berichteten hierzu Evaluationsdaten, die einerseits auf dem *„Facts on Aging"-Quiz* von Palmore (1988) und andererseits auf Ergebnissen sequentieller Verhaltensbeobachtungen beruhten. In diesen war der Verhaltensfluß zwischen Heimbewohnerinnen und Pflegepersonal in den Alltagssituationen kontinuierlich in situ kodiert worden, wobei Studierende der Psychologie als Beobachter fungiert hatten und eine durchschnittliche Interraterreliabilität von .80 (Kappa) ermittelt wurde. In der Tat offenbarten die Beobachtungsdaten, daß sowohl auf seiten des Pflegepersonals die Häufigkeit selbständigkeitsunterstützenden Verhaltens zunahm und die unselbständigkeitsunterstützenden Verhaltens abnahm. Entsprechende Ergebnisse zeigten sich auf seiten des Verhaltens der Bewohnerinnen: Selbständiges Eigenpflegeverhalten wurde signifikant häufiger und unselbständiges Eigenpflegeverhalten signifikant seltener beobachtet. Wesentlich für das Verständnis der Interventionseffekte ist zudem, daß nicht nur diese einzelnen Verhaltensweisen verändert waren, sondern der Interventionserfolg sich auch in den *sequentiellen Interaktionsmustern* manifestierte: So war das Unselbständigkeits-Unterstützungs-Muster zwar sowohl in der in Kontroll- *und* in Experimentalgruppe nach wie vor sehr häufig; doch in der Experimentalgruppe hatte sich sein relativer Anteil von 56 auf 45 Prozent verringert. Umgekehrt war das selbständigkeitsunterstützende Verhaltensmuster in der Experimentalgruppe von 22 auf 36 Prozent aller Interaktionsformen gestiegen (im Vergleich zu 24 resp. 26 Prozent in der Kontrollgruppe). Die Autorinnen schränkten allerdings ein, daß dies kurzfristig beobachtete Effekte seien und die Überprüfung längerfristiger Trainingseffekte im Rahmen von *follow up*-Erhebungen nicht realisierbar gewesen sei. Zumindest aber wurden deutliche Hinweise erbracht, daß auch „eingeschliffene" Interaktionsmuster, die oft in jahrelanger beruflicher Sozialisation erworben und verfestigt wurden, einer Intervention durch systematisches Training zugänglich sind. Letztlich – so M.M. Baltes (1994) – läßt sich mit solch einfachen Maßnahmen auch das scheinbare Paradox zwischen „gutem Altern" und einem Leben im Altenheim auflösen (vgl. auch M.M. Baltes & Carstensen, 1996).

Auch Kahana und Kiyak (1984) hatten vor Jahren gezeigt, daß stereotypgeleitete Wahrnehmungen alter Menschen durch das Pflegepersonal – unabhängig davon, ob damit eher positive oder eher negative Wertungen verbunden sind – stets dazu führen, alten Menschen gegenüber besonders „helfend" aufzutreten und so deren Selbständigkeit (weiter) zu unterminieren. Auch aus der sozialen Unterstützungsforschung ist ganz allgemein (d.h. nicht beschränkt auf den Umgang mit alten Menschen) bekannt, daß Hilfeleistungen unter wohldefinierten Bedingungen äußerst unerwünschte Nebeneffekte zeitigen: Sie signalisieren dem Empfänger der Hilfe, daß man seine Fähigkeiten, ein Problem selbständig zu meistern, als gering veranschlagt. Damit mögen nicht nur individuelle Versuche der Problemlösung verhindert, sondern auf lange Sicht auch Selbstvertrauen und Selbstwertgefühl unterminiert werden. Dies hat sich für Unterstützungsverhalten gegenüber chronisch Kranken ebenso gezeigt (Aymanns, 1992), wie für unerbetene Hilfe, die Lehrer ihren Schülern zuteil werden lassen (Meyer, 1984). Von daher mögen auch die Ergebnisse einer Studie von Mullins (1982) nicht überraschen: Diese haben die Neigung des Pflegepersonals offenbart, gerade jene Altenheimbewohner als „unangenehm" zu charakterisieren, die ein hohes Bedürfnis nach Selbständigkeit aufwiesen, während Bewohner als „umgänglich" eingeschätzt wurden, die sich in Übereinstimmung mit dem Altersstereotyp abhängig und unselbständig verhielten. Auch hierin manifestiert sich die von M.M. Baltes et al. (1991) beschriebene Tendenz des Pflegepersonals, alten Menschen Verantwortung abzunehmen und sie zu Unselbständigkeit und Abhängigkeit zu erziehen.

Diese Befunde reihen sich nahtlos ein in die Diskussion um die sogenannten *„models of helping"* (Brickman et al., 1982), die inzwischen auch in bezug auf alte Menschen Gegenstand der Forschung sind (hierzu Rabinowitz, Zevon & Karuza, 1988). Modelle der Hilfeleistung umfassen in ihrem Kern subjektive Annahmen dazu, inwieweit eine Person als verantwortlich für die Entstehung eines Problems, das sie hat, und dessen Lösung gesehen werden kann. In Abhängigkeit von diesen Verantwortlichkeitszuschreibungen resultieren demgemäß unterschiedliche Handlungsimpulse auf seiten einer anderen Person, der betroffenen Person Hilfe zu leisten. Überträgt man nun diesen Forschungsansatz auf das Alter, so manifestieren sich darin zugleich auch bestimmte Stereotypisierungen alter Menschen (vgl. Karuza, Zevon, Gleason, Karuza, McArdle & Nash, 1990). Wenn nämlich alten Menschen generalisiert ein geringeres Maß an Selbstverantwortlichkeit für Problemlagen zugeschrieben wird, und zwar weder für deren Entstehung noch für deren Lösung, so resultieren daraus wenig adaptive Muster des Hilfehandelns und der Problembewältigung. Denn diese können auf seiten der alten Menschen nicht nur zu Abhängigkeit und Passivität führen, sondern zugleich auch das bestehende Altersstereotyp des unselbständigen und hilflosen Menschen wiederum bestärken und perpetuieren. Vor diesem Hintergrund vermuteten Karuza et al. (1990) ebenfalls entsprechende Selbststereotypisierungen auf seiten der älteren Menschen, indem diese sich auch selbst weniger Verantwortlichkeit für die Entstehung wie auch für die Lösung ihrer Probleme zuschreiben. Damit sollten auch sie eine Präferenz für das sogenannte „medizinische Modell" des Helfens erkennen lassen, welches die *anderen* in die Rolle des helfenden Akteurs und „Experten" versetzt.

Diese Vermutungen prüften Karuza et al. (1990) in einer Serie von

Studien, in denen sie auf der Grundlage von Selbsteinschätzungen ermittelten, welche Präferenzen für verschiedene Modelle der Hilfeleistung bei jungen Erwachsenen vs. bei älteren Menschen vorliegen und wie diese mit Maßen des Wohlbefindens korrelierten. In der Tat zeigte sich, daß die Älteren weniger Verantwortlichkeit sowohl für die Entstehung ihrer Probleme wie auch für deren Lösung übernahmen als die Jüngeren. Die entsprechenden Zusammenhänge mit dem Befindlichkeitsmaß fielen für beide Stichproben ebenfalls unterschiedlich aus, indem sie in der Gruppe der jüngeren Probanden generell höher waren als in der Gruppe der älteren. Danach gingen Verantwortlichkeitszuschreibungen für die Problementstehung mit erhöhtem negativem Affekt einher, während sie für die Problemlösung eher mit positivem Affekt korrelierten.

In einer zweiten Studie dienten als Probanden ältere Menschen, die bei eigener Haushaltsführung durch mobile Dienste mit Essen versorgt wurden. Auch hier stand im Zentrum die Frage, inwieweit Unterschiede in Verantwortlichkeitszuschreibungen für die Entstehung resp. Lösung eigener Probleme mit Unterschieden im Wohlbefinden einhergingen (aber auch inwieweit solche Verantwortlichkeitszuschreibungen konsensuell zwischen den älteren Menschen und deren professionellen Altenhelfern geteilt wurden). Dabei erwiesen sich nun auf seiten der älteren Menschen hohe Selbstzuschreibungen von Verantwortlichkeit für die Lösung (nicht aber für die Entstehung) eigener Probleme als hoch korreliert mit diversen Maßen des positiven Wohlbefindens.

Eine weitere Studie dieser Autoren schließlich wurde als Vignetten-Studie durchgeführt. In dieser wurde eine ältere (79jährige) vs. jüngere (25jährige) Frau präsentiert, die einmal ein körperliches Problem (Beinbruch) und einmal ein psychisches Problem (Depression) schilderte. Die Probanden hatten wiederum jeweils anzugeben, inwieweit die Protagonistin für die Entstehung und Lösung ihrer Problemlage selbst verantwortlich ist und ob und wie man ihr am besten helfen könnte. Die Ergebnisse erbrachten eine deutliche Wechselwirkung von Alter der Zielperson und Problemtyp: Die ältere Frau wurde als weniger verantwortlich für den Beinbruch gesehen als die jüngere, wohl aber als verantwortlicher für das psychische Problem. Auch in bezug auf die Behandlung des Beinbruchs wurde der älteren Frau weniger Eigenbeteiligung zugebilligt als der jüngeren Frau. Mit Blick auf das psychische Problem wurde beiden gleichermaßen hohe Eigenverantwortlichkeit dafür zugeschrieben, die eigene psychische Verfassung „in den Griff zu bekommen". Gerade diese bereichsspezifische Differenzierung der *models of helping* erschwert eine klare Zuordnung zu potentiell negativen Altersstereotypen. Doch deuten die Ergebnisse insgesamt betrachtet darauf hin, daß ältere Menschen eine klare Präferenz für das „medizinische Modell" haben, durch welches ihnen die Verantwortung für die Entstehung wie auch für die Lösung ihrer Probleme entzogen wird[3]. Da aber auch ihre Interaktionspartner eine Prä-

---

[3] Daß sich darin womöglich ein Kohorteneffekt und weniger ein Alterseffekt zeigt, wird von den Autoren u.a. damit erklärt, daß gerade die untersuchte Generation

ferenz für dieses Modell hätten, indem sie ihrerseits die älteren Menschen als wenig verantwortlich wahrnähmen, würden diese Attributionen auch durch das soziale Umfeld perpetuiert. Die Befunde von Karuza et al. (1990) und M.M. Baltes et al. (1986) ergänzen sich in idealer Weise, indem vergleichbare empirische Sachverhalte jeweils aus einer anderen (keineswegs konkurrierenden) theoretischen Perspektive rekonstruiert wurden.

Erlemeier und Lucas (1990) gehören zu den wenigen Autoren, die sich Altersstereotypen auch auf seiten ehrenamtlicher Helfer in der Altenpflege gewidmet haben. Sie begründeten ihr Forschungsinteresse damit, daß ein Qualifikationsmerkmal ehrenamtlicher Helfer in der Fähigkeit zu differenzierter (d.h. individualisierender und nicht stereotypgeleiteter) Wahrnehmung alter Menschen liegen müsse und daß es diese Fähigkeit zu erfassen und ggf. zu fördern gelte. Hierzu ließen die Autoren Episoden schildern, die aus Erfahrung der Ehrenamtlichen mit alten Menschen besonders „emotionsgeladen" und/oder „typisch für ihre Arbeit" sein sollten. Daraus wählten sie 19 Episoden mit unterschiedlicher emotionaler Wertigkeit und Typikalität aus, die in Form von Szenarien das weitere Untersuchungsmaterial lieferten. Dieses Material legten sie einer unabhängigen Stichprobe von 41 ehrenamtlichen Mitarbeitern der offenen Altenhilfe vor mit der Instruktion, jede Episode anhand von bipolaren Skalen danach einzuschätzen, welchen Eindruck sie von der alten Person in diesem Szenario hätten. Damit sollte geklärt werden, wie differenziert die individuellen Urteile jedes Probanden über die unterschiedlichen Szenarien hinweg waren (definiert über die Anzahl extrahierter Faktoren und den durch sie aufgeklärten Varianzanteil). Beide Maße der Differenziertheit resp. beide Indikatoren einer geringen Neigung zu Stereotypisierungen waren unabhängig vom Alter der Probanden und ihrer Erfahrung mit alten Menschen im privaten Bereich. Wohl aber korrelierten sie bemerkenswerterweise positiv u.a. mit der Anzahl von Fortbildungen, die die Probanden im Bereich der Altenhilfe erhalten hatten.

Für unsere Problemstellung hier interessanter sind die in einer späteren Studie (Erlemeier, Duwe, Weber & Nassehi, 1992) berichteten Befunde. Erneut wurden die oben erwähnten Episoden ehrenamtlichen Mitarbeitern der Altenhilfe vorgelegt und es wurde erfaßt, wie die ältere Person in dem Szenario beurteilt wurde. Dabei ergab sich, daß diejenigen alten Menschen am positivsten beurteilt wurden, die auf das Hilfeangebot einer Bezugsperson positiv reagierten und diese Hilfe dankbar annahmen. Deutlich negative Bewertungen erfuhren hingegen diejenigen älteren Personen, die auf das Hilfeangebot nicht reagiert und dieses z.T. recht energisch zurückgewiesen hatten. Diese Beobachtungen belegen, daß es eine weit verbreitete (und durchaus mit besten Handlungsabsichten verknüpfte) Einstellung gegenüber älteren Menschen gibt, die diese in die Rolle von Hilfsbedürftigen und Unselbständigen drängen. Sie legen aber auch die Schlußfolgerung nahe, daß selbst bei jenen Personengruppen, die große

(Angehörige der Geburtsjahrgänge 1910 bis 1920) weniger von der Idee der Selbsthilfebewegung und ähnlichen Entwicklungen profitiert habe.

Erfahrungen mit älteren Menschen haben, Altersstereotypisierungen im
Sinne einer übergeneralisierenden Zuschreibung von Hilfsbedürftigkeit
und Abhängigkeit verbreitet sind. Dies wirft die Frage auf, in welcher
Beziehung Berufserfahrung und/oder Alter zu stereotypisierenden Urteilen über alte Menschen stehen.

7.3.3 Vermeiden „alte Hasen" stereotypgeleitetes Verhalten?

Wenn man - wie in dem vorliegenden Kapitel – die Frage untersucht, inwieweit Vertreter bestimmter Berufsgruppen zu stereotypgeleiteten Formen des Umgangs mit älteren Menschen neigen, so taucht fast zwangsläufig die Frage auf, welche Rolle dabei ihr eigenes Alter sowie Art und
Dauer ihrer Berufserfahrung spielt. Diese Frage leitet sich aus Überlegungen her, wie sie in der „Angstabwehr-Hypothese" (bezogen auf jüngere Kontaktpartner) oder der „Ähnlichkeitshypothese" (bezogen auf ältere
Kontaktpartner) formuliert wurden (siehe Abschnitt 3.2). Eine lange berufliche Erfahrung im Umgang mit Älteren sollte der „sozialen Kontakthypothese" zufolge dazu führen, daß das Altersstereotyp weniger
wirksam sein sollte, d.h. daß ältere Menschen eher als Individuen gesehen
werden und die Gruppe „der Alten" insgesamt auch positiver bewertet
wird. Daß auf dieser Annahme eine Vielzahl von Maßnahmen zum Abbau
von Vorurteilen und Stereotypen beruht, wird in Kapitel 9 nochmals aufgegriffen werden. Ähnliches sollte – der Ähnlichkeitshypothese folgend –
auf einen Berufsvertreter zutreffen, der selbst schon ein höheres Alter
erreicht hat; denn Altersgleiche sollten nicht nur einander besser verstehen und responsiver aufeinander eingehen können, sondern sie sollten einander ja auch sehr viel eher als „Individuen" begegnen (siehe Abschnitt
5.7). Umgekehrt sollten – der Angstabwehrhypothese zufolge – jüngere
Berufsvertreter in ihren Urteilen und ihrem Interaktionsverhalten stärker
von dem Altersstereotyp geleitet sein und Ältere insgesamt eher negativ
bewerten[4].
  Die Evidenz für oder gegen diese Hypothesen ist im Bereich der Arbeitswelt eher spärlich und zudem widersprüchlich. In eine Studie (Kern,
1990) waren 350 niedergelassene Ärztinnen und Ärzte unterschiedlichen
Alters (Altersbereich: 34 bis 83 Jahre; $M=46.5$) aus der deutschsprachigen
Schweiz als Stichprobe einbezogen worden. In dieser Studie ging es dem
Autor primär um das Konsultationsverhalten gegenüber älteren Patienten
und um die Frage, welche Rolle u.a. das Alter der Ärzte für mögliche
Unterschiede im Konsultationsverhalten spielt (und nicht um eine direkte
Erfassung von Altersbildern). Das Konsultationsverhalten, das über
Selbsteinschätzungen schriftlich erfaßt worden war, umfaßte Merkmale
wie die durchschnittliche Dauer der Konsultation älterer Patienten, die

---

[4] Diese Annahmen folgen allgemeinen Hypothesen, wie sie aus der Stereotypenforschung zum Verhältnis von ingroup und outgroup abgeleitet sind; alle denkbaren Randbedingungen, unter denen ihre Gültigkeit eingeschränkt sein könnte, haben wir– zum Teil in
Übereinstimmung mit den Studien selbst – hier nicht näher spezifiziert.

Zahl von Hausbesuchen, die Häufigkeit, mit der Themen wie Tod und Sterben mit älteren Patienten erörtert wurden, sowie Einschätzungen der emotionalen Nähe zu älteren Menschen und ihrer *compliance*. Neben dem Alter wurden Persönlichkeitsmerkmale (z.B. Konservatismus, Extraversion) und bestimmte Orientierungen in der Berufsausübung (z.B. präventives Versorgungskonzept) mitberücksichtigt. Aus der Vielzahl von Befunden seien hier einige wenige herausgegriffen.

Es zeigte sich, daß in der Tat das Alter der Ärzte eine wesentliche Variable war, die mit der Art ihrer Berufsausübung in Zusammenhang stand: Je älter die Ärzte waren, umso kürzer war die von ihnen berichtete Konsultationsdauer, umso häufiger waren sie konsiliarisch in Altenheimeinrichtungen tätig und umso häufiger machten sie Hausbesuche (was vermutlich eher einen Kohorten- denn Alterseffekt darstellt). Die Zahl der Hausbesuche erwies sich zudem als korreliert mit einer positiven Einstellung gegenüber älteren Patienten, aber auch mit Konservatismus. Schließlich war die Häufigkeit, mit der die Ärzte ihren eigenen Angaben zufolge mit ihren älteren Patienten über Tod und Sterben diskutierten, negativ korreliert mit dem Extraversionsmaß. Der Autor versuchte, das Variablengefüge im Rahmen von Pfadanalysen abzubilden, die allerdings noch wichtige Fragen offen lassen. Vor allem bleibt als zentrale Frage ungeklärt, ob und ggf. in welcher Weise sich die Befragten in ihrem Konsultationsverhalten gegenüber jüngeren und älteren Patienten unterschieden resp. ob die hier berichteten Befunde *Spezifika* der medizinischen Behandlung älterer Patienten abbilden.

Alterssähnlichkeit muß gleichwohl nicht notwendigerweise ein effektiveres Unterstützungssystem sichern. Darauf verweisen u.a. die Ergebnisse einer postalischen Befragung, die Monk und Cryns (1980; zit. nach Monk, 1990) bei Altenhelfern in ambulanten Diensten durchgeführt hatten. In der Auswertung war die Stichprobe in zwei Altersgruppen (über vs. unter 54 Jahre) unterteilt worden. Dabei ergab sich, daß die jüngere Gruppe der Altenhelfer ihren eigenen Angaben zufolge die älteren Menschen signifikant häufiger in die Arbeitsplanung und Versorgung einbezog, als es die ältere Gruppe tat. Auch billigten jüngere Altenhelfer ihrer Klientel offenbar deutlich mehr Selbständigkeit zu, und sie wiesen dieser gegenüber insgesamt positivere Einstellungen auf als die älteren. Da man nicht von vornherein annehmen kann, daß Jüngere hier sozial erwünschter geantwortet haben, läßt sich dies vermutlich als ein klarer Kohorteneffekt deuten: Wie man aus einschlägigen Verlautbarungen hört, sollen jüngere Menschen im Zuge der in den USA in den 60er Jahren geführten Diskussion um die Bürgerrechte ein verbessertes Verhältnis zu „Schwachen" und damit auch zu alten Menschen gewonnen haben, als es für frühere Geburtsjahrgänge typisch gewesen war.

Um die Befunde zur sozialen Kontakthypothese kurz zu illustrieren, sollen abschließend Studien herangezogen werden, in denen der Erfahrungshintergrund im Umgang mit älteren Menschen erfaßt wurde. So erhob Brower (1985) bei einer großen Stichprobe examinierter Krankenschwestern (N=581; mittleres Alter: 32 Jahre) als Maß für Erfahrung im

Umgang mit älteren Menschen die auf ältere Patienten entfallende Arbeitszeit. Dieses Maß erwies sich bei dieser Stichprobe in der Tat als ein guter Prädiktor der Einstellungen gegenüber älteren Menschen, allerdings *entgegen* der Kontakthypothese. Jene Krankenschwestern, die über 75 Prozent ihrer Arbeitszeit mit älteren Patienten zu tun hatten, zeigten signifikant negativere Einstellungen als diejenigen, die weniger als 25 Prozent ihrer Zeit mit älteren Patienten zu tun hatten. Das Alter der Krankenschwestern spielte dabei keine Rolle. In einer Untersuchung an 200 Ärzten unterschiedlicher Fachrichtungen fand sich ein ähnlicher – allerdings nur schwacher – Zusammenhang insofern, als mit häufigerem Kontakt (definiert als Dauer ihrer Berufsausübung) zunehmend weniger positive Einstellungen gegenüber älteren Menschen (erfaßt mit der *Kogan-Old-People-Scale*) erkennbar wurden (siehe Hellbusch, Corbin, Thorson & Stacy, 1994). Hingegen erwies sich die Anzahl von Fortbildungskursen zum Thema „Altern" (siehe Abschnitt 7.3.4) oder der Anteil über 65-jähriger am Patientenkollektiv des Arztes für die Einstellungen als unbedeutend.

Auch Revenson (1989) untersuchte auf der Grundlage der sozialen Kontakthypothese, ob die Häufigkeit des Kontaktes von Ärzten zu älteren Patienten (erfaßt u.a. über den Anteil älterer Patienten an dem gesamten Patientenkollektiv) zu einer weniger stereotypgeleiteten Eindrucksbildung führt. Hierzu war einer Stichprobe von 63 Rheumatologen eine Vignette mit einem 53- vs. 83jährigen Patienten vorgegeben worden, der hinsichtlich verschiedener Kriterien (z.B. Anpassung, Unterstützungsbedürftigkeit) einzuschätzen war. Es zeigte sich, daß weder das Alter des Patienten noch die Kontakthäufigkeit des Arztes mit älteren Patienten alleine direkte Effekte auf diese Einschätzungen hatten, wohl aber gab es einen signifikanten Interaktionseffekt: Der ältere Patient wurde von den Ärzten, die selbst viele Kontakte mit älteren Patienten hatten, als weniger angepaßt, weniger selbständig und weniger kompetent sowie als stärker auf Unterstützung angewiesen gesehen als der jüngere Patient. Revenson interpretiert diese Ergebnisse mit Verweis auf das Phänomen des *compassionate stereotyping,* d.h. eine durch Mitleid und Hilfsbereitschaft (und weniger durch Abwertung) gekennzeichnete Wahrnehmung alter Patienten, die gleichermaßen stereotypisierende Elemente enthalte. Wie oben bereits dargelegt, scheint dies im Umgang mit pflegebedürftigen und kranken, älteren Menschen ein durchgängiges und über die unterschiedlichsten Studien hinweg ermitteltes hochkonsistentes Wahrnehmungs- und Verhaltensmuster zu sein, das allerdings auch unangemessene Übergeneralisierungen (z.B. auf faktisch weniger hilfsbedürftige Ältere) einschließt. Revenson verweist zudem in der Diskussion ihrer Befunde darauf, daß „Alter" und „Bedürftigkeit" deswegen so stark miteinander verknüpft seien, weil sich in den USA vor Jahren soziale Einrichtungen für ältere Menschen nur so hätten politisch durchsetzen lassen.

Diese wenigen hier referierten Befunde verweisen also darauf, daß eine Intensivierung des Kontaktes keineswegs mit einer differenzierteren und/oder positiveren Wahrnehmung alter Menschen einhergehen muß.

Schon Kogan (1979a) hatte hierzu bemerkt, daß die Ergebnisse, die als Bestätigung für die soziale Kontakthypothese herangezogen worden seien, entweder auf anderen Kontaktmaßen (z.B. Interaktionsfrequenz mit Großeltern) und/oder auf Erhebungen an studentischen Stichproben beruhten. Beziehe man hingegen Krankenschwestern oder Altenpflegerinnen als Probandinnen ein, so korreliere eine hohe Kontakthäufigkeit meist mit einer zunehmend negativeren Einstellung gegenüber alten Menschen.

7.3.4 Aus- und Weiterbildungsprogramme für einzelne Berufsgruppen

Beschäftigte im pflegerischen und medizinischen Sektor scheinen sich – wie erwähnt – nicht allzu deutlich von anderen Berufsgruppen zu unterscheiden, was ihr Wissen über Alternsprozesse und ihre Einstellungen zu älteren Menschen angeht. Diese Beobachtung hat vor allem in den USA zur Entwicklung von Aus- und Weiterbildungsprogrammen geführt, die auf eine Erweiterung eben dieser Wissensbestände resp. eine Einstellungsmodifikation abzielten. Solche Programme liegen für verschiedene Berufsgruppen vor, z.B. für Studierende der Psychologie oder der Medizin (Deary, Smith, Mitchell & MacLennan, 1993; McAlpine, Gilhooly, Murray, Lennox et al., 1995; Reinsch & Tobis, 1991) sowie für Beschäftigte im Pflegebereich (Aday & Campbell, 1995; Gomez, Otto, Blattstein & Gomez, 1985; Rowland & Shoemaker, 1995; Shenk & Lee, 1995) und Mitarbeiter in Einrichtungen der Altenhilfe (z.B. Coffman & Coffman, 1986; Gardner & Perritt, 1983).

Ebenso wie bei Kindern und Jugendlichen (vgl. Kapitel 9) bedienten sich die Programmgestalter hier im wesentlichen zweier Zugangswege, nämlich der Informationsvermittlung über das Altern und der Förderung von Kontakten zwischen Jung und Alt. Trotz der widersprüchlichen Befundlage wurde die Begegnung mit älteren Menschen gemäß der erwähnten sozialen Kontakthypothese als besonders effektives Mittel angesehen, um negative Urteile über ältere Menschen zu korrigieren, was eine in Anbetracht der einschlägigen neueren Forschungsergebnisse allerdings recht naive Annahme darstellt, vgl. Abschnitt 9.2. Die Darstellung der Befundlage hierzu kann denn auch sehr knapp ausfallen, denn die Mehrzahl der veröffentlichten Studien erscheint wenig aussagefähig, weil eine systematische Programmevaluation, die den gängigen methodischen Standards gerecht wird, im Regelfall fehlt. So wurden häufig keine Kontrollgruppen einbezogen; vielfach wurden auch keine bewährten Meßinstrumente eingesetzt, um die Programmeffekte zu erfassen. Die (positive oder negative) Beurteilung der Intervention beruhte nicht selten nur auf Beobachtungen der Kursleiter und/oder subjektiven Bewertungen der Teilnehmer.

Gezeigt hat sich nun, daß eine ausschließliche Vermittlung von Wissen über das Altern und über ältere Menschen zwar den Informationsstand der Kursteilnehmer und u.U. auch ihre Einstellungen zum Altern im allgemeinen verbessert (z.B. Moeller, 1982); die Lernerfahrungen erschei-

nen jedoch zu „ich-fern", um auch das eigene Altern in einem positiveren
Licht erscheinen zu lassen und entsprechende Ängste zu reduzieren (Katz,
1990; Riddick; 1985). Auch der Kontakt mit älteren Menschen scheint für
sich genommen kaum dazu beizutragen, die Einstellungen jüngerer Erwachsener zu älteren Menschen zu verbessern oder sie dazu anzuregen, in
ihrer Berufslaufbahn eine auf ältere Menschen hin orientierte Schwer-
punktsetzung zu wählen. Rowland und Shoemaker (1995) zufolge änderte
sich durch ein fünfwöchiges Praktikum in einem Altenpflegeheim die Bereitschaft der Pflegeschüler nicht, später im Beruf mit älteren Menschen
zu tun haben zu wollen. Die Teilnehmer nahmen die Älteren teilweise sogar negativer wahr, als sie dies vor dem Kurs getan hatten. Dies war sicherlich auch eine Folge der Tatsache, daß viele Teilnehmer erstmalig mit
schwerkranken und pflegebedürftigen älteren Patienten konfrontiert waren.

Effektiver erscheinen – im Einklang mit einer verfeinerten Kontakthypothese (hierzu Kapitel 9) – solche Interventionen, in denen Kontakte zwischen jüngeren und älteren Erwachsenen auf gemeinsamen Interessen und Aktivitäten beruhen. Porter und O'Connor (1978) ordneten
Psychologiestudierende und ältere Menschen einander paarweise zu. Die
Dyaden besuchten einen Kurs über die Psychologie des Alterns und unternahmen zusätzliche gemeinsame Aktivitäten. Die Einstellungen zu älteren
Menschen resp. zum Altern hatten sich nach dem Kurs sowohl bei den
jüngeren als auch bei den älteren Teilnehmern verbessert. Bayer (1988)
hatte innerhalb des Aufbaustudiengangs „Gerontopsychologie" an der
Universität Erlangen-Nürnberg das Konzept des *exchange learning* von
Petzold, Laschinsky und Rinast (1985) umgesetzt: Eine Gruppe von zwölf
Studierenden hatte sich über einen Zeitraum von vier Monaten einmal
wöchentlich mit älteren Menschen zum Erfahrungsaustausch getroffen.
Aufgrund der Erfahrungen mit diesem Projekt und der Teilnehmerrück-
meldungen (wenn auch nicht auf der Basis einer systematischen Evaluation) bewertete die Autorin das *exchange learning* als brauchbares Mittel
innerhalb der gerontologischen Ausbildung.

Speziell im medizinischen Sektor wurden zudem Trainingsprogramme
entwickelt, die auf eine Erweiterung kommunikativer Kompetenzen im
Umgang mit älteren Menschen abzielten. Robins und Wolf (1989) evaluierten einen fünfwöchigen Kurs für Medizinstudenten. Die Studierenden
besuchten Vorlesungen zum Thema „Altern" und führten zusätzlich Interviews mit Altenheimbewohnern durch oder erhoben Anamnesen. Zum
Abschluß wurden den Teilnehmern schriftlich fiktive Patientenäußerungen vorgegeben, auf die sie eine angemessene Antwort formulieren sollten. Die Kursteilnehmer zeigten im Vergleich zu einer untrainierten Kontrollgruppe als „therapeutisch" klassifizierte Reaktionen, d.h. sie gingen
u.a. häufiger und genauer auf die in den Patientenäußerungen enthaltenen
Besorgnisse und Probleme ein. Ähnlich günstige Effekte berichteten Intrieri, Kelly, Brown und Castilla (1993). Sie hatten ein Ausbildungs-
programm für Medizinstudenten im dritten Ausbildungsjahr evaluiert, das
vier 90minütige Unterrichts- und Übungseinheiten zu verschiedenen As-

pekten des Alterns und zu Kommunikationstechniken umfaßte. Als Eva-
luationskriterien dienten hier u.a. Beurteilungen des Kommunikationsverhaltens in einem Interview, welches die Studenten am Ende des Kurses
mit einem älteren Patienten durchzuführen hatten. Gemessen an Studierenden, die den Kurs nicht durchlaufen hatten, gaben die Kursteilnehmer nicht nur positivere Einstellungen gegenüber älteren Menschen
(erfaßt mit dem *„Aging Semantic Differential"*) an, sondern sie zeigten
auch höhere kommunikative Fertigkeiten. Sie räumten z.B. dem Patienten
mehr Redezeit ein, um seine Probleme darzulegen und verwendeten mehr
Formulierungen, die zur Klärung von Patientenäußerungen beitrugen sowie die wesentlichen Inhalte dieser Äußerungen fokussierten.

Die zeitliche Stabilität solcher Programmeffekte wurde bisher erst in
wenigen *follow up*-Studien untersucht. Wilson und Glamser (1982) hatten
über schwach positive Effekte eines kurzen Programms berichtet, das aus
einer dreistündigen Unterrichtseinheit sowie dem Besuch eines Altenheims
und eines sozialen Hilfsdienstes bestand. Die Teilnehmer, Studierende im
ersten Studienjahr, gaben positivere Einstellungen auf dem *„Aging Semantic Differential"* an und erzielten höhere Werte auf dem *„Facts on
Aging-Quiz"*. Wilson und Hafferty (1983) zufolge waren diese Programmeffekte auch noch im vierten Studienjahr nachweisbar. Ten-Haken,
Woolliscroft, Smith, Wolf, et al. (1995) berichteten demgegenüber, daß
Medizinstudenten, die im ersten Ausbildungsjahr Interviews mit älteren
Menschen durchgeführt hatten, unmittelbar nach dieser Intervention zwar
signifikant positivere Einstellungen gegenüber Älteren erkennen ließen als
eine Kontrollgruppe, daß diese Effekte jedoch am Ende der vierjährigen
Ausbildung nicht mehr nachweisbar waren. Weitere längsschnittliche Studien stehen aus, in denen zu klären wäre, inwieweit die Programmeffekte
auch den ärztlichen Alltag mit seinen Anforderungen überdauern.

7.4 Zusammenfassung

Die vorangehenden Ausführungen zu Altersstereotypen in der Arbeitswelt
waren zwei Themen gewidmet. Einmal sollte untersucht werden, welche
Hinweise sich aus einzelnen Studien auf stereotypgeleitete Bewertungen
und Diskriminierungen älterer Arbeitnehmer gewinnen lassen. Zum anderen sollte geklärt werden, inwieweit auch bei Vertretern ausgewählter Berufe (insbesondere bei Vertretern aus Gesundheits- und Pflegeberufen)
Altersstereotype nachweisbar sind und wie sich diese ggf. in ihrem Verhalten gegenüber älteren Menschen niederschlagen.

Was den ersten Themenbereich anbelangt, so läßt sich aus allen Studi-
en ableiten, daß „Altsein" in der Arbeitswelt sehr früh beginnt (vor allem
auf der Ebene der Führungskräfte) und daß dieser Zeitpunkt fast 20 Jahre
früher angesetzt wird als der gesetzlich bestimmte Austritt aus der Erwerbstätigkeit. Altsein ist hier also umso eher eine *soziale* Konstruktion,
und die Gruppe der als „älter" geltenden Erwerbstätigen ist demgemäß
groß. Zu fragen war daher, wo und inwieweit sich Altersstereotype zei-

gen: in Diskriminierungen am Arbeitsplatz, in Entscheidungen zuungunsten eines älteren Bewerbers (im Vergleich zu einem jüngeren) wie auch in einer stereotypgeleiteten Bewertung der Leistungsergebnisse und Leistungsfähigkeit älterer Menschen. Ungeachtet der Tatsache, daß zu viele Studien auf *studentische* Stichproben zurückgegriffen haben, scheint die Befundlage relativ einhellig: Die Leistungsfähigkeit älterer Menschen wird in der Regel negativ beurteilt, Entscheidungen fallen zugunsten der Jüngeren aus, und auch entsprechende negative Selbststereotypisierungen bei älteren Beschäftigten sind mehrfach nachgewiesen. Das Defizitmodell des Alterns kennzeichnet also gerade die Arbeitswelt.

Andererseits haben experimentelle Vignetten-Studien auch deutlich gemacht, daß der Effekt der Altersinformation alleine sehr schnell überlagert wird, wenn über die Zielperson zusätzlich leistungsbezogene Information mitgeliefert wird (siehe auch Abschnitt 5.5). Zugleich aber sollte noch viel klarer herausgearbeitet werden, in welchen Ausschnitten der Arbeitswelt das Alter tatsächlich eine so herausragende Rolle (z.B. in Leistungsbewertungen) spielt. Unseres Erachtens besteht ein Königsweg im Einsatz der *matched guise*-Technik. Wie in Kapitel 4 kurz erwähnt, ist diese dadurch gekennzeichnet, daß die Urheberschaft für ein (wie auch immer geartetes) Produkt einmal einer älteren und einmal einer jüngeren Person zugeschrieben wird und dieses durch andere im „Blindversuch" zu bewerten ist. Entsprechend könnten Arbeitsergebnisse z.B. Vorgesetzten in einschlägigen Berufsfeldern zur Beurteilung vorgelegt und könnte auch hier experimentell überprüft werden, ob diese von einem älteren vs. einem jüngeren Mitarbeiter stammen. Dabei ließe sich sehr leicht systematisch prüfen, in welchen Berufsfeldern und/oder bei welchem Typ von Arbeitsleistungen stereotypgeleitete Beurteilungen besonders prägnant sind. Da gerade verbale Aussagen über „die" älteren Mitarbeiter(innen) in so hohem Maße der Tendenz zu sozial erwünschten Antworten unterliegen, wäre ein solcher Zugang vielversprechend.

Was den zweiten Themenbereich anbelangt, so verweist einerseits die Vielzahl von Vignetten-Studien darauf, daß das Alter einer Person einen wesentlichen Einfluß darauf hat, zu welchen nachfolgenden Urteilen (z.B. Diagnosen oder Therapieindikationen) einzelne Berufsgruppen kommen. Nun ist die Tatsache, daß gerade hier die Altersvariable ein besonderes Gewicht besitzt, nicht nur als Ausdruck von voreiligen stereotypgeleiteten Urteilen zu werten, denn in der Tat ist die Auftrittswahrscheinlichkeit vieler Erkrankungen stark an das Alter gebunden. Andererseits sprechen die in vielen Studien beobachteten Interaktionsformen im Umgang mit älteren Patienten oder Altenheimbewohnern nicht a priori für eine ablehnende Haltung gegenüber älteren Menschen, gleichwohl aber fast durchgängig für stereotypgeleitetes Verhalten: Das Fördern von Unmündigkeit und Unselbständigkeit resp. das Absprechen von Eigenverantwortlichkeit und Autonomie mögen „in bester Absicht" erfolgen, wie denn diese Befunde insgesamt auf Mitleid und überfürsorgliches Hilfeverhalten verweisen, wie es sich mit dem Begriff des *compassionate stereotyping* ausdrücken läßt. Jedenfalls sind im Altersbild des Gesundheits- und Pflegewesens

Altsein und Hilfsbedürftigkeit auf das engste miteinander verzahnt, so daß diese Berufsvertreter oft kaum mehr ein Verhalten zeigen, das auf den einzelnen älteren Menschen individuell abgestimmt ist und seinen Alltagskompetenzen und Möglichkeiten zu (noch) selbständiger Lebensbewältigung angemessen Rechnung trägt. Es ist also nicht per se eine Fehleinschätzung, einen alten Menschen als hilfsbedürftig anzusehen und ihm Hilfe angedeihen zu lassen. Vielmehr gehört es gerade zum Definitionsmerkmal des Altersstereotyps, daß es übergeneralisierende Einschätzungen älterer Menschen als hilfsbedürftig abbildet und zu Überanpassungen im Unterstützungsverhalten führt.

<table>
<tr><td>**8**</td><td>**Altersbilder in den Medien und in der Öffentlichkeit**</td></tr>
</table>

8.1 Problemhintergrund

Stereotype gegenüber sozialen Gruppen reflektieren nicht nur individuelle Voreingenommenheiten, sondern sie stellen in der Regel konsensuell geteiltes Wissen innerhalb einer Gesellschaft dar. Auch dem Altersstereotyp wird ein hohes Ausmaß gesellschaftlicher Verallgemeinerung unterstellt, das sich in den Medien, in öffentlichen Verlautbarungen, in Umfragedaten, ja selbst in Werken der schönen Künste (hierzu Rosenmayr, 1996) in Form öffentlicher (oder veröffentlichter) Altersbilder manifestieren soll; dieses sollte seinerseits zu einer Perpetuierung des Altersstereotyps beitragen. Aus kognitionspsychologischer Sicht kann man argumentieren, daß die Medien gleichsam eine kollektive Priming-Bedingung (hierzu Abschnitt 5.1) für die Mitglieder eines gesellschaftlichen Systems darstellen, wie sich anschaulich am Beispiel der Geschlechtsstereotype illustrieren läßt: In dem Maße, in dem die Medien bestimmte soziale Hinweisreize (z.B. blonde Haare) immer wieder präsentieren und mit bestimmten Wertungen (z.B. sexy) assoziiert vermitteln, in dem Maße sollten diese Hinweisreize in den Köpfen der Menschen chronisch verfügbar sein, und aufgrund der erzeugten assoziativen Bahnungen einer definierten sozialen Kategorie (hier: Frauen) mit weiteren Attributen (z.B. „Frauen sind etwas zum Anschauen und Anfassen") verknüpft werden. Zugleich schaffen die Medien auch kontinuierlich Gelegenheiten dafür, daß das entsprechende Stereotyp aktiviert und verfestigt wird. Darüber hinaus wird den Medien eine wichtige Sozialisationsfunktion zugeschrieben, weshalb vor allem die in der kindlichen Medienökologie veröffentlichten (Alters-)Bilder ein besonderes Interesse gefunden haben. Sieht man darüber hinaus die Medien wegen ihres Öffentlichkeitscharakters als „Lieferanten für Wirklichkeitsentwürfe" an (Merten, 1994; zitiert nach Thimm, 1998, S. 117), so mag es nicht verwundern, daß mediale Altersbilder auch das Verhältnis zwischen Alt und Jung beeinflussen sollten. Thimm (1998) hat beispielsweise eine Fülle von Beispielen altersdiskriminierender Äußerungen in den Medien zusammengetragen, die hier nicht im einzelnen wiedergegeben werden können. Nur als Kostprobe sei die Wortschöpfung „Kukidents" zur Beschreibung der Gruppe der älteren Menschen genannt (im Fernsehsender RTL), die im Magazin „ Der Spiegel" als „Kukident-Gremium" aufgegriffen wurde, um damit auf den Ältestenrat des Bundestages zu verweisen.

Im folgenden soll nach einem kurzen Aufriß der Forschungsmethodik zunächst auf Altersbilder in der kindlichen Medienwelt eingegangen werden. Im Anschluß daran werden Studien referiert, die sich mit dem Altersbild in den Medien der Erwachsenenwelt (Printmedien, Fernsehen), in der Werbung, aber auch in öffentlichen Reden und wissenschaftlichen Texten beschäftigt haben. Anschließend soll aus Sicht der Medienwirkungsforschung kurz die Frage zu diskutiert werden, welche Rezeption öffentliche Altersbilder vermutlich erfahren. Illustrierend dazu sollen am Ende Altersbilder dargestellt werden, wie sie in Umfragedaten aus Repräsentativerhebungen in Deutschland gezeichnet werden.

8.2 Analysematerial und Forschungsmethodik

Altersbilder in den verschiedensten Medien waren Gegenstand von Studien aus dem angloamerikanischen wie dem deutschen Sprachraum. Übersichtsarbeiten wurden vor einiger Zeit für beide Sprachräume vorgelegt (siehe Vasil & Wass, 1993; Tews, 1991; Thürkow, 1985). Bereits eine erste Inspektion dieser Studien zeigt, daß die Medieninhalte, denen die einzelnen Analysen galten, einen breiten Querschnitt der Medienlandschaft abdecken. So wurden Altersbilder nicht nur mit Blick auf die vielgenutzten Medien wie Fernsehen, Zeitungen/Zeitschriften oder Schul- und Kinderbücher analysiert, sondern das Ausgangsmodell bildeten auch Dramen, Prosa, Lyrik und Literaturanthologien (Clark, 1980; Skinner & Chowdhary, 1998; Spencer & Hollenshead, 1980; Wyatt-Brown, 1983), Glückwunschkarten (Greene & Polivka, 1985), musikalische Werke (z.B. Altersbilder in der Popmusik, vgl. Leitner, 1982) und selbst Todesanzeigen (Kearl, 1986). Hingegen sind Witze als Analysematerial für Altersbilder nur selten herangezogen worden (für eine Ausnahme vgl. Weber & Cameron, 1978), obschon gerade sie sonst eine ausgezeichnete Reflexion von Abwertungen und Diskriminierungen bestimmter ethnischer oder sozialer Gruppen darstellen (hierzu auch Graumann & Wintermantel, 1989). Ob man daraus folgern kann, daß Witze über alte Menschen eher selten sind, oder ob hier lediglich ein Forschungsfeld „übersehen" wurde, läßt sich nicht entscheiden.

Unabhängig von der Art des Mediums, seinem Verbreitungsgrad, seinen Ziel- und Nutzergruppen liegt ein gemeinsamer Nenner aller einschlägigen Studien darin, daß das Untersuchungsmaterial fast durchweg einer (quantitativen und/oder qualitativen) Inhaltsanalyse unterzogen wurde. Zweifelsohne stellt die Inhaltsanalyse für die Untersuchung von Alter(n)sbildern in den Medien das methodische Instrumentarium der Wahl dar (zum Überblick siehe Huber & Mandl, 1982; Mayring, 1985). Denn ein wesentlicher Vorzug dieser Forschungsmethode besteht darin, daß mit ihr eine nicht-reaktive Erfassung des Altersstereotyps erreicht wird, d.h. daß das zu analysierende Material (z.B. ein Kinderbuch) unabhängig vom Untersucher und seiner Fragestellung erzeugt wurde. Damit können viele Probleme in der Erfassung kollektiver Altersbilder umgangen werden, wie sie beispielsweise die Umfrageforschung aufweist (siehe Abschnitt 8.6). Denn dort haben nicht nur die Formulierung der Fragen und die Formatierung der Antworten einen entscheidenden Einfluß darauf, welche Ergebnisse man erzielt; bedeutsam ist bei so sensiblen Themen, wie es Urteile über alte Menschen zweifellos sind, auch eine entsprechende Kontrolle von Antworttendenzen, insbesondere der Tendenz zu sozial erwünschten Antworten (zusammenfassend Schwarz 1990; Strack, 1994). Im Rahmen von quantitativen Inhaltsanalysen wird in der Regel versucht, auf der Grundlage eines vorab erstellten Kategoriensystems Häufigkeitsanalysen bestimmter Text- oder Bildelemente vorzunehmen. Dadurch kann eine hohe Systematik erreicht und können die Ergebnisse solcher Analysen auch anhand der üblichen Gütekriterien (Objektivität, Reliabilität und Validität) überprüft werden. Andererseits besitzt auch die quantitative Inhaltsanalyse Nachteile, die zum einen darin bestehen, daß bei der Kategorisierung oft syntaktische Zusammenhänge in einem Text – und damit u.U. auch die wertende Tendenz eines Inhalts – nicht (genügend) berücksichtigt werden können. Zum anderen ist die Analyse definitionsgemäß auf die augenfälligen Informationen beschränkt, versteckte Sinnstrukturen von Inhalten und der Bedeutungshof von Wörtern, wie er oft erst durch das Umfeld eines Wortes gegeben wird, bleiben in der Regel unberücksichtigt. Der Schluß von der reinen Häufigkeitsanalyse zum Verstehen und zur Interpretation des sprachlichen (oder bildhaften) Materials ist daher nach wie vor ein nicht gut gelöstes Problem.

Gegenüber dieser quantitativen beansprucht die qualitative Inhaltsanalyse, nicht eine reine Textanalyse des Inhalts zu liefern, sondern mit ihr soll der Schluß vom Textmaterial auf die soziale Realität durch „deutendes Analysieren" erreicht werden. Damit und weil die Wortbedeutungen hier nicht lexikalisch festgelegt werden, überwindet sie einige der oben skizzierten Nachteile, so daß z.B. das Umfeld einer Aussage berücksichtigt und/oder verborgene Sinnstrukturen miterfaßt werden können. Als Nachteil erweist sich natürlich die hohe Subjektivität des Vorgehens, nicht zuletzt aufgrund der wenig strukturierten Vorgabe, welche Textelemente für die Interpretation ausgewählt werden sollen. Als Konsequenz liegt auf der Hand, daß solche Analysen eine geringe Objektivität aufweisen und somit in der Regel wenig zuverlässige und valide Befunde liefern. Überzeugende Versuche, die mit beiden Formen der Inhaltsanalyse gegebenen Schwierigkeiten zu überwinden, liegen nach unserer Kenntnis nicht vor, doch lassen sich näherungsweise – etwa unter Beachtung der bei Mayring (1985) dargestellten Wege – Lösungen finden, die diesen Forschungszugang als wichtige Ergänzung in der Erforschung von Altersbildern ausweisen können. Selbstredend müssen all diese methodischen Aspekte mitbedacht werden, wenn man sich den einzelnen Studien zuwendet und versucht, aus ihnen verallgemeinernde Hinweise auf das in der jeweiligen Gruppe (oder Kultur) vorfindbare Altersbild zu gewinnen.

Üblicherweise wurden die Medieninhalte in einem ersten Schritt danach analysiert, welchen relativen Anteil dort alte Menschen bezogen auf das Gesamt der Akteure besitzen. „Alt" wurde entweder definiert anhand von expliziten Altersangaben, von Schätzungen des Alters durch die Beurteiler oder anhand entsprechender Charakterisierungen einer Person als „alt". Zur Bestimmung des dort vermittelten Altersbildes wurden in einem zweiten Schritt eine Reihe von Indikatoren herangezogen, z.B. welche Be-

deutung den alten Menschen in den einzelnen Episoden zugewiesen wird
(z.B. Haupt- vs. Nebenrolle resp. Art der sozialen Rolle). Darüber hinaus
wurde ausgewertet, welche Merkmale ihnen zugeschrieben werden, vor
allem Merkmale ihrer äußeren Erscheinung (z.B. Kleidung, Attraktivität),
Lebenssituation (z.B. Erwerbsstatus) und Lebensführung (Abhängigkeit vs.
Autonomie), Aspekte ihres gesundheitlichen Status, Merkmale ihrer kognitiven und/oder sozialen Kompetenz (z.B. Weisheit, Vergeßlichkeit) sowie allgemeine Persönlichkeitsmerkmale (z.B. Güte, Beständigkeit).
Selbstredend sind die Analyse- und Kategoriensysteme in den einzelnen
Studien sowie der Stellenwert erhebungs- und auswertungsmethodischer
Überlegungen höchst unterschiedlich; dementsprechend ist auch ihr Er-
kenntnisgewinn unterschiedlich hoch.

Erst in jüngerer Zeit wurde ein weiterer Zugang in der Analyse von
Altersbildern beschritten, der vielversprechend scheint. Im Rahmen der
sog. Co-Occurence-Analyse soll ermittelt werden, in welchem Bedeutungsumfeld bestimmte Begriffe verwendet werden, wie dies ja auch die qualitative Inhaltsanalyse anstrebt. Zugleich aber erfolgt dies hier nicht um den
Preis einer vergleichsweise geringen Objektivität und Reliabilität (Galliker
& Klein, 1997; siehe Abschnitt 8.4.1). Im wesentlichen geht es in dieser
computergestützten Analysetechnik darum zu prüfen, mit welchen anderen
Bedeutungsträgern (z.B. mit Wörtern wie krank) ein bestimmtes Suchwort
(z.B. Senioren) pro Zähleinheit (beispielsweise pro Satz oder pro Zei-
tungsartikel) auftritt. Zugleich ermöglicht dieses Verfahren, die ermittelte
Häufigkeit der entsprechenden Verknüpfungen zu vergleichen mit der Häufigkeit, wie sie in anderen Textkorpora ermittelt wurde. Dies sollte entsprechende Zuverlässigkeitsschätzungen der Auswertung ermöglichen und
sie gegen eventuelle Fehlinterpretationen schützen. Im folgenden soll nun
der Stand der Forschung zu Alter(n)sbildern in den Medien illustriert
werden.

8.3   Alter(n)sbilder in der Medienwelt von Kindern

Kindheit in Deutschland scheint in der heutigen Zeit gleichbedeutend mit
der Allgegenwart der (Massen-)Medien im kindlichen Alltag, wie es vor
kurzem im Gutachten des Wissenschaftlichen Beirats für Familienfragen
(BMFSFJ, 1998) formuliert wurde. Dabei geht es bei weitem nicht nur um
das Fernsehen als stark genutztem Medium, sondern es wird vermutet, daß
die Verbindung von Elektronik und Digitalisierung eine Entwicklung in
Gang gesetzt habe, in der der Computer sich als eine Art
„Universalmaschine" auch im kindlichen Medienangebot entpuppen werde.
Dabei lasse sich heute noch gar nicht absehen, welche nachhaltigen Folgen
dies für die Gestaltung von Sozialisationsprozessen und kindliche Entwicklungsverläufe haben werde.

Auf der anderen Seite zeigt eine Reihe von Studien, daß der Umgang
mit den Medien zwar einen wichtigen, keineswegs aber dominierenden
Anteil am kindlichen Aktivitätsspektrum ausmacht (Deutsches Jugendinsti-

tut, 1992). Auch aus dem Survey „Kindheit in Deutschland" wurde berichtet (Strzoda & Zinnecker, 1996), daß das Freizeitinteresse von Kindern
sich vor allem auf sportliche Aktivitäten konzentriere, wenngleich immerhin ein Drittel der Kinder als Lieblingsbeschäftigung etwas genannt hätte,
das mit elektronischen Medien zu tun habe. Sicher ist es heute nur eine
kleine Gruppe von Kindern, die insofern als „hochgefährdet" bezeichnet
werden kann, als der Umgang mit elektronischen Medien alle anderen Tä-
tigkeitsbereiche verdrängt hat. Zudem sind es wohl nur wenige Kinder, bei
denen die Mediennutzung nicht unter weitgehender Kontrolle durch die
Eltern erfolgt resp. nicht in den gemeinsamen Lebensvollzug der Famil-
ienmitglieder eingebettet ist (hierzu auch Lange & Lüscher, 1996). Darüber
hinaus ist das Medium Buch keineswegs aus dem kindlichen Alltag ver-
schwunden – selbstredend schon gar nicht, wenn es sich um Schul- und Lesebücher handelt. Demgemäß war diesen Büchern auch eine Vielzahl von
Studien gewidmet.

8.3.1 Schul- und Kinderbücher

Für den deutschen Sprachraum hatten schon vor vielen Jahren Lehr et al.
(1971) mit Blick auf Schulaufsätze von Kindern konstatiert, daß diese ein
weitgehend negatives Bild des Alters reflektierten. Daher hat forthin die
Frage, welchen Raum die Darstellung alter Menschen in Schul- und Lesebüchern einnimmt und/oder welches Bild von alten Menschen in diesen
Büchern vermittelt wird, eine besondere Relevanz in deutschen (wie in US-
amerikanischen) Studien erhalten. Beispielhaft zu nennen ist hier die Arbeit von Bendzulla und Hermsen (1980): Die Autoren unterzogen insgesamt 1600 Texte aus 37 Lese- und Religionsbüchern, die an Hildesheimer
Grundschulen zugelassen waren, einer Inhaltsanalyse. Aus dieser Grundge-
samtheit wurden 103 Texte (d.h. weniger als zehn Prozent) ermittelt, in
denen ältere Menschen überhaupt als Protagonisten auftraten. Analysen
dieser Texte erbrachten, daß nur in gut zehn Prozent dieser Texte der ältere Protagonist eine tragende Rolle innegehabt habe; häufig würde er in Berufsrollen dargestellt, die als „ländlich vorindustriell" bezeichnet wurden
(z.B. Bauern, Marktfrauen oder Schäfer). Des weiteren hätten Darstellungen des „einsamen und isolierten Alten" überwogen; wenn alte Menschen
in sozialen Beziehungen dargestellt worden seien, dann meist im Kontakt
mit ihren (Enkel-)Kindern. Auch mit Blick auf die den alten Protagonisten
zugeschriebenen Kompetenzen sei meist ein eher ungünstiges Bild – als
hilfsbedürftig, krank und vergeßlich – gezeichnet worden, wennschon aber
auch positive Charakterisierungen (weise, freundlich, großzügig und ver-
ständnisvoll) zu finden gewesen seien.
    Eine Untersuchung von 26 (in mindestens vier Ländern der Bundesre-
publik Deutschland) zugelassenen Schullesebüchern der dritten und vierten
Klasse führte Sticker (1988) durch. Die Autorin ermittelte zunächst alle
Lesestücke, die mindestens ein als „alt" dargestelltes Lebewesen (Mensch
oder Tier) enthielten, was – so die Autorin – auf zwölf Prozent der Lese-

stücke zugetroffen habe. Davon seien 13 Prozent der Darstellungen auf
Tiere und 87 Prozent auf Menschen oder Märchenfiguren entfallen. Die
weitergehende Analyse erbrachte (mit einer sehr guten Übereinstimmung
zwischen den Auswertern), daß die alten Figuren äußerst selten die Haupt-
rolle spielten; in fast der Hälfte der Fälle seien sie – als Großeltern portraitiert – eher in Nebenrollen aufgetreten. Des weiteren seien sie zumeist
als „Gebende" dargestellt gewesen. Eine summarische Einschätzung ergab,
daß das in den Lesebuchtexten ermittelte Altersbild in 20 Prozent der Fälle
als „negativ", in 35 Prozent als „neutral" oder „nicht beurteilbar", in 13
Prozent als „ausgewogen" und in 32 Prozent als „positiv" zu bewerten war
und einseitige Akzentuierungen des Altersbildes in diesen Texten nicht erkennbar gewesen seien.

Erwähnt werden sollen hier noch einige Studien aus dem US-ameri-
kanischen Raum. Kingston und Drotter (1981) führten eine Analyse der
Lesebücher durch, die von sechs großen Verlagen für Grundschulen her-
ausgegeben worden waren. Schwerpunkt der Untersuchung war auch hier,
in welchen Rollen alte Menschen in diesen Büchern dargestellt waren und
welche Verhaltensmerkmale ihnen zugeschrieben wurden. Auch hier hätten
die alten (in der Mehrzahl der Fälle männlichen) Figuren fast nie Hauptrollen innegehabt; vielmehr sei die Hälfte der Figuren in der Rolle von
Großeltern dargestellt gewesen. Im wesentlichen seien sie als aktiv, freundlich und weise, manchmal als schwach und zerbrechlich, höchst selten aber
als attraktiv oder modern charakterisiert gewesen. Zuweilen seien auch ka-
rikaturähnliche Darstellungen (alte Männer mit Stock und Pfeife, alte
Frauen im Schaukelstuhl sitzend und strickend) zu finden gewesen. Einen
expliziten Zeitvergleich stellten Meadows und Fillmer (1987) an: Hierzu
entnahmen die Autoren dem Katalog aller 1984 und 1985 in amerikanischen Schulen zugelassenen Bücher fünf komplette Lesebuchreihen großer
Verlage (u.a. *Macmillan, Scott Foresman, Holt Rinehart*); zum Vergleich
zogen sie fünf Lesebuchreihen derselben Verlage aus den Jahren 1960 bis
1968 heran. Dabei zeigte sich wiederum, daß Personen, die als „65 Jahre
und älter" kategorisiert worden waren, in den Publikationen beider Zeitpe-
rioden zahlenmäßig unterrepräsentiert waren. Des weiteren fanden die
Autoren eine Übereinstimmung in den Persönlichkeitsbeschreibungen, indem ältere Figuren generell als „hilfsbereit", „kompetent" und als „wert-
volle Mitglieder der Gesellschaft" beschrieben worden seien. Auch der in
den Büchern vermittelte Gesamteindruck sei ähnlich gewesen: die Darstellungen aus den 60er wie den 80er Jahren seien in ca. 90 Prozent der Fälle
überwältigend positiv gewesen. Von einem negativ getönten Altersbild
kann also in diesem Medium keine Rede sein.

Untersuchungen zu Altersstereotypisierungen in der Unterhaltungslite-
ratur für Kinder liegen u.W. nur aus dem angloamerikanischen Sprachraum vor. So hatte beispielsweise Ansello (1977) 656 Kinderbücher für
Drei- bis Neunjährige inhaltsanalysiert und darin insgesamt 108 alte Protagonisten – vorwiegend männlich und in Nebenrollen – ermittelt. Diese
Protagonisten hätten überwiegend negativ getönte Charakterisierungen erfahren. Ähnliches berichtete Towler (1985) aus einer Analyse von 500 ka-

nadischen Kinderbüchern, in denen alte Menschen überwiegend negativ als „stumpfsinnig", „langweilig" oder „unnütz" dargestellt gewesen seien. Hingegen kam Blue (1978) aufgrund einer Analyse von 125 Kinderbüchern aus den Jahren 1945 bis 1975 zu einer abweichenden Einschätzung: Insgesamt seien in diesen Büchern 177 als „alt" kategorisierte Figuren zu ermitteln gewesen. Diese seien mit Blick auf körperliche Merkmale sowohl positiv wie auch neutral, jedoch nicht negativ beschrieben worden. Hinsichtlich der Persönlichkeitseigenschaften sei ein außerordentlich facettenreiches und im wesentlichen positives Bild gezeichnet worden.

Neben Kinderbüchern dienten auch Beiträge in Magazinen und Zeitschriften, die sich speziell an Kinder richten, als Untersuchungsmaterial. Almerico und Fillmer (1988) analysierten alle Einzelgeschichten (N=2186), die in einer Stichprobe von amerikanischen Kindermagazinen publiziert worden waren. Auch hier wurden nur wenige als „alt" kategorisierte Figuren ermittelt, die jedoch meist als „finanziell gut gestellt" und „von guter Gesundheit" beschrieben worden seien. Zugleich seien die Figuren aber – so die Autoren – oberflächlich dargestellt gewesen, da jede Figur in der Regel durch ein Attribut charakterisiert und ein Schwarzweißbild gezeichnet worden sei. Dies deuteten die Autoren als subtile Hinweise darauf, daß in dem untersuchten Medium eine eher negative Einstellung gegenüber alten Menschen verbreitet werde. Daß sie in dieser Einschätzung nicht durch alle Befunde gestützt werden, hat diese kurze Übersicht gezeigt.

8.3.2 Fernsehsendungen für Kinder

Daß das Fernsehen zu einem wichtigen Element im kindlichen Alltagsleben geworden ist, ist unbestritten. Ein wichtiges Thema der Forschung stellen daher die Unterschiede in der Höhe des kindlichen Fernsehkonsums dar. Dazu wurde vermutet, daß sogenannte „Vielseher" das Fernsehen dazu benutzen, negativen Gefühlen und den Anforderungen des Alltags zu entfliehen und sich von beunruhigenden Dingen abzulenken (Myrtek, Scharff & Brügner, 1997). Zugleich sollten sich Viel- und Wenigseher auch in ihren Reaktionen auf Fernsehsendungen resp. in ihrer Rezeption bestimmter Sendungen voneinander unterscheiden.

Zur Prüfung dieser Frage waren in die Studie von Myrtek et al. (1997) 100 Schüler der 5. und 6. sowie der 9. und 10. Klassen eines kleinstädtischen Gymnasiums in Deutschland als Probanden gewonnen worden. Bei diesen wurden über eine Woche hinweg zu spezifischen Zeitpunkten Herzfrequenzveränderungen telemetrisch (on line) registriert. Zugleich sollten die Kinder bei Übermittlung eines akustischen Signals angeben, was sie im Augenblick taten und wie sie sich fühlten. Dies wurde in einem entsprechenden Kategoriensystem festgehalten. Da das Fernsehverhalten der Kinder im Blickpunkt stand, wurden hier noch Zusatzinformationen (Art der Sendung, Sendeanstalt etc.) erfragt. Was die Höhe des Fernsehkonsums anbelangt, so wurde folgendes Bild ermittelt: Bei den Vielsehern nahm das

Fernsehen bezogen auf alle anderen Freizeitaktivitäten rund ein Drittel der Zeit ein, während es bei den Wenigsehern knapp zehn Prozent waren. Der durchschnittliche Fernsehkonsum an einem normalen Schultag betrug gemittelt über beide Altersgruppen mehr als zwei Stunden, wobei die Gruppe der Vielseher mit durchschnittlich drei und die der Wenigseher mit durchschnittlich einer Fernsehstunde deutlich unterschieden waren. In Extremfällen wurde sogar eine Fernsehdauer von über fünf Stunden beobachtet.

Als wichtigstes Ergebnis ihrer Untersuchung gilt den Autoren, daß Fernsehen eine emotional hoch beanspruchende Tätigkeit ist, denn in allen untersuchten Gruppen waren Herzfrequenzerhöhungen während des Fernsehens deutlich ausgeprägter als während des Schulunterrichts oder der übrigen Freizeit, wobei natürlich gleichzeitig die Bewegungsaktivität als Korrelat der Herzfrequenz kontrolliert wurde. (Eine ähnlich hohe emotionale Beanspruchung während des Fernsehens haben auch Houle und Feldman [1991] aufgrund der Registrierung von Gesichtsbewegungen bei Kindern festgestellt.) Interessant ist weiterhin, daß die Herzfrequenzerhöhungen durch das Fernsehen bei den Wenigsehern viel ausgeprägter waren als bei den Vielsehern, beide Gruppen sich aber während der Schule nicht in den Herzfrequenzmaßen unterschieden. Dies legt den Schluß nahe, daß es bei den Vielsehern bereits zu einer Gewöhnung an den emotionalen Gehalt von Fernsehsendungen gekommen ist. Im Gegensatz dazu ergab sich für die *Selbsteinschätzungen* des Erregungsniveaus seitens der Schüler ein anderes Bild: Diese fielen für die Schulzeiten deutlich höher aus als für die Fernsehzeiten, was in deutlichem Widerspruch zu den physiologischen Meßdaten steht (wobei diese mangelnde Korrespondenz zwischen Befund und Befinden für Feldstudien relativ durchgängig beobachtbar ist).

Des weiteren zeigte sich, daß die Art der bevorzugten (resp. der am häufigsten gesehenen) Sendungen nicht nur vom Alter der Kinder abhing, sondern auch von der Höhe des Fernsehkonsums, beide Variablen zugleich noch in Wechselwirkung standen: Wenigseher scheinen ihr Fernsehverhalten sehr viel stärker zu kontrollieren als Vielseher, d.h. in der Programmauswahl deutlich selektiver vorzugehen. Die körperliche Aktivität der Vielseher erwies sich im Vergleich zu den Wenigsehern während der Freizeit deutlich reduziert, was mit der Neigung zu Adipositas bei Vielsehern in Verbindung gebracht wird. So scheint auch die Freizeitgestaltung insgesamt durch die Höhe des Fernsehkonsums tiefgreifend beeinflußt, wie diese Autoren resümieren: Vielseher führten weniger Gespräche, sind weniger außer Haus, haben ein geringeres Interesse am Erlernen von Musikinstrumenten, sie lesen und basteln weniger, sie machen auch weniger häusliche Arbeiten für die Schule, ihre Schulnoten in den Fächern Deutsch und Fremdsprachen sind deutlich schlechter, und sie haben weniger Kontakte zu Gleichaltrigen. In der Zusammenschau belegt diese Studie also eindrucksvoll, daß hoher Fernsehkonsum bei Kindern mit einer Vielzahl negativ zu beurteilender Begleiterscheinungen verknüpft ist, die sich auf ihr Verhalten, ihre Interessen und sogar ihre Körperfunktionen beziehen.

Wenn wir uns im folgenden der Frage zuwenden, mit welchen im Fernsehen gezeichneten Altersbildern Kinder konfrontiert werden, darf man sich nicht alleine auf Kindersendungen beziehen. Denn der kindliche Fernsehkonsum ist – wie andere Studien belegen – in hohem Maße in den Familienalltag eingebettet, so daß die wenigen Sendungen, die sich gezielt an Kinder richten, gerade bei Vielsehern nur einen geringen Ausschnitt aus der Nutzung des Mediums Fernsehen durch Kinder darstellen dürften. Wie eine Programmstatistik der Entwicklung des Fernsehens für Kinder im Zeitraum zwischen 1953 und 1994 ausweist (vgl. Klein, 1995), hat das Angebot für Kinder zwar zugenommen (wie auch der „Kinderkanal" erst vor wenigen Jahren eingerichtet wurde), doch scheint es darüber hinaus an „kindgerechten" Sendungen in den öffentlich-rechtlichen wie auch privaten Sendern zu mangeln (Aufenanger, 1993). Erschwerend für unsere Fragestellung kommt hinzu, daß sich offenbar ausschließlich Studien außerhalb des deutschen Sprachraums mit dieser Frage beschäftigt haben. Angesichts der Tatsache, daß amerikanische Produktionen im deutschen Fernsehen einen so breiten Raum einnehmen, lassen sich vorläufige Schlußfolgerungen gleichwohl anstellen.

Im Rahmen einer kulturvergleichenden Untersuchung (Akiyama & Holtzman, 1983) wurden je vier Folgen aus zehn wöchentlich ausgestrahlten Kindersendungen des japanischen und des amerikanischen Fernsehens ausgewählt. Mit Blick auf die amerikanischen Sendungen wurde ein Anteil von rund 9 Prozent alter Menschen an der Gesamtzahl der Protagonisten ermittelt, bei den japanischen Sendungen betrug dieser Anteil 4 Prozent, was – so die Autorinnen – angesichts des damaligen Bevölkerungsanteils von 16 resp. 13 Prozent in den USA resp. Japan erneut eine deutliche Unterrepräsentation des hohen Alters belegt habe. Frauen seien deutlich unterrepräsentiert gewesen, und tragende Rollen hätten die alten Protagonisten selten eingenommen. Im Kulturvergleich seien in den amerikanischen Kindersendungen ältere Menschen als aktiver, aggressiver und weniger liebenswürdig, aber auch als optimistischer und toleranter gezeichnet worden. In der bereits zitierten Studie von Towler (1985) wurden 50 kanadische Fernsehsendungen für Kinder analysiert. Auch in diesen seien alte Menschen, und insbesondere Frauen, zahlenmäßig unterrepräsentiert gewesen, und es habe insgesamt ein negativ getöntes Altersbild vorgeherrscht. Schließlich wurden auch menschliche Figuren in Zeichentricksendungen analysiert, wobei Bishop und Krause (1984) zufolge das Alter in Trickfilmen selten auftritt, denn nur 25 von 378 Hauptrollen seien mit älteren Charakteren besetzt gewesen. Des weiteren berichteten die Autoren von weitgehenden negativen Stereotypisierungen alter Menschen, die sich vor allem in abschätzigen und abwertenden Äußerungen über das Alter gezeigt hätten.

Die vorhergehenden Befunde reflektieren ein vergleichsweise einhelliges Bild des Alters in der kindlichen Medienökologie: Alte Menschen sind in den untersuchten Medien durchweg unterrepräsentiert. Gerade in Fernsehsendungen für Kinder scheint das höhere Alter kaum präsent. Männliche Figuren werden – ungeachtet der tatsächlichen Geschlechterverteilung im Alter – häufiger geschildert als weibliche, und Alten werden in Geschichten für Kinder selten wichtige Rollen zugewiesen. Diese Beobachtungen ziehen sich wie ein roter Faden durch die weitere Befundlandschaft (siehe unten). Andererseits ließen sich Belege für eine einseitig negative Beschreibung alter Menschen nur selten finden. Zwar wurden klischeehafte Darstellungen alter Menschen als unattraktiv, unselbständig oder bedeutungslos ermittelt; andererseits wurden sie häufig – und dies zum Teil in denselben Texten – als freundlich, weise und aufgeschlossen charakterisiert.

8.4 Altersbilder in der Medienwelt der Erwachsenen

8.4.1 Printmedien

Im Bereich der Printmedien stellten vor allem Zeitungen und Zeitschriften (seltener Bücher) das Analysematerial dar, wobei auch hier deutlich mehr Studien aus dem angloamerikanischen Raum vorliegen. Welche Rolle das Alter einer Person dort überhaupt spielt, haben beispielsweise Kent und Shaw (1980) untersucht. Hierzu haben sie alle Beiträge des *„Time Magazine"* des Jahrgangs 1978 darauf hin analysiert, wie häufig zu den Personen, über die dort berichtet wurde, Altersangaben gemacht wurden. Dies sei nur in 13 Prozent der Fälle gewesen, wobei für bekannte Persönlichkeiten das Alter häufiger mitgeteilt worden sei als für unbekannte, aber auch für Frauen sei das Alter häufiger (!) genannt worden als für Männer. Von jenen Personen, für die eine eindeutige Altersangabe vorgelegen hätte, seien knapp 20 Prozent im Alter von 60 Jahren und darüber gewesen. Eine stereotypisierende Darstellung dieser Personen hat sich für dieses Magazin nicht nachweisen lassen.

Wass, Almerico, Campbell und Tatum (1984) unterzogen die Sonntagsausgaben von sieben amerikanischen Zeitungen einer vergleichenden Analyse für die Jahrgänge 1963 und 1983. Zunächst ermittelten sie einen Anstieg der Gesamtzahl altersbezogener Themen zwischen beiden Zeitpunkten. Dabei sei die Art der Berichterstattung zunehmend „problemorientiert" (z.B. zu medizinischen oder sozialpolitischen Fragestellungen) erfolgt, während eine „ereignisbezogene" Berichterstattung über alte Menschen zurückgegangen sei. Vermehrt seien die älteren Figuren in aktiven Rollen dargestellt worden, doch sei der Anteil weiblicher Figuren mit etwa einem Viertel an der Gesamtzahl älterer Personen unverändert geblieben.

Im deutschsprachigen Raum gibt es bislang wenige Studien, die sich Presseerzeugnissen gewidmet haben. Ein erstes Beispiel stellt die Studie von Eichele (1982) dar, der von vier Zeitungen im Nürnberger Raum die Gesamtausgaben der Jahrgänge 1976 und 1977 analysierte. Insgesamt konnte der Autor etwa 600 Beiträge mit Altersbezug ausmachen; davon seien fast 30 Prozent (!) dem Themenbereich „stationäre Altenhilfe" gewidmet gewesen. Die Persönlichkeitseigenschaften, mit denen alte Menschen in diesen Beiträgen in Verbindung gebracht worden seien, seien überwiegend positiv gewesen. Daher sei die Darstellung alter Menschen zwar mit Blick auf ihre soziale und gesundheitliche Situation eher negativ ausgefallen, aber – so der Autor – es hätten sich keine Hinweise auf ein über alle Bereiche generalisierendes negatives Altersbild erkennen lassen.

Erwähnenswert erscheint uns als zweites Beispiel eine Studie jüngeren Datums. Mittels der eingangs erwähnten Technik der *Co-Occurcence*-Analyse haben Galliker und Klein (1997) die auf CD-ROM gespeicherten Ausgaben der „Frankfurter Allgemeine Zeitung" der Jahrgänge 1993 bis 1995 daraufhin analysiert, wie häufig dort das hohe Alter angesprochen wurde. Hierzu gaben sie als Suchwörter „Senioren", „ältere Menschen", „alte Menschen" sowie „Greise" (gemeinsam mit „Jugendliche"/ „junge Menschen" als Kontrollwörtern) ein. Dabei stellten sie zunächst fest, daß von diesen Suchwörtern am häufigsten „Senioren" (gefolgt von „Greis") vorkam. Insgesamt aber seien alle Begriffe, mittels derer die Kategorie „alte Menschen" umschrieben werden könnte, sehr selten in dieser Zeitung aufgetreten. Dies kann man als vorläufigen Hinweis darauf verstehen, daß das Alter in diesem Medium von untergeordneter Bedeutung ist, obschon natürlich nicht geprüft wurde, wie häufig dort numerische Altersangaben gemacht wurden.

In einem nächsten Schritt analysierten die Autoren, wie häufig die einzelnen Personkategorien (z.B. „Senioren") gemeinsam mit a priori ausgewählten sog. Kontextkategorien auftraten. Diese waren durch neun Wörter einschließlich ihrer Antonyme markiert worden, wie z.B. „gesund-krank", „Freude-Trauer", „Leben-Tod", „Erinnern-Vergessen" oder „selbständig-abhängig". Zugleich wurde die kontextuelle Nähe zwischen Person- und Kontextkategorie, also z.B. zwischen „ältere Menschen" und „Leben-Tod" dadurch variiert, daß sowohl Sätze wie auch in sich abgeschlossene Artikel als Zähleinheiten definiert wurden. Dieses Vorgehen beruhte auf der Annahme, daß Sätze eher explizite Diskriminierungen alter Menschen (im Sinne unmittelbarer Beeigenschaftungen), ganze Texte hingegen eher implizite (also verborgene) Diskriminierungen offenbaren sollten. Wie wichtig diese Differenzierung ist, zeigte sich in dem ersten Ergebnis, demzufolge innerhalb von Satzeinheiten kaum entsprechende *Co-Occurences* von Person- und Kontextkategorie zu beobachten waren. Wohl aber ließ sich für ganze Texteinheiten eine Reihe solcher Verknüpfungen ausmachen, die im einzelnen hier nicht nachgezeichnet werden sollen. Ein wesentliches Ergebnis dieser Analysen ist, daß sich eine klare semantische Differenzierung von „Senioren" und „Greise" nachweisen ließ: „Senioren" wurde besonders häufig mit „Kompetenz" und „Freude", „Greise" hingegen besonders häufig mit „Sturheit", „Einsamkeit" und „Trauer" verknüpft; „Senioren" steht also im Kontext positiv bewerteter, „Greise" im Kontext negativ bewerteter Konzepte, wohingegen die Kontexte, in denen „alte Menschen" resp. „ältere Menschen" auftraten, eher neutral waren. Manche Kontextkategorien (z.B. „Belastung" oder „Selbständigkeit") traten zudem gleich häufig mit den Begriffen „junge Menschen" wie mit „alte Menschen" auf. In der Zusammenschau folgerten die Autoren, daß in diesem Medium das Alter weder durchgehend negativ gezeichnet noch durchgehend beschönigt werde und sich keine Hinweise auf offene Diskriminierungen alter Menschen insgesamt hätten finden lassen.

Obwohl die Datenlage zu Altersbildern in der Presse bislang relativ dürftig ist, stellen sich die Befunde als gleichermaßen uneinheitlich dar. Auch in den Printmedien für Erwachsene scheint die Unterrepräsentation alter Menschen deutlich ausgeprägt zu sein. Wie Niederfranke, Schmitz-Scherzer und Filipp (1996) feststellten, finden sich allenfalls in der Boulevardpresse auch Berichte über Menschen mit grauem Haar und Falten im Gesicht, aber dann selbstredend nur unter der Rubrik „reich, berühmt und schön": Hildegard Knef, die britische Königinmutter „Queen Mum" oder Anthony Quinn könnten hier als Beispiele genannt werden. Aber auch dies sind eher die Ausnahmen. Zwar seien über die Zeit hinweg mehr Beiträge mit Altersbezug in den Printmedien erschienen, was sich im Zusammenhang mit dem Problem der „alternden Gesellschaft" sehen lasse. Dort werde über „Probleme des Alters" gesprochen und geschrieben, es fänden sich aber kaum Beiträge, in denen alte Menschen selbst zu Wort kämen. In der Tat wurde bislang ein deutlich und einseitig negativ akzentuiertes Alterssstereotyp nur in wenigen Studien ermittelt (Eichele, 1982; Nussbaum & Robinson, 1984), doch kann daraus nicht gefolgert werden, daß die Berichterstattung in den Printmedien ein einigermaßen objektives Bild des Alters entwirft oder daß die Lebenssituation alter Menschen differenziert und realistisch beschrieben wird. Vielmehr konzentrieren sich die Berichte auf Themen wie „Altenlast", „Rentenlast", „Pflegelast", und damit erfährt der Kontext, innerhalb dessen Alter thematisiert wird, eine einseitig negative Tönung.

8.4.2 Altersbilder in Fernsehsendungen

Will man den Stellenwert des Alters und das im Fernsehen gezeichnete Altersbild erkunden, so läßt sich dies dadurch leisten, daß man wiederum prüft, wie ältere Menschen im Fernsehen zahlenmäßig repräsentiert sind. Zugleich lassen sich die (zumeist Unterhaltungs-)Sendungen, die das Programm zu den Hauptsendezeiten ausmachen, daraufhin untersuchen, welches Altersbild in diesen erkennbar wird.

Für den deutschen Sprachraum ist die Studie von Hagen (1985) erwähnenswert. Der Autor wählte aus der Gesamtzahl *aller* Sendungen, die in einer Woche im November 1984 in den öffentlich-rechtlichen Sendeanstalten (ARD und ZDF) ausgestrahlt worden waren, 316 Sendungen aus. In einem ersten Schritt differenzierte er die Sendungen danach, ob sie einen *expliziten* Altersbezug (Sendungen, die sich ausdrücklich mit Altersthemen beschäftigten bzw. sich an alte Menschen wandten) aufwiesen, von solchen mit *implizitem* Altersbezug (meist Unterhaltungs- und Spielfilme). Dabei wurde für 2.2 Prozent aller Sendungen ein expliziter und für 13.7 Prozent ein impliziter Altersbezug bestimmt. Gegenstand der weiteren Analysen war, welchen Anteil alte Menschen an der Gesamtzahl der im Fernsehen auftretenden Personen besaßen. Dabei zeigte sich, daß – beruhend auf Altersschätzungen der Urteiler – über 60jährige nur knapp 7 Prozent und über 75jährige nur 0.4 Prozent (!) aller in den Sendungen auftretenden Figuren ausmachten. Insbesondere ältere Frauen seien nur selten präsent gewesen. Da dies jedoch – wie der Autor feststellt – für den relativen Anteil von Frauen in allen Altersgruppen gelte, könne dieses Ergebnis nicht als Ausdruck des vielzitierten *double standard of aging* interpretiert werden.

In einem nächsten Schritt wurde die Darstellung der älteren Personen einer Inhaltsanalyse unterzogen, die u.a. folgende Ergebnisse erbrachte: Für die Mehrzahl der dargestellten älteren Personen sei das Bildungsniveau als „überdurchschnittlich hoch" ermittelt worden; etwa drei Viertel der älteren Personen seien in „außerhäusigen Aktivitäten", knapp die Hälfte in Berufsrollen gezeigt worden. Die am stärksten besetzte Kategorie sei hierbei die der „Freiberuflichen und Unternehmer" (42 Prozent) gewesen, während als „Rentner" lediglich 12 Prozent der älteren Personen präsentiert worden seien. Dementsprechend sei die überwiegende Mehrzahl der älteren Figuren als „selbständig" und „unabhängig" und seien umgekehrt nur drei Prozent als „pflegebedürftig" charakterisiert gewesen. Schließlich wurden noch die Aussagen, die in den Fernsehsendungen über Alter resp. alte Menschen gemacht wurden, von unabhängigen Urteilern hinsichtlich ihrer Wertigkeit eingeschätzt. Dabei zeigte sich, daß Aussagen in den Sendungen mit implizitem Altersbezug überwiegend negativ, die in den Sendungen mit explizitem Altersbezug eher positiv bewertet wurden.

Einige Studien haben nur Sendungen analysiert, die sich an die Zielgruppe der älteren Menschen richteten. Heithfeld (1979) wählte beispielsweise je sieben Ausstrahlungen der Sendungen „Schaukelstuhl" (ARD) und „Mosaik" (ZDF) – der damals „klassischen" Magazinsendungen für ältere Menschen im deutschen Fernsehen – aus. Anhand ihrer Befunde kam die Autorin zu dem Schluß, daß diese Sendungen durch Darstellung entsprechender Verhaltensweisen eher zur Aufrechterhaltung denn zum Abbau eines negativen Altersstereotyps beigetragen hätten. Neumann-Bechstein (1982) nahm in ihre Untersuchung neben den beiden eben genannten zwei weitere Sendungen des deutschen Fernsehens auf, die den Anspruch erhoben hatten, Lebenshilfe für alte Menschen leisten zu wollen: „Unternehmen Rentnerkommune" und „Un-Ruhestand". Hier sollte vor allem analysiert werden, welche Selbstdarstellungsmöglichkeiten älteren Menschen in diesen Sendungen eingeräumt wurden. Die Befunde zeigten, daß solche Möglichkeiten offenbar kaum vorhanden waren; vielmehr hätten ältere Personen häufig als Randfiguren agiert, oder sie hätten den Hintergrund einer Handlung gebildet. Daraus folgerte die Autorin, daß sich die durch die Sendungen vermittelte „Lebenshilfe" einer „Entpolitisierung" der Alten gleichgekommen sei. Zwischenzeitlich sind diese Daten durch die veränderte Programmstruktur wohl überholt, und u.W. gibt es im öffentlichrechtlichen Fernsehen keine Sendungen mehr, die speziell für ältere Menschen konzipiert sind. Doch lassen sich ähnliche Befunde auch für andere Sendungen berichten.

Häufig galt das Untersuchungsinteresse dem Altersbild im *Unterhaltungssektor* des Fernsehens. Schon vor Jahren haben Gerbner, Gross, Signorielli und Morgan (1980) Sendungen von drei großen Fernsehanstalten der Vereinigten Staaten von Amerika, die jeweils zur Hauptsendezeit ausgestrahlt wurden, wochenweise im Zeitraum von 1969 bis 1978 beobachtet. Grundlage ihrer Analysen waren 1.365 Unterhaltungssendungen, in denen insgesamt 16.000 Akteure identifiziert wurden. Von diesen wurden nur 2.3 Prozent als „alt" (d.h. älter als 65 Jahre) eingestuft. Während innerhalb dieser kleinen Gruppe Frauen und Männer etwa gleich häufig vertreten waren, wurde für die Gruppe der 15- bis 30jährigen Akteure ein überproportionaler Anteil weiblicher Figuren und für die Gruppe der 35- bis 65jährigen ein solcher für männliche Figuren ermittelt. Die inhaltliche Auswertung zeigte z.B. – für die Kategorie „erfolgreich" – einen geschlechtsspezifischen Effekt: Erfolg wurde vor allem männlichen Figuren zugeschrieben, und zwar umso häufiger, je älter sie waren. Für weibliche Figuren war das umgekehrte Muster feststellbar: Je älter diese waren, umso seltener wurden sie der Kategorie „erfolgreich" zugeordnet. Weitere Inhaltsanalysen ergaben, daß alte Menschen häufiger als alle anderen Altersgruppen als „dumm", „exzentrisch" und „komisch" und deutlich seltener als „ernst" charakterisiert wurden.

Vergleichbare Ergebnisse wurden aus einer neueren Studie von Robinson und Skill (1995) berichtet. Die Autoren analysierten Unterhaltungssendungen, die innerhalb eines vierwöchigen Zeitraums im Jahre 1990 von vier großen amerikanischen Fernsehgesellschaften ausgestrahlt worden waren. Wiederum handelte es sich bei nur gut zwei Prozent aller Figuren in diesen Sendungen um ältere Menschen (definiert als über 65jährige), der Anteil der dem Altersbereich 50 bis 65 Jahre zugeordneten Figuren betrug ca. 13 Prozent. Lediglich 9 Prozent der über 65jährigen seien in den Sendungen als Hauptfiguren aufgetreten, während dieser Anteil in der Gesamtstichprobe aller Figuren 19 Prozent betragen habe.

Eine der wenigen Studien, die dem Altersbild in Unterhaltungssendungen des deutschen Fernsehens gewidmet war, ist die vom ZDF in Auftrag gegebene Untersuchung von Bosch (1990), auf die etwas ausführlicher eingegangen werden soll. Die Autorin analysierte über einen vierwöchigen Zeitraum alle Unterhaltungsangebote des Vorabend- und Abendprogramms (47 Sendungen mit Spielhandlung und 17 Sendungen mit Unterhaltungscharakter, wobei amerikanische Produktionen etwa ein Viertel dieser Sendungen ausmachten). Die Sendungen mit Spielhandlungen wurden zunächst danach analysiert, wie die Figuren in Haupt- und Nebenrollen auf Geschlecht und Altersgruppe (vierkategorial: Kinder, Jugendliche, Erwachsene bis 60 Jahren, über 60jährige) verteilt waren. Die Autorin berichtete, daß 533 Figuren bestimmt worden seien, von denen über 80 Prozent Erwachsene (davon zwei Drittel männlich und ein Drittel weiblich) gewesen seien. Kinder und Jugendliche hätten mit etwa 4 Prozent den geringsten Anteil aller Akteure ausgemacht, 15 Prozent aller Figuren seien ältere Menschen gewesen. Gerade in dieser Gruppe der „Alten" sei die Unterrepräsentation weiblicher Figuren am ausgeprägtesten gewesen. Die Dominanz der männlichen Figuren habe sich zudem in der Differenzierung nach Haupt- und Nebenrollen gezeigt: Männliche Figuren hätten etwa 80 Prozent aller Hauptrollen eingenommen; auf die Gruppe der „Alten" seien lediglich 14 Prozent aller Haupt- und 15 Prozent aller Nebenrollen entfallen; in etwa der Hälfte der Sendungen hätten Ältere vorwiegend in Statistenrollen agiert, die zu dem Fortgang der Handlung kaum beigetragen hätten.

Ein ähnliches Bild berichtete die Autorin auch aus Analysen der Sendungen mit Unterhaltungscharakter: Hier seien in knapp einem Drittel der Sendungen ältere Figuren überhaupt nicht präsent gewesen. Allenfalls sei ihnen die Position des „prominenten Gastes" zugewiesen worden, wobei ihre Prominenz auf frühere Erfolge gegründet gewesen sei. Dies veranlaßte Bosch (1990) zu der Aussage, daß „die historische Zeugenschaft der älteren Durchschnittsbürger [...] offenbar wenig relevant und schon gar nicht als unterhaltend eingeschätzt" werde (S. 84). Darüber hinaus hatten die Urteiler in dieser Studie Einschätzungen der für die alten Figuren charakteristischen Persönlichkeitseigenschaften vorzunehmen. Diese Einschätzungen wurden anschließend induktiv zu einer „Typologie der Fernseh-Alten" mit folgender Verteilung zusammengefaßt: Die „Freundlich-Friedfertigen" stellten mit 33.5 Prozent die am stärksten besetzte Kategorie dar, gefolgt von den „Souveränen" (22.6 Prozent), „Vitalen" (13.8 Prozent), „Komischen" (11 Prozent), „Angepaßten" (8.6 Prozent), „Unsozialen" (7.5 Prozent) und – mit vergleichsweise geringer Besetzung – dem Typus der „Erschöpften" (3 Prozent).

Die Autorin interpretiert diese Typologie als Beleg dafür, daß auch in der Fernsehunterhaltung die Alten nicht als eine homogene soziale Gruppe existierten, sondern ihre Darstellung differenziert erfolgt sei. Auch verweise die Studie darauf, daß ältere Figuren (wenn sie denn überhaupt sichtbar seien) eher positiv, d.h. als in körperlicher wie geistiger Hinsicht als leistungsfähig und aktiv dargestellt gewesen seien. Zugleich hätten die Darstellungen des Alters eine „optimistische Akzentuierung" erfahren, indem Themen wie soziale Isolation, Einsamkeit, Sterben oder Tod weitestgehend ausgeklammert geblieben seien. Damit gebe es – so die Autorin – letztlich ein paradoxes Ergebnis ihrer Studie: Ältere Menschen seien zwar im Fernsehen zu sehen, aber das Alter bleibe ausgespart. Die dargestellten Lebenssituationen und Themen erschöpften sich im „Festhalten am Status des beruflich anerkannten Erwachsenen". Soziale Wertschätzung werde auch im Alter primär durch (berufliche) Aktivität und Leistungsfähigkeit vermittelt. Obschon also die Darstellung der älteren Menschen nicht mehr so negativ erfolgt sei wie früher, sei die Darstellung des Alters „unvollständig" und „unauthentisch", denn in ihr werde Altersidentität nicht vermittelt und würden Umdeutungen oder Neuorientierungen, die von den bekannten Mustern des (mittleren) Erwachsenenalters abwichen, nicht sichtbar. Daß in dieser Studie positiv bewertete Eigenschaften und Verhaltensmuster gegenüber negativ bewerteten so klar überwogen, ist wohl auch einer der Gründe, die Tews (1991) zu der Aussage bewogen haben, daß sich ein Wandel des Altersbildes der Gesellschaft hin zum positiven Pol entwickelt habe.

Demgegenüber hat erst vor wenigen Jahren Jürgens (1994) Befunde vorgelegt, die doch eine deutlich andere Sprache sprechen. Im Auftrag der Landesanstalt für das Rundfunkwesen Schleswig-Holstein hatte der Autor

bei zwei öffentlich-rechtlichen Sendern (ARD und ZDF) sowie bei drei
privaten Sendern (SAT 1, RTL und Pro 7) untersucht, inwieweit ältere
Menschen im Fernsehen als solche überhaupt wahrnehmbar sind, wie häufig sie dort in Erscheinung treten und in welcher Weise sie präsentiert
werden. Die Ergebnisse dieser Studie bestätigen die Befunde, wie sie aus
anderen Studien immer wieder berichtet wurden: Ältere Menschen kommen im Fernsehen kaum vor. Mit einem Anteil von knapp zehn Prozent an
allen Haupt- und Nebenrollen hätten über 60jährige weit unter ihrem Anteil an der Gesamtbevölkerung gelegen und noch viel weiter unter ihrem
Anteil an der Zuschauerschaft dieser Sendungen. (Ausnahmen stellten lediglich „Jakob und Adele" sowie die „Golden Girls" dar). Das Verhältnis
von älteren Männern zu älteren Frauen im Fernsehen habe etwa vier zu
eins betragen, was die demographische Verteilung der Geschlechter in der
Gruppe der Älteren geradezu auf den Kopf stellt. Insgesamt seien ältere
Frauen und Männer in sehr stereotypisierter Weise dargestellt worden: Bei
den Männern dominierten als Typen der „noch erfolgreich Berufstätige",
der „Experte", der „Exzentriker" oder der „Clown"; ältere Frauen würden
vorzugsweise in traditionellen Familienrollen (z.B. als Großmütter) präsentiert. Bei beiden öffentlich-rechtlichen Anstalten traten diesen Befunden
zufolge ältere Menschen gelegentlich auch in Nachrichten- oder Magazinsendungen auf, und nicht nur in Spielfilmen und Serien. Dabei seien sie in
der Regel als „passive Wesen" dargestellt worden, d.h. daß sie selbst kaum
zu Wort gekommen seien und eher wie Statisten gewirkt hätten. Jürgens
(1994) hat zudem analysiert, wie ältere Menschen bei Befragungen „auf
der Straße" durch Reporter oder in Diskussionssendungen behandelt wurden. Daraus ermittelte er, daß die Wortbeiträge Älterer in allen Sendern
kürzer als diejenigen Jüngerer gewesen seien, und zwar insbesondere dann,
wenn die Älteren den Aussagen der jüngeren Reporter oder Gesprächspartner widersprochen hätten. Zudem schienen letztere dazu zu neigen, Inhalte immer dann zu wiederholen, wenn ein älterer Gesprächspartner eine
thematische Ergänzung eingebracht hatte. Der Autor sieht darin eine
„Tendenz zur Entmündigung älterer Menschen" und einen Beleg dafür,
daß in den Medien offensichtlich kein Bild vermittelt wird, „in dem die
Menschen als selbstverantwortliche Mitglieder der Gesellschaft mit der
ganzen Vielfalt an Meinungen, Fähigkeiten und Schicksalen akzeptiert
werden" (S. 73). Aus dieser Analyse läßt sich also abschließend folgern,
daß die elektronischen Medien bis heute ein deutliches Informationsdefizit
hinsichtlich der Lebenslagen älterer Menschen vermitteln und das in der
öffentlichen Meinung vorherrschende negative Stereotyp des älteren Menschen auch weiterhin zu perpetuieren scheinen.

8.4.3 Altersbilder in der Werbung

Werbung kann in vielerlei Hinsicht als besonders ergiebiges Untersuchungsmaterial für Altersbilder betrachtet werden. Zum ersten werden in
diesem Bereich vielfach deutliche (negative wie positive) Klischees ver-

wendet und oft sogar bewußt überzeichnet, wie Greco (1988) anhand einer Befragung von Werbefachleuten ermittelte. Zum zweiten ist unverkennbar, daß alte Menschen zunehmend als Konsumenten und somit als Zielgruppe für Werbemaßnahmen wahrgenommen werden (z.B. Dennersmann & Ludwig, 1986; siehe auch Felser, 1997) – obschon die Frage „Lohnt sich Werbung für die Alten?" (!) als Beitragstitel in einer einschlägigen Zeitschrift (Uncles & Ehrenberg, 1991) vermutlich nicht nur einmal gestellt wurde. Schließlich kann man verschiedene Aspekte untersuchen, die mit dem Einsatz älterer Menschen als Vermittler der Werbebotschaft zusammenhängen, z.B. wofür mit alten Menschen als Figuren geworben wird, mittels welcher Werbeträger (Bild, Text vs. Filmspot) dies geschieht, wer die anvisierte Zielgruppe darstellt, was die zentrale Aussage der Werbung ist und/oder in welchem (Stimmungs-) Kontext sie steht. Obwohl zu derlei Themen eine Vielzahl an Methoden und Erkenntnissen der Werbepsychologie zugänglich ist (siehe Felser, 1997; Moser, 1990), haben – wie zu zeigen sein wird – die einzelnen Studien bei diesem Forschungsbereich nur selten Anleihen gemacht.

In einer umfangreichen Untersuchung analysierten Gantz, Gartenberg und Rainbow (1980) alle Anzeigen, die im Jahr 1977 in den Magazinen *„Time"*, *„Ms."*, *„People"*, *„Playboy"*, *„Reader's Digest"*, *„Ladies' Home Journal"* und *„Sports Illustrated"* erschienen waren. Etwa 18.000 der in den Anzeigen dargestellten Personen wurden (mit hoher Inter-Rater-Übereinstimmung) den Kategorien „älter und „nicht älter" zugeordnet. Dabei zeigte sich, daß jene Anzeigen, in denen ältere Personen abgebildet waren, nur einen Anteil von sechs Prozent ausmachten. Die meisten dieser Anzeigen seien im Magazin *„Time"*, die wenigsten in *„Playboy"* (!) und *„Ms."* erschienen; insgesamt seien mehr alte Männer als alte Frauen als Figuren in den Anzeigen dargestellt worden. Hollenshead und Ingersoll (1982) gingen speziell der Frage nach, wie ältere Frauen in der Werbung dargestellt werden. Hierzu unterzogen sie 3482 Werbeanzeigen aus *„Time"*, *„Good Housekeeping"* und dem *„Journal of the American Medical Association"* der Jahrgänge 1967 und 1977 einer Inhaltsanalyse. Sie berichteten, daß in weniger als einem Prozent aller Anzeigen eine als „alt" eingeschätzte Frau abgebildet gewesen sei. Während mit jüngeren Frauen vor allem für Körperpflegeprodukte geworben worden sei, hätten sich ältere Frauen typischerweise in Anzeigen für Nahrungs- oder Arzneimittel (die ja ohnehin auf den Leserkreis von zwei der drei untersuchten Zeitschriften abgestimmt waren) finden lassen. Auch Studien, die dem im amerikanischen Werbefernsehen übermittelten Altersbild gewidmet waren, verweisen darauf, daß ältere Menschen – gemessen am Bevölkerungsanteil – im Werbefernsehen unterrepräsentiert sind, daß ältere Frauen wiederum noch einmal deutlich seltener auftreten als ältere Männer und daß die Produktgruppen, die mit „Alter" verknüpft wurden, im wesentlichen mit Gesundheit, Nahrung und Haushalt zu tun haben (siehe Francher, 1981; Friedan, 1995).

Einige wenige einschlägige Studien liegen auch für den deutschen Sprachraum vor. Hastenteufel (1980) analysierte v.a. das Bildmaterial von

Anzeigen aus den Zeitschriften *„ADAC-Motorwelt"*, *„Brigitte"*, *„Eltern"*, *„Hörzu"*, *„Neue Revue"* und *„Vital"*. Einschätzungen wurden von mehreren Kodierern vorgenommen, wobei eine Übereinstimmung von 95 Prozent ermittelt wurde. Als „alt" sollte kategorisiert werden, wer nach Einschätzung der Kodierer 60 Jahre und älter war. Daraus ergab sich eine Stichprobe von 125 zu analysierenden Anzeigen. Es zeigte sich wiederum, daß in diesen mehr Männer als Frauen dargestellt waren, und daß vor allem für Nahrungs- und Arzneimittel, Geldgeschäfte und Verkehrsmittel geworben wurde. In diesen Themenbereichen seien „Alte" als Botschafter für Qualität, Aktivität, Gesundheit, Glück und Erfahrung eingesetzt worden. Demgemäß seien sie häufig als „freundlich", „unbeschwert" oder „ruhiger Stimmung" eingeschätzt worden, während andere Kategorien (z.B. „exotisch-abenteuerlich", „romantisch" oder „erotisch") in dem Analyseschema gänzlich unbesetzt geblieben seien.

Der Frage, inwieweit sich das Altersbild in der bundesdeutschen Werbung im Zeitverlauf gewandelt hat, gingen Dennersmann und Ludwig (1986) nach. In Anlehnung an den Aufbau einer früheren Studie (Horn & Naegele, 1976), die zugleich die Referenzdaten für einen Zeitvergleich liefern sollte, untersuchten sie über 5000 Anzeigen, die in vier deutschen Zeitschriften mit hoher Auflage (ohne Titelangabe) erschienen waren. Hierbei wurden 746 Werbeanzeigen mit „implizitem" oder „explizitem" Altersbezug (siehe oben) ermittelt, die zunächst daraufhin analysiert wurden, welche Produktgruppen darin angesprochen waren. Dabei zeigte sich, daß Werbung für Arzneimittel mit einem Anteil von fast 60 Prozent einen sehr breiten Raum einnahm. Darüber hinaus sei das äußere Erscheinungsbild der Älteren „sehr realistisch" gewesen; zudem hätten Darstellungen als „aktiv", „vital", „zufrieden" und „aufgeschlossen" überwogen, und seien negative Eigenschaften kaum zugeschrieben worden. Auch mit Blick auf formale Gestaltungsprinzipien der Anzeigen habe sich gezeigt, daß dem älteren Menschen im Vergleich zu früher mehr Modernität, Aufgeschlossenheit und Jugendlichkeit zugesprochen worden sei. Wennschon die Darstellung dieser Studie nicht in allen Punkten transparent ist, liefert sie doch angesichts der wenigen vorliegenden deutschsprachigen Studien und des Zeitvergleichs einige interessante Anhaltspunkte, die Gegenstand weiterer Studien werden könnten.

Thimm (1998) hat sich erst unlängst in differenzierter Weise damit beschäftigt, wie alte Menschen als *Zielgruppe* in der Werbung angesprochen werden. Dabei kommt sie unter anderem zu dem Schluß, daß die Gruppe der älteren Menschen eine ungewöhnliche Problemgruppe für die Werbung darstellt: Einerseits handle es sich um eine finanziell potente Käuferschicht mit einem breit gefächerten Spektrum an Interessen und Konsumwünschen, andererseits sei diese Gruppe gesellschaftlich so negativ bewertet, daß man nur sehr begrenzt mit ihr und für sie werben könne. In ihrer Analyse, die durch eine Vielzahl von sehr anschaulichen Beispielen aus der Werbung illustriert ist, kommt sie zu dem Schluß, daß gerade zwischen der bildhaften Darstellung älterer Menschen in den Werbeanzeigen und der sprachlichen Symbolisierung des Alters in den entsprechenden Textstellen eine große Kluft entstanden sei: Während alte Menschen als in körperlicher und geistiger Hinsicht *top fit* visualisiert würden, würden in den zugehörigen Werbetexten vor allem die Probleme des Alters thematisiert (was z.T. auch mit den spezifischen Produkten zu tun hat, für die geworben wird). Diese Widersprüchlichkeit zwischen der visuellen Gestaltung des Alters und seiner sprachlichen Symbolisierung ist nach Auffassung dieser Autorin das wesentliche Kennzeichen der Werbung, die sich ausschließlich oder schwerpunktmäßig an ältere Menschen richtet.

Gleichwohl kommt auch Thimm (1998) zu dem Schluß, daß die Werbung „die Alten" eigentlich noch nicht entdeckt hat und sich viele Anzeigen nach wie vor an dem Leitbild der ewig Jugendlichen orientierten. Ausschlaggebend hierfür ist wohl die bekannte Tatsache, daß physische Attraktivität nicht nur in der Wahrnehmung anderer Menschen allgemein, sondern eben auch im Kontext von Werbung und Verkauf eine herausragende Rolle spielt (siehe Felser, 1997). In dem Maße, in dem physische Attraktivität gerade nicht mit Alter, sondern mit Jugend oder gar mit einem *baby face*-ähnlichen Aussehen assoziiert ist (Olson & Zanna, 1993; zitiert nach Felser, 1997), mag es nicht verwundern, daß in der Werbung weitestgehend einem Jugendkult gehuldigt wird.

Auch jenseits systematischer Erhebungen kommt man zu der Einschätzung, daß man in der Werbung (sowohl in Anzeigen wie im Werbefernsehen) höchst selten auf „alte" Gesichter trifft. Und selbst Werbung für Pflegepräparate für die „Haut über 40" wird im wesentlichen von den 15- bis 25jährigen Topmodels präsentiert. Wenn ältere Gesichter überhaupt in der Werbung auftreten, dann fast nur im Zusammenhang mit als wenig attraktiv empfundenen Produkten (Versicherungen, Medikamenten, Waschmitteln), wie dies auch aus Studien immer wieder berichtet wird.

So mußte sich selbst der „Ich gehe meilenweit für eine Camel"-Mann aus „Altersgründen" aus den Werbespots verabschieden. Dieser Jugendkult zeigt sich – wie erwähnt – nicht nur in der Unterrepräsentation älterer Menschen, sondern auch darin, daß alte Menschen äußerst selten mit den typischen Altersmerkmalen (z.B. faltige Haut, Haarausfall) dargestellt werden. Allerdings mag dies auch nicht sehr überraschen, wenn man bedenkt, daß Werbung wohl insgesamt auf ein „Negativbild" (gleichgültig ob von alten oder jungen Menschen) verzichtet und darauf abzielt, daß die Personen als positive Identifikationsfiguren erlebt werden können.

8.4.4 Altersbilder in politischen Reden und wissenschaftlichen Texten

Da Politiker, wie (zuweilen auch) Wissenschaftler als Meinungsführer aufgefaßt werden, haben sich einige Studien auch der Frage gewidmet, welches Bild vom Alter resp. von alten Menschen in deren Verlautbarungen resp. Veröffentlichungen gezeichnet wird. Dazu überrascht die zunächst geringe Zahl von Studien, was Redebeiträge von Politikern anbelangt, wobei es bei der Datenlage nicht zu entscheiden ist, ob alte Menschen so selten ein Thema der Politik insgesamt waren und/oder ob politische Äußerungen über das Alter als wenig ergiebig angesehen wurden, um aus ihnen Rückschlüsse auf das zugrunde liegende Altersbild ziehen zu können.

Im deutschen Sprachraum liegen zwei Studien vor, die der Frage nachgingen, welche Altersbilder in politischen Beiträgen und Erklärungen erkennbar werden. Zum einen untersuchte Wilbers (1986) 44 Reden, die Mitglieder des Deutschen Bundestags im Zeitraum von 1976 bis 1982 gehalten hatten. Analysiert wurden dazu aus den Sitzungsprotokollen nur diejenigen Ausschnitte, die direkt auf alte Menschen bezogen waren. Dabei zeigte sich, daß in diesen Redebeiträgen weder ein klar negatives noch ein besonders positives Altersbild zum Ausdruck kam. Zugleich hätten sich in der Art, wie die Thematik „Alter" behandelt wurde, keine Unterschiede hinsichtlich Parteizugehörigkeit, Alter oder Geschlecht der Abgeordneten ergeben. Inhaltlich hätten finanz- und arbeitspolitische Themen gegenüber anderen Themen deutlich überwogen, d.h. daß nicht-ökonomische Aspekte der Altenpolitik weitestgehend im Hintergrund geblieben sind. Eine fast identische Themenwahl hat Laurie (1982) in den USA ausgemacht, der weit über 3.000 Berichte der Verwaltung für die *White House Conference on Aging* als Untersuchungsmaterial herangezogen hatte. Mit Hilfe von computergestützten Textanalysen wurde dort ermittelt, daß die Mehrzahl der Äußerungen auf ökonomische Fragen (mit besonderer Betonung von Problemen der Arbeitswelt und der sozialen Sicherung) bezogen war, gefolgt von Äußerungen zu Fragen der (Langzeit)Pflege; die soziale Situation alter Menschen sei vorwiegend unter dem Aspekt der Inanspruchnahme von Diensten thematisiert worden. In einer weiteren Studie versuchte Dieck (1987), das Bild der älteren Generation nachzuzeichnen, wie es sich in den großen Regierungserklärungen von 1949 bis 1987 darstellte. Auch ihre Analyse machte deutlich, daß Fragen der Alterssicherung resp. materiellen Sicherheit im Alter ein weitaus größeres Gewicht eingeräumt wurde als nicht-ökonomischen Fragen. Vor diesem Hintergrund resümierte die Autorin, daß dort nicht eine „Altenpolitik" im engeren Sinne, sondern eine umfassende Renten- bzw. Sozialpolitik zum Vorschein getreten sei.

Zu verweisen ist schließlich noch auf eine Studie aus den USA: Nachdem im Jahr 1981 der damalige Präsident Reagan sein Begehren, verschiedene Sozialleistungen für ältere Bürger einfrieren zu wollen, in den amerikanischen Kongreß eingebracht hatte, unterzog Lubomudrov (1987) die diesbezüglichen Redebeträge der Abgeordneten einer Analyse. Hierzu wurden alle Textstellen danach klassifiziert, inwieweit sie positive oder negative Einstellungen gegenüber alten Menschen reflektierten. Dabei zeigten sich in 82 Prozent der analysierten Textstellen deutlich negative Einstellungen. Der in den Reden geäußerte stärkste Widerstand gegen die geplanten Kürzungen der Leistungen für Ältere sei interessanterweise gerade von jenen Abgeordneten geleistet worden, die ein besonders negatives Altersbild hätten erkennen lassen (was sich als eine Facette der „Überkompensation" von Vorurteilen deuten läßt; siehe Abschnitt 5.1.2). Daß im übrigen der Kongreß die Kürzungsvorschläge damals tatsächlich abgelehnt hat, sei nur am Rande erwähnt.

Auf der anderen Seite fanden auch wissenschaftliche Texte für Studierende, die später mit alten Menschen beruflich zu tun haben werden, besonderes Interesse, v.a. aus der Gerontopsychologie, Geriatrie und/oder Soziologie. Dabei ging es zum einen um die Frage, mit welchen Begriffen ganz
unterschiedlicher Konnotation alte Menschen in den entsprechenden Fachbüchern umschrieben werden (z.B. *old people, aged, elderly, senior citizens*). Dabei zeigte sich u.a. in der Studie von Kalab (1985), daß in soziologischen Lehrbüchern am häufigsten von *old people* die Rede war, wohingegen in gerontologischen Büchern besonders häufig die Begriffe *elderly, senior citizens* und *the aged* verwendet worden seien. Darüber hinaus sei nicht selten eigens thematisiert worden, welche Schwierigkeiten es
bereite, angemessene Begriffe für die Kennzeichnung alter Menschen zu
finden. Daß auch in der deutschen Sprache die Bezeichnung der Gruppe
der „alten Menschen" ein semantisches Problem aufwirft („Ältere" statt
„Alte" oder „Senioren" statt „Alte"), läßt sich allenthalben beobachten
(siehe Galliker & Klein, 1997; Tews 1991).

Welcher Stellenwert bestimmten Themen in amerikanischen Lehrbüchern eingeräumt wird, wurde ebenfalls häufiger untersucht. Dazu stellten
Wass und Scott (1977) fest, daß in fast allen von ihnen analysierten Lehrbüchern „Tod und Sterben" ausgeklammert gewesen sei. Hingegen sei für
das Thema „Sexualität im Alter" nach 1970 ein Einstellungswandel im Sinne einer Enttabuisierung zu verzeichnen, wie Arluke, Levin und Suchwalko (1984) schlußfolgerten. Diese Autoren hatten aus dem Bestand von
sechs öffentlichen Bibliotheken 65 Bücher mit Ratgeberfunktion, die sich
entweder an ältere Menschen selbst wandten oder altersrelevante Themen
behandelten, analysiert und festgestellt, daß alte Menschen zunehmend zu
sexueller Aktivität ermutigt worden seien.

In einer Untersuchung an 139 Texten aus amerikanischen Psychologie-
Lehrbüchern der Erscheinungsjahre 1949 bis 1989 widmeten sich Whitbourne und Hulicka (1990) der Frage nach Altersstereotypisierungen in
der Fachliteratur. Sie legten ihrer Analyse verschiedene Indikatoren zugrunde, indem sie zunächst alle Buchseiten mit altersthematischem Inhalt
sowie alle diesbezüglichen bibliographischen Angaben auszählten. In einem
nächsten Schritt wurden alle in den Büchern enthaltenen bildhaften Darstellungen älterer Menschen hinsichtlich der Merkmale „Aktivitätsniveau",
„Beziehungen zu anderen Generationen" und „Qualität des Gesamteindrucks" einer Analyse unterzogen. Schließlich wurden die Texte selbst
nach einzelnen Themen inhaltsanalysiert (z.B. kognitive Funktionen, Eintritt in den Ruhestand, Sexualität, Einsamkeit). Daraus ermittelten die Autorinnen zum ersten, daß das Thema „Alte" und „Altern" über die untersuchte Zeitspanne einen zunehmend breiten Raum eingenommen habe. In
den bildhaften Darstellungen älterer Menschen habe sich ein insgesamt positives Altersbild erkennen lassen. Vor allem sei zunehmend die Botschaft
„decline is not inevitable" vermittelt worden. In den Textpassagen hätten
sich positive wie negative Charakterisierungen des Alters finden lassen:
Einerseits seien soziale Verluste und körperlicher Abbau angesprochen
worden, andererseits aber auch persönliche Erfüllung oder Gewinnerfah-

rungen im Alter. Daher mag es nicht überraschen, daß in der *Gesamt*einschätzung ein *ambivalentes* Bild des Alters resultierte. Die Autorinnen sahen dies aber nicht als Beleg für eine differenzierende Darstellung des Alters, sondern es sei in den Büchern vielfach versucht worden, das bestehend negative Altersstereotyp durch Verweis auf positive Aspekte des Alters zu „überkompensieren".

In der Zusammenschau legen diese Befunde nahe, daß selbst wissenschaftliche Publikationen ein vergleichsweise negatives und übergeneralisierendes Altersbild erkennen lassen, das ganz offenkundig der Differenziertheit der Alternsprozesse über Menschen und über Verhaltensdomänen hinweg nicht gerecht wird. Gleichwohl darf nicht übersehen werden, daß das Altersbild der Wissenschaften gerade in den letzten Jahren einem doch erkennbaren Wandel unterzogen war, indem beispielsweise die hohe Plastizität der Intelligenz im Alter oder die Fähigkeit von Menschen, bis in das hohe Alter „offen für Erfahrung" und „aktiv" zu bleiben, nachgewiesen wurden, um nur einige Beispiele zu nennen (zum Überblick Birren, Schaie, Abeles, Gatz & Salthouse, 1996; Hultsch & Dixon, 1990; Mayer & P.B. Baltes, 1996;). Von daher kommen auch Gatz und Pearson (1988) zu der Auffassung, daß gerade der *professional ageism,* d.h. die Tendenz bestimmter Berufsgruppen zu Stereotypisierungen alter Menschen in den letzten Jahren abgenommen habe und allenfalls einigen spezifischen Fehleinschätzungen (z.B. die Überschätzung der Auftrittshäufigkeit bestimmter Krankheiten im Alter) gewichen sei (hierzu auch Abschnitt 7.3).

8.5 Rezeption der medialen Altersbilder

In Anbetracht der vielen (wenn auch nicht immer wirklich aussagefähigen) Studien zum Altersbild in den Medien ist die Frage danach, inwieweit diesen ein einstellungsbildender Effekt zugeschrieben werden kann, selten systematisch überprüft worden. Während anderen vielleicht als „brisanter" angesehenen Themen, z.B. den Auswirkungen von Gewaltdarstellungen im Fernsehen auf die Aggressivität von Kindern und Jugendlichen, seit langem umfangreiche Forschungsbemühungen gelten (vgl. z.B. Felson, 1996; Friedlander, 1993), fehlen entsprechende Untersuchungen zum Einfluß medialer Altersbilder auf Bewertungen des Alter(n)s und auf das Verhalten gegenüber älteren Menschen fast völlig. Letztlich ist damit auch ungeklärt, ob die einzelnen Medien mit Blick auf die gezielte Modifikation von Alter(n)sbildern in der Tat so brauchbar sind, wie dies oft unterstellt wird (siehe hierzu Kapitel 9).

Wie man Arbeiten aus der Medienwirkungsforschung entnehmen kann (zum Überblick siehe Charlton & Schneider, 1997), erscheint ein entsprechender Interventionsoptimismus vor allem dann unbegründet, wenn er von dem Modell eines „passiven Rezipienten" ausgeht. Zumindest implizit scheinen viele Studien zur Rolle medialer Altersbilder auf ein solches Modell gegründet, und daher bleiben grundlegende Fragen nach der menschlichen Informationsverarbeitung unbeachtet. Daß z.B. alleine schon die Stärke der bereits bestehenden Vorurteile auf seiten der Rezipienten hier eine zentrale Rolle spielt, zeigt sich nach Befunden von Six (1989) selbst bei Kindern im Grundschulalter: Im Rahmen einer aufwendigen Interventionsstudie, in der – vermittelt über unterschiedliche Treatments – Vorurteile gegenüber türkischen Kindern in der Bundesrepublik abgebaut werden sollten, seien fast alle Phänomene zu beobachten gewesen, wie sie den „aktiven Rezipienten" kennzeichnen: Fehlinterpretationen und Selektionseffekte in der Verarbeitung von Informationen, die mit dem Stereotyp unvereinbar waren, oder „Eigenkonstruktionen" von Personbeschreibungen, die im wesentlichen aus den bestehenden Vorurteilen gespeist worden waren. Diese Befunde stehen in Einklang mit dem allgemein bekannten Sachverhalt, daß Rezipienten bevorzugt solche Informationen beachten, die ihnen leicht zugänglich sind, daß sie Einzelheiten einer Meldung schon während der Informationsaufnahme in allgemeine semantische Kategorien (wie sie z.B. durch Stereotype nahegelegt werden) einordnen, daß sie Sachverhalte verkürzen und vereinfachen und daß sie dazu Stereotype als „Faustregeln" verwenden, die sich bereits bewährt haben (ausführlicher siehe Brosius, 1997). Vor diesem Hintergrund sollte man den edukativen und einstellungsbildenden Effekt der Medien mit Blick auf Altersbilder nicht überschätzen.

Die Wirkung von Altersbildern in den Medien wurde in einigen Studien zuweilen dadurch untersucht, daß Zuschauer beurteilen sollten, wie alte Menschen im Fernsehen dargestellt würden. In einer Untersuchung an zufällig ausgewählten 16- bis 55jährigen Personen von Wober und Gunter (1982) sollten Probanden die Akteure in Sendungen deutscher Fernsehanstalten „nach ihrem individuellen Eindruck" einschätzen. Gefragt war vor allem, wie realitätsangemessen alte Menschen im Fernsehen dargestellt seien. Den Angaben dieser Autoren zufolge wurden diese Darstellungen, vor allem in Nachrichten- und Informationssendungen sowie allgemeinen Unterhaltungssendungen als weitgehend realitätsangemessen eingeschätzt, nicht aber die in Sendungen mit fiktiver Spielhandlung. Jürgens (1994) konnte anhand seiner Befragung ermitteln, daß sich eine große Mehrzahl alter wie junger Fernsehzuschauer an Sendungen mit älteren Hauptdarstellern im deutschen Fernsehen erinnerte (vor allem an „Golden Girls" oder „Jakob und Adele"). Interessanterweise wurde die zahlenmäßige Präsenz älterer Menschen in Fernsehsendungen von jüngeren wie älteren Befragten deutlich überschätzt. Einig waren die Befragten sich auch darin, daß die Lebenswirklichkeit älterer Menschen und die vielen Gesichter des Alters nicht angemessen vermittelt würden.

Einen ähnlichen Zugang der Wirkungsforschung i.w.S. wählten Korzenny und Neuendorf (1980). Sie ließen ältere Probanden mit einer durchschnittlichen Fernsehdauer von etwa vier Stunden oder mehr pro Tag angeben, wie sie sich selbst als Altersgruppe im Fernsehen charakterisiert sähen. Hierzu sollten Einschätzungen älterer Figuren im Fernsehen anhand

vorgebener Dimensionen („intelligent", „humorvoll", „wichtig für die Geschichte" etc.) vorgenommen werden, wobei sich zeigte, daß diese überwiegend positiv ausfielen. Ergänzend wurde bei den Probanden die Höhe
des Selbstwertgefühls erhoben. Wie nicht allzu verwunderlich, zeigten sich
entsprechende Zusammenhänge, indem ein niedriges Selbstwertgefühl mit
einem negativen Bewertungsmuster einherging (z.B. daß Ältere im Fernsehen als gesellschaftliche Hindernisse gezeigt würden), während Probanden mit einem hohen Selbstwertgefühl zu der Einschätzung neigten, daß
alte Menschen im Fernsehen eher als „Bereicherung" dargestellt würden.
Obschon die Ergebnisse dieser Studie wegen der unklaren Methodik nicht
überinterpretiert werden dürfen, illustrieren sie, wie wichtig es ist, Rezi-
pientenmerkmale zu berücksichtigen.

Indirekte Hinweise auf die Wirkung des Fernsehens erhoffte man sich
auch aus dem Vergleich von „Vielsehern" und „Selten-Sehern". In der bereits zitierten Studie von Gerbner et al. (1980) wurde anhand von Daten
des *National Council on Aging* der Zusammenhang zwischen hohem Fernsehkonsum und einer geringen Artikulation des Altersstereotyps (erfaßt
über den *„Facts on Aging Quiz";* siehe Kapitel 4) nachgewiesen, was
selbstredend nicht als Beleg für den Einfluß des Fernsehens auf das Altersstereotyp der Zuschauer fehlinterpretiert werden darf. Wegen auswertungsmethodischer Mängel dieser Studie unternahmen Passuth und
Cook (1985) eine Reanalyse dieser Daten. Dabei kamen diese Autoren zu
dem Ergebnis, daß erhöhter Fernsehkonsum in der Tat mit mangelndem
Wissen über Alternsprozesse (nicht jedoch mit ausgeprägteren Vorurteilen) korreliert sei, jedoch nur in der Gruppe der unter 30jährigen Zuschauer. Vor allem aber argumentierten diese Autoren, daß der Einfluß
des Fernsehens auf die Entstehung oder Perpetuierung fehlerhafter Vorstellungen über das Alter schon deshalb als gering veranschlagt werden
müsse, da ja – wie alle Studien gezeigt hätten – ältere Menschen im Fernsehen ohnehin unterrepräsentiert seien. In der Zusammenschau gibt es also
einige Argumente, die die Annahme stützen, daß der Einfluß der (Mas-
sen-)Medien auf das in der Gesellschaft vorfindbare Bild des Alters resp.
alter Menschen nicht allzu hoch veranschlagt werden darf.

Ganz generell wird vermutet, daß die Massenmedien nicht die Funktionen erfüllen, wie es das Leitbild des „gut informierten Bürgers" erfor-
dere. Brosius (1997) zufolge haben weder experimentelle Studien mit systematischer Variation von Präsentationsformen und/oder Inhalten noch
Langzeitbeobachtungen belegt, daß ein vermehrtes Informationsangebot
die Kenntnisse der Rezipienten nachhaltig verbessere. Illustrieren lasse sich
dies auch anhand der Ergebnisse einer Metaanalyse von Delly, Carpini und
Keeter (1991; zitiert nach Brosius 1997), wonach die Informiertheit der
amerikanischen Bevölkerung (erfaßt über einfache Fragen zu politischen
Sachverhalten) zwischen 1947 und 1989 kaum zugenommen habe, obschon
sich das Medienangebot in diesem Zeitraum bekanntlich vervielfacht habe.
Wenn wir uns abschließend noch dem Altersbild in Umfragedaten zuwenden, so soll damit kein Zusammenhang mit einer wie auch immer gedachten Medienwirkung impliziert sein.

8.6 Altersbilder in Umfragedaten

Ein anderer Zugang, etwas über konsensuell geteilte Bilder des Alter(n)s zu erfahren, besteht darin, daß man Repräsentativerhebungen an größeren Stichproben durchführt. In der Tat waren in Deutschland einige Umfragen dieser Thematik gewidmet. Zu erwähnen ist zunächst eine Erhebung, die das Institut für Demoskopie Allensbach im Januar 1990 an einem repräsentativen Querschnitt der bundesdeutschen Bevölkerung bei 2.180 Personen im Alter von über 16 Jahren durchgeführt hat. In dieser Umfrage wurde – wie dem Ersten Teilbericht der Sachverständigenkommission zur Erstellung des Ersten Altenberichts der Bundesregierung (1990) zu entnehmen ist – eine Reihe von Aussagen vorgegeben. Für diese hatten die Respondenten einzuschätzen, ob die darin ausgedrückte Behauptung zu alten Menschen und/oder zu jungen Menschen paßt oder nicht paßt. Eine Inspektion der Aussagen zeigt, daß diese auf unterschiedlichen Abstraktionsebenen formuliert waren, indem z.B. Persönlichkeitsmerkmale (*„Sie sind oft ungeduldig"*) abwechseln mit Freizeitaktivitäten (*„Sie essen gerne manchmal auswärts"*) und die Verhaltensdomänen insgesamt keine erkennbare Systematik aufwiesen. Vor allem aber wurden die Aussagen nicht danach differenziert, ob sie rein deskriptive Sachverhalte abbilden (z.B. *„Sie haben einen Bausparvertrag"*) oder ob sie – zumindest aus der Perspektive der Item-Konstrukteure, vor allem aber aus Sicht der *Befragten* – Bewertungen einschließen (z.B. *„Sie handeln pflichtbewußt"*). Ohne eine solche Präzisierung können diese Umfrageergebnisse aber nichts dazu sagen, wie verbreitet ein negatives oder ein positives Altersstereotyp ist. So waren beispielsweise rund 90 Prozent der Befragten der Meinung, zu alten Menschen paßten die Aussagen *„Sie lieben das Althergebrachte"*, *„Sie bleiben abends meist zu Hause"* oder *„Sie verbringen ihren Urlaub am liebsten in Deutschland"*. Dies wurde als Hinweis auf die alten Menschen zugeschriebene „Immobilität" als einer Facette des Altersbildes gewertet. Ähnlich abenteuerlich mutet die Interpretation einzelner Aussagen an: So haben 93 Prozent der Befragten die Aussage *„Sie haben genug gearbeitet"* als zu alten Menschen gut passend klassifiziert, was als Beleg dafür herangezogen wurde, daß das „Los der Alten in unserer Gesellschaft durch deren Ausgrenzung von dem zentralen Lebenssinn unserer Gesellschaft, der Leistung, bestehe" (S. 23). Doch mag die Aussage, alte Menschen hätten genug gearbeitet, sowohl rein deskriptiv ein langes arbeitsreiches Leben beschreiben – gegebenenfalls sogar mit dem Unterton der Bewunderung – wie sie auch als Ausgrenzung und stereotypisierende Abwertung alter Menschen gedeutet werden kann. Da wir also nichts über die subjektiven Wertigkeiten dieser (interpretationsoffenen) Aussagen erfahren, bleibt der Wert dieser Befunde zum Verständnis des Altersstereotyps extrem gering.

Dessen ungeachtet wird aus dieser Umfrage mitgeteilt (Erster Teilbericht, 1990, S. 25), daß „auf einem sehr hohen günstigen Niveau der Eindrücke [...] sich dennoch eine leichte Verschiebung ins Negative zugetragen" habe. Diese Formulierung suggeriert einen Zeitwandel in den Einstellungen, der durch das Datenmaterial überhaupt nicht belegt ist. Denn würde man die verschiedenen Häufigkeitsbesetzungen inferenzstatistisch prüfen, so träten hier keineswegs signifikante Trends zutage. Schließlich wurde in dieser Umfrage auch thematisiert, ob die Respondenten sich mit „älteren Menschen" gut oder nicht so gut verstünden. Fast 20 Prozent der jüngsten Altersgruppe (16 bis 29 Jahre) antworteten dabei mit „unentschieden" – vermutlich handelt es sich bei dieser Gruppe um diejenigen, die am wenigsten bereit waren, eine solch undifferenzierte Frage affirmativ oder ablehnend zu beantworten. Nicht minder problematisch ist die Frage, ob die Respondenten „von den älteren Menschen, die heute etwa 60 Jahre oder älter sind" einen günstigen oder ungünstigen Eindruck haben. Auch hier bleibt offen, wer eigentlich die „älteren Menschen" sein sollen und was mit einem „günstigen Eindruck" (als Indikator für ein positives Altersbild?) gemeint ist.

Schließlich wird in dem gleichen Teilbericht noch auf die Umfrage zum Altersbild in der Bundesrepublik Deutschland von Arnold und Lang (1989) verwiesen, deren Ergebnisse als Hinweis auf das Vorhandensein „stereotyper Vorstellungen über Ältere" gewertet werden. Dies wird damit belegt, daß zwei Drittel der Befragten geglaubt hätten, ältere Menschen seien einsam, und daß die Befragten alten Menschen mehrheitlich Niedergeschlagenheit und Langeweile zugeschrieben hätten. Andererseits aber wird aus der *gleichen* Umfrage berichtet, daß 72 Prozent aller Respondenten der Meinung gewesen seien, daß alte Menschen „guter Dinge" seien und das Leben genießen könnten. Wie werden solche Diskrepanzen analytisch aufgelöst, und was erfahren wir letztlich über das Altersbild in der Gesellschaft?

In der Zwischenzeit liegt eine weitere Studie vor, die INFAS im Auftrage des Bundesministeriums für Familien, Senioren, Frauen und Jugend (1996) bei einer repräsentativen Stichprobe von 2000 Befragten (ab dem Alter von 14 Jahren) in West- und Ostdeutschland durchgeführt hat. Im Zentrum stand dabei u.a. die Frage, welche positiven und negativen Eigenschaften die ältere Generation gegenüber der jüngeren Generation aus Sicht der Respondenten auszeichneten („*Welche Eigenschaften der jüngeren [resp. älteren] Generation empfinden Sie als besonders positiv?*" resp. „*Welche... stören Sie besonders?*"). Zudem sollte geprüft werden, in welchem Maße diese Eigenschaften Angehörigen der jüngeren und älteren Generation gleichermaßen oder differenzierend zugeschrieben werden. Dabei zeigte sich unter anderem, daß zwei Drittel der Befragten der Aussage zustimmten, älteren Menschen seien ihrem Alter entsprechend „genauso aktiv" wie Jüngere, wobei dies allerdings von den 60- bis 69jährigen deutlicher (77%) bejaht wurde als von den 14- bis 19jährigen (54%). Die Tatsache, daß 74 Prozent der Befragten der älteren Generation positive Eigenschaften zuschrieben (v.a. Lebenserfahrung, Hilfsbereitschaft und Gelassenheit), zugleich aber auch 72 Prozent die Frage nach negativen Eigenschaften der Älteren bejahten (vor allem Eigensinn, Rechthaberei und Intoleranz), verweist auf ein in diesem Sinne differenziertes Altersbild. Umgekehrt zeigte sich, daß auch der jüngeren Generation positive Eigenschaften (Lebhaftigkeit, Spontaneität, Lebensfreude) gleichermaßen zugeschrieben wurden wie negative Eigenschaften (Verantwortungslosigkeit, Leichtsinn und Respektlosigkeit). Daher sprechen diese u.E. aussagefähigeren Daten nicht für ein einseitig negativ getöntes, sondern für ein facettenreiches Altersbild in der Bevölkerung.

8.7 Zusammenfassung

Analysen von Altersbildern in den Medien spannen ein weites Forschungsfeld auf. Dies mag zum einen daran liegen, daß das Untersuchungsmaterial selbst in aller Regel leicht zugänglich ist. Wie die vorangegangene Darstellung gezeigt hat, wurde dieses Material in den meisten Studien sehr ähnlich bearbeitet, indem entweder Häufigkeitsanalysen zur Präsenz alter (resp. als „alt" klassifizierter) Menschen in den Medien durchgeführt und/oder die Art und Weise, *wie* alte Menschen in den Medien präsentiert wurden, inhaltsanalysiert wurden.

In ihrem Buch „Mythos Alter" hatte Friedan (1995) für die amerikanische Medienlandschaft festgestellt, daß dort zwar zuweilen über Probleme des Alters berichtet werde, ältere Menschen aber so gut wie nie zu sehen seien. Gleiches gilt auch für die deutsche Medienlandschaft: In den Printmedien wird - wenn überhaupt - *über* alte Menschen geschrieben, aber sie selbst kommen kaum zu Wort. Und alte Menschen sind eben nicht *im* Fernsehen, sondern sie sitzen *vor* dem Fernseher (Niederfranke et al., 1996). Wenn alte Menschen als Figuren im Fernsehen präsentiert werden, bleibt das Alter mit seinen Schattenseiten vor der Tür. Die Werbung ist dem Jugendkult fast völlig verfallen: Dort werden ältere Menschen wohl überhaupt nur dann als Figuren einbezogen, wenn für ein Produktsegment geworben wird, das von Lebertran, Abführmittel, Einsteigehilfe in Badewannen bis hin zu Mitteln gegen Prostatabeschwerden reicht, oder wenn für Versicherungen oder Geldgeschäfte geworben wird, die Seriosität und Würde ausstrahlen sollen (Thimm, 1998).

Immer wieder wurde darüber hinaus berichtet, daß es gerade die alten *Frauen* seien, die in der medialen Welt nicht existierten. Allerdings wurde dabei zumeist übersehen, daß dieser Sachverhalt kein Spezifikum des hohen Alters ist, sondern er sich - mit Ausnahme der jungen Frauen oder *Topmodels* - in allen Altersgruppen findet (z.B. Perloff, Brown & Miller, 1982). Insbesondere fehlt also eine theoretische Untermauerung der These, daß durch die zahlenmäßige Unterrepräsentation älterer Menschen in der Medien dem Zuschauer vermittelt werde, ältere Menschen seien *unimportant and noncontributing members of society* (Vasil & Wass, 1993, *p.* 80). Vor allem ist zu bedauern, daß zu wenige Studien Anleihen bei den Medienwissenschaften genommen haben. So könnte beispielsweise die Zeitdauer, die ältere Charaktere auf dem Bildschirm sichtbar sind, ebenso aufschlußreich sein wie die Länge ihrer Redebeiträge. Auch die Art der Bildregie (z.B. Portrait- vs. Ganzkörperdarstellung, Positionierung der Person im Bildvordergrund vs. -hintergrund) und die Art, wie ältere im Vergleich zu jüngeren Figuren präsentiert werden, könnten Hinweise auf verborgene Elemente des Altersstereotyps liefern. Wenn man bedenkt, wie interessant das Befundmaterial zum *face-ism* in der Erforschung von Geschlechterstereotypen war (Archer et al., 1983; vgl. Kapitel 5), dann ist es umso bedauerlicher, daß man sich nicht auch dem Altersstereotyp auf diese Weise gewidmet hat.

Kritisch zu betrachten ist schließlich auch, wie vermeintlich negative Facetten des Altersbildes definiert wurden. Dazu wurde in der Regel ermittelt, in welchen Rollen alte Menschen präsentiert werden und/oder welche Eigenschaften sie verkörperten. Damit ist u.E. die Frage, welche Merkmale aus dem Insgesamt der medialen Welt denn geeignete Indikatoren von (verborgenen) Altersbildern und Altersstereotypisierungen darstellen, nicht erschöpfend beantwortet. Diese wird wohl so lange offen bleiben, wie nicht im Konzert von Medien-, Kommunikations-, Sprach-, Literatur- *und* Verhaltenswissenschaften dazu eine theoretisch fundierte Diskussion geführt wird. Hinzu kommt, daß mit einer bloßen Beschreibung dessen, was in den Medien präsentiert wird, keineswegs schon etwas über seine Wirkungen ausgesagt werden kann. Wir können allenfalls das dort gezeichnete Altersbild als eine Reflexion gesellschaftlicher Vorurteile begreifen, aber wenig dazu sagen, ob und welche Spuren denn mediale Altersbilder bei den Rezipienten hinterlassen. Erst (quasi-)experimentelle Studien – kombiniert mit verfeinerten Methoden der Inhalts- und Medienanalyse – können hierbei die Besonderheiten der menschlichen Informationsverarbeitung erhellen und aufzeigen, wie Medieninhalte selektiert und gefiltert werden und unter welchen Umständen und bei wem ein negatives Altersstereotyp aufgebaut oder verstärkt wird.

Maßnahmen zum Abbau des Altersstereotyps

9.1 Interventionsziele und -ebenen im Überblick

Negativ getönte (Alters-)Stereotypisierungen gelten – so ist zu vermuten – weithin als unerwünscht; sie belasten den Dialog zwischen Alt und Jung, sie lassen keinen Raum für die Wahrnehmung der individuellen Besonderheiten des jeweiligen Gegenübers, und sie mögen – im Falle von Selbst-Stereotypisierungen – auch für das alternde Individuum selbst eine Bedrohung darstellen. Daher wurden in den letzten Jahrzehnten Versuche unternommen, Altersstereotype bei bestimmten Zielgruppen (vorzugsweise bei Kindern; siehe Abschnitt 9.2) und auf unterschiedlichen Ebenen (Gesellschaft, Familie, Individuum) abzubauen. Ungeachtet der einzelnen Zugangswege war es deren oberstes Ziel, *„to restore the caring connections between generations that are thought to be lacking in American culture"* (Seefeldt, 1987, p. 228) – eine Setzung, die in ähnlicher Weise auch für den deutschen Sprachraum Geltung beanspruchen könnte, wenn man die Beziehungen zwischen den Generationen außerhalb von Familien im Blick hat.

Darüber hinaus wurde auf *gesellschaftlicher Ebene* als Zielsetzung formuliert, daß der Zündstoff, der in den Beziehungen zwischen den Generationen verborgen liege, entschärft werden solle (Kornhaber & Woodward, 1985; Nathanson, 1989) und daß alle Generationen wieder ein Verantwortungsgefühl füreinander, aber auch generationenübergreifend eine Verantwortung für das Gemeinwesen entwickeln sollten (zu dieser Thematik in Deutschland vgl. v.a. Brumlik, 1997). Bezogen auf die Ebene des *Familiensystems* läßt sich hervorheben, daß intakte Generationenbeziehungen schon deswegen erhalten bleiben (oder ggf. wiederhergestellt werden) müssen, weil sie gerade in Krisensituationen zu einer Entlastung der Betroffenen führen können. Denn kritische Lebensereignisse wie Scheidung, Krankheit oder Tod von Familienmitgliedern werden zweifelsohne effektiver bewältigt, wenn die Familie als soziales Stützsystem bereitsteht (z.B. Aymanns, 1992; Lüscher & Pajung-Bilger, 1998).

Bezogen auf die Ebene des *Individuums* standen Einstellungsänderungen auf seiten der jüngeren Generation im Zentrum. Negative Altersstereotype sollten abgebaut und durch eine differenziertere und ausgewogenere Sicht alter Menschen und des Altseins ersetzt werden. Damit verknüpft ist die Zielsetzung, daß Lebenserfahrung und Expertise älterer Menschen gesichert bleiben und die nachfolgenden Generationen daran teilhaben sollen. Innerhalb von Familien ist hier vor allem an Überlieferungen von Familiengeschichte und -traditionen zu denken, die sowohl dem Bedürfnis

nach „Generativität" auf seiten der Älteren Rechnung tragen wie auch auf
seiten der Jüngeren als kontinuitätsstiftend erlebt werden können. Außerhalb von Familien ist es das Expertenwissen älterer Menschen, das vielfäl-
tig genutzt werden kann und das keineswegs in allen Bereichen und schon
von vornherein „veraltet" ist. Nicht zuletzt im Weisheitsparadigma wird
dieser Sachverhalt besonders betont (vgl. P.B. Baltes & Smith, 1990). Zudem können ältere Menschen als Zeitzeugen hautnah über historische Ereignisse berichten, wie denn diese Form der subjektiven Geschichtsschrei-
bung unter dem Stichwort *oral history* insgesamt vielfältige Forschungsarbeiten angeregt hat (von Plato & Iggers, 1991). Aber nicht nur Jüngere
brauchen alte Menschen (Krappmann, 1997), auch ältere Menschen brauchen den Kontakt zu den jüngeren und die Begegnungen zwischen den Generationen (Lang & M.M. Baltes, 1997). Entsprechende Interventionsmaßnahmen sollen hier vor allem bewirken, daß alte Menschen das Gefühl, gebraucht zu werden, nicht verlieren, so daß dadurch letztlich ihr Wohlbefinden erhalten oder gesteigert werden kann. Dies gilt insbesondere für
kinderlose Ältere sowie für diejenigen, die weit entfernt von ihren Kindern leben und daher innerhalb ihrer Familien nur wenige oder gar keine
Beziehungen zu den nachfolgenden Generationen pflegen können. Speziell
bei älteren Menschen, die in Alten- oder Pflegeheimen leben, soll die Begegnung mit jüngeren Menschen zudem zu einer allgemeinen Aktivierung
beitragen. Diese wiederum soll sich nicht nur auf das Befinden der Bewohner günstig auswirken, sondern auch auf deren Gesundheitszustand und
– im besten Falle – sogar auf ihre Lebenserwartung (Schulz & Hanusa,
1980).

Analog zu diesen einzelnen Zielebenen können auch die Interventionsmaßnahmen selbst auf unterschiedlichen *Ebenen* ansetzen. Auf der *Ebene
des Individuums* sind dies in erster Linie Maßnahmen von kurzer Dauer,
die auf eine Modifikation negativer Altersstereotype abzielen. Hierzu gehören vor allem solche Programme, in denen unmittelbare Begegnungen
von Alt und Jung im Mittelpunkt stehen und die auf der Annahme beruhen,
daß Kontakt alleine schon hinreichend sei, Stereotype abzubauen und eine
stereotypgeleitete Eindrucksbildung zu reduzieren – was schon Allport
(1954) in dieser allgemeinen Formulierung problematisiert hatte (vgl. auch
Hewstone, 1996; siehe Abschnitt 9.3). Die meisten derartigen Programme
richteten sich an Kinder im Vorschul- oder Schulalter. Dies wurde u.a.
damit begründet, daß negative Stereotype über das Alter frühzeitig übernommen würden und deren Verfestigung durch solche Programme verhindert werden könne (Dobrosky & Bishop, 1986; vgl. Abschnitt 9.2). Obschon ältere Menschen in manche Programme explizit einbezogen waren,
wurden die vermuteten Interventionseffekte bei ihnen – ganz im Gegenteil
zu Interventionsstudien in Institutionen (vgl. M.M. Baltes et al., 1994) –
seltener evaluiert. Solche Effekte könnten sich z.B. in einer Verbesserung
der Einstellung gegenüber jüngeren Menschen zeigen, aber auch in der
Erhöhung der Lebenszufriedenheit und der sozialen Einbindung. In einer
ersten – allerdings nicht inferenzstatistisch ausgewerteten – Studie deutete
sich sogar an, daß die längerfristige (d.h. mehr als sechs Monate andauern-

de) Mitwirkung in einem offenen Kontaktprogramm mit Kindern und Jugendlichen günstige Auswirkungen auf alltägliche Gedächtnisleistungen älterer Menschen zeitigen konnte (Newman, Karip & Faux, 1995). Kaum realisiert wurden bisher Interventionsformen, die unmittelbar auf eine Erweiterung von Kompetenzen oder den Aufbau angemessener Verhaltensmuster im Umgang der Generationen miteinander abzielten, wenn man von Interventionsansätzen bei Pflegekräften absieht (M.M. Baltes et al., 1994; vgl. auch Abschnitt 7.4). Gerade hier scheint jedoch – betrachtet man Probleme des Dialogs zwischen Alt und Jung (vgl. Kapitel 6) – innerhalb wie außerhalb von Institutionen ein hoher Interventionsbedarf zu bestehen.

Auf der *Ebene der Familie* stellen die Beziehungen zwischen Großeltern und ihren Enkelkindern den Prototyp der Beziehungen zwischen Alt und Jung dar. Zwar sind auch diese prinzipiell einer Intervention zugänglich (vgl. z.B. R.D. Strom & S.K. Strom, 1991), doch scheinen sie in aller Regel so intakt zu sein, daß sie nur in Einzelfällen gezielter Förderung bedürfen. Insofern ist es wenig verwunderlich, daß entsprechende Interventionsansätze hierzulande kaum diskutiert werden. Eher noch wurden Methoden der intergenerationellen Familientherapie (z.B. Massing, Reich & Sperling, 1992) eingesetzt, um besonders problembeladene Generationenbeziehungen innerhalb von Familien zu verbessern. Vorgeschlagen wurde schließlich auch, Kinder und Jugendliche dazu anzuregen, ihren Familienstammbaum zu erstellen oder mit älteren Familienangehörigen die Geschichte der eigenen Familie zu rekonstruieren (sog. *„Life History Research";* z.B. Allen, 1987), um so den Austausch zwischen Jung und Alt und das Verständnis füreinander zu fördern.

Auf der *Ebene von Institutionen und Gemeinden* bieten sich Interventionsmöglichkeiten gerade innerhalb des allgemeinen Bildungssystems an. Im Zentrum standen dabei Versuche, Fehlannahmen über das Altern durch gezielte Wissensvermittlung zu korrigieren. So wurden Fortbildungsprogramme für Multiplikatoren, z.B. für Lehrer (Hauwiller & Jennings, 1981), wie auch für Beschäftigte im Altenbereich (Shenk & Lee, 1995; zum Überblick auch M.M. Baltes, 1994) entwickelt und implementiert (hierzu Abschnitt 7.3.4). Gerontologische Ausbildungskonzepte lassen sich auch in die Curricula von Schulen und Universitäten integrieren, wie dies u.a. Munnichs und van der Bom (1979) am Beispiel der Gerontologieausbildung an der Universität Nijmegen illustrierten.

Im Rahmen einer Öffnung der Universitäten für ältere Menschen erschließen sich zudem nicht nur den Älteren neue Handlungs- und Erfahrungsspielräume. Über das sog. „intergenerationelle Lernen" bietet sich auch den jüngeren Studierenden die Gelegenheit, die Erfahrungen Älterer zu nutzen und eigene Altersstereotype ggf. zu revidieren. Im Jahre 1977 wurde erstmals ein solches Modellprojekt an der Universität Dortmund eingerichtet. Seither werden Seniorenstudiengänge an einer Reihe deutscher Universitäten angeboten. Die Auswirkungen des Miteinander- (oder Nebeneinander-?)Lernens der Generationen wurden bislang jedoch kaum systematisch untersucht. Kolland (1991) hatte Seniorenstudenten der Universität Wien schriftlich zu ihren Erfahrungen befragt. Diese hatten zwar ihren Angaben zufolge häufig persönliche Kontakte zu den jüngeren Studierenden aufgenommen, sie pflegten jedoch überwiegend den Umgang mit Studierenden, die ebenso wie sie mindestens schon das 45. Lebensjahr überschritten hatten. Bishop-Clark und Lynch (1995) berichteten aus den USA, daß auch die Dozenten dem Seniorenstudium gegenüber aufgeschlossen gewesen seien. Gleichwohl fanden sich auch Hinweise darauf, daß Studierende sogar negativere Einstellungen zu Alter und Alten erkennen ließen, wenn sie zuvor gemeinsam mit älteren Menschen an Lehrveranstaltungen teilgenommen hatten (Auerbach & Levenson, 1977). Weitere Studien werden also Aufschluß darüber geben müssen, wie es tatsächlich um die Akzeptanz älterer Studierender durch ihre jüngeren Kommilitonen bestellt ist. In den USA wurde zudem versucht, Kinder- und Altentagesstätten zu integrieren. Dabei wurden nicht nur die Räumlichkeiten gemeinsam genutzt, sondern es wurden auch gemeinsame Aktivitäten zwischen beiden Altersgruppen angeregt. Dies geschah u.a. auch vor dem Hintergrund, daß immer mehr Frauen mit der Doppelbelastung, gleichzeitig ihre Kinder erziehen und ihre pflegebedürftigen Eltern betreuen zu müssen (z.B. Galinsky, 1989; Stremmel, Travis, Kelly-Harrison & Hensley, 1994; Travis, Stremmel & Duprey, 1993), überfordert sind. Systematische Evaluationen solcher Maßnahmen stehen u.W. bisher aber aus.

Speziell in Deutschland wurden vielfältige Selbsthilfeprojekte von und für ältere Menschen ins Leben gerufen. Hierzu gehören „Seniorexperten-Dienste", in denen Personen im Ruhestand junge Existenzgründer beraten und unterstützen. Exemplarisch sei das Projekt „Erfahrungswissen älterer Menschen nutzen" in Berlin hervorgehoben. In diesem Projekt sind verschiedene Initiativen organisiert, die von älteren Menschen selbst getragen werden. Hierzu gehören eine Beratungsstelle von „Seniorexperten", sowie ein offenes „Erzählcafe" in dem regelmäßig ältere Berliner Bürger über selbsterlebte historische Entwicklungen berichten. Ein weiteres Projekt, „Großmutters Teetisch", wurde initiiert von der Bundesseniorenvertretung und wird getragen von bzw. gestaltet primär durch die älteren Teilnehmerinnen. Kinder einer Berliner Grundschule treffen sich hierbei wöchentlich für zwei Stunden mit Seniorinnen zum Basteln und feiern gemeinsame Feste mit ihnen. Bei dem „Oma-Dienst", angelegt als Nachbarschaftshilfe auf Gegenseitigkeit, betreuen ältere Menschen Kinder ihrer jüngeren Nachbarn (für Projektübersichten vgl. Krappmann & Lepenies, 1997; Müller-Schöll & Thomas, 1995).

Interventionen auf den o.g. Ebenen setzen schließlich auch die Schaffung geeigneter materieller und rechtlicher Rahmenbedingungen auf *gesellschaftlicher Ebene* voraus. An erster Stelle ist hier sicherlich eine öffentliche Förderung von gut begründeten Interventionsprogrammen zu nennen. Newman (1989) zeigte anhand einer Übersicht politischer Initiativen in den USA auf, wie aus diesen Initiativen allmählich intergenerationelle Interventionsprogramme (z.B. *„Foster Grandparent Program"*; s.u.) erwachsen sind. Des weiteren gibt es vielfältige Möglichkeiten, im Rahmen der Programmgestaltung in den Massenmedien oder der Gestaltung von

Kinder- und Schulbüchern stereotypisierende Beschreibungen alter Menschen und des Alters zu vermeiden. So sollte bei allen Generationen ein differenzierteres und facettenreiches Bild des Alterns bzw. älterer Menschen aufgebaut werden können. Nicht zuletzt gehören hierzu auch Ansätze zur Gestaltung von Nahumwelten (z.B. über städtebauliche Maßnahmen), die Begegnungen zwischen Alt und Jung erleichtern. Da gerade auch im Bereich des Wohnens die Alterssegregation relativ groß ist (vgl. Abschnitt 1.6), wurden zu ihrer Überwindung auch intergenerationelle Wohnprojekte vorgeschlagen. In eine ähnliche Richtung gehen auch die Empfehlungen der Sachverständigenkommission zur Erstellung des Zweiten Altenberichts der Bundesregierung (BMFSFJ, 1998). Soweit entsprechende „Nachbarschaftsnetzwerke" (Pynoos, Hade-Kaplan & Fleisher, 1984) bereits implementiert wurden, sind deren Effekte auf die Qualität der intergenerationellen Beziehungen unseres Wissens bislang nicht systematisch untersucht worden. Damit muß es offen bleiben, ob durch Abbau der Alterssegregation in Wohnumwelten den Generationen letztlich ein echtes Miteinander-Leben ermöglicht und die Wohnumwelt als Lebensraum von Menschen aller Altersstufen angesehen werden kann (hierzu auch Lehr, 1998; Wahl, Mollenkopf & Oswald, 1999).

9.2 Kinder als Adressaten von Interventionsmaßnahmen

Die Zielgruppe der meisten Interventionsansätze bildeten bislang Kinder. Dies war – wie erwähnt – wohl in den meisten Fällen gestützt auf die Annahme, daß kollektive Stereotype im Sozialisationsprozeß vermittelt würden und man nicht frühzeitig genug damit beginnen könne, ihren Erwerb und negative Stereotypisierungen alter Menschen zu verhindern. Damit war die Frage verbunden, ob sich negative Altersbilder bei Kinder überhaupt schon nachweisen lassen, wie diese zu erfassen sind und in welchen Maßen sich etwaige Interventionserfolge abbilden sollten.

9.2.1 Alter als Kategorisierungsmerkmal in der kindlichen Wahrnehmung

Ein kurzer Blick in die einschlägige Literatur macht relativ schnell deutlich, daß Alter in der kindlichen Wahrnehmung schon frühzeitig bedeutsam ist und eine zentrale Dimension der sozialen Differenzierung darstellt. Selbst sieben Monate alte Kinder sind schon in der Lage, zwischen einer erwachsenen Person (35 Jahre) und einem Kind (5 Jahre) zu unterscheiden, was sich in ihren differentiellen Reaktionen gegenüber diesen Personen (vokalisieren, fixieren usw.) manifestiert (Brooks & Lewis, 1976). Handelte es sich hier noch um vertraute Personen, entwickeln Kinder schon bald die Fähigkeit, auch ihnen unbekannte Menschen nach dem Alter zu differenzieren. Dabei generalisieren sie aber zunächst noch innerhalb der einzelnen Alterskategorien, indem sie z.B. einen erwachsenen Mann als *„daddy"* bezeichnen (vgl. Edwards & Lewis, 1979). Die Ordnung der sozialen Welt durch Kinder vollzieht sich neben dem Grad der Vertrautheit also relativ frühzeitig entlang der Grunddimensionen Alter und Geschlecht. Weitere Entwicklungsschritte zeigen sich darin, daß Kinder Altersdifferenzierungen in Aufgaben mit zunehmendem Schwierigkeitsgrad lösen können (z.B. Altersdiskrimination bei paarweise vorgegebenen Zeichnungen; Miller, Blalock & Ginsburg, 1984). In einem Abschnitt des von Seefeldt, Jantz, Galper und Serock (1977) entwickelten *„Children's Attitudes toward the Elderly Test" (CATE)* soll eine Fotoserie, auf der 20-, 40-, 60- und 80jährige Männer abgebildet sind, in die richtige Altersrangordnung gebracht werden. Dabei konnte bei Kindern im Alter von drei bis elf Jahren gezeigt werden, daß der Mehrzahl der älteren Kinder die korrekte Seriation möglich war, während immerhin auch etwa die Hälfte der Kinder im Kindergartenalter dies leistete. Darin bildet sich nicht nur die Entwicklung der Seriationsfähigkeit allgemein ab, sondern auch die fortlaufende Differenzierung und Verfeinerung des Alterskonzeptes, so daß etwa ab dem achten Lebensjahr konkrete (numerische) Altersschätzungen weitgehend fehlerlos vorgenommen werden können (Schorsch, 1992).

Selbstredend ist dazu interessant, welches die relevanten Attribute sind, die in den kindlichen Vorstellungen mit der Altersvariablen kovariieren resp. auf die sie ihre Einschätzungen eines Menschen als „alt" stützen (vgl. Abschnitt 9.2.2). Schon Piaget (1947) hatte vermutet, daß Körpergröße die entscheidende Variable ist, die bereits im Säuglingsalter als Information genutzt wird. Doch fanden auch physiognomische Merkmale als Grundlage kindlicher Altersschätzungen Beachtung. In der bereits erwähnten Studie von Montepare und McArthur (1986) wurden Kindern zweier Altersgruppen (2 1/2 bis 3 und 4 bis 5 1/2 Jahre) jeweils paarweise und in zufälliger Reihenfolge schematische Zeichnungen von Gesichtern vorgelegt. In diesen Zeichnungen war in Profildarstellung die Schädelform, die sich bekanntermaßen mit dem Alter u.a. hinsichtlich der Stirnwölbung verändert, variiert worden. Einmal wurden die Kinder gefragt, welches Bild ein Baby und welches einen Mann zeige (Alterskategorisierung). Zudem sollten sie (in variierender Reihenfolge) jeweils angeben, welche der beiden Personen älter sei. Es zeigte sich, daß die erste Aufgabe signifikant häufiger richtig gelöst wurde als die zweite, in der die relative Altersbestimmung gefordert war. Allerdings hatte das Alter der Kinder keinen Effekt auf die Güte der Aufgabenlösungen.

In einem zweiten Untersuchungsschritt wurden den Kindern unterschiedliche Varianten schematischer Zeichnungen von Gesichtern – dieses Mal in Frontaldarstellung – dargeboten. Dabei waren entweder die Faltenbildung der Haut oder die vertikalen Gesichtsproportionen, die sich mit dem Alter verändern (z.B. der relative Abstand zwischen Unterlippe und Kinn, der mit dem Alter zunimmt), variiert worden; in der dritten Version waren sowohl Faltenbildung als auch Gesichtsproportionen variiert. Die Vorgabe dieser Zeichnungen erfolgte wiederum paarweise, und die Aufgabe des Kindes bestand wieder in einer Alterskategorisierung der schematisch dargestellten Person (Kategorien: *„Baby", „Junge", „ein Mann wie Papa", „ein Mann wie Opa"*) und in einer relativen Altersplazierung, wobei eine Hälfte der Kinder die ältere Person, die andere Hälfte die jüngere Person identifizieren sollte. Auch hier erwies sich die Kategorisierungsaufgabe als leichter als die Benennung der (relativ) jüngeren oder älteren Person. Zudem zeigte sich für letztere, daß diese Aufgabe vor allem dann korrekt gelöst wurde, wenn nach der älteren, nicht jedoch wenn nach der jüngeren Person gefragt worden war. Auch zeigten die Ergebnisse, daß Unterschiede in der Faltenbildung des Gesichts – verglichen mit Unterschieden in den Gesichtsproportionen – eher als Grundlage der Altersidentifikation dienten.

Interessant ist schließlich der Befund, daß Kinder andere Menschen nicht nur frühzeitig entlang der Altersdimension differenzieren können, sondern auch bereits relativ präzise Vorstellungen über den „normalen" Lebenslauf haben (Strube & Weber, 1988). Schon Zehnjährige können einzelne (auf Kärtchen vorgegebene) Lebensereignisse bestimmten Lebensaltern so zuordnen, daß sich daraus eine sinnvolle Lebenslaufstruktur ergibt, die weitestgehend mit der übereinstimmt, die in subjektiven Entwicklungstheorien Erwachsener (siehe Abschnitt 2.4) ermittelt wurde. Auch Kinder differenzieren dabei im übrigen schon deutlich zwischen typisch männlichen und typisch weiblichen Lebensläufen. Dies legen auch die Befunde von Hosenfeld (1988; zit. nach Heckhausen, 1999) nahe: Hier sollten 11- bis 17jährige den Entwicklungsverlauf verschiedener psychischer Merkmale darstellen sowie Erwünschtheit, Kontrollierbarkeit und Zeitpunkt der vermuteten Merkmalsveränderungen angeben. Es konnte gezeigt werden, daß zumindest die Jugendlichen bereits über ein recht differenziertes entwicklungsbezogenes Wissensrepertoire verfügen, in dem Vorstellungen über altersgebundene Veränderungen vieler Merkmale repräsentiert sind. Auch dieses wies hohe Übereinstimmungen mit den Vorstellungen auf, wie sie in Stichproben von Erwachsenen unterschiedlicher Altersgruppen ermittelt wurden (vgl. Heckhausen et al., 1989).

Die bisherigen Arbeiten waren – wie deutlich werden sollte – darauf ausgerichtet zu eruieren, von welchem Entwicklungszeitpunkt an „Alter" eine bedeutungshaltige Variable in der sozialen Orientierung und sozialen Kategorisierung von Kindern darstellt, ohne daß dem höheren Alter besondere Beachtung geschenkt wurde. Daneben gibt es eine Reihe von Studien, die sich gerade Altersstereotypen bei Kindern gewidmet und untersucht haben, inwieweit auch bei Kindern (und von welchem Alterszeitpunkt an) bestimmte negative Wertungen mit der Kategorie „alt" verbunden sind, die als Hinweis auf Altersstereotype interpretiert werden können.

9.2.2 Erfassung von Altersstereotypen bei Kindern

Welche Vorstellungen Kinder vom höheren Alter haben und welche Eigenschaften und Verhaltensmerkmale sie alten Menschen zuschreiben, wurde sowohl aus Schulaufsätzen (Hickey et al., 1968), aus zeichnerischem Material (z.B. Mitchell, Wilson, Revicki & Parker, 1985) oder – ganz im Sinne der traditionellen Stereotypforschung (vgl. Kapitel 4) – anhand standardisierter Verfahren ermittelt. Dobrosky und Bishop (1986) ließen Schüler der vierten und fünften Klasse aufschreiben, was ihnen einfalle, wenn sie hören „*Eine alte Person …* ". Aus der Vielzahl der Äußerungen folgerten diese Autoren, daß das Wissen, das Kinder über alte Menschen und das Alter hätten, begrenzt sei. Denn die kindlichen Assoziationen seien nur auf wenige Kategorien bezogen gewesen, wobei die Kategorie „körperliche Merkmale" die meisten unterschiedlichen Nennungen umfaßt habe, zugleich aber vorwiegend negativ getönt gewesen sei. Da Wortassoziationstests bekanntlich sehr anfällig für situative Einflüsse und stark an das Niveau der Sprachentwicklung und Sprachproduktion gebunden sind, ist allerdings kritisch zu vermerken, daß diese Faktoren nicht kontrolliert wurden. Burke (1981) stellte fest, daß zwei Drittel der von ihr befragten Kinder angaben, selbst nicht alt werden zu wollen; und schon Lehr et al. (1971), die Kinder im Alter von 10 und 14 Jahren zu dem Satzanfang „*Wenn ich 40 Jahre alt bin …*" resp. „*Wenn ich 60 Jahre alt bin …*" Aufsätze hatten schreiben lassen, hatten vor Jahren berichtet, daß kindliche Vorstellungen vom Altern insgesamt eher negativ getönt seien.

Marcoen (1979) ließ Kinder des zweiten, vierten und sechsten Schuljahres einen alten Mann und eine alte Frau sowie die eigenen Großeltern zeichnen. Die Zeichnungen wurden analysiert im Hinblick auf die Anzahl unterscheidbarer Charakteristika (als Maß ihrer Differenziertheit) sowie darauf, wie häufig sie Hinweise auf Defizite und auf typische Lebensstile im Alter (z.B. strickende alte Frau) enthielten. Was die Differenziertheit der Darstellungen anbelangte, so hatte – neben Alter und Geschlecht des Kindes – die Instruktion, die eigenen Großeltern vs. eine alte Person darzustellen, den erwarteten Haupteffekt: Die Darstellungen der Großeltern waren nicht nur weit differenzierter, sondern sie enthielten auch weniger Hinweise auf Defizite und auf Merkmale eines alterstypischen Lebensstils als die der generalisierten alten Person. Was die Alters- und Geschlechtseffekte anbelangt, so zeigte sich, daß die Zeichnungen der Viert- und Sechstkläßler signifikant mehr Charakteristika enthielten und somit differenzierter waren als die der Zweitklässler; auch Mädchen machten (im Vergleich zu Jungen) differenziertere Darstellungen – ein Befund, der sich auch mit einer Reihe von entwicklungsdiagnostischen Befunden in diesem Altersbereich deckt. Deutlich wurde also, daß sich auch kindliche Vorstellungen über das Alter und alte Menschen in Abhängigkeit davon, ob sie generalisiert oder bezogen auf eine konkrete Person erfaßt wurden, unterscheiden.

Was standardisierte Verfahren zur Erfassung von Einstellungen anbelangt, so ist das „*Children's Attitudes Toward the Elderly*" (*CATE;* Seefeldt et al., 1977) offenbar weit verbreitet. Es besteht aus vier Subtests, mit denen kognitive, affektive und verhaltensbezogene Komponenten der Einstellung von Kindern gegenüber älteren Menschen erfaßt werden sollen. Der erste Subtest enthält eine Reihe offener Fragen zu den drei Einstellungskomponenten, beispielsweise „*Was kannst Du mir über alte Menschen erzählen?*" (kognitiv); „*Was fühlst Du beim Gedanken an das Altwerden?*" (affektiv); „*Was tust du gemeinsam mit älteren Menschen?*" (behavioral).

Der zweite Subtest umfaßt mehrere Eigenschaftsskalen (z.B. „arm vs. reich"), anhand derer die Konzepte *„junge Menschen"* und *„alte Menschen"* bewertet werden sollen. Der dritte Subtest besteht – wie bereits oben erwähnt – aus einer Fotoserie, mittels derer Diskriminations- und Seriationsleistungen entlang der Altersdimension erfaßt werden sollen.

Ein weiteres Verfahren stellt der *„Attitude Perception Questionnaire"* von Nishi-Strattner und Myers (1983) dar, der eine Reihe von (mit „ja" oder „nein" zu beantwortenden) Fragen zu psychischen und körperlichen Charakteristika alter Menschen umfaßt. Eine Besonderheit dieses Verfahrens liegt darin, daß es in einer leicht modifizierten Version auch Stichproben älterer Menschen vorgegeben werden soll, um deren Einschätzungen dazu, was wohl Kinder über alte Menschen denken, metaperspektivisch erfassen zu können. Anhand der Daten einer Schülerstichprobe der fünften und sechsten Klasse sowie einer unabhängigen Stichprobe älterer Menschen (durchschnittliches Alter 70 Jahre) berichteten die Autoren, daß in der Sicht der alten Menschen das den Kindern zugeschriebene Altersbild negativer getönt war, als es sich bei direkter Erfassung der kindlichen Einstellungen gezeigt hatte.

Daneben hat eine Vielzahl von Studien Bildmaterial bestehend aus Fotos oder zeichnerischen Darstellungen von Menschen unterschiedlichen Alters eingesetzt, das Kinder nach verschiedenen Kriterien zu beurteilen hatten. So sollten die Kinder beispielsweise aus Fotos von Personen unterschiedlichen Alters diejenige Person auswählen, die sie gerne als Lehrer hätten (Peterson, 1980), die abgebildeten Personen anhand mehrstufiger Adjektivskalen einschätzen (Fillmer, 1984) oder standardisierte Fragen beantworten, die sich auf die Bildvorlagen bezogen (Mitchell, Wilson, Revikki & Parker, 1985). Ein Problem bei dieser Erhebungsmethodik liegt allerdings darin, daß es relativ schwer ist, in diesen Darstellungen nur das Alter zu variieren und andere ggf. gleichermaßen urteilsrelevante Merkmale konstant zu halten.

Ein an die soziale Kognitionsforschung angelehnter Zugang, wie er seit einigen Jahren in Studien mit Erwachsenen (vgl. Kapitel 5) gewählt wird, fand u.W. bisher erst in einer einzigen Studie Verwendung: Davidson, Cameron und Jergovic (1995) gingen der Frage nach, inwieweit sich unterschiedliche Behaltensleistungen für Informationen nachweisen lassen, die mit einem negativen Altersstereotyp vereinbar vs. nicht vereinbar sind. Hierzu wurden Kindern der ersten, dritten und fünften Schulklasse positive vs. negative Beschreibungen einer (männlichen vs. weiblichen) Zielperson vorgelegt, die entweder explizit als „75jährig" eingeführt oder zu der keine Altersangabe gemacht worden war. Es zeigte sich, daß unabhängig von der Altersangabe die negativen Beschreibungen besser erinnert wurden als die positiven, und zwar unabhängig vom Alter der Schüler. Etwa ein Drittel der Kinder, die positive Beschreibungen der explizit *älteren* (männlichen oder weiblichen) Zielperson erhalten hatten, erinnerte mindestens eine der positiven Informationseinheiten fälschlich als negativ (z.B. wurde eine gesunde ältere Person als „krank" beschrieben). Lag für die Zielperson keine Altersangabe vor, wurden solche Erinnerungstäuschungen in keinem Fall beobachtet. Zudem waren die Kinder gefragt worden, wie gern sie die beschriebene Person hätten; hier wurde die 75jährige Zielperson negativer bewertet als diejenige, für die keine Altersangabe vorlag. Durchgängig wurde dabei auch festgestellt, daß der 75jährige Mann als weniger sympathisch eingeschätzt wurde als die 75jährige Frau.

Diese Ergebnisse deuten also relativ eindeutig darauf hin, daß auch schon in der Vorstellung von Kindern mit dem Alter negative Aspekte verknüpft sind. Hierzu hatte bereits vor Jahren Katz (1976) vermutet, daß die Entwicklung kindlicher Vorurteile sich in einer sequentiellen Abfolge vollziehe. Danach differenzierten Kinder zunächst zwischen Personen unterschiedlicher Gruppenzugehörigkeit (z.B. nach Alter oder Geschlecht), indem sie auf diese erkennbar unterschiedlich reagierten. In einem nächsten Entwicklungsschritt sollen sich mit den Differenzierungen nach Gruppenzugehörigkeit auch Wertungen verbinden, die Kindern im Sozialisationsprozeß vermittelt würden. Dadurch würden rudimentäre Konzepte über soziale Gruppen gebildet und in der Folge verfeinert, indem Kinder die Konzeptklassen anhand positiver und negativer Beispiele anzureichern und auszudifferenzieren begännen. Hinzu komme die Erkenntnis, daß manche Merkmale von Menschen unveränderlich seien und diese der sozialen Ordnung dienten. Auf dieser Grundlage erreichten Kinder schließlich ein Stadium, in dem Konzepte über soziale Gruppen voll konsolidiert seien. Uns ist keine entwicklungspsychologisch angelegte Studien bekannt, die sich solchen oder ähnlichen Modellbildungen im Aufbau des Altersstereotyps systematisch beschäftigt hat, obschon manche der hier berichteten Befunde sich in ein solches Modell einfügen lassen.

9.2.3 Merkmale alter Menschen aus der Sicht von Kindern

Wie viele Studien mit erwachsenen Probanden gezeigt haben (vgl. Abschnitt 5.3.1), stellt das äußere Erscheinungsbild ein herausragendes Merkmal für soziale Kategorisierungsprozesse und die Kategorisierung als „alt" dar. Vor diesem Hintergrund untersuchten Korthase und Trenholme (1983), inwieweit auch Kinder die äußere Erscheinung einer Person resp. ihre Attraktivität als Hinweisreiz in Altersschätzungen verwenden und welche Wertungen sie damit verbinden. Hierzu legten die Autoren neun- und zehnjährigen Kindern Porträtaufnahmen vor, die von den Kindern einmal nach dem Alter der Person und einmal nach ihrer Attraktivität in eine Rangreihe gebracht werden sollten. Beide Einschätzungen korrespondierten in außerordentlich hohem Maße (*Rho* = -.94): Je älter die Person nach Meinung der Kinder war, umso unattraktiver wurde sie eingeschätzt. Genau der gleiche Befund zeigte sich auch in einer Folgestudie mit Jugendlichen und Erwachsenen, was darauf verweist, daß bei Kindern offenbar bereits im Alter von etwa zehn Jahren das Attraktivitätsstereotyp resp. „unattraktiv" als Element eines negativen Altersstereotyps repräsentiert ist, wie es auch bei Erwachsenen nachweisbar ist.

Sofern allerdings die Erhebungsverfahren für Kinder den verschiedenen Einstellungskomponenten (kognitiv, affektiv, behavioral) gegenüber älteren Menschen explizit Rechnung getragen haben, wurde das Befundbild differenzierter. Dies zeigte sich in der Studie von Marks, Newman und Onawola (1985) für das Verfahren „Children's Views on Aging" (CVOA), das die Autoren acht- bis zehnjährigen Kindern vorgelegt hatten. Aus diesen Befunden wurde deutlich, daß kindliche Vorstellungen über den Alternsprozeß zwar ausgesprochen negativ getönt sind, die Kinder aber in affektiver Hinsicht gegenüber alten Menschen positiv eingestellt waren, was sich offenbar auch in den von ihnen geäußerten Verhaltensabsichten (z.B. einer alten Person helfen zu wollen) manifestierte. Ähnliches läßt sich aus der Studie von Weinberger (1979) erschließen, in der Kinder fünf Fotos nach bestimmten Kriterien in Rangreihen bringen sollten. Bezogen darauf, welche Person wohl am häufigsten krank oder welche am häßlichsten sei, wurde das Bild einer 80jährigen Person am häufigsten auf dem ersten Rang plaziert. Wurde allerdings nach Kontaktpräferenzen gefragt (z.B. „Welche von diesen Personen würdest Du als Freund wählen?"), dann fielen die Antworten differenzierter aus und ließen sowohl negative als auch positive Reaktionen erkennen.

Eine anders konzipierte Untersuchung führten Isaacs und Bearison (1986) mit Hilfe der von ihnen entwickelten „Social Attitude Scale of Ageist Prejudice" (SASAP) durch. Sie legten vier- bis achtjährigen Kindern paarweise Fotos einer Person jeweils im mittleren und im höheren Alter vor, verknüpft mit Situationsbeschreibungen. Die Hälfte dieser Beschreibungen bildete positiv getönte soziale Situationen ab (z.B. „Eine diese Personen wird immer zu Parties eingeladen ..."), die andere Hälfte aus negativ getönte Situationen (z.B. „Diese zwei Männer streiten, einer ist ein Widerling und beschimpft immer andere Leute."). Für jede dieser Situationen sollten die Kinder jeweils entscheiden, zu welcher der beiden abgebildeten Personen sie besser paßte. Als (maximaler) Indikatorwert für ein negatives Altersstereotyp sollte gelten, daß allen positiven Situationen eine junge Person und allen negativen Situationen eine alte Person zugeordnet wurde. Und in der Tat zeigte sich, daß dieser Wert im Mittel sehr hoch war und die Zielpersonen im mittleren Erwachsenenalter weitaus positiver wahrgenommen wurden als die älteren. Zugleich zeigte sich, daß dieser Wert umso höher war, je älter das Kind war. Dies deutet an, daß sich der Aufbau eines negativen Altersstereotyps offensichtlich in der Altersspanne zwischen dem vierten und achten Lebensjahr vollzieht.

9.2.4 Verhaltensmaße als Indikatoren kindlicher Altersstereotype

Von besonderem Interesse sind Studien, in denen Interaktionssequenzen zwischen Kindern und älteren Personen beobachtet und/oder in denen Präferenzen für unterschiedlich alte Interaktionspartner auf seiten der Kinder erfaßt wurden. Als Beispiel für eine systematisch durchgeführte Studie mit einer auch theoretisch gut begründeten Selektion von Untersuchungsvariablen kann die von Isaacs und Bearison (1986) gelten. Die Autoren führten ein Feldexperiment durch, in dem in einer fingierten Wartezimmersituation vier-, sechs- und achtjährige Kinder mit einer 70jährigen versus einer 35jährigen Person (Vertraute des Versuchsleiters) zusammentrafen. Systematisch beobachtet wurden verschiedene (verbale und nonverbale) Verhaltensmaße, die als Indikatoren für ein negatives Altersstereotyp dienen sollten. Als Merkmale der nonverbalen Interaktion wurden z.B. die von den Kindern gewählte körperliche Distanz anhand ihrer Sitzplatzwahl und die Häufigkeit des von ihnen initiierten Blickkontaktes beobachtet; auf verbaler Ebene wurde registriert, wie häufig die Kinder ein Gespräch mit der Person begannen, wieviele Wörter sie gegenüber dieser Person äußerten und wie oft sie nach Bestätigung durch diese Person suchten. Die Ergebnisse zeigten in der Gesamtschau, daß das Alter des Interaktionspartners in der Tat einen starken Effekt hatte, indem die Kinder gegenüber der älteren Person einen größeren Abstand wählten, seltener Blickkontakt aufnahmen, seltener Gespräche begannen, weniger Worte sprachen und seltener nach Bestätigung suchten als in der Situation mit der jüngeren Person. Interessant an diesen Befunden ist zudem, daß sich dieses Muster nur bei den älteren, d.h. den sechs- und achtjährigen Kindern zeigte, während die Vierjährigen in ihrem Interaktionsverhalten noch nicht zwischen den beiden Personen differenzierten.

Darüber hinaus konnten aus dieser Studie Hinweise auf die Validität des zuvor erfaßten Einstellungsmaßes *(SASAP; s.o.)* gewonnen werden: Je negativer die so erfaßte Einstellung gegenüber älteren Menschen war, umso geringer war die Häufigkeit des Blickkontakts und umso höher war der Abstand des gewählten Sitzplatzes, und zwar unabhängig vom Alter des Kindes. Die Zahl der durch das Kind initiierten Gesprächskontakte sowie die Menge ihrer Äußerungen (Wortzahl) korrelierten lediglich in der Gruppe der Achtjährigen mit dem Einstellungsmaß: Je negativer ihre Einstellungen waren, umso weniger kommunizierten sie mit der älteren Person. Dies alles belegt nicht nur die hohe Validität des Verfahrens, sondern es zeigt auch, daß verschiedene Altersstufen einbezogen werden müssen, um den Beginn altersstereotypgeleiteter Wahrnehmungen und Verhaltensweisen auf seiten der Kinder näher beleuchten zu können. Vor allem belegt diese Studie auch die Aussagekraft entsprechend konzipierter Beobachtungssysteme, die in Analysen intergenerationeller Begegnungen bislang viel zu selten eingesetzt wurden.

Zuweilen wurden kindliche Stereotype und Vorurteile gegenüber alten Menschen auch aus ihren Präferenzen für eine (in der Regel junge vs. alte) Person als Interaktionspartner erschlossen. So wurden Kinder beispielsweise aufgefordert, aus Bildern von Menschen verschiedener Altersgruppen diejenige Person auszuwählen, die sie als Lehrer bevorzugen würden (Burke, 1981; Peterson, 1980). Dabei fiel in diesen Studien in der Regel die Wahl auf den jüngeren und seltener auf den älteren Lehrer. In der eben erwähnten Studie von Seefeldt et al. (1977) sollten die Kinder entscheiden, mit welchem der vier auf den Zeichnungen dargestellten Männer (im Alter von 20, 40, 60 und 80 Jahren) sie am liebsten etwas unternehmen würden. 58 Prozent der Kinder wählten den jüngsten und nur 19 Prozent auf den ältesten Mann. Allerdings waren diese Wahlen auch stark abhängig davon, worum es ging: So wurde der ältere Mann etwa genau so oft wie der 20jährige genannt, wenn es darum ging, wem das Kind sein größtes Geheimnis anvertrauen würde; er wurde sogar signifikant häufiger genannt bei der Frage, wem das Kind in einer Notlage zuerst helfen würde. Andererseits standen die beiden älteren Männer ganz hinten an, wenn gefragt wurde, wen das Kind als besten Freund wählen würde. Zwar legen diese Befunde die Vermutung nahe, daß kindliche Vorstellungen über alte Menschen durchaus komplex sind und auch Kinder innerhalb der Kategorie alter Menschen sehr wohl zu differenzieren wissen; doch berichteten andere Autoren (z.B. Rosenwasser, McBride, Brantley & Ginsburg, 1986), daß Kinder über alle Aktivitäten hinweg die jüngere Zielperson der älteren (wie auch die weibliche der männlichen) Zielperson vorgezogen hätten.

In der Zusammenschau verweisen die nur beispielhaft referierten Ergebnisse darauf, daß Alterskategorisierungen sehr früh einsetzen, sie aber spätestens im Grundschulalter nicht mehr nur deskriptiver Natur, sondern mit bestimmten *Wertungen* verbunden sind. Allerdings trifft auf die meisten Studien – wie auch auf viele Studien, die mit Stichproben Erwachsener durchgeführt wurden – als Kritikpunkt zu, daß diese Wertungen aus dem verwendeten sprachlichen Material lediglich erschlossen wurden, ohne daß diese schon a priori impliziert sein müssen. Wenn Kinder z.B. alten Menschen das Attribut „müde" zuschreiben, ohne daß bei ihnen selbst erfaßt wird, welche Wertungen sie damit verbinden, dann erscheint es zuweilen sehr problematisch, davon zu sprechen, daß Kinder *negative* Vorstellungen über alte Menschen hätten. Das mag bei explizit werthaltigen Attributen (wie z.B. „häßlich") sicher klarer sein. Abgesehen von derlei Problemen scheinen kindliche Urteile über das Alter und alte Menschen keineswegs durchgängig und einseitig negativ getönt zu sein. Vielmehr finden sich Hinweise auf eine über Merkmalsdomänen hinweg vergleichsweise differenzierte Struktur, indem z.B. das *hohe Alter* sich in der Vorstellung der Kinder zwar sehr deutlich mit körperlichem Verfall verbindet, aber andererseits *alten Menschen* eine Vielzahl positiver Persönlichkeitseigenschaften zugeschrieben wird. So wird in einzelnen Studien z.B. berichtet, daß Kinder alte Menschen als passiv oder krank beschreiben, worin sich nach Meinung der Autoren negative Stereotype manifestierten; doch gaben die gleichen Kinder an, alte Menschen als nett und freundlich zu erleben (Hickey et al., 1968). In anderen Untersuchungen fanden sich ebenfalls negativ getönte Zuschreibungen wie traurig oder einsam, zugleich aber berichteten die Autoren, daß die gleichen Kinder in soziometrischen Wahlen ältere Menschen durchaus auch jüngeren vorgezogen hätten (Burke, 1981). Dennoch sprechen viele Studien, vor allem solche, die sich auf der Grundlage sehr sorgfältig geplanter Designs (z.B. Isaacs & Bearison, 1986) dem (tatsächlichen oder potentiellen) Interaktionsverhalten zwischen Kindern und alten Menschen gewidmet haben, eine andere Sprache: Kinder begegnen (ihnen unbekannten) älteren Menschen mit größerer Zurückhaltung als jüngeren, und dies scheint mit stereotypgeleiteten Zuschreibungen negativer Attribute zu alten Menschen zusammenzuhängen. Wann genau dieses Verhalten in der kindlichen Entwicklung einsetzt, ist nicht ganz klar. In jedem Fall aber scheint es bereits auf Achtjährige zuzutreffen.

9.3 Ansätze zur Veränderung eines negativen Altersstereotyps und negativer Einstellungen zum Alter

Es wird immer wieder hervorgehoben, daß Vorurteile und Stereotype – gleichsam definitionsgemäß – resistent gegen widersprüchliche Evidenz sind. Dies wird zum einen darauf zurückgeführt, daß sie sich selbst perpetuierten, indem sie die Informationsverarbeitung entsprechend steuern, d.h. zu einer selektiven Suche und Aufnahme von stereotypkongruenten Informationen einerseits und zu einer gezielten Unterdrückung stereotypinkongruenter Informationen andererseits beitragen (vgl. Kapitel 5). Zum anderen werden Vorurteilen und Stereotypen wichtige Funktionen für das einzelne Individuum wie für die soziale Gruppe zugeschrieben; je besser ein Stereotyp diese Funktionen erfüllt, umso schwieriger sollte es sein, es systematisch zu verändern. Umgekehrt sind Stereotype und auf ihnen beruhende Urteile häufig sozial unerwünscht, wie sie auch persönlichen Werthaltungen entgegenlaufen mögen. Je mehr dies zutrifft und je eher sie sich für die Gestaltung sozialer Beziehungen als dysfunktional erweisen, umso eher sollten sie einer systematischen Veränderung zugänglich sein.

9.3.1 Wege der Einstellungsänderung im Überblick

In der traditionellen Vorurteilsforschung werden seit langem sechs Typen von Maßnahmen diskutiert (vgl. Six, 1983), die der Änderung von Stereotypen und Vorurteilen auch und gerade bei Kindern dienen sollten. Zu betonen ist dabei, daß u.W. fast ausschließlich überprüft wurde, ob Alter und/oder alte Menschen am Ende der Intervention positiver gesehen wurden, d.h. daß die Maßnahmen lediglich auf eine Veränderung die Wertigkeit der Kategorie „alte Menschen" insgesamt abzielten. Daß dies nur eines von mehreren Interventionszielen sein kann, wird in Abschnitt 9.4 nochmals aufgegriffen werden.

Erörtert wurden zum ersten pädagogische Maßnahmen in Familie und Schule, die auf seiten der Kinder bestimmte psychische Voraussetzungen schaffen sollen, die sie generell weniger anfällig für die Entwicklung von Vorurteilen resp. negativen Stereotypen machen sollten (z.B. positives Selbstwertgefühl, Toleranz). Mittels solcher Programme soll eine Immunisierung gegen Vorurteile und Stereotype hergestellt und sollen diese ihrer Funktionen für das Individuum (z.B. der Selbstwerterhöhung durch Abwertung anderer) beraubt werden. Gleichwohl dürften sie hinsichtlich ihrer Wirksamkeit nur schwer zu beurteilen sein: Zum einen sind die vermuteten zeitlich distalen Effekte wohl nur sehr schwer und aufwendig nachzuweisen; zum anderen ist das empirische Fundament, auf dem diese

Programme beruhen, mit Blick auf die Vorurteilen und Stereotypen zugeschriebenen Funktionen nicht immer so gesichert, wie dies a priori für eine erfolgreiche Intervention erforderlich wäre.

Zum zweiten wurden Unterrichtsprogramme konzipiert, die spezifische Informationen über Altern und alte Menschen bereitstellen und die zu einer Urteilsdifferenzierung und zum Abbau falscher Annahmen beitragen sollen. Wie in Abschnitt 7.4 bereits erwähnt, spielt die Wissensvermittlung gerade in der Aus- und Weiterbildung von Vertretern ausgewählter Berufsgruppen, die mit alten Menschen zu tun haben, eine wichtige Rolle. Solche Programme wurden aber auch für Kinder entwickelt und implementiert. Allerdings zeigte u.a. eine Übersicht von Coccaro und Miles (1984), daß deren Effekte offenbar eher zeitlich befristet waren, vor allem wenn sie als alleinige Interventionsbausteine konzipiert und durchgeführt worden waren. Zudem ist häufig nicht klar, ob die Vermittlung von Informationen über das Alter schon per se zu einer positiveren Bewertung alter Menschen führt. Dies hat damit zu tun, daß natürlich nicht alle Tatsachen, die das (hohe) Alter kennzeichnen, positive Wertigkeiten besitzen. Zwar hatte sich in einer Studie gezeigt, daß schon vier- bis fünfjährige Vorschulkinder von einer solchen Intervention profitieren können (McGuire, 1993), doch konnten z.B. Krause und Chapin (1987) bei Viert- und Fünftkläßlern, die im Rahmen eines einmonatigen Programms Filme über das Älterwerden ansehen und gemeinsam diskutieren sollten, keine positiveren Einstellungen erzielen.

Ein dritter Zugang zur Änderung von Vorurteilen liegt in der sog. „persuasiven Kommunikation", d.h. es soll auf der Grundlage entsprechender Argumente eine Umbewertung der Urteilsobjekte erreicht werden. Aus einer Vielzahl von Studien ist hinlänglich bekannt, daß Informationen in spezifischer Weise aufbereitet und kommuniziert werden müssen, damit sie bei dem Adressaten überhaupt die beabsichtigten Effekte zeitigen können (zum Überblick Stroebe & Jonas, 1997). Nach allem, was man über heuristische vs. systematische Informationsverarbeitung weiß, ist zudem nicht verwunderlich, daß auch hier die Stimmungslage, in der sich der Adressat befindet, eine bedeutsame Rolle spielt und sie dessen Bereitschaft, über den Inhalt der vermittelten Botschaft nachzudenken, beeinflußt: Versuchspersonen, die entsprechendem Informationsmaterial, das seinerseits aus Argumenten hoher oder niedriger Qualität bestand, in guter vs. schlechter Stimmung ausgesetzt worden waren, ließen sich nur dann von der Qualität der Argumente beeinflussen, wenn sie in schlechter Stimmung waren. Gute Stimmung fördert, wie mehrfach erwähnt, eine oberflächliche, d.h. heuristische Informationsverarbeitung (Bless, Bohner, Schwarz & Strack, 1990). Unseres Wissens sind solche Experimente im Umfeld des Altersstereotyps jedoch nie durchgeführt worden. Vielmehr wurde häufiger auf die (Massen-)Medien verwiesen und darauf, daß die Art und Weise, wie alte Menschen dort dargestellt würden, zwar eine Reflexion allgemeiner Einstellungen gegenüber den Alten und dem Alter sei, daß aber umgekehrt die Medien dazu eingesetzt werden könnten, bestehende Altersstereotype zu verändern, anstatt sie nur widerzuspiegeln. Ob dies in systematischen Interventionsprogrammen tatsächlich realisiert wurde, ließ sich anhand der verfügbaren Literatur nicht feststellen.

Eine vierte Technik der Änderung von Vorurteilen könnte in der Demonstration „positiver Modelle", vor allem in den Massenmedien, bestehen. Es sollten also Personen auftreten, deren Modellfunktion darin besteht, daß sie sich vorurteilsfrei gegenüber alten Menschen verhalten, indem sie sich z.B. über diese differenziert äußern, positive Facetten des Alterns unterstreichen oder mit alten Menschen auf äußerst akzeptierende und wertschätzende Weise interagieren. Auch von dieser Möglichkeit wurde u.W. systematisch kein Gebrauch gemacht. Inwieweit vor diesem Hintergrund das Vorbildverhalten von Lehrern oder von Moderatoren in intergenerationellen Programmen eine besondere (systematische) Beachtung gefunden hat, entzieht sich ebenfalls unserer Kenntnis.

Als fünfter Zugang in der Einstellungsänderung wurden Rollenspiele diskutiert, die jüngeren Menschen die Rolle alter Menschen und deren negative Bewertung durch andere unmittelbar erfahrbar machen sollten. Dies läßt sich dadurch realisieren, daß die Teilnehmer solcher Programme z.B. unter Einbeziehung technischer Hilfsmittel körperliche Einschränkungen (etwa der Mobilität oder des Sehvermögens) simulieren und deren Bedeutung für die Alltagsbewältigung „am eigenen Leibe" spüren sollen (z.B. Babic & Crangle, 1987). Pacala, Boult, Bland und O'Brian (1995) hatten vor diesem Hintergrund ein *„Aging game"* entwickelt und innerhalb der Ausbildung von Medizinstudenten eingesetzt. Die Autoren berichteten, daß bei den Kursteilnehmern im Vergleich zu einer Kontrollgruppe deutliche Veränderungen eingetreten seien, was sich in erhöhter Empathie und deutlicher Präferenz für die Betreuung älterer Menschen gezeigt habe. Hingegen seien auf der Ebene des geriatrischen Fachwissens und subjektiver Überzeugungen keinerlei Effekte nachweisbar gewesen. Whitbourne und Cassidy (1994) berichteten über einen ebenso erfahrungsorientierten Ansatz – und ihren Beobachtungen zufolge gleichzeitig recht „heilsamen" Versuch – Studierende für die Auswirkungen von Interaktions- und Kommunikationsformen, wie sie in Institutionen für ältere Menschen weit verbreitet sind, zu sensibilisieren (vgl. hierzu eingehender Kapitel 6). Sie hatten Studierende während eines Kurses unangekündigt mit diesen Kommunikationsformen konfrontiert, indem sie mit ihnen eine „altenheimtypische" beschäftigungstherapeutische Maßnahme durchgeführt und sich dabei ihnen gegenüber in herablassender und bevormundender Weise verhalten haben. Zwar können die Befunde zu derartigen – sicherlich sehr kreativen – Interventionsformen insgesamt als ermutigend bewertet werden, weitergehende evaluationsrelevante Daten fehlen jedoch bisher.

Als eine besonders wirksame Maßnahme wird schließlich gesehen, den Kontakt zu Mitgliedern der stereotypisierten Gruppe (also zu alten Menschen) zu initiieren und gezielt zu fördern. Dieses Zugangs, der auf der sozialen Kontakthypothese der Einstellungs- bzw. Vorurteilsbildung beruht (Amir 1969; vgl. hierzu auch Smith & Mackie, 1995) hat sich die überwiegende Zahl von Interventionsstudien bedient. Entsprechend standen in deren Zentrum Begegnungen zwischen Jung und Alt.

9.3.2 Kontakte zwischen Jung und Alt als Weg zum Abbau von Altersstereotypen

Gemäß der sozialen Kontakthypothese soll durch den Kontakt zwischen Mitgliedern verschiedener sozialer Gruppen eine Differenzierung des Bildes der *outgroup* erreicht und sollen ihre Angehörigen weniger als Mitglieder einer sozialen Kategorie denn als Individuen gesehen werden. Insofern sollte der Interventionserfolg genau an diesem Kriterium gemessen werden, obschon – wie eingangs erwähnt – dies in der Mehrzahl der Studien nicht der Fall war. Vielmehr ging es in fast allen Studien darum zu eruieren, inwieweit eine globale „Verbesserung" des Altersbildes erzielt werden konnte. Tatsächlich erwies sich in einzelnen Studien der Kontakt zwischen Alt und Jung – mitunter ergänzt um die Bereitstellung von Informationen über den Alternsprozeß – als in dieser Hinsicht effektiv. Dies zeigte sich bei Vorschul- und Grundschulkindern ebenso wie bei älteren Kindern und Jugendlichen (Dooley & Frankel, 1990; Dunkle & Mikelthun, 1982; Greenblatt, 1982; Wisocki & Telch, 1980).

Interessanterweise haben Kinder auf diese Weise offenbar auch ein genaueres Verständnis des Altersbegriffes erworben, indem sie nach der Intervention genauer zwischen verschiedenen Altersgruppen differenzierten (Caspi, 1984). Hosenfeld (1988; zitiert nach Heckhausen, 1999) berichtete, daß häufige (spontane) Kontakte mit älteren Erwachsenen bei Jugendlichen dazu führten, daß die Jugendlichen reichhaltigere und differenziertere entwicklungsbezogene Vorstellungen entwickelten, definiert als die Zahl der (Persönlichkeits-)Eigenschaften, deren Ausprägung im Erwachsenenalter noch zunehmen. Proller (1989) hob hervor, daß auch ältere Teilnehmer vom Kontakt mit Kindern (Schüler der fünften und sechsten Schulklasse) profitiert hätten: Am Ende des Besuchsprogramms beschrieben die Altenheimbewohner sich auf Fragebogenskalen als weniger depressiv, und sie wiesen ein höheres Selbstwertgefühl auf. Auch ihre Einstellungen zum Altern hatten sich verbessert.

Die Zielgruppe eines Programms von Dellmann-Jenkins, Lambert, Fruit und Dinero (1986) bildeten drei- bis vierjährige Vorschulkinder. Im Verlauf des Programms, das insgesamt acht Monate dauerte, lernten die Kinder verschiedene ältere Menschen kennen. So wurden ältere Frauen als Aushilfslehrerinnen eingesetzt, und die Kinder besuchten eine Altentagesstätte. Nach dieser Intervention bewerteten die Kinder Aussehen und Verhalten älterer Menschen – erfaßt mit der *CATE*-Skala – positiver und zwar sowohl im Vergleich zu vorher als auch im Vergleich zu einer Kontrollgruppe. Rich, Myrick und Campbell (1983) entwickelten eine Sequenz von acht halbstündigen Unterrichtseinheiten; zudem luden sie ältere Menschen als Gäste in den Unterricht ein. Die Einstellungen der beteiligten Kinder zum Altern (erfaßt mit dem *Children's Perceptions of Aging and the Elderly Inventory; CPAE*) fielen nach der Intervention positiver aus als zuvor. Newman, Lyons und Onawola (1985) evaluierten ein Programm, das Jugendliche und Bewohner von Altenpflegeheimen einbezogen hatte. Die beteiligten Jugendlichen gaben im Rahmen von Interviews an, ihre Beziehungen zu älteren Menschen hätten sich insgesamt verbessert. Auch die Älteren bewerteten Jugendliche nach dem Programm positiver. Klinischen Eindrucksdaten zufolge verhielten sie sich zudem aktiver und nahmen häufiger mit anderen Heimbewohnern Kontakt auf als zuvor.

Eine erste *follow up*-Studie zeigte, daß solche Programme auch längerfristig positive Auswirkungen besitzen können, was ja letztlich ihr Ziel ist. Aday, Sims und Evans (1991) bereiteten Viertkläßler durch Gespräche und Rollenspiele auf die Begegnung mit älteren Menschen vor. Im Anschluß bildeten sie Paare aus je einem Schüler und einem Bewohner eines Altenzentrums. Über einen Zeitraum von neun Monaten hinweg wurden nun gemeinsame Aktivitäten wie gegenseitige Besuche, Feiern und Gespräche angeregt. Im Vergleich zu einer Gruppe von Schülern, die nicht am Programm teilgenommen hatten, ließen die beteiligten Kinder auf dem *CPAE* positivere Einstellungen gegenüber älteren Menschen erkennen. Zugleich datierten sie den Beginn des „Altseins" später als die Kontrollgruppe (M=70 vs. M=62 Jahre). Diese Effekte konnten noch ein Jahr später nachgewiesen werden: Die Kinder aus der Experimentalgruppe ließen weiterhin deutlich positivere Einstellungen gegenüber älteren Menschen wie auch dem eigenen Altern erkennen, und der Nutzen des Projekts wurde von ihnen selbst als hoch bewertet.

Weitere empirische Befunde wecken jedoch Zweifel an der Annahme, daß die mit der Kategorie „alte Menschen" verknüpften Bewertungen mit derart einfachen Mitteln modifizierbar sein sollten. Kocarnik und Ponzetti (1986) hatten gefunden, daß Kindergartenkinder nach einem Besuchsprogramm keine positiveren Einstellungen gegenüber Älteren *im allgemeinen* aufwiesen. Allein diejenigen älteren Personen, welche die Kinder im Rahmen des Programms persönlich kennengelernt hatten, wurden von ihnen (gemessen an einer Kontrollgruppe, die nicht am Programm teilgenommen hatte) günstiger bewertet. Seefeldt (1987) verwies darauf, daß die Begegnung mit älteren Menschen sogar zu einer Distanzierung von ihnen führen könne. In ihrer Studie hatten vier- und fünfjährige Kinder über ein Jahr hinweg einmal wöchentlich ein Altenpflegeheim besucht. Diese Kinder wiesen am Ende *negativere* Einstellungen gegenüber dem eigenen Altern und älteren Menschen auf als Kinder, die diese Besuche nicht gemacht hatten. Selbstredend mag dies nicht verwundern, wenn man bedenkt, mit welch einseitigem Ausschnitt aus der Kategorie „ältere Menschen" die Kinder in diesem Programm konfrontiert wurden. Corbin, Kagan und Metal-Corbin (1987) hatten hingegen relativ gesunde ältere Menschen in ihr Programm einbezogen und Kontakte zu Kindern der fünften Klasse initiiert. Die Schüler nahmen ihre älteren Kontaktpartner zwar am Ende als aktiver wahr, sie schrieben ihnen gleichwohl insgesamt mehr negative physische und psychische Merkmale zu als vor der Intervention. Dieser Effekt wurde von den Autoren darauf zurückgeführt, daß die Kinder bislang nur wenig Kontakt mit älteren Menschen gehabt hätten und sie erst im Laufe des Programms auf die – dann offenbar als negativ erlebten – Verhaltens- und Erscheinungsmerkmale alter Menschen aufmerksam geworden seien. Negative Annahmen über das Altern wurden daher nicht invalidiert, sondern im

Gegenteil noch verstärkt. Diese Befunde deuten darauf hin, daß es offenbar diejenigen Bedingungen zu spezifizieren gilt, unter denen der Kontakt zwischen Jung und Alt tatsächlich zu einer Veränderung der Sicht des Alterns und alter Menschen führt.

9.3.3 Wann verbessern Kontakte das Bild vom anderen?

Forschungsarbeiten zu Vorurteilen gegenüber Menschen anderer Rasse oder Hautfarbe haben gezeigt, daß die soziale Kontakthypothese nur dann eine sinnvolle theoretische Basis liefert, wenn weitere Bedingungen gegeben sind, die zu einer Reduzierung von Vorurteilen oder stereotypgeleiteten Wahrnehmungen führen (schon Amir, 1969; Cook, 1978). Dabei wurde u.a. genannt, daß die beteiligten Gruppen einen vergleichbaren Status aufweisen und daß keine allzu großen Machtunterschiede gegeben sein sollten. Das soziale Klima solle persönliche, als angenehm erlebte Kontakte zwischen Gruppenmitgliedern fördern, und die Begegnungen sollten vor allem durch funktionale Abhängigkeit der Beteiligten (z.B. gemeinsame Zielverfolgung) gekennzeichnet sein. Der letztgenannte Aspekt wird vor allem im Modell der Gruppen-Identität hervorgehoben, das auf der klassischen Studie von Sherif (1966) basiert. Für den Abbau negativer Stereotype ist danach besonders förderlich, wenn die Mitglieder beider Gruppen miteinander kooperieren müssen, um bestimmte Ziele zu erreichen. Entscheidend ist dabei, daß die Ziele und die gemeinsamen Aktivitäten, die sich daraus ergeben, beiden Seiten gleichermaßen wichtig sind. Auf diesem Wege sollte zumindest vorübergehend die ursprüngliche Grenze zwischen „Wir" und „die anderen" aufgehoben werden.

Problematisiert wird ferner, ob es eher die persönlichen Begegnungen zwischen einzelnen Mitgliedern beider Gruppen oder aber Kontakte unter Betonung der Gruppenzugehörigkeit sind, die Einstellungsänderungen begünstigen. Verschiedene Autoren (Brewer & Miller, 1988; vgl. auch Cook, 1978) haben dazu betont, daß Begegnungen in erster Linie so gestaltet sein müßten, daß die Beteiligten sich als *Individuen* und nicht als Mitglieder der jeweiligen sozialen Gruppe begegneten. Im individuellen Kontakt könnten die Gruppenmitglieder gegebenenfalls am leichtesten Gemeinsamkeiten in Werthaltungen, Zielen und Interessen entdecken, und die stereotypgeleitete Wahrnehmung des Gegenüber könne so leichter durch eine individuumbasierte ersetzt werden. Vor diesem Hintergrund sollten Dyaden aus Jüngeren und Älteren gebildet und diese zu gemeinsamen Aktivitäten ermutigt werden. Andere Autoren (z.B. Hewstone & Brown, 1986) haben dem jedoch entgegengehalten, daß individualisierte Kontakte allenfalls zu einer differenzierteren Wahrnehmung, d.h. zu einer Subtypenbildung innerhalb der sozialen Kategorie führten, die mentale Repräsentation der Kategorie als Ganzes dabei jedoch unverändert bleibe. In solchen Kontakten werde das individuelle Gegenüber leicht als „untypisch" für seine soziale Kategorie und damit als Ausnahme von der Regel erlebt. Hewstone (1996) präzisierte diese Hypothese dahingehend, daß Kontakte zwischen Gruppenmitgliedern zwar individuell gestaltet sein könnten; entscheidend sei aber, daß sie tatsächlich jeweils als Mitglied ihrer Gruppe kategorisiert würden. Damit die Wahrnehmung eines Individuums auf dessen gesamte Gruppe generalisiert werde, müsse diese weiterhin als *eine* soziale Kategorie angesehen werden.

Nun kann man argumentieren, daß die genannten Voraussetzungen, unter denen Kontakte zwischen Jung und Alt außerhalb der Familien zu einem Abbau eines negativen Altersstereotyps führen könnten, im Alltag nur selten gegeben sind. Häufig ist eine *wechselseitige* Abhängigkeit nicht vorhanden, und auch egalitäre Strukturen zwischen jungen und alten Menschen sind oft eher die Ausnahme denn die Regel (z.B. im Bereich von Arbeit und Beruf). Daher wurden, um eine hohe funktionale Abhängigkeit zwischen Alt und Jung zu erzeugen, in manchen Programmen mehr oder minder reziproke Unterstützungsbeziehungen zwischen den Generationen angeregt.

In dieser Tradition stehen die in den USA realisierten „*Foster Grandparent Programs*" (siehe z.B. Saltz, 1989). Innerhalb dieser Programme haben ältere Menschen als (bezahlte) Helfer wichtige Funktionen in der Erziehung vor allem von behinderten oder verhaltensauffälligen Kindern übernommen, indem sie diese z.B. in ihrer schulischen Ausbildung unterstützen (z.B. Tierce & Seelbach, 1987) oder jugendlichen Müttern hilfreich beistehen (z.B. Cherry, Benest, Gates & White, 1985). Beispielsweise organisierten Sparling und Rogers (1985) Begegnungen zwischen älteren Menschen, zwölf- bis vierzehnjährigen Jugendlichen sowie Vorschulkindern mit neurologischen Schäden. Die drei Altersgruppen trafen sich regelmäßig in einem Altenzentrum zu gemeinsamen Aktivitäten. Dabei wurde keine feste Programmstruktur vorgegeben, sondern die Gestaltung der Kontakte hing allein von den aktuellen Bedürfnissen der Teilnehmer ab. Nach der Intervention zeigten die beteiligten Jugendlichen positivere Einstellungen zu Älteren auf der *CATE*-Skala. Sowohl die Lehrer als auch die Mütter der behinderten Kinder bewerteten in Interviews das Programm als positiv. Angesichts der geringen Stichprobengröße von jeweils nur sechs Kindern und Jugendlichen dürfen die Ergebnisse allerdings nicht überinterpretiert werden. Kuehne (1989) schilderte Erfahrungen mit einem Projekt, in dem ältere Menschen ausgebildet werden, um Familien, in denen ein Kind mit chronischer Krankheit oder Behinderung lebte, zu entlasten. Erste Erfahrungsberichte von Eltern deuteten darauf hin, daß diese die älteren Helfer in der Tat als Entlastung erlebten und seltener als zuvor auf professionelle Unterstützung zurückgriffen. Von solchen Aktivitäten scheinen neben den Eltern auch die Heranwachsenden selbst zu profitieren, ob und in welcher Weise dadurch ein verändertes Bild von „den" Alten erzeugt wurde, lag zumeist jenseits der jeweiligen Programmziele. Aday und Mitarbeiter (1993) bezogen in ihr Begegnungsprogramm Jugendliche mit schulischen Leistungsdefiziten und Verhaltensauffälligkeiten ein. Diesen wurde aufgrund ihrer Interessen, die sie in einem Fragebogen geäußert hatten, jeweils eine ältere Kontaktperson zugeordnet. Die beiden Dyadenpartner trafen sich dann zu gemeinsamen Aktivitäten innerhalb der Gruppe aller Programmteilnehmer. Verglichen mit dem Ausgangsniveau und mit einer Kontrollgruppe von Schülern, die nicht an dem Programm teilgenommen hatten, ließen die Teilnehmer nach dem Kurs positivere Einstellungen gegenüber Älteren erkennen. Auch auf seiten der älteren Menschen wurden z.T. positive Effekte ermittelt, z.B. in Maßen ihres Wohlbefinden (schon Rybak, Sadnavitch & Mason, 1968). Befunden von Saltz (1989) zufolge waren förderliche Effekte auf die Lebenszufriedenheit und die psychosoziale Anpassung der Älteren noch nach sieben Jahren nachweisbar.

Carstensen, Mason und Caldwell (1982) konnten dies hingegen so nicht bestätigen. Diese Autorinnen setzten ältere Menschen als Tutoren ein, die sechs- bis neunjährige Schulkinder beim Lesenlernen unterstützen sollten. Nach Ablauf von zwei Monaten ließen zwar die beteiligten Kinder signifikant positivere Einstellungen gegenüber älteren Menschen (erfaßt mit der „Children's Assessment of Old People Scale") erkennen, positive Effekte auf seiten der älteren Menschen waren jedoch nicht nachweisbar: Die Werte auf Skalen zur Erfassung von Lebenszufriedenheit und Sinnerfüllung („Purpose in Life-Test"; Meier & Edwards, 1974) waren am Ende der Maßnahme gegenüber dem Programmbeginn unverändert geblieben.

Umgekehrt wurden auch Schüler als Besucher oder Co-Therapeuten bei geriatrischen Patienten eingesetzt. Bereits Thralow und Watson (1974) hatten gefunden, daß ältere Patienten von solchen Besuchen außerordentlich profitierten. Dies hatte sich diesen Autoren zufolge nach einer Programmdauer von elf Wochen vor allem in einer Erhöhung des Selbstwertgefühls der Patienten (im Vergleich zu einer Kontrollgruppe) gezeigt. Daß sich Effekte solcher Maßnahmen auch auf der Ebene des manifesten Verhaltens zeigen können, belegen die Ergebnisse von Wallach, Kelley und Abrahams (1979). An einer Stichprobe von zehn älteren Patienten konnte nach einem 15wöchigen Besuchsprogramm eine Reihe von Verhaltensänderungen (z.B. eine Zunahme sozialer Interaktionen und der Mobilität sowie eine Verringerung der Schlafdauer) festgestellt werden. Gleichermaßen interessant, jedoch methodisch unzureichend abgesichert erscheinen die Befunde einer Beobachtungsstudie (Ward, Los-Kamp & Newman, 1996), wonach dementiell erkrankte Ältere, die in einer stationären Pflegeeinrichtung wöchentlich Kontakte mit Kindern hatten, den Einschätzungen des Pflegepersonals zufolge unmittelbar nach den Kontakten weniger agitiert gewesen seien.

Chapman und Neal (1990) realisierten in Zusammenarbeit mit kommunalen Jugend- und Altenzentren ein Gesamtprogramm, in das jüngere und ältere Menschen in unterschiedliche Hilfebeziehungen zur jeweils anderen Generation eingebunden wurden: Kinder und Jugendliche fungierten nach einer umfassenden Vorbereitung auf ihre Tätigkeit als (bezahlte) Helfer für ältere Menschen und unterstützten diese bei der Versorgung ihres Haushalts; begleitend fanden wöchentliche Gesprächskreise für die Jugendlichen statt. Ältere Menschen wurden als Tutoren in Schulen bzw. in Freizeitprogrammen für sozial benachteiligte Jugendliche eingesetzt. Die Evaluation erfolgte mittels Fragebogen, die sowohl von den (jungen bzw. alten) Helfern als auch von den Adressaten der Hilfe in beiden Generationen vor und nach dem Programm zu bearbeiten waren. Effekte der Teilnahme ließen sich lediglich bei jenen jugendlichen Helfern nachweisen, die von allen beteiligten Gruppen am intensivsten in das Programm eingebunden waren. Diese Effekte waren jedoch auch dort nicht ausschließlich positiv: Zwar hatte die wahrgenommene soziale Distanz zu älteren Menschen abgenommen, es wurden ihnen positivere Einstellungen gegenüber Jüngeren zugeschrieben, und der Kontakt mit ihnen wurde als angenehmer erlebt als vor der Programmteilnahme. Doch zeigten sich auf der anderen Seite die Jugendlichen weniger interessiert an freiwilligen Hilfeleistungen für Ältere oder gemeinsamen Aktivitäten in der näheren Zukunft. Zudem äußerten sie ein geringeres Interesse an einer späteren Berufstätigkeit, in der sie es mit älteren Menschen zu tun hätten, als vor Beginn des Programms. Dieser Befund wurde von den Autoren mit einem *burnout* infolge der sehr hohen zeitlichen Anforderungen, die das Programm an die Helfer gestellt hatte, erklärt. Überraschend profitierten Jugendliche, die bereits vor der Programmteilnahme häufiger Kontakt zu älteren Menschen gehabt hatten, stärker von dem Programm, indem sich bei ihnen die den älteren Menschen zugeschriebenen Einstellungen gegenüber jüngeren Menschen deutlich verbesserten. Von allen Beteiligten wurde das Programm in abschließenden Befragungen positiv bewertet, von Jüngeren wurde ein verbessertes Verständnis für die Lebenssituation und die Denk- und Verhaltensweisen älterer Menschen hervorgehoben, während die älteren Teilnehmer die Kontaktmöglichkeiten zur jüngeren Generation positiv würdigten.

In einigen wenigen Studien wurden schließlich die Effekte verschiedener Programme direkt miteinander verglichen. Auf diese Weise sollte ermittelt werden, welches die kritischen Elemente von Interventionsprogrammen sind, die eine Einstellungsänderung begünstigen. Keinen Unterschied in den Effekten von Informationsvermittlung einerseits oder direktem Kontakt zu älteren Menschen andererseits fanden Trent, Glass und Crockett (1979). Sowohl Seminare über das Altern wie auch ein Programm, in dem ältere Menschen durch jüngere interviewt werden sollten, wie auch die Kombination beider Methoden hatten zu positiveren Einstellungen gegenüber den Älteren geführt. Die drei Bedingungen produzierten jedoch untereinander keine signifikanten Unterschiede. In einer neueren Studie konnten Angiullo, Whitbourne und Powers (1996) zeigen, daß ein Kurs in Gerontopsychologie sowohl zu einem höheren Wissensniveau als auch zu positiveren Einstellungen gegenüber älteren Menschen geführt hatte. Allerdings unterschieden sich die Kursteilnehmer nicht von solchen Schülern, die zusätzlich an einem Kontaktprogramm mit älteren Menschen teilgenommen hatten.

In der Zusammenschau sieht es so aus, als seien Programme, in denen die Generationen in bedeutungsvolle gemeinsame Aktivitäten eingebunden waren, erfolgversprechender als die (natürlich deutlich weniger aufwendigen) Interventionen, die beschränkt bleiben auf kurzfristige Begegnungen oder die eine theoretische Auseinandersetzung mit der Thematik des Alterns anregen. Wurde jedoch die relative Effektivität einzelner Programmtypen bzw. -komponenten innerhalb *einer* Studie verglichen, so fanden sich zumeist keine Unterschiede zwischen den unterschiedlich kombinierten Programmen. Eindeutige Schlußfolgerungen aus den verschiedenen Interventionsstudien erscheinen daher u.E. bislang nicht möglich.

9.4 Der Wandel von Stereotypen aus kognitionstheoretischer Sicht

Die bisher beschriebenen Interventionsansätze waren ausschließlich auf die Beziehungen zwischen Alt und Jung als sozialen Gruppen hin orientiert. Zudem basierten sie einseitig auf der sozialen Kontakthypothese, und ihre Effektivität wurde im wesentlichen daran gemessen, inwieweit das mit Alter und alten Menschen verknüpfte negativ getönte Bild durch ein positives ersetzt werden konnte. In den Worten von Brewer und Miller (1988) handelte es sich also um Versuche, die Bewertung einer sozialen Kategorie als Ganzes zu verändern, indem „die Alten" im Erfolgsfalle nicht mehr als negativ, sondern nunmehr als positiv stereotypisierte soziale Kategorie repräsentiert sein sollten. Darüber hinaus lassen sich mit diesen Autorinnen Interventionseffekte aber auch auf zwei weiteren Generalisierungsebenen vermuten. So sollte sich der Erfolg einer Intervention – wie oben kurz erwähnt – auch in einer Wahrnehmungsdifferenzierung zeigen: „Die Alten" sollten nicht mehr als homogene Gruppe betrachtet werden; vielmehr sollte anerkannt werden, daß es Untergruppen älterer Menschen gibt, die sich durch unterschiedliche Merkmale auszeichnen. Eine solche Differenzierung impliziert jedoch nicht notwendigerweise eine Veränderung des Stereotyps als übergeordnete Gestalt. Denn die unterstellte negative Bewertung der übergeordneten Kategorie „alte Menschen" bliebe in diesem Falle unbeeinflußt, selbst wenn bestimmte Teilgruppen aus dieser Kategorie nun in einem positiveren Licht gesehen würden. Unseres Wissens war keine der Interventionsstudien bisher auf eine solche Differenzierung ausgerichtet, obschon in den grundlagenwissenschaftlichen Studien deutlich wurde, wie leicht die Kategorie der „Alten" in einzelne Subkategorien aufzubrechen ist (siehe Abschnitt 5.4).

Schließlich können Maßnahmen der Änderung von Stereotypen darauf abzielen, eine kategoriengestützte resp. stereotypgeleitete Eindrucksbildung gänzlich aufzuheben und durch eine individualisierte bzw. dekategorisierte Wahrnehmung des Gegenüber zu ersetzen. Dies setzt allerdings u.a. voraus, daß der Wahrnehmende die entsprechende soziale Kategorisierung – aus welchen Gründen auch immer – nicht mehr als nützlich oder wünschenswert erlebt und/oder daß das betreffende Stereotyp als kognitives Schema wenig bewährt und verfestigt ist (siehe Hewstone, 1996). Die Kategorisierung von Menschen auf der Grundlage ihres (hohen) Alters scheint allerdings so fundamental, und sie wird offenbar schon so früh im Lebenslauf erworben, daß unklar ist, inwieweit eine Auflösung der Kategorie „alte Menschen" überhaupt eine realistische Zielsetzung für Interventionsmaßnahmen darstellt.

9.4.1 Der Effekt stereotypinkonsistenter Information

Aufschluß darüber, wie Stereotype aus kognitionstheoretischer Sicht am effektivsten zu modifizieren sind, läßt sich aus laborexperimentellen Forschungsarbeiten gewinnen, in denen der Einfluß eines aktivierten Stereotyps auf den Informationsverarbeitungsprozeß untersucht wurde (siehe Abschnitt 5.2). Bekanntlich trägt schon alleine die häufige Aktivierung eines Stereotyps und die Häufigkeit, mit der Informationen stereotypkonsistent verarbeitet wurden, zu seiner Verfestigung und chronischen Verfügbarkeit bei (schon Tesser, 1975; siehe Fazio, 1998). In diesem Falle wird mit dem Stereotyp inkonsistente Information in aller Regel – schon um das konzeptuelle System nicht zu destabilisieren – nicht aufgenommen (siehe Abschnitt 5.1). Sofern eine stereotypkonsistente Informationsaufnahme überhaupt erfolgt ist, wird diese Information häufig als Ausnahme von der Regel (weg-)interpretiert (Wilder, 1984) – es sei denn, die wahrnehmende Person verspürt das Bedürfnis oder die Notwendigkeit, eine stereotypgeleitete Eindrucksbildung durch eine individualisierende zu ersetzen und ihrem Gegenüber dementsprechend mit größerer Aufmerksamkeit zu begegnen (Fiske & Neuberg, 1990).

Rothbart und John (1985) haben nun argumentiert, daß ein Stereotyp unter gegebenen Bedingungen gleichwohl durch Informationen, die es widerlegen bzw. mit ihm unvereinbar sind, verändert werden kann. Unklar ist allerdings, unter welchen Randbedingungen dies erfolgreich ist und wie massiert resp. verteilt stereotypinkonsistente Information präsentiert werden sollte. Diese Frage wurde vor dem Hintergrund von drei Modellvorstellungen diskutiert (siehe Rothbart, 1981). Das *bookkeeping*-Modell geht zum ersten von der Annahme aus, daß Informationen, die das Stereotyp bestätigen oder widerlegen, kontinuierlich enkodiert und verarbeitet werden. Ein Wandel des Stereotyps sollte in dem Maße *graduell* erfolgen, in dem stereotypinkonsistente Information gleichsam auf einem „Konto" angesammelt wird; jegliche Information, die mit dem Stereotyp unverträglich ist, sollte additiv zu seinem Wandel beitragen. Im „*Konversions*"-Modell wird hingegen postuliert, daß ein Wandel von Stereotypen *abrupt* erfolgt, nämlich dann, wenn überzeugende Informationen (z.B. aus einer besonders glaubwürdigen Quelle) die Unangemessenheit des Stereotyps belegen. Stereotypinkongruente Informationen von geringerer Güte bzw. Überzeugungskraft sollten hier – anders als im *bookkeeping*-Modell – folgenlos bleiben. Schließlich betont das Modell der *Subtypen*-Bildung, daß inkonsistente Informationen, vor allem wenn sie auf einige wenige Repräsentanten der Kategorie begrenzt bleiben, aber doch augenfällig sind, zur Ausdifferenzierung der sozialen Kategorie führen. Scheinbar inkonsistente Information können dadurch integriert werden, daß ihnen für bestimmte Unterkategorien Gültigkeit zugesprochen wird (z.B. Brewer et al., 1981; vgl. Abschnitt 5.4). Dies führt zwar einerseits zu einer differenzierteren Wahrnehmung der Mitglieder einer sozialen Kategorie. Zugleich wird jedoch die neue Unterkategorie vom Kern des ursprünglichen Stereotyps isoliert, so daß dieses selbst unverändert bleibt. Fördert man – wie oben dargestellt – z.B. den Kontakt zwischen Jugendlichen und besonders kompetenten älteren Menschen, so garantiert dies demgemäß noch nicht, daß die Älteren als Kategorie insgesamt positiver beurteilt resp. z.B. das Attribut „kompetent" mit dieser Kategorie verknüpft wird. Vielmehr ist zu erwarten, daß die Existenz einer Teilgruppe kompetenter Älterer anerkannt wird, „die Alten" aber weiterhin negativ (u.U. sogar in einem noch negativeren Licht als vorher) gesehen werden. Ein grundlegender Wandel des Altersstereotyps insgesamt ist daher am wahrscheinlichsten, wenn eine Person zwar Verhaltensweisen zeigt, welche das Stereotyp widerlegen, sie zugleich aber als typisch für die Alten wahrgenommen wird (vgl. Rothbart & Lewis, 1988).

Wie erwähnt, wurde in der einschlägigen Literatur auch immer wieder diskutiert, wie sich der Einfluß eines aktivierten Stereotyps willentlich unterdrücken resp. kontrollieren läßt (siehe Abschnitt 5.1.4). Obschon die Befundlage hierzu ein eher ungünstiges Bild zeichnet, nehmen Stangor et al. (1998) hier eine andere Position ein. Sie argumentierten, daß bestehende Verknüpfungen zwischen einer sozialen Kategorie und bestimmten Attributen dadurch verringert werden könnten, daß Menschen angeleitet würden, wiederholt und extensiv stereotypkongruente Information bewußt zu unterdrücken und nicht zur Kenntnis zu nehmen. Dies könne u.a. dadurch geschehen, daß alternative Urteilsgrundlagen aktiv aufgesucht werden oder die Aufmerksamkeit des Wahrnehmenden auf andere, d.h. stereotypirrelevante Merkmale gelenkt wird. In dem Maße, in dem es gelingen sollte, diese willentlichen Vorgänge mehr und mehr zu automatisieren, in dem Maße stellt dies - den Autoren zufolge – eine kognitionspsychologisch untermauerte Maßnahme zur Reduktion von stereotypgeleiteten Urteilen dar.

9.4.2 Die Rolle affektiver Prozesse

Eine wesentliche Randbedingung der Kontakthypothese besagt, daß der Kontakt zu Mitgliedern einer stereotypisierten Gruppe mit positiven Emotionen verbunden sein muß, damit er modifizierende Rückwirkungen auf das Stereotyp hat. Nun läßt sich argumentieren, daß letzteres von vornherein so uneingeschränkt nicht gelten kann. Denn es hatte sich – wie auch in Abschnitt 5.3 ausgeführt – ja unter anderem gezeigt, daß das Erleben von positivem Affekt eine oberflächliche – und damit eher stereotypgesteuerte – Informationsverarbeitung begünstigt und so u.U. das Stereotyp nicht infrage gestellt wird. Darüber hinaus argumentierten Stroessner und Mackie (1993), daß affektive Gestimmtheit jedweder Qualität, d.h. positive *und* negative Stimmung, Auswirkungen habe: Die Unterschiede zwischen den Mitgliedern einer sozialen Gruppe wurden unterschätzt und die Gruppe wurde insgesamt als homogener wahrgenommen, als dies in neutraler Stimmung der Fall sei. Jeder Versuch, Stereotype mit dem Ziel abzubauen, daß die Mitglieder einer sozialen Gruppe stärker als Individuen gesehen werden, muß also dem aktuellen affektiven Zustand wie auch der habituellen Gestimmtheit derjenigen, denen dieser Interventionsversuch gilt, Rechnung tragen. Entscheidend ist zudem, daß dies nicht nur für experimentell induzierte Stimmung, sondern auch für den „integralen" Affekt gilt, d.h. den aus dem Kontakt mit Vertretern der stereotypisierten Gruppe resultierenden resp. mit der entsprechenden sozialen Kategorie assoziierten Affekt (z.b. Ärger, Furcht, Neid oder Haß). Denn Stereotype sind als mentale Repräsentationen einer sozialen Kategorie auch mit Wertungen und affektiven Reaktionen verknüpft, was u.a. in der Differenzierung eines *trait based*-Clusters (siehe Kapitel 3) und eines affektiven Clusters, das wertbesetzte Informationen über die soziale Kategorie bündelt, abgebildet werden soll (Dovidio, Brigham, Blair & Gaertner, 1996). Vor diesem Hintergrund wird im übrigen auch die Unterscheidung zwischen Stereotyp und Vorurteil hinfällig. Denn es ist hinlänglich nachgewiesen, daß stark vorurteilsbeladene Personen den mit der entsprechenden sozialen Kategorie verknüpften negativen Affekt *intensiver* erleben und das damit erhöhte Erregungsniveau den Einfluß des Stereotyps (neben seiner chronischen Verfügbarkeit) noch verstärkt (Dovidio et al., 1996). Daher mag es also sehr optimistisch erscheinen, eine stereotypgeleitete Eindrucksbildung reduzieren und die Nutzung der Stereotyps verhindern zu wollen, so lange bei einer Person der mit der betreffenden sozialen Kategorie verknüpfte Affekt so stark ist resp. sie ihre Tendenz zu Stereotypisierungen aus anderen Gründen nicht verringern kann oder will.

Gleichwohl sind die hier skizzierten Überlegungen für unsere Belange insofern eher bedeutungslos, als diese Argumentationsführung bislang vornehmlich im Kontext rassischer und ethnischer Vorurteile empirisch bewährt ist. Hingegen sollte ihr Geltungsbereich wohl kaum auf das Altersstereotyp und die soziale Kategorie „Alte" auszudehnen sein. Denn jenseits der Hinweise darauf, daß „alt" eher negative Assoziationen auslöst, ist kein empirisches Datum bekannt, das als Beleg für ein gleichermaßen mit so starken Affekten assoziiertes Vorurteil gegenüber alten Menschen dienen könnte.

Eine andere Perspektive, die prinzipiell für den Wandel von Stereotypen nutzbar gemacht werden kann, wurde von Devine und Monteith (1993) eingebracht. Die Autorinnen unterscheiden zunächst zwischen soziokulturell geteilten Stereotypen, die automatisch aktiviert werden, und individuellen Überzeugungen, die der willentlichen bzw. kontrollierten Steuerung unterliegen (schon Devine, 1989). Je stärker nun eine Person eine egalitäre Wertorientierung (z.B. die Überzeugung, daß alle Menschen gleich sind) internalisiert hat, desto eher sollte sie sich ihrer stereotypgeleiteten Eindrucksbildung gewahr werden. Dem Dissoziations-Modell dieser Autorinnen zufolge sollte dies in negativen Emotionen wie Schuldgefühlen oder in einer Unzufriedenheit mit der eigenen Person resultieren. Dies wiederum führe zu einem Zustand gesteigerter Selbstaufmerksamkeit und dazu, daß die Person ihr (Urteils-)Verhalten unterbreche, dieses zu reflektieren beginne und nach Möglichkeiten suche, sich gemäß ihrer internalisierten Überzeugung zu verhalten (vgl. Abschnitt 5.2). Daraus lasse sich ableiten, daß eine Person sich letztlich „nur" der Widersprüche zwischen ihrem Tun und ihren Wertüberzeugungen gewahr werden resp. sich diese wiederholt bewußt machen müsse, um künftig eine stereotypgeleitete Eindrucksbildung zu vermeiden. Zudem müsse man sie darin anleiten, durch wiederholte Übung eines mit dem Stereotyp unverträglichen Verhaltens die eingeschliffenen stereotypkongruenten Verhaltensmuster zu verändern. Gelänge es zudem, die Überzeugungen einer Person in Richtung auf die normative Prämisse, daß alle Menschen gleich seien resp. gleiche Behandlung verdient hätten, zu modifizieren, so könnte hierdurch eine generelle Immunisierung gegenüber Stereotypen erreicht werden. Allerdings lieferten die Autorinnen keinerlei Hinweise, wie solche Überzeugungen „implantiert" werden können. Wie es scheint, bleibt der Gültigkeitsbereich ihres Modells auf Menschen beschränkt, die von sich aus Vorurteile verändern und Stereotypisierungen vermeiden wollen.

Die unseres Wissens einzige Studie, die mit Blick auf die Modifizierbarkeit des *Alters*stereotyps aufschlußreich ist, ist die von Snyder und Miene (1994). Die Autoren gingen von der Prämisse aus, daß Stereotype stets spezifische Funktionen für das Individuum erfüllen, indem sie der Stabilisierung des individuellen Selbstwertgefühls, der Angstabwehr, der Identifikation mit der eigenen Gruppe dienen könnten u.v.m. (siehe Abschnitt 3.2). Daher sollten sich Stereotype umso leichter abbauen lassen, je mehr ihnen dieser funktionale Boden gleichsam entzogen werde resp. die Intervention sich gezielt auf eben diese funktionalen Aspekte richte. Eine mögliche Strategie könne etwa darin bestehen, daß man der Person Einsicht in die motivationale Basis ihrer Stereotypisierungen vermittelt. Sofern sich dadurch tatsächlich eine Änderung des Stereotyps erzeugen lasse, könnte dies wiederum als Hinweis auf die Angemessenheit der Funktionalitätsannahmen gewertet werden.

In ihrer Studie realisierten diese Autoren nun drei Interventionsansätze, die auf unterschiedliche Funktionen des Altersstereotyps ausgerichtet waren. Hierzu präsentierten sie in kurzen Szenarien einen Studenten als Modell, der seine ursprünglich negative Sicht alter Menschen korrigiert hatte. In einer *kognitiven* Variante beruhte diese Veränderung darauf, daß der Student seine – auf negativen Erfahrungen beruhenden – Übergeneralisierungen zugunsten einer individualisierteren Wahrnehmung älterer Menschen aufzugeben gelernt hatte. In der *motivdynamischen* Variante wurde gezeigt, wie die Befürchtungen und Ängste des Studenten vor seinem eigenen Altern abgenommen hatten. In der *soziodynamischen* Variante wurde schließlich beschrieben, wie der Protagonist zwar Altersstereotype von seinen Peers übernommen hatte, nun aber durch positive Kontakte mit älteren Menschen zu einem eigenen günstigen Urteil gelangt war. Den studentischen Probanden wurde jeweils eines dieser drei Szenarien vorgegeben, während eine Kontrollgruppe keines dieser Szenarien erhielt. Vielmehr hatte diese direkt eine Scheinkorrelationsaufgabe zu bearbeiten, die in der Experimentalgruppe nach Präsentation der Szenarien vorgegeben und zur Prüfung der Interventionseffekte herangezogen wurde. In dieser Aufgabe wurde den Probanden eine Serie von 80 Kärtchen vorgegeben, auf denen jeweils der Name eines Mannes oder einer Frau, eine Altersangabe (20, 42 oder 74 Jahre) und jeweils zwei Eigenschaftsbegriffe standen; letztere waren danach ausgewählt worden, ob sie für ein negatives Altersstereotyp relevant („müde") oder irrelevant („belesen") waren. Im Anschluß daran wurden die Probanden aufgefordert zu schätzen, wie häufig die einzelnen Adjektive in Verbindung mit einer bestimmten Altersangabe vorgekommen waren. Das Altersstereotyp sollte gemäß diesem Modell der illusorischen Korrelation (Hamilton & Gifford, 1976; s.a. Kapitel 3) daran erkennbar werden, daß die Häufigkeit des gemeinsamen Auftretens bestimmter Attribute mit der Altersangabe „74 Jahre" überschätzt wurde.

Die Ergebnisse zeigten, daß sich in der Kontrollgruppe in der Tat deutliche Hinweise auf das Vorhandensein eines Altersstereotyps fanden: Stereotyprelevante Begriffe wurden mehr als doppelt so häufig mit der Altersangabe „74 Jahre" assoziiert wie mit „20 Jahre", obwohl sie natürlich gleich häufig zur Beschreibung der jungen wie der alten Person verwendet worden waren. Für stereotypirrelevante Begriffe ergab sich kein Unterschied zwischen den Altersangaben. Desweiteren zeigte sich, daß die männlichen Probanden die Häufigkeiten signifikant exakter einschätzten als weibliche und damit offensichtlich weniger zu Stereotypisierungen tendierten (was sich in vielen anderen Studien so nicht gezeigt hatte; vgl. Abschnitt 5.6). Was nun die Wirkung der drei Interventionszenarien in der Experimentalgruppe anbelangt, so erwies sich nur ein einziger Ansatz, nämlich das motivdynamische Szenario, als effektiv. Zudem war seine Wirksamkeit auf die Teilstichprobe der weiblichen Probanden beschränkt: Die Häufigkeit, mit der stereotyprelevante Begriffe mit der Altersangabe „74 Jahre" gemeinsam auftraten, wurde von den weiblichen Probanden bei weitem nicht so stark überschätzt wie in der Kontrollgruppe. Hingegen führte in der männlichen Teilstichprobe dieselbe Intervention sogar zu einer extremeren Häufigkeitsüberschätzung, wiederum im Vergleich zu der Kontrollgruppe. Diese Befunde, die in einem zweiten Experiment repliziert werden konnten, stützen somit die These, daß das Alter unterschiedliche Bewertungen durch Männer und Frauen erfährt, und erstere sehr viel mehr dem Altersstereotyp erliegen (vgl. Abschnitt 6.5.2). Deutlich gemacht hat dieser Versuch, daß das (Alters-) Stereotyp sich einer raschen Modifikation zu entziehen scheint, wobei der jeweilige Beitrag der ihm als zugrundeliegend gedachten Funktionen noch keineswegs ausgemacht ist.

Nicht unerwähnt soll schließlich bleiben, daß in der Literatur keineswegs eine so große Übereinstimmung darin besteht, daß Stereotype „um jeden Preis" und systematisch abgebaut werden sollten. So wenden sich Leyens et al. (1994) in grundsätzlicher Weise gegen solche Versuche mit dem Verweis darauf, daß Stereotypisierungen nützlich seien und häufig eine reibungslose Interaktion ermöglichten, vor allem dann, wenn beide Interaktionspartner das Stereotyp teilten und dadurch das gegenseitige Verstehen sogar erleichtert sei. Zudem seien sie ja hinreichend sozial validiert. Die Autoren verweisen auf den „American instinct", wonach Stereotype von Übel seien, und sie halten ihm als Gegenposition entgegen, daß Stereotype nützlich und nötig seien. Zugleich seien Menschen anhand ihrer „naiven Metatheorien" über ihre eigenen Urteilsprozesse durchaus in der

Lage zu entscheiden, wann der Rekurs auf Stereotype angemessen und nützlich ist und wann nicht – wie dies in der *Social judgeability theory* dieser Autoren postuliert wird (z.B. Yzerbyt, Schadron, Leyens & Rocher, 1994).

9.5 Zusammenfassung

Wie die überblicksartige Darstellung gezeigt hat, gab es in den USA bislang eine Vielzahl von Aktivitäten, die der Entwicklung und Implementierung von Maßnahmen zur Verbesserung des Verständnisses zwischen den Generationen dienen sollten. Dabei beschränkten sich die Programmkonstrukteure im wesentlichen auf zwei hypothetische Zugangswege, mittels derer Einstellungen verändert werden sollten: Intensivierung des Kontaktes zu älteren Menschen und Vermittlung von Informationen über das Altern. Betrachtet man die eingangs skizzierte Palette der sich bietenden Interventionsmöglichkeiten, so wird deutlich, daß dieses Spektrum bisher bei weitem nicht ausgeschöpft wurde, wie denn insgesamt ein sehr vordergründiger Interventionspragmatismus zu dominieren scheint. Denn weder wurden die Rahmenbedingungen, unter denen intergenerationelle Programme für beide Altersgruppen günstige Effekte mit sich bringen könnten, hinreichend präzisiert, noch wurde genauer beachtet, wann und unter welchen Voraussetzungen die Vermittlung von Wissen überhaupt eine Einstellungsänderung erzeugt resp. das Altersstereotyp modifiziert.

Zur Stützung der Kontakthypothese wurde immer wieder betont, daß der Kontakt zu Älteren eine wichtige Rolle spielt. Doch wurden die Bedingungen, unter denen soziale Kontakte als Mittel der Reduktion eines negativen Altersstereotyps dienen können, nicht systematisch spezifiziert. Unklar bleibt beispielsweise, welche Rolle den Eigenschaften der älteren Kontaktpersonen (z.B. Kompetenzniveau, äußeres Erscheinungsbild; vgl. hierzu auch Griff, Lambert, Dellmann-Jenkins & Fruit, 1996) tatsächlich zukommt, in welcher Form solche Kontakte zwischen in der Regel ja einander fremden Menschen vorbereitet werden müssen und auf welche Weise funktionale Interaktionen (d.h. solche, in denen gemeinsame Ziele formuliert und subjektiv sinnvolle Aktivitäten gemeinsam ausgeführt werden) tatsächlich erzeugt werden können. Auch elementare Fragen zu den Rahmenbedingungen und einzelnen Aspekten der Programmgestaltung, die z.B. die notwendige Dauer resp. Intensität der intergenerationellen Kontakte oder die Aufarbeitung der dort gemachten Erfahrungen betreffen, können bisher nicht hinreichend beantwortet werden. Vor allem ist zu bemängeln, daß – ausgenommen in der Studie von Chapman und Neal (1990) – die Vorerfahrung der Programmteilnehmer mit intergenerationellen Beziehungen innerhalb wie außerhalb der eigenen Familien kaum als Moderatorvariable der Programmeffekte betrachtet wurde.

Interventionsmaßnahmen, die auf der Kontakthypothese beruhen, sind letztlich erst dann wirksam, wenn stereotypinkonsistente Informationen (1) wieder und wieder wahrgenommen werden, so daß sie nicht mehr wegzuerklären sind, (2) sich auf viele Mitglieder der sozialen Kategorie beziehen, so daß Subtypisierungen sinnlos erscheinen müssen, und (3) mit „typischen" Mitgliedern der Kategorie in Verbindung gebracht werden können, so daß Kontrasteffekte nicht auftreten. Zu wenige Studien haben sich auf diese aus der Stereotypforschung entlehnten (und hier nur summarisch dargestellten) Argumente gestützt. Die überwiegende Zahl von Interventionsmaßnahmen wurde offenbar von Praktikern konzeptualisiert, ohne konsequent auf solches Grundlagenwissen zurückzugreifen. Von daher ist auch der für die Theoriebildung potentiell wichtige Ertrag dieser Studien eher begrenzt. Es hat eher den Anschein, als dominiere ein „wilder Pragmatismus", der eher durch gute Absichten denn fundierte Überlegungen auf der Basis bewährter theoretische Ansätze der Stereotypenforschung gesteuert ist.

Vor allem macht es einen großen Unterschied, ob man Einstellungen gegenüber „älteren Menschen allgemein" als Indikator des Altersstereotyps heranzieht oder ob man Einstellungen gegenüber Alter und Altern an den Befürchtungen in Hinblick auf den eigenen Alternsprozeß festmachen will. Die Furcht vor dem eigenen Alter hat sich in verschiedenen Untersuchungen (vgl. Katz, 1990) in der Tat als relativ änderungsresistent erwiesen, und zwar offenbar noch stärker als Einstellungen gegenüber „den" Älteren. Wenn es zutrifft, daß ein negativ getöntes Altersstereotyp vor allem von der Furcht vor dem eigenen Alter genährt ist, wie es die motivdynamische Interpretation im Sinne der „Angstabwehrhypothese" nahelegt, so sollte hier in der Tat eine in den einzelnen Individuen tief verwurzelte Barriere gegen eine neue Sicht des Alters und alter Menschen liegen.

<table>
<tr><td>**10**</td><td>**Schlußbemerkungen und Ausblick**</td></tr>
</table>

Bilder des Alters sind in diesem Buch auf unterschiedliche Weise nachgezeichnet worden – sie treten uns in unterschiedlichen Ausschnitten unserer Wirklichkeit, in unterschiedlicher Differenziertheit und in unterschiedlichen Schattierungen entgegen. Es waren mehrere theoretische Perspektiven, die wir in ihrer Betrachtung eingenommen haben. Zum einen haben wir uns Bildern des Alters zugewandt, so wie sie in dem Forschungsprogramm „subjektive Entwicklungstheorien" repräsentiert sind. Zum anderen haben wir die Vorurteils- und Stereotypenforschung daraufhin durchleuchtet, welche Bilder des Alters „in den Köpfen der Menschen" dort identifiziert wurden. Darüber hinaus haben wir uns Forschungsarbeiten zugewandt, die Hinweise darauf liefern sollten, wie Bilder des Alters den intergenerationellen Dialog und das Interaktionsverhalten zwischen Alt und Jung beeinflussen. Wir haben weiterhin in der Welt der Arbeit und der Medien, so wie sie in den entsprechenden empirischen Studien repräsentiert sind, nach verborgenen oder auch veröffentlichten Bildern des Alters gesucht. Am Ende haben wir schließlich illustrierend Versuche dargestellt, die Veränderungen von Altersbildern und dem Abbau eines negativen Altersstereotyps gewidmet waren.

Die Befunde des Forschungsprogramms „Subjektive Entwicklungstheorien" verweisen konsistent auf einen hohen altersübergreifenden Konsens in den Überzeugungen dazu, welchen Verlauf die menschliche Entwicklung in verschiedenen Merkmalsbereichen nimmt und durch welche Faktoren Entwicklungsverläufe gesteuert werden. Dazu hat sich zum einen gezeigt, wie sehr in den Vorstellungen der Menschen die Lebensspanne alterszeitlich gegliedert ist – etwa in Form von wahrgenommenen Entwicklungsfristen oder von eng mit einzelnen Lebensaltern verknüpften Übergängen und Entwicklungsschritten. An diesen entwicklungsbezogenen Überzeugungen und Altersnormen orientieren Menschen offenkundig ihr eigenes Handeln in der Zielverfolgung, wie sie auch das Leben anderer Menschen vor diesem Hintergrund bewerten: Wer Entwicklungsfristen hat verstreichen lassen und wer Entwicklungsschritte „zu spät" vollzogen hat, ist negativen Bewertungen und Sanktionen ausgesetzt; wer „zu früh" oder zumindest altersangemessen die Stufen seines Lebens erklimmt, findet Anerkennung und Respekt. Subjektive Entwicklungstheorien liefern also den Bezugsrahmen, vor dessen Hintergrund das eigene Altern wie auch das Altern der anderen bewertet wird (Heckhausen, 1999).

Auch sind in subjektiven Entwicklungstheorien die mit dem Alter einhergehenden Veränderungen nicht insgesamt und pauschal negativ getönt, sondern sie werden mit Gewinnen *und* Verlusten gleichgesetzt. Vorstellungen über den menschlichen Entwicklungsverlauf weisen eine klare Differenziertheit über Merkmalsdomänen hinweg auf: Zunahmen in bestimmten Merkmalen werden ebenso vermutet wie eine Abnahme in anderen Bereichen, Stabilität einzelner Eigenschaften ebenso wie Variabilität anderer. Solche alltagspsychologischen Sichtweisen finden ihre Entsprechung in den Propositionen einer Entwicklungspsychologie der Lebensspanne, in denen die Multidimensionalität und -direktionalität der Entwicklung betont wird (P.B. Baltes, 1987). Schließlich stellen subjektive Entwicklungstheorien alltagspsychologisches Handlungswissen dafür bereit, zu welchem Zeitpunkt und auf welche Weise in Entwicklungsverläufe eingegriffen werden kann oder gar soll. Die Überzeugung, daß Menschen aktiv ihr Leben gestalten und ihre Entwicklung – orientiert an individuellen Zielsetzungen – selbst regulieren können, mag sie zu Ko-Produzenten ihrer Entwicklung werden lassen, ohne daß wir allerdings dieser Frage ein stärkeres Gewicht geschenkt haben.

Der robusteste Befund aus diesem Forschungsprogramm ist vermutlich der Verweis auf die Divergenz zwischen dem eigenen Altern und dem Altern „der meisten anderen"; auch hat sich in den subjektiven Theorien immer wieder eine riesige Kluft zwischen der Binnen- und der Außenperspektive des Alterns aufgetan: Aus der Perspektive jüngerer Menschen stellen sich Altwerden und Altsein besonders negativ dar. Alte Menschen sehen das eigene Altsein als weniger problembeladen an, auch weniger als das der anderen Alten. Daß in den Vorstellungen über die eigene Entwicklung positive Aspekte des Altwerdens und Altseins immer deutlicher werden, je älter die Menschen sind, verweist auf die selbstwertdienliche Funktion subjektiven Theoretisierens – ganz im Sinne so manch anderer positiven Illusionen. Subjektive Entwicklungstheorien offenbaren den Alltagsmenschen auch als einen *man as scientist*, der mit Blick auf sein eigenes Leben von Hoffnungen *und* von Befürchtungen getrieben ist.

Unser zweiter perspektivischer Zugang war an die Stereotypenforschung angelehnt, in der traditionell die Beziehungen zwischen sozialen *Gruppen* thematisiert werden. Die frühen Forschungsansätze waren hier ausschließlich mit der Frage beschäftigt, *wie* alte Menschen als Gruppe gesehen werden, und sie war in diesem Sinne statisch angelegt. Wenn man die Mehrzahl der hier einschlägigen Studien heranzieht, so haben sie deutlich darauf verwiesen, daß das Altersstereotyp prägnant, weitverbreitet und sozial geteilt wie auch negativ getönt ist. Es schien in diesen Studien relativ leicht, jene negativen Eigenschaften, wie sie typisch für alte Menschen sein sollen, zu identifizieren („vergeßlich", „verwirrt", „kränklich" usw.). Zuweilen haben diese Forschungsarbeiten auch Verweise darauf geliefert, daß das Altersstereotyp negative *und* positive Elemente umfaßt und es offenbar eine höhere Differenzierung aufweist als zunächst vermutet. So hatte sich schon bald relativ klar herausgestellt, daß in der mentalen Repräsentation „der Alten" diese offenbar gerade nicht eine homogene Gruppe darstellen (Hummert, 1990). Somit erschien die negative Sicht des Alters zuweilen abgemildert durch Hinweise darauf, daß in den Köpfen der Menschen „alte Menschen" durchaus in einzelnen Unterkategorien repräsentiert seien, von

denen manche eine positive Wertigkeit besäßen (z.B. *„elder statesman"*
oder „liebevolle Großmutter"). Zudem hat es frühzeitig profunde Kritik an
der traditionellen Vorurteilsforschung gegeben, die hier nicht mehr weiter
nachgezeichnet werden soll. Vor diesem Hintergrund war eine Reihe von
Autoren (zuletzt Kite & Johnson, 1988) sogar zu der Auffassung gelangt,
daß Hinweise auf das Altersstereotyp womöglich ein methodisches Artefakt
darstellten, u.a. weil die Salienz der Altersvariablen durch das Studiende-
sign künstlich erhöht worden sei. Das Altersstereotyp sollte daher nicht
mehr nachweisbar sein, wenn es um die in alltäglichen Interaktionen geläufige Bewertung einzelner alter Menschen gehe. Wie an vielen empirischen
Beispielen in diesem Buch gezeigt werden sollte, war diese Schlußfolgerung voreilig.

Die innerhalb der sozialen Kognitionsforschung durchgeführten Studi-
en zum „Altersstereotyp" haben eindrucksvolle Belege für die Annahme
erbracht, daß „Alter" auch in sozialen Kategorisierungsprozessen eine
wichtige Variable darstellt und eine Vielzahl sichtbarer Merkmale als Alterszeichen (*age markers*) fungiert. Dabei wurde nicht nur nachgewiesen,
daß das Wort „alt" negativ konnotiert und im semantischen Gedächtnis mit
unerwünschten Attributen verknüpft ist. Es gibt auch überzeugende empirische Hinweise darauf, daß alte Menschen auch als soziale Kategorie repräsentiert sind und das Altersstereotyp genauso automatisch und spontan
aktiviert wird, wie sich das für andere Stereotype (z.B. gegenüber Frauen
oder bestimmten Ethnien) hat nachweisen lassen. Die experimentelle Aktivierung des Altersstereotyps führte zum Beispiel dazu, daß sich Probanden
langsamer bewegten oder sie negative Eigenschaftsbegriffe selektiv erinnerten. So scheint derzeit nichts dafür zu sprechen, daß das Altersstereotyp
andere Effekte auf die soziale Informationsverarbeitung zeitigt als die anderen – gleichwohl viel häufiger untersuchten – Stereotype.

Zuweilen habe sich sogar Hinweise darauf finden lassen, daß der Altersvariablen nicht nur eine gewichtige Rolle in der sozialen Informationsverarbeitung zukommt, sondern daß sie darin sogar die Geschlechtsvariable zu übertreffen vermag. Zwar gilt es, solche empirischen Hinweise einer
Serie von Replikationsversuchen zu unterziehen, bevor solche Aussagen
wirklich als belegt gelten können. Doch wurde hier deutlich, in welche
Richtung weiter zu forschen ist: Welche situativen Bedingungen machen
das (hohe) Alter einer Person so salient, daß sie als Vertreterin „der Alten"
und nicht als „Frau A." wahrgenommen wird. Und sind dies vielleicht jene
Situationen, in denen die Jungen dominieren und die von alten Menschen
selbst eher gemieden werden? Und umgekehrt: In welchen Ausschnitten
der Wirklichkeit erweist sich die Altersvariable für Prozesse der Eindrucksbildung und Begegnungen zwischen Menschen als völlig irrelevant?
Wir haben zwar auf viele Studien in diesem Buch verwiesen und eine Vielzahl von Ergebnissen referiert, doch es gibt offenkundig zentrale Fragen, auf die wir keine Antworten gefunden haben.

Die empirischen Hinweise auf ein klar artikuliertes, negatives Altersstereotyp stützen aber nicht die *konflikttheoretische* Position, wie sie in
der Stereotypenforschung eine so lange Tradition hat. Diese Position mit

ihrer Akzentuierung von *ingroup* und *outgroup* scheint aus unserer Sicht für die Explikation des Altersstereotyps in der Tat wenig brauchbar. Eine konflikttheoretische Interpretation des negativen Altersstereotyps und des Verhältnisses zwischen Jung und Alt legen wohl eher sozialpolitische Verlautbarungen, (makro-)soziologische Studien oder Schlußfolgerungen aus demographischen Analysen nahe. In der von uns gesichteten Literatur finden sich solche Hinweise nicht: Die Grenzen dazwischen, wann Altsein beginnt und Jungsein aufhört, sind womöglich zu verschwommen, Jung und Alt treffen innerhalb der Familien aufeinander, sie sind einander nicht fremd, und sie stellen nicht durchweg solche sozialen Gruppierungen dar, zwischen denen es wechselseitig Abgrenzungen zu vollziehen gilt. Ein offen stereotypisierendes oder gar diskriminierendes Verhalten im Umgang mit älteren Menschen – etwa gar gestützt auf oder begleitet von negativen affektiven Reaktionen – scheint eher selten. Dafür dürfte wohl die Tatsache, daß jeder von uns wird irgendwann selbst der *outgroup* der Alten angehören wird, im Bewußtsein zu sehr präsent und nicht nachhaltig „verdrängt" worden zu sein, auch wenn das eigene Alter im Erwartungshorizont noch weit entfernt sein mag.

Viel naheliegender erscheint unseres Erachtens eine *motivdynamische Interpretation* des negativen Altersstereotyps. Wie schon alleine das Adjektiv „alt" durchgehend negativ konnotiert ist und es womöglich nur in Verbindung mit Wein oder antikem Mobiliar ein positiveres Bedeutungsumfeld besitzt, so erscheinen in den Vorstellungen der Menschen auch Altern und Altsein als ein wenig willkommenes Schicksal: Dies zeigt sich im subjektiven Alterserleben von Menschen jenseits des 50. Geburtstages, d.h. in dem vielfach belegten Sachverhalt, daß das subjektiv empfundene wie auch das „schönste" Alter viele Jahre unter dem tatsächlichen Alter liegt. Die motivdynamische Interpretation wird des weiteren gestützt durch die großen Divergenzen, wie sie zwischen dem eigenen Altern und dem Altern der „meisten anderen" wahrgenommen werden. „Alt" sind nur die anderen; die Jahre sie ziehen, aber sie ziehen nicht mit *uns*. Es ist das Alter als Lebensphase, das mehr mit Befürchtungen denn mit Hoffnungen verknüpft ist und als unliebsamer Eindringling in das eigene Leben gesehen wird. Es sind die negativen Erwartungen an das Altwerden und Altsein, die im Altersstereotyp gebündelt sind und die unterschwellig unseren Umgang mit Älteren bestimmen; es sind nicht eigentlich „die Alten", auf die sich negative Bewertungen letztlich beziehen.

Die Arbeitswelt steht beispielhaft für einen Ausschnitt unserer Wirklichkeit, in dem das Alter keine Wertschätzung erfährt: Die Leistungsfähigkeit älterer Menschen wird offensichtlich häufig stereotypgeleitet unterschätzt, und Entscheidungen zwischen einem älteren und einem jüngeren potentiellen Mitarbeiter fallen bevorzugt zugunsten des jüngeren aus. Zuweilen haben Studien, die sich des Vignette-Zugangs bedient hatten, auch deutlich gemacht, daß der Effekt der Altersvariablen sehr schnell überlagert wird, wenn über eine Person zusätzlich leistungsbezogene Informationen mitgeteilt werden. Damit wird zwar die Rede von „dem" älteren Arbeitnehmer relativiert, und es muß auf empirischem Wege weiter differenziert werden, in welchen Ausschnitten der Arbeitswelt das Alter tatsächlich die saliente, für Leistungsbewertungen relevante Variable ist. Die vorhandenen Möglichkeiten, *non-reaktive* Messungen des Altersstereotyps vorzunehmen, d.h. solche, die das zu erfassende Merkmal nicht schon durch die Erhebungsmethodik selbst beeinflussen, müssen dabei mehr als bislang genutzt werden. Gerade wenn es z.B. auf seiten von Vorgesetzten um Einstellungen gegenüber älteren Mitarbeitern geht, mögen Tendenzen zu sozial erwünschten Antworten ausgesprochen virulent sein und den Wert der so erhaltenen Befunde – vor allem aus Umfragen oder Interviewstudien – in ihrem Aussagewert deutlich schmälern. Auch haben zu wenige Studien ältere Arbeitnehmer selbst als Datenquelle herangezogen und geprüft, in welchem Ausmaß sie selbst Benachteiligungen oder gar Diskriminierungen am Arbeitsplatz erleben. Nun liegt es auch hier auf der Hand, daß daraus nicht eo ipso der Rückschluß auf Altersstereotype möglich ist. Doch berührt die Frage nach dem subjektiven Erleben von Benachteiligung und „Ungerechtigkeit" in der Arbeitswelt einen eigenständigen und in seiner Bedeutung nicht zu unterschätzenden Forschungsansatz (zum Überblick Montada, 1994; Montada & Lerner, 1996).

Schließlich bleibt abzuwarten, in welchem Maße mit der demographischen Alterung eine Neubewertung „des" älteren Arbeitnehmers oder „der" älteren Führungskraft einhergehen wird. Auch bleibt zu hoffen, daß die vielen ermutigenden Ergebnisse der Alternsforschung in der Arbeitswelt stärker rezipiert werden und eine individualisierende Bewertung der Leistungsfähigkeit im Alter erfolgt (siehe Mayer & P.B. Baltes, 1996). Vermutlich kann es sich keine Gesellschaft auf Dauer leisten, die Erfahrungspotentiale der Älteren *nicht* zu nutzen. Denn ob die lebenslange Erfahrung älterer Menschen wirklich in *allen* Bereichen so wertlos und veraltet ist, läßt sich keineswegs summarisch behaupten, und eine solche Annahme würde wohl wiederum eher das Altersstereotyp reflektieren denn die Potentiale alter Menschen (vgl. Staudinger, Marsiske & P.B. Baltes, 1995).

Manche Ausschnitte unserer Wirklichkeit werden als „gnadenlos" angesehen, was das Bild über Alter und alte Menschen anbelangt: So huldigen die Medien und die Welt der Werbung offensichtlich am allerdeutlichsten einem vordergründigen Jugendkult, der offenbart, daß die dafür Verantwortlichen sich der Tatsache ihres *eigenen* Alterns wenig bewußt sind. Das Alter erfährt in der medialen Wirklichkeit, gerade auch im Fernsehen, Geringschätzung und *Miß*achtung, und zwar schlicht durch Nicht-Beachtung: Alte Menschen sitzen *vor* dem Fernseher, sie sind nicht *im* Fernsehen. Vor allem Thimm (1998) hat herauszuarbeiten versucht, wie verheerend die sprachliche Symbolisierung des Alters in den Medien ist. Gleichwohl halten wir den Erkenntnisstand aus systematischen Studien für nicht für so gesichert, daß wir uns dieser Einschätzung vollends anschließen können.

Lange wurde kritisiert, daß die Stereotypenforschung sich weit mehr mit Instrumenten beschäftigt habe als mit dem, was Menschen wirklich dächten und was daraus für ihr Zusammenleben folgt. Mit jenen Forschungsarbeiten, die sich dem tatsächlichen *Interaktionsverhalten* und der *Kommunikation* zwischen Jung und Alt zugewandt haben, ist dieser Kritik

der Boden entzogen worden. Dies trifft zum einen auf das Forschungsprogramm zu, das mit dem Namen von Margret M. Baltes untrennbar verknüpft ist. Dieses war auf der Grundlage systematischer Beobachtungen
dem Interaktionsverhalten und den Verhaltenssequenzen im Umgang von
Alt und Jung (häufig innerhalb von Institutionen) gewidmet. Die daraus
gewonnenen Erkenntnisse haben zu Maßnahmen der gezielten Verbesserung dieser Interaktionen geführt, die – einem ökologischen Experiment
gleich – die Validität der theoretischen Annahmen post hoc haben bestätigen können. Die offenbar weitverbreitete Neigung des Personals in Alteneinrichtungen, die Bewohner in stereotypisierender Weise als unselbständig
und hilfebedürftig zu behandeln, ist hinreichend belegt (wie sie sich zudem
auch in häuslichen resp. ambulanten Pflegesituationen hat nachweisen lassen; zum Überblick M.M. Baltes, Wahl & Reichert, 1991).

„Alt" wird offenbar gerade in der Arbeitswelt der Gesundheits- und
Pflegeberufe mit „hilfsbedürftig" und „abhängig" assoziiert, und daraus
mag ein altersstereotypgeleiteter Umgang mit alten Menschen resultieren.
Selbstredend sind aber gerade hier die alten Menschen jene, die besonderer
Hilfe und Unterstützung bedürfen. Es ist also nicht das Hilfe- und Unter-
stützungserhalten auf seiten der Pflegenden per se, das hier zur Diskussion
steht. Was dieses Forschungsprogramm zutage gefördert hat, ist das Phänomen der stereotypgeleiteten *Über*anpassung, wie es sich auch in sprachlichen Interaktionen hat nachweisen lassen. Es ist letztlich eine Form der
Überbehütung in Form eines *compassionate stereotyping*, die womöglich
auf den besten Absichten seitens der Jüngeren beruht, wenn auch nicht die
besten Wirkungen für die Älteren zeitigt. Aber erst die sorgfältigen Beobachtungen haben es möglich gemacht, verborgene Bilder über das Alter
und alte Menschen zu identifizieren, die sich in womöglich noch so ge-
schickt evoziertem verbalen Datenmaterial vermutlich nie hätten nachweisen lassen. Dies gilt in gleicher Weise für jene verschiedenen Formen der
*Über*anpassung an das ältere Gegenüber, wie sie sich in dem anderen hier
bedeutsamen Forschungsprogramm gezeigt haben.

Gemeint ist das Forschungsprogramm, in dessen Zentrum die Kommunikation zwischen alten und jungen Menschen steht. Die Verständigung
zwischen Jung und Alt hat sich – wie andere Formen zwischenmenschlicher
Kommunikation auch – keineswegs als frei von Problemen erwiesen; doch
wurden hier Besonderheiten ausgemacht, die Interesse verdienen. Wie gezeigt wurde, können manche der mit dem normalen Altern einhergehenden
Veränderungen (gerade in sensorischen System) das Kommunikationsverhalten alter Menschen in einer Weise beeinflussen, daß der intergenerationelle Dialog erschwert ist. Als bedeutsamer aber haben sich offensichtlich jene Verständigungsprobleme erwiesen, die negative Altersstereotypisierungen reflektieren (Kruse & Thimm, 1997). Das Altersstereotyp legt auf seiten der Jüngeren Zuschreibungen mangelnder Kompetenz nahe, die hier zu einer *sprachlichen* Überanpassung im Umgang mit
dem älteren Gegenüber führen. Diese scheint ihrerseits das Interaktionsverhalten der Älteren im Sinne negativer Selbst-Stereotypisierungen
zu beeinflussen, und es ist dies nicht das einzige Beispiel, in dem stereo-

typgeleitete Erwartungen an und Umgangsformen mit älteren Menschen sich bei diesen in Form „sich selbsterfüllender Prophezeihungen" niedergeschlagen haben. Auch für die (pflegerischen) Interaktionen hatte sich ja gezeigt, daß die Unterminierung der Selbständigkeit der älteren Menschen letztlich dazu führt, daß diese sich den Erwartungen der Jüngeren anpassen, wenn nicht gar unterwerfen. Analysen der sprachlichen und nichtsprachlichen Interaktionen zwischen Jung und Alt haben unser Verständnis von Altersstereotypisierungen vertieft. Gleichwohl ist die empirische Befundlage – gemessen an dem theoretischen Gehalt des Zugangs – bisher noch eher dürftig: So wurden z.B. die intergenerationellen Dyaden oft erst durch das experimentelle Setting hergestellt und wurde ihre Themenwahl vom Versuchsleiter eingeschränkt. Wichtig wäre daher eine Ausweitung des Forschungsprogramms auf natürliche Sprechsituationen und die Frage, ob auch dort asymmetrische Strukturen hergestellt, seitens der Jüngeren aufgezwungen oder aber von den Älteren vielleicht sogar bevorzugt werden. Gerade wenn solche Studien realisiert würden, sollten wir mehr dazu erfahren, wo denn eigentlich die Kontaktbarrieren zwischen Alt und Jung auszumachen sind.

Denn obschon sich die Älteren durchweg jünger fühlen als sie sind und die Schere zwischen ihrem tatsächlichen und ihrem subjektiv empfundenen Alter immer größer wird, je älter sie werden – ihre Begegnungen mit Jüngeren sind wohl nach wie vor weitgehend auf die Familien beschränkt. Nun wurde nicht selten darauf verwiesen, daß die Beziehungen zwischen Alt und Jung nicht eigentlich inter*generationelle* Beziehungen darstellen, sondern inter*kulturelle* (Kruse & Thimm, 1997): Alt und Jung sollen danach in so getrennten Welten leben, daß eine Verständigung nicht nur wegen der beschriebenen Kommunikationsmuster, sondern auch über Inhalte erschwert sei, d.h. daß sie sich also letztlich auch nichts zu sagen hätten. Aus unserer Analyse ergibt sich eine solch radikale, pessimistische Sicht des Generationenverhältnisses nicht, wir haben aber auch nicht notwendigerweise die gegenteilige lautende Evidenz. Denn die Altersvariable hat in der Netzwerkforschung eine sträfliche Vernachlässigung gefunden, über die Alterskomposition sozialer Netzwerke (d.h. der egozentrierten Netzwerke älterer wie auch jüngerer Menschen) ist viel zu wenig bekannt. Zum anderen wissen wir auch nicht wirklich, wie diesbezügliche Kontaktpräferenzen aussehen, wer wem den Kontakt erleichtert oder erschwert resp. welchen Stellenwert intergenerationelle Kontakte außerhalb der Familien für beide, die älteren wie die jüngere Generation, besitzen. Jedenfalls scheinen bislang die wenigen Begegnungen zwischen Alt und Jung nicht gerade geeignet, stereotypgeleitete Bewertungen des Alterns bzw. „der Alten" wie auch der „Jugend von heute" zu entkräften. Zwar gibt es erste Studien zu sog. Mentorenbeziehungen, in denen Erwachsene als Modelle fungieren und Kindern und Jugendlichen Herausforderung und Anregung bieten (z.B. Hurrelmann & Engel, 1989). Doch handelt es sich bei diesen Mentoren überwiegend um Angehörige der mittleren Generation (z.B. Trainer in Sportvereinenen), nicht aber um alte Menschen, und gerade für diese fehlen offenbar Möglichkeiten der Begegnung mit jungen Menschen.

So hat sich denn selbst auf seiten der ganz Jungen, d.h. schon im Grundschulalter, nachweisen lassen, daß Altersdifferenzierungen nicht mehr nur deskriptiver Natur sind und der Kategorisierung anderer Menschen dienen, sondern daß sie mit *Wertungen* verknüpft sind. Zwar scheinen kindliche Urteile über das Alter und alte Menschen nicht durchgängig negativ getönt zu sein: wohl wird das *hohe Alter* negativ gesehen, aber *alten Menschen* werden auch positive Eigenschaften zugeschrieben; zuweilen wurden sie in fiktiven Wahlen auch jüngeren Interaktionspartnern vorgezogen, z.B. um ihnen „ein Geheimnis" anzuvertrauen (zusammenfassend Krappmann, 1997). Dessenungeachtet haben Beobachtungsstudien auch offenbart, daß Kinder ihnen unbekannten älteren Menschen mit deutlicherer Zurückhaltung begegnen als jüngeren Menschen. Von daher verwundern die vielfältigen Versuche einer systematischen Kontaktintensivierung zwischen Kindern und älteren Menschen nicht, wenn schon die diesbezüglichen Aktivitäten bisher nicht so angelegt waren, daß sie ein Modell für hiesige Programme darstellten könnten.

In der Zusammenschau läßt sich denn mit Blick auf die Forschungslandschaft insgesamt festhalten, daß die überwältigende Mehrzahl der hier gesichteten Studien in den Vereinigten Staaten von Amerika oder in Großbritannien durchgeführt wurde. Die psychologische Forschung in Deutschland hat das „Altersstereotyp" offenbar bislang weitestgehend verschlafen, wie auch die Beziehungen zwischen den Generationen insgesamt in Deutschland offenkundig erst in jüngerer Zeit richtig „entdeckt" werden. Obschon man davon ausgehen kann, daß es einige Gemeinsamkeiten im Generationenverhältnis in allen westlichen Industrieländern gibt (z.B. daß Koresidenz eher selten ist oder daß „alt" zu negativen Stereotypisierungen einlädt), läßt sich die vorliegende Evidenz nicht ungeprüft auf deutsche Verhältnisse übertragen. Was wir zu dieser Thematik brauchen, ist Forschung in Deutschland, wobei die Betonung auf beidem liegt, auf *Forschung* wie auch auf *Deutschland*. Denn das Zusammenleben der Generationen ist selbstredend eingebettet in die Kultur und die Geschichte des Zusammenlebens von Menschen.

Schließlich kann man sich zum Nachweis eines negativen Altersstereotyps auch mühelos auf Spruchweisheiten aus vielen Jahrhunderten und bezogen auf viele Kulturen berufen (von Lipperheide, 1907; Nachdruck: 1976). Nach unserem Überblick gibt es in diesen Spruchweisheiten wie auch in den von uns gesichteten Studien nur ein herausragendes und positiv bewertetes Attribut, das mit „alt" und „alten Menschen" verknüpft ist: das Attribut „weise" (hierzu P.B. Baltes & Staudinger, 1996)[1]. Weisheit wird als einer der wenigen „Gewinne" gesehen, die mit dem Alter verbunden sind. In dem Deutungsmuster einer „weisen Person" stellt sich diese als eine Person dar, die aus ihrer Lebenserfahrung gelernt hat, die Dinge in einem

---

[1] Das alte China gilt als ein besonderes Beispiel dafür, welch einzigartige Stellung dort den Alten eingeräumt wurde. Dieses soll u.a. darauf beruht haben, daß die intensive Bodenbewirtschaftung in China oft mindestens genauso viele Erfahrung wir körperliche Kraft auf eben diese Erfahrung gründete. Obschon dort die Lebensumstände Langlebigkeit nicht gerade begünstigt hatten, galt das Alter als „Tugend an sich" und wurde stets mit dem Besitz von Weisheit gleichgesetzt.

größeren Rahmen sehen kann, die Quelle guter Ratschläge ist, in einer Entscheidungssituation alle Optionen bedenkt und der zuzuhören sich lohnt. Weisheit als Expertise für das Leben.

Doch „weise" Personen müssen in eine Gesellschaft eingebunden sein, die ihre Weisheit nutzt und auf sie zurückgreift. In unserer heutigen Gesellschaft mit ihren hoch spezialisierten Subsystemen der Wissensproduktion und Wissensvermittlung mag die Verknüpfung der Erfahrung der einzelnen mit den „weisen Ratschlägen" der Alten zunehmend schwieriger geworden sein. Wo es Spezialisten für jede Frage gibt (und wo Möglichkeiten der Telekommunikation so allumfassend verfügbar sind), haben es weise Personen schwer, die Nützlichkeit *ihres* Wissens zu beweisen. Doch da Alt und Jung weitgehend unter sich bleiben und außerhalb ihrer Verwandtschaftsbeziehungen eine Vernetzung über die Generationen hinweg kaum stattgefunden hat, fragt man sich, wo die die Jüngeren sein sollen, die Weisheit und Lebensexpertise alter Menschen wirklich nutzen könnten. Hinzu kommt, daß wir auf die Lebensexpertise der Alten vielleicht auch deswegen so zögerlich zurückgreifen, weil wir glauben, daß modernes *„Know how"* den „alten Zöpfen" vorzuziehen sei. Natürlich läßt der soziale und technologische Wandel Wissensbestände rasch veralten, doch gerade jene Wissensdomänen, bezüglich derer „weise Alte" von Nutzen sein könnten, müssen nicht zu denen gehören, in denen Wissen so schnell veraltet. Expertentum in Grundfragen des Lebens und der menschlichen Existenz wird überall und zu allen (Alters-)Zeitpunkten gebraucht[2].

Damit wollen wir gerade nicht für eine altersblinde Gesellschaft plädieren. Dies scheint eine Utopie, so lange die Alterskategorien in den Vorstellungen der Menschen offenbar so prägnant abgebildet sind und das Alter einer Person die Eindrucksbildung so stark einfärbt. Doch verbietet dies nicht den Hinweis darauf, daß Grenzziehungen zwischen sozialen Kategorien auch wandelbar sind: Am Beispiel der jüngsten Geschichte Deutschlands tun sich plötzlich neue Grenzziehungen in den Köpfen der Menschen auf, indem zwischen „uns" und „den anderen" nun die Grenze geographisch von Nord nach Süd zu verlaufen scheint (hierzu Schmitt & Montada, 1998). Womöglich mag diese die Grenzziehungen zwischen Alt und Jung oder zwischen Mann und Frau mittelfristig überlagern. Soziale Kategorien bestehen in den Köpfen, und damit sind sie veränderlich und beeinflußbar. Wenn es zutrifft, daß eines der dringlichsten Probleme aller Zeiten die Bilder berührt, die Menschen voneinander und übereinander haben, dann muß man sich diesen Bildern immer wieder aufs Neue zuwenden. Und ein Gesellschaftssystem muß sich daher auch überlegen, ob und wie es *Leit*bilder – gerade für das Zusammenleben der Menschen – vermitteln will oder ob die Forschung nur die Bilder erkunden und nachzeichnen soll, die in den Köpfen der Menschen vorhanden sind.

Aus vielen kulturvergleichenden Studien hat Simone de Beauvoir (1972) vor Jahren das Fazit gezogen, daß Gesellschaften, in denen ego-

---

[2] Zuweilen sollten wir uns daran erinnern, daß die aus dem Griechischen abgeleiteten Wörter *gera* und *geron*, die dort das hohe Alter bezeichnen, in ihrem Bedeutungsumfeld „Privileg" und „Anciennität" enthalten.

zentrische und individualistische Wertorientierungen dominieren, mit ihren Alten schlecht umgingen, während Gesellschaften, die Altruismus und die Ausbildung emotionaler Bindung förderten, ihren Alten wie ihren Kindern ein hohes Maß an Wertschätzung und Integration gewährten. Es ist mehr als trivial zu betonen, daß zum Zusammenleben der Generationen Verständigung und Verständnis gehören – von beiden Seiten aus und zu beiden Seiten hin. Aber offenbar ist dieses ein Thema, das nicht erst in unserem Jahrhundert virulent ist:

Die Alten und die Jungen

„Unverständlich sind uns die Jungen"
Wird von den Alten beständig gesungen;
Meinerseits möcht ich's damit halten:
„Unverständlich sind mir die Alten".
Dieses am Ruderbleibenwollen
In allen Stücken und in allen Rollen,
Dieses sich Unentbehrlichvermeinen
Samt ihrer „Augen stillem Weinen",
Als wäre der Welt ein Weh getan –
Ach, ich kann es nicht verstah'n.
Ob unsr'e Jungen in ihrem Erdreisten
Wirklich was Besseres schaffen und leisten,
Ob dem Parnass sie näher gekommen
Oder bloß einen Maulwurfshügel erklommen,
Ob sie mit andern Neuesittenverfechtern,
Die Menschheit verbessern oder verschlechtern,
Ob sie Frieden säen oder Sturm entfachen,
Ob sie Himmel oder Hölle machen –
Eins läßt sie stehen auf siegreichem Grunde:
Sie haben den Tag, *sie* haben die Stunde,
Der Mohr kann gehen, neu Spiel hebt an,
Sie beherrschen die Szene, *sie* sind dran.
(Theodor Fontane, 1889)

Literaturverzeichnis

Abraham, J.D. & Hansson, R.O. (1995). Successful aging at work: An applied study of selection, organization, optimization, and compensation through impression management. *Journals of Gerontology, 50*, P94-P103.

Abrams, D. & Masser, B. (1998). Context and the social self-regulation of stereotyping: Perception, judgment, and behavior. In R.S. Wyer (Ed.), *Stereotype activation and inhibition (= Advances in social cognition Vol. 11)* (pp. 53-67). Mahwah, NJ: Erlbaum.

Adams, R.G. (1986). Secondary friendship networks and psychological well-being among elderly women. *Activities, Adaptation, and Aging, 8*, 59-72.

Aday, R.H. & Campbell, M.J. (1995). Changes in nursing students' attitudes and work preferences after a gerontology curriculum. *Educational Gerontology, 21*, 247-260.

Aday, R.H., McDuffie, W. & Sims, C.R. (1993). Impact of an intergenerational program on Black adolescents' attitudes toward the elderly. *Educational Gerontology, 19*, 663-673.

Aday, R.H., Sims, C.R. & Evans, E. (1991). Youth's attitudes toward the elderly: The impact of intergenerational partners. *Journal of Applied Gerontology, 10*, 372-384.

Ahammer, I.M. & Bennett, K. (1977). Viewing older people: A comparative method-comparative sample approach. *Australian Journal of Psychology, 29*, 97-110.

Akiyama, H. & Holtzman, J. (1983). TV portrayals of the elderly in the U.S. and Japan. *Gerontologist, 23*, 119-120.

Aldwin, C.M., Sutton, K.J., Chiara, G. & Spiro, A. (1996). Age differences in stress, coping, and appraisal: Findings from the Normative Aging Study. *Journals of Gerontology, 51*, P179-P188.

Allen, K.R. (1987). Promoting family awareness and intergenerational exchange: An informal life-history program. *Educational Gerontology, 13*, 43-52.

Allport, G.W. (1954). *The nature of prejudice*. Cambridge, MA: Addison-Wesley.

Allport, G.W. (1971). *Die Natur des Vorurteils*. Köln: Kiepenheuer & Witsch.

Almerico, G.M. & Fillmer, T. (1988). Portrayal of older characters in children's magazines. *Educational Gerontology, 14*, 15-31.

Altemeyer, B. (1994). Reducing prejudice in right-wing authoritarians. In M.P. Zanna & J.M. Olson (Eds.), *The psychology of prejudice* (pp. 131-147). Hillsdale, NJ: Erlbaum.

Amelang, M. & Bartussek, D. (1997). *Differentielle Psychologie und Persönlichkeitsforschung* (4. Aufl.). Stuttgart: Kohlhammer.

Amir, Y. (1969). Contact hypothesis in ethnic relations. *Psychological Bulletin, 71*, 319-342.

Angiullo, L., Whitbourne, S.K. & Powers, C. (1996). The effects of instruction and experience on college students' attitudes toward the elderly. *Educational Gerontology, 22*, 483-495.

Ansello, E.F. (1977). Age and ageism in children's first literature. *Educational Gerontology, 2*, 255-274.

Aquino, J.A., Russell, D.W., Cutrona, C.E. & Altmaier, E.M. (1996). Employment status, social support, and life satisfaction among elderly. *Journal of Counseling Psychology, 43*, 480-489.

Archer, D., Iritani, B., Kimes, D.D. & Barrios, M. (1983). Face-ism: Five studies of sex differences in facial prominence. *Journal of Personality and Social Psychology, 45*, 725-735.

Arluke, A., Levin, J. & Suchwalko, J. (1984). Sexuality and romance in advice books for the elderly. *Gerontologist, 24*, 415-419.

Arnold, K. & Lang, E. (1989). Ergebnisse einer Umfrage zum Altersbild in der Bundesrepublik Deutschland. *Zeitschrift für Geriatrie, 2*, 383-389.

Ashburn, G. & Gordon, A. (1981). Features of a simplified register in speech to elderly conversations. *International Journal of Psycholinguistics, 8*, 7-31.

Ashmore, R.D. & DelBoca, F.K. (1981). Conceptual approaches to stereotypes and stereotyping. In D.L. Hamilton (Ed.), *Cognitive processes in stereotyping and intergroup behavior* (pp. 1-35). Hillsdale, NJ: Erlbaum.

Auerbach, D. & Levenson, R. (1977). Second impressions: Attitude change in college students toward the elderly. *Gerontologist, 17*, 362-366.

Aufenanger, S. (1993). *Kinder im Fernsehen – Familien beim Fernsehen*. München: Sauer.

Auhagen, E. & Salisch, M. von (Hrsg.). (1993). *Zwischenmenschliche Beziehungen*. Göttingen: Hogrefe.

Avolio, B.J. & Barrett, G.V. (1987). Effects of age stereotyping in a simulated interview. *Psychology and Aging, 2*, 56-63.

Aymanns, P. (1992). *Krebserkrankung und Familie. Zur Rolle familialer Unterstützung im Prozeß der Krankheitsbewältigung*. Bern: Huber.

Babic, A.L. & Crangle, M.L. (1987). Simulation techniques for education in gerontology: An exercise in experiential learning. *Educational Psychology, 13*, 183-191.

Babladelis, G. (1987). Young persons' attitudes towards aging. *Perceptual and Motor Skills, 65*, 553-554.

Baker, P.M. (1985). The status of age: Preliminary results. *Journal of Gerontology, 40*, 506-508.

Baltes, M.M. (1994). Aging well and institutional living: A paradox? In R.P. Abeles & H.C. Gift (Eds.), *Aging and quality of life* (pp. 185-201). New York: Springer.

Baltes, M.M. (1996). Produktives Leben im Alter: Die vielen Gesichter des Alters - Resümee und Perspektiven für die Zukunft. In M.M. Baltes & L. Montada (Hrsg.), *Produktives Leben im Alter* (S. 393-408). Frankfurt: Campus.

Baltes, M.M. & Baltes, P.B. (Eds.). (1986). *The psychology of control and aging*. Hillsdale, NJ: Erlbaum.

Baltes, M.M. & Carstensen, L.L. (1996). Gutes Leben im Alter: Überlegungen zu einem prozessorientierten Metamodell erfolgreichen Alterns. *Psychologische Rundschau, 46*, 199-215.

Baltes, M.M. & Horgas, A.L. (1997). Long-term care institutions and the maintenance of competence: A dialectic between compensation and overcompensation. In S.L. Willis, K.W. Schaie & M.D. Hayward (Eds.), *Societal mechanisms for maintaining competence in old age. Societal impact on aging* (pp. 142-181). New York: Springer.

Baltes, M.M. & Wahl, H.-W. (1992). The dependency-support script in institutions: Generalization to community settings. *Psychology and Aging, 7*, 409-418.

Baltes, M.M. & Wahl, H.-W. (1996). Patterns of communication in old age: The dependency-support and independency-ignore script. *Health Communication, 8*, 217-231.

Baltes, M.M. & Wilms, H.-U. (1995). Alltagskompetenz im Alter. In R. Oerter & L. Montada (Hrsg.), *Entwicklungspsychologie: Ein Lehrbuch* (3. Aufl.) (S. 1127-1136). Weinheim: Psychologie Verlags Union.

Baltes, M.M., Kindermann, T. & Reisenzein, R. (1986). Die Beobachtung von unselbständigem und selbständigem Verhalten in einem deutschen Altersheim: Die soziale Umwelt als Einflußgröße. *Zeitschrift für Gerontologie, 19*, 14-24.

Baltes, M.M., Neumann, E.M. & Zank, S. (1994). Maintenance and rehabilitation of independence in old age: An intervention program for staff. *Psychology and Aging, 9*, 179-188.

Baltes, M.M., Wahl, H.-W. & Reichert, M. (1991). Successful aging in long-term care institutions. In K.W. Schaie & M.P. Lawton (Eds.), *Annual Review of Gerontology and Geriatrics* (pp. 311-337). New York: Springer.

Baltes, M.M., Barton, E.M., Orzech, M.J. & Largo, D. (1983). Die Mikroökologie von Bewohnern und Personal: Eine Behavior-Mapping-Studie im Altenheim. *Zeitschrift für Gerontologie, 16*, 18-26.

Baltes, M.M., Horgas, A.L., Klingenspor, B., Freund, M. & Carstensen, L.L. (1996). Geschlechtsunterschiede in der Berliner Altersstudie. In K.U. Mayer & P.B. Baltes (Hrsg.), *Die Berliner Altersstudie* (S. 573-598). Berlin: Akademie Verlag.

Baltes, M.M., Zank, S. & Neumann, E.M. (1997). Aufrechterhaltung von Selbständigkeit im Alter: Ein Trainingsprogramm für Pflegepersonal. *Verhaltenstherapie und Verhaltensmedizin, 18*, 269-300.

Baltes, P.B. (1987). Theoretical propositions of life-span developmental psychology: On the dynamics between growth and decline. *Developmental Psychology, 23*, 611-626.

Baltes, P.B. (1991). The many faces of human ageing: Toward a psychological culture of old age. *Psychological Medicine, 21*, 837-854.

Baltes, P.B. (1996). Über die Zukunft des Alterns: Hoffnung mit Trauerflor. In M.M. Baltes & L. Montada (Hrsg.), *Produktives Leben im Alter* (S. 29-68). Frankfurt: Campus.

Baltes, P.B. & Baltes, M.M. (1990a). Psychological perspectives on successful aging: The model of selective optimization with compensation. In P.B. Baltes & M.M. Baltes (Eds.), *Successful aging: Perspectives from the behavioral sciences* (pp. 1-13). Cambridge: Cambridge University Press.

Baltes, P.B. & Baltes, M.M. (Eds.). (1990b). *Successful aging: Perspectives from the behavioral sciences.* Cambridge: Cambridge University Press.

Baltes, P.B. & Smith, J. (1990). Weisheit und Weisheitsentwicklung: Prolegomena zu einer psychologischen Weisheitstheorie. *Zeitschrift für Entwicklungspsychologie und Pädagogische Psychologie, 22*, 95-135.

Baltes, P.B. & Staudinger, U.M. (1996). Interactive minds: A facilitative setting for wisdom-related performance. *Journal of Personality and Social Psychology, 71*, 746-762.

Banaji, M.R. & Greenwald, A.G. (1994). Implicit stereotyping and prejudice. In M.P. Zanna & J.M. Olson (Eds.), *Psychology of prejudice: The Ontario Symposium* (pp. 55-76). Hillsdale, NJ: Erlbaum.

Banziger, G. & Drevenstedt, J. (1982). Achievement attributions by young and old judges as a function of perceived age of stimulus person. *Journal of Gerontology, 37*, 468-474.

Bar-Tal, D., Graumann, C.F., Kruglanski, A.W. & Stroebe, W. (Eds.). (1989). *Stereotyping and prejudice.* New York: Springer.

Bargh, J.A. (1997). The automaticity of everyday life. In R.S. Wyer (Ed.), *The automaticity of everyday life (= Advances in social cognition Vol. 10)* (pp. 1-61). Mahwah, NJ: Erlbaum.

Bargh, J.A. & Gollwitzer, P. (1994). Environmental control of goal-directed action: Automatic and strategic contingencies between situations and behavior. In W.D. Spaulding (Ed.), *Integrative views of motivation, cognition, and emotion* (pp. 73-124). Lincoln, NE: University of Nebraska Press.

Bargh, J.A., Chen, M. & Burrows, L. (1996). Automaticity of social behavior: Direct effects of trait construct and stereotype activation on action. *Journal of Personality and Social Psychology, 71*, 230-244.

Barnes-Farrell, J.L. & Piotrowski, M.J. (1991). Discrepancies between chronological age and personal age as a reflection of unrelieved worker stress. *Work and Stress, 5*, 177-187.

Barta-Kvitek, S.D., Shaver, B.J., Blood, H. & Shepard, K.F. (1986). Age bias: Physical therapists and older patients. *Journal of Gerontology, 41*, 706-709.

Bayer, C. (1988). "Exchange Learning" - Erfahrungsaustausch zwischen Alt und Jung. Umsetzung eines bewährten Konzepts in der Ausbildung qualifizierter Fachkräfte im Bereich Gerontopsychologie. In G. Romkopf, W.D. Fröhlich & I. Lindner (Hrsg.), *Entwicklungen und Perspektiven. Bericht über den 14. Kongress für Angewandte Psychologie* (S. 71-72). Bonn: Deutscher Psychologen Verlag.

Beauvoir, S. de (1972). *Das Alter.* Reinbek: Rowohlt.

Becker, G. (1994). Age bias in stroke rehabilitation: Effects on adult status. *Journal of Aging Studies, 8*, 271-290.

Bell, B. & Stanfield, G. (1973). The aging stereotype in experimental perspective. *Gerontologist, 13*, 341-344.

Bendzulla, H.-H. & Hermsen, K. (1980). *Überlegungen zur möglichen Bedeutsamkeit von Lesestoffen der Grundschule für die Entstehung und Begünstigung von Vorurteilen gegenüber dem Alter.* Unveröff. Dipl.Arbeit, Universität Hildesheim.

Bengtson, V. & Schütze, Y. (1994). Altern und Generationenbeziehungen: Aussichten für das kommende Jahrhundert. In P.B. Baltes, J. Mittelstraß & U. Staudinger (Hrsg.), *Alter und Altern: Ein interdisziplinärer Studientext zur Gerontologie* (S. 492-517). Berlin: de Gruyter.

Bengtson, V.L., Cutler, N.E., Mangen, D.J. & Marshall, V.W. (1985). Generations, cohorts, and relations between age groups. In R. Binstock & E. Shanas (Eds.), *Handbook of aging and the social sciences* (Vol. 2) (pp. 304-338). New York: Van Nostrand Reinhold.

Benjamin, B.A. (1988). Changes in speech production and linguistic behavior with aging. In B.B. Shadden (Ed.), *Communication behavior and aging: A sourcebook for clinicians* (pp. 163-181). Baltimore, MD: Williams & Wilkins.

Berg, C.A. & Sternberg, R.J. (1992). Adults' conceptions of intelligence across the adult life-span. *Psychology and Aging, 7*, 221-231.

Berger, C.R. & Bradac, J.J. (1982). *Language and social knowledge: Uncertainty in interpersonal relations.* London: Arnold.

Bieman-Copland, S. & Ryan, E.B. (1998). Age-biased interpretation of memory successes and failure in adulthood. *Journals of Gerontology, 53*, P105-P111.

Biernat, M., Manis, M. & Nelson, T.E. (1991). Stereotypes and standards of judgment. *Journal of Personality and Social Psychology, 60*, 485-499.

Billig, M. (1985). Prejudice, categorization, and particularization: From a perceptual to a rhetorical approach. *European Journal of Social Psychology, 15*, 79-103.

Bird, C.P. & Fisher, T.D. (1986). Thirty years after: Attitudes toward the employment of older workers. *Journal of Applied Psychology, 71*, 515-517.

Birren, J.E. & Schaie, K.W. (Eds.). (1996). *Handbook of the psychology of aging* (4th ed.). San Diego, CA: Academic Press.

Bishop, J.M. & Krause, D.R. (1984). Depictions of aging and old age on Saturday morning television. *Gerontologist, 24*, 91-94.

Bishop-Clark, C. & Lynch, J. (1995). Faculty attitudes toward the mixed-age college classroom. *Educational Gerontology, 21*, 749-761.

Blair, I.V. & Banaji, M.R. (1996). Automatic and controlled processes in stereotype priming. *Journal of Personality and Social Psychology, 70*, 1142-1163.

Bless, H., Bohner, G., Schwarz, N. & Strack, F. (1990). Mood and persuasion: A cognitive response analysis. *Personality and Social Psychology Bulletin, 16*, 331-345.

Blue, G.F. (1978). The aging as portrayed in realistic fiction for children 1945-1975. *Gerontologist, 18*, 187-192.

Bö, I. (1989). The significant people in the social networks of adolescents. In K. Hurrelmann & U. Engel (Eds.), *The social world of adolescents* (pp. 141-166). Berlin: de Gruyter.

Boden, D. & Bielby, D. (1983). The past as resource: A conversational analysis of elderly talk. *Human Development, 26*, 308-319.

Boden, D. & Bielby, D. (1986). The way it was: Topical organization in elderly conversation. *Language and Communication, 6*, 73-89.

Bodenhausen, G.V. (1990). Stereotypes as judgmental heuristics: Evidence of circadian variations in discrimination. *Psychological Science, 1*, 319-322.

Bodenhausen, G.V. (1993). Emotions, arousal, and stereotypic judgments: A heuristic model of affect and stereotyping. In D.M. Mackie & D.L. Hamilton (Eds.), *Affect, cognition, and stereotyping: Interactive processes in group perception* (pp. 13-33). San Diego, CA: Academic Press.

Bodenhausen, G.V. & Macrae, C.N. (1998). Stereotype activation and inhibition. In R.S. Wyer (Ed.), *Stereotype activation and inhibition (= Advances in social cognition Vol. 11)* (pp. 1-53). Mahwah, NJ: Erlbaum.

Bodenhausen, G.V., Kramer, G.P. & Süsser, K. (1994). Happiness and stereotypic thinking in social judgment. *Journal of Personality and Social Psychology, 66*, 621-632.

Bombar, M.L. & Littig, L.W. (1996). Babytalk as a communication of intimate attachment: An initial study in adult romances and friendships. *Personal Relationships, 3*, 137-158.

Bornstein, R. (1986). The number, identity, meaning, and salience of ascriptive attributes in adult person perception. *International Journal of Aging and Human Development, 23*, 127-140.

Borscheid, P. (1994). Der alte Mensch in der Vergangenheit. In P.B. Baltes, J. Mittelstraß & U.M. Staudinger (Hrsg.), *Alter und Altern: Ein interdisziplinärer Studientext zur Gerontologie* (S. 35-61). Berlin: de Gruyter.

Bosch, E.M. (1990). Altersbilder in den bundesdeutschen Medien. In G.A. Straka, T. Fabian & J. Will (Hrsg.), *Aktive Mediennutzung im Alter* (S. 77-91). Heidelberg: Asanger.

Braithwaite, V.A. (1986). Old age stereotypes: Reconciling contradictions. *Journal of Gerontology, 41*, 353-360.

Braithwaite, V.A., Lynd-Stevenson, R. & Pigram, D. (1993). An empirical study of ageism: From polemics to scientific utility. *Australian Psychologist, 28*, 9-15.

Branco, K.J. & Williamson, J.B. (1982). Stereotyping and the life cycle: Views of aging and the aged. In A.G. Miller (Ed.), *In the eye of the beholder. Contemporary issues in stereotyping* (pp. 364-410). New York: Praeger.

Brandtstädter, J. (1984). Personal social control over development: Some implications of an action perspective in life-span developmental psychology. In P.B. Baltes & O.G. Brim (Eds.), *Life-span development and behavior* (Vol. 6) (pp. 1-32). New York: Academic Press.

Brandtstädter, J. (1989). Personal self-regulation development: Cross-sequential analyses of development-related control beliefs and emotions. *Developmental Psychology, 25*, 96-108.

Brandtstädter, J. & Greve, W. (1994). The aging self: Stabilizing and protective processes. *Developmental Review, 14*, 52-80.

Brandtstädter, J. & Renner, G. (1990). Tenacious goal pursuit and flexible goal adjustment: Explication and age-related analysis of assimilative and accommodative strategies of coping. *Psychology and Aging, 5*, 58-67.

Braun, H. (1992). Das Verhältnis zwischen den Generationen: Solidarität und Konflikt. In O. Kimmnich, A. Klose & L. Neuhold (Hrsg.), *Mit Realismus und Leidenschaft* (S. 235-244). Graz: Schnider.

Brendebach, C. & Piontkowski, U. (1997). Alte Patientinnen in der Hausarztpraxis: ein Beitrag zur gerontologischen Einstellungsforschung. *Zeitschrift für Gerontologie und Geriatrie, 30*, 368-374.

Brewer, M.B. (1988). A dual process model of impression formation. In T.K. Srull & R.S. Wyer (Eds.), *A dual process model of impression formation (= Advances in social cognition Vol.1)* (pp. 1-36). Hillsdale, NJ: Erlbaum.

Brewer, M.B. & Lui, L. (1984). Categorization of the elderly by the elderly: Effects of perceiver's category membership. *Personality and Social Psychology Bulletin, 10*, 585-595.

Brewer, M.B. & Miller, N. (1988). Contact and cooperation: When do they work? In P.A. Katz & D.A. Taylor (Eds.), *Eliminating racism: Profiles in controversy* (pp. 315-326). New York: Plenum.

Brewer, M.B., Dull, V. & Lui, L. (1981). Perceptions of the elderly: Stereotypes as prototypes. *Journal of Personality and Social Psychology, 41*, 656-670.

Brickman, P., Rabinowitz, V., Karuza, J., Coates, D., Cohn, E. & Kidder, L. (1982). Models of helping and coping. *American Psychologist, 37*, 368-384.

Brigham, J.C. (1971). Ethnic stereotypes. *Psychological Bulletin, 76*, 15-38.

Brimacombe, C.A.E., Quinton, N., Nance, N. & Garrioch, L. (1997). Is age irrelevant? Perceptions of young and old adult eyewitnesses. *Law and Behavior, 21*, 619-634.

Bromley, D.B. (1978). Approaches to the study of personality change in adult life and old age. In A.D. Isaacs & F. Post (Eds.), *Studies in Geriatric Psychiatry* (pp. 17-40). Chichester: Wiley.

Brooks, J. & Lewis, M. (1976). Infants' responses to strangers: Midget, adult, and child. *Child Development, 47*, 323-332.

Brosius, H.-B. (1997). Der gut informierte Bürger? Rezeption von Rundfunknachrichten in der Informationsgesellschaft. In M. Charlton & S. Schneider (Hrsg.), *Rezeptionsfor-*

schung: Theorien und Untersuchungen zum Umgang mit Massenmedien (S. 92-104).
Opladen: Westdeutscher Verlag.

Brower, H.T. (1985). Do nurses stereotype the aged? *Journal of Gerontological Nursing,*
11, 17-28.

Brown, J.-D., Collins, R.-L. & Schmidt, G.-W. (1988). Self-esteem and direct versus
indirect forms of self-enhancement. *Journal of Personality and Social Psychology, 55*,
445-453. Brown, R. (1977). Introduction. In C. Snow & C.A. Ferguson (Eds.), *Talk-*
ing to children (pp. 1-27). New York: Cambridge University Press.

Brown, R. (1995). *Prejudice - its social psychology*. Oxford: Blackwell.

Brumlik, M. (1997). Gerechtigkeit zwischen den Generationen. In L. Krappmann & A.
Lepenies (Hrsg.), *Alt und Jung: Spannung und Solidarität zwischen den Generationen*
(S. 83-94). Frankfurt: Campus.

Bühler, C. (1933). *Der menschliche Lebenslauf als psychologisches Problem*. Leipzig:
Hirzel.

Bundesministerium für Familie und Senioren (Hrsg.). (1990). *Erster Teilbericht der Sach-*
verständigenkommission zur Erstellung des Ersten Altenberichts der Bundesregierung.
Bonn: Universitäts-Buchdruckerei.

Bundesministerium für Familie, Senioren, Frauen und Jugend (Hrsg.). (1996). *Erster*
Altenbericht: Die Lebenssituation älterer Menschen in Deutschland. Bonn: Universitäts-
Buchdruckerei.

Bundesministerium für Familie, Senioren, Frauen und Jugend (Hrsg.). (1998). *Zweiter*
Altenbericht. Wohnen im Alter. Bonn: Universitäts-Buchdruckerei.

Bundesministerium für Familie, Senioren, Frauen und Jugend (Hrsg.) (1998). *Kinder und*
ihre Kindheit in Deutschland: Eine Politik für Kinder im Kontext von Familienpolitik (=
Gutachten des Wissenschaftlichen Beirats). Stuttgart: Kohlhammer.

Bungard, W. & Fischer, L. (1983). Zur Vorurteilshaftigkeit der Leistungsbeurteilung so-
genannter alter Mitarbeiter durch Vorgesetzte. *Zeitschrift für Gerontologie, 16*, 222-
227.

Burke, D.M. & Laver, G.D. (1990). Aging and word retrieval: Selective age deficits in
language. In E.A. Lovelace (Ed.), *Aging and cognition* (pp. 281-300). Amsterdam:
Elsevier.

Burke, D.M. (1997). Language, aging, and inhibitory deficits: Evaluation of a theory.
Journals of Gerontology, 52, P254-P264.

Burke, J.L. (1981). Young children's attitudes and perceptions of older adults. *Inter-*
national Journal of Aging and Human Development, 14, 205-222.

Burt, R.S. (1984). Network items and the general social survey. *Social Networks, 6*, 293-
339.

Butler, R.N. (1980). Ageism: A foreword. *Journal of Social Issues, 36*, 8-11.

Butler, R.N. & Lewis, M.I. (1977). *Aging and mental health: Positive psychosocial ap-*
proaches. Saint Louis, MO: Mosby.

Byrd, M. & Breuss, T. (1992). Perceptions of sociological and psychological age norms
by young, middle-aged, and elderly New Zealanders. *International Journal of Aging*
and Human Development, 34, 145-163.

Cantor, M.H. (1979). Neighbours and friends: An overlooked resource in the informal
support system. *Research on Aging, 1*, 434-463.

Caporael, L.R. (1981). The paralanguage of caregiving: Baby talk to the institutionalized
aged. *Journal of Personality and Social Psychology, 40*, 876-884.

Caporael, L.R. & Culbertson, G.H. (1986). Verbal response modes of baby talk and other
speech at institutions for the aged. *Language and Communication, 6*, 99-112.

Caporael, L.R., Lukaszewski, M.P. & Culbertson, G.H. (1983). Secondary baby talk:
Judgments by institutionalized elderly and their caregivers. *Journal of Personality and*
Social Psychology, 44, 746-754.

Carstensen, L.L. (1995). Evidence for a life-span theory of socioemotional selectivity.
Current Directions in Psychological Science, 4, 151-156.

Carstensen, L.L., Mason, S.E. & Caldwell, E.C. (1982). Children's attitudes toward the
elderly: An intergenerational technique for change. *Educational Gerontology, 8*, 291-
301.

Carver, C.S. & de la Garza, N.H. (1984). Schema-guided information search in stereotyping of the elderly. *Journal of Applied Social Psychology*, *14*, 69-81.

Caspi, A. (1984). Contact hypothesis and inter-age attitudes: A field study of cross-age contact. *Social Psychology Quarterly*, *47*, 74-80.

Celejewski, I. & Dion, K.K. (1998). Self-perception and perception of age groups as a function of the perceiver's category membership. *International Journal of Aging and Human Development*, *47*, 205-216.

Chandler, J.T., Rachall, J.R. & Kazelskis, R. (1986). Attitudes of long-term care nursing personnel towards the elderly. *Gerontologist*, *26*, 551-555.

Chapman, N.J. & Neal, M.B. (1990). The effects of intergenerational experiences on adolescents and older adults. *Gerontologist*, *30*, 825-832.

Charlton, M. & Schneider, S. (Hrsg.). (1997). *Rezeptionsforschung: Theorien und Untersuchungen zum Umgang mit Massenmedien*. Opladen: Westdeutscher Verlag.

Cherlin, A. (1983). A sense of history: Recent research on aging and the family. In M.W. Riley, M.B. Hess & K. Bond (Eds.), *Aging in society* (pp. 5-23). Hillsdale, NJ: Erlbaum.

Cherry, D.L., Benest, F.R., Gates, B. & White, J. (1985). Intergenerational service programs: Meeting shared needs of young and old. *Gerontologist*, *25*, 126-129.

Chumbler, N.R. (1994). The development and reliability of stereotypes toward older people scale. *College Student Journal*, *28*, 220-229.

Clapham, M.M. & Fulford, M.D. (1997). Age bias in assessment center ratings. *Journal of Managerial Issues*, *9*, 373-387.

Clark, M. (1980). The poetry of aging: Views of old age in contemporary American poetry. *Gerontologist*, *20*, 188-191.

Coccaro, E.F. & Miles, A.M. (1984). The attitudinal impact of training in gerontology-geriatrics in medical school. *Journal of the American Geriatrics Society*, *32*, 762-768.

Coffman, S.L. & Coffman, V.T. (1986). Aging awareness training for professionals who work with the elderly. *Small Group Behavior*, *17*, 95-103.

Cohen, G. (1988). Age differences in memory for texts: Production deficiency or processing limitations? In L.L. Light & D.M. Burke (Eds.), *Language, memory, and aging* (pp. 171-190). Cambridge: Cambridge University Press.

Cohen, G. (1994). Age-related problems in the use of proper names in communication. In M.L. Hummert, J.M. Wiemann & J.F. Nussbaum (Eds.), *Interpersonal communication in older adulthood* (pp. 40-58). Thousand Oaks, CA: Sage.

Cohen, G. & Faulkner, D. (1986). Does "elderspeak" work? The effect of intonation and stress on comprehension and recall of spoken discourse in old age. *Language and Communication*, *6*, 91-98.

Collins, C.L. & Gould, O.N. (1994). Getting to know you: How own age and other's age relate to self-disclosure. *International Journal of Aging and Human Development*, *39*, 55-67.

Connidis, I.A. (1989). The subjective experience of aging: Correlates of divergent views. *Canadian Journal on Aging*, *8*, 7-18.

Connidis, I.A. & Davies, L. (1990). Confidants and companions in later life: The place of family and friends. *Journals of Gerontology*, *45*, S141-S149.

Cook, S.W. (1978). Interpersonal and attitudinal outcomes in cooperating interracial groups. *Journal of Research and Development in Education*, *12*, 97-113.

Cooper, J. & Goethals, G.R. (1981). The self-concept and old age. In S.B. Kiesler, J.N. Morgan & V.K. Oppenheimer (Eds.), *Aging: Social change* (pp. 431-452). New York: Academic Press.

Cooper, P.V. (1990). Discourse production and normal aging: Performance on oral picture description tasks. *Journals of Gerontology*, *45*, P210-P214.

Corbin, D.E., Kagan, D.M. & Metal-Corbin, J. (1987). Content analysis of an intergenerational unit on aging in a sixth-grade classroom. *Educational Gerontology*, *13*, 403-410.

Cornelius, S.W. & Caspi, A. (1986). Self-perceptions of intellectual control and aging. *Educational Gerontology*, *12*, 345-357.

Costello, M.T. & Meacham, J.A. (1980). Sex differences in perceptions of aging. *International Journal of Aging and Human Development*, *12*, 283-290.

Coupland, J., Coupland, N., Giles, H. & Henwood, K. (1991). Formulating age: Dimensions of age identity in elderly talk. *Discourse Processes, 14*, 87-106.

Coupland, N. & Coupland, J. (1995). Discourse, identity, and aging. In J.F. Nussbaum & J. Coupland (Eds.), *Handbook of communication and aging research* (pp. 79-103). Mahwah, NJ: Erlbaum.

Coupland, N., Coupland, J. & Giles, H. (1989). Telling age in later life: Identity and face implications. *Text, 9*, 129-151.

Coupland, N., Coupland, J. & Giles, H. (1991). *Language, society, and the elderly.* Oxford: Blackwell.

Coupland, N., Coupland, J., Giles, H. & Henwood, K. (1988). Accommodating to the elderly: Invoking and extending a theory. *Language in Society, 17*, 1-41.

Coupland, N., Coupland, J., Giles, H., Henwood, K. & Wiemann, J. (1988). Elderly self-disclosure: Interactional and intergroup issues. *Language and Communication, 8*, 109-133.

Coupland, N., Henwood, K., Coupland, J. & Giles, H. (1990). Accommodating troubles-talk: The management of elderly self-disclosure. In G. McGregor & R.S. White (Eds.), *Reception and response: Hearer creativity and the analysis of spoken and written texts* (pp. 112-144). London: Routledge.

Covey, H.C. (1992). The definitions of the beginning of old age in history. *International Journal of Aging and Human Development, 34*, 325-337.

Covey, H.C. (1993). A return to infancy: Old age and the second childhood in history. *International Journal of Aging and Human Development, 36*, 81-90.

Crockett, W.H. & Hummert, M.L. (1987). Perceptions of aging and the elderly. In K.W. Schaie (Ed.), *Annual Review of Gerontology and Geriatrics* (pp. 217-241). New York: Springer.

Culbertson, G.H. & Caporael, L.R. (1983). Baby-talk speech to the elderly: Complexity and content of messages. *Personality and Social Psychology Bulletin, 9*, 205-312.

Cutler, S.J. & Danigelis, N.L. (1993). Organized contexts of activity. In J.R. Kelly (Ed.), *Acitivity and aging: Staying involved in later life* (pp. 146-163). Newbury Park, CA.: Sage.

Davidson, D., Cameron, P. & Jergovic, D. (1995). The effects of children's stereotypes on their memory for elderly individuals. *Merrill-Palmer Quarterly, 41*, 70-90.

Deary, I.J., Smith, R., Mitchell, C. & MacLennan, W.J. (1993). Geriatric medicine: Does teaching alter medical students' attitudes to elderly people? *Medical Education, 27*, 399-405.

Deaux, K. & Major, B. (1987). Putting gender into context: An interactive model of gender-related behavior. *Psychological Review, 94*, 369-389.

Decker, D.H. (1983). Stereotypes of middle-aged and elderly professionals. *Psychology: A Quarterly Journal of Human Behavior, 20*, 60-67.

Dellmann-Jenkins, M., Lambert, D., Fruit, D. & Dinero, T. (1986). Old and young together: Effect of an educational program on preschoolers' attitudes toward older people. *Childhood Education, 62*, 206-212.

Dennersmann, U. & Ludwig, R. (1986). Das gewandelte Altenbild in der Werbung. *Zeitschrift für Gerontologie, 19*, 362-368.

DePaolo, S.J., Neimeyer, R.A. & Ross, S.K. (1994). Death concern and attitudes toward the elderly in nursing home personnel as a function of training. *Omega: Journal of Death and Dying, 29*, 231-248.

Deutsch, F.M., Zalenski, C.M. & Clark, M.E. (1986). Is there a double standard of aging? *Journal of Applied Social Psychology, 16*, 771-785.

Deutsches Jugendinstitut (Hrsg.). (1992). *Was tun Kinder am Nachmittag? Ergebnisse einer empirischen Studie zur mittleren Kindheit.* München: Eigenverlag.

Devine, P.G. (1989). Stereotypes and prejudice: Their automatic and controlled components. *Journal of Personality and Social Psychology, 56*, 5-18.

Devine, P.G. & Monteith, M.J. (1993). The role of discrepancy-associated affect in prejudice reduction. In D.M. Mackie & D.L. Hamilton (Eds.), *Affect, cognition, and stereotyping. Interactive processes in group perception* (pp. 317-341). San Diego, CA: Academic Press.

Dieck, M. (1987). Die ältere Generation im Spiegel der großen Regierungserklärungen von 1949 bis 1987. In Deutsches Zentrum für Altersfragen (Hrsg.), *Die ergraute Gesellschaft* (S. 189-218). Berlin: Eigenverlag.

Dieckmann, L., Zarit, S.H., Zarit, J.M. & Gatz, M. (1988). The Alzheimer's disease knowledge test. *Gerontologist, 28,* 402-407.

Diener, E. (1984). Subjective well-being. *Psychological Bulletin, 95,* 542-575.

Diewald, M. (1991). *Soziale Beziehungen: Verlust oder Liberalisierung? Soziale Unterstützung in informellen Netzwerken.* Berlin: Edition Sigma.

Dijksterhuis, A. & van Knippenberg, A. (1998). Inhibition, aberdeen, and other cloudy subjects. In R.S. Wyer (Ed.), *Stereotype activation and inhibition (Advances in social cognition Vol. 11)* (pp. 83-96). Mahwah, NJ: Erlbaum.

Dillard, J., Henwood, K., Giles, H., Coupland, N. & Coupland, J. (1990). Compliance gaining young and old: Beliefs about influence in different age groups. *Communication Reports, 3,* 84-92.

Dittmann-Kohli, F. & van der Heijden, B. (1996). Leistungsfähigkeit älterer Arbeitnehmer - interne und externe Einflußfaktoren. *Zeitschrift für Gerontologie und Geriatrie, 29,* 323-327.

Dobrosky, B.J. & Bishop, J.M. (1986). Children's perceptions of old people. *Educational Gerontology, 12,* 429-439.

Dooley, S. & Frankel, B.G. (1990). Improving attitudes toward elderly people: Evaluation of an intervention program for adolescents. *Canadian Journal on Aging, 9,* 400-409.

Dovidio, J.F., Brigham, J.C., Blair, T.J. & Gaertner, S.L. (1996). Stereotyping, prejudice, and discrimination: Another look. In C.N. Macrae, C. Stangor & M. Hewstone (Eds.), *Stereotypes and stereotyping* (pp. 276-319). New York: Guilford.

Duchin, S.W. & Mysak, E.D. (1987). Disfluency and rate characteristics of young adult, middle-aged, and older males. *Journal of Communication Disorders, 20,* 245-257.

Dunham, C.C. & Bengtson, V.L. (1986). Conceptual and theoretical perspectives on generational relations. In N. Datan, A.L. Greene & H.W. Reese (Eds.), *Life-span developmental psychology* (Vol. 9) (pp. 1-28). Hillsdale, NJ: Erlbaum.

Dunkel-Schetter, C. & Wortman, C.B. (1982). Dilemmas of social support: Parallels between victimization and aging. In S.B. Kiesler & J.N. Oppenheimer (Eds.), *Aging: Social change* (pp. 349-381). New York: Academic Press.

Dunkle, R.E. & Mikelthun, B.G. (1982). Intergenerational programming: An adopt-a-grandparent program in a retirement community. *Activities, Adaptation, and Aging, 3,* 93-105.

Dunton, B.C. & Fazio, R.H. (1997). An individual difference measure of motivation to control prejudiced relations. *Personality and Social Psychology Bulletin, 23,* 316-326.

Durand, R.M., Klemmack, D.L. & Roff, L.L. (1980). Re-examination of the relationship between age and fear of aging. *Journal of Psychology, 106,* 3-12.

Eagly, A.H. (1987). *Sex differences in social behavior: A social role interpretation.* Hillsdale, N.J.: Erlbaum.

Eagly, A.H. & Mladinic, A. (1989). Gender stereotypes and attitudes toward women and men. *Personality and Social Psychology Bulletin, 15,* 543-558.

Eagly, A.H., Ashmore, R.D., Makhijani, M.G. & Longo, L.C. (1991). „What is beautiful is good, but ...": A meta-analytic review of research on the physical attractiveness stereotype. *Psychological Bulletin, 110,* 109-128.

Eakes, G.G. (1985). The relationship between death anxiety and attitudes toward the elderly among nursing staff. *Death Studies, 9,* 163-172.

Eckes, T. (1994). Features of men, features of women: Assessing stereotypic beliefs about gender subtypes. *British Journal of Social Psychology, 33,* 107-123.

Edwards, C.P. & Lewis, M. (1979). Young children's concepts of social relations: Social functions and social objects. In M. Lewis & L. Rosenblum (Eds.), *The child and its family: The genesis of behavior* (2nd ed.) (pp. 245-266). New York: Plenum.

Edwards, H. & Noller, P. (1993). Perceptions of overaccommodation used by nurses in communication with the elderly. *Journal of Language and Social Psychology, 12,* 207-223.

Ehmer, J. (1990). *Sozialgeschichte des Alters.* Frankfurt: Suhrkamp.

Eichele, G. (1982). Das Bild des älteren Menschen in der lokalen Öffentlichkeit. In D. Blaschke & J. Franke (Hrsg.), *Freizeitverhalten älterer Menschen* (S. 63-69). Stuttgart: Enke.

Ekerdt, D.J. & DeViney, S. (1993). Evidence for a preretirement process among older male workers. *Journals of Gerontology, 48*, S35-S43.

Elder, G.H.J., Downey, G. & Cross, C.E. (1986). Family ties and life changes: Hard times and hard choices in women's live since the 1930s. In N. Datan, A.L. Greene & H.W. Reese (Eds.), *Life-span developmental psychology* (Vol. 9) (pp. 151-184). Hillsdale, NJ: Erlbaum.

Epstein, S. (1973). The self-concept revisited: A theory of a theory. *American Psychologist, 28*, 404-416.

Erber, J.T. (1989). Young and older adults' appraisal of memory failures in young and older target persons. *Journals of Gerontology, 44*, P170-P175.

Erber, J.T. & Danker, D.C. (1995). Forgetting in the workplace: Attributions and recommendations for young and older employees. *Psychology and Aging, 10*, 565-569.

Erber, J.T., Etheart, M.E. & Szuchman, L.T. (1992). Age and forgetfulness: Perceiver's impressions of target's capability. *Psychology and Aging, 7*, 479-483.

Erber, J.T., Szuchman, L.T. & Rothberg, S.T. (1990a). Age, gender, and individual differences in memory failure appraisal. *Psychology and Aging, 5*, 600-603.

Erber, J.T., Szuchman, L.T. & Rothberg, S.T. (1990b). Everyday memory failure: Age differences in appraisal and attribution. *Psychology and Aging, 5*, 236-241.

Erber, J.T., Szuchman, L.T. & Etheart, M.E. (1993). Age and forgetfulness: Young perceivers' impressions of young and older neighbors. *International Journal of Aging and Human Development, 37*, 91-103.

Erlemeier, N. & Lucas, U. (1990). Alte Menschen aus der Sicht von Ehrenamtlichen - ein Beitrag zur gerontologischen Einstellungsforschung. In R. Schmitz-Scherzer, A. Kruse & E. Olbrich (Hrsg.), *Altern - Ein lebenslanger Prozeß der sozialen Interaktion* (S. 375-386). Darmstadt: Steinkopff.

Erlemeier, N., Duwe, R., Weber, G. & Nassehi, A. (1992). Subjektive Theorien über ältere Menschen bei Ehrenamtlichen in der Altenhilfe. In J. Klauer & G. Rudinger (Hrsg.), *Kognitive, emotionale und soziale Aspekte des Alterns* (S. 87-117). Opladen: Westdeutscher Verlag.

Esses, V.M., Haddock, G. & Zanna, M.P. (1993). Values, stereotypes, and emotions as determinants of intergroup attitudes. In D.M. Mackie & D.L. Hamilton (Eds.), *Affect, cognition, and stereotyping. Interactive processes in group perception* (pp. 137-163). San Diego, CA: Academic Press.

Fabes, R.A. & Martin, C.L. (1991). Gender and age stereotypes of emotionality. *Personality and Social Psychology Bulletin, 17*, 532-540.

Fazio, R.H. (1998). Further evidence regarding the multiple category system: The role of attitude accessibility and hierarchical control. In R.S. Wyer (Ed.), *Stereotype activation and inhibition (= Advances in social cognition Vol.11)* (pp. 97-108). Mahwah, NJ: Erlbaum.

Fazio, R.H. & Dunton, B.C. (1997). Categorization by race: The impact of automatic and controlled components of racial prejudice. *Journal of Experimental Social Psychology, 33*, 451-470.

Featherstone, M. & Hepworth, M. (1990). Images of ageing. In J. Bond & P. Coleman (Eds.), *Ageing in society* (pp. 250-276). London: Sage.

Feingold, A. (1994). Gender differences in personality: A meta-analysis. *Psychological Bulletin, 17*, 429-456.

Felser, G. (1997). *Werbe- und Konsumentenpsychologie: eine Einführung.* Stuttgart: Schäffer-Poeschel.

Felson, R.B. (1996). Mass media effects on violent behavior. *Annual Review of Sociology, 22*, 103-128.

Ferraro, K.F. (1990). Group benefit orientation toward older adults at work? A comparison of cohort-analytic methods. *Journals of Gerontology, 45*, S220-S227.

Ferraro, K.F. (1992). Cohort change in images of older adults, 1974-1981. *Gerontologist, 32*, 296-304.

Ferring, D. & Filipp, S.-H. (1997a). Retrospektive Bewertungen des eigenen Lebens. *Zeitschrift für Entwicklungspsychologie und Pädagogische Psychologie, 29*, 83-95.

Ferring, D. & Filipp, S.-H. (1997b). Subjektives Wohlbefinden im Alter: Struktur- und Stabilitätsanalysen. *Psychologische Beiträge, 3*, 236-258.

Ferring, D. & Filipp, S.-H. (1999). Soziale Netze im Alter: Selektivität in der Netzwerkgestaltung, wahrgenommene Qualität der Sozialbeziehungen und Affekt. *Zeitschrift für Entwicklungspsychologie und Pädagogische Psychologie, 31*, 127-137 .

Fiehler, R. & Thimm, C. (Hrsg.). (1998). *Sprache und Kommunikation im Alter*. Opladen: Westdeutscher Verlag.

Filipp, S.-H. (Hrsg.). (1995). *Kritische Lebensereignisse* (3. Aufl.). Weinheim: Psychologie Verlags Union.

Filipp, S.-H. (1996). Motivation and emotion. In K.W. Schaie & J. Birren (Eds.), *Handbook of the psychology of aging* (5th ed.) (pp. 218-234). New York: Academic Press.

Filipp, S.-H. (1996). "Wie schön war doch die Jugendzeit..." - Lebensrückschau im Alter. In R. Schumann-Hengsteler & H.M. Trautner (Hrsg.), *Entwicklung im Jugendalter* (S. 217-238). Göttingen: Hogrefe.

Filipp, S.-H. (1997). Beziehungen zwischen den Generationen im Erwachsenenalter als Thema der verhaltenswissenschaftlichen Forschung. In L. Krappmann & A. Lepenies (Hrsg.), *Alt und Jung: Beziehungen zwischen den Generationen* (S. 229-242). Frankfurt/Main: Campus.

Filipp, S.-H. & Aymanns, P. (1996b). Bewältigungsstrategien. In R.H. Adler, J.H. Hermann, K. Köhle, O.W. Schonecke, Th. von Uexküll & W. Wesiack (Hrsg.), *Uexkülls Lehrbuch der Psychosomatischen Medizin.* (5. Aufl.) (S. 277-289). München: Urban & Schwarzenberg.

Filipp, S.-H. & Aymanns, P. (1996a). Subjektive Krankheitstheorien. In R. Schwarzer (Hrsg.), *Gesundheitspsychologie. Ein Lehrbuch* (2. Aufl.) (S. 3-21). Göttingen: Hogrefe.

Filipp, S.-H. & Boll, T. (1998). Konflikte zwischen den Generationen im Erwachsenenalter: Daten zu Verbreitung und Manifestationsformen aus einer Repräsentativerhebung. *Psychologische Beiträge, 40*, 235-253.

Filipp, S.-H. & Ferring, D. (1989). Zur Alters- und Bereichsspezifität subjektiven Alterserlebens. *Zeitschrift für Entwicklungspsychologie und Pädagogische Psychologie, 21*, 279-293.

Filipp, S.-H. & Freudenberg, E. (1989). *Der Fragebogen zur Erfassung dispositionaler Selbstaufmerksamkeit (SAM-Fragebogen)*. Göttingen: Hogrefe.

Fillmer, H.T. (1984). Children's descriptions of and attitudes toward the elderly. *Educational Gerontology, 10*, 99-107.

Fineman, N. (1994). Health care providers' subjective understandings of old age: Implications for threatened status in late life. *Journal of Aging Studies, 8*, 255-270.

Finkelstein, L.M., Burke, M.J. & Raju, M.S. (1995). Age discrimination in simulated employment contexts: An integrative analysis. *Journal of Applied Psychology, 80*, 652-663.

Fischer, C.S. (1982). *To dwell among friends. Personal networks in town and city.* Chicago, IL: University of Chicago Press.

Fischer, M. (1995). *Stadtplanung aus der Sicht der Ökologischen Psychologie*. Weinheim: Psychologie Verlags Union.

Fisher, W., Arluke, A. & Levin, J. (1984). The elderly sick role: An experimental analysis. *International Journal of Aging and Human Development, 20*, 161-165.

Fiske, S.T. (1993). Controlling other people: The impact of power on stereotyping. *American Psychologist, 48*, 621-628.

Fiske, S.T. & Neuberg, S.L. (1990). A continuum model of impression formation, from category-based to individuating processes: Influences of information and motivation on attention and interpretation. In M.P. Zanna (Ed.), *Advances in experimental social psychology* (Vol. 23) (pp. 1-74). New York: Academic Press.

Fiske, S.T. & Taylor, S.E. (1991). *Social cognition*. New York: McGraw-Hill.

Flavell, J.H., Botkin, P.T., Fry, C.L., Wright, J.W. & Jarvis, P.E. (1968). *The development of role-taking and communication skills in children*. New York: Wiley.

Foos, P.W. & Dickerson, A.E. (1996). People my age remember these things better. *Educational Gerontology*, *22*, 151-160.

Forgas, J.P. (1995). The affect infusion model (AIM). *Psychological Bulletin*, *117*, 39-66.

Fraboni, M., Saltstone, R. & Hughes, S. (1990). The Fraboni Scale of Ageism (FSA): An attempt at a more precise measure of ageism. *Canadian Journal of Aging*, *9*, 56-66.

Francher, J.S. (1981). "It's the Pepsi generation": Accelerated aging and the television commercial. In R. Kastenbaum (Ed.), *Old age in the new scene* (pp. 38-47). New York: Springer.

Franz, P. & Vaskovics, L. (1982). Die räumliche Segregation alter Menschen in bundesdeutschen Städten. *Zeitschrift für Gerontologie*, *15*, 280-287.

Friedan, B. (1995). *Mythos Alter*. Reinbek: Rowohlt.

Friedlander, B.Z. (1993). Community violence, children's development, and mass media: In pursuit of new insights, new goals and new strategies. *Psychiatry. Interpersonal and Biological Processes*, *56*, 66-81.

Galinsky, E. (1989). A case for intergenerational child care. *Journal of Children in Contemporary Society*, *20*, 239-243.

Galliker, M. & Klein, M. (1997). Implizite positive und negative Bewertungen – Eine Kontextanalyse der Personenkategorien "Senioren", "ältere Menschen", "alte Menschen" und "Greise" bei drei Jahrgängen einer Tageszeitung. *Zeitschrift für Gerontopsychologie und -psychiatrie*, *10*, 27-41.

Gantz, W., Gartenberg, H.M. & Rainbow, C.K. (1980). Approaching invisibility: The portrayal of the elderly in magazine advertisement. *Journal of Communication*, *30*, 56-60.

Gardner, D.L. & Perritt, L.J. (1983). Attitude changes toward the elderly: A national staff development program report. *Physical and Occupational Therapy in Geriatrics*, *2*, 17-30.

Gatz, M. & Pearson, C.G. (1988). Ageism revised and the provision of psychological services. *American Psychologist*, *43*, 184-188.

Geiger, D.L. (1978). How future professionals view the elderly: A comparative analysis of social work, law, and medical students' perceptions. *Gerontologist*, *18*, 591-594.

Gekoski, W.L. & Knox, V.J. (1990). Ageism or healthism? Perceptions based on age and health status. *Journal of Aging and Health*, *2*, 15-27.

Gerbner, G., Gross, L., Signorielli, N. & Morgan, M. (1980). Aging with television. Images on television drama and conception of social reality. *Journal of Communication*, *30*, 37-47.

Gerok, W. & Brandtstädter, J. (1994). Normales, krankhaftes und optimales Altern: Variations- und Modifikationsspielräume. In P.B. Baltes, J. Mittelstraß & U.M. Staudinger (Hrsg.), *Alter und Altern: Ein interdisziplinärer Studientext zur Gerontologie* (S. 356-385). Berlin: de Gruyter.

Giesen, C.B. (1989). Aging and attractiveness: Marriage makes a difference. *International Journal of Aging and Human Development*, *29*, 83-94.

Giles, H. & Williams, A. (1994). Patronizing the young: Forms and evaluations. *International Journal of Aging and Human Development*, *39*, 33-55.

Giles, H., Coupland, N. & Coupland, J. (1991). Accommodation theory: Communication, context, and consequence. In H. Giles, J. Coupland & N. Coupland (Eds.), *Contexts of accommodation: Developments in applied sociolinguistics. Studies in emotion and social interaction* (pp. 1-68). New York: Cambridge University Press.

Giles, H., Coupland, N. & Wiemann, J. (1992). "Talk is cheap..." but "My word is my bond": Beliefs about talk. In K. Bolton & H. Kwok (Eds.), *Sociolinguistics today: Eastern and Western perspectives*. (218-243). London: Routledge.

Giles, H., Fox, S. & Smith, E. (1993). Patronizing the elderly: Intergenerational evaluations. *Research in Language and Social Interaction*, *26*, 129-149.

Giles, H., Coupland, N., Henwood, K., Harriman, J. & Coupland, J. (1990). The social meaning of RP: An intergenerational perspective. In S. Ramsaran (Ed.), *Studies in the pronounciation of English* (pp. 191-211). London: Routledge.

Giles, H., Henwood, K., Coupland, N., Harriman, J. & Coupland, J. (1992). Language attitudes and cognitive mediation. *Human Communication Research*, *18*, 500-527.

Glass, J.C., Mustian, R.D. & Carter, L.R. (1986). Knowledge and attitudes of health-care providers toward sexuality in the institutionalized elderly. *Educational Gerontology*, *12*, 465-475.

Gleason, S.A. (1991). The influence of ageism upon physicians' prognosis and diagnosis of alcoholism. *Dissertation Abstracts International*, *52*, 2805-B.

Goffman, E. (1963). *Stigma*. Englewood Cliffs, NJ: Prentice Hall.

Gold, D.P. & Arbuckle, T.Y. (1995). A longitudinal study of off-target verbosity. *Journals of Gerontology*, *50*, P307-P315.

Gold, D.P., Andres, D.A., Arbuckle, T.Y. & Schwartzmann, A. (1988). Measurement and correlates of verbosity in elderly people. *Journals of Gerontology*, *43*, P27-P34.

Gold, D.P., Andres, D.A., Arbuckle, T.Y. & Zieren, C. (1993). Off-target verbosity and talkativeness in elderly people. *Canadian Journal on Aging*, *12*, 67-77.

Golde, P. & Kogan, N. (1959). A sentence completion procedure for assessing attitudes toward old people. *Journal of Gerontology*, *14*, 355-363.

Gomez, G.E., Otto, D., Blattstein, A. & Gomez, E.A. (1985). Beginning nursing students can change attitudes about the aged. *Journal of Gerontological Nursing*, *11*, 6-11.

Gould, O.N. & Dixon, R.A. (1993). How we spent our vacation: Collaborative storytelling by young and old adults. *Psychology and Aging*, *8*, 10-17.

Gould, O.N. & Dixon, R.A. (1997). Recall of medication instructions by young and elderly adult women: Is overaccommodative speech helpful? *Journal of Language and Social Psychology*, *16*, 50-69.

Graham, I.D. & Baker, P.M. (1989). Status, age, and gender: Perceptions of old and young people. *Canadian Journal on Aging*, *8*, 255-267.

Grainger, K. (1995). Communication and the institutionalized elderly. In J.F. Nussbaum & J. Coupland (Eds.), *Handbook of communication and aging research* (pp. 417-436). Mahwah, NJ: Erlbaum.

Graumann, C.F. & Wintermantel, M. (1989). Discriminatory speech acts: A functional approach. In D. Bar-Tal, C.F. Graumann, A.W. Kruglanski & W. Stroebe (Eds.), *Stereotyping and prejudice* (pp. 183-204). New York: Springer.

Greco, A.J. (1988). The elderly as communicators: Perceptions of advertising practitioners. *Journal of Advertising Research*, *28*, 39-46.

Green, S.K. (1981). Attitudes and perceptions about the elderly: Current and future perspectives. *International Journal of Aging and Human Development*, *13*, 99-119.

Green, S.K. (1984). Senility versus wisdom: The meaning of old age as a cause for behavior. *Basic and Applied Social Psychology*, *5*, 105-110.

Greenblatt, F. (1982). Adopt-a-grandchild program: Improving attitudes of adolescents toward the aged. *Activities, Adaptation, and Aging*, *3*, 21-25.

Greenblum, J. (1984). Age and capacity devaluation: A replication. *Social Science and Medicine*, *19*, 1181-1187.

Greene, M.G., Hoffman, S., Charon, R. & Adelman, R. (1987). Psychosocial concerns in the medical encounter: A comparison of the interactions of doctors with their old and young patients. *Gerontologist*, *27*, 164-168.

Greene, R.R. & Polivka, I.S. (1985). The meaning of Grandparent's Day cards: An analysis of visual images and implications. *Gerontologist*, *23*, 71.

Greenwald, A.G. & Banaji, M.R. (1995). Implicit social cognition: Attitudes, self-esteem, and stereotypes. *Psychological Review*, *102*, 4-27.

Griff, M., Lambert, D., Dellmann-Jenkins, M. & Fruit, D. (1996). Intergenerational activity analysis with three groups of older adults: Frail, community-living, and Alzheimer's. *Journal of Educational Gerontology*, *22*, 601-612.

Groeben, N. & Scheele, B. (1977). *Argumente für eine Psychologie des reflexiven Subjekts*. Darmstadt: Steinkopff.

Groeben, N., Wahl, D., Schlee, J. & Scheele, B. (1988). *Das Forschungsprogramm Subjektive Theorien. Eine Einführung in die Psychologie des reflexiven Subjekts*. Tübingen: Francke.

Gronemeyer, R. (1990). Elemente sozialer Infantilisierung alter Menschen. In Deutsches Zentrum für Altersfragen (Hrsg.), *Die ergraute Gesellschaft* (S. 439-445). Berlin: Eigenverlag.

Gubrium, J.F. (1986). *Oldtimers and Alzheimers: The descriptive organization of senility.* London: JAI Press.

Gulledge, J.K. (1992). Gerontological knowledge among clergy: Implications for seminary training. *Educational Gerontology, 18,* 637-644.

Haddock, G., Zanna, M.P. & Esses, V.M. (1993). Assessing the structure of prejudicial attitudes: The case of attitudes toward homosexuals. *Journal of Personality and Social Psychology, 65,* 1105-1118.

Häfner, H. (1994). Psychiatrie des höheren Lebensalters. In P.B. Baltes, J. Mittelstraß & U. Staudinger (Hrsg.), *Alter und Altern: Ein interdisziplinärer Studientext zur Gerontologie* (S. 151-179). Berlin: de Gruyter.

Hagen, A.R. (1985). *Die Medien und der ältere Mensch. Eine Analyse des Altersbildes in Fernsehsendungen in ARD und ZDF.* Unveröff. Diss., Universität Bonn.

Hagestadt, G.O. & Neugarten, B.L. (1986). Age and the life course. In R.H. Binstock & E. Shanos (Eds.), *Handbook of aging and the social sciences* (pp. 35-61). New York: Van Nostrand Reinhold.

Hamilton, D.L. & Gifford, R.K. (1976). Illusory correlation in interpersonal perception: A cognitive basis for stereotype judgments. *Journal of Experimental Social Psychology, 12,* 392-407.

Hamilton, D.L. & Sherman, J.W. (1994). Stereotypes. In R.S. Wyer & T.K. Srull (Eds.), *Handbook of social cognition* (2nd ed.) (pp. 1-68). Hillsdale, NJ: Erlbaum.

Hansson, R.O., DeKoekkoek, P.D., Neece, W.M. & Patterson, D.W. (1997). Successful aging at work: Annual Review, 1992-1996: The older worker and transitions to retirement. *Journal of Vocational Behavior, 51,* 202-233.

Harris, D.K. & Changas, P.S. (1994). Revision of Palmore's second Facts on Aging Quiz from a true-false to a multiple-choice format. *Educational Gerontology, 20,* 741-754.

Harris, L. & Associates (1974). *The myth and reality of aging in America.* Washington, DC: National Council on the Aging.

Harris, M.B. (1994). Growing old gracefully: Age concealment and gender. *Jounals of Gerontology, 49,* P149-P158.

Harris, M.B., Begay, C. & Page, P. (1989). Activities, family relationships and feelings about aging in a multicultural elderly sample. *International Journal of Human Development, 29,* 103-117.

Harris, M.J., Moniz, A.J., Sowards, B.A. & Krane, K. (1994). Mediation of interpersonal expectancy effects: Expectancies about the elderly. *Social Psychology Quarterly, 57,* 36-48.

Harwood, J. & Williams, A. (1998). Expectations for communication with positive and negative subtypes of older adults. *International Journal of Aging and Human Development, 47,* 11-33.

Harwood, J., Giles, H. & Ryan, E.B. (1995). Aging, communication, and intergroup theory: Social identity and intergenerational communication. In J.F. Nussbaum & J. Coupland (Eds.), *Handbook of communication and aging research* (pp. 133-159). Mahwah, NJ: Erlbaum.

Harwood, J., Giles, H., Fox, S., Ryan, E.B. & Williams, A. (1993). Patronizing young and elderly adults: Response strategies in a community setting. *Journal of Applied Communication Research, 21,* 211-226.

Harwood, J., Ryan, E.B., Giles, H. & Tysoski, S. (1997). Evaluations of patronizing speech and three response styles in a non-service-providing context. *Journal of Applied Communication Research, 25,* 170-195.

Hasher, L. & Zacks, R.T. (1988). Working memory, comprehension, and aging: A review and a new view. In G.H. Bower (Ed.), *The psychology of learning and motivation* (pp. 193-225). San Diego, CA: Academic Press.

Hasselkus, B.R. (1994). Three-track care: Older patient, family member, and physician in the medical visit. *Journal of Aging Studies, 8,* 291-307.

Hassell, B.L. & Perrewe, P.L. (1993). An examination of the relationship between older workers' perceptions of age discrimination and employee psychological states. *Journal of Managerial Issues*, *5*, 109-120.

Hassell, B.L. & Perrewe, P.L. (1995). An examination of beliefs about older workers: Do stereotypes still exist? *Journal of Organizational Behavior*, *16*, 457-468.

Hastenteufel, R. (1980). Die Darstellung alter Menschen in der Anzeigenwerbung. *Zeitschrift für Gerontologie*, *13*, 530-539.

Hauwiller, J.G. & Jennings, R. (1981). Counteracting age stereotyping with young school children. *Educational Gerontology*, *7*, 183-190.

Heckhausen, J. (1989). Normatives Entwicklungswissen als Bezugsrahmen zur (Re)Konstruktion der eigenen Biographie. In P. Alheit & E.M. Hoerning (Hrsg.), *Biographisches Wissen: Theoretische Konzepte und empirische Befunde* (S. 202-220). Frankfurt: Campus.

Heckhausen, J. (1997). Developmental regulation across adulthood: Primary and secondary control of age related challenges. *Developmental Psychology*, *33*, 176-187.

Heckhausen, J. (1999). *Developmental regulation in adulthood. Age-normative and sociostructural constraints as adaptive challenges.* Cambridge: Cambridge University Press.

Heckhausen, J. & Baltes, P.B. (1991). Perceived controllability of expected psychological changes across adulthood and old age. *Journals of Gerontology*, *45*, P165-P175.

Heckhausen, J. & Brim, O.G. (1997). Perceived problems for self and others: Self-protection by social downgrading throughout adulthood. *Psychology and Aging*, *12*, 610-619.

Heckhausen, J. & Krueger, J. (1993). Developmental expectations for the self and most other people: Age grading in three functions of social comparison. *Developmental Psychology*, *29*, 539-548.

Heckhausen, J., Dixon, R.A. & Baltes, P.B. (1989). Gains and losses in development throughout adulthood as perceived by different adult age groups. *Developmental Psychology*, *25*, 109-121.

Heckhausen, J., Hundertmark, J. & Krueger, J. (1992). Normative conceptions about the life course and their impact on adults' goal for development. *Studia Psychologica*, *34*, 15-28.

Heider, F. (1958). *The psychology of interpersonal relations.* New York: Wiley.

Heithfeld, U. (1979). *Ältere sind "Andere". Ein sozio-kulturelles Bild und seine Aufbereitung in den altenspezifischen Sendungen "Schaukelstuhl" (ARD)/"Mosaik" (ZDF) und der Werbung im Medium Fernsehen.* Unveröff. Diss., Freie Universität Berlin.

Helfrich, H. (1979). Age markers in speech. In H. Giles & K.R. Scherer (Eds.), *Social markers in speech* (pp. 63-107). Cambridge: Cambridge University Press.

Hellbusch, J.S., Corbin, D.E., Thorson, J.A. & Stacy, R.D. (1994). Physicians' attitudes towards aging. *Gerontology and Geriatrics Education*, *15*, 55-65.

Heller, R., B. & Dobbs, A.R. (1993). Age differences in word finding in discourse and nondiscourse situations. *Psychology and Aging*, *8*, 443-450.

Hermann, D.J. & Neisser, U. (1978). An inventory of everyday memory experiences. In P.E. Morris & R.N. Sykes (Eds.), *Practical aspects of memory* (pp. 35-51). New York: Academic Press.

Herrick, J.W. (1983). Interbehavioral perspectives on aging. *International Journal of Aging and Human Development*, *16*, 95-123.

Hewstone, M. (1996). Contact and categorization: Social psychological interventions to change intergroup relations. In C.N. Macrae, C. Stangor & M. Hewstone (Eds.), *Stereotypes and stereotyping* (pp. 323-368). New York: Guilford.

Hewstone, M. & Brown, R. (1986). Contact is not enough: An intergroup perspective on the "contact hypothesis". In M. Hewstone & R.J. Brown (Eds.), *Contact and conflict in intergroup encounters* (pp. 1-44). Oxford: Blackwell.

Hickey, T., Hickey, L.A. & Kalish, R.A. (1968). Children's perceptions of the elderly. *Journal of Genetic Psychology*, *112*, 227-235.

Hinske, N. (1986). *Lebenserfahrung und Philosophie.* Stuttgart: Frommann & Holzboog.

Hoffmeyer-Zlotnik, J. (1990). The Mannheim comparative network research. In J. Weesie & H. Flap (Eds.), *Social networks through time* (pp. 265-279). Utrecht: ISOR.

Hollenshead, C. & Ingersoll, B. (1982). Middle-aged and older women in print advertisements. *Educational Gerontology, 8*, 25-41.

Holtzman, J.M. & Akiyama, H. (1985). What children see: The aged on television in Japan and the United States. *Gerontologist, 25*, 62-68.

Hooker, K. (1992). Possible selves and perceived health in older adults and college students. *Journals of Gerontology, 47*, P85- P95.

Houle, R. & Feldmann, R.S. (1991). Emotional displays in children's television programming. *Journal of Nonverbal Behavior, 19*, 261-271.

Horn, M. & Naegele, G. (1976). Gerontologische Aspekte der Anzeigenwerbung. Ergebnisse einer Inhaltsanalyse von Werbeinseraten für ältere Menschen und mit älteren Menschen. *Zeitschrift für Gerontologie, 9*, 463-472.

Huber, G.L. & Mandl, H. (1982). *Verbale Daten. Eine Einführung in die Grundlagen und Methoden der Erhebung und Auswertung.* Weinheim: Beltz.

Huff, F.J. (1991). Language in normal aging and age-related neurological diseases. In R.D. Nebes & S. Corkin (Eds.), *Handbook of neuropsychology* (pp. 251-264). Amsterdam: Elsevier.

Hultsch, D.F. & Dixon, R.A. (1990). Learning and memory in aging. In J.E. Birren & K.W. Schaie (Eds.), *Handbook of the psychology of aging* (3rd ed.) (pp. 258-274). San Diego, CA: Academic Press.

Hummert, M.L. (1990). Multiple stereotypes of elderly and young adults: A comparison of structure and evaluations. *Psychology and Aging, 5*, 182-193.

Hummert, M.L. (1994a). Physiognomic cues to age and the activation of stereotypes of the elderly in interaction. *International Journal of Aging and Human Development, 39*, 5-19.

Hummert, M.L. (1994b). Stereotypes of the elderly and patronizing speech. In M.L. Hummert, J.M. Wiemann & J.F. Nussbaum (Eds.), *Interpersonal communication in older adulthood* (pp. 162-184). Thousand Oaks, CA: Sage.

Hummert, M.L. & Ryan, E.B. (1996). Toward understanding variations in patronizing talk addressed to older adults: Psycholinguistic features of care and control. *International Journal of Psycholinguistics, 12*, 149-169.

Hummert, M.L. & Shaner, J.L. (1994). Patronizing speech to the elderly: Relationship to stereotyping. *Communication Studies, 45*, 145-158.

Hummert, M.L., Garstka, T.A. & Shaner, J.L. (1995). Beliefs about language performance: Adults' perceptions about self and elderly targets. *Journal of Language and Social Psychology, 4*, 235-259.

Hummert, M.L., Garstka, T.A. & Shaner, J.L. (1997). Stereotyping of older adults: The role of target facial cues and perceiver characteristics. *Psychology and Aging, 12*, 107-114.

Hummert, M.L., Garstka, T.A., Shaner, J.L. & Strahm, S. (1994). Stereotypes of the elderly held by young, middle-aged, and elderly adults. *Journals of Gerontology, 49*, P240-P249.

Hummert, M.L., Garstka, T.A., Shaner, J.L. & Strahm, S. (1995). Judgements about stereotypes of the elderly: Attitudes, age associations, and typicality ratings of young, middle-aged, and elderly adults. *Research on Aging, 17*, 168-189.

Hummert, M.L., Shaner, J.L., Garstka, T.A. & Henry, C. (1998). Communication with older adults: The influence of age stereotypes, context, and communicator age. *Human Communication Research, 25*, 124-151.

Huntley, R., Hollien, H. & Shipp, T. (1987). Influence of listener characteristics on perceived age estimations. *Journal of Voice, 1*, 49-52.

Hupet, M., Chantraine, Y. & Nef, F. (1993). References in conversation between young and old normal adults. *Psychology and Aging, 8*, 339-346.

Hurrelmann, K. & Engel, U. (Eds.). (1989). *The social world of adolescents: International perspectives.* Berlin: de Gruyter.

Hutchison, S.L. & Lilienthal, R.A. (1980). Advisement to take risk: A study of attitudes toward the old. *International Journal of Behavioral Development, 3*, 19-26.

Hyland, D.T. (1982). Adult age differences in memory for personal information: The influence of age stereotypes on recognition memory. *Dissertation Abstracts International, 43*, 273-274.

Intrieri, R.C., Kelly, J.A., Brown, M.M. & Castilla, C. (1993). Improving medical students' attitudes toward and skills with the elderly. *Gerontologist, 33*, 373-378.
Intrieri, R.C., Eye, A. von & Kelly, J.A. (1995). The Aging Semantic Differential: A confirmatory factor analysis. *Gerontologist, 35*, 616-621.
Isaacs, L.W. & Bearison, D.J. (1986). The development of children's prejudice against the aged. *International Journal of Aging and Human Development, 23*, 15-194.

Jackson, D.N. (1967). *Personality Research Form Manual.* Gosten, NY: Research Psychologists Press.
Jackson, L.A. & Sullivan, L.A. (1988). The age stereotype disconfirming information and evaluations of old people. *Journal of Social Psychology, 128*, 721-729.
James, J.W. & Haley, W.E. (1995). Age and health bias in practicing clinical psychologists. *Psychology and Aging, 10*, 610-616.
James, L.E., Burke, D.M., Austin, A. & Hulme, E. (1998). Production and perception of "verbosity" in younger and older adults. *Psychology and Aging, 13*, 355-367.
Jensen, G.D. & Oakley, F.B. (1982). Ageism across cultures and in perspective of sociobiologic and psychodynamic theories. *International Journal of Aging and Human Development, 15*, 17-26.
Johnson, C.L. & Troll, L.E. (1994). Constraints and facilitators to friendship in late life. *Gerontologist, 17*, 412-420.
Jürgens, H.W. (1994). Das Bild des älteren Menschen in den elektronischen Medien. *Forum Demographie und Politik, 6*, 157-175.

Kaakinen, J.R. (1992). Living with silence. *Gerontologist, 32*, 258-264.
Kafer, R., Rakowski, W., Lachman, M. & Hickey, T. (1980). Aging Opinion Survey: A report on instrument development. *International Journal of Aging and Human Development, 11*, 319-333.
Kahana, E.F. & Kiyak, H.A. (1984). Attitudes and behavior of staff in facility for the aged. *Research on Aging, 6*, 395-416.
Kahneman, D. & Tversky, A. (1973). On the psychology of prediction. *Psychological Review, 80*, 237-251.
Kalab, K. (1985). Textbook reference to the older population. *Educational Gerontology, 11*, 225-235.
Karuza, J., Zevon, M.A., Gleason, T.A., Karuza, C.M., McArdle, J. & Nash, L. (1990). Models of helping and coping, responsibility attributions, and well-being in community elderly and their helpers. *Psychology and Aging, 5*, 194-208.
Katz, D. & Braley, K.W. (1933). Racial stereotypes of 100 college students. *Journal of Abnormal and Social Psychology, 23*, 280-290.
Katz, E. (1979). Some thoughts about the stigma notion. *Personality and Social Psychology Bulletin, 5*, 447-460.
Katz, P.A. (1976). The acquisition of racial attitudes in children. In P.A. Katz (Ed.), *Towards the elimination of racism* (pp. 125-154). New York: Pergamon.
Katz, R.S. (1990). Interdisciplinary gerontology education: Impact on multidimensional attitudes toward aging. *Gerontology and Geriatrics Education, 10*, 91-100.
Kaufmann, F.X., Engelbert, A., Herlth, A., Meier, B. & Strohmeier, K.P. (1989). *Hilfs- und Unterstützungsnetze von Familien (= Materialien der Bevölkerungswissenschaft, Sonderheft 17).* Wiesbaden: Bundesinstitut für Bevölkerungsforschung.
Kaye, L.W. & Alexander, L.B. (1995). Perceptions of job discrimination among lower-income, elderly part-timers. *Journal of Gerontological Social Work, 23*, 99-120.
Kearl, M.C. (1981). An inquiry into the positive personal and social effects of old age stereotypes among the elderly. *International Journal of Aging and Human Development, 14*, 277-290.
Kearl, M.C. (1986). Death as a measure of life: A research note on the Kastenbaum-Spilka strategy of obituary analyses. *Omega Journal of Death and Dying, 17*, 65-78.
Kearl, M.C., Moore, K. & Osberg, J.S. (1982). Political implications of the "new ageism". *International Journal of Aging and Human Development, 15*, 167-183.

Keller, M.L., Leventhal, E.A. & Larson, B. (1989). Aging: The lived experience. *International Journal of Aging and Human Development, 29,* 67-82.

Keller, M.L., Leventhal, H., Prohaska, T.R. & Leventhal, E.A. (1989). Beliefs about aging and illness in a community sample. *Research in Nursing and Health, 12,* 247-255.

Kelly, G.A. (1955). *The psychology of personal constructs.* New York: Norton.

Kemper, J. (1992). Psychotherapeutische Versorgung Alternder in der Nervenarztpraxis. *Zeitschrift für Gerontologie, 25,* 356-359.

Kemper, S. (1988). Geriatric psycholinguistics: Syntactic limitations of oral and written language. In L.L. Light & D.M. Burke (Eds.), *Language, memory, and aging* (pp. 58-76). New York: Cambridge University Press.

Kemper, S. (1992). Language and aging. In F.I.M. Craik & T.A. Salthouse (Eds.), *The handbook of aging and cognition* (pp. 213-270). Hillsdale NJ: Erlbaum.

Kemper, S. (1994). "Elderspeak": Speech accommodations to older adults. *Aging and Cognition, 1,* 1-10.

Kemper, S. & Kemtes, K. (1999). Aging and message production and comprehension. In N. Schwarz & D. Park (Eds.), *Cognition, aging and self-reports* (pp. 229-244). Hove: Erlbaum.

Kemper, S. & Lyons, K. (1994). The effects of Alzheimer's dementia on language and communication. In M.L. Hummert, J.M. Wiemann & J.F. Nussbaum (Eds.), *Interpersonal communication in older adulthood: Interdisciplinary theory and research* (pp. 58-83). Thousand Oaks, CA: Sage.

Kemper, S., Anagnopoulos, C., Lyons, K. & Heberlein, W. (1994). Speech accommodations to dementia. *Journals of Gerontology, 49,* P223-P229.

Kemper, S., Ferrell, P., Harden, T., Finter-Urczyk, A. & Billington, C. (1998). Use of elderspeak by young and older adults to impaired and unimpaired listeners. *Aging, Neuropsychology, and Cognition, 5,* 43-55.

Kemper, S., Finter-Urczyk, A., Ferrell, P., Harden, T. & Billington, C. (1998). Using elderspeak with older adults. *Discourse Processes, 25,* 55-73.

Kemper, S., Othik, M., Gerhing, H., Gubarchuk, J. & Billington, C. (1998). The effects of practicing speech accommodations to older adults. *Applied Psycholinguistics, 19,* 175-192.

Kemper, S., Othik, M., Warren, J., Gubarchuk, J. & Gerhing, H. (1996). Faciliating older adults' performance on a referential communication task through speech accommodations. *Aging, Neuropsychology, and Cognition, 3,* 37-55.

Kemper, S., Rash, S., Kynette, D. & Norman, S. (1990). Telling stories: The structure of adults' narratives. *European Journal of Cognitive Psychology, 2,* 205-228.

Kemper, S., Vandeputte, D., Rice, K., Cheung, H. & Gubarchuk, J. (1995). Speech adjustment to aging during a referential communication task. *Journal of Language and Social Psychology, 14,* 40-59.

Kent, K.E.M. & Shaw, P. (1980). Age in time: A study in stereotyping. *Gerontologist, 20,* 598-601.

Kern, K. (1990). Some aspects of doctor-patient relationships and the older patient. *Zeitschrift für Gerontologie, 23,* 354-360.

Kidwell, I.J. & Booth, A. (1973). Social distance and intergenerational relations. *Gerontologist, 17,* 412-420.

Kimmel, D.C. (1988). Ageism, psychology, and public policy. *American Psychologist, 43,* 175-178.

Kingston, A.J. & Drotter, M.W. (1981). The depiction of old age in six basal readers. *Educational Gerontology, 6,* 29-34.

Kirchhöfer, D. (1992). Eine Umbruchsgeneration? Wende- und Vereinigungserfahrungen. In Jugendwerk der Deutschen Shell (Hrsg.), *Jugend '92, Bd. 2* (S. 15-34) Opladen: Leske + Budrich.

Kite, M.E. & Johnson, B.T. (1988). Attitudes toward older and younger adults: A meta-analysis. *Psychology and Aging, 3,* 233-244.

Kite, M.E., Deaux, K. & Miele, M. (1991). Stereotypes of young and old: Does age outweigh gender? *Psychology and Aging, 6,* 19-27.

Klauer, T., Ferring, D. & Filipp, S.-H. (1998). Still stable after all this...? Temporal comparisons in coping with severe and chronic disease. *International Journal of Behavioral Development, 22*, 339-355.

Klein, B. (1995). Programmstatistik und Programmschema. In H.D. Erlinger (Hrsg.), *Handbuch des Kinderfernsehens* (S. 513-548). Konstanz: Ölschläger.

Kliegl, R. & Baltes, P.B. (1991). Testing-the-limits kognitiver Entwicklungskapazität in einer Gedächtnisleistung. *Zeitschrift für Psychologie, 11*, 84-92.

Kline, D.W. & Scialfa, C.T. (1996). Visual and auditory aging. In J.E. Birren & K.W. Schaie (Eds.), *Handbook of the psychology of aging* (4th ed.) (pp. 181-203). San Diego, CA: Academic Press.

Kline, D.W., Scialfa, C.T., Stier, D.L. & Babbitt, T.J. (1990). Effects of bias and educational experience on two knowledge of aging questionnaires. *Educational Gerontology, 16*, 297-310.

Knox, V.J. & Gekoski, W.L. (1989). The effect of judgment context on assessments of age groups. *Canadian Journal on Aging, 8*, 244-254.

Knox, V.J., Gekoski, W.L. & Kelly, L.E. (1995). The Age Group Evaluation and Description (AGED) Inventory: A new instrument for assessing stereotypes of and attitudes toward age groups. *International Journal of Aging and Human Development, 40*, 31-55.

Kobrynowicz, D. & Biernat, M. (1998). Considering correctness, contrast, and categorization in stereotyping phenomena. In R.S. Wyer (Ed.), *Stereotype activation and inhibition (= Advances in social cognition Vol. 11)* (pp. 109-126). Mahwah, NJ: Erlbaum.

Kocarnik, R.A. & Ponzetti, J.J. (1986). The influence of intergenerational contact on child care participants' attitudes toward the elderly. *Child Care Quarterly, 15*, 244-250.

Kogan, N. (1961). Attitudes toward old people: The development of a scale and examination of correlates. *Journal of Abnormal and Social Psychology, 62*, 616-622.

Kogan, N. (1979a). Beliefs, attitudes, and stereotypes about old people. *Research on Aging, 1*, 11-36.

Kogan, N. (1979b). A study of age categorization. *Journal of Gerontology, 34*, 358-367.

Kogan, N. & Mills, M. (1992). Gender influences on age cognitions and preferences: Sociocultural or sociobiological? *Psychology and Aging, 7*, 98-106.

Kogan, N. & Shelton, F.C. (1960). Differential cue value of age and occupation in impression formation. *Psychological Reports, 7*, 203-216.

Kohli, M. (1985). Die Institutionalisierung des Lebenslaufs. *Kölner Zeitschrift für Soziologie und Sozialpsychologie, 1*, 1-29.

Kohli, M. (1989). Erwerbsleben und Ruhestand. *Zeitschrift für Gerontopsychologie und -psychiatrie, 2*, 47-54.

Kohli, M. (1991). Lebenslauftheoretische Ansätze in der Sozialforschung. In K. Hurrelmann & D. Ulich (Hrsg.), *Neues Handbuch der Sozialisationsforschung* (S. 303-320). Weinheim: Beltz.

Kohli, M. (1995). Rural families as a model for intergenerational transmission. In V.L. Bengtson, K.W. Schaie & L.M. Burton (Eds.), *Adult intergenerational relations: Effects of societal change* (pp. 66-78). New York: Springer.

Kohli, M. & Wolf, J. (1987). Altersgrenzen im Schnittpunkt von betrieblichen Interessen und individueller Lebensplanung. *Soziale Welt, 1*, 92-110.

Kolland, F. (1991). Intergenerationelles Lernen: Ein Paradigma (?) auf dem Prüfstand. Positionen der Geragogik im "Spätstudium": Ergebnisse einer Befragung von Spätstudierenden. *Unterrichtswissenschaft, 19*, 167-186.

Kornhaber, A. & Woodward, K.L. (1985). *Grandparents / Grandchildren: The vital connection*. New Brunswick, NJ: Transaction Books.

Korthase, K.M. & Trenholme, I. (1983). Children's perceptions of age and physical attractiveness. *Perceptual and Motor Skills, 56*, 895-900.

Korzenny, F. & Neuendorf, K. (1980). Television viewing and self-concept of the elderly. *Journal of Communication, 30*, 71-80.

Kovar, M.G. & Stone, R.I. (1992). The social environment of the very old. In R.M. Suszman, D.P. Wilks & K.G. Manton (Eds.), *The oldest old* (pp. 303-320). Oxford: Oxford University Press.

Krampen, G., Freilinger, J. & Wilmes, L. (1994). Entwicklungsbezogene Orientierungen im Umgangswissen. Zur Ausprägung und Veränderbarkeit allgemeiner Entwicklungsvorstellungen bei Erwachsenen. *Zeitschrift für Entwicklungspsychologie und Pädagogische Psychologie, 26*, 185-196.

Krappmann, L. (1997). Brauchen junge Menschen alte Menschen? In L. Krappmann & A. Lepenies (Hrsg.), *Alt und Jung: Spannung und Solidarität zwischen den Generationen* (S. 185-204). Frankfurt: Campus.

Krappmann, L. & Lepenies, A. (Hrsg.). (1997). *Alt und Jung: Spannung und Solidarität zwischen den Generationen.* Frankfurt: Campus.

Krause, D. & Chapin, R. (1987). An examination of attitudes about old age in a sample of elementary school children. *Gerontology and Geriatrics Education, 7*, 81-91.

Krueger, J. & Clement, R.W. (1994). Memory-based judgments about multiple categories: A revision and extension of Tajfel's accentuation theory. *Journal of Personality and Social Psychology, 67*, 35-47.

Krueger, J. & Rothbart, M. (1988). Use of categorical and individuating information in making inferences about personality. *Journal of Personality and Social Psychology, 55*, 187-195.

Krueger, J. & Rothbart, M. (1990). Contrast and accentuation effects in category learning. *Journal of Personality and Social Psychology, 59*, 651-663.

Krueger, J., Heckhausen, J. & Hundertmark, J. (1995). Perceiving middle-aged adults: Effects of stereotype-congruent and incongruent information. *Journals of Gerontology, 50*, P82-P93.

Kruse, A. & Wilbers, J. (1987). Der alte Mensch in Familie und Gesellschaft. In H. Thomae, A. Kruse & J. Wilbers (Hrsg.), *Kompetenz und soziale Beziehungen im Alter. Materialien zum Vierten Familienbericht* (Bd. 2) (S. 117-277). München: Deutsches Jugendinstitut.

Kruse, L. & Thimm, C. (1997). Das Gespräch zwischen den Generationen. In L. Krappmann & A. Lepenies (Hrsg.), *Alt und Jung: Spannung und Solidarität zwischen den Generationen* (S. 112-136). Frankfurt: Campus.

Kuehne, V.S. (1989). "Family friends": An innovative example of intergenerational family support services. *Children's Health Care, 18*, 237-246.

Kwong See, S.T. & Ryan, E.B. (1995). Cognitive mediation of adult age differences in language performance. *Psychology and Aging, 10*, 458-468.

Lachman, M.E. (1986). Locus of control in aging research: A case for multidimensional and domain-specific assessment. *Psychology and Aging, 1*, 34-40.

Lachman, M.E., Baltes, P., Nesselroade, J.R. & Willis, S.L. (1982). Examination of personality-ability relationships in the elderly: The role of the contextual (interface) assessment mode. *Journal of Research in Personality, 16*, 485-501.

Lambert, A.J., Khan, S., Lickel, B. & Fricke, K. (1997). Mood and the correction of positive vs. negative stereotypes. *Personality and Social Psychology Bulletin, 72*, 1002-1116.

Lanceley, A. (1985). Use of controlling language in the rehabilitation of the elderly. *Journal of Advanced Nursing, 10*, 125-135.

Lang, F.R. (1996). Social support relationships of parents and non-parents in old age and very old age. In H. Mollenkopf (Ed.), *Elderly people in industrialized societies* (pp. 41-51). Berlin: Edition Sigma.

Lang, F.R. & Baltes, M.M. (1997). Brauchen alte Menschen junge Menschen? Überlegungen zu den Entwicklungsaufgaben im hohen Lebensalter. In L. Krappmann & A. Lepenies (Hrsg.), *Alt und Jung: Spannung und Solidarität zwischen den Generationen* (S. 161-184). Frankfurt: Campus.

Lang, F.R. & Carstensen, L.L. (1994). Close emotional relationships in late life: Further support for proactive aging in the social domain. *Psychology and Aging, 9*, 315-324.

Lang, F.R., Görlitz, D. & Seiwert, M. (1992). Altersposition und Beurteilungsperspektive als Faktoren laienpsychologischer Urteile über Entwicklung. *Zeitschrift für Entwicklungspsychologie und Pädagogische Psychologie, 24*, 298-316.

Lange, A. & Lüscher, K. (1996). Von der Form zum Prozess? Ein konzeptueller Beitrag zur Frage nach der Bedeutung veränderter familialer Strukturen für das Aufwachsen von

Kindern. *Zeitschrift für Sozialisationsforschung und Erziehungssoziologie, 16*, 229-245.

Lantermann, E.D. & Laveaux, P. (1978). Generalisierung über Personen und Situationen bei der Beurteilung alter Menschen. *Zeitschrift für Sozialpsychologie, 9*, 165-172.

Laurie, W.F. (1982). White House Conference on Aging literature: A gold mine of issues for the 1980s. *Gerontologist, 22*, 60.

Laver, G.D. & Burke, D.M. (1993). Why do semantic priming effects increase in old age? A meta-analysis. *Psychology and Aging, 8*, 34-43.

Laver, J. & Trudgill, P. (1979). Phonetic and linguistic markers in speech. In K.R. Scherer & H. Giles (Eds.), *Social markers in speech* (pp. 1-32). Cambridge: Cambridge University Press.

Lee, J.A. & Clemons, T. (1985). Factors affecting employment decisions about older workers. *Journal of Applied Psychology, 70*, 785-788.

Lehr, U. (1978). The situation of the elderly woman: Psychological and social aspects. *Zeitschrift für Gerontologie, 11*, 6-26.

Lehr, U. (1998). Leben und Wohnen im Alter. *Wohnen im Alter, 1*, 41-45.

Lehr, U. & Niederfranke, A. (1991). Altersbilder und Altersstereotype. In W.D. Oswald, W.M. Herrmann, S. Kanowski, U.M. Lehr & H. Thomae (Hrsg.), *Gerontologie. Medizinische, psychologische und sozialwissenschaftliche Grundbegriffe* (2. Aufl.) (S. 38-46). Stuttgart: Kohlhammer.

Lehr, U., Esser, R. & Raithelhuber, K. (1971). Das Bild des 40- und 60jährigen bei 10- und 14jährigen Kindern. *Aktuelle Gerontologie, 1*, 705-710.

Leitner, M.J. (1982). The representation of aging in pop/rock music of the 1960s and '70s. *Activities, Adaptation, and Aging, 3*, 49-53.

Leventhal, E.A. (1984). Aging and the perception of illness. *Research on Aging, 6*, 119-135.

Levinson, D.J. (1986). A conception of adult development. *American Psychologist, 41*, 3-13.

Levitt, M.J., Weber, R.A. & Guacci, N. (1993). Convoys of social support: An intergenerational analysis. *Psychology and Aging, 8*, 323-326.

Levy, B. (1996). Improving memory in old age through implicit self-stereotyping. *Journal of Personality and Social Psychology, 71*, 1092-1107.

Levy, B. & Langer, E. (1994). Aging free from negative stereotypes: Successful memory in China and among the American deaf. *Journal of Personality and Social Psychology, 66*, 989-997.

Lewis, J.M. & Johansen, K.H. (1982). Resistances to psychotherapy with the elderly. *American Journal of Psychotherapy, 36*, 497-504.

Leyens, J.-P., Yzerbyt, V. & Schadron, G. (1994). *Stereotypes and social cognition.* London: Sage.

Light, L.L. (1988). Language and aging: Competence vs. performance. In J.E. Birren & V.L. Bengtson (Eds.), *Emergent theories of aging* (pp. 177-213). New York: Springer.

Lilli, W. (1975). Zur Konvergenz der absoluten und der relativen Akzentuierungstheorie. *Zeitschrift für Sozialpsychologie, 6*, 189-201.

Lipperheide, F. Freiherr v. (1907). *Spruchweisheiten* (8. unveränderter Nachdruck 1976). Berlin: Haude und Speenersche Verlagsbuchhandlung.

Lohmann, N.L. (1977). Correlation of life satisfaction, morale, and adjustment measure. *Journal of Gerontology, 32*, 73-75.

Lubinski, R. (1981). Language and aging: An environmental approach to intervention. *Topics in Language Disorders, 1*, 89-97.

Lubinski, R., Morrison, E.B. & Rigorodski, S. (1981). Perception of spoken communication by elderly chronically ill patients in an institutional setting. *Journal of Speech and Hearing Disorders, 46*, 405-412.

Lubomudrov, S. (1987). Congressional perceptions of the elderly: The use of stereotypes in the legislative process. *Gerontologist, 27*, 77-81.

Luken, P.C. (1987). Social identity in later life: A situational approach to understanding old age stigma. *International Journal of Aging and Human Development, 25*, 177-193.

Lüscher, K. (1993). Generationenbeziehungen - Neue Zugänge zu einem alten Thema. In K. Lüscher & F. Schultheis (Hrsg.), *Generationenbeziehungen in "postmodernen" Gesellschaften* (S. 17-47). Konstanz: Universitätsverlag.

Lüscher, K. & Pajung-Bilger, B. (1998). *Forcierte Ambivalenzen. Ehescheidung als Herausforderung an die Generationenbeziehungen unter Erwachsenen.* Konstanz: Universitätsverlag.

Luszcz, M.A. & Fitzgerald, K.M. (1986). Understanding cohort differences in cross-generational, self, and peer perceptions. *Journal of Gerontology, 41,* 234-240.

Luszki, M. & Luszki, W. (1985). Advantages of growing old. *Journal of the American Geriatrics Society, 33,* 216-217.

MacKay, D.G. & Abrams, L. (1996). Language, memory, and aging: Distributed deficits and the structure of new-versus-old connections. In J. Birren & K.W. Schaie (Eds.), *Handbook of the psychology of aging* (4th ed.) (pp. 251-265). San Diego, CA: Academic Press.

Mackie, D.M. & Hamilton, D.L. (1993). *Affect, cognition, and stereotyping: Interactive processes in group perception.* San Diego, CA: Academic Press.

Mackie, D.M., Hamilton, D.L., Susskind, J. & Rosselli, F. (1996). Social psychological foundations of stereotype formation. In C.N. Macrae, C. Stangor & M. Hewstone (Eds.), *Stereotypes and stereotyping* (pp. 41-78). New York: Guilford.

MacNeil, R.D. (1991). Attitudes toward the aged and identified employment preferences of therapeutic recreation students. *Educational Gerontology, 17,* 543-558.

Macrae, C.N., Bodenhausen, G.V. & Milne, A.B. (1998). Saying no to unwanted thoughts: Self-focus and the regulation of mental life. *Journal of Personality and Social Psychology, 74,* 578-589.

Macrae, C.N., Milne, A.B. & Bodenhausen, G.V. (1994). Stereotypes as energy-saving devices: A peek inside the cognitive toolbox. *Journal of Personality and Social Psychology, 66,* 37-47.

Macrae, C.N., Stangor, C. & Hewstone, M. (Eds.). (1996). *Stereotypes and stereotyping.* New York: Guilford.

Macrae, C.N., Bodenhausen, G.V., Milne, A.B. & Jetten, J. (1994). Out of mind but back in sight: Stereotypes on the rebound. *Journal of Personality and Social Psychology, 67,* 808-817.

Macrae, C.N., Bodenhausen, G.V., Milne, A.B. & Wheeler, V. (1996). On resisting the temptation for simplification: Counterintentional effects of stereotype suppression on social memory. *Social Cognition, 14,* 1-20.

Malatesta, C.Z., Izard, C.E., Culver, C. & Nicolich, M. (1987). Emotion communication skills in young, middle-aged, and older women. *Psychology and Aging, 2,* 193-203.

Mannheim, K. (1928). Das Problem der Generationen. *Kölner Vierteljahreshefte für Soziologie, 7,* 157-185;309-330.

Marcoen, A. (1979). Children's perceptions of aged persons and grandparents. *International Journal of Behavioral Development, 2,* 87-105.

Marks, R., Newman, S. & Onawola, R. (1985). Latency-aged children's views of aging. *Educational Gerontology, 11,* 89-99.

Markus, H. & Nurius, P. (1986). Possible selves. *American Psychologist, 41,* 954-969.

Marsiske, M., Delius, J., Maas, J., Lindenberger, U., Scherer, H. & Tesch-Römer, C. (1996). Sensorische Systeme im Alter. In K.U. Mayer & P.B. Baltes (Hrsg.), *Die Berliner Altersstudie* (S. 379-403). Berlin: Akademie Verlag.

Martin, C.L. (1987). A ratio measure of sex stereotyping. *Journal of Personality and Social Psychology, 52,* 489-499.

Marzi, H. (1991). Status im Alter - eine Auseinandersetzung mit der ethnosoziologischen Altersforschung. *Zeitschrift für Gerontologie, 24,* 271-275.

Mason, C.F. & Rebok, G.W. (1984). Psychologists' self-perceptions of their intellectual aging. *International Journal of Behavioral Development, 7,* 255-266.

Massing, A., Reich, G. & Sperling, E. (1992). *Die Mehrgenerationen-Familientherapie* (2. Aufl.). Göttingen: Vandenhoeck & Ruprecht.

Mayer, A.K., Filipp, S.-H. & Ferring, D. (1996). Der Reminiszenzfragebogen als Indikator der Häufigkeit des Reminiszierens: Skalenkonstruktion und teststatistische Überprüfung. *Diagnostica, 42,* 175-189.

Mayer, K.U. & Baltes, P.B. (Hrsg.). (1996). *Die Berliner Altersstudie.* Berlin: Akademie Verlag.

Mayring, P. (1985). Qualitative Inhaltsanalyse. In G. Jüttemann (Hrsg.), *Qualitative Forschung in der Psychologie* (S. 187-211). Weinheim: Beltz.

McAlpine, C.H., Gilhooly, M.L.M., Murray, K., Lennox, I.M. & et al. (1995). Medical students and geriatric medicine. *Academic Medicine, 70,* 749-750.

McCall, T., Dancer, J., Drummond, S., Gentry, B., et al. (1993). Listener perceptions of older versus younger adult speech: Implications for professionals and families. *Educational Gerontology, 19,* 503-509.

McCauley, C. & Stitt, C.L. (1978). An individual and quantitative measure of stereotypes. *Journal of Personality and Social Psychology, 36,* 929-940.

McConatha, J.T. & Ebener, D. (1992). Relationship between client age and counselor trainees' perceptions of presenting problems, therapeutic methods, and prognoses. *Educational Gerontology, 18,* 795-802.

McFarland, C., Ross, M. & Giltrow, M. (1992). Biased recollections in older adults: The role of implicit theories of aging. *Journal of Personality and Social Psychology, 62,* 837-850.

McGee, J. & Barker, M. (1982). Deference and dominance in old age: An exploration in social theory. *International Journal of Aging and Human Development, 15,* 247-262.

McGuire, S.L. (1993). Promoting positive attitudes through aging education: A study with preschool children. *Gerontology and Geriatrics Education, 13,* 3-12.

McGuire, W.J. & McGuire, C.V. (1982). Significant others in self-space: Sex differences and developmental trends in the social self. In J. Suls (Ed.), *Psychological perspectives on the self* (Vol. 1) (pp. 71-96). Hillsdale,NJ: Erlbaum.

McTavish, D. (1971). Perceptions of old people: A review of research methodologies and findings. *Gerontologist, 11,* 90-101.

Meadows, R.E. & Fillmer, T. (1987). Depictions of aging in basal readers of the 1960s and 1980s. *Educational Gerontology, 13,* 85-100.

Meier, A. & Edwards, H. (1974). Purpose in Life Test: Age and sex differences. *Journal of Clinical Psychology, 30,* 384-386.

Melvold, J.L., Au, R., Obler, L.K. & Albert, M.L. (1994). Language during aging and dementia. In M. Albert & J.E. Knoefel (Eds.), *Clinical neurology of aging* (2nd ed.). Oxford: Oxford University Press.

Menec, V.H. & Perry, R.P. (1995). Reactions to stigmas: The effect of target's age and controllability of stigmas. *Journal of Aging and Health, 7,* 365-383.

Mergler, N.L., Faust, M. & Goldstein, M.D. (1985). Storytelling as an age-dependent skill: Oral recall of orally presented stories. *International Journal of Aging and Human Development, 20,* 205-228.

Meyer, W.-U. (1984). *Das Konzept von der eigenen Begabung.* Bern: Huber.

Miller, S.M., Blalock, J. & Ginsburg, H.J. (1984). Children and the aged: Attitudes, contact, and discriminative ability. *International Journal of Aging and Human Development, 19,* 47-53.

Milligan, W.L., Prescott, L., Powell, D.A. & Furchtgott, E. (1989). Attitudes towards aging and physical health. *Experimental Aging Research, 15,* 33-41.

Minnemann, E. (1992). Soziale Beziehungen älterer Menschen. In A. Niederfranke, U.M. Lehr, F. Oswald & G. Maier (Hrsg.), *Altern in unserer Zeit* (S. 139-150). Heidelberg: Quelle & Meyer.

Mitchell, J., Wilson, K., Revicki, D. & Parker, L. (1985). Children's perceptions of aging: A multidimensional approach to differences by age, sex, and race. *Gerontologist, 25,* 182-187.

Moeller, T.G. (1982). Does taking developmental psychology affect students' reactions to aging? *Teaching of Psychology, 9,* 95-99.

Molfese, V.J., Hoffman, S. & Yuen, R. (1981). The influence of setting and task partner on the performance of adults over age 65 on a communication task. *International Journal of Aging and Human Development, 14,* 45-53.

Monk, A. (Ed.). (1990). *Health care of the aged: needs, policies, and services.* New York: Haworth.

Montada, L. (1992). Attribution of responsibility for losses and perceived injustice. In L. Montada, S.-H. Filipp & M.J. Lerner (Eds.), *Life crises and experiences of loss in adulthood* (pp. 133-161). Hillsdale, NJ: Erlbaum.

Montada, L. (Hrsg.). (1994). *Arbeitslosigkeit und soziale Gerechtigkeit.* Frankfurt: Campus.

Montada, L. & Lerner, M.J. (Eds.). (1996). *Current social concerns about justice.* New York: Plenum.

Montepare, J.M. & McArthur, L.Z. (1986). The influence of facial characteristics on children's age perceptions. *Journal of Experimental Child Psychology, 42,* 303-314.

Montepare, J.M. & Vega, C. (1988). Women's vocal reactions to intimate and casual male friends. *Personality and Social Psychology Bulletin, 14,* 103-113.

Montepare, J.M. & Zebrowitz-McArthur, L. (1988). Impressions of people created by age-related qualities of their gaits. *Journal of Personality and Social Psychology, 55,* 547-556.

Montepare, J.M., Steinberg, J. & Rosenberg, B. (1992). Characteristics of vocal communication between young adults and their parents and grandparents. *Communication Research, 19,* 479-492.

Moser, K. (1990). *Werbepsychologie.* Weinheim: Psychologie Verlags Union.

Mulac, A. & Giles, H. (1996). "You're only as old as you sound": Perceived vocal age and social meanings. *Health Communication, 8,* 199-215.

Müller-Schöll, A. & Thomas, V. (1995). *Dialog der Generationen*(Projektbericht). Bonn: Bundesministerium für Familie, Senioren, Frauen und Jugend.

Mullins, L.C. (1982). Locus of desired control and patient role among the institutionalized elderly. *Journal of Social Psychology, 116,* 269-276.

Munnichs, J.M. & Van der Bom, J.A. (1979). Interventions in the Netherlands. *Zeitschrift für Gerontologie, 12,* 114-124.

Münz, R. (1997). Rentnerberg und leere Schulen? Das Verhältnis der Generationen aus demographischer Sicht. In L. Krappmann & A. Lepenies (Hrsg.), *Alt und Jung: Spannung und Solidarität zwischen den Generationen* (S. 49-66). Frankfurt: Campus.

Myrtek, M., Scharff, C. & Brügner, G. (1997). Psychophysiologische Untersuchungen zum Fernsehverhalten bei 11- und 15jährigen Schülern unter besonderer Berücksichtigung der emotionalen Reaktion. In M. Charlton & S. Schneider (Hrsg.), *Rezeptionsforschung: Theorien und Untersuchungen zum Umgang mit Massenmedien* (S. 122-147). Opladen: Westdeutscher Verlag.

Nathanson, P.S. (1989). Political imperative for intergenerational programs? *Journal of Children in Contemporary Society, 20,* 111-114.

Nave-Herz, R. (1989). Jugendsprache. In M. Markefka & R. Nave-Herz (Hrsg.), *Handbuch der Familien- und Jugendforschung. Bd. 2: Jugendforschung* (S. 625-633). Neuwied: Luchterhand.

Netz, Y. & Ben-Sira, D. (1993). Attitudes of young people, adults, and older adults from three-generation families toward the concepts "ideal person", "youth", "adult", and "old person". *Educational Gerontology, 19,* 607-621.

Neugarten, B.L., Moore, J.W. & Lowe, J.C. (1965). Age norms, age constraints, and adult socialization. *American Journal of Sociology, 70,* 710-717.

Neumann-Bechstein, W. (1982). *Altensendungen im Fernsehen als Lebenshilfe. Eine Inhaltsanalyse der Altensendungen Mosaik und Schaukelstuhl mit einem Exkurs zu den Serien "Unternehmen Rentnerkommune" und "Un-Ruhestand".* München: Minerva.

Newman, J.P. (1989). Aging and depression. *Psychology and Aging, 4,* 150-165.

Newman, S., Karip, E. & Faux, R.B. (1995). Everyday memory function of older adults: The impact of intergenerational school volunteer programs. *Educational Gerontology, 21,* 569-580.

Newman, S., Lyons, C.W. & Onawola, R.S. (1985). The development of an intergenerational service-learning program at a nursing home. *Gerontologist, 25,* 130-133.

Ng, S.H. & Bradac, J.J. (1993). *Power in language: Verbal communication and social influence.* Newbury Park, CA: Sage.

Ng, S.H., Liu, J.H., Weatherall, A. & Loong, C.S.F. (1997). Younger adults' communication experiences and contact with elders and peers. *Human Communication Research*, 24, 82-102.

Niederfranke, A. (1991). Älterwerden im Beruf: Berufs- und Lebensperspektiven älterer Arbeitnehmerinnen und Arbeitnehmer. *Zeitschrift für Gerontologie, 24,* 251-256.

Niederfranke, A., Schmitz-Scherzer, R. & Filipp, S.-H. (1996). Die Farben des Herbstes. Die vielen Gesichter des Alters heute. In G. Naegele & A. Niederfranke (Hrsg.), *Funkkolleg Altern – Studientexte* (S. 4-43). Tübingen: Deutsches Institut für Fernstudienforschung.

Nishi-Strattner, M. & Myers, J.E. (1983). Attitudes toward the elderly: An intergenerational examination. *Educational Gerontology, 9,* 389-397.

Noesjirwan, J., Gault, U. & Crawford, J. (1983). Beliefs about memory in the aged. *Journal of Cross Cultural Psychology, 14,* 455-468.

Norris, J.E., Tindale, J.A. & Mathews, A.M. (1987). The factor structure of the Facts on Aging Quiz. *Gerontologist, 27,* 673-676.

Nuessel, F.H. (1982). The language of ageism. *Gerontologist, 22,* 273-276.

Nurmi, J., Pulliainen, H. & Salmela-Aro, K. (1992). Age differences in adults' control beliefs related to life goals and concerns. *Psychology and Aging, 7,* 194-196.

Nussbaum, J.F. & Robinson, J.D. (1984). Attitudes toward aging. *Communication Research Reports, 1,* 21-27.

O'Connell, A. & Rotter, N.G. (1979). The influence of stimulus age and sex on person perception. *Journal of Gerontology, 34,* 220-228.

O'Connor, B.P. (1995). Family and friend relationships among older and younger adults: Interaction motivation, mood, and quality. *International Journal of Aging and Human Development, 40,* 9-29.

O'Connor, B.P. & Rigby, H. (1996). Perceptions of baby talk, frequency of receiving baby talk, and self-esteem among community and nursing home residents. *Psychology and Aging, 11,* 147-154.

O'Gorman, H.J. (1980). False consciousness of kind: Pluralistic ignorance among the aged. *Research on Aging, 2,* 105-128.

O'Hanlon, A.M., Camp, C.J. & Osofsky, H.J. (1993). Knowledge of and attitudes toward aging in young, middle-aged, and older college students: A comparison of two measures of knowledge of aging. *Educational Gerontology, 19,* 753-766.

O'Rourke, K. (1988). Developing in younger physicians an ethical perspective toward geriatric patients. *Journal of the American Geriatrics Society, 36,* 565-568.

Olinger, B., Dancer, J. & Patterson, K. (1991). Misconceptions of health professionals regarding hearing loss in the elderly. *Educational Gerontology, 17,* 33-40.

Operario, D., Goodwin, S.A. & Fiske, S.T. (1998). Power is everywhere: Social control and personal control both operate at stereotype activation, interpretation, and response. In R.S. Wyer (Ed.), *Stereotype activation and inhibition (= Advances in social cognition Vol. 11)* (pp. 163-175). Mahwah, NJ: Erlbaum.

Orpen, C. (1995). The effects of perceived age discrimination on employee job satisfaction, organizational commitment, and job involvement. *Psychology: A Journal of Human Behavior, 32,* 55-56.

Oswald, F. (1991). Das persönliche Altersbild älterer Menschen. *Zeitschrift für Gerontologie, 24,* 276-284.

Oswald, H. & Boll, B. (1992). Das Ende des Generationenkonflikts? Zum Verhältnis von Jugendlichen zu ihren Eltern. *Zeitschrift für Sozialisationsforschung und Erziehungssoziologie, 12,* 30-51.

Pacala, J.T., Boult, C., Bland, C. & O'Brien, J. (1995). Aging game improves medical students' attitudes toward caring for elders. *Gerontology and Geriatrics Education, 15,* 45-57.

Palmore, E.B. (1977). Facts on aging: A short quiz. *Gerontologist, 17,* 315-320.

Palmore, E.B. (1988). *The Facts on Aging Quiz: A handbook of uses and results.* New York: Springer.

Panek, P.E. & Merluzzi, T.V. (1983). Influence of client age on counselor trainees' assessment of case material. *Teaching of Psychology*, *10*, 227-228.

Parham, I.A., Feldman, R.S., Oster, G.D. & Popoola, O. (1981). Intergenerational differences in nonverbal disclosure of deception. *Journal of Social Psychology*, *113*, 261-269.

Passuth, P.M. & Cook, F.L. (1985). Effects of television viewing on knowledge and attitudes about older adults: A critical reexamination. *Gerontologist*, *25*, 69-77.

Pennebaker, J.W., Rime, B. & Blankenship, V.E. (1996). Stereotypes of emotional expressiveness of Northerners and Southerners: A cross-cultural test of Montesquieu's hypothesis. *Journal of Personality and Social Psychology*, *70*, 372-380.

Perdue, C.W. & Gurtman, M.B. (1990). Evidence for the automaticity of ageism. *Journal of Experimental Social Psychology*, *26*, 199-216.

Perlick, D. & Atkins, A. (1984). Variations in the reported age of a patient: A source of bias in the diagnosis of depression and dementia. *Journal of Consulting and Clinical Psychology*, *52*, 812-820.

Perloff, R.M., Brown, J.D. & Miller, M.M. (1982). Mass media and sex typing: Research perspectives and political implications. *International Journal of Women's Studies*, *5*, 246-264.

Perrig, W.J. (1992). Unbewußte Prozesse im Aufbau menschlicher Erkenntnis: Experimentelle Möglichkeiten ihrer Funktionsbestimmung. In U. Gerhard (Hrsg.), *Psychologische Erkenntnisse zwischen Philosophie und Empirie* (S. 159-182). Bern: Huber.

Perry, E.L., Kulik, C.T. & Bourhis, A.C. (1996). Moderating effects of personal and contextual factors in age discrimination. *Journal of Applied Psychology*, *81*, 628-647.

Perry, J.S. & Thomas, P. (1980). Attitudes toward present and expected life satisfaction for self and others. *Psychological Reports*, *47*, 1086.

Peterson, C.C. (1980). Are young people biased against older teachers? *Journal of Genetic Psychology*, *136*, 309-310.

Peterson, R.A. (1984). Asking the age question: A research note. *The Public Opinion Quarterly*, *48*, 379-383.

Petzold, H., Laschinsky, D. & Rinast, M. (1985). Exchange learning - ein Konzept für die Arbeit mit alten Menschen. In H. Petzold (Hrsg.), *Mit alten Menschen arbeiten* (S. 69-92). München: Pfeiffer.

Piaget, J. (1947). *Psychologie der Intelligenz.* Zürich: Rascher.

Piel, E. (1989). "Ältere" oder "Alte" sind relative Begriffe. *Planung und Analyse*, *16*, 52-54.

Pinquart, M. (1992). Globalität versus Bereichsspezifität der subjektiven Altersidentität im höheren Lebensalter. *Zeitschrift für Entwicklungspsychologie und Pädagogische Psychologie*, *24*, 39-47.

Pinquart, M. & Schönbrodt, S. (1997). Urteile von Senioren über Jugendliche - Gibt es ein "negatives Jugendstereotyp"? *Psychologie in Erziehung und Unterricht*, *44*, 197-203.

Plato, A. von & Iggers, G. (1991). Oral History als Erfahrungswissenschaft: Zum Stand der "mündlichen Geschichte" in Deutschland. *Zeitschrift für Biographieforschung und Oral History*, *4*, 97-119.

Porter, K. & O'Connor, N. (1978). Changing attitudes of university students to old people. *Educational Gerontology*, *3*, 139-148.

Pothmann, A. (1998). Altersspezifisches Kommunikationsverhalten in Verkaufsgesprächen. In R. Fiehler & C. Thimm (Hrsg.), *Sprache und Kommunikation im Alter* (S. 93-106). Opladen: Westdeutscher Verlag.

Proller, N.L. (1989). The effect of an adoptive grandparent program on youth and elderly participants. *Journal of Children in Contemporary Society*, *20*, 195-203.

Pruchno, R. & Smyer, M.A. (1983). Mental health problems and aging: A short quiz. *International Journal of Aging and Human Development*, *17*, 126-140.

Puglisi, J.T. (1983). Self-perceived age changes in sex role self concept. *International Journal of Aging and Human Development*, *16*, 183-191.

Pynoos, J., Hade-Kaplan, B. & Fleisher, D. (1984). Intergenerational neighborhood networks: A basis for aiding the frail elderly. *Gerontologist*, *24*, 233-237.

Rabinowitz, V.C., Zevon, M.A. & Karuza, J.J. (1988). Psychotherapy as helping: An attributional analysis. In L.Y. Abramson (Ed.), *Social cognition and clinical psychology: A synthesis* (pp. 177-203). New York: Guilford.

Rajagopalan, I. & Prakash, I.J. (1990). A study of intergenerational attitudes on the Senior Apperception Test. *Indian Journal of Applied Psychology, 27*, 15-19.

Ramig, L.A. (1983). Effects of physiological aging on speaking and reading rates. *Journal of Communication Disorders, 16*, 217-226.

Rawlins, W.K. (1995). Friendships in later life. In J.F. Nussbaum & J. Coupland (Eds.), *Handbook of communication and aging research* (pp. 227-257). Mahwah, NJ: Erlbaum.

Rehm, J. (1986). Theoretische und methodologische Probleme bei der Erforschung von Vorurteilen: Vorurteil und Realität - Ist das traditionelle Forschungsprogramm der Vorurteilsforschung gescheitert? *Zeitschrift für Sozialpsychologie, 17*, 18-30.

Reinsch, S. & Tobis, J.S. (1991). Intergenerational relations: Pre-med students at senior centers. *Archives of Gerontology and Geriatrics, 13*, 211-224.

Revenson, T.A. (1989). Compassionate stereotyping of elderly patients by physicians: Revising the social contact hypothesis. *Psychology and Aging, 4*, 230-234.

Rhee, C. & Gatz, M. (1993). Cross-generational attributions concerning locus of control beliefs. *International Journal of Aging and Human Development, 37*, 153-161.

Rich, P., Myrick, R.D. & Campbell, C. (1983). Changing children's perceptions of the elderly. *Educational Gerontology, 9*, 483-491.

Riddick, C.C. (1985). The impact of an inservice educational program on the gerontological knowledge and attitudes of geriatric recreational service providers. *Educational Gerontology, 11*, 127-135.

Rife, J.C. (1997). Middle-aged and older women in the work force. In J.M. Coyle (Ed.), *Handbook on women and aging* (pp. 93-111). Westport, CT: Greenwood.

Robins, L.S. & Wolf, F.M. (1989). The effect of training on medical students' responses to geriatric patient concerns: Results of a linguistic analysis. *Gerontologist, 29*, 341-344.

Robinson, A.D. (1993). Attitudes toward the elderly among nursing home aides: A factor analytic study. *Gerontology and Geriatrics Education, 14*, 21-32.

Robinson, J.D. & Skill, T. (1995). Media usage patterns and portrayals of the elderly. In J.F. Nussbaum & J. Coupland (Eds.), *Handbook of communication and aging research* (pp. 359-391). Mahwah, NJ: Erlbaum.

Rodeheaver, D. & Stohs, J. (1991). The adaptive misperception of age in older women: Sociocultural images and psychological mechanisms of control. *Educational Gerontology, 17*, 141-156.

Rodin, J. & Langer, E. (1980). Aging labels: The decline of control and the fall of self-esteem. *Journal of Social Issues, 36*, 12-29.

Röhrle, B. (1994). *Soziale Netzwerke und soziale Unterstützung*. Weinheim: Psychologie Verlags Union.

Rosch, E. (1978). Principles of categorization. In E. Rosch & B.B. Lloyd (Eds.), *Cognition and categorization* (pp. 27-48). Hillsdale, NJ: Erlbaum.

Rosen, B. & Jerdee, T.H. (1976). The nature of job-related age stereotypes. *Journal of Applied Psychology, 61*, 180-183.

Rosen, B., Jerdee, T.H. & Lunn, R.O. (1981). Effects of performance appraisal format, age, and performance level on retirement decisions. *Journal of Applied Psychology, 66*, 515-519.

Rosencranz, H.A. & McNevin, T.E. (1969). A factor analysis of attitudes toward the aged. *Gerontologist, 9*, 55-59.

Rosenfeld, A. & Stark, E. (1987). The prime of our lives. *Psychology Today, 21*, 62-72.

Rosenmayr, L. (1988). Ablösungskämpfe des älteren Managements. Führungsprobleme im Generationenkonkflikt. In L. Rosenmayr & F. Kolland (Hrsg.), *Arbeit - Freizeit - Lebenszeit. Grundlagenforschungen zu Übergängen im Lebenszyklus* (S. 139-156). Opladen: Westdeutscher Verlag.

Rosenmayr, L. (1996). "Vor Greisengrau steh auf". Alte Menschen im Spiegel der Geschichte und Kulturen. In G. Naegele & A. Niederfranke (Hrsg.), *Funkkolleg Altern – Studientexte* (S. 4-52). Tübingen: Deutsches Institut für Fernstudienforschung.

Rosenwasser, S.M., McBride, P.A., Brantley, T.J. & Ginsburg, H.J. (1986). Children and aging: Attitudes, differentiation ability, quantity, and quality of contact. *Journal of Genetic Psychology, 147*, 407-415.

Rosow, I. (1967). *Social integration of the aged.* New York: Free Press.

Ross, M. (1989). Relation of implicit theories to the construction of personal histories. *Psychological Review, 96*, 341-357.

Rothbart, M. (1981). Memory processes and social beliefs. In D.L. Hamilton (Ed.), *Cognitive processes in stereotyping and intergroup behavior* (pp. 145-182). Hillsdale, NJ: Erlbaum.

Rothbart, M. & John, O.P. (1985). Social categorization and behavioral episodes: A cognitive analysis of the effects of intergroup contact. *Journal of Social Issues, 41*, 81-104.

Rothbart, M. & Lewis, S. (1988). Inferring category attributes from exemplar attributes: Geometric shapes and social categories. *Journal of Personality and Social Psychology, 55*, 861-872.

Rothbaum, F. (1983). Aging and age stereotypes. *Social Cognition, 2*, 171-184.

Rothermund, K., Wentura, D. & Brandtstädter, J. (1995). Selbstwertschützende Verschiebungen in der Semantik des Begriffs "alt" im höheren Erwachsenenalter. *Sprache und Kognition, 14*, 52-63.

Rotter, J.B. (1966). Generalized expectancies for internal vs. external control of reinforcement. *Psychological Monographs, 80*.

Rowland, V.T. & Shoemaker, A.F. (1995). How experiences in a nursing home affect nursing students' perceptions of the elderly. *Educational Gerontology, 21*, 735-748.

Rubin, K.H. & Brown, I.D.R. (1975). A life-span look at person perception and its relationship to communicative interaction. *Language & Communication, 30*, 461-468.

Ryan, C.S., Park, B. & Judd, C.M. (1996). Assessing stereotype accuracy: Implications for understanding the stereotyping process. In C.N. Macrae, C. Stangor & M. Hewstone (Eds.), *Stereotypes and stereotyping* (pp. 121-157). New York: Guilford.

Ryan, E.B. (1992). Beliefs about memory changes across the adult life span. *Journals of Gerontology, 47*, P41-P46.

Ryan, E.B. & Capadano, H.L. (1978). Age perceptions and evaluative reactions toward adult speakers. *Journal of Gerontology, 33*, 98-102.

Ryan, E.B. & Cole, R.L. (1990). Evaluative perceptions of interpersonal communication with elders. In H. Giles, N. Coupland & J.M. Wiemann (Eds.), *Communication, health, and the elderly* (pp. 172-191). Manchester: Manchester University Press.

Ryan, E.B. & Heaven, R.K. (1988). The impact of situational context on age-based attitudes. *Social Behaviour, 3*, 105-117.

Ryan, E.B. & Johnston, D.G. (1987). The influence of communication effectiveness on evaluations of younger and older adult speakers. *Journal of Gerontology, 42*, 163-164.

Ryan, E.B. & Laurie, S. (1989). Evaluations of older and younger adult speakers: The influence of communication effectiveness and noise. *Psychology and Aging, 5*, 514-519.

Ryan, E.B., Anas, A.P., Hummert, M.L. & Laver-Ingram, A. (1998). Young and older adults' views of telephone talk: Conversation problems and social uses. *Journal of Applied Communication Research, 26*, 83-98.

Ryan, E.B., Bourhis, R.Y. & Knops, U. (1991). Evaluative perceptions of patronizing speech adressed to elders. *Psychology and Aging, 6*, 442-450.

Ryan, E.B., Hamilton, J.M. & Kwong See, S.T. (1994). Patronizing the old: How do younger and older adults respond to baby talk in the nursing home. *International Journal of Aging and Human Development, 39*, 21-32.

Ryan, E.B., Hummert, M.L. & Boich, L.H. (1995). Communication predicaments of aging. *Journal of Language and Social Psychology, 14*, 144-166.

Ryan, E.B., McLean, M. & Orange, J.B. (1994). Inappropriate accomodation in communication to elders: inferences about nonverbal correlates. *International Journal of Aging and Human Development, 39*, 273-291.

Ryan, E.B., Szechtman, B. & Bodkin, J. (1992). Attitudes toward younger and older adults learning to use computers. *Journals of Gerontology, 47*, P96-P101.

Ryan, E.B., Giles, H., Bartolucci, G. & Henwood, K. (1986). Psycholinguistic and social psychological components of communication by and with the elderly. *Language and Communication, 6,* 1-24.

Ryan, E.B., Kwong See, S.T., Meneer, W.B. & Trovato, D. (1992). Age-based perceptions of language performance among younger and older adults. *Communication Research, 19,* 423-443.

Ryan, E.B., Kwong See, S.T., Meneer, W.B. & Trovato, D. (1994). Age-based perceptions of conversational skills among younger and older adults. In M.L. Hummert, J.M. Wiemann & J.F. Nussbaum (Eds.), *Interpersonal communication in older adulthood* (pp. 15-39). Thousand Oaks, CA: Sage.

Ryan, E.B., Meredith, S.D., MacLean, M.J. & Orange, J.B. (1995). Changing the way we talk with elders: Promoting health using the communication enhancement model. *International Journal of Aging and Human Development, 41,* 89-107.

Ryan, K.M. & Bartlett-Weikel, K. (1993). Open-ended attributions for the performance of the elderly. *International Journal of Aging and Human Development, 37,* 139-152.

Rybak, W.S., Sadnavitch, J.M. & Mason, B.J. (1968). Psycho-social changes in personality during foster grandparents program. *Journal of the American Geriatrics Society, 16,* 956-959.

Ryff, C.D. (1982). Self-perceived personality change in adulthood and aging. *Journal of Personality and Social Psychology, 42,* 108-115.

Ryff, C.D. (1989). In the eye of the beholder: Views of psychological well-being among middle and old-aged adults. *Psychology and Aging, 4,* 195-210.

Ryff, C.D. & Baltes, P.B. (1976). Value transition and adult development in women: The instrumentality-terminality sequence hypothesis. *Developmental Psychology, 12,* 567-568.

Sachweh, S. (1998a). Granny darling's nappies: Secondary babytalk in German nursing homes for the aged. *Journal of Applied Communication Research, 26,* 52-65.

Sachweh, S. (1998b). "so frau adams↓ guck mal↓ ein feines bac-spray↓ gut↑". Charakteristische Merkmale der Kommunikation zwischen Pflegepersonal und BewohnerInnen in der Altenpflege. In R. Fiehler & C. Thimm (Hrsg.), *Sprache und Kommunikation im Alter* (S. 143-160). Opladen: Westdeutscher Verlag.

Salthouse, T.A. (1991). *Theoretical perspectives on cognitive aging.* Hillsdale, NJ: Erlbaum.

Saltz, R. (1989). Research evaluation of a foster grandparent program. *Journal of Children in Contemporary Society, 20,* 205-216.

Sanders, G.F., Montgomery, J.E. & Pittman, J.F. (1984). Youth's attitudes toward the elderly. *Journal of Applied Gerontology, 3,* 59-70.

Schaie, K.W. (1993). Ageist language in psychological research. *American Psychologist, 48,* 49-51.

Schaller, M. (1994). The role of statistical reasoning in the formation, preservation, and prevention of group stereotypes. *British Journal of Social Psychology, 33,* 47-61.

Schmitt, M. & Montada, L. (Hrsg.). (1999). *Gerechtigkeitserleben im wiedervereinigten Deutschland.* Opladen: Leske + Budrich.

Schnieders, G. (1998). "Weil alte Leute übers Ohr hauen find ich wirklich nicht gut!" Zur Funktion von altersthematisierenden Äußerungen im Diskurs. In R. Fiehler & C. Thimm (Hrsg.), *Sprache und Kommunikation im Alter* (S. 107-130). Opladen: Westdeutscher Verlag.

Schonfield, D. (1982). Who is stereotyping whom and why? *Gerontologist, 22,* 267-272.

Schönwälder, H.G. (1994). Unser Jüngster wird 50: Altersstruktur der Lehrerschaft. *Pädagogik, 4b,* 11-13.

Schorsch, S. (1992). *Die Entwicklung von Konzepten über das Lebensalter bei Kindern und Jugendlichen.* Münster: Waxmann.

Schubert, H.J. (1990). Wohnsituation und Hilfenetze im Alter. *Zeitschrift für Gerontologie, 23,* 12-22.

Schulz, R. & Fritz, S. (1987). Origins of stereotypes of the elderly: An experimental study of the self-other discrepancy. *Experimental Aging Research, 13,* 189-195.

Schulz, R. & Hanusa, B.H. (1980). Experimental social gerontology: A social psychological perspective. *Journal of Social Issues, 36,* 30-46.

Schütze, Y. (1997). Generationenbeziehungen: Familie, Freunde und Bekannte. In L. Krappmann & A. Lepenies (Hrsg.), *Alt und Jung: Spannung und Solidarität zwischen den Generationen* (S. 97-111). Frankfurt: Campus.

Schütze, Y. & Lang, F.R. (1996). Integration in family, kinship, and friendship networks. In H. Mollenkopf (Ed.), *Elderly people in industrialized societies* (pp. 24-40). Berlin: Edition Sigma.

Schwab, D.P. & Heenemann, H.G. (1978). Age stereotyping in performance appraisal. *Journal of Applied Psychology, 63,* 573-578.

Schwarz, N. (1990). What respondents learn from scales: The informative functions of response alternatives. *International Journal of Public Opinion Research, 2,* 274-285.

Schwarz, N. & Kurz, E. (1989). What's in a picture? The impact of face-ism on trait attribution. *European Journal of Social Psychology, 19,* 311-316.

Schwarz, N. & Strack, F. (1991). Evaluating one's life: A judgment model of subjective well-being. In F. Strack, M. Argyle & N. Schwarz (Eds.), *Subjective well-being: An interdisciplinary perspective* (pp. 27-47). Oxford: Pergamon.

Schweizer, A., Lehmann, E., Schreiber, M., Heddergott, J. & Groth, J. (1997). Kognitive Leistungsfähigkeit und subjektives Alterserleben - eine 7jährige Verlaufsuntersuchung bei älteren Probanden. *Zeitschrift für Gerontopsychologie und -psychiatrie, 10,* 117-125.

Seccombe, K. & Ishii-Kuntz, M. (1991). Perceptions of problems associated with aging: Comparisons among four older age cohorts. *Gerontologist, 31,* 527-533.

Seefeldt, C. (1987). The effects of preschoolers' visits to a nursing home. *Gerontologist, 27,* 228-232.

Seefeldt, C., Jantz, R.K., Galper, A. & Serock, K. (1977). Using pictures to explore children's attitudes toward the elderly. *Gerontologist, 17,* 506-512.

Seefeldt, C., Jantz, R.K., Galper, A. & Serock, K. (1981). Healthy, happy, and old: Children learn about the elderly. *Educational Gerontology, 7,* 79-87.

Shanan, J. & Kedar, H.S. (1979). Phenomenological structuring of the adult life span as a function of age and sex. *International Journal of Aging and Human Development, 10,* 343-357.

Shaver, K. (1978). Attributional error and attitudes toward aging: A view of the NOCA National Attitude Survey. *International Journal of Aging and Human Development, 9,* 101-113.

Shenk, D. & Lee, J. (1995). Meeting the educational needs of service providers: Effects of a continuing education program on self-reported knowledge and attitudes about aging. *Educational Gerontology, 21,* 671-681.

Sherif, M. (1966). *Group conflict and cooperation: Their social psychology.* London: Routledge.

Sherman, J.W., Lee, A.Y., Bessenoff, G.R. & Frost, L.A. (1998). Stereotype efficiency reconsidered: Encoding flexibility under cognitive load. *Journal of Personality and Social Psychology, 75,* 589-606.

Sherman, S.R., Ward, R.A. & LaGory, M. (1985). Socialization and age group consciousness: The effect of neighborhood age concentration. *Journal of Gerontology, 40,* 102-109.

Siegler, J.C. (1975). The terminal drop hypothesis: Fact or artefact? *Experimental Aging Research, 1,* 169-185.

Silverman, M., Smith, L.G., Nelson, C. & Dembo, R. (1984). The perception of the elderly criminal when compared to adult and juvenile offenders. *Journal of Applied Gerontology, 3,* 97-104.

Silverman, P. & Maxwell, R.J. (1978). How do I respect thee? Let me count the ways: Deference towards elderly men and women. *Behavior Science Research, 13,* 91-108.

Simon, R. (1996). Too damn old. *Money, 25,* 118-126.

Singer, M.S. (1986). Age stereotypes as a function of profession. *Journal of Social Psychology, 126,* 691-692.

Six, U. (1983). Vorurteile. In D. Frey & S. Greif (Hrsg.), *Sozialpsychologie. Ein Handbuch in Schlüsselbegriffen* (S. 365-371). München: Urban & Schwarzenberg.

Six, U. (1989). Medieneinflüsse auf Einstellungen und Vorurteile. In J. Groebel & P. Winterhoff-Spark (Hrsg.), *Empirische Medienpsychologie* (S. 179-195). München: Psychologie Verlags Union.

Skinner, S.L. & Chowdhary, U. (1998). Testing the myths of aging stereotyping: Reflection through clothing and appearance-related information in a compendium. *Educational Gerontology, 24*, 175-189.

Smith, E.R. & DeCoster, J. (1998). Knowledge acquisition, accessibility, and use in person perception and stereotyping: Simulation with a recurrent connectionist network. *Journal of Personality and Social Psychology, 74*, 21-35.

Smith, E.R. & Mackie, D.M. (Eds.). (1995). *Social psychology.* New York: Worth Publishers.

Smith, J. & Baltes, P.B. (1996). Altern aus psychologischer Perspektive: Trends und Profile im hohen Alter. In K.U. Mayer & P.B. Baltes (Hrsg.), *Die Berliner Altersstudie* (S. 221-250). Berlin: Akademie Verlag.

Snow, C. & Ferguson, C.A. (Eds.). (1977). *Talking to children.* Cambridge: Cambridge University Press.

Snyder, C.J. & Barret, G.V. (1988). The Age Discrimination In Employment Act: A review of court decisions. *Experimental Aging Research, 14*, 3-47.

Snyder, M. & Miene, P.K. (1994). Stereotyping of the elderly: A functional approach. *British Journal of Social Psychology, 33*, 63-82.

Sontag, S. (1979). The double standard of aging. In C.S. Kart (Ed.), *Exploring social problems* (pp. 127-145). Sherman Oaks, CA: Alfred.

Sozialwissenschaftliches Institut für Gegenwartsfragen Mannheim (SIGMA) (1999). *Generationenkonflikt und Generationenbündnis in der Bürgerschaft.* Stuttgart: Sozialministerium Baden-Württemberg.

Sparling, J.W. & Rogers, J.C. (1985). Intergenerational intervention: A reciprocal service delivery system for preschoolers, adolescents, and older persons. *Educational Gerontology, 11*, 41-55.

Spencer, B. & Hollenshead, C. (1980). Fictional portrayals of family dynamics: Older women compared to older men. *Gerontologist, 20*, 204.

Spencer, S.J., Fein, S., Wolfe, C.T., Hodgson, H.L. & Dunn, M.A. (1998). Automatic activation of stereotypes: The role of self-image threat. *Personality and Social Psychology Bulletin, 24,* 1139-1152.

Staats, S., Heaphey, K., Miller, D., Partlo, C., Romine, N. & Stubbs, K. (1993). Subjective age and health perceptions of older persons: maintaining the youthful bias in sickness and in health. *International Journal of Aging and Human Development, 37*, 191-203.

Stangor, C., Sullivan, L.A. & Ford, T.E. (1991). Affective and cognitive determinants of prejudice. *Social Cognition, 9*, 359-380.

Stangor, C., Thompson, E.P. & Ford, T.E. (1998). An inhibited model of stereotype inhibition. In R.S. Wyer (Ed.), *Stereotype activation and inhibition (= Advances in social cognition Vol.11)* (pp. 193-210). Mahwah, NJ: Erlbaum.

Staudinger, U.M. & Dittmann-Kohli, F. (1994). Lebenserfahrung und Lebenssinn. In P.B. Baltes, J. Mittelstraß & U.M. Staudinger (Hrsg.), *Alter und Altern: Ein interdisziplinärer Studientext zur Gerontologie* (S. 408-436). Berlin: de Gruyter.

Staudinger, U.M., Marsiske, M. & Baltes, P.B. (1995). Resilience and reserve capacity in later adulthood: Potentials and limits of development across the life span. In D. Cicchetti & D. Cohen (Eds.), *Developmental psychopathology* (Vol. 2) (pp. 801-847). New York: Wiley.

Stephan, W.G. & Stephan, C.W. (1993). Cognition and affect in stereotyping: Parallel interactive networks. In D.M. Mackie & D.L. Hamilton (Eds.), *Affect, cognition and stereotyping: Interactive processes in group perception* (pp. 111-132). San Diego, CA: Academic Press.

Stewart, M.A. & Ryan, E.B. (1982). Attitudes toward younger and older adult speakers: Effects of varying speech rates. *Journal of Language and Social Psychology, 1*, 91-109.

Sticker, E. (1988). Das Bild des Alters in Lesebüchern der 3. und 4. Klasse. *Psychologie in Erziehung und Unterricht, 35*, 173-179.

Stier, D.L. & Kline, D.W. (1980). Situational determinants of attitudes toward the elderly. *Research on Aging, 2,* 489-498.

Stine, E.L. (1990). The way reading and listening work: A tutorial review of discourse processing and aging. In E.A. Lovelace (Ed.), *Aging and cognition: Mental processes, self awareness, and interventions* (pp. 301-327). Amsterdam: Elsevier.

Story, M.D. (1989). Knowledge and attitudes about the sexuality of older adults among retirement home residents. *Educational Gerontology, 15,* 515-526.

Strack, F. & Hannover, B. (1996). Awareness of influence as a precondition for implementing correctional goals. In P.M. Gollwitzer & J.A. Bargh (Eds.), *The psychology of action: Linking cognition and motivation to behavior* (pp. 579-596). New York: Guilford.

Strack, F. (1994). *Zur Psychologie der standardisierten Befragung. Kognitive und kommunikative Aspekte.* Berlin: Springer.

Straka, G.A. (1993). Ältere Erwerbspersonen in den Stellenanzeigen regionaler und überregionaler Tageszeitungen. Ergebnisse einer Pilotstudie. *Zeitschrift für Gerontologie, 26,* 339-343.

Stremmel, A.J., Travis, S.S., Kelly-Harrison, P. & Hensley, A.D. (1994). The perceived benefits and problems associated with intergenerational exchanges in day care settings. *Gerontologist, 34,* 513-519.

Stroebe, W. & Jonas, K. (1997). Grundsätze des Einstellungserwerbs und Strategien der Einstellungsänderung. In W. Stroebe, M. Hewstone & G.M. Stephenson (Hrsg.), *Sozialpsychologie: Eine Einführung* (S. 253-289). Berlin: Springer.

Stroebe, W., Hewstone, M. & Stephenson, G.M. (1997). *Sozialpsychologie: Eine Einführung.* Berlin: Springer.

Stroessner, S.J. (1998). Varieties of inhibition in social stereotyping. In R.S. Wyer (Ed.), *Stereotype activation and inhibition (= Advances in social cognition Vol.11)* (pp. 211-226). Mahwah, NJ: Erlbaum.

Stroessner, S.J. & Mackie, D.M. (1993). Affect and perceived group variability: Implications for stereotyping and prejudice. In D.M. Mackie & D.L. Hamilton (Eds.), *Affect, cognition, and stereotyping. Interactive processes in group perception* (pp. 63-83). San Diego, CA: Academic Press.

Strom, R.D. & Strom, S.K. (1991). *Grandparent education: A guide for leaders.* Newbury Park, CA: Sage.

Strube, G. & Weber, A. (1988). Die Entwicklung der zeitlichen Einordnung und Datierung von Ereignissen. *Zeitschrift für Entwicklungspsychologie und Pädagogische Psychologie, 20,* 225-238.

Strube, G., Gehringer, M., Ernst, I. & Knill, K. (1985). *Knowing what's going to happen in life II: Development of biological knowledge (Paper 14/85).* München: Max-Planck-Institut für psychologische Forschung.

Strzoda, C. & Zinnecker, J. (1996). Interessen, Hobbies und deren institutioneller Kontext. In J. Zinnecker & R.K. Silbereisen (Hrsg.), *Kindheit in Deutschland. Aktueller Survey über Kinder und ihre Eltern* (S. 41-79). Weinheim: Juventa.

Stumpf, H., Angleitner, A., Wieck, T., Jackson, D.N. & Beloch-Till, H. (Hrsg.). (1985). *PRF-D - Personality Research Form - Deutsche Version.* Göttingen: Hogrefe.

Swan, S. & Wyer, R.S. (1997). Gender stereotypes and social identity: How being in the minority affects judgments of self and others. *Personality and Social Psychology Bulletin, 23,* 1265-1276.

Tajfel, H. & Turner, J.C. (1979). An integrative theory of intergroup conflict. In W. Austin & S. Worchel (Eds.), *The social psychology of intergroup relations* (pp. 33-47). Monterey, CA: Brooks/Cole.

Tajfel, H. & Wilkes, A.L. (1963). Classification and quantitative judgement. *British Journal of Psychology, 54,* 101-114.

Taylor, S.E. & Brown, J.D. (1988). Illusion and well-being: A social psychological perspective on mental health. *Psychological Bulletin, 103,* 193-210.

Taylor, S.E. & Fiske, S.T. (1978). Salience, attention, and attribution: Top of the head phenomena. In L. Berkowitz (Ed.), *Advances in experimental social psychology* (Vol. 11) (pp. 249-288). New York: Academic Press.

Ten-Haken, J.D., Woolliscroft, J.O., Smith, J.B., Wolf, F.M. & et al. (1995). A longitudinal investigation of changes in medical students' attitudes toward the elderly. *Teaching and Learning in Medicine, 7*, 18-22.

Tesch-Römer, C. & Nowak, M. (1995). Bewältigung von Hör- und Verständnisproblemen bei Schwerhörigkeit. *Zeitschrift für Klinische Psychologie, 24*, 35-45.

Tesser, A. (1975). Some effects of time and thought on attitude polarization. *Journal of Personality and Social Psychology, 31*, 262-270.

Tews, H.P. (1991). *Altersbilder. Über Wandel und Beeinflussung von Vorstellungen vom und Einstellungen zum Alter.* Köln: Kuratorium Deutsche Altershilfe.

Thimm, C. (1998). Die sprachliche Symbolisierung des Alters in der Werbung. In M. Jäkkel (Hrsg.), *Die umworbene Gesellschaft* (S. 113-140). Opladen: Westdeutscher Verlag.

Thimm, C., Rademacher, U. & Kruse, L. (1995). "Power-related talk": Control in verbal interaction. *Journal of Language and Social Psychology, 14*, 382-407.

Thimm, C., Rademacher, U. & Kruse, L. (1998). Age stereotypes and patronizing messages: Features of age-adapted speech in technical instructions to the elderly. *Journal of Applied Communication Research, 26*, 66-82.

Thomae, H. (1981). Expected unchangeability of life stress in old age. A contribution to a cognitive theory of aging. *Human Development, 24*, 229-239.

Thomae, H. (1983). *Alternsstile und Altersschicksale: Ein Beitrag zur differentiellen Gerontologie.* Bern: Huber.

Thralow, J.U. & Watson, C.G. (1974). Remotivation for geriatric patients using elementary school students. *American Journal of Occupational Therapy, 28*, 469-473.

Thürkow, K. (1985). *Altersbilder in massenmedialen, massenkulturellen und künstlerischen Werken: Eine Literaturübersicht (Beiträge zur Gerontologie und Altenarbeit, Bd. 61).* Berlin: Deutsches Zentrum für Altersfragen.

Tierce, J.W. & Seelbach, W.C. (1987). Elders as school volunteers: An untapped resource. *Educational Gerontology, 13*, 33-41.

Tigges, L.M. (1991). The class basis of generational conflict in the 1980s: Analysis and critique of the ageist agenda. *Journal of Aging Studies, 5*, 1-18.

Towler, J.O. (1985). The portrayal of the elderly in children's literature and television. In *XIIIth International Congress of Gerontology. Book of abstracts* (pp. 253). New York: International Association of Gerontology.

Townsend, A.L. & Poulshoek, S.W. (1986). Intergenerational perspectives on impaired elders' support networks. *Journal of Gerontology, 41*, 101-109.

Travis, S.S., Stremmel, A.J. & Duprey, P.A. (1993). Child and adult day care professions converging in the 1990s?: Implications for training and research. *Educational Gerontology, 19*, 283-293.

Tremblay, D. (1995). The influence of ageism on decision making: The perceptions of upper-level managers. *Canadian Journal on Aging, 14*, 464-479.

Trent, C., Glass, J.C. & Crockett, J. (1979). Changing adolescent 4-H Club members' attitudes toward the aged. *Educational Gerontology, 4*, 33-48.

Tuckman, J. & Lorge, I. (1952). Attitudes toward old workers. *Journal of Social Psychology, 36*, 149-153.

Tun, P.A. & Wingfield, A. (1997). Language and communication: Fundamentals of speech communication and language processing in old age. In A.D. Fisk & W.A. Rogers (Eds.), *Handbook of human factors and the older adult* (pp. 125-149). San Diego, CA: Academic Press.

Uncles, M.D. & Ehrenberg, A.S.C. (1991). Lohnt sich Werbung für die Alten? *Viertel-Jahreshefte für Media und Werbewirkung, 3*, 8-9.

Underwood, D.G., Eklund, S.J. & Whisler, S. (1985). A reexamination of the factor structure of the Aging Semantic Differential using a generalized social object. *Educational Gerontology, 11*, 321-335.

van Aucken, S., Barry, T.E. & Anderson, R.L. (1993). Toward the internal validation of cognitive age measures in advertising research. *Journal of Advertising Research, 33*, 82-84.

Vasil, L. & Wass, H. (1993). Portrayal of the elderly in the media: A literature review and implications for educational gerontologists. *Educational Gerontology*, *19*, 71-85.
Verbrugge, L.M. (1977). The structure of adult friendship choices. *Social Forces*, *56*, 576-597.
Villaume, W.A., Brown, M.H. & Darling, R. (1994). Presbycusis, communication, and older adults. In M.L. Hummert, J.M. Wiemann & J.F. Nussbaum (Eds.), *Interpersonal communication in older adulthood: Interdisciplinary theory and research* (pp. 83-107). Thousand Oaks, CA: Sage.

Wagner, M. (1989). Spatial determinants of social mobility. In J.van Dijk, H.W. Herzog & A.M. Schlottmann (Eds.), *Migration and labor market adjustment* (pp. 241-264). Dordrecht: Kluwer.
Wagner, M. (1990). Wanderungen im Lebenslauf. *Kölner Zeitschrift für Soziologie und Sozialpsychologie*, *31*, 212-238.
Wagner-Baier, A., Kolz, A. & Kruse, L. (1996). *Generationen im Gespräch: Interpersonale Wahrnehmung in intra- und intergenerationellen Konversationen*. (Arbeiten aus dem Sonderforschungsbereich 245 "Sprache und Situation" Nr. 110). Heidelberg: Universität, Psychologisches Institut
Wahl, H.-W. & Baltes, M.M. (1990). Die soziale Umwelt alter Menschen: Entwicklungsanregende oder -hemmende Pflegeinteraktionen? *Zeitschrift für Entwicklungspsychologie und Pädagogische Psychologie*, *22*, 266-283.
Wahl, H.-W., Mollenkopf, H. & Oswald, F. (1999). Alte Menschen in ihren räumlichdinglichen Umwelten: Herausforderungen einer Ökologischen Gerontologie. In G. Naegele & R.M. Schütz (Hrsg.), *Soziale Gerontologie, Lebenslagen im Alter und Sozialpolitik für ältere Menschen* (S. 62-84). Opladen: Westdeutscher Verlag.
Wallach, H.F., Kelley, F. & Abrahams, J.P. (1979). Psychosocial rehabilitation for chronic geriatric patients: An intergenerational approach. *Gerontologist*, *19*, 464-470.
Ward, C., Los-Kamp, L. & Newman, S. (1996). The effects of participation in an intergenerational program on the behavior of residents with dementia. *Activities, Adaptation, and Aging*, *20*, 61-76.
Ward, R.A. (1984). The marginality and salience of being old: When is age relevant? *Gerontologist*, *24*, 227-232.
Ward, R.A., LaGory, M. & Sherman, S.R. (1985). Neighborhood and network age concentration: Does age homogeneity matter for older people? *Social Psychology Quarterly*, *48*, 138-149.
Warr, P. (1994). Age and job performance. In J. Snel & R. Cremer (Eds.), *Work and aging: A European perspective* (pp. 309-322). Bristol: Taylor & Francis.
Wass, H. & Scott, M. (1977). Aging without death. *Gerontologist*, *17*, 377-380.
Wass, H., Almerico, G.M., Campbell, P.V. & Tatum, J.L. (1984). Presentation of the elderly in the Sunday news. *Educational Gerontology*, *10*, 335-348.
Webb, L., Delaney, J.J. & Young, L.R. (1989). Age, interpersonal attraction, and social interaction. *Research on Aging*, *11*, 107-123.
Weber, T. & Cameron, P. (1978). Humor and aging: A response. *Gerontologist*, *18*, 73-76.
Wegner, D.M. & Bargh, J.A. (1998). Control and automaticity in social life. In D.T. Gilbert, S.T. Fiske & G. Lindzey (Eds.), *The handbook of social psychology* (Vol. 2) (4th ed.) (pp. 446-496). Boston: McGraw Hill.
Wegner, D.M. (1994). Ironic processes of mental control. *Psychological Review*, *101*, 34-52.
Weinberger, A. (1979). Stereotyping of the elderly. Elementary school children's responses. *Research on Aging*, *1*, 113-136.
Weinberger, L.E. & Millham, J.A. (1975). A multi-dimensional multiple method analysis of attitudes toward the elderly. *Journal of Gerontology*, *30*, 343-348.
Weinert, F.E. & Knopf, M. (1990). Gedächtnistraining im höheren Erwachsenenalter: Lassen sich Gedächtnisleistungen verbessern, während sich das Gedächtnis verschlechtert? In R. Schmitz-Scherer, A. Kruse & E. Olbrich (Hrsg.), *Altern - Ein lebenslanger Prozeß der sozialen Interaktion. Festschrift zum 60. Geburtstag von Frau Ursula Maria Lehr* (S. 91-102). Darmstadt: Steinkopff.

Weinert, F.E., Knopf, M. & Barann, G. (1983). Metakognition und Motivation als Determinanten von Gedächtnisleistungen im höheren Erwachsenenalter. *Sprache und Kognition, 2,* 71-87.

Wells, T.J. (1980). *Problems in geriatric nursing care.* Edinburgh: Churchill Livingstone.

Wentura, D., Dräger, D. & Brandtstädter, J. (1997). Alternsstereotype im frühen und höheren Erwachsenenalter: Analyse akkommodativer Veränderungen anhand einer Satzpriming-Technik. *Zeitschrift für Sozialpsychologie, 28,* 109-128.

Whitbourne, S.K. (1985). The psychological construction of the life span. In J.E. Birren & K.W. Schaie (Eds.), *Handbook of the psychology of aging* (2nd ed.) (pp. 594-618). New York: van Nostrand Reinhold.

Whitbourne, S.K. & Cassidy, E.L. (1994). Psychological implications of infantilization: A class exercise. *Teaching of Psychology, 21,* 167-168.

Whitbourne, S.K. & Hulicka, I.M. (1990). Ageism in undergraduate psychology texts. *American Psychologist, 45,* 1127-1136.

Whitbourne, S.K., Culgin, S. & Cassidy, E.L. (1995). Evaluation of infantilizing intonation and content of speech directed at the aged. *International Journal of Aging and Human Development, 41,* 109-116.

Whitmer, R.A. & Whitbourne, S.K. (1997). Evaluation of infantilizing speech in a rehabilitation setting: Relation to age. *International Journal of Age and Human Development, 44,* 129-136.

Wilbers, J. (1986). Die Behandlung von Altersfragen im Deutschen Bundestag. *Zeitschrift für Gerontologie, 19,* 358-361.

Wilder, D.A. (1984). Intergroup contact: The typical member and the exception to the rule. *Journal of Experimental Social Psychology, 20,* 177-194.

Wilder, D.A., Simon, A.F. & Faith, M. (1996). Enhancing the impact of counterstereotypic information: Dispositional attributions for deviance. *Journal of Personality and Social Psychology, 71,* 276-287.

Williams, A. (1996). Young people's evaluations of intergenerational versus peer underaccommodation: Sometimes older is better? *Journal of Language and Social Psychology, 15,* 291-311.

Williams, A. & Giles, H. (1996). Intergenerational conversations: Young adults' retrospective accounts. *Human Communication Research, 23,* 220-250.

Williams, A., Giles, H., Ota, H., Pierson, H., Gallois, C., Lim, T.S., Ng, S.H., Somera, L.B., Maher, J. & Harwood, J. (1997). Young people's beliefs about intergenerational communication: An initial cross-cultural analysis. *Communication Research, 24,* 370-393.

Williams, R.N., de la Cruz, X. & Hintze, W.J. (1989). The stereotypical nature of stereotyping. *Journal of Social Psychology, 129,* 397-411.

Williams, S.A., Denney, N.W. & Schadler, M. (1983). Elderly adults' perceptions of their own cognitive development during the adult years. *International Journal of Aging and Human Development, 16,* 147-148.

Wilson, J.F. & Hafferty, F.W. (1983). Long-term effects of a seminar on aging and health for first-year medical students. *Gerontologist, 23,* 319-324.

Wilson, R.W. & Glamser, F.D. (1982). The impact of a gerontological intervention on osteopathic medical students. *Educational Gerontology, 8,* 373-380.

Wingfield, A., Lahar, C.J. & Stine, E.A. (1989). Age and decision strategies in running memory for speech: Effects of prosody and linguistic structure. *Journals of Gerontology, 44,* P106-P113.

Wingfield, A., Wayland, S.C. & Stine, E.A. (1992). Adult age differences in the use and prosody for syntactic parsing and recall of spoken sentences. *Journals of Gerontology, 47,* P350-P356.

Winkeler, M., Aymanns, P., Boll, T., Filipp, S.-H. & Gottwald, P. (in press). Positivity in the aged's perceptions of intergenerational relationships: A "stake" or "leniency" effect? *International Journal of Behavioral Development.*

Wisocki, P.A. & Telch, M.J. (1980). Modifying attitudes toward the elderly with the use of sampling procedures. *Scandinavian Journal of Behaviour Therapy, 9,* 87-96.

Wober, M. & Gunter, B. (1982). Impressions of old people on TV and in real life. *British Journal of Social Psychology, 21,* 335-336.

Wolf, C. (1997). Zur Ähnlichkeit sozialer Beziehungen: neue theoretische und empirische Ergebnisse. *ZUMA-Nachrichten, 41*, 83-100.

Wyatt-Brown, A.M. (1983). From fantasy to pathology: Images of aging in the novels of Barbara Pym. *Gerontologist, 23*, 278.

Wyer, R.S. (Ed.). (1998). *Stereotype activation and inhibition (=Advances in social cognition. Vol. 11)*. Mahwah, NJ: Erlbaum.

Yzerbyt, V.Y., Schadron, G., Leyens, J.-P. & Rocher, S. (1994). Social judgeability: The impact of meta-informational cues on the use of stereotypes. *Journal of Personality and Social Psychology, 66*, 48-55.

Zakay, D. (1989). Subjective time and attentional resource allocation: An integrated model of time estimation. In I. Levin, D. Zakay & e. al. (Eds.), *Time and human cognition: A life-span perspective (= Advances in psychology Vol. 59)* (pp. 365-397). Amsterdam: North-Holland.

Zanna, M.P. & Olson, J.M. (Eds.). (1994). *The psychology of prejudice: The Ontario symposium* (Vol. 7). Hillsdale, NJ: Erlbaum.

Zebrowitz, L.A. (1996). Physical appearance as a basis of stereotyping. In C.N. Macrae, C. Stangor & M. Hewstone (Eds.), *Stereotypes and stereotyping* (pp. 79-120). New York: Guilford.

Zepelin, H., Sills, R.A. & Heath, M.W. (1986). Is age becoming irrelevant? An exploratory study of perceived age norms. *International Journal of Aging and Human Development, 24*, 241-256.

Zuckerman, M. & Kieffer, S.C. (1994). Race differences in face-ism: Does facial prominence imply dominance? *Journal of Personality and Social Psychology, 66*, 86-92.

Autorenverzeichnis

Sachverzeichnis

Klaus A. Schneewind
Familienpsychologie
2., überarbeitete Auflage 1999
307 Seiten, 23 Abb., 4 Tab. Kart.
DM 49,80/öS 364,–/sFr 46,–
ISBN 3-17-014540-1

Die Familienpsychologie hat mittlerweile im deutschsprachigen Raum zunehmend an Sichtbarkeit gewonnen. Dabei steht eine beziehungspsychologisch-systemische Perspektive im Vordergrund. Die Neuauflage trägt dieser Entwicklung Rechnung und wurde daher von Grund auf überarbeitet und neu gestaltet.

Neben einer ausführlichen Einführung in den Gegenstandsbereich und die Aufgabenfelder der Familienpsychologie werden fünf weitere Themenbereiche dargestellt:

- eine Zusammenschau und Analyse der Indikatoren des Wandels familiärer Lebensformen,

- ein Überblick über verschiedene familientheoretische Ansätze und ihre Anwendung auf Fragestellungen der psychologischen Forschung und Praxis,

- eine Darstellung wichtiger Prozesse und Befunde familiärer Erziehung und Sozialisation,

- eine umfassende Übersicht über grundlegende Themen und Vorgehensweisen der Familiendiagnostik und

- eine Darlegung verschiedener Ansatzpunkte familiärer Intervention (Prävention, Familienberatung und -therapie) zur Lösung familiärer Probleme.

Insgesamt bietet dieser Band somit eine zeitgemäße Einführung in zentrale Themen und Befunde der Familienpsychologie als einer aufstrebenden Disziplin im intra- und interdisziplinären Konzert familienwissenschaftlicher Ansätze.

Kohlhammer

W. Kohlhammer GmbH · 70549 Stuttgart · Tel. 0711/78 63 - 280

Hermann J. Liebel

Angewandte Psychologie

Psychologie als Beruf
1999. 222 Seiten. Kart.
DM 32,85/öS 240,–/sFr 31,–
ISBN 3-17-010867-0
Urban-Taschenbücher, Band 566
Grundriß der Psychologie, Band 17

Das Buch gibt einen Überblick über Angewandte Psychologie
als Studienfach und als wissenschaftsgeleitete Berufspraxis des
Psychologen. Die »klassischen« Teilgebiete und die zugehörigen
Tätigkeitsfelder wie die Arbeits-, Betriebs- und Organisationspsychologie, die Verkehrs- oder die Rechtspsychologie werden
ebenso berücksichtigt wie von den »neueren« Gebieten solche
mit Zukunftspotential wie die Architektur-, Musik-, Religions-,
Sport-, Tourismus-, Werbepsychologie und die Psychologie des
Geldes. Daneben gibt es Informationen über die Entwicklung
des Berufsstands des Psychologen, standesethische Grundsätze
und Wege zum Beruf. Das Buch will »Türöffner« zu einer bunten
Welt spannender Themen, Erkenntnisse und Arbeitsgebiete
der Psychologie in allen Bereichen des beruflichen und privaten
Lebens eines jeden von uns sein.

Prof. Dr. **Hermann J. Liebel** lehrt an der Universität Bamberg
Sozialpsychologie und Angewandte Psychologie mit Schwerpunkt
Organisationspsychologie. Hauptforschungsgebiete sind der
Psychologietransfer, Kriminalpsychologie, Täter-Opfer-Transaktion
bei wirtschaftskriminellen Delikten, Training Management in der
öffentlichen Verwaltung der VR China und die Psychologie des
Geldes.

Kohlhammer

W. Kohlhammer GmbH · 70549 Stuttgart · Tel. 0711/78 63 - 280